इण्डिया, देट इज़ भारत

संवैधानिक भारत–एक समीक्षा

इण्डिया, देट इज़ भारत

संवैधानिक भारत—एक समीक्षा

रामनिवास बैरवा

ATLANTIC

PUBLISHERS & DISTRIBUTORS (P) LTD

प्रकाशक :

एटलांटिक पब्लिशर्स एण्ड डिस्ट्रीब्यूटर्स (प्रा.) लि.

7/22, अन्सारी रोड, दरियागंज, नई दिल्ली-110002

दूरभाष : +91-11-40775252, 23273880, 23275880, 23280451

फैक्स : +91-11-23285873

ई-मेल : orders@atlanticbooks.com

वेबसाइट : www.atlanticbooks.com

शाखा कार्यालय :

5, *नालाथम्बी स्ट्रीट, वालाजाह रोड, चेन्नई*-600002

दूरभाष : +91-44-64611085, 32413319

ई-मेल : chennai@atlanticbooks.com

ISBN 978-81-269-1787-7

मुद्रक : ग्लोरियस प्रिंटर्स, ए-13, डी.एस.आई.डी.सी., झिलमिल औद्योगिक क्षेत्र, नई दिल्ली-110095

INDIA, THAT IS BHARAT
SAMVEDHANIK BHARAT—EK SAMIKSHA (***in Hindi***)
By Ram Niwas Bairwa

भारत की मानव जाति

जिसकी प्रतिनिधि

बोलंगीर जिले की लतिका;

जिसने और उसके पति श्यामलाल टांडी ने अपनी मासूम बेटी को बचाने की गरज से, उसे अपने कर्जदाता को गोद–देकर बेचने का अपराध किया, और अपने पति और बेटी को मरते देखा; और,

उसके संघर्ष की प्रतिनिधि

ईरोम शर्मिला, जिसने आज (02 नवम्बर, 2011 को) अपने अनशन के ग्यारह वर्ष पूरे करके, गांधीजी के अनशन के सारे रिकार्ड तोड़ दिये, को सादर समर्पित!

भूमिका

दिसम्बर 1984 की भोपाल गैस त्रासदी के अपराधियों को जून 2010 में दो–दो वर्ष के कारावास की सजा देने के उपरान्त पच्चीस वर्षों के दौरान हुई गतिविधियों का मूल्यांकन, मीडिया स्वयंसेवी संस्थाओं और राजनीतिक हलकों में शुरू हुआ और यूनियन कार्बाइड के तत्कालीन प्रमुख वारेन एंडरसन की घटना के तत्काल बाद की गई भारत व भोपाल यात्रा, गिरफ्तारी और रिहाई तथा सुरक्षित अमरीका वापसी मुख्य मुद्दा बना। कई नेताओं और अफसरों के बयान आये, परन्तु मध्य प्रदेश के तत्कालीन मुख्यमंत्री, जिनके सामने यह पूरा घटनाक्रम घटित हुआ तथा जो राज्य के प्रमुख होने के कारण सक्रिय भूमिका और केन्द्रीय निर्देशों के साक्षी भी रहे हैं, का बयान, जिसकी सभी को प्रतीक्षा थी, दो माह के मध्य तक नहीं आया।

12 अगस्त, 2010 को राज्यसभा में जब अर्जुन सिंह ने अपना बयान पढ़ा, कांग्रेस के नंबर 2, प्रणव मुखर्जी राज्यसभा में अर्जुन सिंह के साथ रहे इसलिये कि बयान में राजीव गाँधी का नाम नहीं आ जाये। इसके पहले, कांग्रेस हाईकमान ने अर्जुन सिंह के बयान को देखा और हिदायत भी दी कि तत्कालीन गृहमंत्री नरसिम्हाराव को भी दोषारोपित नहीं करे। परन्तु, अर्जुन सिंह ने सारा दोष नरसिम्हाराव को देते हुए गृहमंत्रालय के निर्देशों के आधार पर एंडरसन को छोड़ना उचित बताया।

यह सभी जानते हैं कि भोपाल गैस घटना के ठीक एक माह दो दिन पहले ही राजीव गाँधी ने प्रधानमंत्री का पद ग्रहण किया था और विदेश मंत्रालय अपने पास ही रखा था और यह भी कि राजीव गाँधी की हत्या के बाद नरसिम्हाराव ही प्रधानमंत्री बने थे, जिन्हें, उनकी योग्यताओं के बावजूद न तो सोनिया गाँधी परिवार और न ही अर्जुन सिंह प्रधानमंत्री बनाना चाहते थे, अपितु अर्जुन सिंह स्वयं प्रधानमंत्री बनना चाहते थे। अतः राजीव गाँधी के सभी अपराधों के लिये नरसिम्हाराव को दोषी ठहराये जाने की परम्परा

कांग्रेसियों में सक्रिय रही है, जिससे कि वे सोनिया गाँधी के इर्दगिर्द अपने जीवन को बिता सकें। लेकिन अर्जुन सिंह को पिछले लोकसभा चुनावों में किनारे लगा दिया गया, जिससे वह नाराज कैकेयी की तरह मौके का इंतजार कर रहे थे। जब सोनिया से बात करने का मौका मिला तो राजीव को बचाते हुए गृहमंत्री पर दोषारोपण किया, जबकि विदेशियों के मामले में विदेश मंत्रालय ही निर्णय लेता है और ऐसे गंभीर मामले में तो प्रधानमंत्री की सहमति के बिना कोई निर्णय अमल में नहीं लाया जा सकता और तब दोनों ही पदों पर राजीव गाँधी आसीन थे, जिनका बयान अखबारों में इस प्रकार से प्रकाशित हुआ था कि 'यदि एंडरसन को नहीं छोड़ा गया तो निवेश के लिये कोई विदेशी भारत में नहीं आयेगा।'

यह घटना इस तथ्य को उजागर करती है कि राजनैतिक इतिहास में जो प्रकट होता है, प्रत्यक्ष होता है, वैसा वास्तव में होता नहीं है। जो भी दस्तावेज बनाये जाते हैं या जिन्हें दस्तावेजों का रूप दिया जाता है वे पूर्णतः तत्कालीन व्यक्तियों, व्यक्ति विशेष के हितों के अनुरूप बनाये जाते हैं और उन्हें ऐतिहासिक दस्तावेजों का दर्जा दे दिया जाता है, जैसा कि देश की सबसे बड़ी सभा सत्य की साक्षी, संसद के रिकार्ड में अर्जुन सिंह का बयान दर्ज होकर एक ऐतिहासिक साक्ष्य बन गया है।

बावजूद इसके सत्य भी उभर कर आता है बेशक वह बेतरतीब तरीके से, इधर–उधर बिखरे रूप में हो, (क्योंकि तत्कालीन प्रभावी सत्ताधारियों के कोप का भाजन बनना सर्वथा अपेक्षित होता है)। सवाल सिर्फ उन्हें क्रम में लगाकर संयोजित और संश्लेषित करने का होता है जिससे कि दस्तावेज में दर्ज रिकार्ड के पीछे छिपा सत्य सामने आ सके।

गुणवंत आचार्य ने अपने प्रसिद्ध गुजराती उपन्यास *विपलवी–वीरांगना,* जो कि बाद में *अलख–निरंजन* के नाम से प्रकाशित हुआ था, में एक जगह पर गुरू गोरखनाथ के माध्यम से कहा है कि पहाड़ों के पत्थर बेतरतीब पड़े रहते हैं, जिनका मानव समाज में लिये कोई उपयोग नहीं होता। परन्तु, यदि उन्हीं पत्थरों को सही ढंग से रखकर भव्य भवन बना लिया जाता है तो उनकी उपयोगिता मानव समाज के लिये सार्थक हो जाती है। समकालीन साहित्य में बिखरे तथ्य और सत्य भी सही हाथों में पड़कर इस प्रकार संयोजित हो जाते है कि उनकी उपयोगिता सम्पूर्ण मानव समाज के लिये सार्थक हो जाती है, अन्यथा अधिकतर लोगों के लिये वे एकाकी तथ्यों के रूप में यदाकदा सिर्फ संदर्भ की सामग्री बनकर रह जाते हैं।

एक सौ पचास वर्ष पहले पूंजीवाद के आर्थिक, सामाजिक और राजनैतिक विकास का अध्ययन करके उसके विभिन्न ऐतिहासिक पड़ावों की व्याख्या करते हुए कार्ल मार्क्स ने उपहार के रूप में पूंजीपतियों के बारे में लिखा था–

> संरक्षण प्रणाली बनावटी ढंग से कारखानेदारों को निर्मित करने, स्वतन्त्र कारीगरों की सम्पत्ति का अपहरण करने तथा उत्पादन और जीवन निर्वाह के राष्ट्रीय साधनों का पूंजीकरण करने और मध्ययुगीन उत्पादन प्रणाली तथा आधुनिक उत्पादन प्रणाली के बीच के संक्रमण काल को जबर्दस्ती छोटा कर देने की एक तरकीब थी। इस आविष्कार पर किसका एकाधिकार है, इस प्रश्न को लेकर यूरोपीय राज्यों ने एक दूसरे को चीरना–फाड़ना शुरू कर दिया था और जब एक बार इन राज्यों ने अतिरिक्त मूल्य बढ़ाने वालों की सेवा करना स्वीकार कर लिया तो इस उद्देश्य की पूर्ति के लिए उन्होंने न केवल अप्रत्यक्ष रूप से संरक्षण कर लगाकर और प्रत्यक्ष रूप से निर्यात होने वाले माल पर प्रीमियम देकर स्वयं अपनी जनता को मूँडा, बल्कि अपने पराधीन देशों में भी हर प्रकार के उद्योग–धंधों को जबर्दस्ती नष्ट कर दिया।[1]

यह संरक्षण प्रणाली स्वयंमेव उत्पन्न नहीं होती, बल्कि उनके हित में कार्य करने वाली राज्य–व्यवस्था इस कार्य को अंजाम देती है; कैसे, इसका भी उल्लेख "पूंजी" के उसी भाग, अध्याय में किया गया है–

> राष्ट्रीय ऋण का आधार होती है सार्वजनिक आय। ब्याज आदि के रूप में हर साल जो भुगतान करने पड़ते हैं, वे इसी आय में से किए जाते हैं। इसलिए आधुनिक कर प्रणाली राष्ट्रीय ऋण प्रणाली की आवश्यक पूरक है। ऋण लेकर सरकार असाधारण ढंग की मदों का खर्च पूरा करती है, जिसका बोझा करदाताओं को तत्काल अनुभव नहीं होता, लेकिन उसके फलस्वरूप करों में वृद्धि करना आवश्यक हो जाता है। दूसरी ओर एक के बाद दूसरा ऋण लेते जाने के कारण चूंकि सरकार पर बहुत सारा कर्ज बढ़ जाता है और उसकी वजह से करों में वृद्धि हो जाती है, इसलिए नए असाधारण ढंग के खर्चों के लिए सरकार को मजबूर होकर हमेशा नए ऋण लेने पड़ते हैं। आधुनिक राजस्व नीति की धुरी है–जीवन निर्वाह के अत्यन्त आवश्यक साधनों पर कर लगाना (और इस तरह उनके दामों को बढ़ा देना) अतएव आधुनिक राजस्व नीति

1. कार्ल मार्क्स– पूँजी खण्ड एक, अध्याय 31 (हिन्दी संस्करण 1975) मास्को, प्रगति प्रकाशन)

के भीतर करों के अपने आप बराबर बढ़ते जाने की प्रवृत्ति छिपी रहती है। अत्यधिक कर लगाना अब कोई आकस्मिक चीज न रहकर एक सिद्धान्त बन जाता है।

लोगों की सम्पत्ति का अपहरण करने के मामले में आधुनिक कर प्रणाली की कार्यक्षमता संरक्षण प्रणाली के कारण और भी बढ़ जाती है, जो कि इस प्रणाली का एक अभिन्न अंग होती है।

किसी भी राष्ट्र के विकास में संक्रमणकाल को किस प्रकार सार्थक रूप से निष्पादित किया जाता है, इसमें राजनीतिक व्यवस्था की महत्वपूर्ण भूमिका होती है। आधुनिक राजनीतिक व्यवस्थाओं में से सर्वश्रेष्ठ मानी जाने वाली लोकतंत्रीय व्यवस्था के बारे में अब्राहम लिंकन के कहे गए शब्द कि "जनता के द्वारा, जनता की सरकार, जनता के लिए," भी उपरोक्त विश्लेषण में जनता की न होकर एक तरफा रह जाती है। फिर भी, आर्थिक–राजनीतिक विकास की नियामक राज्य सत्ता यदि सामाजिक विकास का लक्ष्य भी साथ ही साथ ध्यान में रखे तो एक व्यवस्था से दूसरी व्यवस्था में संक्रमण काल को छोटा किया जा सकता है। इस तथ्य को ऐतिहासिक रूप से सोवियत संघ में "सर्वहारा की लोकतन्त्रात्मक तानाशाही" (Democratic Dictatorship of Proletariat) के द्वारा साबित कर दिखाया, जिसके तहत रूस को सर्वांगीण विकास के जरिए केवल तीस वर्षों में ही तीन सौ वर्षों के विकसित पूंजीवादी व्यवस्था अमरीका, ब्रिटेन के बराबर ला खड़ा कर दिया गया था।

परन्तु संक्रमण को छोटा कर देना और उसे निरन्तर बनाए रख पाना तब ही संभव है, जब उसकी प्रतिद्वंद्वी पिछली व्यवस्था को भी मरणासन्न बना दिया जाये। सोवियत व्यवस्था की प्रतिद्वंद्वी पूंजीवादी साम्राज्यवादी व्यवस्था अमरीका के नेतृत्व में मुकाबले में खड़ी हुई थी, जो कि विकास की अगली अवस्था में अभी नहीं जाना चाहती थी। इसके विपरीत यूरोपीय राष्ट्रों की पूंजीवादी व्यवस्था मरणासन्न हो चुकी थी (दो–दो विश्वयुद्ध इसी का परिणाम हैं)। परन्तु सुदूर समुद्र पार से अमरीका ने परमाणु बम का इस्तेमाल करके साम्राज्यवाद की बागडोर अपने हाथों में ले ली और मरणासन्न यूरोपीय साम्राज्यवाद को जीवनदान देने के लिए उन्हें अगली व्यवस्था में संक्रमण करने से बचाया और उसकी अगली अवस्था के प्रतीक समाजवादी सोवियत प्रणाली को वापस पीछे खींचा। निश्चित रूप से इसमें सोवियत नेतृत्व द्वारा समाजवादी व्यवस्था को बनाए रखने में संक्रमणकालीन सैद्धांतिक दृढ़ता का अभाव था, जिसका फल साम्राज्यवादी दुनिया को मिला।

इतना कुछ होने के बावजूद भी एक व्यवस्था के दूसरी अगली विकसित व्यवस्था में संक्रमण की ऐतिहासिक प्रक्रिया अपनी स्वाभाविक गति से जारी है। इसका प्रत्यक्ष उदाहरण है, सभी यूरोपीय राष्ट्रों का एक मंच पर आना, एक संसद (यूरोपीय संसद) एक मुद्रा (यूरो) अपनाना, आपस में सीमा पार जाने के लिए वीजा प्रणाली की समाप्ति, एकरूप संचार व परिवहन व्यवस्था अपनाना, आदि। ये सब सामाजिक, आर्थिक व राजनीतिक विकास की अगली अवस्था है, जिस ओर विश्व के सभी राष्ट्रों को अपने–अपने विकास की गति के अनुसार भविष्य में जाना ही होगा।

भारत के संबंध में भी ऐसी ही गति दिखाई देती है। भारत हालांकि सांस्कृतिक रूप से एक राष्ट्र है, परन्तु पूंजीवादी विकास की अनियमित गति में जो कि पहले औपनिवेशिक हित साधन और अब साम्राज्यवादी वैश्विक पूंजी के कारण है, भारत की सांस्कृतिक एकता को छिन्न–भिन्न करके टुकड़ों–टुकड़ों में पहचान बना दी है। कहीं पर यह जातियों के रूप में है, कभी यह धर्म के रूप में है, कभी प्रान्तों के रूप में है तो कभी यह उत्पादन में औद्योगिक संसाधनों, और तकनीकों के प्रयोग के रूप में है। ऐसी दशा में सीधे तौर पर न तो हम सोवियत समाजवादी क्रान्ति जैसी सम्भावना देख सकते हैं और न ही चीन जैसी किसान क्रान्ति। जिस प्रकार के संचार संसाधन और प्रतिक्रिया के साधन राज्यसत्ता के पास उपलब्ध हैं, क्रान्तियों की बात, वो भी मजदूर–किसानों के द्वारा या उन पर केन्द्रित क्रांति की बात करना या प्रयास करना, समय से पहले अपनी शक्ति को नष्ट कर देना होगा।

लोकतान्त्रिक व्यवस्था एक ऐसी व्यवस्था है, जो क्रान्तियों की सम्भावनाओं को कम कर देती है। लोकतन्त्र यदि व्यक्तिगत तानाशाही में बदला जा सकता है तो इस प्रकार की क्रान्तियाँ भी संभव है, यदि नहीं तो नहीं। भारत में इसका प्रयोग किया जा चुका है, 1975 में आपातकाल लागू करके। उस समय संविधान में कई संशोधन भी किए गए थे, जो जन–लुभावन भी थे, परन्तु उनका उद्देश्य केवल जनता को भ्रमित कर अपने आपको सत्ता के केन्द्र में बनाये रखना था और यह भी था कि लोकतन्त्र के खोल में रहकर प्रचालित चुनावों को अनिश्चितकाल तक टाला भी नहीं जा सकता था। परिणाम यह हुआ कि अगले चुनावों में आपातकाल लगाने वाले सत्ता से बाहर थे।

दूसरे गुट के सत्ता में आने से मूल विचारधारा में कोई अन्तर नहीं आता, जब तक कि नेतृत्व में ईमानदारी और जनता के प्रति समर्पण न हो। परिणाम

वही रहा, सभी सत्ताधारी गुटों का (पार्टियों का) यही उद्देश्य रहा है कि जनता को किस प्रकार भ्रमित रखा जाए और संविधान संशोधनों और कानूनों के निर्माण के जरिये अपने आपको सत्ता में या सत्ता के इर्द–गिर्द कैसे रखा जाए। इसका बड़ा उदाहरण है दल–बदल विरोधी कानून (संविधान संशोधन) और "लाभ के पद" का कानून। उल्लेखनीय है कि संविधान में केवल जनप्रतिनिधि का उल्लेख था, पार्टी या पार्टी प्रतिनिधि का नहीं, जो कि बाद में जोड़ा गया।

यह इस बात को साबित करता है कि भारत में यदि जनता की आकांक्षाओं को पूरा करने वाले कानून बनाकर लागू किए जाए तो वह व्यवस्था प्राप्त की जा सकती है, जो कि एक क्रान्ति के द्वारा प्राप्त की जाती है। विकास की गति को भी तेज किया जा सकता है। सर्वहारा की जनतांत्रिक तानाशाही इसका ऐतिहासिक उदाहरण है।

भारत में भी अपनी राजनीतिक व्यवस्था के संचालन के लिए एक संविधान बनाया गया। अपनी सभी आर्थिक, सामाजिक और सांस्कृतिक विषमताओं और अन्तर्विरोधों के बीच बनाया गया यह एक बेहतरीन संविधान था, जिसके उद्देश्य को संविधान की उद्देशिका (Preamble) में परिभाषित किया गया है, परन्तु समय के बीतने पर विकास के साथ, अन्तरविरोधों का समाधान किए जाने के बदले, उलटे अन्तर्विरोध ही संविधान पर हावी हो गए। परिणामस्वरूप संविधान का प्रकाश स्तम्भ, उसकी उद्देशिका, नकारा, निरर्थक और निरुपयोगी बना दी गई है। इसके पीछे मुख्य रूप से कारण रहा है राजनीतिक नेतृत्व पर से जनता का विश्वास खत्म हो जाना। विश्वास की इस समाप्ति का कारण रहा है, नेतृत्व द्वारा जनता का आर्थिक, सामाजिक विकास कर विषमताओं को मिटाने के बदले जनता को भावनात्मक रूप से भ्रमित किए रखना, ताकि वे ही वे घूम–फिरकर सत्ता में बने रहें, प्रत्येक चुनावी कसरत के बाद सरकार बना लें और उसे बनाए रखें। इसके बाद कुछ भी किया जा सकता है। इसे अगर साधारण भाषा में कहा जाए तो यह सही होगा कि प्रारम्भ से ही राजनीतिक नेतृत्व ने जनता को भावनात्मक रूप से ब्लैकमेल किया है और अपनी कार्यवाहियों को सही ठहराने के लिए संविधान में विभिन्न संशोधन किए गए हैं, जो कि न तो उद्देशिका के प्रकाश में बनाए गए हैं और न ही नीति के निर्देशक तत्वों को अमलीजामा पहनाने के प्रयास के रूप में है, बल्कि इनके विपरीत ही हैं। इस प्रक्रिया में अन्य बातों, प्रावधानों के अलावा अनुच्छेद 368 के प्रावधान मुख्य हैं, जो अपने मूल

रूप में ही संविधान के मूलस्वरूप के संरक्षण की देखभाल नहीं कर पाते हैं; 1971 के चौबीसवें संविधान संशोधन ने तो संविधान को साधारण कानून की श्रेणी में ला खड़ा किया।

संविधान की रक्षा का भार तब किस पर है? तपाक से कह दिया जाता है कि न्यायपालिका संविधान की संरक्षक है, परन्तु यह भी सही नहीं है, क्योंकि भारतीय न्यायपालिका, तद्नुसार उच्चतम न्यायालय की भी चारित्रिक विशेषता यह रही है कि वह संसद द्वारा पारित कानूनों की व्याख्या ही करता है। इसी प्रकार उच्चतम न्यायालय संविधान के पारित, अंगीकृत अधिनियम भाग की व्याख्या या उसके दायरे में रहकर विचार–विमर्श करने के लिए ही अभिशप्त है। वह संसद के विधायी अधिकार की व्याख्या या उस पर निर्देश नहीं दे सकता। ऐसे में यह कल्पना से परे है कि हमारा न्यायिक नेतृत्व संविधान के अधिनियमित भाग के बाहर आकर सामाजिक सरोकारों को रेखांकित करते हुए उद्देशिका से प्रेरित होकर निर्देश देगा। संविधान में लगातार किए गए और किए जा रहे संशोधन न्यायपालिका और स्वंय राष्ट्रपति को भी मूक संत की तरह बना चुके हैं और राजनीतिक नेतृत्व अपनी विधायी शक्तियों के नशे में उद्दण्डता की चरम सीमा तक पहुंच रहा है।

इन्हीं बातों को रेखांकित करते हुए जनता की उन सामाजिक, आर्थिक, सांस्कृतिक भावनाओं की ओर इशारा करने का प्रयास इस पुस्तक में किया गया है, जिनको आधार बनाकर जनता को भावनात्मक रूप से ब्लैकमेल किया गया। साठ वर्ष की समायवधि सोवियत संघ की तीस वर्ष से दो गुणा है, फिर भी हम विकास की सीढ़ियां तय नहीं कर पाए हैं। इसमें दोष किसका है? संविधान का या राजनीतिक नेतृत्व का? जवाब तलाश करने की कोशिश में सभी अपने–अपने तरीके से लगे हुये हैं। आशा है, पाठकगण भी जवाब तलाश करने का प्रयास करेंगे और किसी न किसी रूप में जनता के सामने दीपमाला का समूह रखेंगे, जो कि सुबह होने तक जनता को टिमटिमाता ही सही, प्रकाश देता रहेगा।

इस पुस्तक का लेखन 2004 में उज्जैन में रहते हुये शुरू किया गया था; तब से लेकर अब तक कई और तथ्यों का खुलासा हो गया है, जिनके सहारे इसके कलेवर को पर्याप्त रूप से विस्तार देने में सहायता मिली है। फिर भी, कई ऐसे नाजुक किस्म के मामले हैं, जिनके विषय में अपनी बात को सीधे तौर पर कह पाना राजनीतिक और प्रशासनिक कारणों से सम्भव

नहीं हो पाता है, ऐसे में विभिन्न विद्वानों, विचारकों और लेखकों के उद्धरणों के सहारे प्रस्तुत करना पड़ता है।

मैं उन सभी का आभारी हूँ और उनके प्रति कृतज्ञता प्रकट करता हूँ, विशेष रूप से उन पुस्तकों एवं आलेखों के लेखकों के प्रति जिनकी सहायता के बिना इस पुस्तक का लेखन संभव नहीं हो पाता। ऐसी पुस्तकों, पत्र–पत्रिकाओं और आलेखों का, जिनकी सूची इस पुस्तक के अन्त में दी गई है। जहाँ, ऐसे विषयों पर पठनीय सामग्री प्रायः अंग्रेजी में ही उपलब्ध है, अपनी ओर से राष्ट्र की भाषा हिन्दी में किया गया यह प्रयास निश्चित ही अपना स्थान रखता है। आशा करता हूँ कि साधारण पाठक गणों के लिये यह पुस्तक उनकी ही भाषा में कुछ विशिष्ट विषय–वस्तु उपलब्ध करवायेगी।

रामनिवास बैरवा

विषय सूची

भूमिका *vii*

लोकतन्त्र तक की यात्रा

1. व्यक्ति, समूह और सत्ता 3
2. लोकतन्त्र–जनता की आशा 11
3. लोकतन्त्र में विधानों की प्रेरक धारायें 22
4. भारत में कानून के राज का सिंहावलोकन 45
5. उत्तराधिकारी का चयन 114
6. बंटवारा 138

संविधान का निर्माण

7. संविधान का ऐतिहासिक विकास 155
8. कानून के राज के स्तम्भ 185
9. भारत का संविधान 191

संविधान का भारत या संवैधानिक भारत

10. उद्देशिका 219
11. राज्य की नीति के निर्देश तत्व 225
12. छुआछूत का उन्मूलन 234
13. धर्मनिरपेक्षता 245
14. शिक्षा 253
15. भाषा 260

16. कार्यपालिका 268

17. जन प्रतिनिधि 278

18. राजनीतिक पार्टियाँ 288

19. न्याय व्यवस्था 300

20. संविधान में संशोधन 317

दशा और दिशा

21. संघर्षों का सिलसिला 335

22. नई व्यवस्था की मिसालें 352

23. विकल्प 360

24. स्वीकार्य विरासत 376

25. क्या करें 407

उपसंहार 425

परिशिष्ट–1: संयुक्त राज्य अमरीका का संविधान 434

परिशिष्ट–2: फ्रांस का संविधान, 1958 458

परिशिष्ट–3: सोवियत समाजवादी गणतन्त्र संघ का संविधान 484

परिशिष्ट–4: भारत के राजा महाराजा 514

परिशिष्ट–5: अपनी सुरक्षा के लिए हमें पूरा पंजाब लेना होगा 517

परिशिष्ट–6: बापूजी, आप हमें नाराज स्कूल मास्टर की तरह डाँटते हैं 520

परिशिष्ट–7: क्रिप्स, नेहरू, आजाद के बराबर नहीं है 527

परिशिष्ट–8: मोहम्मद अली जिन्ना के दिनांक 11 अगस्त, 1947 को दिये गये प्रसिद्ध भाषण के मुख्य अंश 531

परिशिष्ट–9: कृषि–भूमि सुधार संबंधी आँकड़ों के मुख्य अंश 534

परिशिष्ट–10: भूखी रातों का सबक 536

संदर्भित पुस्तकें, पत्र–पत्रिकायें 542

लोकतन्त्र तक की यात्रा

"जो गरीब लोग इधर–उधर भटक रहे हैं, जिनके पास कोई काम नहीं है, जिन्हें कोई मजदूरी नहीं मिलती और जो भूख से मर रहे हैं, जो निरन्तर कचोटने वाली गरीबी के शिकार हैं, वे संविधान या उसकी विधि (उसके कानून) का गर्व नहीं कर सकते।"

–डॉ. सर्वपल्ली राधाकृष्णन

(दिनांक 25–2–1956 को "संसदीय लोकतंत्र" विषय पर गोष्ठी में दिए गए भाषण से)

1

व्यक्ति, समूह और सत्ता

कार्ल मार्क्स ने अंग्रेजों की एक विशेषता का उल्लेख तमाम आलोचनाओं के बीच भी बड़ी प्रशंसा भरे शब्दों में किया है, "अंग्रेज किसी विषय, बात या तथ्य के उद्‌गम तक जाकर उसका सम्पूर्ण ज्ञान प्राप्त करने का प्रयास करते हैं।" निश्चय ही कार्ल मार्क्स ने भी अंग्रेजों के इसी गुण को आत्मसात किया था और पूंजीवाद संबंधी तथ्यों की पड़ताल उनके उद्‌गम से प्रारम्भ कर वर्तमान का मूल्यांकन किया और भविष्य की रूपरेखा खींची।

यह भी सत्य है कि मनुष्य समाज में राजनीतिक और सामाजिक ढांचा, आर्थिक ढांचे, यानि कि अर्थव्यवस्था से प्रभावित होता है। जैसी अर्थव्यवस्था होगी, समाज की व्यवस्था उसी को मुखरित करती हुई होगी और संचालन के लिए राजनीतिक व्यवस्था भी उन्हीं के अनुरूप होगी। निश्चित रूप से व्यक्तियों के विचार भी इन्हीं के अनुसार बनते, बढ़ते और बिगड़ते या बदलते हैं।

अर्थव्यवस्था में कौन–सा समूह या वर्ग प्रमुख भूमिका निभाता है और कौन–सा गौण तथा कौन–सा समूह उसका भुक्तभोगी या पीड़ित होता है, शोषित होता है, उपेक्षित होता है, निरन्तर गतिशील, विकासवान व्यवस्था में ये ही तत्व समूहों और व्यक्तियों की भूमिका का निर्धारण करते हैं।

एक व्यवस्था के चरम विकास के साथ ही उसमें अन्तर्निहित दूसरी व्यवस्था के बीज विकसित होकर पुरानी चरम पर पहुंची व्यवस्था को क्षयमान बना देते हैं और अंततः उसका स्थान ले लेते हैं। उस नव–विकसित व्यवस्था में किस समूह की भूमिका प्रमुख है, वहीं तत्कालीन समाज का अभिजात समूह, सत्ता का कब्जेदार होता है तथा उस समूह का या समूह के प्रतिनिधि व्यक्ति उस व्यवस्था का व्याख्याकार बनकर उभरता है, उसे नीतिकार के रूप

में स्थापित किया जाता है। तदनुरूप नई व्यवस्था को सुचारू बनाने के लिए या तो राजनीतिक क्रान्ति द्वारा सत्ता परिवर्तन किया जाता है या समानान्तर व्यवस्था बनाने के लिए विद्यमान राजनीतिक व्यवस्था में परिवर्तन किये जाते हैं।

कानूनों का निर्माण और उनके संशोधन इसी प्रक्रिया के अनिवार्य अंग हैं।

अपनी विशेषताओं के अनुरूप अंग्रेजों ने भारत का भी गहराई से अध्ययन किया, श्रुति, सूक्तियों, ग्रंथों के माध्यम से भारत के जनमानस और जन–मनोविज्ञान का, उनके उद्‌गम से अध्ययन कर इस बात को पक्की तरह से रेखांकित कर लिया कि भारत का जनमानस क्या है![1] भारत का इतिहास क्या है उसके स्रोत क्या हैं, उसकी तथाकथित सभ्यता के स्रोत और निर्णायक ध्रुव बिन्दु क्या हैं![2] उसके विचारों का रुख–रुझान क्या है![3] उन्हें किस प्रकार शासित अनुशासित किया जा सकता है, इस संबंध में अलग–अलग विषय के अलग–अलग स्रोत हो सकते हैं, जिन्हें निचोड़कर एक जगह ले आना मुश्किल काम है। परन्तु इस काम को इंग्लैण्ड में शिक्षित–प्रशिक्षित एक भारतीय ने अंजाम दिया है। इन सबका निचोड़ जवाहरलाल नेहरू ने अपनी पुस्तक *डिस्कवरी ऑफ इंडिया* में संग्रहित किया है। इसमें अंग्रेजों के भारत के प्रति दृष्टिकोण को सही रूप में प्रस्तुत किया है। शायद इसमें भारत का अपना कुछ भी नहीं है, सिवाय नामों और प्रसंगों के।

सबसे पहले, भारत की स्वायत्त आत्मनिर्भर ग्रामीण व्यवस्था, जो आर्थिक और राजनीतिक रूप से स्वायत्त थी, उसकी स्थानीयता एक विशेष प्रकार की संस्कृति की संवाहक भी थी, जिसमें धर्म और जातीय विभाजन का निकृष्टतम रूप में होते हुए भी अकल्पनीय एकता थी। उन्हें ऊपर की सत्ता को लगान देने के अलावा और कोई मतलब नहीं होता था उनसे! हां, जब भी अकाल, महामारी आती या आक्रमणकारी सेनाएं उधर से तबाही मचाते हुए गुजरतीं तो वे जरूर उम्मीद करते थे, कि उन तबाहकारी स्थितियों से उनकी रक्षा की जाये। पर ऐसा अक्सर संभव नहीं होता था, बस अपना पुनर्निर्माण स्थानीय संसाधनों से ही करते थे। इसी स्थिति का फायदा अंग्रेज शासन ने

1. निष्ठावान, धर्मभीरू और जातीय रूप में विभाजित।
2. श्रुतियाँ, शिलालेख, पुराण और लिखित इतिहास का अभाव।
3. शीघ्र ग्राह्य और उच्चदक्षता, नवीन को आत्मसात करना।

समय–समय पर उठाया।[4] मशीनों के उपयोग से स्थानीय आत्मनिर्भरता को भंग कर जनता को दूसरे इलाकों में जाने के लिए आधार उपलब्ध करवाया गया। जिससे आगे चलकर एकल परिवार की नींव पड़ी और समाज का नया रूप सामाजिक रूढ़ियों को तोड़ने के रूप में सामने आया। इस नये वातावरण में आए लोगों को नये सम्पर्क भी मिले और अपनी सामाजिक हैसियत बनाने, आर्थिक आधार को स्थायित्व प्रदान करने के लिए आवश्यकतानुसार पुराने विचारों, पूर्वाग्रहों को तोड़कर नए रूप में ढला नया वर्ग उभरा, जो नये शैक्षिक वातावरण को शीघ्रता से अपनाने के लिए लालायित था। भारत का भविष्य इन्हीं के हाथ में आने वाला था।

दूसरे, धर्म के प्रति आस्था। हालांकि सभी संस्कृतियों में और देशों में धर्म के प्रति आस्था नजर आती है, लेकिन भारत में धर्म उस रूप में नहीं रहा है, जैसा कि दूसरे देशों या संस्कृतियों में रहा है। अन्य धर्म प्रायः व्यक्ति प्रवर्तित और व्यक्ति केन्द्रित हैं, जहाँ धर्म की आलोचना का कोई स्थान नहीं है। जबकि भारत में धर्म किसी एक व्यक्ति द्वारा प्रचलित और एक व्यक्ति पर केन्द्रित नहीं है। इसमें आलोचना की पूरी छूट है। नये विचारों को भी स्थान देने की क्षमता इसी में है। अतः भारत का धार्मिक लचीलापन, साथ ही पुनर्जन्म और गुरु पर केन्द्रित आस्था के कारण अन्य धर्मों से अधिक विशाल दिखाई देता है। यह तथ्य भी रेखांकित किये जाने योग्य है कि इस्लाम के भारत में आने के बाद ही व्यक्ति केन्द्रित सम्प्रदायों का चलन हुआ। इससे यह हुआ कि वर्षों तक सत्ता के सहारे फला फूला अभिजात धर्म इस्लाम व्यक्ति

---

4. पूंजीवाद–पूर्व राष्ट्रीय उत्पादन प्रणालियों के आन्तरिक ठोसपन तथा संगठन द्वारा वाणिज्य के क्षयकारी प्रभाव के आगे पेश की जाने वाली बाधाएं अंग्रेजों के भारत तथा चीन के साथ सम्पर्क में बड़े सुस्पष्ट रूप में देखी जा सकती है। यहाँ छोटे पैमाने की कृषि और गृह–उद्योग की एकता उत्पादन प्रणाली का व्यापक आधार प्रदान करती है, जिसमें हमें भारत के मामले में भूमि के साझे स्वामित्व पर निर्मित ग्राम समुदायों के रूप को भी जोड़ना चाहिए, जो प्रसंगतः चीन में भी मूलरूप था। अंग्रेजों ने भारत में इन छोटे आर्थिक समुदायों को भंग करने के लिये शासकों और भू–स्वामियों के नाते अपनी प्रत्यक्ष राजनीतिक तथा आर्थिक शक्ति का अविलम्ब प्रयोग किया। अगर किसी राष्ट्र का इतिहास व्यर्थ और वस्तुतः निरर्थक (व्यवहार में घृणित) आर्थिक प्रयोगों का सिलसिला है, तो यह भारत में अंग्रेजों का इतिहास है। बंगाल में उन्होंने इंग्लैण्ड की विशाल जागीरों की उपहासजनक नकल खड़ी की, दक्षिण–पूर्वी भारत में छोटी बंटी हुई भू-संपत्ति की नकल पैदा की, उत्तर–पश्चिम में उन्होंने जमीन के साझे स्वामित्व के भारतीय आर्थिक समुदाय को अपनी ही भौंडी नकल में बदलने के लिए भरसक सभी कुछ किया।

–कार्ल मार्क्स 'पूंजी', खण्ड 3, अध्याय 20 हिन्दी (मास्को), पृ. 291।

केन्द्रित सम्प्रदायों में विशालतम रूप धारण कर चुका था और अपने प्रतिद्वंद्वी भारतीय धर्म में अपनी जगह भी बना चुका था। लिहाजा, बिखरे हुए विभिन्न समुदायों को एक समूह में डालकर हिन्दू धर्म कहा जाने लगा और इस्लाम भी अभिजातों का धर्म बनकर अपनी जड़ें जमा चुका था।

अंग्रेजों ने इस तथ्य को समझा और हिन्दुओं के साथ एकाकार होते हुए इस्लाम को अलग से चिन्हित करते हुए मुसलमानों को परंपरागत भारतीय संस्कृति में अलग करने की कोशिश की। इस कोशिश का दर्शन हमें अंग्रेजों के लगभग सभी राजनीतिक, सामाजिक और कानूनी संदर्भों में नजर आता है। उनका शायद यह निष्कर्ष रहा हो कि परंपरागत रूप से एक होते हिन्दू–मुस्लिमों को अलग–अलग किया जाए और इनमें से उभरने वाले नए तत्वों–व्यक्तियों को निष्पक्ष होने का तमगा देते हुए अपनी ब्रिटिश संस्कृति का संवाहक बनाया जाए।

इसी कड़ी में भारत की जातीय समाज व्यवस्था की भी उल्लेखनीय भूमिका रही है। यह एक अजीब तथ्य है कि जातीय रूप से कभी एक साथ बैठ–उठ नहीं करने वाले भारतीय समाज में गजब की धार्मिक एकता रही है। उस धार्मिक एकता को तोड़ने के लिए भी जातीय विसंगतियों का इस्तेमाल किया गया। हमेशा शोषित और तबाह पिछड़ी जातियां अंग्रेजों को अपने नये सामाजिक वाहक के रूप में मिलीं। उन्हें थोड़ा सा सम्मान देकर एक नया वर्ग उभारने की कोशिश की गई। इसमें मुख्य रूप से मजदूर, सैनिक निम्न श्रेणी के कर्मचारी और निजी नौकर थे। इनको सम्मानजनक, सामाजिक जीवन की गारंटी देने के लिए ईसाई बनाना आसान रहा और धर्म परिवर्तन के बाद सम्पत्ति से हाथ नहीं धोना पड़े, इसके लिए 1836 की स्थानीय विधि (*Lex-Loci*) रिपोर्ट के अनुसरण में "जाति नियोग्यता निवारण अधिनियम, 1850" (Caste Disability Removal Act, 1850) लागू किया गया।

यह जाति प्रथा अपने तमाम सामाजिक, राजनीतिक, आर्थिक और कानूनी सुधारों की सदिच्छाओं के बावजूद भविष्य में भी शासन को स्थायित्व के लिए एक गारंटी देने वाला तत्व था। धर्म के आधार पर विभाजन के बाद जातीय विभाजन का सहारा लेकर जनता को एक नहीं होने देना एक महत्वपूर्ण तत्व के रूप में रेखांकित रहा है।

तीसरे, भारत की सभ्यता और संस्कृति के बारे में निकाले गए कुछ निष्कर्ष, अपनी सभी सर्वोच्चताओं के बावजूद, अंग्रेजों द्वारा तैयार की जाने वाली पीढ़ी को यह समझाने के लिए काफी था कि भारत की संस्कृति एक आदिम और मध्यकालीन संस्कृति और सभ्यताओं का मिश्रण होने के कारण

पिछड़ी हुई है। इसका कोई लम्बा और गौरवपूर्ण इतिहास नहीं है। जो इतिहास है, वह केवल दो–अढ़ाई हजार सालों का ही इतिहास है। इसी छोटी सी अवधि में वेद भी लिखे गए, पुराण भी लिखे गए, व्याकरण जैसे ग्रंथ, आयुर्वेद जैसी पद्धति और वैशैषिक, न्याय, मीमांसा और योग जैसे दर्शन भी लिखे गए। बिना किसी तर्क के यह स्वीकार कराया जाता रहा है कि राम और कृष्ण जैसे भारतीय व्यक्तित्व, जो जनमानस की नींव थे या तो काल्पनिक चरित्र हैं या हुए भी हैं तो सिर्फ अढ़ाई हजार साल के अन्दर–अन्दर। अंग्रेजों के इन्हीं निष्कर्षों का आज भी भारत के इतिहासकार अनुसरण ही नहीं करते, बल्कि इनको गलत साबित करने वालों को दकियानूसी, काल्पनिक आदि कहकर उनकी आलोचना की जाती है। जबकि इनका या उनका स्रोत कर्नल जेम्स टॉड जैसे अंग्रेज अफसर हैं, जिसने श्रुतियों, स्मृतियों के आधार पर केवल राजघरानों के बारे में लिखा है और जिसे आज सबसे पुरानी प्रामाणिक इतिहास पुस्तक माना जाता है।

इतिहास को सीमित अवधि में समेटने के पीछे शायद यह कारण रहा हो कि भारतीय कभी भी यह एहसास नहीं पाल लें कि वे एक समृद्ध और पुरातन सभ्यता की परंपरा के एक संवाहक अंग हैं, जिनका इतिहास विश्व के किसी भी देश या सभ्यता और संस्कृति के इतिहास से पुराना है, अतः उनकी वरिष्ठता, वरीयता और श्रेष्ठता अन्य सब पर वजनदार है। किसी में भी कमतरी का एहसास, हीनभावना को झिंकझोड़ते रखने का यह एक आसान सा मनोवैज्ञानिक कारण है, जिसके आधार पर किसी को भी हमेशा के लिए नई सभ्यता और संस्कृति अपनाने के लिए प्रेरित करते रहा जा सकता है। निकृष्ट, घटिया और सीमित को छोड़कर उत्कृष्ट, श्रेष्ठ और विशाल की तरफ जाना मानव मन का स्वाभाविक गुण है। अंग्रेजों ने इस तत्व का भी बखूबी दोहन किया है और अपनी हित साधक संस्कृति को स्थायित्व प्रदान किया है। भारत में यह सांस्कृतिक कलमगिरी (Cultural Grafting) ही कही जा सकती है जबकि अमरीका के मामले में यह सांस्कृतिक पौधारोपण (Cultural Transplantation) था।

अमरीका अप्रवासियों का देश कहलाता है, वहां पर जाकर बसने वाले सभी लोग यूरोपीय देशों के थे। वहां की स्थानीय नीग्रो जनता बिल्कुल आदिम स्वरूप में रहती थी। अतः यूरोप से जाने वालों के लिए एक नया देश मिल गया था। वहां पर प्रतियोगिता करने वाली स्थानीय जनता, सभ्यता या संस्कृति नहीं थी। बल्कि यूरोप की समानान्तर समकालीन संस्कृतियां ही थीं। इनमें भी साम्राज्यवादी लूट में अग्रणी अंग्रेजों का वर्चस्व रहा। आर्थिक रूप से अमरीका का दोहन करके यूरोप पहुंचना, वहां जा बसे लोगों को उचित

प्रतीत नहीं हुआ, अतः वहां जा बसे लोगों ने अपने–अपने पितृ–देश (Father Land) के प्रति वफादारी को तिलांजलि देकर अमरीका में ही स्थायी रूप से बसना स्वीकार कर लिया। फलस्वरूप यूरोपीय देशों का वर्चस्व बनाये रखने वाले सत्ता के प्रतिनिधियों के विरुद्ध वहां जा बसे व्यापारियों ने विद्रोह किया। 1763 से वहां व्यापारियों ने विद्रोह किया और 1776 में वहां के अप्रवासियों ने स्वतंत्रता की घोषणा की तथा अमरीका स्वतंत्र देश के रूप में दुनिया के सामने आया।

वहां, चूंकि व्यापारी वर्ग सत्ता पर कब्जा कर चुका था, अतः यूरोपीय राजशाही का कोई तत्व वहां कार्य नहीं कर सकता था। इसी कारण ब्रिटेन की तरह वहां पार्टी पद्धति की लोकतंत्रीय प्रणाली लागू की गई। अन्य कोई प्रतिद्वंद्वी नहीं होने के कारण अंग्रेजी भाषा और संस्कृति निर्बाध फलती फूलती गई। इसके विपरीत भारत में एक विकसित और सम्पन्न सभ्यता और संस्कृति से सामना था अंग्रेजों का, जो अपने ही अन्तर्विरोधों और विशिष्टताओं के चलते अंग्रेजों के अधीन हो गई। कोई अन्य समकालीन यूरोपीय प्रतिद्वंद्वी नहीं होने के कारण भारत में सब कुछ अपने हितों के अनुरूप ढालने का मौका अंग्रेजों को मिला। यही फर्क रहा है अमरीका और भारत में। अमरीका में यूरोपीय पौधे लगाए गए, जबकि भारत में मनुष्यों में कलम लगाकर उन्हें बदला गया। इस कलमगिरी का ही परिणाम है कि अंग्रेजों को और अंग्रेज संस्कृति को प्रतिद्वंद्वी नहीं माना जाकर अपना मूल (जैविक नहीं) मानसिक, सांस्कृतिक अंग ही माना जाता है। और वे उनसे स्वतंत्रता के वाहक नहीं बल्कि उनके ही वाहक के रूप में स्थापित हैं। यही कारण है कि भारत का किसी देश के साथ एफिल टावर और स्वतंत्रता की मूर्ति (Statue of Liberty) का आदान–प्रदान नहीं हुआ है।

अंग्रेजों ने एक और विशेष गुण भारतीयों में पाया। वह था किसी भी ज्ञान की बात को शीघ्रता से और दक्षता से ग्रहण कर लेना और उसे आत्मसात भी कर लेना। यह गुण भारतीयों में संभवतः इस कारण से रहा हो कि ग्रामीण जातीय व्यवस्था में प्रत्येक जाति का एक विशेष प्रकार का व्यवसाय होता था। औपचारिक शिक्षा अनावश्यक थी ही। अतः परिवार के बच्चे छोटी उम्र में ही जब उनकी सीखने, ग्रहण करने और आत्मसात करने की क्षमता होती है, वे अपने पैतृक कार्य में कुशलता प्राप्त कर लेते थे। यही कारण रहा हो कि भारतीय किसी भी बात को बारीकी से दक्षतापूर्वक अपना भी लेते हैं, आत्मसात भी कर लेते हैं और उसका पुनरुत्पादन भी कर लेते हैं।

इसी कारण भारत में स्थानीय रूप से औद्योगीकरण शीघ्रता से हो सका और भारतीय समाज करवट लेकर नये रूप में ढलने लगा। पुराने को छोड़कर

नया ग्रहण करना गीता का भी उपदेश रहा है। नये की लालसा और उसे हासिल करने की अकुलाहट को अंग्रेजों ने अच्छी तरह से समझा।

भाषा को धर्म से जोड़ा और प्रांतों तक सीमित कर दिया ताकि अंग्रेजी का प्रचार–प्रसार गहरी जड़ों के साथ हो। प्रधानमंत्री नेहरू ने त्रिभाषा फार्मूला इसी कड़ी 1960–61 में जारी किया था।

भारतीयों के द्वारा नये को शीघ्रता से ग्रहण करने के गुण को एक अन्य क्षेत्र में भी इस्तेमाल किया और वह है भाषा।

अंग्रेजों ने भारत की किसी भी भाषा को भारतीय स्वीकार नहीं किया। भाषाओं को उन्होंने विभिन्न प्रान्तों की भाषा के रूप में प्रचारित कर सीमित क्षेत्र की भाषा बना दिया। जो भाषाएं सम्पूर्ण भारत में प्रचलित थी, उन्हें धर्म से जोड़कर एक–दूसरे का विरोधी बना दिया। संस्कृत को केवल कर्मकाण्ड की भाषा के रूप में प्रचारित करके हिन्दुओं की भाषा बना दिया और उर्दू को इस्लाम की विशाल क्षेत्र में बोली जाने वाली प्रचलित भाषा। हिन्दी को हिन्दी के रूप में मान्यता ही नहीं दी। उसे विभिन्न बोलियों में विभाजित कर, अवधि, मैथिली, बृज, भोजपुरी, बुंदेली, हरियाणवी, मारवाड़ी आदि के रूप में ही प्रचारित किया। जब हिन्दी को उर्दू या संस्कृत के मुकाबले सम्पूर्ण भारत की भाषा बनाने का प्रयास किया गया तो उसे खड़ी बोली, हिन्दुस्तानी आदि विभिन्न नाम देकर संकुचित रूप में प्रचारित किया।

ऐसी स्थिति में यह आसान हो गया था कि सभी प्रान्तों से ऊपर, सभी धर्मों से ऊपर, सम्पूर्ण भारत की भाषा के रूप में अंग्रेजी भाषा को स्थापित कर दिया जाए। राजकीय व्यवहार के सहारे, यह और भी आसान हो गया था। अतः धर्मनिरपेक्ष भाषा के रूप में अंग्रेजी को स्थापित किया गया, बेशक ईसाइयों की भाषा अंग्रेजी ही थी, परन्तु भारत के संदर्भ में ईसाई एक धर्म नहीं था, बल्कि एक धर्मनिरपेक्ष शासकों के सम्प्रदाय के रूप में स्थापित किया गया।

दूसरी तरफ विभिन्न प्रान्तों की भाषाओं, बोलियों को हिन्दी के मुकाबले में उभारकर देशी साम्राज्यवाद के प्रतीक के रूप में निरूपित किया और अंग्रेजी को सभी प्रान्तों की भाषा के रूप में भी स्थापित करने में सफलता प्राप्त की। भारतीयों ने नई भाषा को भी आसानी से उसके अपने शास्त्रीय रूप में सीखा और संजोकर रखा है। ऐसा अमरीका ने भी नहीं किया।

जिस प्रकार से यह सब सम्पादित हुआ है, वह कोई अनिवार्य सामाजिक विकास के कारण नहीं हुआ, बल्कि सत्ताधारी वर्ग के स्वयं के हितों के अनुरूप किया गया है। यहाँ यह विभेद नहीं किया जा सकता है कि अब सत्ता पर

अंग्रेज नहीं बल्कि भारतीय ही हैं, अतः वर्ग भेद नहीं किया जा सकता। जाहिर है कि अंग्रेजों ने सत्ता भारत की जनता को हस्तान्तरित नहीं की थी, बल्कि भारतीय समाज के उस वर्ग को सत्ता सौंपी थी जो उनकी कसौटियों पर उनका विश्वस्त साबित हो चुका था। उसी वर्ग के प्रतिनिधि व्यक्ति जब राजनीतिक सत्ता पर काबिज़ होते हैं तो सरकार की तरफ से होने वाली सारी पहल जनता के नाम पर होते हुए भी वह जनता के हित में नहीं होती, बल्कि एक समूह के हितार्थ ही होती है। व्यक्ति अकेला कुछ नहीं होता, पर समूह में वह एक ताकत होता है। समूह के सत्ता पर काबिज होने पर व्यक्ति की भूमिका पुनः अहम हो जाती है, जिसकी पहल पर सत्ता का संचालन निर्भर होता है, और जिसका प्रभाव पूरे समाज पर पूरे इतिहास पर पड़ता है। इतिहास में भारतीय समाज ने जयचंद भी देखे हैं तो मीर जाफर भी। आगे के इतिहास का मूल्यांकन समाज द्वारा करना अभी बाकी है।

मैकाले ने शायद भारत को ब्रिटेन का स्थायी मानसिक और सांस्कृतिक उपनिवेश बनाने का सपना देखा था। वह साकार हुआ। नतीजतन अंग्रेजों ने भारतीय समाज की प्रत्येक गतिविधि को किसी न किसी सीमित सांचे में ढालकर एक ब्रांड बना दिया। जिसे हम राष्ट्रीय स्तर पर एक पाते हैं, उसे धर्म के आधार पर विभाजित करना सिखा दिया, जिसे हम पूरक मानते हैं उसे प्रान्तीय या स्थानीय बना दिया। सम्पूर्ण राष्ट्र के लिए "भारतीय" कुछ भी नहीं छोड़ा गया। मनुष्यों को धर्म और प्रान्तों में सीमित कर दिया, भाषाओं को प्रान्तीय बनाकर आपस में संघर्ष के लिए मार्ग खोल दिया। संस्कृति को स्थानीयताओं के दायरे में समेटकर रख दिया। परिणाम यह हुआ कि राष्ट्रीयता की वाहक अंग्रेजी और पाश्चात्य संस्कृति बन गई, बाकी भारत कहीं का नहीं रहा। मूल्यांकन का पैमाना धर्म हो गया, प्रान्त हो गए।

2

लोकतन्त्र–जनता की आशा

"भगवान" शब्द के बाद यदि किसी शब्द का अत्यधिक दुरुपयोग हुआ है तो वह है "लोकतन्त्र"[1]। दोनों ही शब्द अमूर्त संज्ञाओं के लिए प्रयोग में लाए जाते हैं और दोनों की जनता ही आशा और आस्था के शिखर पर हैं।

दुरुपयोग उसी का किया जाता है जिसमें या जिस पर जनता की आस्था और विश्वास शिखर पर हो। जिस प्रकार "भगवान" पर लोगों का अटूट विश्वास है, उसका दुरुपयोग करने वाले अपनी अलग–अलग व्याख्याएं करके अलग–अलग गुट या सम्प्रदाय बना लेते हैं और विश्वास करने वाली जनता को धोखा देते हैं, ठीक उसी प्रकार अमूर्त "लोकतंत्र" का भी दुरुपयोग करने वाले अपने–अपने हित साधन के अनुसार व्याख्याएँ करते हैं। राजनीतिक रूप से और सामाजिक तथा आर्थिक रूप से भी अपना वर्चस्व कायम रखने के लिए दुरुपयोग करते हैं। किसी भी देश में आर्थिक रूप से एक व्यवस्था से दूसरी विकसित व्यवस्था में संक्रमण के दौरान "लोकतंत्र" का दुरुपयोग जनता के लिये बहुत ही दुःखदायी बनकर उभरता है।

"भगवान" को लेकर बनाए गए विभिन्न धर्मों और सम्प्रदायों या गुटों के अनुरूप लोकतंत्र को लेकर "राजनीतिक पार्टियां" हमारे सामने उभरती हैं, जिनके और विकेन्द्रीकरण पर विभिन्न श्रम संगठन, किसान संगठन, युवा संगठन, महिला संगठन, वकीलों के संगठन, विद्यार्थियों के संगठन, इत्यादि के रूप में उभरते हैं।

फिर भी "लोकतंत्र" हमारी आशा का केन्द्र है, ठीक उसी प्रकार जैसे कि "भगवान" हमारी आस्था और विश्वास के शिखर पर हैं।

---

1. 'समाजवाद' शब्द का दुरुपयोग भी लगभग इनके बराबर ही हुआ है। कई मामलों में यह लोकतंत्र के पूरक के रूप में प्रयुक्त किया जाता रहा है।

इसी विश्वास को डॉ. अंबेडकर ने सर्वोपरि रखकर संविधान सभा में अपने समापन भाषण में अमूर्त लोकतंत्र का एक खाका खींचा था–

"यदि राजनीतिक लोकतंत्र का आधार सामाजिक लोकतंत्र नहीं है तो वह नष्ट हो जायेगा। सामाजिक लोकतंत्र का क्या अर्थ है, इसका अर्थ है वह जीवन पद्धति जो स्वतंत्रता, समानता और बंधुता को मान्यता देती है। जिसमें ये दोनों अलग–अलग न माने जाकर त्रिमूर्ति के रूप में माने जाते हैं। वे इस त्रिमूर्ति का एकीकरण हैं। इस अर्थ में यदि एक को हम दूसरे से अलग कर दें तो लोकतंत्र का आशय निष्फल हो जाएगा। स्वतंत्रता को समानता से अलग नहीं किया जा सकता, समानता को स्वतंत्रता से पृथक नहीं किया जा सकता। इसी प्रकार स्वतंत्रता और समानता को बंधुत्व से अलग नहीं किया जा सकता।"[2]

और निर्मित संविधान से ऐसी ही आशा की थी, और उसे भारत की जनता की तत्कालीन स्वघोषित प्रतिनिधि सरकार के हवाले कर दिया था, जिसके सर्वेसर्वा और उसे लागू करने की आधारशिला रखने वाले कानूनों के विशेषज्ञ बैरिस्टर जवाहरलाल नेहरू ने 25 फरवरी, 1956 को "संसदीय लोकतंत्र" विषय पर एक गोष्ठी के उद्घाटन भाषण में कहा था–

"भूतकाल में लोकतन्त्र को राजनीतिक लोकतंत्र के रूप में ही पहचाना गया, जिसमें मोटे तौर से एक व्यक्ति का एक मत होता है। किन्तु मत का उस व्यक्ति के लिए कोई महत्व नहीं होता जो निर्धन और निर्बल है या ऐसे व्यक्ति के लिए जो भूखा है और भूख से मर रहा है। राजनीतिक–लोकतंत्र अपने आप में पर्याप्त नहीं है। उसका आर्थिक लोकतंत्र और समानता में धीरे–धीरे वृद्धि करने के लिए और जीवन की सुख–सुविधाओं को दूसरों तक पहुंचाने के लिए तथा सभी असमानताओं को हटाने के लिए प्रयोग किया जा सकता है।"

विडंबना है कि असमानताओं को हटाने के लिए लोकतंत्र का प्रयोग करने का आह्वान करने वाले वर्तमान भारत की आधारशिला रखने वाले पहले प्रधानमंत्री जवाहरलाल नेहरू ने अनायास ही (या किसी लक्ष्य को लेकर) अपने नाम के पहले 'पंडित' जैसा विशेषण जोड़कर व्यवहार में क्या प्रकट किया, किस दिशा में कदम बढ़ाए, भारत की बगिया में फूल बोए या कांटे, इसका मूल्यांकन आज देश का बच्चा–बच्चा करना चाह रहा है। लोकतंत्र को जिन आकांक्षाओं का वाहक बनाकर संविधान का निर्माण कर अंगीकृत किया उसके अधीन भारत किधर जा रहा है। कौन–कौन से पड़ाव आए, उसी

---

2. संविधान सभा में समापन भाषण।

का सिंहावलोकन आज की ऐतिहासिक और सामाजिक एवं राजनीतिक आवश्यकता है।

देश में जब भी लोकसभा के लिए प्रतिनिधियों के चुनाव का समय आता है या देश के किसी भी प्रान्त/राज्य की विधानसभा के लिए प्रतिनिधियों के चुनाव का समय आता है, एक उत्सव जैसी हलचल शुरू हो जाती है। सभी अखबार और समाचार चैनलों में गजब की सक्रियता आ जाती है और मुख्य प्रश्न उभरकर सामने आता है, जिसके इर्द–गिर्द सारी सरकारी मशीन सक्रिय हो जाती है। वह प्रश्न है "स्वतन्त्र" और "निष्पक्ष" चुनाव सम्पन्न किये जाने का। इन दोनों शब्दों का प्रयोग ही "लोकतन्त्र" के बारे में कई सवाल खड़े कर देता है।

"स्वतन्त्र" शब्द जनता को अपना मत देने की स्वतंत्रता को व्यावहारिक रूप देने से जुड़ा है, जिसके जरिये जनता अपना सही प्रतिनिधि चुन सके और "निष्पक्ष" शब्द चुनावों का संचालन करने वाली मशीनरी (चुनाव आयोग और उसके अधीन कार्य के लिए लगाई जाने वाली नौकरशाही) के लिए कसौटी है। जाहिर है निष्पक्षता की कसौटी चुनाव–बूथ से सौ–दो सौ मीटर के दायरे में या चुनाव क्षेत्र की सीमा के अन्दर किन्हीं विशिष्ट प्रकार के कार्यों को प्रतिबंधित कर देना मात्र है। बाकी "निष्पक्षता" की कसौटी के दायरे में नहीं आते हैं।

अतः यदि किसी दल विशेष ने या किसी समूह विशेष ने कोई शिकायत नहीं की तो यह मान लिया जाता है कि चुनाव "स्वतंत्र" और "निष्पक्ष" हुए हैं।

दूसरा सवाल जो उठता है वह है, "जनप्रतिनिधियों का चुनाव"। "जनप्रतिनिधि" शब्द का बड़ा ही दुर्भाग्यपूर्ण रूप से प्रयोग किया जाता है। प्रारंभ से लेकर अभी तक किसी भी चुनाव में जनता ने अपना प्रतिनिधि नहीं चुना है, बल्कि राजनीतिक दलों के प्रतिनिधियों का ही चुनाव किया जाता रहा है। यदि कहीं पर जनता का प्रतिनिधि चुनाव में प्रत्याशी बनता है तो उसे "निर्दलीय" नाम देकर बहिष्कृत, हेय दृष्टि से देखा जाता है, जिसकी "लोकतंत्र" के इस पावन कार्य में कोई गणना नहीं होती है। यहां तक कि दलों के प्रतिनिधियों द्वारा निर्दलियों पर अंकुश लगाने के लिए, कभी प्रस्ताव पास किए जाते हैं, कभी चुनाव आयोग के माध्यम से अंकुश लगाये जाते हैं और कभी कानून बनाकर उन्हें मार्ग से हटाने का प्रयास किया जाता है, जिससे कि "राजनीतिक पार्टियों" के ही प्रतिनिधि चुने जायें, "जनता" का कोई प्रतिनिधि नहीं चुना जा सके।

और, चुनावों के बाद जो तथ्य उभरकर आता है वह संविधान की दृष्टि से अत्यन्त दुःखदायी है। यदि किसी एक दल को बहुमत मिल जाता है तो यह लोकतंत्र की जीत है और यदि किसी भी दल को बहुमत नहीं मिलता है तो उस स्थिति के लिए एक अनोखा शब्द प्रयोग में लाया जाता है और वह है "त्रिशंकु" (या Hung) लोकसभा या त्रिशंकु विधानसभा। ऐसी स्थिति में सभी दलों की भागदौड़ शुरू हो जाती है। सांसदों या विधायकों को समर्थन देने के लिए दल या गुट लालच देकर अपने पक्ष में मिलाने का प्रयास करते हैं। यदि यह संभव नहीं हो पाता है तो दलों के समूह बनाने का प्रयास किया जाता है, जिसे "गठबंधन" या "गठबंधन सरकार" कहने का चलन हो गया है। फिर बाद में किसी एक गुट या दल की नाराजगी सरकार के अस्तित्व के लिए खतरा बन जाती है। इस प्रकार लोकसभा या विधानसभा जनता की आशाओं के मंच न बनकर विभिन्न राजनीतिक–दलों की उखाड़, पछाड़ और स्वार्थसिद्धि की मंच बन जाते हैं।

जनता बेबस होकर यह सब तमाशा देखती रहती है और उसकी आशाओं का प्रतीक "संविधान" अपना खुद का मखौल उड़ते–उड़ाते हुए देख एक अलमारी में पड़ा सिसकता रहता है।

संविधान में जनता को अपना प्रतिनिधि चुनने का अधिकार दिया गया है और जनप्रतिनिधियों के बहुमत वाले भाग को सरकार बनाने और चलाने का निर्देश दिया है। जब पूरे प्रतिनिधि चुन लिये गये हों तो फिर त्रिशंकु लोकसभा या विधानसभा कैसे हो सकती है? जाहिर है लोकसभा या विधानसभा में सरकार चुनने का अधिकार राजनीतिक दलों ने हथिया लिया है। सरकार का चुनाव लोकसभा या विधानसभा में न होकर किसी राजनीतिक पार्टी के दफ्तर में या उसके प्रमुख नेता के घर पर होता है।

संविधान के किसी भी अनुच्छेद में यह नहीं लिखा है कि "अधिक सीटें प्राप्त" राजनीतिक दल के प्रतिनिधि ही सरकार बनाएँगे? फिर यह उलट–फेर कहां से हो गया, कब से शुरू हुआ? .... क्यों हुआ?

प्रत्येक चुनाव के बाद जब सरकार बदलती है, हम लोकतंत्र की परिपक्वता की बात करते हैं। यह सही भी है। सरकार किसी भी दल की बने, परिवर्तन जनता की इच्छा का प्रतीक है। यह बात और है कि अपनी इच्छा का प्रतिनिधि चुनने के लिए जनता के पास कोई विकल्प नहीं छोड़ा गया है। वह मतदान करे या न करे, राजनीतिक दलों के नामांकित प्रतिनिधियों में से ही किसी एक को चुना जाना तय है। कानूनों का जंजाल ही ऐसा बना दिया गया है; बिना मतदान या न्यूनतम मतदान के भी राजनीतिक दल का प्रतिनिधि चुना ही जाएगा।

यही वह वैधानिक विडंबना है जिसके अनुसार एक वर्ग विशेष, जोकि आमतौर पर अल्पसंख्या में होते हैं, वे अधिकांश प्रतिनिधि सरकार के संचालन, के लिए चुने जाते हैं। कानूनी रूप से कई ऐसे प्रावधान किये गए हैं, जिनके अनुसार जनता के प्रतिनिधि चुनावों में प्रत्याशी बनने की सोच ही नहीं सकते और अधिकतर ऐसे प्रावधान किये गये हैं कि विशिष्ट–अल्पसंख्यक वर्ग के प्रतिनिधि सम्पूर्ण स्वतंत्रताओं का उपयोग करते हुए कानूनी दांव–पेचों का फायदा उठाकर चुने जाते हैं। इस प्रकार चुने गए व्यक्तियों के सामाजिक, राजनीतिक और नैतिक उत्तरदायित्व कोई नहीं होते। वे अपने आपको 'जनप्रतिनिधि' कहकर सभी कानूनों से ऊपर मानने लगे हैं।

...और स्वयं कानून की यह विडंबना है कि वह अपनी ऐतिहासिक और चारित्रिक विशेषताओं के चलते जनता की आकांक्षाओं का प्रतीक और पूरक नहीं बन सका है। पाश्चात्य विद्वान श्री डुग्वी ने अपने आदर्श ज्ञान के आधार पर "कानून को सामाजिक आवश्यकता का द्योतक" बताया है।[3] तदनुसार भारतीय कानून बहुजन की सामाजिक आवश्यकताओं का द्योतक न होकर अल्पसंख्यक अभिजात वर्गों के हितों का ही द्योतक रहा है।

भारतीय लोकतन्त्र का नियमन संविधान के द्वारा होता है। परन्तु भारत का संविधान अपने जन्म और विकास की दृष्टि से ब्रिटिश प्रणाली का और वहां की सरकार की इच्छाओं का द्योतक रहा है। वहां की सरकार की इच्छाओं का द्योतक इसलिये कि भारतीय कानूनों और संविधान में ऐसे प्रावधान किए गए हैं जोकि आदर्श ब्रिटिश लोकतंत्र की स्थापित मान्यताओं के विपरीत हैं। इंग्लैण्ड में आधुनिक लोकतंत्र का जन्म स्वेच्छाचारी कार्यपालिका की निरंकुशता के विरोध में हुआ था। इंग्लैण्ड की राजनीतिक प्रणाली का आधार वहां की जनता का अपने निर्वाचित प्रतिनिधियों की सद्भावना में असीम विश्वास है। हाल में उसके सर्वशक्तिमान प्राधिकार में कुछ कमी की जा रही है, क्योंकि वेस्टमिस्टर की प्राचीन संस्था (पार्लियामेंट) अनेकानेक वर्तमान समस्याओं का इतनी सरलता से प्रबंध करने में असमर्थ है जैसी वह विक्टोरिया के युग में करती थी।[4] फिर भी इंग्लैण्ड में किसी ने भी यह नहीं सोचा कि संसद के प्राधिकारों पर कुछ मर्यादाएं लगाई जाए, जिससे कि उसका आचरण उचित हो।"[5]

3. "Law is the expression of social needs". —Duguit
4. उपनिवेशों पर लगभग एकाधिकार के जमाने में ब्रिटिश सत्ता उपनिवेशों के शोषण से अर्जित धन एवं संसाधनों के द्वारा अपनी जनता को बेहतरीन सुख–सुविधाएं तथा उच्चवर्गीय हैसियत दिलवाती रही थी, अतः आन्तरिक समस्याओं का प्रबंध आसान था। अब वह स्थिति नहीं है।
5. डॉ. दुर्गादास बसु–*भारत का संविधान–एक परिचय* (2005 का संस्करण), पृष्ठ–39।

भारत के विपरीत "अमरीकी संविधान के मूल निर्माताओं को यह दुःखद अनुभव हुआ था कि प्रतिनिधिक निकाय भी अत्याचारी हो सकता है। उनका औपनिवेशिक साम्राज्य से सामना हुआ था। स्वतंत्रता की घोषणा में यह उल्लेख है कि ब्रिटिश विधान मंडल (पार्लियामेंट) ने अपनी अनुचित अधिकारिता को हमारे ऊपर लादने के प्रयत्न किये और किस प्रकार ब्रिटेन की जनता ने न्याय की पुकार को अनसुना किया। उपनिवेशों को बहुत महंगी कीमत चुकाकर यह ज्ञान हुआ कि मनुष्य प्रकृति कितनी कोमल और छुई–मुई जैसी है। इसी पार्लियामेन्ट ने चार्ल्स प्रथम को अधिकार याचिका (पिटिशन ऑफ राइट्स, 1628) को अपनी स्वीकृति देने के लिए बाध्य किया था, जिसमें यह था कि पार्लियामेंट की सम्मति के बिना कोई कर नहीं लगाया जाएगा। उसी पार्लियामेंट ने 1765 में और उसके पश्चातवर्ती वर्षों में उनपनिवेशों पर उन्हें प्रतिनिधित्व का अधिकार दिये बिना कर लगाने पर बल दिया और इन अलोकतांत्रिक विधियों को सैनिक शासन के माध्यम से लागू करने का प्रयत्न किया।'

"इंग्लैण्ड की जनता, निरंकुशता के विरुद्ध स्वतंत्रता की लड़ाई में विधि की सर्वोच्चता स्थापित करके और संसद को विधि का एकमात्र स्रोत बनाकर रुक गई। अमरीकी जनता इसके आगे बढ़ी और उसने यह स्थापित किया कि विधान मंडल (पार्लियामेन्ट) के ऊपर भी विधि है और इस परमोच्च लिखित विधि में जो निबंधन है, उनसे उसे निरंकुशता और स्वेच्छाचारिता के भय से मुक्ति मिल सकी। ये दोनों दुर्गुण मनुष्य की प्रकृति में ही पाये जाते हैं।"[6]

भारत के मामले में क्या इसी प्रकार के औपनिवेशिक अनुभव नहीं रहे थे? फिर भी हमने वह नहीं बनाया जिसकी हमें आवश्यकता थी, बल्कि वह बनाया जो स्वयं हमें ही भ्रमित कर दे। भारत के संविधान निर्माता[7] इस तथ्य से भलीभांति परिचित थे कि यह कानून जनता के बहुसंख्यक भाग के लिए हितकारी नहीं है और इन्हें लागू करने वाली मशीन, जिसे संविधान की भाषा में 'कार्यपालिका' कहते हैं, और प्रचलित रूप में जिसे 'नौकरशाही' कहा जाता है, कभी भी देश की अशिक्षित, पिछड़ी विशाल जनता के हित में कार्य नहीं करेगी, अतः उन्होंने संविधान में कानूनी उपाय के प्रावधान जोड़े हैं। इन उपबंधों से गलत आशंका के फलस्वरूप कुछ आलोचकों ने भारत में संविधान

---

6. डॉ. दुर्गादास बसु–*भारत का संविधान एक परिचय* (संस्करण--2005), पृष्ठ–39।

7. भारत के संविधान का मूल निर्माण उसकी ऐतिहासिक यात्रा में छुपा है, जिसकी चर्चा आगे के पृष्ठों में की गई है।

को 'वकीलों के लिए वरदान' कहा है। इसका कारण यह है कि संविधान सभा में अधिवक्ता–राजनीतिज्ञों की प्रमुखता थी। जो अपने आपको सांविधानिक अधिवक्ता मानते हैं, वे अपनी वृत्ति के इस प्रकार उत्थान को प्रसन्न होकर देख सकते हैं। किन्तु संविधानों का आशय शासन की प्रक्रिया को सुचारु रूप से चलाना है। उसका उद्देश्य संविधानिक अधिवक्ताओं को फीस उपलब्ध कराना नहीं है। जितने अधिक मुकदमे आएँगे, उतनी ही सरकार की प्रक्रिया कठिन हो जाएगी। संभवतः भारत ने वकीलों पर बहुत अधिक विश्वास किया है।[8]

शायद यही कारण है कि अधिवक्ता राजनीतिज्ञों ने अपने बनाए कानूनों की पृष्ठभूमि और अन्तर्निहित उद्देश्य को सुरक्षित बनाए रखने के लिए न्यायपालिका की स्वतंत्रता पर प्रहार ही नहीं किये अपितु संसद की सर्वोच्चता की पैरवी भी बड़ी कुटिलता से करते रहे हैं, ताकि न्यायपालिका संसद में राजनीतिक दलों के प्रतिनिधियों द्वारा बनाए गए, कानूनों की व्याख्या कर उनकी नियत को उजागर नहीं कर दे। संविधान के लागू होने से अब तक किये गये संविधान संशोधन और उनके पीछे की भावनाएं तथा बनाए गए अन्य संवेदनशील कानून इसी संकीर्णता को उजागर करते हैं। लगता है, जानबूझकर ही कई अतिमहत्वपूर्ण और संवेदनशील विषयों को सीधे संविधान में शामिल नहीं करके राजनीतिज्ञों ने उन विषयों पर कानून बनाकर अपनी स्वार्थ सिद्धि का मार्ग खुला रखा है। अपने अधिकारों को सर्वोच्च साबित करने की धुन में जवाहरलाल नेहरू ने अपनी ही नहीं, अपनी भावी पीढ़ियों के लिए भी रास्ता बना दिया, जब उसने यह कहा था–

> "संसद की प्रभुत्व सम्पन्न इच्छा के ऊपर कोई उच्चतम न्यायालय, कोई न्यायपालिका अपना निर्णय नहीं लाद सकती, क्योंकि संसद की इच्छा समस्त जन की इच्छा है। वह इस प्रभुत्व सम्पन्न इच्छा को रोक सकती है, यदि वह गलत राह पर है, किन्तु अन्तिम विश्लेषण में, जब समाज के भविष्य का प्रश्न है, तब न्यायपालिका मार्ग में बाधा नहीं पहुंचा सकती। अन्ततोगत्वा तथ्य तो यह है कि विधान मण्डल ही सर्वोच्च है और सामाजिक सुधार के मामलों में न्यायालयों को हस्तक्षेप नहीं करना चाहिए।"

और प्रत्यक्षतः इसे प्रारम्भ से ही अमल में लाया जाता रहा है। संविधान से छेड़खानी और अपने दलीय या संकीर्ण हितों को समस्तजन की इच्छा

---

8. सर जैनिंग–सम कैरेटिस्टिक्स ऑफ दी इंडियन कांस्टीट्यूशन, 1953।

बताकर कई ऐसी दुर्घटनाएं की गईं, जिनमें उच्चतम न्यायालय को हस्तक्षेप करना पड़ा तथा अनुच्छेद 368 को संविधान का रखवाला घोषित करना पड़ा।'[9] परन्तु 1971 के 24वें संविधान संशोधन से लेकर 1976 के 42वें संविधान संशोधन के द्वारा संविधान की इन शाश्वत मर्यादाओं को भंग करने के उद्देश्य से अनुच्छेद 368 में संशोधन किए गए, ताकि सत्तासीन राजनीतिक दल (कांग्रेस) की प्रतिनिधि सर्वेसर्वा (इंदिरा गांधी) के हितों को अक्षुण्ण बनाये रखा जा सके, प्रत्यक्ष उद्देश्य उच्चतम न्यायालय के निष्कर्ष को निष्प्रभावी करना था। परन्तु, आज जब न्यायपालिका सामाजिक सुधार के मामलों में "जनहित याचिकाओं" के माध्यम से निर्देश जारी करती है तो विधायिका उसे अपनी निष्क्रियता या अकर्मण्यता नहीं मानकर "न्यायिक सक्रियता" बता कर उस पर अंकुश लगाने की सोच रही है।

परन्तु, लोकतंत्र की रगों में बहने वाली धारा का कमाल देखिये कि 1977 के बाद जनता पार्टी की सरकार ने यह प्रयत्न किया था कि संविधान के "आधारभूत लक्षणों के सिद्धान्त" को संविधान में ही स्थान दिया जाये। उसके लिए चार आधारभूत लक्षणों के संशोधन के लिए जनमत संग्रह को आवश्यक बनाने के लिए संविधान के अनुच्छेद 368 में सुसंगत संशोधन करने का प्रस्ताव 45वें संविधान संशोधन विधेयक (1978) में किया था। कांग्रेस के विरोध के कारण वह उपबंध पारित नहीं हो सका। उस विधेयक में चार आधारभूत लक्षण उल्लिखित थे–

(1) संविधान की धर्मनिरपेक्ष एवं लोकतांत्रिक प्रकृति,

(2) भाग 3 के आधारभूत मूल अधिकार,

(3) विधान मण्डलों के स्वतंत्र और निष्पक्ष चुनाव, तथा

(4) न्यायपालिका की स्वतंत्रता।

इस प्रकार जवाहरलाल नेहरू के विचारों के अनुरूप ही कि "संसद की इच्छा समस्त जन की इच्छा" का आज तक पालन किया जा रहा है। "समस्त जन" इच्छा जाहिर करके भी समस्त जन नहीं हैं, केवल संसद में राजनीतिक दलों के प्रतिनिधि ही "समस्त जन" की श्रेणी में बैठ चुके हैं। जनता की इच्छा, राय का कोई महत्व नहीं रह गया है।

---

9. गोलकनाथ और केशवानंद के मामले में उच्चतम न्यायालय द्वारा दिए गए विवेचन के अनुसार संविधान के कुछ आधारभूत लक्षण हैं, जिन्हें अनुच्छेद 368 द्वारा प्रदत्त संविधान की शक्ति से परे रखा गया है। न्यायालय के अनुसार ये शाश्वत मर्यादाएं हैं। (अध्याय 20 देखें।)

"जनता की आवाज" के संदर्भ में इतिहास से पुराने उदाहरण न देकर वर्ष 2007 के राष्ट्रपति चुनाव का जिक्र करना ही काफ़ी है।

राष्ट्रपति डॉ. ए.पी.जे. अब्दुल कलाम निर्विवादित रूप से भारत के करोड़ों लोगों के चहेते थे और वह उनको ही राष्ट्रपति के रूप में देखना चाहते थे। विभिन्न सर्वेक्षणों और मत संग्रह माध्यमों (कम्प्यूटर, ई–मेल, एसएमएस और समाचार–पत्रों में व्यक्ति विचारों के अनुसार) से उक्त राय के अनुसार जनता का विशाल बहुमत डॉ. कलाम को ही राष्ट्रपति के रूप में देखना चाहता था, परन्तु राजनीतिक पार्टियों के संसदीय प्रतिनिधि अपने दल से प्रतिबद्ध लोगों को ही राष्ट्रपति के रूप में बिठाना चाहते थे, अतः बिना जनता की इच्छा का आदर किये, बिना चारित्रिक और आदरणीय सार्वजनिक आदर्शों की परवाह किये अपनी पार्टी के प्रति प्रतिबद्ध व्यक्तियों को राष्ट्रपति पद का उम्मीदवार बनाया गया था। कांग्रेस की सोनिया गांधी ने प्रतिभा देवी सिंह पाटिल को प्रत्याशी बनाया और उपराष्ट्रपति भैरोसिंह शेखावत को भारतीय जनता पार्टी, आदि ने राष्ट्रपति पद के लिए अपना प्रतिनिधि घोषित किया था। डॉ. कलाम किसके प्रति प्रतिबद्ध थे? शायद देश और जनता के प्रति, अतः उन्हें कोई नहीं पूछ रहा था।

यह कोई नई बात नहीं है। पहले राष्ट्रपति चुनाव से यही चलता आ रहा है। जवाहरलाल नेहरू, डॉ. राजेन्द्र प्रसाद को राष्ट्रपति बनाने के पक्ष में नहीं थे, अतः क्षेत्रीय संतुलन के बहाने चक्रवर्ती राजगोपालाचारी को ही राष्ट्रपति बनाने की वकालत की। परन्तु सरदार पटेल और मौलाना आजाद के व्यक्तित्वों के आगे नेहरू को झुकना पड़ा। लेकिन 1957 के दूसरे राष्ट्रपति के चुनाव में फिर डॉ. राजेन्द्र प्रसाद के स्थान पर तत्कालीन उपराष्ट्रपति डॉ. राधाकृष्णन को राष्ट्रपति बनाना चाहते थे, अतः कांग्रेस संसदीय दल की बैठक में नेहरू ने यह सलाह दी कि बूढ़े पदाधिकारियों को राजनीति से संन्यास ले लेना चाहिए। नेहरू ने बाकायदा राजेन्द्र प्रसाद का नाम तक लिया।[10] लेकिन कांग्रेस संसदीय बोर्ड ने राजेन्द्र प्रसाद के पक्ष में फैसला लिया। 1967 में इंदिरा गांधी, डॉ. जाकिर हुसैन को राष्ट्रपति बनाना चाहती थीं, वह बन भी गए, परन्तु मई 1969 में उनके निधन के बाद राष्ट्रपति चुनावों का असली घमासान शुरू हुआ। यह इंदिरा गांधी बनाम कांग्रेस की खुली जंग थी। जिसमें कांग्रेस का अधिकृत प्रत्याशी नीलम संजीव रेड्डी चुनाव हार गए और निर्दलीय वी.वी. गिरी राष्ट्रपति बने। यहीं से राष्ट्रपति के चुनावों में प्रधानमंत्री का पलड़ा भारी होने लगा। 1974 में राष्ट्रपति पद के लिए चयन

---

10. ब्रेचर–*नेहरू–ए पॉलिटिकल बायोग्राफी*।

का नया दर्शन सामने आया। वह यह कि राष्ट्रपति न सिर्फ कांग्रेस का हो, बल्कि प्रधानमंत्री का खास–उल–खास भी हो। सो इंदिरा कैबिनेट के मंत्री फखरुद्दीन अली अहमद को राष्ट्रपति चुना गया। तब इंदिरा गांधी ने यह साफ कर दिया था कि वह जिसे चाहे राष्ट्रपति बना सकती हैं। सो, 24 जून 1975 की रात इमरजेंसी लागू करने के फैसले पर फखरुद्दीन अली अहमद ने यह जानते हुए भी दस्तखत कर दिये कि वह फैसला कैबिनेट का नहीं था। ज्ञानी जैलसिंह को भी इंदिरा के प्रति निष्ठा का फल मिला।[11] और 2007 में सोनिया गांधी का हाथ शिवराज पाटिल के सिर पर से फिसलता हुआ प्रतिभा पाटिल के सिर पर रुक गया। जैसे इंदिरा गांधी पहले फैसला करतीं, फिर कांग्रेस पार्टी की औपचारिक मोहर लगवाती, वैसे ही इस बार सोनिया गांधी ने भी किया।

यह सब संविधान के माध्यम से ही किया जा रहा है, वही संविधान जिसे अंगीकार करते हुए घोषणा की थी–

> **"हम भारत के लोग, भारत को एक सम्पूर्ण प्रभुत्व सम्पन्न लोकतन्त्रात्मक गणराज्य बनाने के लिए तथा उसके समस्त नागरिकों को सामाजिक, आर्थिक और राजनैतिक न्याय,**
>
> **विचार अभिव्यक्ति, विश्वास धर्म और उपासना की स्वतन्त्रता,**
>
> **प्रतिष्ठा और अवसर की समता प्राप्त करने के लिए तथा उन सब में व्यक्ति की गरिमा और**
>
> **राष्ट्र की एकता और अखण्डता सुनिश्चित करने वाली बंधुता बढ़ाने के लिए**
>
> **दृढ़ संकल्प होकर अपनी इस संविधान सभा में आज तारीख 26 नवम्बर, 1949 ई. (मिति मार्गशीर्ष शुक्ल सप्तमी, संवत् दो हजार छः विक्रमी) को एतदद्वारा इस संविधान को अंगीकृत, अधिनियमित और आत्मार्पित करते हैं।"**

लेकिन इस घोषणा पर पहले–पहल हस्ताक्षर करने वाले पंडित जवाहरलाल नेहरू ने भूतकाल में देखे सपनों और भविष्य की योजना की रणनीति को बड़े ही सुंदर शब्दों में 8 नवंबर, 1948 को ही घोषित कर दिया था–

> "हम इस संविधान को अधिक से अधिक ठोस और स्थायी बनाना चाहते हैं, किन्तु संविधान स्थायी नहीं होते। इसमें कुछ लचीलापन भी होना

---

11. दैनिक नव ज्योति (जयपुर) 13 जून, 2007 के अंक में छपा स्तंभ "इंडिया गेट से"–संतोष कुमार का लिखा आलेख।

> चाहिए। यदि इसे कठोर और स्थायी बनाएंगे तो आप राष्ट्र का विकास अवरुद्ध कर देंगे, एक जीवन्त, प्राणवान, विकासवान, जनता का विकास।..... हम इस संविधान को इतना कठोर नहीं बना सकते कि परिवर्तित दशाओं में उसे अनुकूलित न किया जा सके। जब सम्पूर्ण विश्व परिवर्तन से गुजर रहा है और हम एक तीव्र गति से होने वाले संक्रमण का अनुभव कर रहे हैं तो हम जो आज कर रहे हैं, वह कल के लिए अनुपयुक्त हो सकता है।"[12]

वह अनुपयुक्त–सा ही हो गया है। छप्पन वर्षों में एक सौ से अधिक संविधान संशोधन और बेहिसाब बनाए गए कानून, संसद में राष्ट्रीय नीतियों पर बहस और उनका निर्माण नहीं होना राष्ट्रीय नीतियों के बदले कभी वाजपेयी कभी इंदिरा, कभी नेहरू, कभी नरसिंहाराव की नीतियों की चर्चा करना, जनता का तो भविष्य नहीं है? अमरीका जितना लोकतांत्रिक है और जितना विकास कर चुका है उतना तो भारत के भाग्य में अभी तक तो नहीं है? अमरीका आज जो भी है वह उसके अपने एक कठोर संविधान की वजह से है, जिसमें पिछले 240 वर्षों में केवल 27 संशोधन किये गये हैं।

यह सब यह ही प्रकट करता है कि भारत में कानून और कानूनी शब्दावली का कितना स्वार्थपरक दुरुपयोग होता रहा है।

किसी भी समाज, देश और संस्कृति का एक इतिहास होता है, चाहे वह लिखित हो या परम्पराओं के रूप में, परन्तु वह कभी किंवदंती नहीं हो सकता। अपना इतिहास हम खुद हैं, किसी और का लिखा या बनाया इतिहास हमारा उपहास और बनाने वाले का स्वार्थ होता है। इसीलिए तो हमने अपनी पहचान के लिए भी दोहरे शब्दों का उपयोग किया है–

"इण्डिया, देट इज भारत।"

---

12. सी.ए.डी. 8–11–1948, पृष्ठ–322–23।

3

लोकतन्त्र में विधानों की प्रेरक धारायें

लोकतंत्र का चाहे जो भी स्वरूप विद्यमान हो, लोकतंत्रीय राज्य व्यवस्थाओं में लिखित कानूनों का, लिखित विधानों का होना अनिवार्य है। राजतंत्रीय व्यवस्थाओं के विपरीत लोकतंत्र समाज के किन्हीं, गुटों, समुदायों या वर्गों द्वारा प्रभावित और संचालित होता है और चूंकि राज्य सत्ता का संचालन करने वाले व्यक्ति स्थाई और अनिश्चित काल के लिए नहीं होते, अतः उनकी प्रतिबद्धताओं को सूत्रबद्ध करते हुए जिन नियमों का उल्लेख किया जाता है वे ही कानून या विधान कहलाते हैं। यह तथ्य अलग है कि ऐसे कानूनों या विधानों में किस गुट, समुदाय या वर्ग के हितों को संरक्षित किया जाता है।

प्रसिद्ध पश्चिमी विधि शास्त्री डुग्वी (Duguit) ने कानून की सर्वव्यापी परिभाषा दी है। उसके अनुसार–"कानून सामाजिक आवश्यकताओं की अभिव्यक्ति मात्र है।" इसको यदि साधारण शब्दों में कहा जाए तो "कानून समाज का प्रतिबिंब होता है" और इसके विपरीत, "समाज कानून का दर्पण होता है, जिसमें उसकी व्यवस्था, सत्ता और व्यक्तियों का व्यावहारिक आचार–विचार परिलक्षित होता है।" तदनुसार, यदि कानून का प्रारूप समाज की आवश्यकताओं को ध्यान में रखते हुए बनाया गया है तो सभी नागरिक उसका सम्मान करेंगे, उसका पालन करेंगे, अन्यथा किसी गुट, समुदाय या वर्ग के हितों को ही कानून में परिभाषित किया जाएगा तो अन्य वर्ग उसकी अवहेलना करेंगे, उसके खिलाफ विद्रोह करेंगे ही। इस प्रकार कानून में सत्तासीन सरकार के सामाजिक चरित्र और समाज के प्रति उसकी विचारधारा परिलक्षित होती है। कानून के अन्तर्निहित प्रवाह एवं अंतिम उद्देश्यों को समझने के लिए यह समझना जरूरी है कि क्या वह सामाजिक आवश्यकताओं का सच्चा और सही संवाहक है? अपने तत्कालीन समाज की आवश्यकताओं को रेखांकित करके और उनके आधार पर कानूनों का मूल्यांकन करने पर ही किसी कानून की व्यापक सार्थकता अथवा निरर्थकता आंकी जा सकती है।

स्पष्ट है कि प्रत्येक गुट की, प्रत्येक समुदाय की, प्रत्येक वर्ग की अपनी–अपनी आवश्यकताएं होती हैं और उनके प्रतिद्वंद्वी गुट, समुदाय या वर्ग के हाथों में कानून बनाने का अधिकार होने पर वह कानून बनाते समय अपने हितों को प्राथमिकता देता है, अपने लिये विशेष सुरक्षा प्रावधान तैयार करता है और अपने प्रतिद्वंद्वी के प्रतिरोध को दबाने के प्रावधान भी सामाजिक आवश्यकता के नाम पर करता है।

इस प्रकार–वर्तमान समय में प्रचलित कानूनों की अंतर्निहित प्रेरणाओं और प्रवाहों को सात श्रेणियों में विभाजित किया जा सकता है। जाहिर है, ये श्रेणियाँ प्रचलित श्रेणियाँ नहीं हैं जिन्हें सिविल कानून, अपराध कानून, कराधान कानून, श्रम कानून या इसी प्रकार के नाम से जाना जाता है। ये हैं–

(1) नियमन करने वाले कानून;
(2) प्रतिबंधित करने वाले कानून;
(3) सीमित करने वाले कानून;
(4) संरक्षण देने वाले कानून;
(5) उन्मूलन करने वाले कानून;
(6) सुसाध्य/परिस्थितियां उपलब्ध कराने वाले कानून; तथा
(7) प्रगति–मूलक कानून।

(1) नियमन करने वाले कानून (Regulating Law): सामान्यतः प्रत्येक कानून किसी न किसी मामले का नियमन करने के लिए माना जाता है। परन्तु इसके विश्लेषण में ऐसे कानून उन्हीं विषयों और मामलों का नियमन करते पाये जाते हैं जिनको लक्ष्य कर इन्हें बनाया जाता है। इस प्रकार के कानून कराधान से संबंधित भी हो सकते हैं और कल्याणमूलक भी। तथा ये उन संबंधित विषयों का संचालन करने वाली व्यवस्थापिका, जिसे भारत के संदर्भ में "नौकरशाही" भी कह सकते हैं, के सहायक होते हैं, जो कि अन्ततः आम जनता के शोषण का माध्यम बन जाते हैं, रिश्वतखोरी और भ्रष्टाचार के स्रोत बन जाते हैं।

(2) प्रतिबंधित करने वाले कानून (Prohibiting Law): प्रतिबंधित करने वाले कानून आम जनता पर या किसी वर्ग पर (स्पष्ट रूप से प्रतिद्वंद्वी वर्ग पर) कुछ प्रतिबंध लगाने के लिए होते हैं, कि फलां काम नहीं किया जाए या ऐसा नहीं किया जाये या वैसा नहीं किया जाये। कहने को तो यही प्रचारित किया जाता है कि ऐसे कानून के माध्यम से लगाये गये कथित प्रतिबंध आम जनता के हित में हैं, परन्तु ये निश्चित तौर पर सत्ताधारी वर्ग के हित में ही होते हैं। इससे सत्ताधारी वर्ग के हितों और विचारधारा को ही

बल प्रदान किया जाता है। आश्चर्यजनक रूप से इन प्रतिबंधित करने वाले कानूनों के द्वारा उन वर्गों, गुटों या समुदायों का अस्तित्व समाप्त करने का प्रयास नहीं होता है, क्योंकि उनके अस्तित्व से ही सत्ताधारी वर्ग का अस्तित्व बना रहता है।

(3) सीमित करने वाला कानून (Limiting Law): सीमित करने वाले कानूनों के माध्यम से किसी वर्ग विशेष या समुदाय पर पाबंदी लगाई जाती है कि वह किसी मामले विशेष में एक सीमा से अधिक कुछ हासिल नहीं करे या अपेक्षा नहीं करे। इस प्रकार के कानून दोहरे रूप में कार्य करते हैं, एक तरफ एक वर्ग को एक सीमा तक सीमित करते हैं, प्रतिबंधित करते हैं तो दूसरी तरफ अन्य समुदाय या वर्गों को इस बात की छूट दे देते हैं कि वे उस उल्लिखित सीमा से आगे उपलब्ध साधन–सुविधाओं का उपभोग कर सके। ऐसे मामलों में एक वर्ग को सीमित दायरे में रहना होता है, जबकि अन्यों को सीमा से बाहर भी।

(4) संरक्षण देने वाला कानून (Protecting Law): संरक्षण देने वाले कानून वे होते हैं जो किसी वर्ग को या किसी मामले को जैसा का तैसा रखने के लिए बनाये जाते हैं। इनकी वजह से संरक्षित वर्गों के मामलों को विकसित होने का अवसर नहीं मिलता है या प्रगति के लिए बाहर जाने का अवसर नहीं मिलता।

(5) उन्मूलन करने वाले कानून (Eliminating Law): उन्मूलन करने वाले कानूनों के अन्तर्गत किसी या किन्हीं मामलों को समाप्त करना या उन्हें हटाना होता है। ऐसे कानूनों के द्वारा निश्चित रूप से समाज की उन्नति के लिए बहुत कुछ किया जा सकता है तथा उसके उज्ज्वल भविष्य के द्वार खोले जा सकते हैं।

(6) सुसाध्य/परिस्थितियां उपलब्ध कराने वाला कानून (Facilitating Law): इस प्रकार के कानून का लक्ष्य वे परिस्थितियां उपलब्ध कराना है, जिनमें रहकर जनता और समाज विकास की राह पर आगे बढ़ता है। परन्तु, यदि इनके पीछे उपरोक्त वर्णित दूसरी व तीसरी श्रेणी के कानून का सा अन्तर्य भी होगा तो, यह केवल किसी वर्ग विशेष की ही सेवा करेगा, उस ही को सुविधाएं प्रदान कर साधन–संपन्न व शक्तिशाली बनाएगा।

(7) प्रगतिमूलक कानून (Elivating Law): प्रगतिमूलक कानून भविष्य के लक्ष्य निर्धारित करते हुए उन्हें प्राप्त करने के अवसर भी उपलब्ध कराता है। इस प्रकार के कानून किन्हीं का उन्मूलन करने और किन्हीं को अवसर उपलब्ध कराने वाले कानूनों की अन्तर्धाराओं की मुख्य विशेषताओं के साथ संरक्षण प्रदान करने के लिए भी होते हैं।

किसी भी देश के विभिन्न कानूनों में ये ही विचारधाराएं और प्रेरक तत्व विद्यमान मिलेंगे। यदि उनका सामाजिक परिप्रेक्ष्य में विश्लेषण किया जाएं। जबकि प्रत्येक देश के संविधान में ये ही प्रेरक तत्व केन्द्रीयभूत रूप से मिलते हैं, चाहे वह संविधान राजतंत्र के अधीन लोकतंत्र का हो या राष्ट्रपति शासन पद्धति के लोकतंत्र का हो। लोकतंत्र में इस तथ्य का कोई महत्व नहीं है कि वह राजतंत्र के अधीन है या राष्ट्रपति या प्रधानमंत्रीय पद्धति का है, बल्कि फर्क इस बात से पड़ता है कि संविधान में किस वर्ग को मुखरित किया गया है, किस वर्ग को अवसरों से वंचित रखने के अन्तर्निहित प्रावधान है और यदि सर्वाधिक लोकतंत्र के अवसर आम जनता को उपलब्ध करवाने के प्रावधान कर भी दिए गए हैं तो व्यवहार में उनका क्या हश्र हो रहा है। ऐतिहासिक रूप से अभिजात्य दबदबा बना चुके वर्ग क्या अपना अस्तित्व बनाये रखने के लिए उन प्रावधानों को लागू करने में स्वतंत्रता प्राप्त नहीं किए हुए हैं, उनका उल्लंघन अवहेलना करना क्या वे अपना अधिकार नहीं मानते?

लोकतन्त्र के संदर्भ में अब्राह्म लिंकन द्वारा लगभग 150 वर्ष पहले कही गई व्याख्यात्मक उक्ति को प्रायः उद्धृत किया जाता है। वह इस प्रकार है "जनता की सरकार, जनता के लिये, जनता के द्वारा।" यह अपने आपमें एक बहुत ही सार्थक परिभाषा या लोकतन्त्र का व्याख्यात्मक पथ प्रदर्शक हो सकता है। परन्तु जनता का क्या मतलब है, लोकतन्त्र में? जनता की कितनी भूमिका है, लोकतन्त्र में–? लोकतन्त्र की जिस जनता के लिये कल्पना की गयी है; क्या वह कोरी कल्पना ही है? या वास्तव में वह जनता के लिये है?

जब अब्राह्म लिंकन ने अमरीका के सोलहवें राष्ट्रपति का पद सम्भाला (1861); अमरीका के लोकतन्त्र में नीग्रो और अमरीका के आदिवासियों का शोषण और उनकी दासों के रूप में खरीद–फरोख्त चरम पर थी।[1]

---

1. नीग्रो दासों की अमानवीय दशा का चित्रण हैरियटर बीचर स्टीव के उपन्यास *अंकल टॉम्स केबिन* में बहुत ही मार्मिक तरीके से किया है। उस चित्रण के बीच यह भी बताया गया है कि धर्म किस प्रकार व्यक्ति को अपनी अमानवीय दशा को भी सहर्ष स्वीकार्य बनाने में मदद करता है। धर्म शोषकों और उनकी सत्ता के प्रति किसी विचारधारात्मक विरोध को निष्क्रिय कर देता है, शोषित को अपनी अमानवीय स्थिति को ईश्वर की देन मानकर सक्रिय प्रतिक्रिया शून्य बना देता है।

   कई लोगों का मानना है कि उपरोक्त उपन्यास में अमरीका के कुछ संवेदनशील लोगों को दास प्रथा के विरोध के लिये प्रेरित किया जो आगे चलकर आंदोलन के रूप में इस कदर बढ़ा कि अब्राहम लिंकन को दास प्रथा को कानूनी रूप से समाप्त करना पड़ा और बदले में अपनी जान देनी पड़ी।

विभिन्न प्रांतों में गणराज्यात्मक व्यवस्था के चलते संयुक्त राज्य अमरीका के बिखराव की नौबत आ खड़ी हुई थी। दक्षिण के सात राज्यों के विद्रोह से और नीग्रो लोगों का दास प्रथा के प्रति विद्रोह अमरीका की केन्द्रीय सत्ता के लिए चुनौती पैदा कर चुका था। लिंकन को गृहयुद्ध का सामना करना पड़ा था। जनता के इस बहुत बड़े भाग को अगली लगभग एक शताब्दी तक मत देने का अधिकार भी नहीं था, और अमरीका की जनता में स्त्रियां भी शामिल नहीं थीं, जिन्हें मतदान का अधिकार प्रथम विश्वयुद्ध के बाद ही दिया गया था। 'स्टेच्यू ऑफ लिबर्टी' के देश में अश्वेतों के साथ भेदभाव अभी तीस–चालीस साल पहले तक बदस्तूर जारी था।

ऐसे में 'सरकार' किसकी, किसके द्वारा और किसके लिये थी? और आज भी 'सरकार' किसकी, किनके द्वारा और किनके लिये है? इन सवालों का जवाब हमें विभिन्न जनता की सरकारों की ऐतिहासिक पृष्ठभूमि, उनके द्वारा अमल में लाये जाने वाले लोकतंत्र के कायदे–कानून और उनके फलितार्थ में ही मिल सकता है। तब ही भारत की जनता के प्रतिनिधित्व को भी समझ सकते हैं।

विश्व में पूंजीवादी (या सामन्तवादी भी जो, अब, लगभग इतिहास की वस्तु बन चुका है) राज्य सत्ता का ऐसा कोई स्वरूप नहीं है, जिसमें जनता के आक्रोश को, उनके उभार को सीधे नियन्त्रित कर सके। पूंजीवाद जनता को प्रेरित कर सकता है, उसे बातों, नारों या आश्वासनों से एक जगह इकट्ठा कर अपनी लोकप्रियता और सर्व–स्वीकार्यता साबित करने की कोशिश कर सकता है, परन्तु केवल एक सीमा तक ही। राज्य–सत्ता ऐसे व्यक्ति को नायक या नेता के रूप में जनता के सामने प्रस्तुत करती है, जो अपने समूह (जिसे राजनीतिक दल या पार्टी कहा जाता है) के माध्यम से अपने शब्द जाल और लफाजी के द्वारा जनता को भ्रमित किये रखे। वह दिखावटी रूप से कुछ सीमा तक राज्य सत्ता और व्यवस्था का विरोध करता रहे, व्यवस्था में सुधारों का सुझाव देता रहे, वह भी उस ही सीमा तक, जिनके बारे में सत्ता से पूर्व–सहमति हो या सहमति सम्भव हो। ऐसे नेता जनता की आकांक्षाओं, अपेक्षाओं पर असफल सिद्ध होते हैं। उनकी आंशिक सफलता यही होती है कि जनता के शान्त हो जाने पर वे राज्य–सत्ता के शिखर पर या उसके आसपास पहुंच जाते हैं, कुछ नई परम्परायें और व्यवस्थायें शुरू करते हैं, जो मूलतः सत्ताधारी वर्ग–पूंजीपति वर्ग के हितों का ही पोषण करती हैं, जनता का नहीं। और अपनी उपलब्धियों का बखान तब तक सरकारी स्तर से करवाते रहते हैं, जब तक कि जनता फिर से किसी क्रांतिकारी दिशा में कदम नहीं बढ़ाती।

यदि जनता का आक्रोश किसी सार्थक दिशा की ओर नहीं मोड़ दिया जाता है, तो जनता स्वतःस्फूर्त रूप से चरम–सीमा तक उग्र हो जाती है और तब वह किसी भी नियन्त्रण से बाहर होकर तब तक शान्त नहीं होती, जब तक कि कोई ऐसी बड़ी घटना या दुर्घटना नहीं हो जाती जो असंगत, अनगढ़ रूप में ही सही, जनता की भविष्य की व्यवस्था को प्रतिबिम्बित नहीं करती हो। ऐसे में स्वतःस्र्फूत जनता किसी भी सिद्धहस्त, विद्वान, करिश्माई व्यक्ति से भी अधिक विद्वान साबित होती है।

प्राचीन ही नहीं, आधुनिक इतिहास ने भी इसे विश्व के प्रत्येक हिस्से में साबित किया है। लेकिन, जनता के प्रतिनिधि वर्गों का प्रतिनिधित्व करने वाले किसी राजनीतिक संगठन, वैचारिक रूप से नियोजित रूपरेखा और विश्वसनीय नेतृत्व नहीं होने के कारण राज्य सत्ता! तुलनात्मक रूप से उदार हो जाती है, व्यक्ति बदल दिये जाते है, परन्तु राज्य सत्ता के कब्जेदार वर्ग वे ही बने रहते हैं। उनकी उदारता इसी बात में झलकती है कि अपनी राज्य–सत्ता संचालन में विश्वसनीय साबित होने वाले लोगों को, जोकि इंटेलिजेंशिया (या बुद्धिजीवी) के नाम से जाने जाते हैं, अपने वर्ग में दीक्षित कर लेते हैं और उन्हें उदार होकर राज्य–शासन चलाने, तथाकथित उदार कानून बनाने की छूट दे देते हैं। इस प्रकार जनता को नये सिरे से भ्रमित कर अपनी राज्य–सत्ता को समय–समय पर नया खून देकर जीवनदान देते रहते हैं।

कानून या नियम दो प्रकार के होते हैं। एक प्राकृतिक कानून, जो लगभग सभी जीवों में, प्राणी मात्र के समाजों में बखूबी लागू हैं और दूसरा है, व्यक्तियों और समूहों द्वारा बनाया गया कानून। स्पष्ट ही है कि प्राकृतिक कानून मनुष्य की नैसर्गिक आवश्यकताओं को भावनात्मक रूप से संचालित करता है। जबकि निर्मित कानून किन्हीं वर्गों, समूहों और व्यक्तियों के हितों को ध्यान में रखकर बनाये जाते हैं। यही कारण है कि निर्मित कानूनों को सार्वजनिक, सार्वभौम स्वीकृति नहीं मिलती है और हर पल उन्हें तोड़ा जाता है। सत्ताधारी वर्गों के सदस्य इनका उल्लंघन कर इसलिये तोड़ते है कि वे यह बताना चाहते हैं कि वे सत्ताधारी हैं, यह कानून उनके लिये नहीं है। जनता इसलिये तोड़ती है कि वह यह मानती है कि उक्त कानून उनके हितों की पूर्ति करने वाला न होकर बंधनकारी है, जो सत्ताधारी वर्गों के हितों का पोषक है उसे तोड़कर वह भी सत्ताधारी वर्गों की काल्पनिक अभिजात मनोभावनाओं का दम्भ भरती है।

ऐसी दशा में उग्र होती जनता को शान्त करने की जिम्मेदारी उन लोगों पर आ जाती है, जो प्राकृतिक कानूनों का हवाला देकर जनता को भावनात्मक

रूप से अनुशासित करने का प्रयास करते हैं, और सफल भी होते हैं। ये व्यक्ति सीधे सत्ता से जुड़े नहीं रहते, परन्तु संरक्षण और सुविधायें मिलते रहने और भावनात्मक आडम्बर के चलते उनकी पहुंच होती है तथा जनता पूरी तरह से उनकी अनुयायी हो जाती हैं। नैतिकता और धार्मिकता का पाठ पढ़ाने वाले साधु–सन्त, मठाधीश, धर्माधिकारी यही काम करते हैं। जब ये राजनीति से जुड़ जाते हैं, तो प्रत्यक्षतः राजनीति में तो शिखर पर बैठे दिखाई देते हैं, परन्तु वास्तव में वे राजनीति के मूल नायकों के द्वारा तिरस्कृत होते रहते हैं। कैथोलिक पोप इसके अन्तर्राष्ट्रीय उदाहरण हैं, तो भारत के संदर्भ में महात्मा गांधी इस परम्परा के अतुलनीय उदाहरण हैं।

ऐसे में लोकतन्त्र, जो कि आज के समय में, पूंजीवादी विकास के वर्तमान चरणों में, सबसे उदार और व्यापक प्रतिनिधित्व की राज्य व्यवस्था का प्रतीक माना जाता है, विश्व के कई देशों में अलग अलग स्वरूपों में मिलता है। अलग–अलग देशों में अलग–अलग तरह के लोकतन्त्रों के प्रयोग हो रहे हैं। परन्तु हम केवल चार उदाहरण लेना चाहेंगे। ये चार देश हैं, ब्रिटेन, अमरीका, फ्रांस और सोवियत संघ (रूस)। पांचवां देश है "भारत"।

ब्रिटेन का लोकतन्त्र एवं संविधान

आधुनिक प्रजातन्त्रों में ब्रिटेन का लोकतन्त्र सबसे पुराना माना जाता है। परन्तु वहां का लोकतन्त्र कितना जनता के लिये और जनता के द्वारा था, यह इसी तथ्य से पता चलता है कि ब्रिटेन में 1867 तक सम्पत्ति के आधार पर मताधिकार तय होता था, 1950 तक बहु–मतदान प्रथा थी, जिसमें एक व्यक्ति जहां उसका नाम मतदाता सूची में होता था वहां, और जहां वह व्यवसाय करने के लिये किराये के रूप में 10 पौंड से अधिक देता था, वहां, दोनों जगहों पर मतदान करने का अधिकारी था, और स्त्रियों को तो दो चरणों में मतदान का अधिकार दिया गया था, पहले चरण में 1918 में 30 वर्ष से अधिक आयु की स्त्रियों को और 1928 में पुरुषों के समान 21 वर्ष की आयु में मतदान का अधिकार दिया गया।

इससे स्पष्ट है कि तत्कालीन प्रभावशाली वर्गों के हितों के पोषकों को ही मताधिकार था, अधिकांश जनता मताधिकार से वंचित थी। यह प्रभावशाली वर्ग था "पूंजीपति"। छोटे से द्वीप में सामन्तवादी समाज व्यवस्था अधिक दिनों तक नहीं चल सकती थी, अतः पूंजीपतियों ने सत्ता के केन्द्र के आसपास अपना वर्चस्व बढ़ाकर अपने स्वच्छन्द चरित्र के अनुरूप शासन व्यवस्था को कायम किया। जब राजपरिवार ही एक मरणासन्न अर्थव्यवस्था 'सामन्तवादी अर्थव्यवस्था' का प्रतिनिधित्व करता हो, तो राज–सत्ता के स्वरूप में परिवर्तन

अनिवार्य हो जाता है। सामन्ती अर्थव्यवस्था के स्थान पर जब पूंजीवादी अर्थव्यवस्था पनपकर फलने–फूलने के लिये निर्णायक संघर्ष की स्थिति में आ पहुंची, तब उसने सामन्ती राज्यसत्ता को ध्वस्त करने का उस समय दुस्साहस किया, जब ब्रिटेन और फ्रांस के बीच तीस वर्षीय युद्ध के दौरान 1625 में चार्ल्स–प्रथम ने ब्रिटेन के राजा के रूप में सत्ता सम्भाली और तब राजशाही की शक्तियों को सीमित करने की मांग उठी। आगे चलकर 1642–48 के दौरान यही संघर्ष राजशाही और संसद के संघर्ष के रूप में पूरे ब्रिटेन में गृहयुद्ध के रूप में फैल गया। अन्ततः ऑलीवर क्रामवैल के नेतृत्व में पूंजीवादी संसदवादियों की विजय हुई, चार्ल्स प्रथम को कानूनी रूप से 1649 में सिर काट कर मौत की सजा दी गई, और पूरे ब्रिटिश राजपरिवार को खत्म कर दिया गया। देश की सारी सम्पत्ति को सभी नागरिकों की सम्पत्ति (कॉमनवैल्थ) घोषित कर दिया गया और सम्पत्ति के मुक्त क्रय–विक्रय की व्यवस्था प्रचलित की गई। यह सब कुछ स्वतःस्फूर्त था तथा राज–सत्ता की कोई खास रूपरेखा न होने के कारण ओलीवर क्रामवेल की मृत्यु के पश्चात् सत्ता का यह स्वतःस्फूर्त स्वरूप अधिक समय तक नहीं टिक सका और रिचर्ड क्रामवेल की दो वर्षीय लार्ड प्रोटेक्टर नामक सत्ता के केन्द्र के स्थान पर राजशाही को केन्द्र में पुनः स्थापित कर 1660 में चार्ल्स–द्वितीय को राजा बना दिया गया। राजशाही की पुनः स्थापना के बावजूद, पूंजीवाद अपने प्रतिनिधि सांसदों–लार्डों के माध्यम से राज्य शासन की व्यवस्था का स्वरूप गढ़ने में लगा रहा। 1689 में एक कानून के द्वारा संसद और राजा के अधिकारों को स्पष्ट किया गया। अन्ततः 1701 में राजा के शासन के सारे विशेषाधिकार खत्म कर दिये गये, परन्तु वर्तमान शासन व्यवस्था का स्वरूप 1721 में ही आकार ले सका, जब विग पार्टी के सर राबर्ट वालपोल ने ब्रिटेन के पहले प्रधानमंत्री का पद ग्रहण किया।

इस प्रकार ब्रिटेन में सामन्तवादी सत्ता के बीच उभरे पूंजीवाद ने सत्ता के स्वरूप को बदलने में करीब एक सौ वर्ष लगा दिये और इसके दो सौ वर्ष बाद ब्रिटेन में औरतों को मत देने का अधिकार दिया गया।

इससे स्पष्ट है कि ब्रिटेन के संसदीय लोकतन्त्र में जनता के बहुमत की भागीदारी नहीं थी। या यों कहें कि जनता के अधिकांश मजदूरों और किसानों की उस लोकतन्त्र में कोई भागीदारी नहीं थी। जब आबादी के बहुत बड़े भाग को तथाकथित लोकतन्त्र के माध्यम से भागीदारी देने का कोई इरादा ही नहीं किया गया था, तो उनकी पार्टी या उनका कोई राजनीतिक दल भी नहीं था। वे तो केवल उस राजनीति के तमाशबीन बने हुए थे, जो पूंजीपतियों के विभिन्न गुट या समूह अपने–अपने दल या राजनीतिक पार्टियाँ

बनाकर सत्ता पर अपना कब्जा होने की बारी की प्रतीक्षा कर रहे थे या सत्ता पर कब्जा करने का प्रयास कर रहे थे, अपने ही समूहों की सम्मिलित आबादी के मतों–वोटों के द्वारा।

अमरीकी क्रान्ति के बहुत पहले ब्रिटेन में लंकेस्ट्रियन (Lancastrians), यार्किस्ट्स (Yorkists), केवेलियर्स (Cavaliars), और राउण्ड हेड्स (Round-heads) नामक दल या समुदाय थे। 13 उपनिवेशों में विग (Whigs) और टोरी (Tories) पार्टियाँ थीं। ये प्रतिद्वन्द्वी गुट अपने झगड़ों का निपटारा मतगणना के बजाय कभी–कभी एक दूसरे का सिर फोड़कर भी करते थे। आजकल के राजनीतिक दल भी इन्हीं गुटों के विकसित रूप हैं।[2] जैसे रूढ़ीवादी दल (Conservatives), उदार–दल (Liberals) मजदूर–दल (Labour-Party) अथवा गण्तन्त्रवादी (Republicans) और लोकतन्त्रवादी (Democrats) इन्हीं में जनता अपने आपको विभक्त मानती है, परन्तु वास्तव में इनमें जनता की सक्रिय भागीदारी कोई नहीं होती, सिवाय चुनावों के समय वोट देने के।

ब्रिटेन के कानूनों का स्वरूप भी पूंजीपतियों के हितों के संरक्षण का प्रतिबिंब ही रहा है। हालांकि, वहां संविधान नाम की कोई लिखित निर्देशिका नहीं है, परन्तु परम्पराओं को ही उन्होंने संविधान का नाम दे दिया है। जिस परम्परा में ब्रिटेन का राष्ट्रीय या अन्तर्राष्ट्रीय हित हो, वही वहां के संविधान का प्रावधान है। अतः कानूनों में भी कई प्रावधान ऐसे किये जाते रहे हैं, जो सरकार, अधिकारी या संस्था विशेष के विवेक के परम्परागत विशेषाधिकार को परिलक्षित करता है। कानून में सारी बातें, सारे अधिकार, सारी सुविधायें दे दी जाती हैं, परन्तु नीचे की पाद–टिप्पणियों, परन्तुकों (Provisos) के माध्यम से वे या तो वापस ले ली जाती हैं, या कम कर दी जाती हैं, या निष्प्रभावी कर दी जाती हैं। कानूनों का इस प्रकार बनाया जाना एक छलावा मात्र होता है, जो अन्ततः सत्ता के केन्द्र, पूंजीपति वर्ग के हितों का ही साधक होता है। कानूनों में स्पष्टता नहीं होने के कारण अभिजात वर्गों में से एक और जमात, वकीलों की जमात पैदा हो जाती है। इन सबसे जनता के सामने एक अजीब किस्म का जाल उभर कर आता है। जिसे जनता अपनी नियति मानकर अपनाने को बाध्य होती है।

सभी आधुनिक राज्य व्यवस्थाओं में और विशेष रूप से लोकतन्त्रों में राज्य की प्रशासनिक व्यवस्थाओं का संचालन करने के लिए स्थायी कर्मचारी वर्ग

2. डब्ल्यु. बी मुनरो (W.B. Munro) *The Govt. of the United States* पृष्ठ 113, इन्हें डा. ए.डी. आशीर्वादम् ने राजनीतिशास्त्र– प्रथम भाग (1960) पृष्ठ 296 पर उद्धृत किया है।

भी पैदा किया गया है। यह प्रशासन सेवा ही स्थायी कार्यपालिका है। काफी समय तक संसार के उन्नत देशों में भी शासन कार्य अवैतनिक व्यक्तियों द्वारा अपने अवकाश के दिनों में पूरा किया जाता था। ब्रिटेन में अठारहवीं शताब्दी के अन्त तक यही व्यवस्था थी। पर उसके बाद से प्रशासन सेवा एक कुशल व्यवसाय बन गया।

ब्रिटेन की प्रशासन सेवा अपने उद्भव और विकास की दृष्टि से वहाँ के मंत्रि–मंडलीय शासन की कमियों की आवश्यक प्रतिपूर्ति है। लोकप्रिय सम्प्रभुता, संसद की सर्वोच्चता और मंत्रि–मंडलीय नियंत्रण आदि के सिद्धान्त राजनीति शास्त्र का अध्ययन करने वाले विद्यार्थियों के लिए केवल सैद्धान्तिक महत्व रख सकते हैं, परन्तु प्रशासकीय अधिकारियों के कार्यों का संबंध उनके और साधारण नागरिक के दैनिक जीवन से रहता है।

ईस्ट इंडिया कम्पनी के मुख्यालय लेडेन–हॉल में फैले भ्रष्टाचार और रिश्वतखोरी तथा कम्पनी के निदेशकों, संचालक मंडल के सदस्यों द्वारा अपने रिश्तेदारों को किसी न किसी पद की व्यवस्थाएं कर देने जैसी बातों से अन्य ब्रिटिश अधिकारी उद्वेलित थे।[3] 1853 में जब ईस्ट इंडिया कंपनी का चार्टर संसद के सम्मुख पुनर्विचार के लिये प्रस्तुत किया गया तब लार्ड मैकाले ने इस प्रथा को समूल उखाड़ फेंककर उसके स्थान पर प्रतियोगी पद्धति की स्थापना करने में सफलता प्राप्त की। मैकाले के इन सुधारों का फल ब्रिटेन को 1853 में ही नार्थकोट (Northcotte) और ट्रेवेलियन (Trevelyan) की रिपोर्ट के रूप में मिला। उन्होंने भी उम्मीदवारों के चयन में दलबंदी को समाप्त करने और प्रतियोगिता परीक्षा प्रारम्भ करने की सिफारिश की। उनके सुझावों को 1855 में आंशिक रूप से लागू किया गया तथा उसी वर्ष प्रथम लोक सेवा आयोग की स्थापना की गई। इस प्रकार ब्रिटेन में प्रशासन चलाने वाली स्थायी सिविल सेवा का प्रारम्भ हुआ, जिसे संसार की सर्वोत्तम प्रशासन सेवाओं में से एक माना जाता है। शायद ऐसा इसलिए कि ब्रिटेन एकल अथवा सीमित राष्ट्रीयताओं वाला एक द्वीपीय देश है, जो यूरोप की मुख्य भूमि से कटा हुआ है। एकल अथवा सीमित राष्ट्रीयताएं होने के कारण वहां की जनता

---

3. ईस्ट इण्डिया कम्पनी के संचालक मंडल के एक सदस्य स्काटलैंड के थे। उन्होंने अपने 19 लड़कों में से प्रायः सभी के लिए किसी न किसी पद की व्यवस्था कर दी थी। .....नियंत्रण समिति के सभापति की हैसियत से डेंडास ने अपने स्काट लोगों को भारत भेज दिया था। सन् 1858 में जान ब्राइट ने कहा था कि "ब्रिटेन की वैदेशिक नीति अपने देश के कुलीन वर्ग को देश के बाहर सुविधाएं देने की एक विशाल योजना से अधिक और क्या है।"

–डॉ. आशीर्वादम् *राजनीतिक शास्त्र,* (1960), पृ.–324।

के स्वार्थों में विशेष टकराव नहीं है; अतः राजनेताओं और राजनैतिक दलों को जनता के किसी गुट के हितों के अनुरूप प्रशासनिक अधिकारियों को विपरीत तरीके से काम करने के लिए बाध्य करने की आवश्यकता होती है। सभी का समर्पण अपने देश की राष्ट्रीय अस्मिता के प्रति है, अतः ये अधिकारी अभी अच्छी सेवाएं देने वाले बने हुए हैं। आज की स्थिति में तो यह और भी आवश्यक हो गया है जबकि ब्रिटेन के लगभग सारे उपनिवेश समाप्त हो चुके हैं और उसके पास अमरीका का समर्थक देश बनने के अलावा और कोई रास्ता भी नहीं है। यही कारण है कि यूरोपीय देशों की एकता के विपरीत ब्रिटेन ने "यूरो" की तुलना में अपनी मुद्रा "पौंड" को बनाए रखा है। यही उसका अपनी राष्ट्रीयता के प्रति समर्पण है।

ऐसा ही कुछ वहां की पुलिस के मामले में है। वहाँ की चुनी हुई सरकारें पुलिस प्रशासन में भी कोई हस्तक्षेप नहीं करती। चुनी हुई सरकारों को विदेश नीति, रक्षा, मुद्रा आदि की तरफ ही ध्यान देना होता है।

ब्रिटेन का संविधान अलिखित है, परन्तु जो कुछ भी संविधान के रूप में जाना जाता है, वह ऐसी परंपराओं, राजकीय या संसदीय या सर्वोच्च न्यायपालिका या हाऊस ऑफ लार्ड्स के द्वारा समय–समय पर दी गई व्यवस्थाएं हैं जो ब्रिटेन के नागरिकों तथा वहां की राष्ट्रीयता या राष्ट्रीयताओं के दूरगामी हितों की पोषक हैं। उन्हीं के अनुरूप नये कानून बनाए जाते हैं, उनके विपरीत नहीं। इसके पीछे भी ब्रिटेन की एकल या सीमित राष्ट्रीयताएं ही हैं, उनका समर्पण अपने उस छोटे से द्वीपों के समूह से बनी पितृभूमि के प्रति है, जिसकी अपनी महानता को साबित करने के लिए उसके नागरिक दुनिया के हर कोने में जाकर राज्य/उपनिवेश कायम कर सके और इसी कारण से अमरीका में कार्यरत ब्रिटिश अधिकारी/शासक अपनी बस्तियों को प्रारम्भ में संयुक्त राज्य अमरीका में शामिल नहीं कर सके थे। बहुत समय पश्चात या तो वे संयुक्त राज्य अमरीका में शामिल होने को बाध्य हुए या अपनी बस्तियों को संयुक्त अमरीका की सरकार को बेचकर अन्यत्र चले गए।

इन्हीं आधारों पर यदि यह निष्कर्ष निकाला जाए कि विभिन्न राष्ट्रीयताओं का स्थानीय प्रशासन इसी प्रकार के स्थानीय तंत्रों के अधीन चलेगा जैसा कि आज ब्रिटेन में चल रहा है तो इसमें कोई दो राय नहीं है कि सम्पूर्ण विश्व के एकीकरण में ऐसे ही स्थानीय गुणों की महत्वपूर्ण भूमिका होगी। फर्क सिर्फ यह होगा कि इन स्थानीय तंत्रों के अधिकारियों का चयन किसी नियमबद्ध कानूनी प्रक्रिया से नहीं होगा, अपितु लोकतंत्रात्मक तरीके से होगा।

कार्ल मार्क्स ने ब्रिटेन के इन सभी तत्वों का विशद्–विश्लेषण अपनी प्रमुख पुस्तकों और आलेखों में भी किया है तथा पूंजीवाद के विकास की

व्याख्या करते हुए विकास की अगली कड़ी 'समाजवाद' (Socialism) और 'साम्यवाद' (Communism) की अनिवार्यता का प्रतिपादन किया है।

जिन अंग्रेजों की भाषा, अंग्रेजी को करीब 900 वर्ष पहले गंवारों की भाषा कहकर स्वयं ब्रिटेन में तिरस्कृत किया जाता था, उन्हीं अंग्रेजों ने उसी अंग्रेजी के बल पर, अपनी राष्ट्रीय अस्मिताओं में अटूट विश्वास रखते हुए, आज विश्व में लोकतन्त्र की प्रेरक, विश्वभाषा के उदग्म और विश्व के भविष्य समाजवाद–साम्यवाद की ओर बढ़ने का रास्ता दिखाने वालों का स्थान प्राप्त किया हुआ है। बेशक, उनके पूंजीवाद ने मालों के व्यापार को दौलत बटोरने का अनोखा रास्ता भी दिखा दिया, जिसके तहत अन्तर्महाद्वीपीय व्यापार मुनाफाखोरी की गलाकाट प्रतिद्वंद्विता की सीमा तक बढ़कर उपनिवेशों के शोषण में बदल गई, जिसका उदाहरण भारत है।

उपनिवेशों के शोषण से अर्जित सम्पदा ने ब्रिटेन की कई सामाजिक विसंगितयों और अन्तर्द्वन्द्वों को ढक दिया और मुफ्त के धन के बल पर अपना जीवन स्तर उच्चतम स्तर पर पहुँचाने वाले मानवतावाद, मानवाधिकार, शान्ति और लोकतन्त्र आदि के कई विरोधाभासी आन्दोलन भी चलाने लगे हैं।

अमरीका का लोकतन्त्र एवं विधान

यूरोप की पूंजीपति–व्यापारी आबादी अपनी नई आर्थिक दुनिया को परवान चढ़ाने के लिये अपनी पवित्र पितृ–भूमियों को छोड़कर नये द्वीपों, महाद्वीपों और देशों में अपना आधार बनाने के लिये निकल पड़े। पश्चिम में, आदिम समाज युक्त अमरीकी महाद्वीप मिला। वहाँ नीग्रो–आदिवासी जातियों को गुलाम बनाकर वहाँ के प्राकृतिक संसाधनों का दोहन करने पहुंचे। कुछ समय बाद, विभिन्न पितृभूमियों के लोगों को वहां आपस में प्रतिद्वंद्विता करना अपने भविष्य के लिये उचित नहीं लगा। फलतः वहां से लूट और मुनाफा बटोर कर ले जाने वाली पितृभूमियों की सरकारों के प्रतिनिधियों के खिलाफ विद्रोह कर अपना एक व्यापारिक कार्टेल बना लिया, जिसके पास यूरोप की विकसित सभ्यता और आर्थिक सम्पन्नता, राजनीतिक सत्ता के विभिन्न स्वरूपों के आदर्श और अनुभव थे। अतः अपने उस आर्थिक–व्यापारिक कार्टेल को एक स्वतन्त्र देश में परिणत कर दिया। 1776 में अमरीका के कुछ हिस्सों ने, प्रान्तों के रूप में स्वतन्त्रता की घोषणा कर दी। धीरे–धीरे अक्षम प्रशासकों और व्यापारियों से इलाके प्राप्त कर और खरीद कर अपनी सीमाओं का विस्तार करते गये। अन्ततः खरीदे गये प्रांतों का संघ 'संयुक्त राज्य अमरीका' अपने पचास प्रान्तों के साथ आज सबसे शक्तिशाली देश बनकर मौजूद है। इस प्रकार अमरीका पूरी तरह से अप्रवासियों का देश है, जहाँ समान

विचारधारा के पूंजीवादी लोगों का एक समूह अपने सामूहिक हितों की रक्षा और विकास के लिये हर प्रकार से वचनबद्ध है। अन्य विरोधी विचारधारा और वर्गों को कुचलना उनका सामूहिक लक्ष्य है।

चूंकि, अमरीका में जमे पूंजीपति–व्यापारी सामन्ती राज व्यवस्था की कोख से जन्मे लोकतन्त्रों से विस्थापित थे, अतः उन्होंने अपनी सामूहिक सत्ता के स्वरूप को अंगीकार किया, जिसे लोकतन्त्र कहते हैं। इस लोकतन्त्र में सत्तासीन समूहों–वर्गों को ही प्रतिनिधि चुनने का अधिकार था। यहां तक कि स्त्रियों को भी मताधिकार पहले विश्वयुद्ध की समाप्ति और सोवियत संघ की समाजवादी सरकार के अस्तित्व में आने के बाद ही 1919 में संविधान के 19वें संशोधन के माध्यम से दिया गया था।

और चूंकि, अमरीका में आदिवासियों और दूसरे उपनिवेशों से लाये गये दासों और शोषितों के अलावा यूरोपीय देशों के पूंजीपति ही वहाँ के सत्ताधारी बने, और उनका समूह उनके स्थायित्व के लिये घातक नहीं हो सकता था। अतः यूरोप की विभिन्न शासन प्रणालियों के बावजूद उन्होंने सामूहिक सत्ता का रास्ता अपनाया। भविष्य में किसी एक व्यक्ति की तानाशाही या राजशाही के किसी स्वरूप की सम्भावना को समाप्त करने के लिये राष्ट्रपति को सिर्फ चार–चार वर्षों के दो कार्यकालों के बाद किसी व्यक्ति को राष्ट्रपति पद के लिये अयोग्य बना देना पूंजीवाद की एक श्रेष्ठ देन है। कुशलतम प्रशासक भी अपनी कुशलता और लोकप्रियता के बल पर सत्ता के शिखर पर टिका नहीं रह सकता।

लेकिन यह सब क्या जनता का सही प्रतिनिधित्व साबित करते हैं? आज उस देश की जनता स्वतन्त्रता के 225 वर्षों के बाद भी किस दशा में है, इसे वहां की पूंजीवादी चकाचौंध और प्रचार तन्त्र उजागर नहीं होने देते, वरना आज भी कई हैरीयट बीचर स्टीव को *अंकल टॉम्स केबिन* जैसे उपन्यास लिखने के लिये मसाला मिल जायेगा।

पूंजीवादी व्यवस्था का एक प्रमुख प्रतीक है, व्यक्ति को स्वतन्त्र घोषित कर देना, जिससे वह या तो पूंजीपतियों के लिये काम करें या भूखों मर कर जान दे दें। चूंकि वह स्वतन्त्र है, अतः अपने बारे में स्वयं फैसला कर सकता है कि उसे कौन सा रास्ता अपनाना है। इस प्रकार वह पूंजीपतियों की आर्थिक और राजनीतिक सत्ता के सामने एक तुच्छ इकाई बनकर समाज में अपना अस्तित्व बनाये रखने के लिये संघर्ष करता है। लाखों में से कोई इक्का–दुक्का ही ऐसे व्यक्ति होते हैं, जो पूंजीपतियों की जमात में दाखिल हो सकते हैं। वरना हदमार कर उनमें से पूंजीपतियों के वफादार सेवकों, नौकरशाहों, सैनिक अफसरों, वैज्ञानिकों आदि के रूप में अच्छा स्थान पा लेते

हैं जिन्हें प्रचलित भाषा में "मध्यम वर्ग" या "इन्टेलीजेंसिया" (Intelligentia) कहते हैं। ये ही पूंजीवाद के दक्ष व्यवस्थापक होते हैं। इनको अच्छा जीवन स्तर बनाये रखने और शेष जनता के शोषण के उपाय खोजने के लिये भारी भरकम आर्थिक सहायता–वेतन–अनुदान आदि के रूप में दी जाती है।

ऐसे में व्यक्ति इतना एकाकी बन जाता है कि यदि किसी को कोई बात कहनी होगी तो वह अकेला कुछ नहीं कर पायेगा, बल्कि उसे अपने जैसे लोगों या ऊंची पहुंच वालों के सहयोग से एक समूह का निर्माण करना पड़ेगा और उस समूह के माध्यम से उसे अपनी बात कहनी होगी। एक समूह –सत्ताधारी– दूसरे समूह–फरियादी की बात से कहाँ तक सहमत हो सकते हैं, यह इस बात पर निर्भर करता है कि सक्षम समूह के स्वार्थों पर तो कोई चोट नहीं हो रही है। यदि हो रही है तो उसे अपनी सत्ता के माध्यम से कुचल दिया जायेगा। और यदि ऐसा कोई नुकसान नहीं हो रहा हो तो नैतिकता की सारी शब्दावली प्रयोग करते हुए आदर्शों के तमाम मानदण्डों को प्रचारित करते हुए, उससे सहमति व्यक्त कर देगा और अपनी सत्ता की श्रेष्ठता को स्थापित करेगा।

ब्रिटेन के लोकतन्त्र के विपरीत, जहाँ एक ही राष्ट्र और राष्ट्रीयता की भावना ने पूरे अंग्रेज समुदाय को एक साथ चलने के लिए प्रेरित किया और उपनिवेशों के शोषण से अर्जित सम्पदा–सम्पत्ति का एक बहुत बड़ा हिस्सा निचले स्तर के लोगों के जीवन स्तर को ऊंचा उठाने में खर्च किया; अमरीका के अप्रवासी–निवासियों में एकल राष्ट्र की भावना तो है, परन्तु अन्य निवासियों के प्रति राष्ट्रीय लगाव का अभाव है। अतः वहाँ के पूंजीपति स्थानीय निवासियों की ओर कम और अपने उत्पादनों का अन्तर्राष्ट्रीयकरण करके समाप्त उपनिवेशों के स्थान पर अन्तर्राष्ट्रीय पूंजी के माध्यम से दूसरे देशों में मंडियां तलाश करने में जुटे हैं। जबकि ब्रिटेन की सरकार के बजट का एक महत्वपूर्ण हिस्सा सार्वजनिक चिकित्सा सेवाओं में खर्च होता है।

जहाँ तक वहां के लोकतन्त्र में वहाँ की जनता की भागीदारी का प्रश्न है, कालों को, नीग्रो लोगों को मताधिकार 1960 के दशक में व स्त्रियों को मताधिकार 1919 में ही दिया गया था। ऐसे में राजनीतिक दल क्या सारी जनता का, सारे देश की आबादी का प्रतिनिधित्व करते हैं? कदापि नहीं। चूंकि सत्ता पूंजिपतियों की है, अतः उन्हीं पूंजिपतियों के विभिन्न गुटों का प्रतिनिधित्व करने के अलग–अलग नामों से दल बनाकर बारी बारी से सत्ता पर कब्जा करके अपने अपने गुटों के हितों को साधने का काम करते हैं। स्थूल रूप से उनके हित और स्वार्थ अलग–अलग नहीं होते फिर भी दौड़ में आगे पीछे होने की स्थिति इससे उभरती है। दलगत भावना प्रायः गुटबन्दी की भावना

होती है। दलों से घूसखोरी और भ्रष्टाचार फैलता है और दल के आम कार्यकर्ताओं और सामान्य जनता दोनों में उनके प्रति अविश्वास मुखर हो जाता है।

जहां तक अमरीकी संविधान का प्रश्न है, विभिन्न यूरोपीय राष्ट्रीयताओं के चलते विभिन्न गुट एक साथ सत्ता में भागीदार तो हो सकते थे, परन्तु अविश्वास के साथ। अपने इसी अविश्वास के समाधान के रूप में सत्ता के संचालन के लिए लिखित समझौते/दस्तावेज की आवश्यकता थी। तदनुसार 1787 में संयुक्त राज्य अमरीका का संविधान अस्तित्व में आया। इस संविधान के प्रावधानों का दुरुपयोग कर कोई एक राष्ट्रीयता वाला गुट हावी न हो जाए, अतः इसमें संशोधन करने की प्रक्रिया को कठिन बनाया गया। यही कठिन या लगभग असंभव संविधान संशोधन की प्रक्रिया ही संयुक्त राज्य अमरीका को एक राष्ट्र के रूप में बांधे हुए है। इसमें संशोधन के लिए 52 विधेयक संसद में प्रस्तुत किए गए, परन्तु पारित हुए हैं केवल 27 विधेयक ही। साथ ही यह भी उल्लेखनीय है कि वहां कोई भी कानून पुरानी तारीख से (Retrospectively) प्रभावी नहीं किया जाता है।

अमेरिका में प्रशासन सेवाओं का आरम्भ असंतोषजनक तरीके से हुआ। इसका कारण लूट–खसोट की प्रथा थी जिसके अनुसार राष्ट्रपति के हर चुनाव के बाद प्रशासन सेवा के सैंकड़ों पदों को चुनाव में जीतने वाले दल के समर्थकों से भरा जाता रहा है। पदों के इस चक्रावर्तन (Rotation) और सार्वजनिक पदों को राजनीतिक रूप देने की इस प्रथा की जिम्मेदारी राष्ट्रपति ऐण्ड्रयू जैक्सन (Andrew Jackson) (1829--36) पर है, जिन्होंने राष्ट्रपति पद से यह घोषणा की थी 'प्रशासन सेवकों के कर्त्तव्य इतने स्पष्ट और सरल हैं कि समझदार आदमी आसानी से अपने को उन कर्त्तव्यों को पूरा करने के योग्य बना सकता है और मैं यह विश्वास करने के लिए पूर्णतः विवश हूं कि एक लम्बी अवधि तक लोगों के पदों पर बने रहने से जो हानि होती है वह उनके अनुभव से होने वाले लाभ की अपेक्षा कहीं अधिक है। किसी भी व्यक्ति को दूसरे व्यक्ति की अपेक्षा सार्वजनिक पद पर नियुक्त रहने का अधिक नैसर्गिक अधिकार नहीं है।[4] इस खतरनाक नीति का परिणाम अकुशलता, दलबंदी, भ्रष्टाचार और घूसखोरी हुआ। इसके चरम सीमा पर पहुंच जाने पर 1888 में प्रतियोगी परीक्षाओं के आधार पर स्थायी प्रशासन सेवा का सिद्धान्त मानना पड़ा। लोक सेवा आयोग की स्थापना की गई, पर उनकी उपयोगिता

4. लगभग इसी समय लार्ड मैकाले ने भारत के संबंध में इसके विपरीत तर्क देकर स्थाई सेवाओं की शुरूआत की वकालत की थी।

इस कारण बहुत कुछ समाप्त हो गई कि इन आयोगों को दोनों मुख्य राजनीतिक दलों के प्रति जिम्मेदारियों से भर दिया। 1916 के बाद सर्वोच्च पदों के अलावा प्रशासनिक सेवा में सभी नियुक्तियां प्रतियोगिता परीक्षाओं से होती है।[5]

अमरीकी लोकतंत्र का आलोचनात्मक विश्लेषण करने के बहाने 1830 के दशक में एक फ्रांसीसी पर्यटक अलेक्सिस डी. टाकविल ने लोकतंत्र के कई आधारभूत तत्वों को अपनी पुस्तक *अमेरीका में प्रजातंत्र* (*Democracy in America*) में रेखांकित किया है। इसमें अन्य कई बातों के अलावा जिस बात को उजागर किया है वह यह कि 'प्रायः अधिकतर मामलों में वहां 'बहुमत की तानाशाही है'। जाहिर है यह फ्रांस की सामन्तवादी व्यवस्था के विपरीत अभिजात, कुलीनों के समूह का ही बहुमत था। फिर भी आज लगभग पौने दो सौ वर्षों के बाद अमरीकी प्रजातंत्र ने सामाजिक विकास के कई आयाम प्राप्त किए हैं, परन्तु वहां की सत्ता दुनिया के किसी भी कोने में लोकतंत्र की पक्षधर नहीं है। दुनिया के हर कोने में अपने हितों की दुहाई देकर सैनिक हस्तक्षेप करना लोकतंत्र का, वहां की जनता का, विश्व की मानवता का तो हित साधना कतई नहीं है।

लोकतंत्रों के नाम पर इस प्रकार का दोगलापन; दोहरी नीतियां अपनाना स्पष्टतः अपने विशिष्ट समुदाय या वर्ग का ही हित साधन करता है, जनता का नहीं, चाहे अब्राहम लिंकन ने कितनी ही पवित्र और सुन्दर शब्दावली लोकतंत्र के लिए दी हो "लोकतन्त्र जनता के लिए, जनता के द्वारा, जनता का होता है।"

जहां तक भाषा का प्रश्न है, वहां प्रचलित सभी यूरोपीय भाषाओं में से रोमन लिपि के अनुसार सरलतम लेखनीय भाषा अंग्रेजी को प्रधानता दी गई। यही नहीं, ब्रिटिश अंग्रेजी के स्थान पर उसे और भी सरल बनाकर प्रयुक्त की जा रही है। सम्प्रेषण की सरलता ही भाषा के विकास का मुख्य आधार होती है, जिसमें लिपि की सुगम्यता भी एक होती है। अमरीकी प्रजातंत्र ने अन्य यूरोपीय भाषाओं में से अंग्रेजी को सरल बनाकर (या भ्रष्ट करके) इसे विश्वव्यापी भी बना दिया है।

फ्रांस का लोकतन्त्र और संविधान

ब्रिटेन के बाद फ्रांस एक ऐसा यूरोपीय देश है, जिसकी जनता ने विश्व की जनता के भविष्य के लिए बहुत कुछ दिया है। यूरोप महाद्वीप की मुख्य

---

5. डॉ. आशीर्वादम्–पूर्वोक्त, पृ.–323।

भूमि का एक देश होने के कारण यूरोपीय या विश्व इतिहास में इसकी महत्वपूर्ण भूमिका रही है।

कृषि प्रधान देश फ्रांस में राजतंत्र काफी सुदृढ था, परन्तु वहां की जनता ने परिपक्वता का उदाहरण प्रस्तुत करते हुए विश्व में पहली बार मनुष्यों और नागरिकों के अधिकारों की घोषणा 1789 में की। परन्तु राजतन्त्र के द्वारा किये सुधारों के बावजूद वहां के सम्पूर्ण राज परिवार की 1793 में हत्या कर लोकतन्त्र की स्थापना की, जिसे पहले गणतंत्र के रूप में जाना जाता है। ब्रिटेन में जहां चार्ल्स प्रथम की हत्या के कुछ सालों बाद राज परिवार को पुनः जीवित कर दिया गया, वहीं फ्रांस में वही राज परिवार पुनर्जीवित होने के लिए नहीं बचा था। हालांकि नेपोलियन बोनापार्ट ने राजशाही पुनः प्रारम्भ की, परन्तु उसे भी अन्ततः 1871 में समाप्त हो जाना पड़ा। इसी अवधि के दौरान फ्रांस लगातार युद्धों और गृह युद्धों के दौर से गुजरता रहा। 1848 में एक नये संविधान के तहत "दूसरे फ्रांसीसी गणतन्त्र" की स्थापना हुई और 1871 के गृहयुद्ध के बाद 1875 में "तीसरे फ्रांसीसी गणतंत्र" का संविधान बना। 1946 में दूसरे विश्व युद्ध के बाद नये विधान के साथ "चौथा फ्रांसीसी गणतन्त्र" के नाम से जाना जाने लगा और 1958 में तत्कालीन राष्ट्रपति द गाल ने नया संविधान लागू किया। जिसके अन्तर्गत "पांचवा फ्रांसीसी गणतन्त्र" के रूप में फ्रांस आज तक जाना जाता है।

इसमें कोई अतिशयोक्ति नहीं है कि ब्रिटेन के इतिहास ने कार्ल मार्क्स के सामने जहां पूंजी और पूंजीवाद के विकास की परतें खोलीं, सामने रखीं, वहीं फ्रांस की जनता के 1789 से 1871 तक के इतिहास ने भविष्य के शासन और समाज व्यवस्था की झलकें प्रस्तुत कीं। 1848 के फ्रांसीसी गृहयुद्ध से प्रेरणा लेकर प्रसिद्ध कम्युनिस्ट घोषणा–पत्र लिखा और 1871 के गृह युद्ध के बीच उपजी संक्षिप्त काल की "जनता की सत्ता" के बीच "कम्यून" को खोज निकाला जो कि विश्व में आगे चलकर शोषित और उत्पीड़ित मानवता की मुक्ति का मार्गदर्शक बना।

हालांकि फ्रांस के संविधान में अन्य पूंजीवादी संविधानों से भिन्न कोई विशेष प्रावधान नहीं हैं, परन्तु इसमें संशोधन की प्रक्रिया दोहरी है–जनमत संग्रह और राष्ट्रपति की सहमति से संसद द्वारा। इसके अनुसार संसद के दोनों सदनों द्वारा साधारण बहुमत से पास होने के पश्चात जनमत संग्रह में साधारण बहुमत से या संसद के दोनों सदनों के संयुक्त अधिवेशन में 60 प्रतिशत (3/5) के बहुमत से स्वीकृत होने पर ही संविधान में संशोधन सम्भव है।

दूसरी महत्वपूर्ण बात यह है कि संविधान की पूर्व घोषिका (Preamble) की भावना को पूरे संविधान में बनाए रखा गया है तथा इसके विपरीत या इसका विरोधाभासी कोई भी कानून न तो बनाया जा सकता है और न ही न्यायपालिका को इससे विपरीत या विरोधाभासी निर्णय देने की छूट है।

जहां तक प्रशासनिक सेवाओं का प्रश्न है, कमोबेश उसी प्रकार की है जैसी कि अन्य यूरोपीय देशों में हैं, फिर भी 1871 में जनता के शासन "कम्यून" के दौरान स्थायी प्रशासकीय अधिकारियों के स्थान पर लोकतन्त्रात्मक तरीके से अधिकारियों का चयन चुनाव द्वारा किया गया था। वह एक मिसाल थी जो मानव इतिहास में केवल गणतंत्रों में ही मिलती है तथा जो किसी वर्ग विशेष के सीमित हितों से बाध्य नहीं हो।

जहां तक भाषा का प्रश्न है, फ्रेंच भाषा फ्रांस की भाषा रही है। लेकिन रोमन लिपि में होने के कारण उच्चारण की तथा लेखन में सहजता एवं सरलता नहीं होने के कारण यह विश्वव्यापी नहीं बन सकी। फ्रांसीसी राष्ट्र का यह भाषा गर्व रही है।

सोवियत संघ की मजदूर–किसान वर्गों की लोकतन्त्रात्मक तानाशाही और उसका संविधान

उन्नीसवीं शताब्दी के अंत तक विशाल भू–भाग वाला रूस यूरोप और एशिया महाद्वीपों में फैला एक कृषि प्रधान देश था। औद्योगीकरण के नाम पर केवल भूगर्भीय संसाधनों का दोहन कर दूसरे यूरोपीय देशों में बेचा जाता था। जार का शासन जनता के शोषण की मिसाल बना हुआ था।

बीसवीं सदी के प्रारंभ में ब्लादीमीर इल्यिच लेनिन के नेतृत्व में मजदूरों और किसानों के हितों की साधक, विश्व की पहली समाजवादी सरकार बनी। यह पूंजीवादी व्यवस्था की प्रतिद्वंद्वी सरकार नहीं थी, परन्तु वर्ग चरित्र के अनुसार यह तमाम पूंजीवादी लोकतन्त्रों की विसंगतियों से परे थी जो कि समाज विकास के क्रम में पूंजीवादी व्यवस्था की समाप्ति के बाद की अवस्था और व्यवस्था थी।

आर्थिक रूप से पिछड़े रूस ने विज्ञान और तकनीकी विकास की दौड़ में पूरे यूरोप और एक सौ पचास वर्ष से भी अधिक पुराने लोकतांत्रिक अमरीका को भी पीछे छोड़ दिया। विश्व में मजदूर–किसान वर्गों ने सामाजिक और आर्थिक विकास की प्रेरणा बने सोवियत संघ की शासन व्यवस्था ने कई सामाजिक और राजनीतिक और आर्थिक मापदण्ड स्थापित किए। इनमें प्रमुख इस प्रकार हैं–

(1) पूंजीवादी–सामन्तवादी अभिजात–कुलीन वर्गों की राजनीतिक गतिविधियों पर पूर्णतः प्रतिबंध लगाना।

(2) देश की सम्पूर्ण सम्पत्तियों का समाजीकरण (ध्यान दें–सरकारीकरण नहीं)।

(3) किसानों के बीच सहकारी कृषि व्यवस्था लागू कर विकसित तकनीकों का सामूहिक प्रयोग करना।

(4) समयबद्ध परियोजनाओं के तहत सम्पूर्ण देश का विद्युतीकरण करना, शिक्षा सभी के लिए अधिकार बनाना, तकनीकी शिक्षा और उत्पादन से देश को प्रथम श्रेणी के देशों की कतार में ले आना।

(5) सभी प्रकार की सामाजिक बुराइयों को समाप्त करने की योजनाएं लागू करना।

(6) पूंजीवादी सामन्तवादी व्यवस्था की देन सभी प्रकार की समस्याओं को समाप्त करने के लिए स्थानीय स्तर पर लागू की जाने वाली राष्ट्रीय योजनाएं बनाकर जन–सह–भागीदारी से उन्हें लागू करना।

(7) प्रतिद्वंद्वी पूंजीवादी व्यवस्था एवं देशों द्वारा संभावित दखल एवं आक्रमणों को ध्यान में रखकर देश की सारी जनता को मुकाबले के लिए सैद्धान्तिक, मानसिक और तकनीकी रूप से दक्ष और सक्षम बनाना।

(8) खेलकूद एवं अन्य सामाजिक एवं सांस्कृतिक गतिविधियों में सभी जनता की भागीदारी के द्वार खोलना, ताकि पूंजीवादी व्यवस्था में जो व्यक्ति या वर्ग प्रायः लाभ उठाते हैं; वे अपना एकाधिकार जैसा नहीं मान सकें।

इस सबके बीच जो राजनीतिक रूप से महत्वपूर्ण है वह है–राजनीतिक पार्टी के चरित्र को नई व्याख्या देना। पूंजीवादी व्यवस्थाओं या लोकतंत्रों में राजनीतिक पार्टियां जहां लूट–खसोट के लिए वर्चस्व प्राप्त करने के लिए प्रतिद्वंद्विताएं करती हैं और सफलता प्राप्त करने के लिए चुनावों में जनता के अधिक मत प्राप्त कर यह सिद्ध करने का प्रयास करती हैं कि वे ही जनता के बहुमत का प्रतिनिधित्व करती हैं, वहीं सोवियत संघ में राजनीतिक दल को जनता का एक ऐसा अग्रिम दस्ता माना गया जो "जनता को अपने राजनीतिक, सामाजिक और आर्थिक लक्ष्य प्राप्त करने के लिए जनता को प्रशिक्षित करता है।" जनता के हाथ खड़े करवाकर अपना बहुमत सिद्ध करने का सिद्धान्त पूंजीवादी लोकतंत्रों का एक राजनीतिक शगल मात्र है। वे जनता

को प्रशिक्षित नहीं करते हैं। कोई भी राजनीतिक दल ऐसा तब ही कर सकता है जबकि उसकी सोच, उसका लक्ष्य, उसकी योजनाएं कथनी और करनी में प्रतिनिधि वर्गों की हों। यही कारण है कि 1905 में सैद्धान्तिक आधार पर 'बोल्शेविक' नामकरण दिया गया उन्हें जो सोवियत कम्युनिस्ट पार्टी का जो बहुमत के प्रतीक रहे, शेष मेंशेविक यानी "अल्पमत"। तात्पर्य यह है कि प्रत्येक राजनीतिक पार्टी किसी न किसी वर्ग का प्रतिनधित्व करती है और एक ही वर्ग की यदि कई पार्टियां अस्तित्व में हैं तो वह अवसरवादी गुटबाजी की शिकार होकर पूंजीवादी लूट–खसोट में ही भागीदारी चाहती हैं, वर्ग का हित नहीं।

दूसरा महत्वपूर्ण पक्ष जो उभरा, वह है, मजदूरों–किसानों की लोकतन्त्रात्मक तानाशाही।

प्रचलित पूंजीवादी लोकतंत्रों में विभिन्न पूंजीवादी गुट जहां राजनीतिक सत्ता प्राप्त कर अपने वर्गों की तानाशाही (उदारता के माध्यम से) चलाते हैं, वहीं सोवियत व्यवस्था में पूंजीवादियों, सामन्तवादियों के लिये प्रत्यक्ष तानाशाही और मजदूर–किसानों के लिए लोकतंत्रात्मक गणतन्त्र के माध्यम से पूरी स्वतंत्रता। मजदूर, किसानों के गणतंत्र में किसी प्रकार की राजनीतिक या आर्थिक उदारता बरतने का मतलब है, पूंजीवादी–सामन्तवादी शक्तियों को प्रतिक्रिया का अवसर उपलब्ध कराना, और अपनी सत्ता समाप्त करने का मार्ग अपना लेना। अतः मजदूर–किसान वर्गों की तानाशाही ही आम जनता की खुशहाली और प्रगति की गारंटी है।

तीसरा महत्वपूर्ण पहलू यह रहा कि गणों और केन्द्रीय विधानमंडलों के लिये चुनाव पार्टी आधार पर नहीं करवाना। पार्टी आधार पर चुनाव का मतलब होता है उसी पार्टी के कार्यकर्ताओं में से चुनना, जिसका परिणाम यह होता है कि उनके द्वारा जनता को प्रशिक्षित करने के अपने मूल कार्य को छोड़कर सत्ता में भागीदारी से विशेषाधिकार प्राप्त कर लेना। परिणामस्वरूप वे प्रतिक्रिया के गढ़ बन जाते हैं।

पूंजीवादी लोकतंत्रों में पार्टी आधार पर चुनाव लड़ने वालों का जनता से कोई सरोकार नहीं होता। समयबद्ध चुनावों के द्वारा वे सत्ता में आने का विशेषाधिकार रखते हैं और भ्रष्टाचार को बढ़ावा देते हैं।

चौथा महत्वपूर्ण पक्ष यह रहा कि स्थानीय स्तर पर गठित सोवियतों को पूरी स्वतंत्रता दी गई। केन्द्रीय सत्ता या प्रान्तीय सत्ता का इन सोवियतों पर कोई विशेषाधिकार नहीं होता था, भंग करने या हटाने का। सभी गणों की अपनी–अपनी संस्कृति और राष्ट्रीयताएं तथा संविधान बनाए गए थे। स्थानीय

रूप से योजनाएं बनाकर सम्पूर्ण देश के विकास को सुनिश्चित किया जाता था।

1935 में स्तालिन के नेतृत्व में सोवियत संघ के संविधान का निर्माण करने के लिए विधि–आयोग गठित किया गया था। इसके पहले 1918 में व 1924 में भी प्रारंभिक संविधान बनाए गए थे। इसे 1936 में स्वीकृत कर लागू किया गया।

संविधान के निर्माण में क्या–क्या प्रेरक सिद्धान्त होते हैं और किन–किन बातों को संरक्षण दिया जाता है और किन–किन का उन्मूलन; इसकी एक झलक सोवियत संघ के निर्माण की पहल में दिखाई देती है, जिन्हें स्तालिन ने नवंबर 1936 में सोवियतों की आठवीं कांग्रेस में रेखांकित किया–

"1924 का विधान नई आर्थिक नीति के शुरू के दिनों में बना था। उस समय तक सोवियत सरकार समाजवाद के विकास के साथ–साथ पूंजीवाद के विकास की भी अनुमति देती थी। सोवियत सरकार ने योजना बनाई थी, कि दोनों व्यवस्थाओं–पूंजीवादी व्यवस्था और समाजवादी व्यवस्था के बीच होड़ चलने के दौर में आर्थिक क्षेत्र में पूंजीवाद पर समाजवाद की विजय संगठित और निश्चित की जाएगी। कौन जीतेगा? इस सवाल का अभी फैसला नहीं हुआ था। उस समय उद्योग धंधे कौशल के पुराने और नाकाफी साधनों से लैस थे, वे अभी युद्धपूर्व (प्रथम विश्व युद्ध) के स्तर तक भी नहीं पहुंच पाए थे। खेती की हालत इससे भी गई बीती थी। किसानों के निजी खेत एक अपार सागर थे और सरकारी तथा सामूहिक खेत उसके छोटे–छोटे टापू। उस समय सवाल कुलकों (जमींदारों) को खत्म करने का नहीं, सिर्फ उन्हें नियंत्रित करने का था। समाजवादी क्षेत्रों से, देश का सिर्फ 50 प्रतिशत व्यापार होता था।"

"1936 में सोवियत संघ की तस्वीर पूरी तरह दूसरी ही थी। उस समय तक देश का आर्थिक जीवन पूरी तरह बदल गया था और आर्थिक जीवन के सभी क्षेत्रों में समाजवादी व्यवस्था की जीत हुई थी। अब शक्तिशाली समाजवादी उद्योग धंधे थे, जिन्होंने युद्ध पूर्व की उपज से सात गुनी पैदावार बढ़ा ली थी, और व्यक्तिगत उद्योग धंधों को पूरी तरह निकाल बाहर किया था। खेती में, सामूहिक और सहकारी खेती के रूप में अत्याधुनिक मशीनों से लैस और दुनिया में सबसे बड़े पैमाने पर चलने वाली मशीनों से सज्जित समाजवादी खेती की जीत हुई थी। 1936 तक कुलक वर्ग पूरी तरह खत्म किये जा चुके थे और निजी खेती करने वाले किसान देश के आर्थिक जीवन में कोई महत्वपूर्ण भूमिका नहीं निभा रहे थे। व्यापार पूरी तरह राज्य और सहकारी समितियों के हाथ में था। मनुष्य द्वारा मनुष्य का शोषण सदा के

लिए खत्म किया जा चुका था। आर्थिक जीवन की सभी शाखाओं में, नई समाजवादी व्यवस्था की ठोस बुनियाद के रूप में पैदावार के साधनों की सार्वजनिक समाजवादी मिल्कियत मजबूती से कायम हो चुकी थी। नये समाजवादी समाज से गरीबी, बेरोजगारी, संकट और तंगहाली हमेशा के लिए विदा हो चुकी थी। सोवियत समाज के सभी सदस्यों की खुशहाली और सांस्कृतिक जिंदगी के लिए परिस्थितियां रची जा चुकी थीं।"

"............................"

"सोवियत संघ के बुद्धिजीवियों में भी परिवर्तन हुआ था। अधिकांशतः ये बिल्कुल नये बुद्धिजीवी बन गए थे। बुद्धिजीवी वर्ग के अधिकांश सदस्य मजदूरों और किसानों की कतारों से आए थे। यह वर्ग पुराने बुद्धिजीवियों की तरह पूंजीवाद की सेवा नहीं करता था, वह समाजवाद की सेवा करता था। वह समाजवादी समाज का बराबरी का दर्जा रखने वाला सदस्य था। मजदूरों और किसानों के साथ वह नये समाजवादी समाज का निर्माण कर रहा था। यह नये तरह का बुद्धिजीवी वर्ग था जो जनता की सेवा करता था और सभी तरह के शोषण से मुक्त था। यह ऐसा बुद्धिजीवी वर्ग था जैसा मनुष्य जाति के इतिहास में पहले कभी भी नहीं देखा गया था।

"इस तरह सोवियत संघ की श्रमिक जनता में पुराने वर्ग विभाजन की रेखाएं मिट रही थीं, वर्गों का पुराना अकेलापन मिट रहा था। मजदूरों, किसानों और बुद्धिजीवियों के आर्थिक और राजनीतिक अन्तर्विरोध कमजोर पड़ रहे थे और मिट रहे थे। समाज की नैतिक और राजनीतिक एकता की बुनियाद रखी जा चुकी थी।

"सोवियत संघ के जीवन में ये गम्भीर परिवर्तन, सोवियत संघ में समाजवाद की वे निर्णायक सफलताएं नये विधान में प्रतिबिंबित हुई हैं।"[7]

सोवियत संघ में हुए इन्हीं सामाजिक, आर्थिक और राजनीतिक परिवर्तनों को संरक्षण देते हुए इनके और विकास का मार्ग प्रशस्त करने के लिए सोवियत संघ के नये संविधान में कई प्रावधान किए गए, जिनमें मुख्य थे–

सोवियत संघ के सभी नागरिकों को काम करने के अधिकार की गारंटी, आराम करने और अवकाश भोगने के अधिकार, शिक्षा प्राप्त करने का अधिकार, बुढ़ापे में और बीमारी या अपाहिज होने पर देखभाल, परवरिश के अधिकार की गारंटी के साथ–साथ जीवन के सभी क्षेत्रों में स्त्रियों को पुरुषों के बराबर

---

7. *सोवियत संघ की कम्युनिस्ट पार्टी (बोल्शेविक) का इतिहास* (संक्षिप्त)–हिन्दी संस्करण, पृष्ठ 338–39।

अधिकार, नागरिकों को उनकी जाति या नस्ल का भेद किये बिना समानता का अटूट विधान; सभी नागरिकों के लिए अन्तःकरण की स्वाधीनता, और धर्म–विरोधी प्रचार की स्वाधीनता स्वीकृत की गई है। समाजवादी समाज को मजबूत करने के लिए भाषण, प्रकाशन और सभा संगठन की स्वतंत्रता की गारंटी, सार्वजनिक संगठनों में एक्सबद्ध होने के अधिकार, व्यक्ति की सुरक्षा, निवास और पत्र व्यवहार को गुप्त रखने की सुरक्षा, श्रमिक जनता के हितों की रक्षा करने के लिए, या अपनी वैज्ञानिक कार्रवाई के लिए या राष्ट्रीय स्वाधीनता के लिए अपने संघर्ष के कारण सताये हुए विदेशी नागरिकों के शरण पाने के अधिकार की गारंटी भी दी गई है।

इस प्रकार सोवियत संघ में यह सिद्धान्त व्यवहार में लागू किया गया है "हर एक से उसकी योग्यता के अनुसार, हर एक को उसकी आवश्यकता के अनुसार"।

और, इस प्रकार, सोवियत संघ में केवल राजनीतिक लोकतंत्र की सत्ता ही नहीं है अपितु सामाजिक और आर्थिक क्षेत्र में भी लोकतंत्र की परम्पराओं का अनुसरण और स्थापना करने का पूरा प्रयत्न किया गया है।

जहां तक पुलिस या प्रशासनिक वर्गों का प्रश्न है, ये किसी नियमबद्ध प्रक्रिया से चयनित नहीं किये जाते हैं, बल्कि स्थानीय स्तर से लेकर केन्द्रीय स्तर तक श्रमिकों और किसानों के प्रतिनिधि के रूप में ही इनका चुनाव होता है। इनमें से सशस्त्र शाखा लालसेना के रूप में विश्वविख्यात है। इस व्यवस्था से अयोग्य व्यक्ति शिखर पर नहीं होता और प्रखर और योग्य अपने प्रदर्शन को नहीं तरसता है।[8]

---

8. गई शताब्दी के आखिरी दशक में इसी संविधान के प्रावधानों के अनुसार सोवियत संघ का विघटन कर दिया गया है, जिसकी चर्चा यहाँ प्रसंग नहीं होने के कारण नहीं की जा रही है। संदर्भ केवल लोकतन्त्र और जनता के शासन का है।

4

भारत में कानून के राज का सिंहावलोकन

अपराधी और अभिजात हमेशा ही अपने वर्चस्व को कायम रखने के लिये प्रयासरत रहते हैं। इसी प्रयास में संघर्ष का जो स्वरूप उभर कर सामने आता है वह शास्त्र और शस्त्र के रूप में हमारे सामने फलीभूत हो रहा है। इसमें, एक स्तर पर अपराधी और अभिजात एक हो जाते हैं, उनका गठबंधन हो जाता है। वहां पर वे दोनों एक दूसरे के हित रक्षक हो जाते हैं। इन दोनों के हितों की एकरूपता के परिणामस्वरूप जो उभर कर आता है वह शास्त्र हैं। शास्त्र यानि कि उपदेशों, नैतिकताओं और सामाजिक प्रतिबद्धताओं का एक ऐसा संजाल, जिसे हम धर्मशास्त्र भी कह सकते हैं, जिसे हम नीतिशास्त्र भी कह सकते हैं, जिसे हम कानून भी कह सकते हैं। इन्हीं के माध्यम से आम जनता को अनुशासित किया जाता है, और भ्रमित भी किया जाता है। व्यक्ति की मनोदशा, उसके मनोविज्ञान, उसकी भावनाओं का अपने हित साधन के लिये इस्तेमाल करना आपराधिक तन्त्र का, राजनीतिक तंत्र का एक सामान्य स्रोत हैं। यानि कि वर्चस्व बनाये रखने का एक सार्वभौम साधन।

एक घटना का उल्लेख करते हैं। यह घटना सत्य भी हो सकती है और काल्पनिक भी। परन्तु सत्य के बिना स्रोत नहीं बनता, चाहें वह सत्य टुकड़ों में बिखरा हो, जिन्हें एक करने पर एक घटना बन जाती है।

घटना इस प्रकार है–

व्यापार की अनुमति मिलने के उपरान्त ईस्ट इंडिया कम्पनी को अपने व्यापारिक एवं आवासीय परिसर बनाने की अनुमति भी स्थानीय राजा से मिल गई और अंग्रेजों की स्वतन्त्र बस्तियां या मोहल्ले बन गये ताकि उनकी सामाजिक और सांस्कृतिक विशिष्टताएं बनी रहें। वहाँ पर राज्य का दखल कम से कम था। हाँ, नौकर–चाकर स्थानीय लोगों में से ही हुआ करते थे।

एक दिन एक अंग्रेज घोड़े पर अपनी बस्ती में जा रहा था। सामने एक स्थानीय भारतीय व्यक्ति आ गया। अंग्रेज ने आव देखा न ताव, उस भारतीय पर हंटर की मार मारने लगा। अंग्रेज बस्ती में असहाय भारतीय मार खाता रहा, आखिर वह मार दिया गया। दूसरे भारतीय उसे देखते रहे, पर कुछ कर नहीं सके। बात राजा तक पहुँची। एक हत्या का मामला था, अतः अपराधी को सजा देना राजा का फर्ज था। सो, अंग्रेज अपराधी को पकड़ लाने के लिये राज्य सैनिक भेजे गये। उस अपराधी को बंदी नहीं बनाने दिया गया बल्कि अंग्रेज बस्ती का प्रमुख उस अधिकारी को साथ लेकर राजा के दरबार में निर्भीकता से पहुँचा। दरबार में उस अधिकारी को, हालांकि बंदी तो नहीं बनाया, परन्तु अपराधी की भांति एक तरफ खड़ा रखा गया। अंग्रेज प्रमुख दरबार में अपने उचित आसन पर बैठ गया। घटना के वृत्तांत को दोहराने के उपरान्त राजा ने कहा कि 'इस अंग्रेज अफसर ने हमारी प्रजा के एक नागरिक की हत्या की है, हम इसे इसके अपराध का दण्ड अवश्य देंगे।

अंग्रेज प्रमुख ने हालात की नजाकत को भांप तो पहले ही लिया था, बात को सम्भालते हुए उसने कहा, "हुजूर, यह सही है कि इस अंग्रेज अफसर के हाथों आपके एक नागरिक की हत्या हुई है, इसे सजा जरूर मिलनी चाहिये। मैं भी इसके इस अपराध को अनदेखा नहीं कर सकता और ब्रिटिश राज भी मुझसे पूछेगा तो मैं क्या जवाब दूंगा। ब्रिटिश राज में जनता के चुने हुए लोगों की संसद ने कुछ नियम कानून बनाये हैं, उनका पालन हम सभी कर के सुख शान्ति से रह रहे हैं और दिन पर दिन प्रगति कर रहे हैं। दुनिया के किसी भी कोने में रहें, हम उन कानूनों का पालन करते हैं। हमारे न्यायप्रिय राज में हर तरह के अपराधी को सजा देने का नियम हैं। अतः इसे भी हम हमारे कानूनों के अनुसार सजा देंगे और उसके बारे में ब्रिटिश राज को और आपको भी बता देंगे।"

काफी तर्क–वितर्क और शंका समाधान के बाद राजा अंग्रेज प्रमुख की बात से सहमत हो गया।

अंग्रेज प्रमुख ने मामले की सुनवाई की और साक्ष्यों के अभाव में हत्या किया जाना नहीं माना गया। परन्तु, अंग्रेज अफसर ने भारतीय से दुर्व्यवहार किया, जिसके लिये उसे कुछ रुपयों का दण्ड देकर मामला खत्म कर दिया गया।

राजा को जब इस न्याय के बारे में बताया गया तो वह सन्न रह गया। परन्तु जब अंग्रेज प्रमुख ने दरबार मे पूरी प्रक्रिया बताई और यह बताया कि साक्ष्य क्या हैं, तथ्य क्या हैं और उस अभियुक्त अफसर की अन्तःप्रेरणा क्या

है; इस आधार पर यह तय किया गया है कि क्या किसी ने या अंग्रेज अफसर ने हत्या का अपराध किया है। यदि हत्या बिना प्रेरणा या योजना के अनजाने में हुई है तो वह हत्या का अपराधी नहीं है।

उसके सारे तर्कों को सभी दरबारी भी ध्यान से सुन रहे थे। निष्ठावान दरबारी अंग्रेजों के इस न्याय से सहमत नहीं थे। कुछ चालाक किस्म के महत्वाकांक्षी दरबारियों को इसमें भविष्य की रोशनी दिखाई दी। राजा स्वयं भी स्थिर नहीं हो पाया। फिर भी अपनी महत्वाकांक्षाओं और महत्वाकांक्षी दरबारियों की सलाह से उसे मान गया।

अगले दिन अंग्रेज प्रमुख की तरफ से भारी–भरकम तोहफे राजा के दरबार में पहुंचाये गये। हत्यारा अंग्रेज अफसर प्रसन्नचित्त घूम रहा था।

× × ×

भारत के कानून के राज के इतिहास में कानूनों के निर्माण में यही मनोविज्ञान अन्तर्निहित रहा है। 1857 की क्रान्ति ने भारत को एक अलग स्थिति प्रदान करने को बाध्य किया। यह प्रयास तो पहले से ही प्रारम्भ हो चुके थे। जब एक महान व्यक्ति को भारत में नियुक्त किया गया। उसे कई मूलभूत जिम्मेदारियां दी गई थीं, जिन्हें उसने अपनी पूर्ण निष्ठा के साथ पूरा किया। उसने एक तो भारतीयों को शिक्षित करके इण्डियन (भारत के अंग्रेज) बनाने की योजना बनाई, और दूसरा, उसने भारतीयों को नियन्त्रित करने के लिए विधि आयोग के प्रमुख के रूप में भारतीयों द्वारा किये जाने वाले अपराधों को सूचीबद्ध कर उनके लिये सजाएं तय कीं। ये महान व्यक्ति थे मैकाले।

मैकाले का विचार था कि भारतीय परिस्थितियों को देखते हुए वहां की विधियों के संहिताकरण का समय आ गया था, क्योंकि यह कार्य न तो पूर्णतः पिछड़े हुए, अविकसित देश में संभव हो सकता है और न ही पूर्णतः स्वतन्त्र देश में। भारत की ब्रिटिश सरकार इस कार्य का उत्तरदायित्व भली–भाँति संभाल सकती थी, क्योंकि वह स्वभाव में प्रबुद्ध थी तथा शासितों पर पितृतुल्य शासनाधिकार रखती थी। उसके विचार में विधियों का संहिताकरण करते समय यदि भारतीयों की किसी भावना का समन्वय सम्भव नहीं हो, तो भी उन्हें निश्चित सम्मान देना आवश्यक था। वह इस पक्ष में नहीं था कि विधियों में बिना विचार किये शीघ्र परिवर्तन किये जाएं। उसके विचार में विधि के संहिताकरण के दौरान भारतीयों के किसी सम्प्रदाय के किसी भी क्षेत्र में अनुचित हस्तक्षेप किया जाना अवांछनीय था। भारतीय विधियों के संहिताकरण के लिये अपनाई जाने वाली नीति केवल यह थीः "जहां तक सम्भव हो

साम्यता, अत्यावश्यक होने पर विषमता, परन्तु प्रत्येक स्थिति में निश्चितता"।[1] संहिताबद्ध विधि न्यायाधीशों को निर्णय देने में मार्गदर्शन का कार्य कर सकती थी। संहिताबद्ध कानूनों को जनसाधारण का समर्थन प्राप्त होना आवश्यक था, क्योंकि इससे उनकी न्याय प्राप्त करने संबंधी कठिनाइयां दूर हो सकती थीं।

कम्पनी राज के समय ब्रिटिश विशेषज्ञ भारत में ब्रिटिश शासन ही मान कर चल रहे थे, तथा उन भावी सम्भावनाओं को भी रेखांकित कर चुके थे, जो ब्रिटिश शासन के दौरान भारत में मुखर हो सकती थीं या शासन संचालन में राजनीतिक, सामाजिक और धार्मिक रूप से जिसे ध्यान में रखा जाना आवश्यक था। इसकी झलक–अधिकार पत्रों और कानूनों में क्रमिक रूप से विकसित एवं मुखरित होती नजर आती है।

महारानी विक्टोरिया की उद्घोषणा–1858
(Queen's Proclamation of 1858)

1857 की ऐतिहासिक, राजनीतिक व सामाजिक घटनाओं के पश्चात, कंपनी के हाथों से भारत शासन की सत्ता ब्रिटिश शासनाधीश को अन्तरित करने की विधिवत् राजकीय घोषणा 1 नवम्बर, 1858 को भारत के प्रथम वायसराय एवं गवर्नर जनरल लार्ड केनिंग द्वारा इलाहाबाद में आयोजित दरबार में की गई। इस घोषणा का मुख्य उद्देश्य ब्रिटिश सरकार की भावी–नीतियों को स्पष्ट करना था ताकि भारतीय देशी राजाओं की मान–प्रतिष्ठा तथा भारतवासियों को धर्म की स्वतंत्रता तथा न्याय के संरक्षण का आश्वासन दिया जा सके। ब्रिटिश महारानी इस घोषणा से अपनी उदारता और धार्मिक सहिष्णुता की भावना प्रदर्शित करना चाहती थीं। घोषणा में कहा गया कि–

1. *ब्रिटिश महारानी भारत में कम्पनी शासन का अंत और ब्रिटिश शासन–महारानी के हाथों में लिये जाने की घोषणा करती हैं तथा वाइकाउंट केनिंग को भारत का प्रथम गवर्नर जनरल एवं वायसराय नियुक्त करती हैं, जो महारानी के नाम से भारत सरकार का संचालन करेगा।*
2. *ब्रिटिश सरकार देशी राजाओं के साथ ईस्ट इंडिया कम्पनी द्वारा की गई सभी संधियों को स्वीकार करती है तथा उनका अनुपालन करेगी। राजाओं को भी इन संधियों का पालन करना होगा।*

---

1. व्हीटले स्टोक्स (Whitley Stokes)–*एंग्लो इण्डियन कोड्स* (ग्रंथ–1) को डॉ. एन.वी. परांजपे ने भारत का वैधानिक एवं संवैधानिक इतिहास में संदर्भित किया।

3. *ब्रिटिश महारानी देशी राजाओं के अधिकार, सम्मान और प्रतिष्ठा का आदर करने का वचन देती हैं और उनके पूर्व–अधिकार सुरक्षित रखे जाने का विश्वास दिलाती हैं।*
4. *भारतीयों के प्राचीन अधिकारों, रीति–रिवाजों एवं परम्पराओं का सम्मान किया जायेगा और उनसे पक्षपातरहित व्यवहार किया जायेगा।*
5. *सन् 1857 के विद्रोह में भाग लेने वाले विद्रोहियों के लिये उदार नीति अपनाते हुए उन्हे क्षमा प्रस्तावित की गई।*
6. *भारतीयों को ब्रिटिश प्रजा के समान अधिकार और अवसर दिये जाने का वचन दिया गया।*
7. *यह इच्छा व्यक्त की गई कि भारतीय प्रजा तथा रियासतों के देशी शासक सामाजिक प्रगति का उपभोग करें जो आन्तरिक शान्ति और व्यवस्थित सरकार द्वारा ही सम्भव है।*
8. *अन्त में महारानी ने भारत में आन्तरिक शान्ति व्यवस्था स्थापित करने का आश्वासन देते हुए भारतीयों के नैतिक तथा भौतिक विकास को प्रोत्साहन देने का वचन दिया और कहा कि भारतीयों की समृद्धि हमारी शक्ति, उनकी प्रसन्नता हमारी सुरक्षा और उनकी कृतज्ञता हमारा श्रेष्ठतम पुरस्कार होगा।*

महारानी ने इस घोषणा का प्रारूप अर्ल ऑफ डर्बी से तैयार करवाया था तथा उसे निर्देश दिये गये थे, कि उसमें धार्मिक सहिष्णुता तथा उदारता एवं भलाई की भावनायें झलकनी चाहिये तथा यह भी स्पष्ट उल्लेख किया जाना चाहिये कि ब्रिटिश साम्राज्य के नागरिकों के समान स्तर पर रखे जाने से भारतीयों को क्या सुविधायें मिलने वाली थीं।[2]

मार्ले ने महारानी की इस उद्घोषणा को स्वतंत्रता का महाधिकार–पत्र (Magna Carta) निरूपित किया, जो ब्रिटिश सरकार की भारत के प्रति नई नीति का पूर्व संकेत थी। यह उद्घोषणा सन् 1909 तक भारत में ब्रिटिश शासन की नीति का आधार बनी रही। इसमें भारतीयों को एक सुखद भविष्य की आशा तथा कम्पनी के कुशासन से मुक्ति का संकेत मिला। देशी राजाओं और ब्रिटिश सरकार के नये संबंधों का प्रादुर्भाव भी इसी घोषणा के आधार पर हुआ। इस घोषणा से भारत के एकीकरण का मार्ग प्रशस्त हुआ। सन् 1886 में कांग्रेस अधिवेशन के अध्यक्ष दादा भाई नौरोजी ने इस घोषणा को

---

2. एच.एन. मुखर्जी–*इंडिया स्ट्रगल्स फॉर फ्रीडम* (ग्रंथ 1), पृ. xxiii.

एक महत्वपूर्ण दस्तावेज निरूपित करते हुए इसे भारतीयों के हितों का संरक्षक निरूपित किया। उनके विचार से इसका दोष केवल यह था कि इसे पूर्ण भावना के साथ क्रियान्वित नहीं किया गया। ऐसा प्रतीत होता है कि इस उद्घोषणा को वास्तव में क्रियान्वित करने की नीयत से कम और ऊपरी शब्दों के आडम्बरों से सुसज्जित कर भारतीयों को कुछ वर्षों के लिये चुप करने के उद्देश्य से ही तैयार किया गया था।

ये कुछ ऐसे तथ्य एवं ऐतिहासिक साक्ष्य हैं, जिनसे स्पष्ट है कि सत्ता पर वर्चस्व बनाये रखने में एक समूह विशेष का विशेष हित है, जिसे उसका प्रमुख इतनी सफाई से सार्वजनिक करता है कि जैसे यदि वह नहीं होता तो देश का, दुनिया का, जनता का, समाज का पता नहीं क्या होता। ऐसी प्रणाली आम जनता की तो कभी नहीं हो सकती। अपितु, निजी हितों को आम जनता का, देश का हित बताना और अपने संकट को जनता का, देश का संकट बताना, अपनी सत्ता को सुरक्षित रखने का प्रयास मात्र होता है। यह भी साफ हो जाता है कि किसी प्रकार के प्रयासों के पीछे, जिन्हें जनता के लिये, देश के लिये विकसित किया जाना बताया जाता है, वस्तुतः वे सारे प्रयास, निजी, स्वार्थों, अपने समूह के हितों को केन्द्रित करके ही किये जाते हैं। कोई प्रशासनिक सुधार, आर्थिक सुधार, न्यायिक सुधार या वैधानिक सुधार वास्तव में सत्ता को स्थायित्व देने के प्रयास, अपने समुदाय के हितों को चिरस्थाई बनाने के प्रयास मात्र होते हैं। लार्ड मैकाले की भारतीयों के प्रति सारी सद्इच्छायें, महारानी की भारतीय जनता के प्रति उमड़ी हमदर्दी और कुछ नहीं, बल्कि फ्रांस की घटनाओं से उपजी कंपकपी, औद्योगीकरण से उपजी सामाजिक हलचल और सामाजिक–राजनीतिक जागरण के लिये भारत की अकुलाहट में झलकता ब्रिटिश साम्राज्य का भविष्य ही परिलक्षित होता हुआ दिखाई देता है। अन्यथा आगे बताई जा रही घटनायें भूतकाल की ही नहीं हैं, बल्कि हर समय की, वर्तमान की ही घटनायें हैं। कुछ घटनायें ध्यान देने योग्य हैं–

एसेंटिया डेविस का मामला

सन् 1665 में श्रीमती एसेंटिया डेविस पर आरोप था कि उसने अपनी नौकरानी की हत्या कर दी। सबसे पहले यह मामला मद्रास स्थित कम्पनी एजेंट के समक्ष प्रस्तुत किया गया, परन्तु अपने अधिकार क्षेत्र के बारे में पूर्ण निश्चितता नहीं होने के कारण उसने इस मामले को लंदन स्थित अधिकारियों के पास उनकी राय के लिये भेज दिया। सन् 1661 के चार्टर के द्वारा सपरिषद्–राज्यपाल (Governor-in-Council) को दिये गये न्यायिक क्षेत्र की दृष्टि से यह मामला पेचीदा था क्योंकि इसमें एजेंट की न्यायिक क्षमता

का उल्लेख कहीं भी नहीं किया गया था। इस समस्या को हल करने के उद्देश्य से इंग्लैण्ड स्थित कम्पनी के अधिकारियों ने यह निर्णय लिया कि फोर्ट सेंट जार्ज (मद्रास) स्थित एजेंट के पद को सपरिषद् राज्यपाल में परिवर्तित कर दिया जाये तथा उसे 'प्रेसीडेन्ट' कहा जाये। फलतः सन् 1666 में मद्रास फैक्ट्री को प्रेसीडेंसी टाउन में बदल दिया गया।[3] तथा वहाँ सपरिषद् प्रेसीडेंट की नियुक्ति की गई जो सन् 1661 के राजलेख के अन्तर्गत एसेंटिया डेविस के मामले में निर्णय दे सकता था। अतः इस मामले पर जूरी की सहायता से परीक्षण किया गया। जो सन् 1668 में पूरा हुआ तथा ऐसेंटिया डेविस निर्दोष घोषित हुई और उसे मुक्त कर दिया गया।

व्यक्ति, समूह–सत्ता और न्याय का कितना अच्छा संगम ब्रिटिश कम्पनी–शासन के प्रारम्भिक दिनों में ही स्थापित कर दिया गया था। यहां उल्लेखनीय है कि सुविधा के अनुसार स्वरूप किस प्रकार बदला जाता है। इसका उदाहरण है–आरम्भ में मद्रास, जावा स्थित बेंटम के व्यापारिक केंद्र के अधीनस्थ एक साधारण फैक्ट्री के रूप में था। सन् 1653 में उसे प्रेंसीडेन्सी में परिवर्तित कर दिया गया। परन्तु सन् 1665 में उसे पुनः सामान्य एजेंसी बना दिया गया था, जिसे 1666 में फिर प्रेसीडेन्सी बना दिया गया।

रामा कमाती का मुकदमा

रामा कमाती बम्बई का धनाढ्य एवं प्रभावशाली हिन्दू था, जिसने तीस वर्षों से अधिक समय तक कम्पनी की सहायता की थी। परन्तु, बंबई के तत्कालीन गर्वनर बूने (Bonne) की साजिश के परिणामस्वरूप उसे सदैव के लिये कारावास में रखा गया, जहाँ अन्त में उसकी मृत्यु हो गई।

रामा कमाती के विरुद्ध यह अभियोग था कि उसने अंग्रेजों के शत्रु प्रसिद्ध जल दस्यु (Pirate) आंग्रिया से सांठगांठ की थी। परन्तु इस आरोप के प्रमाण में किसी प्रकार के निश्चयात्मक साक्ष्य उपलब्ध नहीं थे तथा यह अभियोग केवल जनश्रुति (Hearsay) पर आधारित था। रामा कमाती के नौकर को यातना देकर उससे उसके मालिक के विरुद्ध यह कथन करवा लिया गया था कि उसका स्वामी आंग्रिया से मिला हुआ था। कमाती का अपराध सिद्ध करने के लिये कुछ जाली पत्र साक्ष्य के रूप में प्रस्तुत किये गये थे, जिन्हें अभियोगी द्वारा आंग्रिया को भेजे गये बतलाया गया था। इस प्रकार अभियुक्त के विरुद्ध जबरदस्ती अपराध सिद्ध कर दिया गया तथा उसे आजीवन कारावास की सजा दे दी गई। कम्पनी ने उसकी सम्पूर्ण सम्पत्ति जब्त कर ली। रामा कमाती के विरुद्ध अभियोजन गवर्नर तथा उसकी परिषद् के द्वारा

---

3. अंग्रेज बस्तियों को 'फैक्ट्री' कहा जाता था।

चलाया गया तथा गवर्नर बूने की अध्यक्षता में गठित एक तदर्थ (Adhoc) न्यायाधिकरण द्वारा उसका विचारण (Trial) किया गया था। इस न्यायाधिकरण में गवर्नर बूने के अतिरिक्त उसकी परिषद् के सदस्य तथा कोर्ट ऑफ ज्यूडिकेचर के मुख्य न्यायाधीश पार्कर भी थे। न्यायाधीश पार्कर ने बूने द्वारा रामा कमाती के नौकर को यातना देकर उससे इच्छित कथन करवा लेने पर आपत्ति की तथा इसके विरोध में उसने न्यायालय की अगली कार्यवाही में भाग लेने से इन्कार कर दिया। इसके परिणामस्वरूप, बूने ने पार्कर को अपना कर्तव्य न निभाने के आरोप में बर्खास्त कर दिया। कमाती की सम्पत्ति नीलाम कर दी गई तथा प्राप्त राशि में से बूने ने स्वयं को कमाती से बत्तीस हजार रुपयों का लेनदार बतलाते हुए उक्त रकम हड़प ली। कमाती की मृत्यु के पश्चात् यह सिद्ध हो गया कि बूने ने उसे षड्यन्त्र[4] का शिकार बनाया था।

इस प्रकरण से यह सिद्ध हो गया कि उस समय अनेक मामलों में कम्पनी के अधिकारियों द्वारा व्यर्थ परेशान किया जाता था, न्याय की ओट में अनेक अन्याय सहन करने पड़ते थे। निश्चित प्रक्रिया के अभाव में न्यायाधीश स्वच्छंदतापूर्वक अपनी इच्छानुसार न्याय पद्धति अपनाते थे जो विवादियों के लिए अहितकर था। आरोपियों के साथ अधिकांशतः निर्दयतापूर्ण व्यवहार किया जाता था।[5]

नन्द कुमार का मामला (Trial of Nand Kumar - 1775)

राजा नन्द कुमार बंगाल का एक प्रतिभाशाली व्यक्ति था। वह सन् 1756 में हुबली का शासक रह चुका था तथा बाद में कुछ समय तक वह बर्दवान और नदिया का कलेक्टर भी था। सन् 1765 में वह बंगाल के नवाब का मुख्यमंत्री भी था।

इंग्लैण्ड में कम्पनी के बोर्ड ऑफ डॉयरेक्टर्स की शिकायत पर गवर्नर जनरल वारेन हैस्टिंग्ज ने बंगाल के तत्कालीन नवाब मोहम्मद रजा खान को अपदस्थ कर दिया तथा उसके नाबालिग लड़के को नवाब नियुक्त किया। मोहम्मद रजा खान के विरुद्ध यह आरोप लगाया गया कि उसके क्षेत्र में माल

---

4. एडवर्ड्स–*दी राइज ऑफ बाम्बे*, पृष्ठ 155।

5. सन् 1712 में सपरिषद राज्यपाल ने निर्णय दिया कि मेयर कोर्ट केवल भारतीयों को ही मृत्युदण्ड दे सकता है। फलतः इस न्यायालय द्वारा अनेक भारतीय अपराधियों को मृत्यु दण्ड दिया गया। परन्तु अंग्रेज जाति के व्यक्ति कभी भी इस प्रकार दण्डित नहीं किये गये। एक अंग्रेज पर्यटक एलेक्जेंडर हैमिल्टन ने मद्रास के मेयर कोर्ट की न्याय व्यवस्था के संबंध में लिखा है कि किसी मामले में निर्णय बदल देने के लिये चंद पगौड़े खर्च कर देना काफी होता था।

–*जस्टिसेज ऑफ ओल्ड* मद्रास (ग्रंथ–2), पृष्ठ 87।

गुजारी की वसूली बहुत कम हुई थी तथा उसके विरुद्ध जांच पड़ताल करने के लिये नियुक्त जांच समिति ने उसे दोषी घोषित किया था। नाबालिग नवाब की देखभाल के लिये वारेन हैस्टिंग्ज ने नंद कुमार के पुत्र गुरुदास को संरक्षक के रूप में नियुक्त किया था। इस कारण मोहम्मद रजा खान और नन्द कुमार में वैमनस्य उत्पन्न हो गया था।

इसी समय, बर्दवान की रानी ने गवर्नर जनरल की कौंसिल से गवर्नर जनरल हैस्टिंग्ज के विरुद्ध आरोप लगाते हुए मांग की कि हैस्टिंग्ज ने उससे सोलह हजार रुपये घूस के रूप में लेकर उसके (रानी के) नाबालिग पुत्र को राजा की मृत्यु के बाद दीवान बनाया। इस पर तुरन्त परिषद् ने हैस्टिंग्ज के विरुद्ध कार्यवाही आरम्भ कर दी। परन्तु, हैस्टिंग्ज ने परिषद् की सभा बर्खास्त कर दी तथा अपने विरुद्ध आरोप सुनने के लिये असहमति व्यक्त की।

इसी अवधि में, मुर्शिदाबाद की प्रान्तीय परिषद् ने नवाब की संरक्षिका मुन्नी बेगम को आवश्यकता से अधिक धन खर्च करने का दोषी ठहराया। अपने स्पष्टीकरण में मुन्नी बेगम ने यह स्वीकार किया कि उसने कुल 9,67,693 रुपये खर्च किये थे, परन्तु उसमें से डेढ़ लाख रुपये की रकम हैस्टिंग्ज को भेंट के रूप में दी गई थी। मुन्नी बेगम का यह कथन परीक्षण के दौरान सही पाया गया। हैस्टिंग्ज ने भी उक्त राशि को स्वीकारना कबूल किया, परन्तु उसका दावा था कि उस समय ब्रिटिश संसद ने इस प्रकार भेंट स्वीकार करने पर प्रतिबंध नहीं लगाया था। अतः इस राशि को स्वीकार करके उसने कोई अपराध या गलत कार्य नहीं किया।

हैस्टिंग्ज की परिषद् के तीन सदस्य उसे नीचा दिखाने की ताक में ही थे। उन्होंने परिस्थितियों का लाभ–उठाते हुए नन्द कुमार को हैस्टिंग्ज के विरुद्ध घूसखोरी का आरोप लगाने के लिए उकसाया। फलतः, नन्द कुमार ने गवर्नर जनरल की कौसिल में हैस्टिंग्ज के विरुद्ध घूसखोरी का आरोप लगाते हुए कहा कि उसके लड़के गुरुदास को दीवान के पद पर नियुक्त करने के बदले हैस्टिंग्ज ने उससे असंख्य मुद्रायें घूस के रूप में ली थीं। गवर्नर जनरल–इन–कौंसिल द्वारा इस मामले की सुनवाई आरम्भ करने के कुछ ही समय बाद हैस्टिंग्ज कार्यवाही का त्याग कर चला गया। अतः उसकी कौंसिल ने निर्णय दिया कि हैस्टिंग्ज के विरुद्ध घूसखोरी का आरोप सिद्ध हो जाने के कारण उसे घूस के रूप में ली गई मुद्रायें नंदकुमार को लौटा दी जानी चाहिये। परन्तु, हेस्टिंग्ज ने इसका कोई उत्तर नहीं दिया।

उक्त घटनाओं के कारण हैस्टिंग्ज के सम्मान को काफी धक्का पहुंचा। परिणामतः वह हमेशा इस ताक मे रहने लगा कि नंद कुमार को किस प्रकार नीचा दिखाया जाये। हैस्टिंग्ज यह भली–भांति जानता था कि उससे वैमनस्यता रखने वाले कौंसिल के तीन सदस्यों के प्रोत्साहन पर ही नन्द कुमार ने उसके (हैस्टिंग्ज) विरुद्ध आरोप–पत्र प्रस्तुत करने का दुस्साहस किया था। अतः जब तक उसकी कौंसिल की आपसी फूट समाप्त नहीं हो जाती, तब तक उसे अपने कार्यों में सफलता मिलना कठिन है। फिर भी हैस्टिंग्ज ने कमालुद्दीन नामक एक व्यक्ति को नन्दकुमार के विरुद्ध षड्यन्त्र का आरोप लगाने के लिये उकसाया। परन्तु, उसकी परिषद् के बहुमत ने यह आरोप विफल कर दिया जिससे हैस्टिंग्ज और भी नाराज हुआ।

नन्द कुमार से बदला लेने के लिये हैस्टिंग्ज ने एक बार पुनः प्रयास किया। उसने इस कार्य के लिये बंगाल के मोहन प्रसाद नामक एक व्यापारी की सहायता ली। इस बार उसने अपने गवर्नर जनरल पद का यथेष्ट लाभ उठाया तथा कलकत्ता के सुप्रीम कोर्ट के तत्कालीन न्यायाधीश सर एलिजाह इम्पे (Sir Elijah Impay) को भी अपनी ओर मिला लिया। ज्ञातव्य है कि सर इम्पे हैस्टिंग्ज के घनिष्ठ मित्रों में से था। सन् 1775 में हैस्टिंग्ज के प्रोत्साहन पर मोहन प्रसाद ने नंद कुमार के विरुद्ध जालसाजी का आरोप लगाते हुए कलकत्ता के सुप्रीम कोर्ट में शिकायत की। नन्द कुमार के विरुद्ध यह आरोप लगाया था कि उसने सन् 1771–72 में जालसाजी करके बुलाकी दास नामक एक व्यक्ति को धोखा दिया था, फलतः नंद कुमार को जालसाजी के आरोप में बंदी बना लिया गया। गवर्नर–जनरल–इन–कौंसिल ने नंद कुमार को इस बार भी बचाने का प्रयास किया तथा उसके पक्ष में ही निर्णय देते हुए सुप्रीम कोर्ट से सिफारिश की कि नंद कुमार को तुरंत रिहा किया जाये। परन्तु हैस्टिंग्ज और सुप्रीम कोर्ट के न्यायाधीश इम्पे में पहले ही सांठ–गांठ हो जाने के कारण सुप्रीम कोर्ट ने नंद कुमार को मुक्त करने से इन्कार कर दिया। नंद कुमार का परीक्षण बारह अंग्रेज जूरियों की सहायता से किया गया जिसने नंद कुमार को जालसाजी के लिये 24 जून, 1775 को दोषी घोषित किया तथा सन् 1728 के इंग्लिश अधिनियम (चार्टर) के अन्तर्गत 5 अगस्त, 1775 को उसे फांसी दे दी गई।

इसके पक्ष विपक्ष में विचारकों और विद्वानों की राय भी भिन्न–भिन्न है। गौर करें–

हरिप्रसाद दुबे [ज्युडिशियल सिस्टम ऑफ इंडिया (सन् 1968–पृष्ठ, 113)], के अनुसार, "सुप्रीम कोर्ट ने नंद कुमार के मामले में निर्णय 24 जून को दिया तथा उसे 5 अगस्त, 1775 को फांसी दे दी गई। इस प्रकार उसे

दिये गये मृत्युदंड को केवल छः सप्ताह की अवधि में ही कार्यान्वित कर दिया गया। यद्यपि गवर्नर जनरल को उसे निलम्बित रखने अथवा क्षमादान करने की अधिकार शक्ति प्राप्त थी। इसके अतिरिक्त नन्द कुमार द्वारा दी गई दया याचना की अपील ब्रिटिश राजा के पास विचारार्थ भेजा जाना आवश्यक था, लेकिन सुप्रीम कोर्ट ने उसे ठुकरा दिया।"

डॉ. एम.पी. जैन [आउट लाइन्स ऑफ इंडियन लीगल हिस्ट्री (सन् 1966) पृष्ठ 123], के मतानुसार, "महाराज नंद कुमार के मामले में सुप्रीम कोर्ट ने हैस्टिंग्ज को अनुगृहीत करते हुए स्वयं को उसकी इच्छा पूर्ति का साधन समझा, क्योंकि इस न्यायालय के मुख्य न्यायाधीश एलिजाह इम्पे की हैस्टिंग्ज से घनिष्ठ मित्रता थी। यद्यपि, नंद कुमार को जालसाजी के अपराध के लिये मृत्युदण्ड दिया गया था, परन्तु वास्तविक स्थिति यह थी कि उसे गवर्नर जनरल के विरुद्ध आरोप लगाने का दुस्साहस करने के लिये यह दण्ड भोगना पड़ा था। नंद कुमार के मामले में परीक्षण काल में प्रत्येक न्यायाधीश द्वारा बचाव पक्ष से की गई लम्बी जिरह तथा कूट–परीक्षण (Cross Examination) के कारण गवाह घबरा गया तथा बचाव पक्ष कमजोर पड़ गया।"

प्रो. कीथ (कांस्टीट्यूशनल हिस्ट्री ऑफ इण्डिया, पृष्ठ 77) के विचार में "यह सुप्रीम कोर्ट द्वारा किया गया एक गम्भीर अपराध है, क्योंकि उसे दण्ड के विरुद्ध हुई याचिका को सम्राट के पास क्षमादान के लिये भेजना चाहिये था, जो उसने नहीं किया।"

बर्क ने भी इसकी कटु आलोचना करते हुए लिखा है कि नंद कुमार को दिया गया मृत्यु दण्ड सुप्रीम कोर्ट पर एक लांछन है, क्योंकि इसके द्वारा उन न्यायाधीशों ने, जिन्हें इंग्लैण्ड की सरकार द्वारा भारतीय प्रजा की संरक्षा के लिये भेजा गया था, एक संभावित अपराध के लिये भूतलक्षी विधि (Ex-post-fact-Law) का सहारा लेते हुए नंद कुमार को फांसी पर चढ़वा दिया, जबकि साक्ष्य के आधार पर हैस्टिंग्ज के विरुद्ध आरोप सिद्ध हो चुके थे।

इसके विपरीत सर जेम्स फिट्ज स्टीफेन (Sir James Fitz Stephen) का तर्क है कि "यह नहीं भुलाया जा सकता कि नंद कुमार का मामला केवल इम्पे द्वारा न सुना जाकर उसका विचारण चार न्यायाधीशों तथा बारह जूरियों की सहायता से हुआ था, अतः यह कहना कि ये सभी व्यक्ति नंद कुमार को फांसी दिलाने के षड्यन्त्र में सहभागी थे, व्यर्थ होगा।"

इसका खण्डन करते हुए बेवरिज (Beveridge) ने व्यक्त किया है कि "यद्यपि ये सभी न्यायाधीश तथा जूरीगण इस षड़यन्त्र में शामिल नहीं कहे जा सकते, परन्तु सत्य है कि ये सभी व्यक्ति अभियुक्त तथा गवाहों की भाषा

से पूर्णतः अपरिचित थे। इसी प्रकार नन्द कुमार भी सुप्रीम कोर्ट में प्रयुक्त विधि तथा भाषा से परिचित नहीं था। नंद कुमार की ओर से बचाव के लिये नियुक्त अधिवक्ता बेरिस्टर न होने के कारण इम्पे को नाराज नहीं कर सकता था। .....इस काण्ड के लिये हैस्टिंग्ज पूर्णतः उत्तरदायी था।"

मैकाले (Macaulay) ने इस मामले में नंद कुमार को दी गई फांसी को मुख्य न्यायाधीश द्वारा की गई न्यायिक हत्या (Judicial Murder) निरूपित किया। अपने एक निबंध (Macaulay's Essay, पृष्ठ सं. 683) में मैकाले ने माना है कि इस सहायता के बदले में हैस्टिंग्ज ने एलिजाह इम्पे को सदर–दीवानी अदालत का न्यायाधीश नियुक्त करवा दिया। इस घटना के लगभग चार वर्ष बाद हैस्टिंग्ज ने इम्पे की प्रशंसा करते हुए यह मत व्यक्त किया था कि उसने उनकी मान–प्रतिष्ठा तथा भविष्य को संभालने में सहायता की थी, जिसके लिये वह इम्पे का ऋणी था।

इन घटनाओं की आत्मा से झलकते ब्रिटिश कम्पनी और ब्रिटिश राज के वे तत्व, जो आज तक भारत की तकदीर हैं, को रेखांकित करते कुछ उद्धरण प्रमुख इतिहासकारों, विधिवेत्ताओं से–

इन कम्पनी कर्मचारियों का वेतन सीमित होने के कारण वे प्राय स्वतन्त्र रूप से अपना निजी व्यापार भी किया करते थे।[6] इस प्रकार के व्यापार से और कालान्तर में यहां लूट, बख्शीशों आदि से इतनी आमदनी होने लगी कि इंग्लैंड के मध्यम व उच्च मध्यम वर्ग के कम्पनी कर्मचारी भारत में अपनी नियुक्तियों के लिये "लेडेन हॉले" के कम्पनी कर्मचारियों और अधिकारियों को रिश्वत देने लगे थे।

भारत में कम्पनी के अधिकारियों को व्यापारिक गतिविधियों के अलावा प्रशासनिक और न्यायिक गतिविधियों को भी सम्भालना होता था। कम्पनी के निदेशकों के विचार से किसी प्रतिष्ठित व्यक्ति को कम्पनी के व्यापारिक कार्यों में जिम्मेदारी के पद पर नियुक्त करना अहितकर था। अतः उन्होंने निर्णय लिया था कि वे किसी भी प्रतिष्ठित अंग्रेज को कम्पनी के अधिकारी के पद पर नियुक्त नहीं करेंगे। उनके विचार में कम्पनी की व्यापारिक सफलता के लिये ऐसे व्यक्ति अधिक उपयोगी थे जो नैतिक मूल्यों में विशेष विश्वास न रखते हों तथा व्यापार–विस्तार के लिये सभी प्रकार के उचित–अनुचित साधन अपनाने के लिये तैयार हों। प्रेसीडेन्सी का राज्यपाल (President in Council) तथा उसकी परिषद् के सदस्य इन्हीं व्यापारी वर्ग के व्यक्तियों में से नियुक्त होने के कारण उनसे निष्पक्ष न्याय की अपेक्षा करना व्यर्थ था। 'इन बस्तियों

6. डॉ. एन.वी. परांजपे "भारत का वैधानिक एवं संवैधानिक इतिहास", पृ. 13 (1998)।

में न्याय व्यवस्था मूलतः इंग्लिश विधि पर आधारित होने के कारण यह स्वाभाविक था कि वह अंग्रेजों के लिये पक्षपातपूर्ण तथा देशी भारतीयों के लिये अहितकर थी। डॉ. एम.पी.जैन के अनुसार, "यद्यपि सन् 1623 के राजलेख (चार्टर) के अन्तर्गत कम्पनी के प्रशासक को मृत्युदण्ड देने का अधिकार दिया गया था, परन्तु वह केवल अंग्रेज प्रजा अथवा कम्पनी कर्मचारियों तक ही सीमित था। सम्भवतः इसका कारण यह था कि उस समय अंग्रेज एजेन्ट और उसकी परिषद् किसी भारतीय या विदेशी व्यक्ति को मृत्युदण्ड देकर भारतीयों तथा शासक को अप्रसन्न करना उचित नहीं समझते थे। भारतीयों को हिन्दू शासक की अनुमति प्राप्त किये बिना दण्डित करने, भारत की जनता की भावनाओं को ठेस पहुंचने की आशंका थी।[7]

वारेन हैस्टिंग्स के बारे में उल्लेखनीय है कि उसने अपना जीवन कम्पनी के एक सामान्य कर्मचारी की हैसियत से प्रारम्भ किया था तथा कठिन परिश्रम एवं कर्तव्यनिष्ठा के कारण कालान्तर में कम्पनी की बंगाल–कौंसिल का सदस्य और बाद में गवर्नर नियुक्त हुआ था। 1772–73 की अपनी न्यायिक योजना तथा प्रशासनिक कार्यकुशलता के कारण उसने बंगाल में कार्यरत कम्पनी की प्रतिष्ठा को बढ़ाया था। परन्तु दुर्भाग्यवश, इसके बाद के कार्यकाल में उसके कार्यों की भर्त्सना ही होती रही तथा अन्त में कलकत्ता के सुप्रीम कोर्ट के न्यायाधीश सर एलिजाह इम्पे से सांठगांठ करने के आरोप में उसे इंग्लैण्ड वापस बुला लिया गया तथा उसके विरुद्ध अभियोजन चला। यही कारण है कि इस अभियोजन में अपने बचाव में वारेन हैस्टिंग्ज ने ब्रिटिश सम्राट का ध्यान अपने द्वारा कम्पनी के हितों के लिये किये गये कार्यों की ओर आकर्षित करते हुए व्यक्त किया कि "मैंने आपको (ब्रिटिश सम्राज्य को) सब कुछ दिया, परन्तु उसके बदले में आपने मेरी सम्पत्ति जब्त करके मेरे विरुद्ध महाभियोग लगाकर मुझे लज्जास्पद जीवन बिताने के लिये बाध्य किया।"[8]

लगभग दो सौ वर्षों की अंग्रेजों की इस कार्यप्रणाली ने अन्ततः 1857 की क्रान्ति के लिये पृष्ठभूमि तैयार कर दी। कार्ल मार्क्स के विचार निश्चय ही बिना लाग–लपेट के कहे विचार हैं–

".....लोकतन्त्री अंग्रेजों ने देशी राजा–प्रजा को लूटा है। अन्य आक्रांताओं का भारत पर सतही परिणाम रहा था, उनमें कुछ भारतीय भी बने, पर देशी अर्थतन्त्र भंजक अंग्रेज भारतीय नहीं बन सके।'

---

7. "आउट लाइन्स ऑफ इण्डियन लीगल हिस्ट्री", पृ. 11 (1986)।

8. हैस्टिंग्स का 02–06–1791 का भाषण।

"अंग्रेजों की धन की तृष्णा इतनी बढ़ी कि खर्च हेतु राजस्व भी कम पड़ा। इस कारण उन्होंने देशी राज्यों को हड़पना शुरू किया। अवध के विलय का प्रयास 1837 से जारी था। इस संदर्भ में अंग्रेजों के तरीके इतने घृणित थे कि ब्रिटेन के महाराज ने प्रधानमंत्री पामर्स्टन को क्रुद्ध होकर कड़ी ताड़ना दी। पामर्स्टन द्वारा बनाई गई संधि ईस्ट इण्डिया कम्पनी ने रद्द कर दी, परन्तु नवाब को यह सूचना नहीं थी। अन्ततः डलहौजी ने धोखे से अवध को हड़पा और इसका कारण था बढ़ते खर्च हेतु धन जुटाना। मार्क्स ने इस घटना पर लिखा कि, 'यूरोपीय राष्ट्रों की स्वतन्त्रता व सम्प्रभुता के विषय में अतिसंवेदनशील ब्रिटिश संसद अवधि के मामले में चुप रही और अंग्रेजों के दोहरे मापदण्डों को विश्व के सामने बेनकाब किया।'

"अंग्रेजों द्वारा लखनऊ में की गई लूटपाट पर एंगेल्स कहते हैं, यूरोप या अमरीका की कोई सेना, ब्रिटिश सेना के समान बर्बरता नहीं करती। लूट, हिंसा, कत्लेआम, जो हर जगह मचा है। वही लम्बे समय तक ब्रिटिश सिपाही का विशेषाधिकार बना है। लखनऊ पर कब्जा, ब्रिटिश सैनिक पर सदैव असम्मान का दाग रहेगा। लूटपाट में धनी बने अंग्रेज अफसर इतने निर्लज्ज बन गए थे कि ईमान भी खो दिया। धनी बनने के बाद उन्हें कम्पनी के वेतन की जरूरत ही नहीं थी। दुनिया की किसी भी सेना में ऐसी बेशर्म अनुशासनहीनता नहीं पाई गई।'

"7 जुलाई, 1858 तक सब शान्त हो चुका था, जब ब्रिटिश संसद में इण्डिया बिल प्रस्तुत हुआ। मार्क्स के अनुसार "यह बिल विद्रोह में आर्थिक रूप से टूटी कम्पनी का ताबूत था। अतिलोभ व लूटपाट में लगी कम्पनी कर्ज में डूबी और क्रय–विक्रय करने वाली कम्पनी ने देशी राजाओं की सम्प्रभुता खरीद कर उसे ब्रिटिश शासन को बेचा।"[9]

यह विश्लेषण भारत के भविष्य की सत्ता को भी विश्लेषित करता है, पूर्वोक्त घटनाओं में अन्तर्निहित चारित्रिक गुण–दोष, भारत के भविष्य का मुखर चारित्रिक आधार है। इसे महारानी की 1 नवम्बर, 1858 की घोषणा से मिलाइये। भविष्य झांकता मिलेगा।

× × ×

रेग्यूलेटिंग एक्ट, 1773 से अंग्रेजी सरकार द्वारा केन्द्रीयकरण का जो सिलसिला शुरू हुआ, वह सन् 1833 के अधिनियम से चरम सीमा पर पहुँच गया। अतः इसके दुष्प्रभाव को खत्म करने के लिये सन् 1861 के अधिनियम

---

9. वी.के. डांगे *1857 का संग्राम मार्क्स–एंगेल्स की नजर में* (दैनिक नई दुनिया, इन्दौर 15–5–2005 में छपे लेख से)।

द्वारा एक निश्चित दिशा में प्रयास आरम्भ हुआ। एम.वी. पायली (*कांस्टीट्यूशनल हिस्ट्री ऑफ इण्डिया*, पृ. 39) के इन विचारों में यह और जोड़ दिया जाए कि 1857 की क्रान्ति के द्वारा भारतीयों ने जो प्रश्न अग्रेजों के सामने खड़े किये थे, उनके चलते भारत में उसी परम्परागत तरीके से शासन चलाना सम्भव नहीं था। अतः महारानी की 1 नवम्बर, 1858 की घोषणा के अनुरूप कुछ उदारवादी, और भ्रामक कदम उठाये जाने प्रारम्भ किये, जिनमें पहला ठोस कदम "भारत सरकार अधिनियम, 1861 (Govt. of India Act, 1861)" था।

"इस अधिनियम के अनुसार विधान परिषद में गैर–सरकारी सदस्यों अर्थात् भारतीयों के समावेश से विधि–निर्माण में हाथ बंटाने का अवसर उन्हें मिला, वे चुने हुए नहीं होने के कारण, इन्हें यथासम्भव गवर्नर जनरल या गवर्नरों द्वारा मनोनीत किया जाता था, अतः केवल ब्रिटिश सरकार के पिट्ठू व्यक्ति को ही मनोनीत किया जाना स्वाभाविक था। इसलिये भारतीयों के निर्वाचन पद्धति से गैर–सरकारी सदस्यों की परिषदों में नियुक्ति की मांग की गई।"[10] जाहिर है, ये ब्रिटेन में शिक्षित या ब्रिटिश संसदीय पद्धति से अभिभूत रहे होंगे तथा वैसी ही व्यवस्था और सुविधा भोग की कल्पना उनके दिमाग में रही होगी। लेकिन चुनाव किस रूप में किसका और किसके द्वारा किया जाये, यह अंग्रेज तो जानते थे पर भारतीयों की दूरदृष्टि इस तरफ नहीं थी। अतः न तो प्रत्यक्ष और न ही अप्रत्यक्ष चुनाव का जोखिम अंग्रेज सरकार उठा सकती थी। अभी वह समूह पैदा नहीं हुआ था, जो उनकी आकांक्षाओं और महत्वाकांक्षाओं तथा हितों के अनुरूप सत्ता में भागीदारी का आश्वासन दे सके।

यूरोप में 1793 की फ्रांस की जकोबिन क्रान्ति के समय से ही फ्रांस पश्चिमी दुनिया में क्रान्ति, स्वतन्त्रता तथा मानवीयता का संदेश देते हुए शासन पद्धतियों के नये–नये प्रयोग करता रहा है, जिससे लगभग विश्व के सभी प्रमुख देशों के निवासियों ने प्रेरणा ली। पश्चिम की दुनिया देखने वाले भारतीयों को भी वहां से और ब्रिटेन की उपनिवेशवादी शोषण से फलीफूली चकाचौंध से प्रेरणा मिली। तमाम तरह के नेपोलियनों के दुस्साहसी प्रयासों के बावजूद, 1870–71 के फ्रांस के तीसरे गणतन्त्र से प्रेरणा लेकर कार्ल मार्क्स ने पूरी दुनिया के सामने 'पेरिस–कम्यून' की एक नई शासन पद्धति के रूप में एक रूपरेखा रखी। निश्चय ही दुनिया के प्रत्येक कोने में यह हलचल थी।

---

10. डॉ. परांजपे–*भारत का वैधानिक एवं संवैधानिक इतिहास*।

भारत में सन् 1877 के भीषण अकाल के कारण देशी प्रजा में असन्तोष व्याप्त हो गया तथा सरकार की आर्थिक स्थिति काफी बिगड़ गई। इसके अतिरिक्त 1877 से 1885 के बीच राजनीतिक स्थिति ने भी विस्फोटक रूप धारण कर लिया जिससे ब्रिटिश सरकार को खतरा उत्पन्न हो गया। इसी समय लार्ड. ए.ओ. ह्यूम ने राष्ट्रीय कांग्रेस की स्थापना कर भारत में एक आन्दोलन की शुरुआत कर दी, जो आगे चलकर राष्ट्रीय आन्दोलन के रूप में खड़ा हो गया, तब कांग्रेस ने ब्रिटिश सरकार के समक्ष तीन प्रमुख मांगें रखीं–

(1) विधान परिषदों में निर्वाचित भारतीय सदस्यों का समावेश तथा उनकी संख्या में वृद्धि,

(2) प्रान्तों में भी निर्वाचित सदस्यों का चयन तथा संख्या में वृद्धि, तथा

(3) विधान परिषदों में बजट पर बहस करने तथा सदस्यों को प्रश्न पूछने का अधिकार दिया जाए।

कलकत्ता, बम्बई और मद्रास में विश्वविद्यालयों की स्थापना तथा अंग्रेजी भाषा के बढ़ते प्रचार के कारण भारत में पाश्चात्य उदारवादी नीति के समर्थक एक बुद्धिजीवी वर्ग का उदय हुआ जिसने अपनी अभिजात्य स्थिति में और निखार लाने के लिये अपनी महत्वाकांक्षाओं की पूर्ति में लिये राष्ट्रीय चेतना का जामा पहनने का रास्ता अपनाया। एक अंग्रेज लार्ड ए.ओ. ह्यूम ने इन्हें एक सूत्र में पिरोने का बीड़ा उठाया। (इसे मैकाले भाग दो भी कह सकते हैं)।

इन्हीं भारतीयों में से 72 व्यक्तियों ने 28–30 दिसम्बर, 1885 को बंबई में एक अधिवेशन बुलाया, जिसे राष्ट्रीय कांग्रेस के पहले अधिवेशन के रूप में जाना जाता है। 1888 में चौथा और 1889 में 1200 भागीदारों के साथ पांचवा अधिवेशन हुआ, जिनमें भी वे ही उपरोक्त तीन मांगें दोहराई गईं।

संयोग देखिये कि 10 अक्टूबर, 1888 को डफरिन समिति के रूप में लार्ड डफरिन ने कांग्रेस की उपरोक्त मांगों को लागू करने का सुझाव देते हुए विधान परिषदों के पुनर्गठन संबंधी सुझाव रखे, जिनमें प्रमुख थे।

(1) बंबई व मद्रास प्रेसीडेन्सी की परिषदों की सदस्य संख्या में वृद्धि तथा उसके कार्यों में विस्तार।

(2) कलकत्ता विधान परिषद के पुनर्गठन के अलावा वहाँ भी एक पृथक् कार्यपालिका परिषद् की स्थापना।

(3) प्रांतीय परिषदों में निर्वाचित सदस्यों का प्रावधान।

(4) कुछ सीटों पर मनोनीत सदस्यों की नियुक्ति का प्रावधान।
(5) सभी वर्गों की प्रान्तीय विधान परिषदों में उचित प्रतिनिधित्व देने की दृष्टि से मुसलमानों के लिये कुछ सीटों के आरक्षण की व्यवस्था।
(6) प्रान्तीय विधान परिषदों में निर्वाचित सदस्यों की संख्या कुल सदस्य संख्या की 2/5 रखी जाना।

लार्ड डफरिन ने इन सुझावों पर अपनी सफाई दी कि इसका उद्देश्य भारत में न तो संसदीय व्यवस्था लागू करना था और न ही संवैधानिक सरकार स्थापित करना था। ये केवल प्रान्तीय विधान परिषदों पर ही लागू किये जाने थे तथा इनके अनुभवों के आधार पर केन्द्रीय विधान परिषद् का पुनर्गठन किया जा सकता था। परन्तु भारत सचिव लार्ड क्रास (Lord Cross) ने निर्वाचन सिद्धान्त के प्रावधान को छोड़कर उन्हें स्वीकार कर लिया। परन्तु तत्कालीन ब्रिटिश प्रधानमन्त्री ने सरकार से बिना सलाह लिये भारतीयों के समक्ष निर्वाचन पद्धति का प्रस्ताव रखने के लिये लार्ड डफरिन से अप्रसन्नता व्यक्त की।

लेकिन, इन सुझावों में अंग्रेजों को एक बेजोड़ सुझाव मिला, जो ब्रिटिश हितों की पूर्ति का अचूक साधन साबित हुआ, और वह था भारत में मुसलमानों के लिये विधान परिषद् में सीटों का आरक्षण। इसके सहारे मुसलमानों में असुरक्षा की भावना, कमतरी का अहसास, अल्पसंख्यक होने का भय जागृत करने में सफलता मिली। इसी का उपयोग करने के लिये, 1889 में गवर्नर जनरल बनकर आये लार्ड लेंस डाउन और 1889 के पांचवे कांग्रेस आधिवेशन में भाग लेने आये ब्रिटिश सांसद चार्ल्स ब्रेड लाफ (Charles Bradlaugh) ने अथक प्रयास कर इन प्रस्तावों को भारत सरकार अधिनियम, 1892 के रूप में पारित कराने में सफल रहे। इस अधिनियम में प्रस्तावित सब कुछ था, परन्तु 'चुनाव' शब्द के प्रयोग को, इस अधिनियम के निर्माताओं ने धूर्तता से टाल दिया था, लेकिन यह स्पष्ट रूप से उपबंधित था कि विधान परिषदों में सभी सदस्य मनोनीत सदस्य नहीं होंगे। इनमें से कुछ सदस्य गैर सरकारी होंगे, जिन्हें सरकार द्वारा विनिर्दिष्ट वर्गों से प्राप्त अनुशंसित व्यक्तियों की सूची में से मनोनीत किया जायेगा। यह अप्रत्यक्ष चुनाव पद्धति थी, जिसके द्वारा उस अधिनियम की महान उपलब्धि रही भारत में साम्प्रदायिक प्रतिनिधित्व की शुरुआत।

अनुशंसित व्यक्तियों की, विशिष्ट वर्गों की सूची देने वाली निश्चित रूप से कोई पार्टी या विशिष्ट लोगों का समूह ही होगी, जो कि उस वर्ग या समुदाय का गुट मात्र होगी। अंग्रेज सरकार और ईसाई मिशनरियों द्वारा

संचालित स्कूल–कॉलेज अंग्रेजी की शिक्षा देने के साथ–साथ पश्चिमी संस्कृति के भारतीय संवाहक और विशिष्ट वर्ग पैदा कर रहे थे, जिनमें से अंग्रेज सरकार के वफादार लोगों का चयन विभिन्न उद्देश्यों के लिये किया जा सके। साथ ही राजकाज में सहायक परम्परागत समुदाय, जातियों से भिन्न एक मिला–जुला समुदाय भी तैयार कर रहे थे, जिन्हें हम नौकरशाह के रूप में जानते हैं। इन्हीं में से कुछ लोगों ने ब्रिटिश सरकार की नीतियों को आगे बढ़ाने के लिये राष्ट्रीय कांग्रेस जैसी संस्था की स्थापना की।

उल्लेखनीय है कि ए.ओ. ह्यूम भारतीय सिविल सेवा का नौकरशाह था जो भारत सरकार का सचिव भी रहा और गवर्नर जनरल लार्ड स्पिन (1880–1884) तथा लार्ड डफरिन (1884–1888) का गैर–सरकारी सलाहकार भी रहा, की पहल पर भारतीय राष्ट्रीय कांग्रेस की स्थापना की गई और स्वयं उसका सचिव बना। ह्यूम की उक्त पहल के उद्देश्यों को ह्यूम की जीवनी के लेखक वेडर बर्न ने इस प्रकार रेखांकित किया है–

"वायसराय लार्ड लिटन के शासन के अन्त की ओर अर्थात्, 1878 और 1879 के लगभग मिस्टर ह्यूम को पक्का विश्वास हो गया कि बढ़ती अशान्ति का मुकाबला करने के लिए कोई सुनिश्चित कार्यवाही जरूरी हो गई है। देश के विभिन्न भागों के शुभचिंतकों से इन्हें चेतावनी मिली थी कि जन–जागरण के आर्थिक कष्ट और बुद्धिजीवियों के (सरकार से) अलगाव के कारण भारत के भावी कल्याण के लिए खतरा पैदा हो गया है।"

लेकिन, भ्रामक दुनिया में ही सत्य का मार्ग मिलता है, सही दिशा की तलाश करने वाले जुड़ते हैं और उस भ्रामक दुनिया को इतना प्रभावित करते हैं कि उन्हें भी सत्यता की वाणी बोलने के लिये बाध्य होना पड़ता है। बेशक भ्रामक दुनिया के दोगले चरित्र वाले व्यक्ति अन्त तक अपने अस्तित्व को बनाये रखने में सफल हो जाते हैं और अवसर आने पर अपने मूल चरित्र को उजागर कर अपने दोगले चरित्र को इतिहास में महानता की श्रेणी में दर्ज करवाने में सफल हो जाते हैं।

सरकार और मिशनरियों के इन्हीं प्रयासों के मुकाबले मूल और नितान्त राष्ट्रीय धारा को जन्म देने का प्रयास देश के प्रत्येक कोने में अलग–अलग संस्थाओं और व्यक्तियों ने किया। परन्तु उत्तर भारत में स्वामी दयानन्द सरस्वती द्वारा स्थापित आर्य समाज डी.ए.वी. कॉलेजों और स्कूलों की श्रृंखला स्थापित कर राष्ट्रीय चेतना के वाहक तैयार करने में जुट गया। हालांकि आगे चलकर अंग्रेजों ने और उनके उत्तराधिकारियों ने भी इन पर धर्म और 'सम्प्रदाय' का ठप्पा लगाकर हेय बनाने का प्रयास किया। लेकिन, लाला

लाजपत राय, लाला हरदयाल, श्याम जी कृष्ण वर्मा, और ऐसे ही अन्य महान क्रान्तिकारी अपने–अपने क्षेत्रों में राष्ट्रीयता का अलख जगा रहे थे। इन्हें एक राष्ट्रीय मंच पर बैठने और जुड़ने की आवश्यकता महसूस हो रही थी। अतः एक दशक से भी पुरानी हो चुकी संस्था 'राष्ट्रीय कांग्रेस' को इस मंच के रूप में चुना और उससे जुड़े।

इस मजबूरी का खुलासा गोपालकृष्ण गोखले ने 1913 में इन शब्दों में किया था–

"कोई भी भारतीय, भारतीय राष्ट्रीय कांग्रेस की स्थापना नहीं कर सकता था। यदि कोई भारतीय इस प्रकार का अखिल भारतीय आन्दोलन प्रारम्भ करने के लिए आता भी तो सरकारी अधिकारी उसे अस्तित्व में ही नहीं रहने देते। यदि कांग्रेस का संस्थापक एक महान और भूतपूर्व अंग्रेज अधिकारी न होता तो उन दिनों के राजनीतिक आन्दोलनों के संदेहास्पद वातावरण में अधिकारी इस आन्दोलन को कुचलने का कोई न कोई रास्ता निकाल ही लेते।"

परन्तु, राष्ट्रीय कांग्रेस का मूल उद्देश्य और समर्थन का स्रोत कुछ और ही था। अतः मंच और मैदान, राष्ट्रीय कांग्रेस और विस्तृत भारत भूमि में राजनीतिक उथल–पुथल शुरू हो चुकी थी और यह कशमकश चल रही थी कि अब दिशा क्या हो और कांग्रेस में दो प्रत्यक्ष विचारधारा उसी के रूप में उभर कर सामने आ गई, जिन्हें गरम दल (Extremists) और नरम दल (Moderate) के नाम से चिन्हित किया गया।

गरम दल के प्रमुख वाहक थे बालगंगाधर तिलक, अरविंद घोष, विपिन चन्द्र पाल, लाला लाजपत राय आदि। और नरम दल के भारतीय प्रमुख वाहक थे गोपाल कृष्ण गोखले, महादेव रानाडे, फिरोजशाह मेहता, मोहम्मद अली जिन्ना आदि। मंच पर तब तक गांधी का अवतरण नहीं हुआ था।

इसी बीच अन्तर्राष्ट्रीय घटनाक्रम और भारत में ब्रिटिश राज की बाध्यताओं ने भारत में अपनी सत्ता और व्यावसायिक हितों को सुरक्षित रखने के लिये सरकार को सावधानीपूर्वक ऐसे कदम उठाने को सोचने पर बाध्य किया, जिनसे यह गांरटी मिल सके कि भारत अंग्रेजों का एक चिरस्थाई उपनिवेश है।

1899–1900 के भयंकर अकाल, प्लेग, हैजे जैसी अकाल जनित महामारी ने ब्रिटिश राज और देशी राजाओं की प्रजा में कोई अन्तर नहीं किया। इन सब ने भारत के राष्ट्रीय नेताओं को अन्दर तक झकझोर दिया। परन्तु सरकार अपने मिशन पर निरन्तर चलती रही और एक प्रत्यक्ष प्रयोग किया, देश में

हिन्दू–मुस्लिम के रूप में अप्रत्यक्ष विभाजन का। 19 जुलाई, 1905 को लार्ड कर्जन ने बंगाल का विभाजन किया जिसके अनुसार आसाम, बिहार, उड़ीसा, और पूर्वी बंगाल अलग प्रान्त बना दिये गये थे। इसमें धर्म के आधार पर बंगाल के पूर्वी बंगाल के रूप में विभाजन का सभी राष्ट्रीय और स्थानीय नेताओं ने विरोध किया, जिसकी बागडोर मुख्य रूप से गरम दल के हाथों में थी।

अंग्रजों को बाध्य होकर बंगाल के विभाजन को 1911 में लार्ड हॉर्डिंग द्वारा जार्ज पंचम के भारत आने के अवसर पर वापस लेना पड़ा। यह सरकार को अपनी पराजय का कटु अहसास दे गया। अंग्रेज अपनी इस पराजय को अन्त तक नहीं भूले और इस छोटे से विभाजन की पराजय को भारत के विराट–विभाजन में परिवर्तित करने की योजना पर कार्य आरम्भ किया गया। उनकी इस योजना के मुख्य बिंदुओं को हम इस प्रकार कह सकते हैं।

"धर्म के आधार पर प्रत्येक स्तर पर, घर–परिवार, समाज, प्रान्त और देश के स्तर पर विभाजन,"

"देश का एकाधिक भौतिक विभाजन,"

"इसके लिये एक वफादार और विश्वसनीय नेतृत्व उभार कर उसे सबल बनाना,"

"भारतीय राष्ट्रीय चेतना के वाहक नेतृत्व को हतोत्साहित करना, उसे नष्ट करना" इत्यादि।

इस कड़ी में पहला कदम उठाया गया 'भारतीय मुस्लिम लीग' की स्थापना करवाकर। 1906 में इसकी स्थापना की गई थी।

दूसरा कदम था, भावी विभाजन में असुरक्षित कलकत्ता से राजधानी को दिल्ली स्थानान्तरित करना।

तीसरा कदम था, भारतीयों को सिविल सेवा में उच्च पदों तक पहुंचाकर विश्वस्त नौकरशाह पैदा करना।

मिंटो मार्ले सुधारों (1905–1910) की अहमियत इसी परिपेक्ष्य में आंकी जानी चाहिये। इसकी रचनात्मक पृष्ठभूमि 1906 से प्रारम्भ होती है। जब राष्ट्रीय कांग्रेस के 'नरम दल' के नेता गोपाल कृष्ण गोखले ने लार्ड मिंटो से अपील की कि "शिक्षित वर्ग को शान्त करने का एक मात्र उपाय यह है कि इन वर्गों को स्वराज्य की सरकार चलाने में सहयोग देने का अवसर प्रदान किया जाये।"[11]

---

11. बूचन, *लार्ड मिंटो,* पृ. 23।

श्री गोखले ने इंग्लैण्ड जाकर स्वयं भारत–सचिव मार्ले से भेंट की तथा उन्हें भारतीयों की स्थिति से अवगत कराया। इस पर मार्ले ने गवर्नर जनरल लार्ड मिंटो को लिखा कि भारतीय परिस्थितियों में शीघ्रता से हो रहे क्रान्तिकारी परिवर्तनों की अनदेखी करना महान भूल होगी, इसलिये भारतीय प्रशासन में तत्काल कुछ संवैधानिक सुधार करना उचित होगा।

मार्ले से सहमति के बावजूद लार्ड मिंटो की इन प्रत्यक्ष सुधारों के बनिस्पत अप्रत्यक्ष और अघोषित सुधारों को लागू करने में ज्यादा रुचि थी। हालांकि मिंटो ने 1906 में ही ऐरण्डाल की अध्यक्षता में अपनी कार्यकारिणी परिषद के चार सदस्यों की एक समिति बनाई। इसकी रिपोर्ट 1907 में ही दे दी गई थी, परन्तु लन्दन नहीं भेजी गई थी। जब मार्ले ने संसदीय समिति से भारत सरकार की जांच की धमकी दी, तब 1907 के अन्त में प्रस्ताव भेजे। 1909 में भारतीय परिषद् अधिनियम, 1909 (Indian Counsil's Act) के रूप में ब्रिटिश संसद ने इसे पारित कर दिया, परन्तु मिंटो ने इसे अपने शासनकाल के अन्तिम दौर में 1 जनवरी, 1910 से लागू किया, क्योंकि मिंटो अप्रत्यक्ष और अघोषित सुधारों को लागू करने में उलझा हुआ था। 1906 में इंडियन मुस्लिम लीग की स्थापना करवाने के बाद अंग्रेज सरकार ने मुस्लिमों से गुप्त चर्चा करके यह अलग प्रचारित करने की कोशिश की कि ये सुधार मुसलमानों के हितों के लिये हानिकारक होंगे। अलीगढ़ कॉलेज के तत्कालीन प्रिंसिपल मि. आर्क बोल्ड ने प्रस्तावित सुधारों के विरुद्ध मुस्लिम संप्रदाय को उत्तेजित करने में सक्रिय भाग लिया। इसी अवधि में हिज–हाई–नेस आगा खां के नेतृत्व में विभिन्न प्रान्तों के प्रभावी मुस्लिमों का एक शिष्टमंडल गवर्नर लार्ड मिंटो से शिमला में मिला और अपना प्रतिवेदन प्रस्तुत किया, जिसमें दो मांगें रखी गई थीं–पहली यह कि प्रस्तावित प्रत्यक्ष या अप्रत्यक्ष चुनाव में मुस्लिमों का प्रतिनिधित्व उनकी जनसंख्या पर आधारित न होकर उनके महत्व तथा साम्राज्य के लिये सेवा के अनुरूप रखा जाये तथा दूसरे, उन्हें पृथक साम्प्रदायिक निर्वाचन क्षेत्रों के द्वारा प्रतिनिधि भेजने का अधिकार दिया जाये।[12] मिंटो ने इसे सुवर्ण संधि समझकर शिष्ट मंडल को आश्वासन दिया कि मुस्लिमों के हितों तथा अधिकारों पर उचित ध्यान दिया जायेगा।

सरकारी मशीनरी का दुरुपयोग, कमीशनों–समितियों की रिपोर्टों के प्रति नकारात्मक रवैया और मुस्लिमों के प्रति सरकार के सर्वोच्च नेतृत्व का दोगला चरित्र, जो मिंटो ने प्रत्यक्षतः शुरू किया था, आज भी सरकार के सर्वोच्च नेतृत्व का मार्गदर्शक है। हां इसमें धर्म के साथ जातियां भी जुड़ गई हैं।

---

12. जी.एन. सिंह,–*भारत का वैधानिक एवं राष्ट्रीय विकास*, पृ. 192।

भारतीय परिषद् अधिनियम (Indian Council Act), 1909 के अनुसार सर्वोच्च विधान परिषद् एवं प्रान्तीय परिषदों में निर्वाचन प्रणाली लागू की गई। इन परिषदों के सदस्यों के चुनाव के लिये तीन प्रकार के निर्वाचन मंडलों (Electorates) का प्रावधान था–

(1) साधारण निर्वाचन मंडल में गैर–सरकारी निर्वाचित सदस्यों तथा जिला परिषदों का समावेश था।

(2) वर्ग विशेष के निर्वाचन मण्डल में जमींदारों तथा मुसलमानों को प्रतिनिधित्व का अवसर दिया गया था।

(3) विशिष्ट निर्वाचन मंडल में प्रेसीडेन्सियों के नगर–निगमों तथा व्यापार मंडलों के सदस्य प्रतिनिधित्व करते थे तथा गवर्नर जनरल किसी विशिष्ट विषय पर परामर्श हेतु किसी विशिष्ट सदस्य को परिषदों में नियुक्त कर सकता था।

उपर्युक्त व्यवस्था से स्पष्ट है कि इस अधिनियम के द्वारा ब्रिटिश सरकार ने भारत में साम्प्रदायिक आधार पर ही निर्वाचन पद्धति को सुस्थापित करने का प्रयास किया तथा अपने हित साधक विभिन्न वर्गों के लिये अलग अलग सीटें निर्धारित कर दीं, ताकि भारतीय राष्ट्रवादियों की एकता को तोड़कर उन्हें विभिन्न भागों में बांट दिया जाये। साथ ही निर्वाचित सदस्यों को नाकारा (अप्रभावी) बनाने के लिये परिषदों की बहसों को केवल बहस ही बनाने का प्रयास किया गया। निर्णयों में उनका कोई प्रभाव न रहे, ऐसी नींव डालकर परम्परा विकसित की गई। के.वी. पुन्नैया के अनुसार इनसे सरकार को सरकारी सदस्यों पर नियन्त्रण अधिक कड़ा करने की छूट मिली, क्योंकि वे न तो कोई प्रस्ताव रख सकते थे, और न ही प्रश्न पूछ सकते थे। वे सरकारी अनुमति के बिना बहस में हस्तक्षेप भी नहीं कर सकते थे। उनका एकमात्र काम सरकार के पक्ष में और गैर–सरकारी विपक्ष के विरुद्ध मतदान करना था। आज भी संसदीय या विधान सभाओं की बहसों और निर्णयों में परिलक्षित यही होती है और पार्टियों के प्रतिबद्ध सदस्य मूक बने रहते हैं। जरा उस समय की परिषदों के संतुलन पर एक नजर डालें–

सर्वोच्च विधान परिषद

(Supreme Legislative Council)

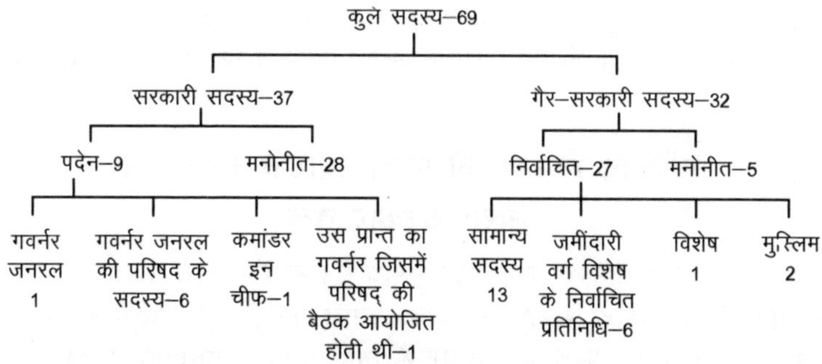

कुल मनोनीत सदस्य 28+5=33 और 9 सरकारी कुल 42 और 6 जमींदार आदि किस तरफ जायेंगे। ऐसे में सारहीन प्रतिनिधित्व की शुरुआत की गई। नवसंस्कारित अभिजातों को सन्तुष्ट करने के लिये अच्छा कदम था।

इसी प्रकार प्रान्तीय विधान परिषदों पर नजर डालें–

प्रान्तीय विधान परिषद	सरकारी सदस्य	मनोनीत गैर सरकारी सदस्य	निर्वाचित सदस्य	कुल निर्धारित संख्या
मद्रास	20	05	21	46
बंगाल	20	04	28	52
संयुक्त प्रांत	20	06	21	47
पंजाब	10	06	08	24
बर्मा	06	08	01	15
आसाम	09	04	11	24
बिहार–उडीसा	18	04	21	43
बंबई	18	7	21	46
पूर्वी बंगाल	17	18	05	40

सन्तुलन बहुत–सी अलिखित, अनकही बातों और तथ्यों को उजागर करता है।

मतदान के लिये महिलायें, अवयस्क (21 वर्ष से कम आयु) और विकृत मस्तिष्क व्यक्ति मतदान के अयोग्य थे। इनके अलावा विनियम – IV – छः माह से अधिक कारावास के लिये दण्डित व्यक्ति, सरकारी सेवक या सरकारी

सेवा से हटाया गया व्यक्ति, राजनीतिक अपराधी, देश से निष्कासित व्यक्ति को भी उम्मीदवारी के लिये अयोग्य माना गया था। लेकिन गवर्नर जनरल विशेष आदेश से छूट दे सकता था। लाला लाजपत राय को इसी कारण परिषद् की सदस्यता के लिये चुनाव लड़ने के अवसर से वंचित रखा गया था।

संविधान निर्माण की पहल–ब्रिटिश सरकार से भारत सरकार तक

जननी जन्म भूमिश्च, स्वर्गादपि गरीयसि। मादरे–वतन, मातृभूमि, शायद भगवान से भी ज्यादा सुरक्षा का भाव जागृत करती है। 'मातृभूमि' शब्द में पश्चिमी पितृ–भूमि (Father Land) से कहीं ज्यादा अपनापन झलकता है। मातृभूमि के महत्व को इंगित करना, इसको पूजना किसी धर्म में मना नहीं हो सकता। मातृभूमि से जुड़ा व्यक्ति हमेशा विजयी होता है, चाहे वह मनुष्य जाति का हो या देवता हो।[13]

इन्हीं भावों को प्रकट करते हुए बंकिमचंद्र चटट्रोपाध्याय ने अपने उपन्यास 'आनन्द मठ' में मातृभूमि को केन्द्रित करके 'वन्दे–मातरम्' गीत लिखा था, जिसमें भारत भूमि की, उसके प्राकृतिक सौंदर्य की, उसकी दशा और दिशा की, उसके वाशिंदों की शक्ति का बखान किया गया था। यही 'वदेमातरम्' भारत की स्वतन्त्रता का जयघोष बन गया था। लय ताल भी ऐसी कि आत्मिक तन्मयता और समर्पण एक साथ झलक पड़ते हैं।

इसके विपरीत, पश्चिम के 'पितृभूमि' की अवधारणा में भूमि नीरस, निर्जीव है। व्यक्ति की प्रशंसा, उसका गुण–गान प्रमुख है। भारत के शासक अंग्रेजों का राष्ट्रीय गान राष्ट्रीय नहीं था, अपितु वहां के राजा का गुणगान और उसके प्रति समर्पण का गान था। इसकी पहली पंक्ति है 'लांग लिव द किंग' (या क्वीन) (Long Live The King or Queen) अर्थात् राजा, अधिनायक की जय हो, अमर हो'।

कलकत्ता से राजधानी का स्थानान्तरण दिल्ली में होना था। 1911 में स्वयं जार्ज–पंचम को भारत के सम्राट के रूप में आना था। यह था दिल्ली दरबार, जिसमें सरकारी आयोजनों, अभिवादनों के अलावा दरबार में भाग लेने वाला और प्रत्येक प्रमुख व्यक्ति अपने तरीके से सम्राट का स्वागत, अभिनन्दन करना चाहता था। कवि भी इसमें पीछे नहीं थे। चाहे स्वःप्रेरणा से या कहने

13. इसी भावना पर आधारित यूनान की एक पौराणिक कथा भी है, जिसका इसी पुस्तक में अन्यन्त्र उल्लेख किया गया है।

पर 'लांग लिव द किंग' का भावानुवाद भी कई कवियों ने किया। इनमें सबसे अच्छी कविता रविन्द्रनाथ ठाकुर की बन पड़ी, जो कि बहुत बड़े साहित्यकार और कवि भी थे। भावुकता में वह भावानुवाद अधिक लम्बी कविता बन गई। अतः भारतीय भाषा में वह अभिगान दरबार में तो नहीं हो सका, पर अंग्रेजों ने इसे भविष्य के लिये धरोहर के रूप में रख छोड़ा। यह कविता थी–'जन गण मन अधिनायक जय हे, भारत भाग्य विधाता।'

बाद में 'वंदेमात्‌रम' गाने पर तो उपन्यास में दी गई पृष्ठभूमि को याद करके इसकी आलोचना की जाती रही है, परन्तु 'जनगणमन' की पृष्ठभूमि का आज तक कोई खुलासा नहीं किया गया।

1913 में रविन्द्रनाथ ठाकुर को उनके कविता संग्रह *गीतांजली* के लिये साहित्य का नोबल पुरस्कार प्रदान किया गया। अपने हित साधकों को उपकृत करना, पुरस्कृत करना अंग्रेजों की भावनात्मक न्याय–प्रियता का एक अंग रहा है।

1914 में प्रथम विश्व युद्ध आरम्भ हो गया था। इसने सम्पूर्ण विश्व के सामने मौजूद परिस्थितियों, सिद्धान्तों और संबंधों की व्याख्या का नया मार्ग प्रस्तुत किया, परिणामस्वरूप पूरे विश्व के साथ–साथ भारत के आन्दोलन ने भी करवट ली।

1909 के अधिनियम के अनुसार लागू तथा–कथित सुधारों की कलई खुल चुकी थी। दिल्ली दरबार के साथ ही नये, परिवर्तित कदमों की आहट हो चुकी थी। मुस्लिम लीग ने भी 1913 के अपने अधिवेशन में कुछ प्रस्ताव पारित किये, जिनमें वैधानिक मामलों में 'वीटो' अपने पक्ष में करने के प्रस्ताव के साथ स्वराज प्राप्ति की भी घोषणा की। 1915 में मुस्लिम लीग और कांग्रेस ने अपने–अपने अधिवेशन किये और प्रतिनिधियों का आदान–प्रदान भी किया। बाल गंगाधर तिलक 1914 तक मांडले जेल में कैद रखे गये। अन्य कई नेता या तो रिटायर हो गये या निष्क्रिय हो गये। उदारवादी नेतृत्व एक प्रकार से समाप्ति की ओर था। इसी समय, 1915 के बंबई अधिवेशन में गांधी को कांग्रेस मंच पर प्रस्तुत किया गया। इंग्लैण्ड में बैरिस्टर की शिक्षा और दक्षिण अफ्रीका में किये गये अहिंसक आन्दोलनों ने गांधी में काफी आत्मविश्वास पैदा कर दिया था। लिहाजा भारत में कोई संघर्ष नहीं करना पड़ा और कांग्रेस के शीर्ष नेताओं में शामिल कर लिए गए।

विश्व युद्ध में भारतीयों से सहयोग के लिये ब्रिटिश सरकार ने कई आश्वासन दिये, जिनमें ब्रिटिश प्रधानमंत्री का यह कहना कि "युद्ध में जर्मनी की हार संसार भर में जनतंत्रवाद की सुरक्षा के लिये भी आवश्यक है।" भारत में सभी नेताओं ने ब्रिटिश साम्राज्यवाद का भरपूर सहयोग किया।

सुरेन्द्र नाथ बनर्जी के कथन कि, 'स्वशासन हमारी राजनीतिक भावनाओं का लक्ष्य था और इसमें हमारे संरक्षण की बात निहित थी। यदि हम साम्राज्य के स्वतन्त्र नागरिक होने के गौरव के अभिलाषी थे तो हमें साम्राज्य की रक्षा के लिये लड़ना आवश्यक था' से स्पष्ट है कि उस समय का लक्ष्य क्या था। इसके प्रतिदान स्वरूप, 27 अप्रैल, 1918 को दिल्ली में हुए युद्ध सम्मेलन में ब्रिटिश साम्राज्य की तरफ से तत्कालीन गवर्नर–जनरल लार्ड चेम्सफोर्ड ने गांधीजी को 'केसर–ए–हिन्द' की उपाधि दी।

इंग्लैण्ड मे शिक्षित–प्रशिक्षित तीन बैरिस्टर भारत के राजनीतिक पटल पर आ चुके थे। इनमें सबसे पुराने थे मोहम्मद अली जिन्ना, जो काफी समय से कांग्रेस के मंच पर सक्रिय थे। दूसरे मोतीलाल नेहरू, जो लंदन में अपनी बैरिस्टरी को छोड़कर भारत में राजनीति करने पहुंचे और तीसरे थे मोहन दास गांधी, जो बैरिस्टरी की आजमाईश दक्षिण अफ्रीका में कर चुके थे, पर राजनीति में कहें या कहें कि जन आंदोलनों में अपनी सिद्धहस्तता स्थापित कर चुके थे। ये तीनों बैरिस्टर कांग्रेस की स्थापित और अंग्रेजों की घोषित नीतियों में अपना हक लेते अवतरित हो चुके थे। परन्तु जनआंदोलन के संचालन का अनुभव केवल गांधीजी के पास ही था।

इसके अलावा, गांधी ने जो रास्ता अपनाया और जिन तत्वों को, सिद्धांतों को लेकर आगे बढ़े, उनसे अहिंसा, उपवास, रामराज्य आदि के कारण गांधीजी एक ऐसे राजनेता के रूप में कांग्रेस में स्थापित हो गए, जो एक हिन्दू सन्त महात्मा के रूप में राजनीतिक पार्टी को चलाने का प्रयास कर रहे से प्रतीत हो रहे थे। गांधी इसमें सफल भी रहे और कांग्रेस की ऐसी छवि बन गई जैसे कि वह हिन्दुओं की पार्टी हो। शायद गांधीजी को इसका एहसास हो चुका था, तब ही तो वे मौलाना गौहर अली, मौलाना शौकत अली के अधिक निकट रहे, जो धार्मिक रुझानवश अधिक कट्टर मुसलमान थे। इन्हीं की पहलकदमी पर खिलाफत आंदोलन किया गया, जो कि मुख्यतः तुर्की में मुस्तफा कमाल पाशा के नेतृत्व में लाये जा रहे परिवर्तनों के खिलाफ था। ये सुधार तुर्की को मुस्लिम कट्टरवाद से बाहर लाकर प्रगतिशील देश के रूप में स्थापित कर चुके थे।

जबकि मोहम्मद अली जिन्ना ने खिलाफत और असहयोग आंदोलन का विरोध किया था। गांधीजी जानते थे कि जिन्ना मुसलमान होकर भी मुसलमान नहीं है। अतः यदि वह धर्मरहित राजनीति के वाहक के रूप में जम गया तो भारत को जैसा अंग्रेज चाहते हैं वैसा मोड़ नहीं दे सकेंगे। तब ही, जिन्ना की बार बार की गई अवहेलना ने जिन्ना को तोड़ने का काम किया। दिसम्बर, 1920 में कांग्रेस के नागपुर अधिवेशन में तो सारी सीमायें ही जैसे तोड़ दी

गई। जिन्ना ने जब गांधीजी के विचारों के विरुद्ध तर्क देकर कुछ कहने की कोशिश की तो जिन्ना को पंडाल से बाहर धकेल दिया गया। जिन्ना की पत्नी रति भी उसके साथ थी। गांधीजी ने भी जिन्ना के साथ ऐसा व्यवहार करने पर कुछ नहीं कहा। पत्नी के सामने किया गया ऐसा अपमान कोई भी कभी भी नहीं भूलता। भारत के भविष्य की चौसर इसी ईर्ष्या पर बिछी नजर आती है।

दूसरे विश्व युद्ध ने विश्व में आधिपत्य और वर्चस्व की लड़ाई का परिणाम पश्चिमी देशों के अनुकूल नहीं दिया। उन्नीसवीं सदी के एक भूखे–नंगे, प्रताड़ित आर्थिक–राजनीतिक विचारक के विचारों ने दुनिया के प्रत्येक कोने को आंदोलित कर दिया, दुनिया के प्रत्येक शोषित, उत्पीड़ित के लिये आशा की एक किरण जगा दी और जगा दी ढर्रे से अलग हटकर सोचने की शक्ति। रूस में बोल्शेविकों ने उस विचारक के निष्कर्षों को जब दो कदम आगे बढ़कर, पश्चिमी देशों की आशाओं और कल्पनाओं के विपरीत समाजवादी शासन की नींव रखी और विश्व में अब तक के सबसे तेज गति से समग्र विकास की मिसाल, जिसके परिणामस्वरूप सोवियत संघ एक पिछड़े राज्य से विश्व के सबसे ताकतवर देशों की श्रेणी में मात्र अट्ठारह वर्षों में पहुंच गया। सारी पूंजीवादी–उपनिवेशवादी दुनिया दिग्भ्रमित सी हो गई। इस नई दुनिया, नये विचार, नये सिद्धान्त का कैसे मुकाबला किया जावे, यही अब इनकी समस्या बनी रह गई। इनके देशों और उपनिवेशों में उभरने वाले स्वतन्त्रता के आवेगों को, लहरों को कैसे अपने हितों के अनुरूप मोड़ा जाये। यही मुख्य चिन्तन का विषय था, ब्रिटिश शासन का भी। इसी के परिप्रेक्ष्य में द्वितीय विश्वयुद्ध के उपरान्त की घटनाओं को देखा जाना सम्यक् और सामयिक है।

ब्रिटिश शासन ने भारत में दो तरह के उपाय किये–प्रत्यक्ष और अप्रत्यक्ष। प्रत्यक्ष उपायों में औपनिवेशिक राज्य के रूप में स्वायत्तता देने के लिये 1919 का भारत सरकार अधिनियम (Government of India Act, 1919) पारित कर भारतीयों को शासन में भागीदारी देना और अप्रत्यक्ष रूप से, सोवियत संघ की साम्यवादी विचारधारा से प्रभावित लोगों को दिग्भ्रमित कर अपनी शासन–सत्ता के लिये इस्तेमाल करना।

भारत में सन् 1919 से संवैधानिक सुधार योजना के संदर्भ में इंग्लिश राउन्ड–टेबल ग्रुप का योगदान भी उल्लेखनीय रहा है। भारत में उत्तरदायी सरकार स्थापित करने की दिशा में सर्वप्रथम प्रयास इस ग्रुप के नेता लायनेस–कार्टिस ने किया था। अतः इस योजना को "कार्टिस–योजना" भी कहा गया है। इस योजना के अन्तर्गत भारत में द्वैध–शासन (Dyarchy) की

अनुशंसा की गई थी, ताकि राजनीतिक शक्तियों का उपयोग अंग्रेज तथा भारतीय प्रतिनिधियों द्वारा समान रूप से किया जा सके। भारतीय मामलों में अंतिम प्राधिकार ब्रिटिश संसद से अन्तरित कर भारतीय सर्वोच्च परिषदों को दिया जाना प्रस्तावित था। मांटेग्यू (Montague), जो भारत–सचिव (Secretary of India) के पद पर कार्यरत थे, ने 20 अगस्त, 1917 की घोषणा के द्वारा इसे भारत के लिये प्रस्तावित किया। यह हाऊस ऑफ कामंस मे 12 जुलाई, 1917 को दिये गये भाषण का व्यावहारिक प्रस्ताव (August Offer) था। इसमें मुख्यतः चार बातों का उल्लेख था–

(1) ब्रिटिश शासन का लक्ष्य भारत में स्वशासन को विकसित करना है।

(2) स्वशासन एकदम न दिया जाकर विभिन्न चरणों में दिया जाना प्रस्तावित है।

(3) विभिन्न चरणों का निर्धारण भारतीयों द्वारा स्वशासन की दिशा में की गई प्रगति पर निर्भर करेगा, तथा

(4) प्रगति के विषय में निर्धारण ब्रिटिश संसद और ब्रिटिश भारत सरकार द्वारा किया जायेगा।

उक्त प्रस्तावों को लागू करने के लिये 8 जुलाई, 1918 को 'मांटेग्यू–चेम्सफोर्ड रिपोर्ट' के नाम से प्रकाशित की गई, जिसमें शामिल उक्त प्रस्तावों को कार्यान्वित करने के लिये तीन समितिय नियुक्त की गईं। ये समितियां थीं–

(1) मताधिकार समिति (Franchise Committee) जिसका अध्यक्ष लार्ड साउथ बोरो (Lord South Borough) को बनाया गया तथा इसमें अन्य सदस्य थे एच.जी. एस्ली (H.G. Esly), साहबजादा आफताब अहमद खां, हैली (Halley), सुरेन्द्रनाथ बनर्जी, मेलकम हॉग (Malcom Hogg) और श्रीनिवास शास्त्री। इस समिति को प्रत्यक्ष चुनाव की योजना तैयार करने, केन्द्रीय–प्रान्तीय परिषदों में निर्वाचित और मनोनीत सदस्यों का निर्धारण करने और क्षेत्रीय प्रतिनिधित्व के मापदण्ड निर्धारित करने का कार्य सौंपा गया था।

(2) कार्यान्वयन समिति (Functions Committee) जिसका अध्यक्ष रिचर्ड फीथम (Richard Feetham) को बनाया गया था। इसमें अन्य सदस्य थे–मौलवी रहीम बख्श, डा॰ तेज बहादुर सप्रू, सी.एच. सीतलवाड़, स्टीफेन्सन और थामसन। इस समिति द्वारा प्रान्तीय सरकारों को हस्तांतरित किये जाने योग्य विषयों पर विचार किया जाना था और यह भी निश्चित करना था कि दायित्व निर्धारण किस प्रकार किया जावे तथा मन्त्रियों को कौन से विभाग अन्तरित करना उचित होगा।

(3) भारत–सचिव के कार्यालय को पुनर्गठित करने का सुझाव देने वाली समिति का अध्यक्ष लार्ड क्रू (Lord Crewe) था। इसका सुझाव था कि भारत–सचिव कार्यालय को समाप्त कर एक परामर्श मंडल (Advisory Board) बनाया जाये, जिसमें कम से कम एक तिहाई सदस्य भारत के अधिवासी हों। इनका चयन भारत की सर्वोच्च परिषद् के गैर–सरकारी सदस्यों द्वारा दी गई नामों की सूची में से किया जाना चाहिये। समिति ने लंदन में भारत के लिये एक उच्च आयुक्त (High Commissioner) नियुक्त किये जाने का सुझाव भी दिया।

मांटेग्यू ने बाद में स्वीकार किया कि उसकी भारत यात्रा[14] का मुख्य उद्देश्य भारतीयों का ध्यान कुछ समय के लिये क्रान्तिकारी गतिविधियों से हटाकर उन्हें वार्तालाप में उलझाये रखना था ताकि उस समय, जबकि प्रथम विश्वयुद्ध खतरनाक स्थिति में था, भारतीय नेताओं को चुप रखा जा सके। उन्होंने आगे कहा कि, "मैंने युद्ध की भीषण स्थिति में भारतीयों को छः माह चुप रखने में सफलता प्राप्त की तथा भारतीय राजनीतिज्ञों को मेरे शिष्ट मंडल के सिवाय अन्य कुछ न सोचने के लिये बाध्य रखा।" आगे कहा, "हमारा प्रयास भारतीय सरकार को इंग्लैण्ड के लोगों के विश्वास पर आधारित करने की बजाय भारतीय जनमत के विश्वास पर आधारित करने का रहा है।"[15]

यही आगे के प्रत्यक्ष और अप्रत्यक्ष प्रयासों का मार्गदर्शक सिद्धान्त बना। प्रत्यक्ष रूप से भारत सरकार अधिनियम, 1919 पारित करवाकर भारतीय नेताओं को सत्ता में भागीदारी का विशेषाधिकार दिया तथा अप्रत्यक्ष रूप से भारतीय स्वतंत्रता को दिग्भ्रमित करने का प्रयास किया।

1917 की सोवियत क्रान्ति के परिणामस्वरूप पूरी दुनिया में आन्दोलनों का एक ज्वार–सा आ गया था। भारत में भी यही सब कुछ हो रहा था। परन्तु, सक्षम और सार्थक नेतृत्व और स्पष्ट सैद्धान्तिक विचारधारा के अभाव में भारत के ये आन्दोलन दिशाहीन एवं स्वतःस्फूर्त थे। अंग्रेज सरकार को इन आन्दोलनों का अहसास भी था। अतः 1919 में रोलेट एक्ट (Anarchical Revolutionary Crimes Act, 1919) जोकि 21, मार्च 1919 को पास किया गया और इसका क्रूर उपयोग जलियांवाला बाग में 13 अप्रैल, 1919 को सामूहिक हत्याकाण्ड के लिए किया गया।

---

14. 10 नवम्बर, 1917 को भारत (मुम्बई) एक शिष्टमंडल के साथ आया जिसमें अर्ल डोनोघमोर, चार्ल्स राबर्ट्स, सर विलियम ड्यूक और भूपेन्द्रनाथ बसु थे।

15. *मांटेग्यू–भारतीय डायरी* (*Montague-An Indian Diary*), p. 288.

इस घटना से भारतीयों ने, विशेषकर, नौजवानों ने सिद्धान्तों और क्रान्ति के संबंधों के बारे में सोचना प्रारम्भ किया। प्रारम्भ में, इन आन्दोलनों का नेतृत्व गांधीजी के हाथों में आ गया और उनकी समर्पित कार्यप्रणाली के आधार पर उनके सिद्धान्तों को समर्थन भी दिया जाने लगा। परन्तु आम जनता सम्मोहित तो हो सकती है, परन्तु गांधी नहीं बन सकती। लिहाजा, गांधी के नेतृत्व में कोई भी आन्दोलन अपने चरम पर नहीं पहुंच सका और आन्दोलन की चरम पर पहुँच कर समाप्ति होने से पहले ही उसे वापस ले लिया गया। परिणामस्वरूप कांग्रेस के बाहर ही नहीं कांग्रेस के भीतर भी गांधी के विरुद्ध स्वर उठने लगे, लेकिन थे वे दबे हुए स्वर ही। क्योंकि उस समय, और उसके बाद के समय में गांधी को चुनौती देने का मतलब होता था, राजनीतिक आत्महत्या करना या अपना अलग अस्तित्व बनाये रखने के लिये एक नई पार्टी बना लेना।

गांधी के नेतृत्व के अलावा, आन्दोलकारियों को सैद्धान्तिक रूप से भ्रमित करने के लिये अंग्रेजों ने ब्रिटिश कम्युनिस्ट पार्टी का सहयोग लिया, जिसने अपनी शाखा के रूप में भारतीय–कम्युनिस्ट पार्टी की स्थापना 17 अक्टूबर 1920 को ताशकंद में की। उस समय अन्तर्राष्ट्रीय कम्युनिस्ट संगठन 'कम्युनिस्ट इंटरनेशनल' ने भी भारतीय कम्युनिस्ट पार्टी को एक स्वतन्त्र पार्टी के रूप में मान्यता नहीं दी थी, हालांकि तब कम्युनिस्ट इंटरनेशनल में एक भारतीय मानवेन्द्र नाथ राय ब्रिटिश कम्युनिस्ट पार्टी के प्रतिनिधि के रूप में मौजूद थे। चूंकि, सभी ब्रिटिश नागरिकों को, वहां के मजदूरों सहित, उपनिवेशों के शोषण से मिली धन–संपदा से बेहतर सुविधायें और सम्पन्नता मिली हुई थी, अतः वे सैद्धान्तिक रूप से बोल्शेविकों की तरह क्रान्ति और मुक्ति के प्रति समर्पित नहीं हो सकते थे। फलतः उन्हीं की विचारधारा और पद चिन्हों पर चलते हुए भारतीय कम्युनिस्ट पार्टी का संगठन आगे बढ़ा।

कम्युनिस्टों और गांधी के बीच का मार्ग अपनाने के लिये कई व्यक्ति आगे आये। जिनमें से मोतीलाल नेहरू सबसे आगे रहे। उसने चितरंजनदास के सहयोग से 1 जनवरी, 1923 को 'स्वराज पार्टी' की स्थापना की। इससे पूर्व, चितरंजनदास कांग्रेस के अध्यक्ष और मोतीलाल नेहरू महासचिव थे। नवम्बर, 1922 के कांग्रेस अधिवेशन में कौंसिलों के चुनाव लड़ने के प्रश्न पर इन दोनों की हार हो गई। ये दोनों चुनाव लड़कर कौंसिलों में जाना नहीं चाहते थे। शायद इन्हें आभास हो रहा था कि आन्दोलित जनता सत्याग्रही गांधी की कांग्रेस को समर्थन नहीं देगी। लेकिन 1923 के चुनावों के ठीक पहले 1922 के मोहर्रम के अवसर पर हिन्दू–मुस्लिम दंगे करवाये गये और चुनावों में स्पष्ट विभाजन का आधार तैयार किया गया। स्वराज पार्टी ने 1923

के चुनावों में अच्छी सफलता प्राप्त की। विशेष रूप से, बंगाल व मध्य प्रान्त में बहुमत प्राप्त किया। 5 फरवरी, 1924 को स्वराज पार्टी वालों ने सरकार को ज्ञापन दिया, जिसमें भारत में स्वशासन, भारत की अधिक्षेत्र स्थिति (Dominion Status) तथा प्रान्तों की स्वायत्तता की मांग की गई थी। उक्त ज्ञापन को अस्वीकार कर देने के उपरान्त मोतीलाल नेहरू ने 8, फरवरी 1924 को एक संशोधित प्रस्ताव भेजा, जो वास्तव में 1919 के भारत सरकार अधिनियम के अनुरूप ही था। उस प्रस्ताव में कहा गया था–

"यह परिषद्, 'सपरिषद्–गवर्नर जनरल' से आग्रह करती है कि भारत में पूर्ण उत्तरदायी शासन की स्थापना करने के उद्देश्य से 1919 के भारत सरकार अधिनियम को संशोधित करने के लिये प्रथम प्रयास के रूप में–

(1) भारत के समस्त प्रतिनिधियों की एक गोलमेज परिषद् का आयोजन किया जाये, जो देश के महत्वपूर्ण अल्पसंख्यक समुदायों के अधिकार और हितों की सुरक्षा का ध्यान रखते हुए भारत के लिये एक विधान का निर्माण करे, तथा

(2) वर्तमान केन्द्रीय व्यवस्थापिका सभा को भंग करके नवनिर्मित व्यवस्थापिका के सम्मुख यह योजना प्रस्तुत की जावे, जो विधि बनाने के लिये बाद में ब्रिटिश संसद को भेजी जावे।"

एक वफादार वकील ही कानून में प्रावधान करने के लिये ऐसे दूरगामी सुझाव दे सकता था।

कम्युनिस्टों और गांधी के बीच एक ऐसे व्यक्तित्व और विचारधारा के निर्माण का प्रयास जो अधिकतम जनसंख्या को सम्मोहित कर सके।[16]

---

16. 14 फरवरी, 1922, लखनऊ जेल में मोतीलाल नेहरू और जवाहरलाल नेहरू के बीच संवाद के कुछ अंश–'अच्छा, कहते चलो बेटा, तुम्हारा वह महात्मा और क्या कहता है, मुझे बताओ।'

जवाहरलाल कहते रहे, "सबसे बड़ी बात यह है कि आप चाहे जो करें, चरखे से कभी आपका मोह भंग नहीं होना चाहिये। आपको और मुझे कभी इस बात का अफसोस नहीं होना चाहिये कि हम लोगों ने अपनी मातृभूमि के नाम पर रोज इतना सूत काता है...."

'हां।' मोतीलाल ने मजाक उड़ाया। "बकवास'। और जवाहर, क्या तुम फिर सूत कातना शुरू करोगे?"

'नहीं' जवाहरलाल ने कहा। "गांधी ने जो किया, उसे माफ नहीं किया जा सकता। मैं अब सूत नहीं कातूंगा। लड़ाई में हिंसा से आखिर कहां तक बचा जा सकता है? उन्हें यह बात समझनी चाहिये थी, लोगों को माफ करके आगे बढ़ना चाहिये था। उन्हें सिर्फ एक बार अपनी आंखे बंद कर लेनी चाहिये थी, सिर्फ इस एक छोटी सी घटना के लिये...."

भारत की कम्युनिस्ट पार्टी का ब्रिटिश कम्युनिस्ट पार्टी की एक शाखा मात्र बने रहने और सिद्धान्तों को अपने हितों के अनुरूप कठमुल्लावादी तरीके से अपनाये जाने के कारण वह भारतीय जनमानस की मार्गदर्शक नहीं बन सकी। फलतः कुछ शिक्षित, उत्साही और गम्भीर नौजवानों के कई दल और सक्रिय थे। 1905 में इंग्लैण्ड में श्यामजी कृष्ण वर्मा ने 'होमरूल सोसायटी' बनाई (शायद इसी को हिन्दी नाम देते हुए सत्रह साल बाद मोतीलाल नेहरू ने 'स्वराज पार्टी' बनाई)। 1906 से 1910 तक वीर सावरकर ने इंग्लैण्ड में ही क्रांतिकारी गतिविधियों का संचालन किया। 1913 में लाला हरदयाल ने पंजाब में 'गदर पार्टी' बनाई, जिसे राष्ट्रव्यापी रूप देते हुए 'हिन्दुस्तानी गदर' नामक साप्ताहिक पत्र पंजाबी, उर्दू और मराठी में प्रकाशित किया जाता रहा। इसी कड़ी में, शचीन्द्रनाथ सान्याल, रामप्रसाद बिस्मिल आदि ने 1924 में कानपुर में 'हिन्दुस्तान रिपब्लिकन एसोसिएशन' (या आर्मी) बनाई, जिसका उद्देश्य मार्क्सवाद और समाजवाद के बारे में और अधिक तथा सटीक अध्ययन करने और उन्हें लागू करने के लिये सशस्त्र क्रांति के द्वारा पूर्ण स्वतंत्रता प्राप्त करना था। 1925 के काकोरी केस में कई क्रांतिकारियों को फाँसी और कालापानी की सजा दे दिये जाने के पश्चात् चन्द्रशेखर आजाद के नेतृत्व में बिजॉय कुमार सिन्हा, भगवती चरण वोरा, शिव वर्मा, सुखदेव, भगतसिंह आदि ने इस दल को पुनर्जीवित किया और सितम्बर, 1928 में दिल्ली में हिन्दुस्तान सोशलिस्ट रिपब्लिक आर्मी को 'हिन्दुस्तानी समाजवादी प्रजातांत्रिक

"चौबीस आदमियों को बेकायदा मार डाला गया, इसलिये, साहबजादे यह छोटी सी घटना नहीं थी", मोतीलाल ने सहसा गांधी के रुख का समर्थन कहते हुए कहा। "जब उस जनरल डायर ने बिना आगाह किये अमृतसर की भीड़ पर गोली चलवा दी थी? पांच सौ से ज्यादा...." जवाहर चिल्लाये। "खून तो बहेगा ही।"
"शायद, कौन कह सकता है," बुजुर्गवार बड़बड़ाये, "बहरहाल, अभी एक वाक्य और है।"
"हमारे समय की नियति है चरखा कातना", युवक जवाहर ने बात खत्म की और कागज को गिर जाने दिया। उसके बाद चुप्पी छा गई। दोनों आदमियों ने सिर झुका लिये। दोनों को अपनी बदमिजाजी पर शर्म आ रही थी। जवाहर ने जमीन पर पड़े हुए चरखे को यंत्रवत् उठाया और थके हाथ से सूत कातना शुरू कर दिया। "तुम्हारा धागा... जवाहर, तुम अपना धागा थामना भूल गये हो," मोतीलाल नेहरू ने ठंडी सांस भरकर कहा। "इससे कोई फर्क नहीं पड़ता। मुझमें आस्था है।" वह बुजुर्ग चुप था, पर उसे अब भी कुछ कहना बाकी था। कुछ अप्रत्याशित।
"तुम्हें याद है, मैंने तुम्हारे बचपन के चित्रों में से एक पर क्या लिख दिया था। ''भारत का राजा।"

—*एडविना और नेहरू कैथरीन क्लैमाँ*, हिन्दी संस्करण, पृष्ठ 13–14।

संघ (या आर्मी)' नाम देकर गतिविधियों को अंजाम दे रहे थे। इनमें भगतसिंह सबसे ज्यादा शिक्षित और गम्भीर थे। अतः सभी सैद्धान्तिक व्याख्याओं का जिम्मा उन्हीं के जिम्मे था। जाहिर है, ऐसा जिम्मेदार व्यक्ति एकांकी न होकर सभी की सलाह से काम करने वाला ओर अन्य मंचों पर समान विचारधारा को प्रकट रूप में अपनाने वालों से सम्पर्क बनाये रखने वाला होता है। लिहाजा, भगतसिंह के सूत्र किन्हीं माध्यमों से जवाहरलाल नेहरू से उसकी कांग्रेस–समाजवादी मंच पर सक्रियता के कारण, जुड़े हुए थे।

भगतसिंह की विचारधारा पूर्णतः राष्ट्रीय स्वतंत्रता थी। स्वराज पार्टी ने 1923 के चुनावों में जीत हासिल कर सत्ता सुख का अनुभव कर लिया था। मोतीलाल नेहरू के लिये अपना यह अनुभव नेहरू को देना आवश्यक हो गया था। अभी तक जवाहरलाल संयुक्त प्रान्त में ही इलाहाबाद के अपने 'आनन्द भवन' निवास से सक्रिय था। स्वराज पार्टी के माध्यम से नई समाजवादी शब्दावली और कानूनी लड़ाई के द्वारा राष्ट्रीय स्तर पर उभारने का प्रयास मोतीलाल नेहरू ने किया, जिसमें वह सफल भी रहा।

8 फरवरी, 1924 के प्रस्तावों के अनुसार सरकार के दिखावटी ना–नुकुर के उपरान्त एलेक्जेण्डर मुदीमन, जो गवर्नर जनरल की कार्यपालिका का सदस्य था, की अध्यक्षता में एक समिति बनाई गई, जिसमें सरकारी बहुमत के सदस्यों के अलावा तेजबहादुर सप्रू और मोहम्मद अली जिन्ना को भी शामिल किया गया। 7 सितम्बर, 1925 को विधानसभा में उक्त समिति की रिपोर्ट पेश करने पर मोतीलाल नेहरू ने संवैधानिक संशोधनों के लिये गोलमेज सम्मेलन[17] बुलाने की मांग की। दरअसल, 1919 के भारत सरकार अधिनियम में प्रावधान था कि दस वर्ष बाद इस अधिनियम की कार्य पद्धति की समीक्षा के लिये एक आयोग की स्थापना की जायेगी। लगभग आधा समय व्यतीत हो चुका था। 1924 के चुनावों में लेबर पार्टी की जीत के बाद इंग्लैण्ड में लेबर पार्टी की पहली सरकार बनी जो कि विश्व परिदृश्य को देखते हुए उदार थी। उस आयोग की स्थापना की मांग सीधे न करके इस प्रकार करना, जैसे कि वह एक आंदोलन का हिस्सा हो और उसके माध्यम से खुद को मुखरित करने का मौका मिले, महत्वाकांक्षी लोगों की आम व जानी–पहचानी कार्य–योजना का हिस्सा होती है। लेकिन ब्रिटिश सरकार ने 1929 के बदले दो वर्ष पूर्व 1927 में ही एक आयोग की स्थापना की घोषणा कर दी।

सरकार ने सर जॉन साइमन (Sir John Simon) की अध्यक्षता में, हार्वे वेब्स्टर, बाथ काउंट बुरहाम, माउंट रायल, एडवर्ड काडोजेन, मेजर क्लीमेंट

---

17. आजकल प्रचलित सर्वदलीय बैठक गोलमेज सम्मेलन का ही रूप है।

एटली तथा रिचर्ड लेन फॉक्स (बाद में फॉक्स का स्थान हार्ट स्बोर्न ने लिया) आदि सात सदस्यों का एक कमीशन बनाया गया जो साइमन कमीशन (Indian Statutory Commission) के नाम से जाना जाता है। चूंकि यह कमीशन पूरी तरह से संवैधानिक उपायों पर केन्द्रित था, मोतीलाल नेहरू जैसे प्रतिष्ठित ब्रिटिश बैरिस्टर को अपनी अनदेखी कैसे गवारा होती, अतः उसने कांग्रेस के माध्यम से इस कमीशन का विरोध करने की योजना बनाई गई। 3 फरवरी, 1928 को इस कमीशन के बंबई आने पर सारे देश में आन्दोलन किये गये—कारण सिर्फ यही कि इसमें किसी भी भारतीय को नहीं लिया गया था। तत्कालीन भारत सचिव लार्ड बिर केनहेड (Lord Bir Kenhead) ने इस पर सफाई देते हुए सलाह दी कि 'चूंकि भारत के राजनीतिक दलों के नेताओं में एकता और आपसी सहमति नहीं थी, अतः केवल अंग्रेजी सदस्यों वाले आयोग का गठन किया गया।' उसने भारतीयों को स्वयं आगे आकर भावी संविधान का प्रारूप तैयार करने का आह्वान किया। प्रतिक्रिया स्वरूप 19 मई, 1928 को मोतीलाल नेहरू की अध्यक्षता में एक सर्वदलीय अधिवेशन बंबई में आयोजित किया गया। इस अधिवेशन की रिपोर्ट 14 अगस्त, 1928 को 'नेहरू रिपोर्ट' के नाम से प्रकाशित हुई जिसे लखनऊ में आयोजित सम्मेलन में स्वीकृत किया गया। परन्तु, 22 दिसम्बर, 1928 को जब इसे कलकत्ता में आयोजित सर्वदलीय सम्मेलन में फिर विचार के लिये रखा तो, जिन्ना और उसके समर्थकों ने इसे अस्वीकार कर दिया और मांग की कि केन्द्रीय विधान मंडल में मुसलमानों को एक तिहाई प्रतिनिधित्व दिया जाना चाहिये। फलतः मार्च, 1929 में मुस्लिम लीग के दिल्ली अधिवेशन में जिन्ना ने चौदह सूत्री योजना प्रस्तुत की। ये सूत्र इस प्रकार थे—

(1) भारत के भावी संविधान का रूप संघीय हो जिसमें अवशिष्ट शक्तियां प्रान्तों के पास हों।

(2) सभी प्रान्तों को एक समान स्वायत्त शासन का अधिकार प्राप्त हो।

(3) सभी प्रांतों की विधान सभाओं और अन्य जनप्रतिनिधि संस्थाओं में थोड़ी संख्या वाली जातियों का निश्चित रूप से उचित और काफी प्रतिनिधित्व रहे। जहां उनका बहुमत हो, उसे घटाकर बराबर या अल्पमत न कर दिया जाये।

(4) केन्द्रीय विधान मण्डल में मुसलमानों का प्रतिनिधित्व कम से कम एक तिहाई हो।

(5) साम्प्रदायिक वर्गों का प्रतिनिधित्व पृथक निर्वाचन पद्धति के आधार पर हो, परन्तु कोई भी सम्प्रदाय जब चाहे तब संयुक्त निर्वाचन—पद्धति स्वीकार कर सकता है।

(6) किसी भी प्रादेशिक पुनगर्ठन द्वारा पंजाब, बंगाल और पश्चिमोत्तर सीमा प्रान्त में मुसलमानों के बहुमत पर कोई प्रभाव नहीं पड़ना चाहिये।

(7) सभी सम्प्रदायों को अपने धार्मिक विश्वास, उपासना, उत्सव, प्रचार, सम्मेलन और शिक्षा की पूर्ण स्वतन्त्रता रहनी चाहिये।

(8) किसी भी विधान सभा अथवा जनप्रतिनिधि संस्था में ऐसा कोई भी विधेयक या प्रस्ताव स्वीकृत नहीं होना चाहिये, जिसका किसी भी सम्प्रदाय के तीन चौथाई सदस्य अपने सम्प्रदाय के हितों के विरुद्ध बताते हुए विरोध करें।

(9) सिंध प्रान्त को बंबई प्रान्त से अलग किया जाये।

(10) अन्य प्रान्तों में जिस प्रकार के सुधार किये जायें, उसी प्रकार के सुधार सीमा प्रांत और ब्लूचिस्तान में किये जायें।

(11) विधान में सभी नौकरियों में योग्यता की आवश्यकता के अनुसार मुसलमानों को उचित भाग मिले।

(12) मुस्लिम संस्कृति, शिक्षा, भाषा, धर्म, व्यक्तिगत कानून और धार्मिक संस्थाओं की रक्षा व उन्नति के लिये उचित संरक्षण तथा काफी सरकारी सहायता मिले।

(13) केन्द्रीय अथवा प्रान्तीय मंत्रिमंडल में कम से कम एक तिहाई मन्त्री मुसलमान रहें।

(14) केन्द्रीय विधान मंडल को संविधान में कोई परिवर्तन करने का केवल तभी अधिकार है, जब भारतीय संघ की सभी ईकाइयां उसे स्वीकार कर लें।

नेहरू रिपोर्ट के प्रस्ताव इस प्रकार थे–

(1) भारतीय आन्दोलन का राजनीतिक लक्ष्य भारत को अधिक्षेत्र की प्रस्थिति (Dominion Status) दिलाना है, न कि पूर्ण–स्वतंत्रता।

(2) भारत एक धर्म निरपेक्ष राज्य होना चाहिये, न कि किसी धर्म विशेष पर आधारित राज्य।

(3) साम्प्रदायिक निर्वाचन के सिद्धान्त को समाप्त कर उसके स्थान पर संयुक्त निर्वाचन प्रणाली लागू की जानी चाहिये। अल्पसंख्यकों को उचित आरक्षण प्रदान किया जाये, जिसकी अवधि केवल दस वर्ष तक हो।

(4) केन्द्र तथा प्रान्तों में दोनों जगह उत्तरदायी सरकारें हों तथा अवशिष्ट शक्तियां (Residuary Powers) केन्द्र में निहित हों।

(5) विधायी शक्तियां संसद में निहित हों, जिसकी प्रतिनिधि सभा में अधिकतम 500 सदस्य होंगे तथा सीनेट में 200 सदस्य होंगे। प्रतिनिधि सभा के लिए सदस्यों का चुनाव वयस्क मताधिकार के आधार पर किया जाये तथा सीनेट के सदस्यों का निर्वाचन प्रांतीय परिषदों के सदस्यों के द्वारा अप्रत्यक्ष पद्धति से आनुपातिक प्रतिनिधित्व के आधार पर किया जाये।

(6) सिंध को बंबई प्रान्त से अलग करके स्वतन्त्र प्रांत के रूप में सम्परिवर्तित किया जाये।

(7) भारत के लिये उच्चतम न्यायालय की स्थापना की जाये जिसे अनन्य अधिकारिता के अतिरिक्त संविधान का निर्वचन तथा केन्द्र और प्रांत अथवा प्रान्तों के बीच विवादों को विनिश्चित करने की अधिकारिता दी जावे। तथापि, विशेष स्थिति में अपील प्रीवी–कौंसिल में प्रस्तुत की जा सकेगी।

(8) देशी राज्यों के अधिकारों तथा विशेषाधिकारों की रक्षा की जाये परन्तु राज्यों के शासकों से अपेक्षित था कि वे उत्तरदायी शासन की दिशा में प्रयत्नशील रहें और लोगों को नागरिक अधिकार उपलब्ध करायें।

इस प्रकार मोतीलाल नेहरू और मोहम्मद अली जिन्ना ने भारत के भावी संविधान की विषय–वस्तु और रूपरेखा रखी। दोनों ही बैरिस्टर थे, और योग्यता में कोई कम नहीं, परन्तु कांग्रेस में शुरू से ही अवहेलना ने जिन्ना को मुस्लिम हितों की बात रखने के लिए बाध्य कर दिया, उसे मार–मारकर मुसलमान बना दिया गया। फलतः अंग्रेजों ने इस स्थिति का फायदा भी बखूबी उठाया। साइमन कमीशन की पहली यात्रा (3 फरवरी, 1928 से 31 मार्च, 1928 तक) के बाकी बचे कार्यों को अपनी दूसरी यात्रा (17 अक्टूबर, 1928 से 13 अप्रेल, 1929 तक) में पूरा किया। तब तक नेहरू और जिन्ना के प्रारूप और प्रस्ताव भी आ चुके थे।

27 जून, 1930 को साइमन कमीशन ने अपनी रिपोर्ट को दो भागों में प्रकाशित किया। इस रिपोर्ट को तथ्यों और टिप्पणियों का उत्कृष्ट खजाना निरूपित किया गया। यह रिपोर्ट अत्यन्त सतर्कतापूर्वक तैयार की गई थी तथा उसमें शब्दों का प्रयोग बहुत ही सावधानीपूर्वक किया गया था।

इस प्रकार "भारत सरकार अधिनियम, 1935" की तैयारी और भारत के संविधान की नींव रखी गई।

× × ×

वर्ष 1929–30 किसान आन्दोलनों और हड़तालों के वर्ष रहे। गुजरात में सरदार वल्लभ भाई पटेल के नेतृत्व में किसान आन्दोलन, निटले कमीशन के विरुद्ध मजदूरों की हड़तालें आदि ने पूरे देश में तूफान ला दिया था।[18] इसी बीच कई कानून ऐसे भी बनाये गये जिनको लेकर आंदोलन और भी मुखरित हुए। 'पब्लिक सेटी बिल' (Puclic Safety Bill) और 'व्यापार विवाद बिल' (Trade Dispute Bill) के विरुद्ध अपने सशक्त समाजवादी परन्तु उपनिवेशवाद विरोधी विचारों को प्रकट करने का माध्यम "हिन्दुस्तान सोशलिस्ट रिपब्लिकन आर्मी" ने उठाया और 'बहरों को सुनाने के लिये' 8 अप्रैल, 1929 को भगतसिंह ने असेंबली (वर्तमान संसद भवन) के गलियारों में बम का धमाका किया और अपने आपको गिरफ्तार करवाया, ताकि अदालत के मंच से अपने समाजवादी सिद्धान्तों की व्याख्या कर सके। सोचिए, कितना बड़ा अहिंसक कदम था।

इस धमाके ने कांग्रेस सहित सभी राजनैतिक दलों को आंदोलित कर दिया और लग रहा था, भारतीय जनमानस को नियंत्रित करना अब मुश्किल हो जायेगा।

इधर, 1928 में कांग्रेस ने कलकत्ता अधिवेशन में नेहरू रिपोर्ट को तो समर्थन दे दिया गया, परन्तु पूर्ण स्वराज्य की माँग को रद्द कर दिया। भगतसिंह की बम–कार्यवाही ने कांग्रेस के नौजवानों, खासतौर से जवाहरलाल नेहरू और सुभाषचन्द्र बोस को मुखरित होकर राष्ट्रीय मंच पर अवतरित होने का मौका दिया। इन्होंने ब्रिटिश सरकार से माँग की कि 31 दिसम्बर, 1929 तक नेहरू रिपोर्ट को लागू किया जाये। इसी बात का सहारा लेकर जवाहरलाल नेहरू ने कांग्रेस में 'समाजवादी मंच' का गठन किया तो सुभाषचंद्र बोस ने "जनवादी मंच" का गठन किया। अन्ततः मोतीलाल नेहरू और अन्य बुजुर्ग नेताओं की कृपा से जवाहरलाल नेहरू को 1929 में कांग्रेस के लाहौर अधिवेशन की अध्यक्षता करने का अवसर मिला।[19]

तब नेहरू ने क्रान्तिकारियों की पुरानी मांग को कांग्रेस के मंच से पेश किया। यह थी, कांग्रेस की तरफ से पहली बार 'पूर्ण स्वराज्य' की मांग। चूंकि

---

18. देश के लगभग सभी भागों में प्रजा मंडलों की स्थापना की गई।

19. लाहौर अधिवेशन में अध्यक्ष के पद पर सरदार पटेल के बदले जवाहरलाल आयें, ऐसा मोतीलाल नेहरू ने गांधीजी से अनुरोध किया था।

कांग्रेस एक सोद्देश्य संगठन था, अतः ब्रिटिश सरकार से तालमेल के साथ चलना और क्रान्तिकारियों, उग्र–विचारधारा वालों को किनारे करते चलना, इसके नेताओं का उद्देश्य था। यही कारण है कि कांग्रेस के मंच से भगतसिंह आदि के बचाव में कोई आवाज नहीं उठी।

31 दिसम्बर, 1929 की तारीख को अंग्रेजों ने निकल जाने दिया, ताकि कांग्रेस सक्रिय रूप से आंदोलन में कूद पड़े तथा उग्र होते किसान–मजदूरों का नेतृत्व अपने हाथों में ले ले। अंग्रेज यह भी जानते थे कि राष्ट्रीय स्तर पर नेतृत्व करने की क्षमता केवल गांधी में है, जो कि आंदोलन की उग्रता को रोके रखने के लिये आवश्यक भी था। फलस्वरूप, 26 जनवरी, 1930 को कांग्रेस ने स्वतंत्रता दिवस मनाया और गांधीजी ने साबरमती आश्रम से अपने 79 साथियों–शिष्यों के साथ 12 मार्च, 1930 को दाण्डी–यात्रा शुरू की। यह भी नमक कानून तोड़ने का प्रतीकात्मक आन्दोलन था। मूलतः मजदूरों–किसानों का नेतृत्व अपने हाथों में लेने का प्रयास था। इस प्रकार इस प्रतीकात्मक आन्दोलन का देशव्यापी स्वरूप सविनय–अवज्ञा आन्दोलन (Civil Disobedience Movement) था। इसी बीच 1 अगस्त, 1930 को पंजाब में आंदोलन का नेतृत्व करते लाला लाजपतराय पर लाठियों के प्रहार किये गये, जिससे उनकी मौत हो गई।

इसी बीच साइमन कमीशन की यात्रा और रिपोर्ट के बाद ब्रिटेन की लेबर पार्टी के प्रधानमंत्री रेमजे मेक्डोनाल्ड की अध्यक्षता में 12 नवम्बर, 1930 को पहला गोलमेज सम्मेलन लंदन में आयोजित किया गया, जिसमें 16 रियासतों के प्रतिनिधि, 57 भारत के विभिन्न संगठनों के प्रतिनिधि तथा 16 ब्रिटिश राजनीतिक दलों के प्रतिनिधियों सहित 89 प्रतिनिधियों ने भाग लिया। यह सम्मेलन 19 जनवरी, 1931 को समाप्त हुआ। कांग्रेस ने इसमें भाग नहीं लिया। अन्तर्राष्ट्रीय स्तर पर भारतीयों के आपसी साम्प्रदायिक मतभेदों का खूब प्रचार–प्रसार हुआ।[20]

× × ×

सोवियत संघ के निरन्तर महाशक्ति के रूप में उभरते जाने और चीन में स्वतंत्रता आंदोलन के खतरों के पूर्वाभास के बीच इटली में मुसोलिनी की विस्तारवादी नीतियों से भयभीत ब्रिटिश सरकार भारत में शान्ति चाहती थी, और यहां के नेताओं का समर्थन भी चाहती थी। इसी प्रयास में तत्कालीन गवर्नर जनरल लार्ड इरविन ने गांधीजी को वार्ता के लिये आमंत्रित किया और पूर्व शर्त के अनुसार सभी नेताओं को जेलों से रिहा कर दिया गया।

---

20. कूपलैंड–*दी कांस्टीट्यूशनबल प्राब्लम्स इन इंडिया,* पृ. 221।

5 मार्च, 1931 को गांधी–इरविन समझौता हुआ, जिसमें नेताओं की रिहाई और मुकदमों की वापसी के अलावा दूसरा गोलमेज सम्मेलन आयोजित करना और भारत में परिसंघ की स्थापना और सत्ता भारतीयों को सौंपने की दिशा में प्रयास किये जायें, इत्यादि मुख्य बातें शामिल थीं।

23 मार्च, 1931 को भगतसिंह, सुखदेव और राजगुरु को निर्धारित तिथि से एक दिन पहले, स्थापित नियमों के विरुद्ध जाकर शाम के समय फांसी दे दी गई; क्योंकि कराची का कांग्रेस अधिवेशन, जिसकी अध्यक्षता सरदार पटेल ने की थी, इन शहीदों के बचाव के प्रयासों का अधिवेशन बनकर रह जाता। गांधी–इरविन समझौते में इनके बचाव का कोई सूत्र नहीं था। नौजवानों के गुट ने इसकी आलोचना की, परन्तु ब्रिटिश सरकार और कांग्रेस की उद्देश्य पूर्ति होती जा रही थी।

अंग्रेजों ने भारत के टुकड़े करना तय कर लिया था, तथा धर्म–जाति के आधार पर प्रान्तों का पुनर्विभाजन अमल में लाया जा चुका था।[21] अफगानिस्तान और बर्मा को अलग देश घोषित कर दिया गया था। सिंध और उड़ीसा का गठन प्रस्तावित था। इसी बीच कांग्रेसियों के लिये ही दूसरा गोलमेज सम्मेलन आयोजित किया गया था, जो 7 सितम्बर, 1931 को 114 प्रतिनिधियों के साथ शुरू हुआ, जिसमें गांधीजी ने भी भाग लिया था, जिन्ना भी थे। इसमें केवल साम्प्रदायिक व जातीय अलगाव ही उभर कर आया, जो कि भारत के भावी मानचित्र का और राजनीति का आधार बनी।

घटनाक्रम की तेजी और क्रमिकता पर ध्यान दें–

26 जनवरी, 1930	कांग्रेस ने स्वतन्त्रता दिवस मनाया।
12 मार्च, 1930	गांधीजी ने दांडी यात्रा शुरू की।
27 जून, 1930	साइमन कमीशन की रिपोर्ट प्रकाशित।
01 अगस्त, 1930	लाला लाजपतराय की लाठी वार से हत्या।
12 नवम्बर, 1930	लन्दन में गोलमेज सम्मेलन शुरू।
19 जनवरी, 1931	गोलमेज सम्मेलन समाप्त।
05 मार्च, 1931	गांधी–इरविन समझौता।
13 मार्च, 1931	भगतसिंह सुखदेव, राजगुरु को फांसी।
13 जुलाई, 1931	कश्मीर में विद्रोह–आन्दोलन।
07 सितम्बर, 1931	लंदन में दूसरा गोलमेज सम्मेलन शुरू।

---

21. बंगाल विभाजन को वापस लेने के अपमान का बदला लेने की योजना थी, शायद।

13 जुलाई, 1931 को कश्मीर में विद्रोहात्मक आन्दोलन को साम्प्रदायिक रंग देकर कश्मीर समस्या की भी नींव रख दी गई। 24 सितम्बर, 1932 को कश्मीर के महाराज हरिसिंह के जन्मदिन पर साम्प्रदायिक दंगे प्रायोजित किये गये, जिनकी वजह से मोहरे के रूप में इस्तेमाल किये गये शेख अब्दुल्ला को इस्तेमाल किया जाने लगा। उसकी महत्वाकांक्षाएँ इतनी बढ़ चुकी थीं कि 20 मई, 1946 को महाराज हरिसिंह को गद्दी से हटाने का प्रयास करने के लिए देशद्रोह के अपराध में उसे जेल में डाल दिया गया। उसका कोई समर्थक, हमदर्द तब सामने नहीं आया सिवाय जवाहरलाल नेहरू के। दोनों महत्वाकांक्षाओं के घोड़ों पर सवार जो थे।

अब तक तो ब्रिटिश प्रधानमंत्री रेम्से मेकड़ोनाल्ड का 'साम्प्रदायिक–पंचाट' (Communal Award) 1932 भी आ चुका था और इसी साल डा. अम्बेडकर वगैरह के साथ पूना पैक्ट भी हो चुका था।

उधर 28 जनवरी, 1933 को केम्ब्रिज में नं. 3 हेवर्स्टन रोड पर साधारण से अंग्रेज बंगले में एक चालीस वर्षीय भारतीय मुस्लिम ग्रेजुएट रहमत अली ने साढ़े चार पृष्ठों पर औपचारिक रूप से टाइप किया कि, 'यह धारणा एक सफेद झूठ है कि भारत एक राष्ट्र है। उसने नारा दिया कि उत्तर पश्चिम भारत के उन प्रान्तों–पंजाब, कश्मीर, सिंध, सीमा प्रान्त और ब्लूचिस्तान को मिलाकर, जहां मुसलमानों का बहुमत है, एक मुस्लिम राष्ट्र का निर्माण किया जाये। उसने इस नये राज्य का नाम भी सुझाया था। जिन प्रान्तों को मिलाकर यह राज्य बनाया जाने वाला था, उनके नामों के आधार पर उसने इस राज्य का नाम रखा था 'पाकिस्तान' अर्थात् पवित्र भूमि।[22]

भारत की दशा, दिशा और कर्णधार तय हो चुके थे।

× × ×

"पूंजी" में बताई गई पूंजीवाद की व्याख्या और विकास के कार्ल मार्क्स के सिद्धान्त को आगे बढ़ाते हुए ब्लादिमीर इल्यिच लेनिन ने 'साम्राज्यवाद पूंजीवाद की चरम अवस्था' नामक प्रसिद्ध रचना में प्रथम विश्व युद्ध के दिनों में प्रतिपादित किया था कि पूंजीवाद को अपने बाजारों की तलाश अब उपनिवेशों के रूप में नहीं करनी पड़ रही हैं, बल्कि पूंजी के निवेश के माध्यम से उन देशों में, जो उनके बाजार हैं, सार्वभौम सत्ता के नाम पर अपनी कठपुतली सरकारें बनाना और इस प्रकार उस देश पर सीधे नियन्त्रण करके सैकड़ों प्रशासनिक और मौखिक झंझटों से मुक्ति पा लेना और अपने पूंजीवादी

---

22. *फ्रीडम एट मिडनाइट*–डोमिनिक लेपियर और लेरी कॉलिन्स–हिन्दी संस्करण पेपर बैक, पृ. 33।

हितों को, अपने मुनाफों को वहां के स्थानीय शासकों के माध्यम से सुरक्षित करने की गारंटी ले लेना ही साम्राज्यवाद है, जिसके बाद उसका पतन शुरू हो जायेगा।

पहले विश्व युद्ध के बाद पूंजीवाद का यही स्वरूप सामने आया था। तब पूंजीवादी देशों में यह होड़ लग गई थी कि अधिकतम देशों की सरकारों को अपने नियन्त्रण में कैसे रखा जाये। 1917 की सोवियत क्रान्ति के बाद पूंजीवादी पश्चिमी देशों को लग रहा था कि राजनीतिक रूप से अनुभवहीन मजदूरों की सरकार ज्यादा समय नहीं चलेगी और गृह युद्ध के खत्म होते होते सोवियत सत्ता भी खत्म हो जायेगी, लेकिन ऐसा नहीं हुआ। लेनिन के नेतृत्व में सोवियत सत्ता आगे बढ़ चली। परन्तु 1924 में लेनिन के निधन से शायद पूंजीवादी पश्चिमी देश खुश हुए होंगे कि अब तो सोवियत सिद्धान्तकार भी नहीं रहा, अतः सोवियत सत्ता खत्म हो ही जायेगी। परन्तु, जोजेफ विस्सारियोनोविच स्तालिन के नेतृत्व से सोवियत सत्ता राष्ट्रवाद और मानव मुक्ति के नारे से सुदृढ़ ही नहीं हुई बल्कि दूसरे गरीब–गुलाम औपनिवेशिक देशों के लिये भौतिक और सैद्धान्तिक रूप से मार्गदर्शक भी बन गयी थी। अब पूंजीवादी देशों के लिये वही मार्ग बचा था, जिसकी तरफ लेनिन ने इशारा किया था। अतः सभी पूंजीवादी–पश्चिमी देश अपने उपनिवेशों में अपना सीधा दखल खत्म कर अपनी कठपुतली सरकारें बनाने की तरफ आगे बढ़ने लगे।

जिस देश के साम्राज्य में कभी सूर्य अस्त नहीं होता था, उस ब्रिटेन को सबसे अधिक चिन्ता होने लगी। उसका प्रतिद्वन्दी अमरीका, जो वैज्ञानिक खोजों के माध्यम से पूरी दुनिया पर वर्चस्व कायम करने की ओर बढ़ रहा था, उससे भयभीत भी था, तो उससे सहयोग भी करना चाह रहा था, क्योंकि ब्रिटेन के परम्परागत प्रतिद्वन्द्वी पड़ौसी फ्रांस, जर्मन, स्पेन, इटली, आदि के अतिरिक्त नये समाजवादी राक्षस सोवियत संघ से अधिक भय लग रहा था। अतः ब्रिटेन ने अपनी सत्ता की चौधराहट को कायम रखने के लिये अपने साम्राज्य को नया रूप देने की सोची, और वह योजना थी, 'कॉमन वैल्थ'। ब्रिटेन ने काफी दूरंदेशी का परिचय देते हुए 1931 में अपने साम्राज्य को 'कॉमन वैल्थ' बना दिया और अपनी शर्तों पर एक–एक करके प्रत्येक उपनिवेश की सत्ता को वहां के लोगों के हाथों में सौंपना शुरु किया। भारत, चीन और मध्य पूर्व के देशों के अलावा ब्रिटेन के सभी उपनिवेश ऐसे देश थे, जहां की स्थानीय संस्कृतियां काफी पिछड़ी हुई और असभ्य श्रेणी की थीं और वहां की आबादी पूर्णतः यूरोपीय संस्कृति को अपना चुकी थीं, धार्मिक रूप से ईसाई बन चुकी थी, अतः उनका समर्पण "कॉमन वैल्थ" की मूल भावनाओं के अनुरूप ब्रिटिश ताज की प्रतिनिधि सत्ता के रूप में संवैधानिक

रूप से कार्य करना था। मध्य पूर्व के देश इस्लामी कट्टरता के कारण ब्रिटिश ताज के अपेक्षित रूप में नहीं रहे। चीन कम्युनिस्ट आंदोलन के नेतृत्व में बहुत आगे तक बढ़ चुका था। अन्ततः ब्रिटिश साम्राज्य का सबसे बड़ा आधार और भविष्य भारत के भविष्य पर ही निर्भर था।

पूंजीवादी देशों के बीच बाजारों की इस छीना–झपटी के बीच 1933 में एडोल्फ हिटलर जर्मनी का चांसलर (प्रधानमंत्री) बना और जर्मन राष्ट्रवादी भावनाओं को इस कदर जर्मन लोगों में भर दिया कि जर्मन ने विश्व की महानतम शक्ति बनने की कोशिशें करनी शुरू कर दीं। उधर, इटली में मुसोलिनी ने सत्ता संभाली। दोनों ने यूरोपीय देशों को अपने राज्यों में मिलाने का अभियान शुरू किया। मूलतः यह अभियान विश्व बाजार के कब्जेदार यूरोपीय देशों को कब्जे में करने का प्रयास था, जिससे कि विश्व के अन्य देश अपने आप ही जर्मनी वगैरह के बाजार में परिवर्तित हो जायें। उधर जापान ने एशिया की मुख्य भूमि पर निगाहें टिका दीं। परिणामस्वरूप यूरोप–एशिया में विस्फोटक स्थिति पैदा हो गई। विशाल भू–भाग वाले, अपेक्षाकृत कमजोर और पूंजीवादी विश्व से कटे हुए, नई शासन प्रणाली वाले देश सोवियत संघ के सभी साझे शत्रु थे। परन्तु फिर भी पूरब, पश्चिम और दक्षिण में अपने प्रतिद्वन्दी देशों से घिरे होने बावजूद, उसने भी अपनी शक्ति को भौतिक और सैद्धान्तिक रूप से मजबूती से विश्व जनमत के सामने ला खड़ा किया था। अमरीका और अन्य पूंजीवादी देशों की वैज्ञानिक शोधों के मुकाबले सोवियत संघ ने भी अपना अभियान लगभग उनके मुकाबले कर लिया था।

अब, सोवियत संघ ने पूंजीवाद के परम्परागत लोकतन्त्र के सिद्धान्तों और प्रचलित धारणाओं पर चोट करते हुए संविधान की अवधारणा को ही बदल डाला। 1935 में विश्व का सबसे छोटा, और सबसे अधिक लचीला लोकतन्त्रात्मक संविधान स्तालिन के नेतृत्व में सोवियत संघ में लागू किया गया, जो कि संघात्मक था, परन्तु संघ के राज्यों को अलग होने और स्वतन्त्र देश बनने की छूट थी, चुनाव में सम्पूर्ण मत देने योग्य आबादी की भूमिका निश्चित की गई थी, पार्टी के नाम पर अयोग्य लोगों को चुने जाने का कोई रास्ता नहीं छोड़ा गया था।

1924 में ब्रिटेन में लेबर पार्टी की पहली सरकार बनने के उपरान्त ब्रिटेन ने भारत के बारे में गम्भीरता से सोचना शुरू किया और यह योजना बनाई जाती रही कि किस प्रकार भारत को सोवियत प्रभाव से मुक्त रखते हुए ब्रिटिश परिवार से जुड़ा हुआ रखा जाये। 1931 में 'कॉमन वैल्थ' की घोषणा के उपरांत, भारत को कॉमन वैल्थ में कैसे बनाये रखा जाये, इसी ओर सारे

ब्रिटिश सरकार के प्रयास केन्द्रित रहे। अंग्रेजों की इस पीड़ा को ब्रिटेन के राजा जार्ज–षष्ठम् ने इस प्रकार व्यक्त किया–"मैं जानता हूँ कि मुझे सम्राट की उपाधि[23] छोड़नी पड़ेगी, लेकिन, अगर भारत से सारे संबंध टूट गये तो मुझे बड़ा दुख होगा"।

जार्ज–षष्ठम् अच्छी तरह जानते थे कि उस महान शाही सपने की चमक–दमक अब मंद पड़ गयी थी, लेकिन अगर उसे बिल्कुल गायब ही हो जाना है तो यह कितने दुख की बात होगी, अगर उसके बाद उसकी कुछ उपलब्धियां और गरिमायें भी बाकी न रह सकीं, अगर वे बातें, जिनका कि वह प्रतीक था, किसी ऐसे नये रूप में अभिव्यक्त न हो सकीं जो आधुनिक युग के अधिक अनुकूल हो।

उन्होंने अपना मत व्यक्त किया, 'बहुत ही दुःख की बात होगी, अगर स्वतन्त्र भारत ने कॉमन वैल्थ की ओर से भी मुंह फेर लिया।'[24]

इसी भावना के अनुसार और ब्रिटिश ताज के प्रति सम्मानजनक स्थिति बनाये रखने के प्रयासों के तहत ही ब्रिटिश सरकार भारत में काम कर रही थी। जिस 'पूर्ण स्वराज्य' की मांग बालगंगाधर तिलक ने बहुत पहले कर दी थी, 1921 में जनतन्त्रवादी मुस्लिम नेता हसरत मोहानी ने "पूर्ण स्वराज्य" का प्रस्ताव प्रस्तुत किया और हिन्दुस्तान सोशलिस्ट रिपब्लिकन आर्मी के सचीन्द्रनाथ सान्याल वगैरह ने, जिसकी घोषणा 1924 में ही कर दी थी, तब भी जवाहरलाल नेहरू के द्वारा उस ही "पूर्ण स्वराज्य" की पुनर्घोषणा 1929 में लाहौर अधिवेशन के दौरान करने को इतना महत्व दिया गया। स्वराज पार्टी के दो संस्थापकों मोतीलाल नेहरू और चितरंजनदास के दो उत्तराधिकारी जवाहरलाल नेहरू और सुभाषचन्द्र बोस, दोनों ही कांग्रेस में सक्रिय युवा नेता थे, फिर जवाहरलाल नेहरू को ही क्यों आगे बढ़ने का मौका मिला। शायद इसलिये

---

23. यूरोपीय देशों में इंग्लैड के शासक को राजा या रानी ही कहा जाता है, जबकि अन्य देशों में छोटे से छोटे देश के शासक को सम्राट की उपाधि मिली हुई है। अपनी कमतरी की इस पीड़ा को महारानी विक्टोरिया ने भी व्यक्त किया था। उसकी इस पीड़ा को उसके प्रेमी–प्रधानमंत्री बेंजामिन डिजरायली ने समझा और इसका उपाय निकाला। 1858 में जब भारत को सीधे ब्रिटिश ताज के अधीन किया गया तो ब्रिटेन की महारानी को 'भारत की साम्राज्ञी' की उपाधि दी गई। तब से ब्रिटेन के राजा–'भारत का सम्राट' (King Emperor of India) और रानी 'भारत की साम्राज्ञी' (Queen Empress of India) कहलाने लगी। इस प्रकार ब्रिटेन का राजा या रानी भारत के संदर्भ के साथ 'सम्राट' या 'साम्राज्ञी' के रूप में जाने जाते थे और ब्रिटेन के संदर्भ में केवल 'राजा' या 'रानी'।

24. *फ्रीडम एट मिडनाइट*, पृ. 39।

कि वह ब्रिटेन के एक ख्यातनाम बैरिस्टर का बैरिस्टर बेटा था, जिसका रहन–सहन, आचार–विचार और सोचना–समझना पूरी तरह से ब्रिटिश था, जिस पर भविष्य में विश्वास किया जा सकता था, जबकि सुभाषचन्द्र बोस एक सामान्य भारतीय, आई सी एस पास, उग्र राष्ट्रीय विचारों का वाहक था, जिस पर अंग्रेज कतई विश्वास नहीं कर सकते थे। जवाहर लाल नेहरू और सुभाषचन्द्र की प्रतिद्वंद्विता 1929 से ही उभर कर आना शुरू हो गई थी, जब जवाहरलाल नेहरू ने समाजवादी विचारों का आवरण ओढ़ लिया था और सुभाषचन्द्र बोस ने जनतन्त्रात्मक विचारों पर जोर दिया था। जवाहरलाल नेहरू का पिता अभी जिन्दा था, उधर सुभाषचन्द्र बोस का राजनैतिक संरक्षक चितरंजन दास 1926 में स्वर्ग सिधार चुके थे। जवाहरलाल नेहरू को कांग्रेस मंच पर मिला सहारा उसे गांधीजी के निकट ले गया क्योंकि उग्र विचारों की तुलना में जवाहरलाल नेहरू के विचार गांधी के ट्रस्टीशिप के सिद्धान्तों के आस–पास लगते थे। अंग्रेज सरकार ने भी ऐसा माहौल बनाये रखा कि जवाहरलाल नेहरू को बढ़ावा मिलता रहे और अन्यों को किनारे किया जाता रहे। शायद यही कारण रहा हो कि गांधीजी के प्रत्येक अंहिसात्मक आंदोलन की परिणति हिंसा में होकर असफलता रही, जिसका लाभ, जवाहरलाल ने अपनी बातों के सहारे अन्य युवाओं को सांत्वना देने में करके अपने आपको मुखरित किया और एक साथ गांधीजी, और तत्कालीन उग्र–गांधीजी के मूक विरोधियों के बीच अपना वर्चस्व बनाने में सफल रहा, जिससे अंग्रेज सरकार भी अप्रत्यक्ष रूप से प्रसन्न थी।

भारत के सम्राट जार्ज षष्ठम् की दुखी भावनाओं को प्रत्येक अंग्रेज पहले से ही अच्छी तरह जानता था, इसलिये भारत में ब्रिटिश शासन के प्रत्येक भागीदार अंग्रेज की यही कोशिश थी कि भारत में अंग्रेजों का, ब्रिटिश शासन का सम्मान बना रहे। इस प्रयास के उत्तरार्द्ध के भागीदारों में लेबर प्रधानमंत्री रेमजे मेकडोनाल्ड, सर जॉन साइमन, मेजर क्लेमेंट एटली जो बाद में ब्रिटेन का लेबर प्रधानमंत्री बना, लार्ड इरविन, राजकुमार एलबर्ट–डयूक ऑफ मार्क –जार्ज षष्ठम्, लार्ड माउन्ट बेटन, सर स्टेफोर्ड क्रिप्स–चांसलर ऑफ दी एक्सचेकर (वित्त मंत्री), लार्ड पेट्रिक–भारत सचिव और लेडी एडविना माउन्ट बेटन आदि प्रमुख थे। इनमें क्लेमेंट एटली साइमन कमीशन के साथ दो बार भारत आया और 1946 में ब्रिटेन का लेबर प्रधानमंत्री बना, क्रिप्स भी दो बार भारत आया, पहली बार क्रिप्स मिशन के प्रमुख के रूप में 1942 में, दूसरी बार 1946 में कैबिनेट मिशन में लार्ड पेट्रिक के साथ। लार्ड माउन्ट बेटन 1922 में पहली बार भारत आया था, बाद में 1943 में बर्मा में ब्रिटिश कमांडर की हैसियत से और अन्त में गवर्नर जनरल के रूप में। लेडी एडविना भी

1922 में भारत आई और यहीं पर उसकी सगाई माउन्ट बेटन से हुई, फिर माउन्ट बेटन के साथ ही भारत में गवर्नर जनरल की पत्नी के रूप में आयी।

साइमन कमीशन से आगे की सारी गतिविधियां भारत के भावी भूगोल और संविधान की तैयारी पर ही केन्द्रित रहीं। अंग्रेजी सरकार ने जितने भी सम्मेलन, कमीशन, आयोजन, घोषणायें कीं, वे सब, भारतीयों के सकारात्मक या नकारात्मक रुख–रुझान, उनकी मांगों और इस प्रकार उनके विचारों के परिप्रेक्ष्य में की गईं ताकि भारत के भविष्य के भूगोल, संविधान, शासन प्रणाली और तद्नुसार समाज व्यवस्था का मनोवैज्ञानिक धरातल तैयार किया जा सके।

साइमन कमीशन की रिपोर्ट दो भागों में 27 जून, 1930 को प्रकाशित की गई, जिसे तथ्यों और टिप्पणियों का उत्कृष्ट खजाना निरूपित किया गया। इसकी प्रमुख सिफारिशें इस प्रकार थी–

(1) भारत के लिये परिसंघात्मक संविधान लागू किया जाये, क्योंकि प्रान्तों ओर देशी राज्यों के रूप में विभिन्न इकाइयों को स्वायत्तता के साथ सम्मिलित किया जाना किसी अन्य व्यवस्था में सम्भव नहीं है। (भाग 2, पैरा 21)।

(2) केन्द्रीय विधान मंडल का संघीय आधार पर पुनर्गठन किया जाये, जिसके दो सदन–संघीय विधानसभा (Federal Assembly) तथा राज्य परिषद् (Council of States) हो। विधानसभा की सदस्य संख्या 250 से 280 के बीच हो तथा इसके सदस्यों का चुनाव अप्रत्यक्ष निर्वाचन पद्धति से प्रान्तीय विधान परिषदों के सदस्यों द्वारा प्रतिनिधित्व के आधार पर किया जाये तथा इसकी अवधि पांच वर्ष हो। राज्य परिषद् पूर्ववत् कार्य करें तथा इसके सदस्यों का चुनाव अप्रत्यक्ष पद्धति से प्रान्तीय विधान मंडलों के द्वितीय सदनों द्वारा किया जाये।

(3) साइमन कमीशन के विचार से केन्द्रीय सरकार को विधान मंडल के प्रभाव से परे रखना उचित था। तथापि, आयोग का आशय नहीं था कि केन्द्र में उत्तरदायी सरकार की आवश्यकता नहीं है। वहां वह इसे तत्काल लागू किये जाने के पक्ष में नहीं था।

(4) प्रान्तों में द्वैध शासन (Dyarchie) समाप्त किया जाये, क्योंकि इससे उत्तरदायी सरकार की स्थापना में बांधा पहुंच रही थी। मंत्रिमंडल सामूहिक रूप से सरकार की नीतियों के लिये विधान परिषद् के प्रति उत्तरदायी हो। प्रान्तों को यथासम्भव स्वायत्तता दी

जानी चाहिये ताकि उन पर केन्द्र का नियन्त्रण कम से कम रहे। प्रान्तीय परिषदों की संख्या में वृद्धि करना उचित होगा।

(5) गवर्नर प्रान्तीय प्रशासन, वित्तीय एवं विधायी कार्य में अनावश्यक हस्तक्षेप न करें, किन्तु जहां अनिवार्य हो, इसे मंत्रिमंडल की राय से इन्कार करने की विशेष शक्ति दी जानी चाहिये। आपातकाल में गवर्नर को आवश्यक विधायी तथा वित्तीय शक्तियों का प्रयोग करने की छूट दी जानी चाहिये।

(6) बर्मा प्रान्त को भारत से अलग किया जाये। उत्तर–पश्चिम सीमान्त प्रान्त द्वारा वांछित प्रगति की जाने के कारण उसके लिये पृथक् विधान परिषद् तथा केन्द्रीय विधान मंडल में प्रतिनिधित्व दिया जाना उचित होगा। उड़ीसा और सिंध को पृथक् प्रान्त का दर्जा दिये जाने के प्रश्न पर विशेषज्ञों की राय जानने के बाद ही कोई कार्यवाही करना उचित होगा।

(7) साइमन कमीशन ने सेना के भारतीयकरण का समर्थन किया लेकिन यह मत दिया कि जब तक भारतीय सेना पूरी तरह साधन–सम्पन्न (equipped) नहीं हो जाती, तब तक ब्रिटिश सेना भी भारत में बनी रहे।

(8) आयोग ने साम्प्रदायिक आधार पर प्रतिनिधित्व की प्रणाली को पूर्ववत जारी रखने की अनुशंसा की। दलित वर्ग को भी उचित आरक्षण दिया जाना अपेक्षित था। महिलाओं को मताधिकार दिया जाये।

(9) आयोग का मत था कि भारत सरकार भारतीय विधान मंडल के प्रति उत्तरदायी न होकर भारत–सचिव के प्रति उत्तरदायी बनी रहे। इसी प्रकार, भारत–सचिव की परिषद (India Council) यथावत् बनी रहे, परन्तु उसका स्वरूप परामर्शदात्री परिषद् के समान हो।

(10) साइमन कमीशन ने अनुशंसा की कि ब्रिटिश भारत के लिये ऐसे लचीले संविधान का विकास किया जाये जो स्वयं विकसित होता रहे तथा निश्चित अन्तरालों के बाद उसकी जांच करने की आवश्यकता ही न रहे।

इस रिपोर्ट के पश्चात् लंदन में पहला गोलमेज सम्मेलन आयोजित किया गया जो 12 नवम्बर, 1930 से प्रारम्भ हुआ। इसका उद्घाटन जार्ज–पंचम

ने किया था। 19 जनवरी, 1931 को सम्राट की ओर से ब्रिटिश प्रधानमंत्री मेकडोनाल्ड ने घोषणा की, जिसमें तीन प्रमुख सिद्धान्त सम्मिलित रहे–

(1) भारत में द्विसदनीय विधान मण्डल युक्त अखिल भारतीय परिसंघ की स्थापना;

(2) केन्द्र में कुछ रक्षोपायों (Safe guards) सहित कार्यपालिका का विधानमंडल के प्रति उत्तरदायित्व के सिद्धान्त को मान्यता; तथा

(3) प्रान्तों में विधान परिषदों के सदस्यों में से संयुक्त उत्तरदायित्व वाले मन्त्रिमंडल का गठन।

इसके साथ ही भावी संविधान के ढांचे से संबधित विभिन्न विषयों पर विचार करने हेतु नौ उपसमितियों का गठन किया गया।

इस सम्मेलन में भाग लेने वाले 26 भारतीय प्रतिनिधियों ने कांग्रेस नेताओं से प्रस्तावित संवैधानिक सुधार योजना को अन्तिम रूप देने की प्रार्थना की, जिसका प्रारूप सम्मेलन में तैयार किया जा चुका था। सविनय अवज्ञा आन्दोलन के परिणामस्वरूप जेलों में बंद कांग्रेसी नेताओं को वायसराय लार्ड इरविन ने 17 फरवरी, 1931 को रिहा कर दिया। गांधीजी ने आंदोलन वापस लेने की घोषणा की और लार्ड इरविन के साथ उक्त प्रस्ताव पर वार्ता कर उसके प्रयासों को सफल बनाने का प्रयास किया। फलस्वरूप 5 मार्च, 1931 को गांधी–इरविन समझौता (Gandhi-Irwin Pact), (1931) हुआ। इसके अनुसार–

(1) सभी राजनीतिक बंदी तत्काल रिहा किये जायेंगे।

(2) राजनीतिक कार्यकर्ताओं के विरुद्ध लंबित प्रकरणों तथा दमनकारी अध्यादेशों को वापस ले लिया जायेगा।

(3) प्रथम गोलमेज सम्मेलन द्वारा प्रस्तावित सांविधानिक सुधारों पर विचार–विमर्श के लिये दूसरा गोलमेज सम्मेलन का आयोजन किया जायेगा।

(4) भारत में परिसंघ की स्थापना के साथ सत्ता भारतीयों को सौंपने की दिशा में प्रयास किये जायेंगे।

लेकिन, भगतसिंह, सुखदेव, राजगुरु आदि इस परिभाषा से राजनीतिक बंदी नहीं थे। उन्हें ठीक अट्ठारह दिन बाद 23 मार्च, 1931 को शाम के समय लाहौर में फांसी पर लटका दिया गया। यही कारण था कि इसके तत्काल बाद कराची में कांग्रेस के अधिवेशन में कांग्रेस के इन बड़े नेताओं को आम कार्यकर्ताओं के विरोध का सामना करना पड़ा, जिनमें जवाहरलाल नेहरू और

सुभाषचन्द्र बोस भी शामिल थे। परन्तु गांधी ने संवेदनशील अपील की, जिसके बाद लगभग सभी ने गांधी–इरविन समझौते का स्वागत किया और इसे के. एम. मुशी ने 'भारत के संवैधानिक इतिहास में एक युग प्रवर्तक घटना' मानी थी। गांधीजी को दूसरे गोलमेज सम्मेलन में एकमात्र कांग्रेसी के रूप में शामिल होने के लिये अधिकृत किया गया। सरोजिनी नायडू और मदन मोहन मालवीय भी सरकार की तरफ से शामिल हुए। यह सम्मेलन 7 सितम्बर, 1931 को जिन्ना सहित 114 प्रतिनिधियों के साथ लंदन में प्रारम्भ हुआ और 1 दिसम्बर, 1931 को मेकडोनाल्ड की इस घोषणा के साथ समाप्त हुआ, कि 'भारत की संवैधानिक समस्याओं का एक मात्र समाधान उसे परिसंघ (Federation) बना देना है।' गांधीजी वहां से मुसलमानों के अतिरिक्त दलित–वर्गों, एंग्लो इंडियनों आदि के लिये भी आरक्षण और पृथक् निर्वाचन की मंजूरी का परवाना साथ लेकर आये।

ब्रिटिश प्रधानमंत्री रेम्से मेकडॉनाल्ड ने भी पीछे–पीछे 'साम्प्रदायिक पंचाट' (Communal Award) 1932 का तोहफा 16 अगस्त, 1932 को भारत को देकर अपने इरादे जाहिर कर दिये थे। इसके अनुसार हिन्दुओं, मुसलमानों, सिक्खों, यूरोपियनों, एंग्लो–इंडियनों, ईसाइयों, आदि के लिये आरक्षण और पृथक् निर्वाचन का समर्थन किया। बंबई प्रान्त में मराठों के लिये भी आरक्षण और पृथक निर्वाचन की व्यवस्था थी। इसी प्रकार की आरक्षण व्यवस्था महिलाओं, श्रमिकों, व्यापारियों, उद्योगपतियों, खान–मालिकों, जमींदारों, तथा बागान मालिकों के लिये भी प्रस्तावित थी। इस पंचाट के द्वारा हिन्दुओं में दलित वर्ग को अलग चिन्हित किया गया। यह व्यवस्था दस वर्षों तक लागू रहने वाली थी। डॉ. अम्बेडकर ने दलित आरक्षण की मांग को जोर–शोर में उठाई।[25]

गांधीजी दलित वर्गों के लोगों को हिन्दुओं से पृथक माने जाने के प्रस्ताव पर बहुत व्यथित हुए। 18 अगस्त, 1932 को गांधी ने ब्रिटिश प्रधानमंत्री को और भारत मंत्री सेम्युअल होर को पत्र लिखकर विरोध जताया और अनशन की धमकी दी। सितम्बर में प्रधानमंत्री ने गांधी को उत्तर दिया और 12 सितम्बर, 1932 को पूरा पत्र व्यवहार प्रकाशित कर दिया। इसकी प्रतिक्रियास्वरूप और डॉ. अम्बेडकर की दलितों के लिये पृथक् आरक्षण की मांग के विरोध

25. मांटेग्यू–चेम्सफोर्ड योजना के कार्यान्वयन के लिये बनाई गयी मताधिकार समिति के अध्यक्ष लार्ड साउथ बोरो के समक्ष 27 जनवरी, 1919 को डॉ. अम्बेडकर ने एक लिखित साक्ष्य प्रस्तुत कर "दलितों को भारत के अल्पसंख्यक" होना सिद्ध कर दिया था। अगले 13 वर्षों में डॉ. अम्बेडकर के प्रयासों से 1932 में अंग्रेजों ने इसके अनुसार इन्हें पृथक् निर्वाचन प्रणाली का अधिकार आधिकारिक रूप से देना स्वीकार किया।

में 20 सितम्बर, 1932 को गांधीजी ने आमरण अनशन शुरू कर दिया–यरवदा जेल, पूना में। सर तेज बहादुर सप्रू, डॉ. जयकर, डॉ. राजेन्द्र प्रसाद, पुरुषोत्तमदास टंडन, अमृतलाल ठक्कर, सरोजिनी नायडू, सरदार पटेल, घनश्यामदास बिड़ला, डॉ. अंबेडकर, एम.सी. राजा और पं. हृदयनाथ कुंजरू आदि गांधीजी का अनशन तुड़वाने गये। अंग्रेजों पर तो गांधी के अनशन का कोई असर नहीं हुआ, परन्तु डॉ. अम्बेडकर को एक राष्ट्रीय नेता के सामने नरम पड़ना पड़ा और पांच दिन बाद 25 सितम्बर, 1932 को अम्बेडकर और गांधी में समझौता हुआ, जिसे, पूना पैक्ट, 1932 कहते हैं। इसके अनुसार दलितों को पृथक् आरक्षण के बदले अधिक सीटें देने की बात पर सहमति हुईं। इसके अनुसार–

(1) प्रान्तीय विधान मण्डलों में 71 के स्थान पर 148 स्थान देना और केन्द्रीय विधान मण्डल में 18 प्रतिशत सीटें दलित वर्गों के लिये आरक्षित रहेंगी।

(2) यह आरक्षण व्यवस्था तब तक जारी रहेगी, जब तक कि इसे आपसी सहमति से समाप्त नहीं कर दिया जाये।

(3) स्थानीय निकायों और लोक सेवाओं आदि में भी दलित वर्गों को उचित प्रतिनिधित्व दिया जायेगा।

पूना समझौते के इस प्रस्ताव को ब्रिटिश सरकार ने स्वीकार कर लिया। विद्वानों ने इसे गांधीजी की आध्यात्मिक विजय माना है। लेकिन गांधीजी अपनों ही से हारते गये।

16 नवम्बर, 1932 को तीरारा गोलमेज सम्मेलन हुआ जिसमें 46 सदस्यों ने भाग लिया और इसके समापन पर भारत–सचिव सर सेम्युअल होर ने घोषणा की कि भारत के केन्द्रीय विधान मंडल में 33 प्रतिशत स्थान मुसलमानों को दिये जायेंगे। सम्मेलन 24 दिसम्बर, 1932 को समाप्त किया गया।

मार्च, 1933 में ब्रिटिश सरकार ने श्वेत–पत्र (White Paper, 1933) जारी किया, जो भारत के संवैधानिक सुधारों से संबधित था। इस पर और विचार करने के लिये ब्रिटिश संसद की एक संयुक्त समिति (Joint Select Committee of the Parliament) सर लिनलिथगो (Sir Linlithgow) की अध्यक्षता में गठित की, जिसमें 21 भारतीय प्रतिनिधि थे। इन प्रतिनिधियों में प्रमुख थे– श्री आगा खां, सर तेज बहादुर सप्रू एवं एम.आर. जयकर। उपरोक्त समिति के प्रस्तावों को मामूली परिवर्तन के साथ स्वीकार कर लिया गया। इनमें प्रमुख थे–

(1) प्रान्तों को पूर्ण स्वायत्तता होगी तथा प्रान्तीय विषयों में प्रान्तीय सरकारों को पूर्ण उत्तरदायित्व होगा।

(2) केन्द्रीय तथा प्रान्तीय विधानों के क्षेत्र का पूर्व निर्धारण।

(3) भारत में संघीय न्यायालय, (Federal Court), परामर्शदात्री परिषद् (Advisory Council), रिजर्व बैंक तथा रेलवे अथारिटी फेडरल की स्थापना।

(4) केन्द्रीय विधान मण्डल में प्रत्यक्ष निर्वाचन के बजाय अप्रत्यक्ष निर्वाचन पद्धति अपनायी जाये।

(5) प्रस्तावित तीन प्रान्तों के बजाय छः प्रान्तों में द्वि–सदनीय विधान परिषदों का गठन किया जाये, तथा

(6) केन्द्र तथा प्रान्त, दोनों के ही राज्य–सदन (Upper Chamber) अविघटनीय (Indissoluble) हों।

उक्त संयुक्त समिति की रिपोर्ट के आधार पर भारत सचिव सर सेम्युअल होर ने 'भारत सरकार बिल' (Government of India Bill) 19 दिसम्बर, 1934 को ब्रिटिश संसद में प्रस्तुत किया। 2 अगस्त, 1935 को इसे सम्राट की स्वीकृति मिली।

इस अधिनियम की सबसे बड़ी विशेषता थी, कि इसे दो देशों के संविधान का रूप दिया गया था। मूल रूप से इसमें 478 धारायें और 16 परिशिष्ट थे। बाद में 20 दिसम्बर, 1935 को संशोधन कर बर्मा को भारत से अलग करके एक स्वतन्त्र देश बना दिया गया और उसके संविधान से संबंधित धाराओं को अलग संविधान का रूप दे दिया गया। तत्पश्चात् इसमें कुल 321 धारायें और दस परिशिष्ट रह गये।

प्रान्तों से संबन्धित प्रावधान, 1937 में लागू किये गये और केन्द्रीय प्रशासन, 1919 के भारत सरकार अधिनियम, के अन्तर्गत चलता रहा। इस प्रकार अजीब तरह का कानूनी और संवैधानिक घाल–मेल 1946 तक चलता रहा।

अप्रैल, 1937 मे जब प्रान्तों के संबंध में 'भारत सरकार अधिनियम, 1935' के द्वारा लाये गये संवैधानिक प्रावधान लागू किये गये और प्रान्तीय शासन में भारतीयों को भागीदारी देने के उद्देश्य से प्रान्तीय विधान मण्डलों के चुनाव करवाये जाने प्रस्तावित थे, तब कांग्रेस बड़ी आशान्वित थी, अच्छे प्रदर्शन और प्रान्तों में सरकारें बनाने के लिये। तब कांग्रेस में अपने वर्चस्व को मुखरित करने और प्रान्तीय सरकारों की स्थापना में महत्वपूर्ण भूमिका निभाने के लिये कांग्रेस अध्यक्ष का पद ग्रहण करने में जिसने भागदौड़ की वह जवाहरलाल नेहरू था। 1937 में लखनऊ कांग्रेस में हालांकि सरदार पटेल को अध्यक्ष पद पर चुना जाना तय था, परन्तु उन्होंने जवाहरलाल नेहरू के लिये वह

पद छोड़ दिया। इस प्रकार, पहली प्रान्तीय सरकारों की स्थापना में, कांग्रेस अध्यक्ष के नाते, महत्वपूर्ण भूमिका निभाकर नेहरू ने भविष्य में नेतृत्व के शिखर पर रहने का दावा प्रस्तुत किया। प्रान्तीय विधान मंडलों के चुनावों में छः प्रान्तों में कांग्रेस को बहुमत मिला था।

× × ×

लेकिन, 1938 के हरिपुरा कांग्रेस में सुभाषचन्द्र बोस कांग्रेस के अध्यक्ष चुने गये। ये गांधीजी की सुधारवादी विचारधारा के विरोधी थे, तथा किसानों, मजदूरों के आन्दोलनों का अंग्रेजों से मुक्ति संघर्ष के लिये उपयोग करना चाहते थे। 1939 में त्रिपुरा कांग्रेस में काफी लोकप्रिय हो चुके सुभाषचन्द्र बोस फिर से कांग्रेस के अध्यक्ष पद के लिये चुनाव लड़े। गांधी, नेहरू नहीं चाहते थे कि सुभाषचन्द्र बोस फिर कांग्रेस की बागडोर सम्भाले, अन्यथा यह सम्भव होता कि नेहरू का प्रभा–मण्डल मंद पड़ जाता और सुभाषचन्द्र बोस भावी नेतृत्व के शिखर पर पहुंच कर सत्ता प्रमुख का दावेदार बन जाते। फिर भी चुनाव हुआ और गांधीजी समर्थित प्रत्याशी पट्टाभिसीतारमैया सुभाष से पराजित हो गये। यदि स्वयं नेहरू यह चुनाव लड़ता तो नेहरू की पराजय निश्चित थी। अतः प्रतीकात्मक चुनाव लड़ा गया। इसके तत्काल बाद पं. गोविन्द वल्लभ पंत ने एक प्रस्ताव उसी कांग्रेस में पास करवाया कि कार्यकारिणी का गठन गांधीजी की इच्छानुसार ही करें। यह सुभाष को असफल करने के लिये रुकावटें खड़ी करने का प्रयास था। सुभाष ने परेशान होकर अन्तत कांग्रेस अध्यक्ष पद से त्यागपत्र दे दिया और हमेशा के लिए कांग्रेस को भी त्याग दिया। कांग्रेस में प्रत्येक आगे बढ़ने वाले को रास्ते से हटाने की परिपाटी 1929 से ही यही रही है।

सुभाष ने अलग दल 'फारवर्ड ब्लाक' का गठन किया और उपनिवेशवादी सम्राज्यवाद विरोधी शक्तियों को संगठित करने में जुट गये। जाहिर है, सरकार भी उन्हें आगे नहीं बढ़ने देना चाहती थी। अतः उन्हें जेल में डाल दिया गया।

सितम्बर, 1939 में जर्मनी ने पोलैण्ड पर आक्रमण कर उसे अपने में मिला लिया, इस प्रकार दूसरे विश्व युद्ध की शुरुआत हुई। इसका प्रभाव सारी दुनिया पर पड़ा। भारत पर भी इसका विशेष प्रभाव पड़ा।

ब्रेस्तलितोस्क की संधि के कारण प्रारम्भिक स्तर पर जर्मनी ने रूस पर हमला नहीं किया और उसका प्रयाण अन्य पश्चिमी यूरोप के देशों की तरफ ही रहा। भला फ्रांस और ब्रिटेन, जो कि जर्मनी के लिये प्रमुख व्यापारिक प्रतिद्वन्दी थे, कैसे बचे रह सकते थे, जर्मनी के आक्रमण से। अतः ब्रिटेन पर

हमला होते ही ब्रिटेन ने भारत को भी युद्ध में शामिल घोषित कर दिया। मजदूरों–किसानों के उग्र होते आन्दोलन इस सम्भावना का संकेत दे रहे थे कि कहीं अब तक लगभग प्रतिबंधित कम्युनिस्ट पार्टी इसका फायदा न उठा ले। उधर कांग्रेस के अपेक्षाकृत उग्र नेता सुभाषचन्द्र बोस को कांग्रेस से अलग कर दिया था। ऐसी दशा में अहिंसात्मक असहयोग आन्दोलन पर निर्भर रहने वाली कांग्रेस ने सुभाष के त्यागपत्र की शर्मिन्दगी को छुपाने के लिये ब्रिटिश सरकार के विरोध का रास्ता अपनाया और सभी प्रान्तों की कांग्रेस सरकारों से त्यागपत्र दिलवा दिया। चूंकि मजदूरों और किसानों के आन्दोलनों में धर्म की कोई भूमिका नहीं थी, या यों कहें कि धर्म के आधार पर उनका कोई विभाजन नहीं था, अतः कांग्रेस द्वारा अपनी धर्मनिरपेक्ष छवि को प्रकट करने के लिये 1940 में रामनगर कांग्रेस अधिवेशन में एक मुसलमान मौलाना अबुल कलाम आजाद को कांग्रेस का अध्यक्ष चुना गया, जिसे सम्भवतः अधिकतम समय तक (1946 तक) कांग्रेस का अध्यक्ष बनाये रखा गया।

इसी दौरान, जलियांवाला बाग की क्रूरता और गदरपार्टी के लोगों को फांसी दिये जाने से प्रभावित सियालकोट निवासी, सरदार जनरल मोहन सिंह ने देश की आजादी में अपने आपको झोंक दिया और भारत के बाहर, मलाया में जापानियों के सहयोग से 'इण्डियन नेशनल आर्मी' (Indian National Army) का गठन किया। सुभाषचन्द्र बोस की नजर पूरी दुनिया में घटित हो रही घटनाओं की तरफ थी। अतः वे चुप नहीं रह सकते थे। कांग्रेस से अलग होने के बाद उन्हें जल्दी ही गिरफ्तार कर लिया गया और जेल में डाल दिया गया। 16–17 जनवरी, 1941 को वे नजरबंदी से फरार होकर दिल्ली, काबुल होते हुए जर्मनी पहुंचे। वहां से जापान और अन्ततः मलाया पहुंच कर जनरल मोहनसिंह के साथ हो लिये तथा 'इण्डियन नेशनल आर्मी' में नई जान फूंकी और उसे 'आजाद हिन्द फौज' का लोकप्रिय–देश की भाषा में एवं प्रिय नाम दिया और "दिल्ली चलो" का नारा दिया।

अक्टूबर, 1939 में कांग्रेस की प्रान्तीय सरकारों के त्यागपत्र देने के बाद भी मुस्लिम लीग की बंगाल, पंजाब और सिंध की सरकारें 10 वर्षों तक बनी रहीं। 23 मार्च, 1940 को मुस्लिम लीग के लाहौर अधिवेशन में मुस्लिम लीग ने स्पष्ट रूप से मांग की कि मुस्लिम बहुल प्रान्त को अलग स्वायत्त और सार्वभौम स्वतन्त्र देश बना दिये जायें। यहां भी 'पाकिस्तान' की एक प्रकार से मांग नहीं थी, बल्कि मुस्लिम बहुल भू–भागों की स्वतन्त्रता की मांग की गई थी। ब्रिटिश सरकार ने इसको मान लिया, तब गांधीजी ने जून, 1940 में ब्रिटिश सरकार को लिखा कि, हम ब्रिटिश सरकार को बर्बाद करके

स्वतन्त्रता नहीं चाहते हैं।[26] 7 जुलाई, 1940 को कांग्रेस कार्यसमिति ने ब्रिटिश सरकार को सूचित किया कि हम युद्ध काल में देश की प्रतिरक्षा में ब्रिटिश सरकार को इस शर्त पर सहयोग देने के लिये सहमत हैं कि केन्द्र में तत्काल राष्ट्रीय सरकार का गठन हो और भारतीयों की देश की स्वतंत्रता की मांग स्वीकार कर ले। मुस्लिम लीग ने भी केन्द्र व प्रान्तों में मुसलमानों को बराबरी का प्रतिनिधित्व देने की मांग दोहराई। तत्कालीन गवर्नर जनरल लार्ड लिन-लिथगो ने इसे अस्वीकार कर मुसलमानों के लिये अलग राज्य का द्वार खुला छोड़ दिया और 8 अगस्त, 1940 को ब्रिटिश सरकार की ओर से एक घोषणा की गई जिसे अगस्त प्रस्ताव (August Offer) 1940 के रूप में जाना जाता है। इसकी मुख्य बातें इस प्रकार थीं।

(1) विश्व युद्ध समाप्त होने के पश्चात् एक वर्ष की अवधि में भारत को अधिराज्य की स्थिति (Dominion status) प्रदान करना, ब्रिटिश सरकार की घोषित नीति है।

(2) भारत के लिये नये संविधान का निर्माण मुख्यतः भारतीयों का ही उत्तरदायित्व होगा। इस हेतु युद्ध के पश्चात भारत के लिये नया संविधान बनाने के लिये राष्ट्रीय-जीवन से जुड़े हुए व्यक्तियों के एक निकाय का गठन किया जायेगा।

(3) ब्रिटिश सरकार भारत के राजनीतिक दलों के मुख्य प्रतिनिधियों को मिलाकर गवर्नर जनरल की कार्यकारिणी परिषद् का विस्तार करने के लिये तैयार है।

(4) वायसराय एक युद्ध परामर्श समिति (War Advisory Council) का गठन करेगा, जिसमें भारतीय देशी राज्य, तथा भारत के राष्ट्रीय जीवन से संबद्ध अन्य हितों के प्रतिनिधियों का समावेश होगा।

(5) ब्रिटिश सरकार ऐसी किसी सरकार को सत्ता नहीं सौंपेगी जिसके प्राधिकार को भारत के प्रमुख प्रभावशाली घटक स्वीकार करने को तैयार न हों।

(6) ब्रिटिश सरकार स्वयं के अस्तित्व की रक्षा में लगी हुई है, अतः संविधान निर्माण के बारे में चर्चा करना असामयिक होगा। तथापि, युद्ध समाप्त होते ही ब्रिटिश सरकार संविधान निर्माण के कार्य को सफल बनाने के लिये हरसंभव प्रयास करेगी।

---

26. डॉ. एन.वी. परांजपे-*भारत का वैधानिक एवं संवैधानिक इतिहास*, पृ. 388।

घोषणा के अन्त में यह भी आशा व्यक्त की गई कि भारत के सभी राजनीतिक दल तथा सम्प्रदाय युद्धकाल में ब्रिटिश सरकार के साथ पूरा सहयोग करेंगे जिससे भारत को अन्य राष्ट्र–मंडल देशों में समान व स्वतन्त्र भागीदारी का अवसर मिल सके।

हालांकि कांग्रेस और मुस्लिम लीग दोनों ने ही इन प्रस्तावों को नहीं माना, लेकिन स्पष्ट है कि भारत का भाग्य ऐसे ही प्रस्तावों, सुझावों से बना है, जिसमें किसी भारतीय ने स्वीकृति दी हो या ना दी हो। हां, नकारात्मक स्वीकृति का भाव इनमें अवश्य छिपा हुआ है।

दूसरे, विश्वयुद्ध में लगातार पिछड़ते जाने और स्थिति खराब होते जाने के कारण ब्रिटेन के प्रधानमंत्री विंस्टन चर्चिल, जो कि भारत को हमेशा हेय दृष्टि से देखा करता था, और भारतीयों को कोई भी अधिकार दिये जाने के खिलाफ था, ने पूर्व दिशा से भारत की ओर बढ़ते आ रहे जापानियों और 'इंडियन नेशनल आर्मी' की तरफ भारतीयों के सम्भावित झुकाव और समर्थन को रोकने के लिये कांग्रेसियों से आश्वासन लेने के लिये अपने एक कैबिनेट मंत्री सर स्टेफोर्ड क्रिप्स (Sir Stefford Cripps) को कुछ सांविधानिक प्रस्ताव लेकर भारत भेजा। इसकी 11 मार्च, 1942 को ब्रिटिश संसद में घोषणा की गई और 22 मार्च, 1942 को वह मिशन दिल्ली पहुंचा और 20 दिनों तक विभिन्न लोगों से बातचीत करने के बाद 13 अप्रैल, 1942 को वापस चला गया। भारतीय नेताओं की तथाकथित असहमति के बावजूद क्रिप्स के संवैधानिक प्रस्तावों को ब्रिटिश सरकार की प्रारूप घोषणा (Drafts Declaration) के रूप में इसे 30 मार्च, 1942 को ही प्रकाशित कर दिया। इसकी प्रमुख बातें इस प्रकार थीं–

(1) युद्ध समाप्ति के तत्काल पश्चात् भारत के लिये नया संविधान बनाने के लिये भारत में संविधान निर्मात्री संस्था की स्थापना के लिये कदम उठाये जायेंगे।

(2) भारतीय राज्य संविधान निर्मात्री संस्था में भाग लेंगे।

(3) अधिराट की सरकार उस बनाये गये संविधान को केवल निम्नलिखित परिस्थितियों में ही स्वीकार कर लागू करेगी–

 (i) किसी भी प्रान्त को यह अधिकार होगा कि वह नये संविधान को स्वीकार करने से मना कर दे, तथा अपनी विद्यमान संवैधानिक स्थिति को बनाये रखे और यह भी प्रावधान हो कि यदि बाद में वह चाहे तो अलग हो सके और उन्हें भारतीय संघ के समान दर्जा देने का प्रावधान नये संविधान

में होगा, तब ही अधिराट की सरकार उस पर सहमत होगी और वह प्रान्त समान प्रक्रिया अपनायेंगे, तथा

(ii) अधिराट की सरकार और संविधान निर्मात्री संस्था के बीच एक संधि होगी। उस संधि में सभी मामले शामिल होंगे जो ब्रिटिश हाथों से सारी जिम्मेदारियां भारतीय हाथों में हस्तान्तरित करने के दौरान उठ सकते हैं तथा जातीय और धार्मिक अल्पसंख्यकों की सुरक्षा के प्रावधान बनाये जायेंगे। लेकिन संधि में भारत संघ पर ऐसे कोई प्रतिबंध नहीं लगाये जायेंगे जो उसे राष्ट्र मण्डल के सदस्य देशों के साथ भविष्य में अपने संबंधों के बारे में निर्णयों को प्रभावित करे।

(4) संविधान निर्मात्री संस्था में ब्रिटिश भारत के प्रतिनिधि, जो कि प्रान्तीय विधान सभाओं के निम्न सदनों के सदस्यों द्वारा एकल–मत के आधार पर आनुपातिक प्रतिनिधित्व करने के लिये चुने जायेंगे, इनमें भारतीय राज्यों द्वारा नियुक्त प्रतिनिधि भी शामिल होंगे।

(5) जब तक नया संविधान नहीं बन जाता, ब्रिटिश सरकार भारत की सुरक्षा का नियन्त्रण और दिशा, विश्व–युद्ध के प्रयासों के रूप में अपने पास रखेगी।

(6) पार्टियों के नेताओं को वायसराय की सरकार में भागीदारी लेने के लिये आमन्त्रित किया जाता है।[27]

11 अप्रैल, 1942 को कांग्रेस कार्यकारिणी ने इन प्रस्तावों को 'भारत की भावी स्वतन्त्रता का प्रस्ताव' माना, दूसरी तरफ, 27 मार्च को ही गांधीजी ने क्रिप्स से मुलाकात में इसे 'मुसलमानों को पाकिस्तान बनाने का निमन्त्रण' कहा। अन्य कई लोगों ने इनको 'एक डूबते हुए बैंक का आगे की तारीख का (Post dated) चैक' निरूपित किया, परन्तु भविष्य ने साबित किया कि न तो बैंक डूबा और न ही चैक का अनादर हुआ। यही ब्रिटिश–वित्तमंत्री क्रिप्स की सफलता थी। आखिर तत्कालीन कांग्रेस अध्यक्ष अबुल कलाम आजाद ने क्रिप्स को हितैषी और मित्र जो माना था। जवाहरलाल नेहरू के मन में क्रिप्स के लिये सम्मान था।

अंग्रेजों ने अपने इरादे प्रकट कर दिये थे, अतः सत्ता के शिखर पर विराजने की होड़ नेताओं में शुरू हो चुकी थी। सारे सूत्र अंग्रेजों के हाथ में थे। जिसे उन्होंने चाहा, उसे सत्ता सौंपने के लिये सारी बिसात बिछाई

27. वी.एन. शुक्ला–*कांस्टीट्यूशन ऑफ इण्डिया* (2005), पृ. 17।

जा चुकी थी। कानून के राज में कानून के अनुसार ही सत्ता अंग्रेजों से प्राप्त करना कानून निर्मात्री ब्रिटिश संसद पर ही निर्भर था। यदि विपरीत विचारधारा या क्रांति द्वारा सत्ता परिवर्तन होता तो इन कानूनी खिलवाड़ों की कोई अहमियत नहीं रहती। लेकिन, अंग्रेजों को वफादार और भारतीयों को अनुकम्पा चाहिये थी, जो इन कानूनी तानोंबानों के मकड़जाल में से कहीं झलकती नजर आती है।

इन नेताओं ने विभिन्न स्तरों पर अपने–अपने प्रयास किये जिनमें चक्रवर्ती राजगोपालाचारी का सी.आर. फार्मूला, 1944 प्रसिद्ध रहा है, जिसकी मुख्य बातें इस प्रकार थीं–

(1) मुस्लिम लीग भारतीय स्वतंत्रता की मांग का समर्थन करेगी और कांग्रेस को संक्रमण काल में अस्थाई सरकार बनाने में अपना पूर्ण सहयोग देगी।

(2) युद्ध के बाद भारत के उत्तर–पूर्व तथा उत्तर–पश्चिम में मुसलमानों की अधिक संख्या वाले प्रदेशों की सीमा निश्चित करने के लिये एक आयोग नियुक्त किया जायेगा। इन प्रदेशों में वयस्क मताधिकार या अन्य किसी व्यावहारिक मताधिकार के आधार पर यह तय करने के लिये जनमत लिया जायेगा कि ये प्रदेश भारत से अलग होना चाहते हैं या नहीं।

(3) मत संग्रह से पूर्व प्रत्येक दल को अपने मत का प्रचार करने की स्वतन्त्रता होनी चाहिये। पृथक्करण के बाद रक्षा, व्यापार, यातायात के साधन व अन्य विषयों की रक्षा के लिये समझौता होना चाहिये।

(4) जनसंख्या का आदान–प्रदान सिर्फ जनता की इच्छानुसार होना चाहिये।

(5) ये शर्तें केवल उसी दशा में कार्यान्वित होंगी जबकि ब्रिटेन भारत को स्वतंत्रता प्रदान कर दे।

ज्यों–ज्यों समय बीतता जा रहा था, अंग्रेजों को सारा मसाला स्वयं कांग्रेस ही उपलब्ध करवाती जा रही थी।

× × ×

जर्मनी और जापान की युद्ध में बढ़त देखकर, और अन्दरूनी मजदूर–किसानों का आन्दोलन बढ़ता देखकर कांग्रेस ने भी अपनी सक्रियता जनता के बीच दिखाने के लिए 1942 में 'भारत छोड़ो' (Quit India) आन्दोलन की शुरुआत बम्बई में 9 अगस्त से की। फौरन ही सभी कांग्रेसी नेताओं को जेलों में बंद

कर उन्हें सुरक्षित स्थानों पर पहुंचा दिया गया। जबकि मार्च, 1941 में नजरबंदी से फरारी के दौरान सुभाषचन्द्र बोस की हत्या कराने के आदेश देने का निर्णय लंदन में किया गया एक उच्चस्तरीय निर्णय था।[28]

लेकिन, अहमदनगर की जेल में जवाहरलाल नेहरू ने एक विशाल निबंध लिखना प्रारम्भ किया, जिससे वह पश्चिम के प्रति, विशेष रूप से ब्रिटेन के प्रति अपनी समर्पण की भावनाओं, साथ ही साथ भावी क्षमताओं को उजागर कर अंग्रेजों के सामने रख सके, जिसमें अंग्रेजों की भारत को देन, को बड़े सटीक ढंग से प्रस्तुत किया और अंग्रेजों द्वारा बनाये गये तथ्यों और निष्कर्षों को परम सत्य मानकर पायी गई अपनी शिक्षा और दीक्षा को *भारत की खोज* (*Discovery of India*) में समेटा। *भारत की खोज* की भारतीयों से ज्यादा अंग्रेजों को जरूरत थी।

इसी बीच, माउन्टबैटन, जो उस समय बर्मा में ब्रिटिश सेनाओं का कमांडर था, भारत आया था, और जवाहरलाल नेहरू से मिलने की इच्छा जाहिर की थी। शायद उसे भारत की पूरी राजनीतिक गतिविधियों की जानकारी थी, या पूरा फीडबैक लंदन के बकिंघम पैलेस से मिल चुका था। लेकिन, भारत के ब्रिटिश प्रशासन ने कुछ सोचकर ही उसे यह मौका नहीं दिया था।[29]

1945 के मई माह में जर्मनी की पराजय के साथ ही दूसरे विश्वयुद्ध का अन्त हो गया था। परिणामस्वरूप बर्मा को अपने कब्जे में करके भारत की सीमा पर मणिपुर तक आ चुकी आजाद हिंद फौज के अभियान पर भी असर पड़ा और सुभाषचन्द्र बोस को मंच से ओझल होना पड़ा। जैसा कि प्रचारित

---

28. कलकत्ता स्थित नेताजी शोध संस्थान में शिशिर कुमार बोस व्याख्यान में आयरलैंड की राजधानी डबलिन स्थित ट्रिनिटी कालेज के प्रोफेसर ड्यूनान ओ हाल्पिन के द्वारा 16.8.2005 को किये गये खुलासे के अनुसार ब्रिटेन के विदेश मन्त्रालय को एक इतालवी टेलीग्राम के गुप्त संदेश को पढ़कर नेताजी के काबुल में होने की जानकारी मिली। काबुल में इसकी पुष्टि कराने के आदेश के साथ ही गुप्त गतिविधियों पर नजर रखने वाले विशेष कार्यबल ने 7 मार्च, 1941 को काहिरा–इस्ताम्बुल में अपने प्रतिनिधियों को खबर भेजी कि नेताजी अफगानिस्तान से ईरान, इराक, तुर्की के रास्ते जर्मनी जा सकते हैं व बताये कि बोस की हत्या करने के क्या प्रबंध किये जा सकते हैं। जून, 1941 में इसकी पुष्टि भी की गई थी।

–*राजस्थान पत्रिका*, जयपुर सं. 17.8.2005 में प्रकाशित रिपोर्ट)।

29. 22 जनवरी, 1944 को जब माउन्टबैटन अहमदनगर में थल सेना के 33वें रिसाले का निरीक्षण करने गये थे।

–*फ्रीडम एट मिडनाइट*–कॉलिंस और लेपियर–2001 के हिंदी संस्करण के पृष्ठ 83 पर दी गई टिप्पणी।

किया गया हैं कि सुभाषचन्द्र बोस की मृत्यु 18 अगस्त, 1945 को ताईवान के ताईकू में एक विमान हादसे में हो गई। परन्तु यह विश्वसनीय नहीं लगता। वर्ष 2005 में ताईवान सरकार ने खुलासा किया कि ताईवान के रिकार्ड के अनुसार 1945 में ऐसी कोई विमान दुर्घटना नहीं हुई, जिसमें यह माना जाता है कि सुभाषचन्द्र बोस की मृत्यु हुई।[30] अपितु सम्भावना यह है कि आजाद हिंद फौज के सिपाहियों के साथ सुभाषचन्द्र बोस को भी युद्ध अपराधी के रूप में गिरफ्तार किया गया हो और उसे ब्रिटेन या ऐसे पूंजीवादी अन्य पश्चिमी देश में प्रत्यक्षतः बंदी न रखकर मित्र राष्ट्रों में से एक सोवियत संघ के हवाले कर दिया गया हो। चूंकि, सुभाषचन्द्र बोस यदि ब्रिटिश सरकार, फ्रान्स या अमरीका में बंदी रखे जाते, तो उन पर युद्ध अपराधी का प्रत्यक्ष मुकदमा चलता, और इसका भारतीय राजनीति पर ब्रिटिश आकांक्षाओं के विपरीत प्रभाव पड़ता; अतः उन्हें अप्रत्यक्ष सजा देने के लिये सोवियत संघ के सुपुर्द कर दिया गया हो, यह संम्भावना अधिक है। इसकी जानकारी पूर्वी एशिया में ब्रिटिश कमांडर लार्ड माउन्टबैटन को भी अवश्य ही रही होगी। हालांकि, विश्व युद्ध की समाप्ति के बाद भी 1941 में पर्ल हार्बर पर हुए जापानी आक्रमण का बदला लेने और अप्रत्यक्ष रूप से विश्व के भावी स्वरूप में अपना वर्चस्व जमाने के उद्देश्य से अमरीका ने जापान के हिरोशिमा और नागासाकी नगरों पर परमाणु बम गिराकर मानवता के प्रति सबसे घृणित और क्रूर कदम उठाया, जिसे इतिहास में मानवता कभी माफ नहीं कर सकती।

इसके विपरीत सोवियत संघ ने समूचे पश्चिमी यूरोप के देशों को अपने प्रभाव में लेते हुए समाजवादी सरकारों का निर्माण किया और जर्मनी और बर्लिन के दो भाग करके अमरीका की संवेदनाहीन धुरी को स्पष्ट चुनौती दी। अमरीकी और समाजवादी इन्हीं दो धुरियों में विश्व के विभाजन का भारत के भविष्य और उसकी राजनीति पर भी गहरा प्रभाव पड़ा।

× × ×

भारत में 15 जून, 1945 को सभी नेताओं को रिहा कर दिया गया था।

---

30. फारवर्ड ब्लाक के अध्यक्ष देवव्रत विश्वास (सासंद) ने अपने एक लेख में बताया है कि उनके इसी विश्वास के आधार पर एक और जांच आयोग की मांग, जिसे अटल बिहारी वाजपेई सरकार ने स्वीकार कर मुखर्जी आयोग का गठन इसी तथ्य की जांच–पड़ताल के लिये किया था। श्री विश्वास का उक्त लेख 24 जून, 2005 को दैनिक भास्कर में छपा था।

विश्वयुद्ध की एक प्रमुख हस्ती विंस्टन चर्चिल की ब्रिटिश आम चुनावों में पराजय के उपरान्त, लेबर पार्टी के क्लीमेंट एटली ने प्रधानमंत्री पद की शपथ 10 जुलाई, 1945 को ली। ये वे ही भारत मित्र क्लीमेंट एटली हैं, जो 1928 में साइमन कमीशन के एक सदस्य के रूप में भारत में आये थे और यहाँ के नेताओं से मिले भी थे और उनके बारे में अच्छी तरह जानते भी थे। आज, जब उसने ब्रिटेन के प्रधानमंत्री का पद सम्भाला, भारत को डोमिनियन गणराज्य बनाने की प्रक्रिया काफी आगे तक बढ़ चुकी थी। अतः एटली द्वारा इस ओर प्रयास करने आवश्यक हो गये थे। भारत के गवर्नर जनरल वावेल को इंग्लैण्ड बुलाया गया और 14 अगस्त, 1945 से सितम्बर, 1945 तक भारत में संवैधानिक परिवर्तनों के बारे में काफी चर्चायें कीं और घोषणा की कि ब्रिटिश सरकार भारत में यथाशीघ्र संविधान निर्मात्री सभा का गठन करने का इच्छुक है तथा इसकी प्रारम्भिक प्रक्रिया के रूप में केन्द्रीय तथा प्रान्तीय विधान मंडलों के ताजे चुनाव कराये जाने आवश्यक हैं। इसके बदले में भारतीयों से अपेक्षा की गई थी कि वे प्रान्तों में मंत्रिमंडल का उत्तरदायित्व स्वीकार करें साथ ही देशी रियासतों से भी संविधान निर्मात्री सभा के गठन के बारे में वार्तालाप की आवश्यकता का अनुभव किया।

1945 की सर्दियों में चुनाव हुए, जिनमें कांग्रेस पार्टी को अधिकतर प्रान्तों में बहुमत मिला। मुस्लिम बहुल प्रान्तों में भी, बंगाल और सिंध को छोड़कर सभी प्रान्तों में कांग्रेस की सरकार बनीं और पंजाब में सिक्खों के साथ मिलकर कांग्रेस ने सरकार बनाई। इसी दौरान, जवाहरलाल नेहरू को सिंगापुर बुलाया गया या भेजा गया या सिंगापुर का दौरा करना पड़ा, जहां पर माउन्ट बैटन की दक्षिण–पूर्व एशियाई कमान का मुख्यालय था। वहां, अपने सलाहकारों की परवाह न करते हुए माउन्ट बैटन, नेहरू से मिले थे, दोनों के बीच फौरन सहानुभूति पैदा हो गई। माउन्ट बैटन और उनकी पत्नी के साथ उठते–बैठते नेहरू की आँखों के सामने एक बार फिर उस इंग्लैण्ड का चित्र आ गया, जिसे उन्होंने पिछले चालीस वर्षों से नहीं देखा था, उस इंग्लैण्ड का चित्र जो बरसों अंग्रेजों की जेलों में रहते–रहते उनकी याद से लगभग मिट चुका था, खुली बाहों से स्वागत करने वाला वह इंग्लैण्ड, जिसे उन्होंने पढ़ाई के दिनों में जाना था। माउन्ट बैटन दम्पत्ति को भी नेहरू के आकर्षक व्यक्तित्व, उनके सुसंस्कृत व्यवहार और उनके प्रसन्नचित्त स्वभाव से बहुत आनन्द मिलता था। माउन्ट बैटन के सारे कर्मचारी यह देखकर स्तम्भित रह गये थे कि उन्होंने नेहरू के साथ अपनी खुली मोटर में बैठकर सिंगापुर की सड़कों से गुजरने का फैसला भी अपने आप ही कर लिया था।

सलाहकारों ने उन्हें चेतावनी दी थी कि उनके इस आचरण से एक ब्रिटिश विरोधी, विद्रोही की प्रतिष्ठा बढ़ेगी।

"उनकी प्रतिष्ठा बढ़ेगी'? माउन्ट बैटन ने जवाब दिया था, 'उनकी वजह से प्रतिष्ठा मेरी बढ़ेगी। एक दिन यह आदमी भारत का प्रधानमंत्री बनेगा"।[31]

दोनों एक–दूसरे के बारे में काफी जानते थे और ऐसी आत्मीय मुलाकात के अवसर पर यह असम्भव था कि भारत के भविष्य के बारे में कोई चर्चा न हुई हो। स्वाभाविक है, सुभाषचन्द्र बोस के बारे में भी चर्चा हुई होगी।

× × ×

23 मार्च, 1946 को ब्रिटिश सरकार की तरफ से तीन कैबिनेट मंत्रियों का दल भारत पहुंचा, जिसमें भारत सचिव लार्ड पेथिक लारेंस (Lord Pethick Lawrance)–व्यापार मंडल के अध्यक्ष सर स्टेफोर्ड क्रिप्स (Sir Stafford Cripps) और नावाधिकरण के प्रथम लार्ड, ए.वी. एलेक्जेंडर (A.V. Alexander-The First Lord of Admiralty) शामिल थे। इसे कैबिनेट मिशन के नाम से जाना जाता है। इसके पहले जनवरी, 1946 में ब्रिटिश सांसदों का एक दल भारत आया था, जिसका मूल उद्देश्य इस बात का पता लगाना था कि यदि मुस्लिम लीग ने संविधान निर्मात्री सभा के गठन में सहयोग नहीं दिया तो क्या स्थिति बनेगी।[32]

कैबिनेट मिशन एक निश्चित उद्देश्य को लेकर भारत आया था। ध्यान दें, भारत मित्र सर स्टेफोर्ड क्रिप्स, क्रिप्स मिशन के रूप में 1942 में भारत आया था, और अब दूसरी बार भारत के भाग्य का फैसला करने वाले अन्तिम और निर्णायक दल में भी शामिल था।

इस दल ने योजनाबद्ध तरीकों से मुलाकातों–बैठकों का सिलसिला चलाया। पहले चरण में उसने वायसराय, उसकी कार्यपालिका के सदस्यों और प्रान्तों के गवर्नरों से बातचीत की। दूसरे चरण में भारत की विभिन्न राजनीतिक पार्टियों के नेताओं, मुस्लिम लीग के नेताओं से बातचीत के उपरान्त देशी राजाओं और प्रमुख प्रान्तों के मुख्य मंत्रियों से मुलाकातें की। इस प्रकार 182 बैठकों में 472 भारतीयों से विचार–विमर्श किया जो सात सप्ताह तक चला। प्रत्यक्ष सर्व सहमति नहीं होने पर कैबिनेट मिशन ने अपनी तरफ से निर्णय की 16 मई, 1946 को घोषणा कर दी। इसका मुख्य उद्देश्य संविधान सभा का गठन था। अन्य मुख्य बातें इस प्रकार थीं–

---

31. लॉरी कॉलिंस–डोमिनिक लेपियर–*फ्रीडम एट मिडनाइट*, हिन्दी संस्करण 2001, पृ. 83.

32. के.एम. मुंशी–इंडियन कांस्टीट्यूशनल डोक्यूमेट, (ग्रंथ–1), पृ. 96.

(1) भारत में एक 'भारत संघ' (Union of India) की स्थापना हो, जिसमें ब्रिटिश भारत के भू–भाग तथा देशी राज्य शामिल हों। इस संघ को प्रतिरक्षा, विदेशी मामलों, तथा दूरसंचार, इन तीन विषयों में शक्ति प्राप्त हो और उपरोक्त मामलों के लिये आवश्यक धन जुटाने की शक्ति हो।

(2) संघ की एक कार्यपालिका तथा विधानमंडल हो, जिसमें ब्रिटिश, भारत तथा देशी राज्यों के प्रतिनिधि हों। विधान मंडल में किसी गम्भीर साम्प्रदायिक मामले पर उठाये गये ऐतराज का फैसला दोनों प्रमुख समुदायों (हिन्दू और मुसलमान) की उपस्थिति एवं मतदान करने वाले सदस्यों के बहुमत से हो।

(3) संघीय विषयों के अतिरिक्त सभी विषय एवं अवशिष्ट शक्तियां प्रान्तों में निहित की जानी चाहिये।

(4) भारतीय देशी राज्य, समर्पित विषयों को छोड़कर शेष सभी विषयों और शक्तियों को अपने पास रखेंगे।

(5) प्रान्तों को कार्यपालिका और विधायिका के साथ समूह बनाने की छूट होगी और प्रत्येक समूह को यह निर्धारण करने का अधिकार होगा कि कौन से प्रान्तीय विषय समान रूप से लिये जायेंगे।

(6) संघ और समूहों के संविधान में एक ऐसा प्रावधान हो, जिसके अधीन किसी भी प्रान्त को उसकी विधान सभा के मतों की बहुसंख्या द्वारा प्रारम्भिक दस वर्षों के बाद तथा तदुपरान्त प्रति दस वर्ष के अन्तराल से संविधान के निर्वचनों पर पुनर्विचार करने की अनुमति हो।

(7) संविधान सभा के चुनाव के लिये निम्नलिखित प्रक्रिया अपनायी जानी थी–प्रत्येक विधानमण्डल के सदस्यों को हिन्दू और मुस्लिम दो भागों में, तथा पंजाब में तीन भागों में बांटा जाये और संविधान सभा का गठन अप्रत्यक्ष चुनाव पद्धति से किया जाये। इस हेतु प्रान्त को जनसंख्या के अनुपात में निश्चित सीटें आवंटित की जानी थीं, जो साधारणतः दस लाख की जनसंख्या पर एक (सीट) हो। प्रान्तों के हिन्दू प्रतिनिधि का चुनाव हिन्दू समुदाय करेगा तथा मुस्लिम सीट के लिये मुसलमान करेंगे व सिक्ख प्रतिनिधि सिक्खों द्वारा चुना जायेगा।

गवर्नरों के प्रान्तों के प्रतिनिधियों की संख्या 292 होनी थी। इन 292 में 4 मुख्य आयुक्तों के और 3 देशी राज्यों के सदस्य होंगे। देशी राज्यों के

सदस्यों की चुनाव पद्धति बाद में तय की जानी थी। प्राथमिक स्तर पर वार्ताकार समिति देशी रियासतों का प्रतिनिधित्व करती। इस प्रकार चुनी गई संविधान सभा प्राथमिक बैठक में अध्यक्ष और अन्य अधिकारियों का चयन करने और कार्य–व्यापार का सामान्य क्रम तय करने तथा नागरिकों, अल्पसंख्यकों, और आदिवासियों के अधिकारों और अन्य छूट प्राप्त क्षेत्रों के बारे में सलाहकार समितियों की स्थापना करने के काम निपटाये जाने थे। उसके पश्चात् प्रान्तीय प्रतिनिधियों को तीन भागों में बांटा जाना था, भाग ए., बी. व सी.।

भाग–ए में मद्रास, बंबई, संयुक्त प्रान्त, मध्य प्रान्त तथा बिहार एवं उड़ीसा थे।

भाग–बी में पंजाब, उत्तर–पश्चिमी सीमावर्ती प्रान्त तथा सिंध प्रान्त शामिल थे, तथा

भाग–सी में बंगाल व आसाम प्रान्त थे।

इन विभागों को अपने–अपने समूह के प्रान्तों के संविधान का निर्माण करना था और यह भी कि क्या समूह के लिये एक ही संविधान बनाया जाये। प्रान्तीय संविधान के निर्माण के पश्चात्, उक्त समूहों के और देशी रियासतों के प्रतिनिधि संघीय संविधान के निर्माण के लिये एकत्र होंगे।

(8) यह भी प्रस्तावित था कि भारत पर ब्रिटिश सम्राज्य की छत्रछाया समाप्त होने वाली थी, अतः घोषणा की गई कि, 'यह स्पष्ट है कि ब्रिटिश भारत को स्वतन्त्र होना है चाहे वह राष्ट्र मण्डल में रहे या नहीं रहे, भारतीय राज्यों और ब्रिटिश सम्राट के बीच अभी तक विद्यमान सम्बन्धों का आगे निर्वहन संभव नहीं होगा। ब्रिटिश सम्राट की उच्चता रख पाना न तो संभव होगी और न ही नई सरकार को हस्तान्तरित की जा सकेगी।

(9) प्रमुख राजनीतिक पार्टियों के समर्थन से एक अन्तरिम सरकार स्थापित की जायेगी।[33]

प्रान्तों का प्रतिनिधित्व इस प्रकार प्रस्तावित था–

---

33. डॉ. एन.वी. पराजंपे–*भारत का विधिक एवं संवैधानिक इतिहास,* पृ. 295–296 तथा वी.एन. शुक्ला–*कांस्टीट्यूशन ऑफ इंडिया,* पृ. 18–20ए।

प्रान्त का नाम	सामान्य	मुस्लिम	सिक्ख	कुल संख्या
भाग–ए मद्रास	45	4	—	49
बंबई	19	2	—	21
संयुक्त प्रान्त	47	8	—	55
मध्य प्रान्त	16	1	—	17
बिहार	31	5	—	36
उड़ीसा	09	0	—	09
भाग–बी पंजाब	08	16	04	28
पश्चिमोत्तर सीमा प्रान्त	00	03	00	03
सिंध	01	03	00	04
भाग–सी बंगाल	27	33	—	60
आसाम	07	03	—	10
कुल योग	210	78	04	292

कैबिनेट मिशन 29 जून, 1946 को भारत से इंग्लैण्ड वापस लौट गया।

कैबिनेट मिशन के साथ प्रत्यक्षतः असहमति जताने वाली दोनों प्रमुख राजनीतिक पार्टियों और उनके नेताओं ने कैबिनेट मिशन के इन प्रस्तावों को मान लिया। अब होड़ लग गई थी प्रधानमंत्री पद हथियाने की।

सबसे ऊपर मोहम्मद अली जिन्ना। ये अब तक मुस्लिम लीग के निर्विवाद सर्वे–सर्वा बन चुके थे, परन्तु दिल में एक कसक थी। भारत को भारत ही रहने देने की। परन्तु कांग्रेस के नेताओं के मुस्लिम विरोधी अप्रत्यक्ष रवैये के कारण, और प्रारम्भ से ही निरन्तर अवहेलना के कारण उसे मुसलमानों का नेता बनना पड़ा। देश की एकता के लिये यदि कांग्रेसी नेता उदार होकर सबसे वरिष्ठ इस कांग्रेसी नेता को महत्व देते तो, जिन्ना पाकिस्तान की मांग को छोड़ देते। लेकिन, कांग्रेस ने जिन्ना को प्रधानमंत्री के रूप में तो क्या, कभी कांग्रेस का अध्यक्ष या प्रमुख नेताओं में शामिल होने तक का अवसर प्रदान नहीं किया।

दूसरे नंबर पर, यदि पार्टी आधार पर ही गर्वनर जनरल द्वारा किसी को प्रधानमंत्री बनाना था तो, वह थे, मौलाना अबुल कलाम आजाद, जो 1940 से लगातार अभी तक कांग्रेस के अध्यक्ष थे और पूरे विश्व युद्ध के दौरान

और भारत छोड़ो आन्दोलन के दौरान कांग्रेस का नेतृत्व किया था साथ ही क्रिप्स मिशन और कैबिनेट मिशन जैसे निर्णायक मिशनों के साक्षी रहे।

तीसरे नम्बर पर थे नवगठित केन्द्रीय विधान मंडल में कांग्रेस संसदीय दल के नेता सरदार वल्लभ भाई पटेल। इन्होंने आगे चलकर अपने आपको लौहपुरुष भी साबित किया और अपनी प्रशासनिक क्षमता और दक्षता से नेहरू की राजनीतिक और प्रशासनिक अक्षमताओं और असफलताओं को ढंक लिया था, भारत के उपप्रधानमंत्री व गृहमंत्री के रूप में।

चौथे नम्बर पर यदि हम लेना चाहें तो वे थे, डॉ. राजेन्द्र प्रसाद। डॉ. राजेन्द्र प्रसाद उस समय केन्द्रीय विधान मंडल के अध्यक्ष थे।

गांधीजी एक ऐसे बुजुर्ग व्यक्ति के रूप में मौजूद थे, जिनका सम्मान तो सभी करते थे पर आदर नहीं। एक ऐसे लोक देवता की तरह, जिसमें आत्मशक्ति तो थी, पर आत्मविश्वास डगमगा गया था। वे अपने आपको काफी एकांकी सा महसूस करने लगे थे। निष्ठावान कार्यकर्ता और देशवासी उनमें अगाध श्रद्धा रखता था, परन्तु पाखण्डी लोगों ने एक तरह से उनकी वाणी में सट्टे के नम्बर तलाशे और मालामाल हो गये।

इस पूरे दृश्य में जवाहरलाल नेहरू कहीं भी नहीं हैं, जिसे प्रत्यक्षतः किसी भी अधिकार से या नियम परम्परा से भी प्रधानमंत्री पद का दावेदार माना जाये। लेकिन नेहरू को ब्रिटिश सरकार का और इंग्लैण्ड के कुछ महत्वपूर्ण मन्त्रियों का आश्वासन मिला हुआ था। अतः नेहरू को कानूनी रूप से आगे आने का रास्ता खुद नेहरू और गांधी को ही निकालना पड़ा, जिसकी किसी और को कोई खबर नहीं थी।

1940 से कांग्रेस अध्यक्ष पद पर आसीन, तद्नुसार अन्तरिम सरकार के प्रधानमंत्री पद के कानूनी दावेदार मौलाना अबुल कलाम आजाद को कांग्रेस के अध्यक्ष पद से त्याग पत्र दिलवाया गया और नये अध्यक्ष का चुनाव करवाया गया। जिसमें, पहले दौर में सरदार वल्लभ भाई पटेल को बहुमत मिला, इसके आधार पर वे कांग्रेस अध्यक्ष और स्वतन्त्र भारत की सरकार के प्रधानमंत्री बनने वाले थे।[34]

परन्तु, गाँधीजी ने नेहरू के पक्ष में बयान देकर, अपना वारिश भी घोषित किया। जबकि सत्य यह है कि गांधीजी का कांग्रेस में कोई पद नहीं था,

---

34. डॉ. मंगू भाई पटेल–"युग पुरुष सरदार वल्लभ भाई पटेल" (जीवनी)।

फिर उनका वारिश कैसा?[35] लेकिन किसी के पक्ष में वरिष्ठ लोगों का बोलने का मतलब ही यही होता है कि उसे महत्व दिया जाए। जवाहरलाल नेहरू को अपेक्षाकृत कम मत मिले थे। अतः गांधीजी की भावनाओं को देखते हुए, कांग्रेस के आन्तरिक बहुमत के विपरीत सरदार पटेल और आचार्य कृपलानी ने अध्यक्ष पद की दावेदारी से अपना नाम वापस ले लिया और रह गया एक मात्र जवाहरलाल नेहरू जिसे अध्यक्ष बनाकर उसके प्रधानमंत्री बनने का रास्ता साफ कर दिया गया।

जब तक नेहरू के लिये रास्ता साफ नहीं हुआ, लार्ड वेबेल ने अन्तरिम सरकार बनाने का पूर्वाभ्यास जारी रखा। 29 जून, 1946 को सात सदस्यीय मंत्रियों की एक गवर्नर जनरल की सरकार बनाई, जिसमें कोई प्रधानमंत्री नहीं था। 22 जुलाई को फिर 14 सदस्यीय सरकार का प्रस्ताव रखा, जिसमें 6 कांग्रेसी, जिनमें एक हिन्दू दलित, 5 मुस्लिम लीग तथा तीन अन्य मंत्री शामिल होने थे। कांग्रेस को एक मुसलमान सदस्य को भी नामजद करने का अधिकार दिया गया था। लीग ने इसे मुसलमानों पर अपने एकाधिकार के विरुद्ध माना और विरोध किया तथा 29 जलाई, 1946 को कैबिनेट मिशन के अन्तरिम सरकार के सिद्धान्त का विरोध करते हुए 'सीधी कार्यवाही' का प्रस्ताव पारित किया और 16 अगस्त, 1946 को यह कलकत्ता में प्रारम्भ की जाने वाली थी। 26 जुलाई, 1946 को बंबई की एक प्रेस कांफ्रेन्स में जिन्ना अपना परम्परागत प्रत्यक्ष चोला–सूट–बूट त्याग कर अचकन शेरवानी में प्रकट हुए। आखिरकार जिन्ना अधार्मिक, निरपेक्ष जिन्ना से मुसलमान जिन्ना बन गये।

तब तक नेहरू को कांग्रेस का अध्यक्ष भी बना दिया गया था। 12 अगस्त, 1946 को सरकार बनाने के लिये उसे आमन्त्रित किया गया। 16 अगस्त, 1946 को कलकत्ता में मुस्लिम लीग की 'सीधी कार्यवाही' (Direct Action) प्रारम्भ हुई।

"यही वह घटना थी जिसने भारत के हिन्दू और मुस्लिम समुदायों की प्रतिद्वन्द्विता को बड़ी तेजी से हिंसा में परिवर्तित कर दिया। इसके ठीक पांच

---

35. बाद में 2 अप्रैल, 1947 को दिये प्रार्थना प्रवचन के दौरान गांधी ने कहा था, "कल मैंने जवाहरलाल जी के अमूल्य काम के बारे में जिक्र किया था। मैंने उन्हें हिन्दुस्तान का बेताज बादशाह कहा था। आज, जब अंग्रेज अपनी ताकत यहां से उठा रहे हैं, तब जवाहरलाल की जगह कोई दूसरा ले नहीं सकता, जिसने विलायत के मशहूर स्कूल हैरो और कैम्ब्रिज के विद्यापीठ में तालीम पाई है और जो वहां बेरिस्टर भी बने हैं, उनकी आज अंग्रेजों के साथ बातचीत करने के लिये बहुत जरूरत है।"
–डॉ. मंगू भाई पटेल "युगपुरुष सरदार बल्लभ भाई पटेल" (जीवनी)

माह पहले, महात्मा गांधी ने अपनी यह प्रायश्चित यात्रा आरम्भ की थी। घटना स्थल था, ब्रिटिश साम्राज्य का दूसरा सबसे बड़ा शहर कलकत्ता, जो हिंसा और बर्बरता के मामले में अपनी ख्याति के लिये बेजोड़ था। कलकत्ता, जिसके 'ब्लैक होल' काण्ड की चर्चा चारों ओर थी, अंग्रेजों की कई पीढ़ियों के लिये भारतीय क्रूरता का पर्याय रह चुका था।'

"कलकत्ता के एक निवासी ने एक बार कहा था कि कलकत्ता की गंदी बस्तियों में किसी अछूत के घर पैदा होना ही नरक है। इन गंदी बस्तियों की आबादी जितनी घनी थी, उतनी दुनिया में और कहीं नहीं थी, ये बस्तियां विपदाओं के गंदे बदबूदार नाबदान थी, जिनकी मिसाल कहीं और नहीं मिलती। हिन्दू और मुस्लिम टोले बिना किसी तर्क या योजना के एक दूसरे में गुंथे हुए थे।"

"16 अगस्त को बहुत सवेरे ही मुसलमानों के झुंड के झुंड धार्मिक उन्माद से चीखते हुए अपनी गंदी बस्तियों से निकल पड़े थे। सभी के हाथों में लाठियां, लोहे की छड़ें, बेलचे या कोई न कोई ऐसा हथियार जरूर था जिससे किसी इंसान की खोपड़ी खोली जा सके। ये लोग मुस्लिम लीग की ललकार पर सड़कों पर निकल आये थे कि 16 अगस्त को सीधी कार्यवाही का दिन मनाया जाये, ताकि अंग्रेजों और कांग्रेस पर यह साबित किया जा सके कि भारत के मुसलमान इस बात के लिये तैयार हैं कि अगर जरूरी हो तो वे सीधी कार्यवाही से भी अपने लिये पाकिस्तान हासिल कर लें।'

"उन्हें रास्ते में जो भी हिन्दू मिलता उसका वे बड़ी बर्बरता से वहीं कचूमर निकाल देते और लाश शहर की खुली नालियों में फैंक देते। भयभीत पुलिस ऐसे गायब हो गई जैसे गधे के सिर से सींग। शीघ्र ही शहर में बीसियों जगहों से काले धुऐं के बादल उठने लगे और आसमान पर छा गये। ये हिन्दू बाजार जल रहे थे।'

"कुछ देर बाद हिन्दुओं के झुंड निहत्थे मुसलमानों को मौत के घाट उतारने के लिये ढूंढती हुई अपने टोलों से एक तूफानी लहर की तरह निकल पड़े। हिंसा के अपने पूरे इतिहास में कलकत्ता ने पहले कभी इतनी बर्बरता और इतनी मानव–दुष्टता से भरे हुए 24 घंटे नहीं देखे थे। पानी में भीगे हुए लट्ठों की तरह बीसियों फूली हुई लाशें हुगली में बहती हुई समुद्र की ओर जा रही थीं। बहुत सी बुरी तरह कटी–फटी लाशें शहर की सड़कों पर बिखरी पड़ी थीं। हर जगह कमजोर और बेसहारा लोग ही सबसे ज्यादा मारे गये। ..... यह कत्लेआम खत्म होते–होते शहर पर गिद्धों का कब्जा हो चुका था। उनके गंदे मटियाले झुंड आसमान पर मंडरा रहे थे। और बीच–बीच

में शहर के 6000 मुर्दों की लाशों से अपना पेट भरने के लिए नीचे की ओर झपट पड़ते थे।'[36]

"कलकत्ता के इस कत्लेआम के देखादेखी नोआखाली में खून खराबा शुरू हो गया, जहां गांधी थे, बिहार में और उपमहाद्वीप के दूसरे सिरे पर बंबई में भी मारकाट शुरू हो गई थी।'

"इन घटनाओं ने भारत के इतिहास की दिशा बदल दी। .... अचानक भारत के सामने गृहयुद्ध का वही भयानक दृश्य उभरने लगा, जिससे दुखी होकर गांधीजी नोआखाली के जंगलों में भटक रहे थे।'

"एक दूसरे आदमी के लिये उस कठोर और प्रतिभाशाली वकील के लिये जो चौथाई शताब्दी तक गांधी का सबसे बड़ा मुस्लिम शत्रु रहा था, यह सम्भावना एक ऐसा औजार बन गयी थी, जिससे भारत के टुकड़े किये जा सकते थे।"[37]

लाशों के इसी ढेर पर चलकर गांधी के उत्तराधिकारी ने दिल्ली में 2 सितम्बर, 1946 को अन्तरिम प्रधानमंत्री का पद ग्रहण कर बारह सदस्यों से केन्द्रीय मंत्रिमंडल का गठन किया।

गांधीजी का दिल आखिरकार रो दिया "थके हुए, साहसहीन और सत्ता के भूखे नेताओं ने सिद्धान्तों से समझौता कर लिया।" कैबिनेट मिशन की योजना एवं प्रस्तावों के अनुसार, अब अगला कदम था संविधान सभा का चुनाव। लिहाजा, नवम्बर, 1946 में प्रस्तावित अप्रत्यक्ष पद्धति से प्रान्तीय विधान परिषदों द्वारा चुनाव किये गये, जिसके अनुसार 211 सदस्य कांग्रेस के और 73 सदस्य मुस्लिम लीग के लिये थे। इस प्रकार 290 सदस्यों में से शेष 6 सदस्य कमिश्नरों के प्रान्तों के और नामांकित थे। स्पष्ट है कि संविधान सभा में उक्त प्रतिनिधित्व जनता का न होकर केवल दो दलों का ही था। शेष 93 देशी रियासतों के नामांकित प्रतिनिधि होने थे, जो किसी भी दशा में जनता के प्रतिनिधि नहीं हो सकते थे।

9 दिसम्बर, 1946 को दिल्ली में संविधान सभा की पहली बैठक हुई। इसमें कुल 207 सदस्यों ने भाग लिया। मुस्लिम लीग के प्रतिनिधियों ने अपनी अलग संविधान सभा की मांग के साथ इस बैठक में भाग नहीं लिया।

× × ×

---

36. अन्य रिपोर्टों के अनुसार 10 हजार से अधिक लोग मारे गये, 15 हजार से अधिक भीषण रूप से क्षत–विक्षत हुए। एक लाख से अधिक घरों को जला दिये जाने के कारण बेघर हो गये थे।

37. लॉरी कॉलिंस–डोमिनिक लेपियर–*फ्रीडम एट मिडनाइट*–हिन्दी संस्करण (2001), पृ. 33–34।

भारत भाग्य निर्माता अभी भी ब्रिटिश सम्राट और ब्रिटिश संसद ही थी, संविधान सभा नहीं। मुसलमानों की नहीं बल्कि मुस्लिम लीग की 'सीधी कार्यवाही' जैसी प्रतीकात्मक कार्यवाहियों का अन्तिम नतीजा निकालने के लिये ब्रिटिश सरकार ने जिन्ना, जवाहर और पटेल को लंदन बुलाया। पटेल अपनी व्यस्तताओं और स्वास्थ्यगत कारणों से लंदन नहीं गये और जवाहरलाल नेहरू को ही पूर्ण विश्वास देकर भेजा। वहां दोनों ने सरकारी और गैर–सरकारी स्तर पर कई मुलाकातें की जिनका प्रभाव आगामी घटनाओं पर पड़ने वाला था। वहीं पर सारी योजनाऐं बनीं और अप्रत्यक्ष रूप से सारे फैसले हो गये, जिन्हें केवल कानूनी रूप या दस्तावेजी रूप देकर प्रकट करना मात्र शेष रह गया था। नेहरू ने अपने सहयोगी कृष्ण मेनन, क्रिप्स आदि से अन्तरंग मुलाकातें कीं तो जिन्ना को चर्चिल की सलाहों और सहयोग में अपना भविष्य उज्ज्वल नजर आया। दोनों ही सत्ता के शिखर पर बैठना चाहते थे– प्रत्यक्षतः ब्रिटिश सम्राट की छत्रछाया के बगैर भारत और भारत की जनता क्या चाहती थी, किसी ने जानने की कोशिश नहीं की। गांधीजी भी जब कभी जनता की नब्ज पर हाथ रखने की कोशिश करते, जवाहर लाल नेहरु का हाथ ही उनके हाथ में मिलता था।

"दिसम्बर, 1946 में लंदन में क्रिप्स और कृष्ण मेनन के बीच एक गुप्त वार्ता के दौरान यह सुझाव आया था कि माउन्ट बैटन को भारत का गवर्नर जनरल बनाकर भेजा जाये। कृष्ण मेनन वामपंथी विचारों के बहुत स्पष्टवादी भारतीय थे और कांग्रेस के नेता जवाहरलाल नेहरू के बहुत निकट थे। मेनन ने क्रिप्स ओर नेहरू के सामने यह सुझाव रखा था कि जब तक वेवेल वायसराय रहेंगें तब तक कांग्रेस भारत में किसी प्रगति की आशा नहीं कर सकती। ब्रिटिश नेता के यह पूछने पर कि उनकी जगह किसे भेजा जाये, मेनन ने उस आदमी का नाम बताया था, जिनको नेहरू बहुत सम्मान की दृष्टि से देखते थे वह था–लुई माउन्ट बैटन का नाम। इस बात को जानते हुए कि अगर भारत के मुस्लिम नेताओं को पता चल गया कि इस पद पर माउन्ट बैटन की नियुक्ति का विचार किस तरह पैदा हुआ था तो उनकी सारी उपयोगिता नष्ट हो जायेगी, क्रिप्स और मेनन दोनों ने आपस में यह तय किया कि वे अपनी बातचीत का ब्यौरा किसी को नहीं बतायेंगे।[38]

---

38. *फ्रीडम एट मिडनाइट* के लेखकों में से एक को मेनन ने क्रिप्स के साथ अपनी बातचीत का ब्यौरा फरवरी, 1973 में नई दिल्ली में अपनी मृत्यु से एक वर्ष पहले अपनी वार्ताओं के एक क्रम के दौरान बताया था, जिसे उक्त पुस्तक में दो जगहों पर अध्याय एक व अध्याय पांच में टिप्पणियों के रूप में उद्‌धृत किया है।

सर स्टेफोर्ड क्रिप्स, ब्रिटेन की एटली सरकार में वित्त मंत्री, जो दो बार पहले भारत आ चुका था, ने प्रधानमंत्री क्लैमेंट एटली, जो साइमन कमीशन के सदस्य के रूप में भारत आ चुका था, को यह सुझाव दिया था, जिसके परिणामस्वरूप लार्ड–लुई माउन्ट बैटन को भारत का अन्तिम वायसराय ही नहीं, पहला गवर्नर जनरल भी बनाकर भेजा गया।

जाहिर है, क्रिप्स और मेनन के साथ नेहरू भी मौजूद था, और इस पृष्ठभूमि का पता चर्चिल को भी नहीं लग सका था। यदि चर्चिल को इस गुप्त वार्ता का पता लग गया होता तो, चर्चिल इस बात को फौरन ही जिन्ना को बता देता, जो कि ठीक उसी समय लंदन में उसी मिशन के सिलसिले मौजूद था, जिस सिलसिले में नेहरू लंदन में था। चर्चिल और जिन्ना के बीच निजी पत्र व्यवहार भी चलता रहा था, कभी सीधा और कभी चर्चिल की सचिव जे.ए. जिलियेट के मार्फत।

ब्रिटिश सरकार ने माउन्ट बैटन को पूर्ण अधिकारों से सुसज्जित कर भेजा था ताकि वे कैबिनेट मिशन की योजना के अनुसार गठित संविधान सभा के माध्यम से स्वतन्त्र भारत की स्थापना कर सके और यदि संभव न हुआ, तो ब्रिटिश सम्राट को सूचित करे कि जून, 1948 से पूर्व भारत की सत्ता किसे हस्तान्तरित की जाये। उक्त समय सीमा से संबन्धित प्रधानमंत्री एटली की घोषणा को भी स्वयं माउन्ट बैटन ने ही तैयार किया था। इस घोषणा को 20 फरवरी, 1947 को ब्रिटिश संसद में एटली ने पढ़कर घोषित किया कि "महामहिम की सरकार इस बात को स्पष्ट कर देना चाहती है कि यह उनका पक्का इरादा है कि वह हद से हद जून, 1948 तक किसी तारीख को जिम्मेदार भारतीयों के हाथों में सत्ता सौंप देने के लिये आवश्यक कदम उठायेगी।"

5

उत्तराधिकारी का चयन

दूसरे विश्व युद्ध के मध्यकाल में 1942 तक ब्रिटिश सरकार की युद्ध संबंधी समस्याएं बहुत ज्यादा बढ़ गई थी। जापान ने हांगकांग, फिलिपिंस, हिंद–मलय् चीन, थाईलैंड, सिंगापुर को अपने कब्जे में करके 8 मार्च, 1942 को रंगून (अब यंगून) पर कब्जा करने के बाद भारत की तरफ बढ़ने का रास्ता साफ कर लिया था। यह चीन के च्यांग–काई–शेक के लिए भी चिंता का विषय था, अतः फरवरी 1942 के अन्त में उसने भारत की यात्रा की तथा "वास्तविक राजनीतिक सत्ता" को भारत की जनता को हस्तान्तरित करने के लिए अपील की। ऐसी ही चिंता अमरीका के राष्ट्रपति रुजवेल्ट को भी थी। चर्चिल ने 4 मार्च, 1942 को रुजवेल्ट को पत्र लिखकर बताया कि उस समय भारत की स्वतंत्रता या डोमीनियन स्थिति की घोषणा से युद्धरत भारतीय सेना हतोत्साहित होगी। इसका जवाब रुजवेल्ट ने 11 मार्च, 1942 के पत्र के द्वारा दिया, तत्पश्चात चर्चिल ने ब्रिटिश संसद का एक प्रतिनिधिमंडल भेजने की घोषणा को जो 22 मार्च, 1942 को सर स्टेफोर्ड क्रिप्स के नेतृत्व में भारत आया, जिसे क्रिप्स मिशन के नाम से जाना जाता है।

क्रिप्स के प्रस्तावों पर जो भी प्रतिक्रिया रही हो, उस संबंध में ब्रिटिश संसद के 'हाऊस ऑफ कामंस' में हुई बहस का हवाला देते हुए 'भारत सचिव' लियो एमरी के द्वारा भारत के वायसराय लार्ड लिन लिथगो को 29 अप्रैल, 1942 को लिखा गया पत्र महत्वपूर्ण है।[1] उस पत्र में क्रिप्स की रिपोर्ट का उपहास करते हुए महत्वपूर्ण तथ्य उजागर किया कि उसकी (क्रिप्स की) किसी समझौते के लिए उत्सुकता ऐसी थी जो कि नेहरू और आजाद की उत्सुकता से मिलती थी। 'राष्ट्रीय सरकार' जैसी शब्दावलीं के रिपोर्ट में प्रयोग से ऐसा लगता है कि उसमें भारत के सभी वर्ग शामिल होंगे।

---

1. पत्र का पूरा पाठ परिशिष्ट में दिया गया है।

आगे लिखा था, "जैसा कि तुम जानते हो, यहां नेहरू का एक एजेंट है कृष्णमेनन, कांग्रेस की पूर्ण प्रतिबद्धता के अनुसार चलने वाला कार्यकर्त्ता, जिसे तोड़ा नहीं जा सकता, तथा जिसके लेबर पार्टी के कोव (Cove), सोरेन सेन (Sorensen) और कुछ हद तक लेबर पार्टी के प्रवक्ता गोर्डन मेकडोनाल्ड (Gorden Macdonald) जैसे नेताओं में उसकी पैठ है। वह नेहरू के तारों (टेलीग्रामों) के कुछ अंशों को उद्धृत करके उसके पक्ष में माहौल बना रहा है।"

यही वह दौर था जब भारत की सत्ता को अपने विश्वस्त व्यक्ति के हाथों में सौंपने के काम को पूरा किया जाना था। भारत के स्थानीय शासक कई बातों को जानते हुए भी अनजान बने रहे हों, परन्तु इंग्लैण्ड के राजनीतिक गलियारों, 10 डाउनिंग स्ट्रीट और बकिंघम पैलेस अच्छी तरह जानते थे कि किसके हाथों में भारत की सत्ता दी जाए, कब दी जाए, कैसे दी जाए और किस रूप में दी जाए?

अपने पिता मोतीलाल नेहरू द्वारा जगाई गई "भारत का राजा" बनने की महत्वाकांक्षा और दी गई प्रारंभिक दीक्षा से जवाहरलाल नेहरू अच्छी तरह समझ चुके थे कि जनआंदोलन के बरगदनुमा नेतृत्व की ठंडी छाया में बैठकर अन्य पक्षियों को या तो अपने समर्थन के लिए बाध्य कर देना या उसे बरगद की छाया से दूर भगा देना, ऐश्वर्यपूर्ण सत्ता भोग की गारंटी है।

मुस्लिम नेतृत्व के प्रश्न पर जिन्ना को अलग–थलग कर देने के पश्चात गांधीजी का सहयोगी और विरोधी बने रहने की मुख्य रणनीति अपनानी जरूरी थी। आन्दोलन से जनता का विश्वास तो जीता जा सकता है, सरकार का विश्वास नहीं। अतः 1919 के भारत सरकार अधिनियम के अनुसार जब चुनावों की बात सामने आई, मोतीलाल नेहरू ने अपनी अलग स्वराज पार्टी बना ली और कांग्रेस से भी अधिक सीटें हासिल कर अपनी महत्ता को कांग्रेस में साबित किया। हालांकि अगले चुनावों में ही स्वराज पार्टी हार कर समाप्त प्रायः हो गई। अतः मोतीलाल कांग्रेस से फिर जुड़ गए।

तत्पश्चात साइमन कमीशन के रूप में कुछ सुधारों के प्रस्ताव लेकर ब्रिटिश सरकार का एक प्रतिनिधिमंडल भारत आया। तब ही कांग्रेस की बैरिस्टर लाबी ने भी अपने अनुभवों के आधार पर भारत के लिए संविधान का प्रारूप बनाने की ठानी। तब मोतीलाल नेहरू के नेतृत्व में "नेहरू समिति" बनी और संविधान का प्रारूप बनाया। इसी दौर में जवाहरलाल नेहरू और सुभाषचन्द्र बोस जैसे नौजवानों ने कांग्रेस में ही समाजवादी मंच और जनवादी–मंच बनाया।

इसके पहले ही मोतीलाल नेहरू और जवाहरलाल नेहरू का गांधीजी के प्रति कोई लगाव नहीं था। फिर भी गांधीजी जैसे बरगद की छाया के मिलने वाले लाभ को वे अच्छी तरह जानते थे।

11 जनवरी, 1928 को जवाहरलाल नेहरू का गाँधीजी को लिखा गया पत्र महत्वपूर्ण है। कांग्रेस के मद्रास अधिवेशन (दिसंबर 1927) में जवाहरलाल नेहरू की सक्रिय भूमिका से "स्वराज" का प्रस्ताव पारित किये जाने से गांधीजी नाराज थे, जिसे उन्होंने छुपाया भी नहीं था की प्रतिक्रिया स्वरूप 11 जनवरी, 1928 को जवाहरलाल नेहरू ने एक पत्र गाँधी जो लिखा था, जिसमें गाँधीजी को "गुस्सैल स्कूल मास्टर" की तरह व्यवहार करने वाला कहा है।[2] फिर भी 1929 में कांग्रेस के लाहौर अधिवेशन में मोतीलाल नेहरू के आग्रह पर गाँधीजी ने वल्लभभाई पटेल के बदले जवाहरलाल नेहरू को अध्यक्ष बनावाया था।

यहां से आगे गाँधीजी ने अपनी हताशा, अपने वैचारिक एकांकीपन और कांग्रेस में अन्य नेताओं की आदरपूर्ण अवहेलना के बावजूद गाँधीजी ने जवाहरलाल का खुलकर पक्ष लिया।

अन्ततः भारत सरकार अधिनियम 1935 के रूप में भारत में एक नया परन्तु पूर्ण संविधान कानून के रूप में लागू किया गया। इसके अनुसार 1937 में प्रान्तीय विधानसभाओं के तो चुनाव करवा लिए गए, परन्तु केन्द्रीय विधान परिषद के चुनाव नहीं करवाए गए।

1937 के चुनावों के बाद कुछ प्रान्तों में कांग्रेस की और कुछ में मुस्लिम लीग की सरकार बनीं। संयुक्त प्रान्त में मुख्यमंत्री का पद स्वयं नेहरू ने न लेकर अपने विश्वासपात्र पं. गोविंद वल्लभ पंत को दिलवाया। अगले वर्ष जब हरिपुरा में कांग्रेस का अधिवेशन हुआ तब सुभाषचन्द्र बोस भारी बहुमत से अध्यक्ष चुने गए। अगले वर्ष 1939 में त्रिपुरा कांग्रेस में जब गाँधीजी के समर्थन से खड़े हुए पट्टाभिसीतारामैया सुभाषचन्द्र बोस से हार गए तब भारत की राजनीति का भविष्य एक नई ही दिशा में जाता दिखने लगा, जहां शायद नेहरू वगैरह को कोई जगह नहीं मिलती। गाँधीजी ने इसे अपनी हार मानी। अन्ततः गोविन्द वल्लभ पंत ने कार्यकारिणी के सामने एक प्रस्ताव रखा जिसका आखिरी पैरा इस प्रकार था–

"विशिष्ट परिस्थितियों को देखते हुए जो कि आगामी कुछ वर्षों में पैदा हो सकती हैं तथा इस बात को ध्यान में रखते हुए कि ऐसे संकट के समय में विजय की ओर ले जाने के लिए केवल महात्मा गाँधी ही कांग्रेस

2. पत्र का पूरा पाठ परिशिष्ट में दिया गया है।

और देश का नेतृत्व कर सकते हैं, कांग्रेस यह आवश्यक मानती है कि कांग्रेस की कार्यकारिणी को उनमें विश्वास हो और अध्यक्ष से अनुरोध करते हैं कि कार्यसमिति के सदस्यों की नियुक्तियाँ गांधीजी की इच्छाओं के अनुसार करें।"

जयप्रकाश नारायण के नेतृत्व वाले कांग्रेस सोशलिस्ट ग्रुप ने उक्त प्रस्ताव के समर्थन में मत दिया, जबकि अध्यक्ष के चुनाव में सुभाष के पक्ष में मत दिया था। लेकिन, सुभाषचन्द्र बोस ने इस प्रस्ताव के अनुसार नियुक्तियाँ नहीं कीं, तो सुभाष और शरत दोनों बोस भाइयों के अलावा सभी सदस्यों ने अपने त्याग पत्र दे दिए। यह घटना 22 फरवरी, 1939 की है, जबकि सुभाष ने कांग्रेस अध्यक्ष पद से 29 अप्रैल, 1939 को त्याग पत्र दे दिया और कांग्रेस में ही "फारवर्ड ब्लाक" नाम से अलग पार्टी बना ली। लेकिन सुभाष जैसे स्वनिर्मित नायक को कांग्रेस सहन नहीं कर सकती थी। सुभाष को अन्ततः जेल की यात्रा करते हुए 16 जनवरी, 1941 को भारत छोड़कर जाना पड़ा और फिर कभी भारत की धरती पर पैर नहीं रख पाए।

अब जवाहरलाल नेहरू का कोई प्रतिद्वंद्वी ऐसा नहीं था जो प्रधानमंत्री पद का दावेदार हो, सिवाय सरदार पटेल और मुस्लिम लीग के जिन्ना के।

1940 में मौलाना अबुल कलाम आजाद को कांग्रेस का अध्यक्ष बनाया गया जो कि लगातार 1946 तक बने रहे। 1946 में भी जब केन्द्रीय विधान परिषद के चुनाव हो गए और प्रधानमंत्री बनाने का प्रश्न आया तब कौन दावेदार हो सकता था–(1) कांग्रेस अध्यक्ष (या मुस्लिम लीग से समझौता और सहमति होने पर, जिन्ना) या (2) केन्द्रीय विधान परिषद में कांग्रेस दल का नेता, या (3) केन्द्रीय विधान परिषद का अध्यक्ष। इस प्रकार मौलाना अबुल कलाम आजाद कांग्रेस अध्यक्ष होने के नाते या सरदार वल्लभ भाई पटेल, कांग्रेस संसदीय दल का नेता होने के नाते या डॉ. राजेन्द्र प्रसाद केन्द्रीय विधान परिषद का अध्यक्ष होने के नाते प्रधानमंत्री पद के दावेदार थे। परन्तु पहले से ही तय योजना के अनुसार मौलाना अबुल कलाम आजाद से कांग्रेस अध्यक्ष पद से त्याग पत्र लिया गया और जवाहरलाल नेहरू को कांग्रेस का अध्यक्ष बनाया गया ताकि प्रधानमंत्री बनाया जा सके।

इसकी अंतिम तैयारी 13 मार्च, 1946 को पहुंचे ब्रिटिश कैबिनेट मंत्रियों के एक शिष्टमंडल ने की, जिसे "कैबिनेट मिशन" के नाम से जाना जाता है। इस शिष्टमंडल ने ही भारत की केन्द्रीय विधान परिषद के गठन का स्वरूप सुझाया जिसको आगे चलकर संविधान के रूप में भी कार्य करना था।

साइमन कमीशन, क्रिप्स मिशन और कैबिनेट मिशन के सदस्यों के नामों पर नजर डालने पर पता चल जाता है कि किस प्रकार शृंखलाबद्ध तरीके से काम को अंजाम दिया गया–

(1) साइमन कमीशन (3 फरवरी, 1928)

सर जॉन साइमन,
हार्वे वेबस्टर,
बाथ काउंट बुरहाम,
माउंट रायल,
एडवर्ड काडोजेन
मेजर क्लीमेंट एटली,
रिचर्ड लेन फाक्स (बाद में हार्टस्बोर्न)।

(2) क्रिप्स मिशन (22 मार्च, 1942)

सर स्टेफोर्ड क्रिप्स–कैबिनेट मंत्री

(3) कैबिनेट मिशन (23 मार्च, 1946)

लार्ड पेथिक लारेंस, भारत सचिव
सर स्टेफोर्ड क्रिप्स, वित्त मंत्री
ए.पी. अलेक्जेंडर (एडमायरलटी के प्रथम लार्ड)

इनमें से साइमन कमीशन का एक सदस्य मेजर क्लीमेंट एटली अब प्रधानमंत्री था तथा सर स्टेफोर्ड क्रिप्स युद्धकालीन चर्चिल और अब एटली के मंत्रिमण्डलों में मंत्री की हैसियत से शामिल था।

× × ×

अगस्त, 1946 के दूसरे सप्ताह में मौलाना आजाद ने कांग्रेस अध्यक्ष पद से त्यागपत्र दिया और जवाहरलाल नेहरू ने अध्यक्ष पद संभाला, 14 अगस्त, 1946 को कलकत्ता से मुस्लिम लीग की सीधी कार्रवाई के अन्तर्गत दंगे शुरू हुए, बेतहाशा मार–काट मची, 18 अगस्त, 1946 को अन्तरिम प्रधानमंत्री के रूप में सरकार गठन करने के लिए जवाहरलाल नेहरू को बुलाया गया और 2 सितम्बर, 1946 को प्रधानमंत्री पद की शपथ ली।

जवाहरलाल नेहरू को अन्तरिम प्रधानमंत्री बनाकर ब्रिटिश सरकार ने कई संदेश एक साथ दे दिए। सबसे पहला और महत्वपूर्ण तो यही कि सरकार ने मुस्लिम लीग की अन्तरिम सरकार में भागीदारी के बावजूद भारत का बंटवारा करना था, जिन्ना को सरकार के गठन से अलग रखने का यही मतलब था।

दूसरा यह कि भारत का भावी प्रधानमंत्री 10, डाउनिंग स्ट्रीट और बकिंघम पैलेस के दालानों की चमक को कायम रखने वाला होगा।

तीसरा यह कि भारत का भावी नक्शा कैसा होगा, यह इंग्लैण्ड तय करेगा, ब्रिटिश संसद तय करेगी, भारतीय नहीं।

चौथा यह कि भारत के भावी संविधान की रूपरेखा क्या होगी।

इन्हीं सबको व्यावहारिक बनाने के लिए भारत के अन्तरिम प्रधानमंत्री की गुप्त सलाह पर लार्ड माउंट बैटन को, जो कि ब्रिटिश राज परिवार का ही एक सदस्य था, भारत में अंतरिम वायसराय के रूप में नियुक्त किया गया।[3]

लार्ड माउंट बैटन दूसरे विश्वयुद्ध के दौरान पूरे दक्षिण–पूर्वी एशिया के मित्र देशों की सेनाओं के प्रमुख के रूप में नियुक्त था। 22 जनवरी, 1944 को जब माउंट बैटन अहमद नगर में थल सेना के 33वें रिसाले का अवलोकन करने गए हुए थे, उस समय उन्हें पता चला कि नेहरू उसी शहर में नजरबन्द हैं। यह सोच कर कि उनके नीचे दस लाख से ज्यादा भारतीय सिपाही युद्ध में लड़ रहे हैं, उन्होंने भारतीय नेता से मिलने की इजाजत मांगी। उनकी यह प्रार्थना स्वीकार नहीं की गई। जाहिर है, माउंटबैटन को जवाहरलाल नेहरू के बारे में पूरी जानकारी दे दी गई थी और भविष्य की संभावना की भी। तब ही तो युद्ध समाप्ति के बाद नेहरू का सिंगापुर जाना हुआ (या बुलाया गया)। वहाँ नेहरू माउंट बैटन के निजी मेहमान की तरह रहे और

---

3. हालांकि माउंट बैटन को इस बात का पता नहीं था, लेकिन उन्हें भारत भेजने के विचार का सुझाव एटली को उनके निकटतम सहयोगी, उनके चासलर ऑफ द एक्सचेकर (वित्त मंत्री) सर स्टेफोर्ड क्रिप्स ने दिया था यह विचार (दिसंबर, 1946). में लंदन में क्रिप्स और कृष्ण मेनन के बीच एक गुप्त वार्ता के दौरान सामने आया था; कृष्ण मेनन वामपंथी विचारों के बहुत स्पष्टवादी भारतीय थे और कांग्रेस के नेता जवाहरलाल नेहरू के बहुत निकट थे। मेनन ने क्रिप्स और नेहरू के सामने यह सुझाव रखा था कि जब तक वेवेल वायसराय रहेंगे तब तक कांग्रेस भारत में किसी प्रगति की आशा नहीं कर सकती। ब्रिटिश नेता के यह पूछने पर कि उनकी जगह किसे भेजा जाए। मेनन ने उस आदमी का नाम बताया था जिसको नेहरू बहुत सम्मान की दृष्टि से देखते थे–लुई माउंट बैटन का नाम। इस बात को जानते हुए कि अगर भारत के मुस्लिम नेताओं को पता चल गया कि इस पद पर माउंट बैटन की नियुक्ति का विचार किस तरह पैदा हुआ था तो उनकी सारी उपयोगिता नष्ट हो जाएगी, क्रिप्स और मेनन दोनों ने आपस में तय किया कि वे अपनी बातचीत का ब्यौरा किसी को नहीं बताएंगे। मेनन ने क्रिप्स के साथ अपनी बातचीत का ब्यौरा फरवरी 1973 में नई दिल्ली में अपनी मृत्यु के एक वर्ष पहले इस पुस्तक के एक लेखक के साथ अपनी वार्ताओं के एक क्रम के दौरान बताया था।

–*फ्रीडम एट मिडनाइट*, हिन्दी सं. के पृष्ठ 16 से उद्धृत।

दोनों श्रीमती माउंट बैटन (एडविना) के साथ खुली मोटरगाड़ी में सिंगापुर की सड़कों पर खूब घूमे। नेहरू को चालीस वर्ष पुराने, इंग्लैण्ड में गुजारे दिन याद हो आए होंगे। माउंट बैटन के सलाहकारों ने उन्हें चेतावनी भी दी कि उनके आचरण से ब्रिटिश विरोधी विद्रोही की प्रतिष्ठा बढ़ेगी। तब माउंट बैटन ने दो टूक जवाब दिया था, "उनकी प्रतिष्ठा बढ़ेगी? उनकी वजह से प्रतिष्ठा मेरी बढ़ेगी। एक दिन यह आदमी भारत का प्रधानमंत्री बनेगा।" संभवतः यहीं पर भारत के भविष्य की रूपरेखा और कार्ययोजना पर भी चर्चा हुई होगी।

अन्तरिम प्रधानमंत्री के "स्थायी" प्रधानमंत्री बनने की प्रक्रिया को पूरा करने के लिए अब स्वयं लार्ड माउंट बैटन भारत में वायसराय के रूप में नियुक्त हो चुका था और उसकी सहायता के लिए साथ में थीं रूप लावण्य की धनी लेडी माउंट बैटन—एडविना।

एक अभिजात वर्गीय विधुर, जिसका परम्परावादी अपनी पत्नी से कभी विशेष लगाव नहीं रहा, जो उसके जीवित रहते सरोजिनी नायडू की पुत्री के प्रति आकर्षित रहा और उसका अब किसी के भी प्रति आकर्षित हो जाना कोई अपराध नहीं था। इसी प्रकार एडविना लेडी माउंट बैटन का अपने राजपरिवार और अपने देश के हितों को भविष्य में सुरक्षित रखने की गारंटी प्राप्त करने के लिए और अपने पति की कार्ययोजना को पूरा करने के लिए अपने रूप सौंदर्य का उपयोग करना कोई पाप नहीं था, जिसमें वह नेहरू को सम्मोहित करके आशा से अधिक सफल रही।

× × ×

22 मार्च, 1947 को लार्ड माउन्ट बैटन ने भारत के चौंतीसवें गवर्नर जनरल का पद ग्रहण किया। नेहरू भी उसमें मौजूद था।

माउन्ट बैटन ने भारत में आने के बाद तेजी से अपने मिशन पर काम करना शुरू किया। विशाल ब्रिटिश सम्राज्य के पतन की पीड़ा, जो ब्रिटेन ही नहीं, ब्रिटिश राजपरिवार भी भुगत रहा था, से महारानी विक्टोरिया, जिसके समय से ब्रिटिश ताज 'सम्राट' या 'साम्राज्ञी' होने की गरिमा का अनुभव करते रहे हैं, का पड़—दोहिता माउंट बैटन अछूता कैसे रह सकता था। वह अपने रिश्ते के भाई जार्ज षष्ठम्, महाराजा, भारत सम्राट की भावनाऐं साथ लेकर आया था, जो उसने उससे एक बैठक के दौरान व्यक्त की थी, 'मैं जानता हूँ कि मुझे सम्राट की उपाधि छोड़नी पड़ेगी, लेकिन अगर भारत से सारे संबंध टूट गये तो मुझे बड़ा दुःख होगा।' जार्ज षष्ठम अच्छी तरह जानते थे कि उस महान शाही सपने की चमक—दमक अब मंद पड़ गई थी। अगर वे बातें,

जिनका वह प्रतीक था, किसी नये रूप में अभिव्यक्त न हो सकी, जो आधुनिक युग के अनुकूल हो। कामनवैल्थ सचमुच एक ऐसा ढांचा प्रदान कर सकता था, जिसमें जार्ज षष्ठम् की आशाएँ पूरी हो सकती थीं। वह स्वतन्त्र राष्ट्रों की एक ऐसी बहु–जातीय सभा बन सकता था, जिसका मेरूदण्ड ब्रिटेन हो, बराबर वालों में प्रथम। शाही ठाट बाट भले ही चले जायें, लेकिन वह छाया तो फिर भी बाकी रहेगी, जिसकी बदौलत एक द्वीप तक सीमित जार्ज षष्ठम् का राज्य चैनल के पार यूरोप के दूसरे राष्ट्रों से अलग पहचाना जायेगा।

इस आदर्श को पूरा करने के लिये जरूरी था कि भारत कामॅनवैल्थ में रहे। अगर भारत ने इन्कार कर दिया तो यह लगभग निश्चित ही है कि अफ्रीका–एशिया के दूसरे राष्ट्र भी, जो आने वाले कुछ वर्षों में स्वतन्त्र होने वाले थे, कामनवैल्थ में शामिल होने से इंकार कर देंगे। इस तरह कॉमनवैल्थ साम्राज्य के गोरे राज्यों की गिरोहबंदी बनकर रह जायेगी। अतः जार्ज षष्ठम् ने मत व्यक्त किया, 'बहुत ही दुःख की बात होगी अगर स्वतन्त्र भारत ने कॉमनवैल्थ की ओर से भी मुंह फेर लिया। बकिंघम पैलेस के एक कमरे में बैठे–बैठे महारानी विक्टोरिया के उन दो पड़नातियों ने आपस में एक गुप्त फैसला किया। लुई माउन्ट बैटन कॉमनवैल्थ के भविष्य के बारे में उन दोनों की समान आकांक्षा को पूरा करने का भार सम्भालेंगे। इसके लिये माउन्ट बैटन ने प्रधानमंत्री एटली से आग्रह किया कि उन्हें जो जिम्मेदारी सौंपी गई हैं उसमें यह स्पष्ट आदेश भी शामिल कर दिया जाये कि यदि किसी प्रकार सम्भव हुआ तो वह संयुक्त या विभाजित स्वतन्त्र भारत को कॉमनवैल्थ में रखने की पूरी कोशिश करेंगे।

आने वाले सप्ताहों में नये वायसराय ने किसी दूसरे काम की ओर इतना ध्यान नहीं दिया, किसी दूसरे काम के बारे में लोगों को समझा–बुझाकर राजी करने की इतनी कोशिश नहीं की, किसी दूसरे काम में इससे अधिक कुटिलता का परिचय नहीं दिया, जितना कि भारत और अपने भाई के ताज के बीच संबंध बनाये रखने में किया। अतः उनकी कोशिशें इसी पर केन्द्रित थीं कि भारत में अंग्रेजों की सार्वभौम सत्ता 30 जून, 1948 तक कॉमनवैल्थ के अन्दर ही एक स्वतन्त्र राष्ट्र को सौंप देने की व्यवस्था हो जाये। मार्गदर्शन के रूप में उन्हें आठ माह पहले आये कैबिनेट मिशन, जिसमें सर स्टेफोर्ड क्रिप्स भी था, द्वारा तैयार की गयी योजना का पालन करना था।

नई दिल्ली में उनकी जिम्मेदारी सबसे पहले उस राष्ट्र के प्रति थी, जिसने उन्हें यहां भेजा था, ब्रिटेन के प्रति। वह बहुत चाहते थे कि भारत की एकता बनी रहे, लेकिन इस कीमत पर नहीं कि उनका अपना देश एक

ऐसे हिन्दुस्तान में बुरी तरह फंस कर रह जाये, जहां अराजकता और हिंसा का बोल–बाला हो। दो धुरों में बंटे विश्व में नव स्वतन्त्र राष्ट्रों का झुकाव कहीं समाजवादी देशों के खेमे की तरफ न हो जाये, जिससे उनके बाजार में कमी आ जाये। इस मामले में भारत की भौगोलिक स्थिति और आर्थिक तथा मानव शक्ति महत्वपूर्ण भूमिका निभा सकती थी। अतः विश्व युद्ध में दिवालिया हुआ ब्रिटेन इसी कोशिश में था कि उसके उपनिवेश छोटे–छोटे टुकड़ों में न बंटे और वहां अराजकता की स्थितियां न बने जिससे कि सोवियत संघ को अपना प्रभाव क्षेत्र बढ़ाने का प्राकृतिक अवसर मिले। इसीलिये, कॉमनवैल्थ का सदस्य बने रहने में कई प्रकार के आश्वासन स्वतः ही मिल जाते–उदाहरण के लिये–भारत का झुकाव पूंजीवाद की तरफ ही रहेगा, समाजवाद की शिक्षा को जनता के बीच फैलने से रोका जा सकेगा, व्यापार में बड़ी साझीदारी बनी रहेगी, और सबसे बड़ा लाभ होगा, अपने पुराने मालिकों–अंग्रेजों की भावनाओं, प्रतीकों और परम्पराओं को छोटे–मोटे हेर–फेर के साथ बनाये रखा जा सकेगा।

माउन्ट बैटन को अपना काम पूरा करने के लिये जिन चार बड़े नेताओं से सामना करना था, या उन्हें मनाना था, वे चारों इंग्लैण्ड में पढ़े बैरिस्टर थे, वकील थे। परन्तु इन चारों बैरिस्टरों की अपनी–अपनी दुनिया दिखाई दे रही थी। अतः चारों को एक मंच पर न लाकर, माउन्ट बैटन ने एक–एक को पकड़ा। इनमें, सबसे पहले, सबसे विश्वस्त को, पूर्वनिर्धारित योजना के अनुसार, सर्वाधिक महत्वाकांक्षी को पकड़ना सबसे आसान था। वह उस नेता के साथ निजी तौर पर बातचीत करके अपने मन को आश्वस्त करेंगे, जिस नेता को उन्होंने अपने सहयोगियों की परेशानी की परवाह न कर शिमला में अपने साथ छुट्टियाँ बिताने का निमन्त्रण दिया था। माउन्ट बैटन को इस समय पहले से कहीं अधिक लगा कि सौम्य और शालीन व्यक्तित्व वाले जवाहरलाल नेहरू के साथ उनका संबंध भारत में उनकी नीतियों के लिये सबसे बड़ा सहारा है, और आने वाले वर्षों के दौरान ब्रिटेन और उसके पुराने भारतीय साम्राज्य के बीच हार्दिक सद्भावना बने रहने की सबसे बड़ी उम्मीद भी।

इस काम में माउन्ट बैटन की सबसे बड़ी सहयोगी और हथियार उसकी पत्नी एडविना, लेडी माउन्ट बैटन बनी। उन्हें अपने पति के सबसे पहले और सबसे अधिक भरोसे के विश्वास पात्र के रूप में काम करना था। संकट के क्षणों में बड़े विवेक का परिचय देते हुए उनके निजी दूत की जिम्मेदारी सम्भालनी थी, जिन भारतीय नेताओं से उनके पति को निबटना था उनके पास एडविना को ही उनके सबसे सफल दूत की हैसियत से जाना था।

जवाहरलाल नेहरू अन्तरिम प्रधानमंत्री होने के नाते अक्सर वायसराय के भवन में जाते रहते थे। अतः उनके साथ एडविना का पहला कदम था, नेहरू को अन्य नेताओं के प्रभाव से दूर, यहाँ तक कि गांधी से भी दूर रखे–विचारों से। जब नेहरू संशय और निराशा में घिर जाते थे, और सिकुड़कर अपने आप में सीमित हो जाते थे, उस समय उन्हें फिर अपने घेरे से निकाल कर बाहर लाने में किसी को उतनी सफलता नहीं मिलती थी, जितनी रईस घराने की इस आकर्षक महिला को, जिसके रोम–रोम से सहानुभूति, समझदारी और हार्दिक स्नेह फूटा पड़ता था। अक्सर ऐसा हुआ था कि चाय पीते–पीते, मुगल गार्डन में टहलते हुए या वायसराय भवन के तरणताल में तैरते समय नेहरू पर उन्होंने अपना जादू चलाकर नैराश्य के वातावरण से बाहर निकाला था, बिगड़ी हुई परिस्थिति को सम्भाल लिया था और बड़े गूढ़ ढंग से अपने पति के प्रयासों को सहारा दिया था।

सचमुच राज–परिवारों या ऊंचे लोगों में भावनात्मक संबंध केवल राजनीतिक और आर्थिक हित साधन के लिये ही काम में लिये जाते हैं, उनकी नैतिकता कोई मूल्य नहीं रखती। सिंगापुर में हुआ पहला परिचय, दिसम्बर, 1946 में पुनः ताजा हुआ, जो अब ब्रिटिश शाही ताज की हितपूर्ति के लिये सशक्त हथियार के रूप में उभर कर सामने आ रहा था। एडविना और नेहरू की भावनात्क अन्तरंगता।

× × ×

लार्ड माउन्ट बैटन ने योजना बना ली थी। उसका सार यह था–

(1) भारत को दो डोमिनियनों में बांट दिया जाये। बंगाल का जनमत (विधान परिषद्), हिन्दू–मुस्लिम दोनों यदि चाहें तो बंगाल अलग स्वतंत्र राष्ट्र बन सकता है।[4]

(2) विभाजन के परिणामस्वरूप भारत और पाकिस्तान की सीमाओं का निर्धारण करने के लिये एक सीमा निर्धारण आयोग (Boundary Commission) की नियुक्ति की जाये।

(3) देशी रियासतों के साथ ब्रिटेन के संबंध बने रहेंगे, उनकी संप्रभुता पर कोई असर नहीं पड़ेगा।

(4) दोनों देश ब्रिटिश कॉमनवैल्थ के सदस्य बनें।

इनमें सबसे बड़ा मुदद्ा यह नहीं था कि सत्ता किसके हाथ में दी जाये, बल्कि यह कि बँटवारे की बात पर उन चार नेताओं की सहमति कैसे प्राप्त करे।

---

4. दो नहीं बल्कि तीन राष्ट्रों की कल्पना जो कि माउंट बैटन की मृत्यु के पहले 1971 में साकार हो चुकी थी।

जाहिर है कि माउंट बैटन की सारी योजना जवाहरलाल नेहरू से छिपी नहीं थी, बल्कि बहुत हद तक उसी की सहमति से तैयार की गई थी। इस घटनाक्रम का उल्लेख लॉरी कॉलिस और डोमिनिक लेपियर[5] ने इस प्रकार किया है जो मई, 1947 में शिमला में घटित हुआ था–"इस रात माउंट बैटन ने नेहरू को पोर्ट पीने के लिये अपने अध्ययन कक्ष में बुलाया। बातें करते–करते उन्होंने योजना की एक प्रति, जिसमें लंदन से भेजे गये संशोधन के सुझाव भी शामिल थे, कांग्रेसी नेता के सामने सरकाते हुए कहा कि 'आप इसे अपने कमरे में ले जाकर पढ़ लीजियेगा। शायद उसके बाद आप निजी तौर पर बता सकें कि इस योजना पर कांग्रेस की प्रतिक्रिया क्या होगी?' नेहरू बहुत खुश हुए और राजी हो गये।'

"कुछ घंटो बाद नेहरू अपने देश के भविष्य का फैसला करने वाले उन कागजात को ध्यान से पढ़ने लगे। जो कुछ उन्होंने पढ़ा, उससे वह सहम उठे। उस योजना के पन्नों में से भारत का जो चित्र उभरा वह भयानक दुःख स्वप्न जैसा था–दो टुकड़ों में नहीं बल्कि दर्जनों टुकड़ों में बंटे हुए भारत का चित्र। नेहरू ने पहले ही भाँप लिया कि माउन्ट बैटन ने बंगाल के लिये जो दरवाजा खुला छोड़ दिया था, वह एक ऐसा नासूर बन जायेगा, जिससे भारत का सारा रक्त बह जायेगा। वह देख रहे थे कि कलकत्ता का बंदरगाह और उसके साथ कितनी ही मिलें, फैक्ट्रियां और इस्पात के कारखाने छिन जाने से भारत के शरीर से उसके फेफड़े छिन जायेंगे, कश्मीर, उनका प्यारा कश्मीर, एक स्वतंत्र राज्य बन जायेगा, जिस पर एक ऐसे निरंकुश राजा का शासन होगा, जिससे उन्हें नफरत थी, हैदराबाद भारत के उदर में एक बहुत बड़ी मुस्लिम गांठ बनकर रह जायेगा, जिसे पचाना नामुमकिन होगा, आधा दर्जन दूसरी देशी रियासतें भी अपना अलग अस्तित्व बनाये रखने के लिये शोर मचाने लगेंगी। उन्हें यकीन था कि यह योजना भारत में बिखराव की सारी प्रवृत्तियों को बोली, संस्कृति और जाति के झगड़ों को इस हद तक बढ़ा देगी कि उपमहाद्वीप में ऐसा विस्फोट हो जायेगा जो छोटे–छोटे, कमजोर और एक–दूसरे के दुश्मन राज्यों में तोड़कर रख देगा। गुस्से से उनका चेहरा तमतमा उठा और उनका शरीर कांपने लगा। नेहरू अपने विश्वास पात्र कृष्ण मेनन के कमरे में पहुंचे, जो उनके साथ ही शिमला आये थे। बहुत झल्ला कर उन्होंने योजना को मेनन के पलंग पर फेंक दिया।'

"सारा खेल खत्म हो गया।' उन्होंने झल्लाकर कहा।'

"अगले दिन सुबह माउन्ट बैटन को एक पत्र मिला, जिसमें लिखा था, 'कांग्रेस पार्टी उसे बेहद नापसंद करेगी और उस पर झुंझलायेगी।"

---

5. *फ्रीडम एट मिडनाइट*, हिन्दी संस्करण (2001), पृ. 121–123।

गौर करें, नेहरू की अपनी कोई उलझन नजर नहीं आती, उलझन सिर्फ कांग्रेस से सहमति प्राप्त करने की थी, वो भी केवल पटेल और गाँधी की।

"माउंट बैटन खुश थे कि अपनी योजना वे नेहरू को बता सके और आवश्यक समझा कि इस नई योजना में उन खामियों को दूर किया जाये जिनकी वजह से नेहरू को इतनी तकलीफ हुई थी। इस नई योजना में भारत के प्रांतों और देशी रियासतों के सामने एक ही रास्ता होगा–भारत मे रहें या पाकिस्तान के साथ जायें।'

"नेहरू की प्रत्यक्ष और अप्रत्यक्ष सहमति के बाद बंटवारे पर सरदार पटेल और गांधीजी की सहमति लेना आवश्यक थी। 'बँटवारे की योजना को स्वीकार करने के बारे में सरदार पटेल ने 1948 में बनारस हिन्दू विश्वविद्यालय में दिये गये भाषण में खुलासा किया था, 'मुझे लगा कि यदि हम बंटवारे को स्वीकार नहीं करेंगे तो भारत कई टुकड़ों में बंट जायेगा और उसका पूर्णतया विनाश हो जायेगा। पद पर रह कर प्राप्त किये चार साल के अनुभव से मुझे पक्का विश्वास हो गया है कि जिस प्रकार हम आगे बढ़ रहे हैं, इससे तो भीषण आपत्ति ही आयेगी। फिर हमारे सामने एक नहीं, कई पाकिस्तान खड़े होंगे। प्रत्येक दफ्तर में पाकिस्तान के केंद्र खड़े होंगे।'

"अब समस्या केवल गांधीजी की सहमति की थी, जिसे प्राप्त करना न तो नेहरू के बूते में था और न ही पटेल की क्षमता में। अतः यह सारा भार स्वयं माउन्ट बैटन पर ही डाल दिया गया, साथ ही, गांधी के बारे में नेहरू ने अपनी राय भी जाहिर कर दी, ताकि वायसराय अपनी योजना को क्रियान्वित कर सकें।'

"बिहार, नौआखाली में अपनी प्रायश्चित यात्रा कर रहे उस अकेले यात्री के बारे में नेहरू ने वायसराय को बताया कि जिस आदमी के वह इतने लम्बे अरसे से भक्त रहे हैं, वह भारत के शरीर पर एक के बाद दूसरे घाव पर मरहम लगाकर उसे अच्छा करने की कोशिश करता घूम रहा है, बजाय इसके कि वह रोग का निदान कर पूरे शरीर को चंगा करने में लगे।'

"नेहरू के इन शब्दों में इस बात की झलक मिलती थी कि भारत के मुक्तिदाता और उसके निकटतम सहयोगियों के बीच की खाई लगातार चौड़ी होती जा रही थी, इन शब्दों में माउन्ट बैटन की समझ में यह बात भी बहुत अच्छी तरह आ गई कि दिल्ली में उन्हें किस ढंग से काम करना होगा। अगर वह भारत के नेताओं को देश की एकता बनाये रखने के लिये राजी न कर सके, तो वह उन्हें विभाजन कर देने के लिये राजी करने की कोशिश करेंगे। गांधी बंटवारे के कट्टर विरोधी थे, और यह माउन्ट बैटन के रास्ते में सबसे

बड़ी बाधा आने वाली थी। ऐसी हालत में उनके लिये एकमात्र आशा यह रह जायेगी कि वह कांग्रेस के नेताओं को राजी कर सकें कि वे अपने नेता से संबंध तोड़ लें और अपने देश की गुत्थी सुलझाने के एकमात्र हल के रूप में देश का बंटवारा मान लें। अगर ऐसी हालत पैदा हो गयी तो सारा दारोमदार नेहरू पर रहेगा। माउन्ट बैटन के लिये बेहद जरूरी था कि यह एक मित्र उनके साथ रहे। माउन्ट बैटन ने सोचा कि शायद नेहरू की ही इतनी साख है कि वह गांधी से टक्कर ले सके।'

"अब नेहरू के शब्दों से यह भी संकेत मिल गया था कि गांधी और उनकी पार्टी के नेताओं के बीच मतभेद हैं। माउन्ट बैटन को इस खाई को और चौड़ा करके उसका फायदा उठाना पड़ सकता था। उन्होंने नेहरू का समर्थन प्राप्त करने के लिये कोई कोशिश उठा नहीं रखी। उनके वशीकरण अभियान का किसी दूसरे भारतीय नेता पर उतना गहरा प्रभाव नहीं पड़ने वाला था जितना कि उस यथार्थवादी कश्मीरी ब्राह्मण पर। उस दिन एक ऐसी मित्रता का सूत्रपात हो रहा था, जो आगे चलकर निर्णायक सिद्ध होने वाली थी।"

× × ×

1 मई, 1947 को नई दिल्ली की भंगियों की एक बस्ती की एक छोटी सी झोपड़ी में गांधीजी बैठे थे–हाईकमान के रूप में और चारों ओर अन्य कांग्रेसी। उनके अनुयायी अब तंग आ चुके थे, उनका धीरज टूट चुका था और वे आजादी की मंजिल तक पहुंचने के लिये आखिरी और लाजिमी कदम के तौर पर भारत के बंटवारे को मान लेने को तैयार हो गये थे। अब गाँधीजी और उनके साथियों के अन्तिम रूप से अलग होने का समय आ गया था।

एक बार गांधीजी ने बड़ी कटुता से अपने एक मित्र से कहा, "ये लोग मुझे महात्मा कहते हैं, लेकिन मैं आपसे बताता हूँ कि ये लोग मेरे साथ भंगी जैसा सलूक भी नहीं करते।"

माउन्ट बैटन ने उस समय की याद करते हुए एक बार कहा था कि, "मुझे अजीब लगा कि एक तरह से वे सभी गांधी के खिलाफ और मेरे साथ थे। एक तरह से वे सभी मुझे बढ़ावा दे रहे थे कि मैं उनकी तरफ से गाँधी से टक्कर लूँ।"[6] फिर भी वायसराय और इन सभी को भय था कि यदि गाँधीजी राजनीतिक नेताओं की परवाह न करके सीधे जनता से अपील करने का फैसला करते तो भयानक रस्साकशी पैदा हो जाती, जिसमें एक तरफ

---

6. *फ्रीडम एट मिडनाइट*।

होते वायसराय, नेहरू और पटेल और दूसरी तरफ गांधी के व्यक्तित्व का अपार नैतिक बल।

इसीलिये, माउन्ट बैटन ने गांधीजी को बातचीत के लिये सोमवार को बुलाया, जिस दिन उनका मौन व्रत रहता है। यह उसी दशा में भंग हो सकता था, जबकि किसी उच्च पदाधिकारी से किसी महत्वपूर्ण विषय पर चर्चा करनी हो या किसी बीमार की सेवा करनी हो। इसलिए, लिखकर गांधी ने कहा कि, "मुझे दो एक बातों के बारे में कुछ कहना है, लेकिन आज नहीं। अगर हम दोनों की फिर मुलाकात हुई तो मैं कहूंगा।"

जिन्ना को मनाना आसान तो नहीं था, परन्तु सीधे तोहमत लेने से जिन्ना भी परहेज करते रहे, अन्तिम क्षण तक जिन्ना यही कहते रहे कि हर काम ठीक ढंग से होना चाहिये। तब, माउन्ट बैटन ने साधिकार कहा था, "मिस्टर जिन्ना, मैं आपको एक बात बता देना चाहता हूँ। मैं आपको अपनी योजना को खुद बरबाद नहीं करने दूंगा। मैं आपको उस हल को ठुकराने नहीं दूंगा जिसके लिये आपने इतनी मेहनत की है। आपकी तरफ से मैं मंजूर कर लूंगा।"

जिन्ना शायद अभी भी चाहते थे कि उन्हें सर्वोच्च पद दे दिया जाए और देश के टुकड़े, न हों। शायद उन्हें यह भी लग रहा होगा कि जमीन की सीमायें तो बनती–बिगड़ती रहती हैं, परन्तु इस बंटवारे से केवल मुसलमान ही बटेंगे। दुर्भाग्य से फैसला तो पहले ही हो चुका था–अब तो केवल औपचारिकतायें ही शेष थीं, जिन्हें पूरा करने के लिये वायसराय प्रयासरत था। वह जिन्ना को कल होने वाली मीटिंग में कैसे क्या करना है, उसका पूर्वाभ्यास करवा रहे थे।

कल मीटिंग में मैं कहूंगा कि, वायसराय ने कहना जारी रखा, "मुझे कांग्रेस का जवाब मिल गया है, उन्होंने कुछ शंकाएँ उठायी हैं, जिन्हें मैं दूर कर दूंगा और उन्होंने यह बात मान भी ली है। सिक्ख भी मान गये हैं।"

"उसके बाद में कहूंगा कि कल रात जिन्ना साहब के साथ बड़ी देर तक बहुत दोस्ताना ढंग से मेरी बातचीत हुई और हमने विस्तारपूर्वक योजना पर विचार किया और जिन्ना साहब ने मुझे निजी तौर पर यकीन दिलाया है कि वह इस योजना से सहमत हैं।"

"उस वक्त मिस्टर जिन्ना, मैं आपकी तरफ मुड़कर देखूंगा। मैं यह नहीं चाहता कि आप कुछ बोलें। मैं नहीं चाहता कि कांग्रेस आपको खुलेआम कुछ कहने पर मजबूर करे मैं आपसे बस एक बात चाहता हूँ कि आप अपना सिर हिला दें, जिससे यह जाहिर हो कि आप मुझसे सहमत हैं अगर आपने अपना

सिर नहीं हिलाया, मिस्टर जिन्ना, माउन्ट बैटन ने बात खत्म करते हुए कहा, तो फिर समझ लीजिये कि मैं आपके लिये कुछ नहीं कर पाऊंगा, आपका सारा बना–बनाया खेल बिगड़ जायेगा। सब कुछ ढह जायेगा। मैं धमकी नहीं दे रहा हूँ मैं सिर्फ आपको पहले से बताये दे रहा हूं कि क्या होने वाला है। अगर आपने उस वक्त सिर नहीं हिलाया तो फिर मेरा यहाँ कोई काम नहीं रह जायेगा, आपका पाकिस्तान आपसे छिन जायेगा, और जहां तक मेरा सवाल है, आप भाड़ में जायें, मुझे कोई परवाह नहीं हैं।"[7]

जिन्ना का मुंह बंद कर दिया गया था, शायद जिन्ना कल होने वाली मीटिंग में कुछ कहते तो हो सकता था कुछ नया होता। परन्तु, प्रायोजित कार्यों में स्वतंत्रता नहीं दी जाती है।

भारत के बंटवारे की माउन्ट बैटन योजना के लिये भारतीय नेताओं की औपचारिक स्वीकृति प्राप्त करने के लिये हुई मीटिंग ठीक उसी तरह शुरू हुई, जैसे–माउन्ट बैटन ने कहा था। बोलने का सारा जिम्मा खुद लेकर और एक तरह से उनकी ओर से बोलते हुए, वायसराय ने नेताओं को चुप रहने पर मजबूर कर दिया, जिसके वे आदी नहीं थे। जिन्ना से हुई बात दोहराते हुए, माउन्ट बैटन जिन्ना साहब की ओर मुड़े। उस क्षण माउन्ट बैटन को पता नहीं था कि वह मुस्लिम नेता क्या करने वाला है। शायद वह क्षण माउन्ट बैटन के जीवन का सबसे रोमांचकारी क्षण था। युगों जैसे लंबे एक सैकण्ड तक जिन्ना के भावहीन, निरीह चेहरे को घूरते रहे। फिर जिन्ना ने बड़ी आनाकानी के साथ, बहुत धीरे से सिर हिलाकर अपनी सहमति प्रकट की। उनकी ठोढ़ी मुश्किल से आधा इंच नीचे की ओर झुकी होगी, जिससे कम उनकी सहमति को कोई देख भी न पाता।

इस हल्की सी जुम्बिश से, जिसे लोग शायद ही देख पाये होंगे, साढ़े चार करोड़ लोगों के एक नये राष्ट्र को अन्तिम स्वीकृति मिल गई थी।

3 जून, 1947 को माउन्ट बैटन योजना की घोषणा कर दी गई। यह सोमवार था, अतः गांधीजी की प्रतिक्रिया नहीं आयी थी। वैसे अब औपचारिक स्वीकृति के बाद गांधीजी की स्वीकृति मिले या न मिले, क्या फर्क पड़ता था। फिर भी डर था सभी को, वायसराय को भी कि गांधीजी ने यदि योजना का विरोध करने के लिए जनता का आह्वान कर दिया तो सारा गुड़ गोबर हो जायेगा। अतः 4 जून, 1947 को शाम छः बजे माउन्ट बैटन ने गांधीजी को मिलने के लिये बुला भेजा।

---

7. कॉलिंस और लेपियर,–*फ्रीडम एट मिडनाइट*।

बातचीत में बोलते–बोलते माउन्ट बैटन ने अचानक एक दाव खेला। वे बोले कि अखबारों ने इसे माउन्ट बैटन योजना का नाम दिया है, लेकिन उन्हें उसे 'गांधी योजना' कहना चाहिये था, क्योंकि उस योजना के सभी मुख्य तत्व गांधी ने ही उन्हें सुझाये थे। गांधी परेशान होकर उन्हें देखते रहे। वे विचलित हो उठे। 78 वर्ष की उम्र में गांधीजी को 30 वर्षों में पहली बार भारतीय जनता पर अपने प्रभाव के बारे में कुछ संशय–सा होने लगा, अपनी पार्टी के नेताओं से भी उनकी पटरी नहीं बैठती थी। वायसराय ने समझा–बुझाकर दूसरों से अपनी बात मनवा लेने की कला केवल वायसराय की हैसियत से अपनी अन्तिम और सबसे बड़ी सफलता प्राप्त कर ली थी।

4 जून को ही माउन्ट बैटन ने एक प्रेस कांफ्रेंस की जो शायद किसी वायसराय की दूसरी और अन्तिम प्रेस कांफ्रेन्स थी। पत्रकारों के बीच से एक सवाल आया कि किस तारीख को सत्ता भारतीयों के हाथों में सौंपी जायेगी।

जून, 1948 अन्तिम लक्ष्य था, परन्तु अभी तक तारीख तय नहीं की गई थी! कुछ पल सोचते–सोचते, अगस्त का महीना आया और फौरन घोषणा कर दी। 'पन्द्रह अगस्त'[8] पन्द्रह अगस्त, 1945 को माउन्ट बैटन के सामने बर्मा में जापानी सेना ने समर्पण किया था, और यह माउन्ट बैटन के लिये विजय दिवस था। उसकी दूसरी वर्षगांठ पर अपनी दूसरी विजय की घोषणा कर दी थी।

तारीख की घोषणा के साथ ही सम्पत्तियों सीमाओं के बंटवारे का काम सरकारी स्तर पर शुरू किया गया। दिन गिनती के ही शेष थे।

सम्पत्तियों के बंटवारे के लिये चौधरी मोहम्मद अली और एच.एम. पटेल[9] को लगाया गया। इन्होंने फैसला लिया कि बैंको में जमा नगदी और इंग्लैण्ड से मिलने वाली रकम में से 17.50 प्रतिशत पाकिस्तान को मिले और भारत के कर्ज का 17.50 प्रतिशत पाकिस्तान अदा करे। नासिक के बैंक नोट व डाक टिकिट प्रेस को साझे में रखने के लिये मनाकर देने पर भारतीय नोटों और डाक टिकिटों पर पाकिस्तान की मुहर लगाकर चलन में लाया जाता रहा।

सीमांकन के लिये दो सीमा आयोग सर साइरिल रेड क्लिफ (Sir Cyril Red Klife) की अध्यक्षता में बनाये गये जिन पर पंजाब, बंगाल व सिलहट

---

8. लिओनार्ड मोस्लो ने इस जल्दबाजी के वास्तविक उद्देश्य को इस तरह बताया है, "इससे पूर्व की देश के विभाजन के विरुद्ध वास्तव में कोई प्रभावी प्रतिरोध खड़ा हो सके, समस्या का झटपट निपटारा कर डाला।" (दी ब्रिटिश राज, पृ. 118)

9. एच.एम. पटेल बाद में 1977 में मोरारजी देसाई की जनता पार्टी सरकार में वित्त मंत्री बने थे।

के सीमांकन का भार दिया था, जिसकी रिपोर्ट 13 अगस्त, 1947 को गवर्नर जनरल को मिली, जो कि एक औपचारिकता थी। बंटवारा तो पहले ही जाहिर कर दिया गया था। ब्रिटिश सरकार ने भारत की नायाब विरासत को अब आग में झोंकना शुरू कर दिया था। वह नायाब विरासत थी उन गोपनीय फाइलों, दस्तावेजों और गुप्त वार्ताओं और समझौतों की जो यदि विरासत में सही सलामत मिल जाती तो आज जो काल्पनिक तथ्यों को सही बनाकर सही इतिहास बताने की कोशिश की जा रही है, वह नहीं होती और कई महान् हस्तियों की करतूतों का ऐसा भंडाफोड़ होने का बारूद उपलब्ध हो जाता, जिस पर शायद भावी सरकार बैठना पसंद नहीं करती। इसीलिये, जवाहरलाल नेहरू ने भी इस विरासत को नष्ट हो जाने दिया–वायसराय के भवन में स्वछंद रुप से आते–जाते रहने के कारण यह तो संभव था ही नहीं कि नेहरू को इस विरासत को नष्ट किये जाने का पता न रहा हो–या फिर कह लीजिये भावी सत्ता के नशे ने इस तरफ नजर ही न डालने दी हो। चार टन कागज और फाइलें सर कानरेड कारफील्ड के आदेश से जला दी गईं।

माउन्ट बैटन चाहते थे कि सेना अंग्रेजों के अधीन रहे, दोनो देशों में, जब तक कि शान्ति व्यवस्था कायम न हो जाये। लेकिन जिन्ना ने इसे अपनी सार्वभौमिक सत्ता के विरूद्ध मानते हुए मना कर दिया।

जुलाई के प्रारम्भ में सभी सैनिकों को एक फार्म दिया गया, जिसमें उन्हें राय देनी थी कि वे भारत में रहेंगे या पाकिस्तान में। हिन्दू और सिक्ख सैनिकों के लिए केवल एक ही विकल्प था, भारत में रहने का। लेकिन भारतीय मुस्लिम सैनिकों के सामने दुविधा की स्थिति आ गई–वे भारत में रहें या पाकिस्तान में, उनके सामने दो विकल्प खुले थे। यहां तो देश का बंटवारा नहीं बल्कि मुसलमानों का बंटवारा हुआ था।[10]

सबसे बड़ा बंटवारा हुआ आबादी का, जो स्वतः स्फूर्त ढंग से अपनी–अपनी मातृभूमियों को छोड़कर अनजानी जगहों पर जा रहे थे। मारकाट, खून खराबा

---

10. एक उदाहरण देखिये–वायसराय के बोडीगार्ड में मेजर याकूब खां, रामपुर रियासत के नवाब के भाई जो वहां का प्रधानमंत्री भी था, का लड़का था। उसका बड़ा भाई युनुस खां भी गढ़वाल रेजीमेंट में कमांडर था। मेजर याकूब खां ने पाकिस्तान जाने की ठान ली और उसकी माँ ने भी उसे दिल पर पत्थर रख कर विदा कर दिया। वह फिर कभी अपने घर न तो रामपुर वापस आ सका और न ही किसी रिश्तेदार से मुलाकात हो सकी। हाँ, मेजर युनुस खाँ से उसकी मुलाकात हुई थी–कश्मीर घाटी में दोनों मुसलमान भाई अपनी अपनी सैनिक टुकड़ियों का नेतृत्व करते हुए आमने–सामने थे।

ओ फ् ओ। बिना किसी युद्ध के इतना खून खराबा। शायद किसी गृहयुद्ध में भी इतना खून खराबा नहीं हुआ, जितना कांग्रेस में जिन्ना को मुसलमान होने के नाते हीनता का एहसास कराये जाने और परिणामस्वरूप अपने प्रतिद्वन्द्वी के साथ ही सत्ता प्राप्ति की हठधर्मिता के कारण भारत में उन वर्ष के दो महीनों में हुआ।

× × ×

4 जून, 1947 को माउन्ट बैटन योजना की घोषणा के साथ ही उसे कार्यरूप देने के लिये ब्रिटिश संसद में "भारतीय स्वतन्त्रता अधिनियम, 1947"[11] 5 जुलाई, 1947 को प्रस्तुत किया गया, तथा 18 जुलाई, 1947 को पास कर दिया गया और सम्राट की अनुमति मिली। इसमें कुल 20 धारायें और दो परिशिष्ट थे।

इस अधिनियम के प्रमुख प्रावधान इस प्रकार थे–

1. अधिनियम द्वारा भारत को विभाजित कर दो अधिराज्यों (Dominion)–इंडिया और पाकिस्तान की स्थापना हुई। 14 अगस्त के बाद ब्रिटिश सरकार का इन दोनों राज्यों पर कोई अधिकार नहीं होगा। {धारा 1 (1)}
2. प्रत्येक अधिराज्य में एक गवर्नर जनरल होगा जिसकी, नियुक्ति इंग्लैंड के सम्राट के द्वारा की जायेगी।
3. धारा 2 में दोनों अधिराज्यों की सीमायें निर्धारित की गई थीं तथा धारा 3 व 4 में जनमत संग्रह के आधार पर बंगाल, पंजाब और आसाम के विभाजन तथा उनकी सीमाओं के निर्धारण के उपबंध थे।
4. दोनों अधिराज्यों की संविधान सभाओं को उनके लिये संविधान बनाने का अधिकार होगा। नये संविधानों का निर्माण होने तक दोनों राज्यों की सरकारें भारत सरकार अधिनियम, 1935 के अन्तर्गत कार्य करेंगी।
5. भारत सचिव का पद समाप्त किया जायेगा, उसके स्थान पर राष्ट्रमण्डल सचिव (Common Wealth Secretary) की नियुक्ति का प्रावधान रखा गया था।

---

11. इस बिल को दूसरे वाचन के लिए प्रस्तुत करते हुए प्रधानमंत्री एटली ने कहा था कि यह 1935 के अधिनियम की तरह नये संविधान की तरह के विस्तृत विवरण देने के लिये नहीं है, बल्कि यह भारत और पाकिस्तान के प्रतिनिधियों का अपना–अपना संविधान बनाने और संक्रमण काल की गम्भीर समस्याओं से दो–चार होने का अवसर प्रदान करना है।

6. दोनों अधिराज्यों को पूर्णविधायी प्राधिकार प्रदान किये गये। यह उपबंध रखा गया कि 1 अगस्त, 1947 के पश्चात् ब्रिटिश संसद द्वारा पारित कोई भी कानून उन पर लागू नहीं होगा। विधान मंडलों का गठन होने तक वहाँ की संविधान सभाएँ ही विधान मंडल का कार्य करेंगी। गवर्नर जनरल की विशेषाधिकार शक्ति 15 अगस्त, 1947 से समाप्त कर दी गई तथा भारत सरकार अधिनियम की धारा 93 के अन्तर्गत प्रान्तों की सरकारों की विशेषाधिकार शक्ति भी समाप्त कर दी गयी। आपातकाल में गवर्नर जनरल अध्यादेश पारित कर सकता था, लेकिन वह 6 माह तक ही प्रभावशील रह सकता था।
7. धारा 7 में यह उपबंधित था कि उत्तर–पश्चिमी सीमा प्रांत की जन जातियों से समझौते और बातचीत का कार्य उत्तराधिकारी अधिराज्य जारी रखेंगे।
8. धारा 10 के अनुसार भारत सचिव द्वारा नियुक्त किये गये सिविल सेवक सत्ता हस्तान्तरण के बाद नये अधिराज्यों में सेवा करते रहेंगे और उनकी शर्तें पूर्ववर्ती शर्तों के प्रतिकूल नहीं बदली जा सकेंगी। इस प्रकार वे ब्रिटिश सम्राट के अभिकर्ता (Agent) थे, परन्तु उस डोमिनियन के सेवक थे, जहाँ वे सेवारत थे।
9. इसमें यह भी प्रावधान था कि इसके लागू होते ही गवर्नर जनरल और प्रान्तों के गवर्नरों को जारी किये गये निर्देश आलेख (Instrument of Instruction) स्वमेव समाप्त हो जायेंगे, क्योंकि उन्हें अब नये सांविधानिक प्राधिकार के अन्तर्गत कार्य करना होगा।
10. धारा 11 के अनुसार भारत की सशस्त्र सेवाओं का नवस्थापित अधिराज्यों में बंटवारे का काम गवर्नर जनरल को सौंपा गया तथा यह कार्य पूरा होने तक वह उन्हें अपने संचालन एवं नियंत्रण में रखेगा। तथापि धारा 12 में यह उल्लेख था कि ब्रिटिश सेना पर यह व्यवस्था लागू नहीं होगी तथा वह आर्मी एक्ट के अधीन पूर्ववत् शासित होगी।
11. धारा 19 में व्याख्या की गयी थी कि संविधान निर्मात्री समिति से आशय ऐसी असेम्बली से था। जिसकी पहली बैठक 9 दिसम्बर, 1946 को हुई थी।
12. धारा 9(1) के अनुसार गवर्नर जनरल अपने आदेशों से भारत सरकार अधिनियम, 1935 में परिवर्तन कर सकता था।

13. धारा 6(2) के अनुसार इन अधिकारों के विधान मंडलों को यह अधिकार शक्ति दी गयी थी कि वे भारत में ब्रिटिश सरकार द्वारा लागू किये गये किसी भी कानून या अधिनियम को भविष्य में कभी भी संशोधित या समाप्त कर सकते थे।
14. इस अधिनियम में पाकिस्तान के गवर्नर जनरल को यह अतिविशिष्ट शक्ति की गयी थी कि वह प्रान्त के मंत्रियो की नियुक्ति में हस्तक्षेप कर उन्हें आवश्यकतानुसार बर्खास्त कर सकता था। तथापि, यह शक्ति भारत के गवर्नर जनरल को नहीं दी गयी थी।
15. इस अधिनियम के लागू होने के पश्चात् केन्द्रीय तथा प्रान्तीय विधान मंडलों की कार्यवाही अंग्रेजी में होना आवश्यक नहीं रहा।[12]

इसके पहले 19 अप्रैल, 1947 को ही भारत को ब्रिटिश राष्ट्रमण्डल में शामिल घोषित कर दिया गया, इसकी पुष्टि संविधान सभा ने 17 मई, 1947 को की। यह कार्यवाही ऐसे समय हुई जब गवर्नर जनरल सर्वशक्ति सम्पन्न था और भारत विभाजन की औपचारिक सहमति नहीं बनी थी।

इस प्रकार मांउट बैटन ने अपने भाई जार्ज–षष्ठम के ताज के साथ भारत से संबध बनाये रखने के प्रयास के रूप में भारत को कॉमनवैल्थ का सदस्य अपनी ही तरफ से बना घोषित कर दिया था।

दूसरा कदम धीरे–धीरे आगे बढ़ा भारत की परिस्थिति और भविष्य के बारे में परिचयात्मक चर्चाओं के दौरान अप्रैल, 1947 में ही एक बार मांउट बैटन ने अपनत्व दिखाते हुए अपना अभय दान का हाथ नेहरू के सिर पर रखते हुए कहा था, "मिस्टर नेहरू, मैं चाहता हूँ कि आप मुझे ब्रिटिश राज का बोरिया बिस्तर समेटने के लिये भेजा गया अन्तिम ब्रिटिश वायसराय न समझ कर नये भारत की ओर जाने का मार्ग दिखाने वाला पहला वायसराय समझें।" नेहरू ने मुड़कर उस व्यक्ति की ओर देखा, जिसे वह वायसराय की गद्दी पर बिठाना चाहते थे।[13] नेहरू ने ही सम्पदा के बंटवारे के पंच के रूप में माउन्ट बैटन को 15 अगस्त के बाद भी यहीं रखने का प्रस्ताव रखा। एटली, चर्चिल और स्वयं सम्राट ने यह महसूस किया कि नेहरू ने यह सुझाव रखकर ब्रिटेन को कितना बड़ा सम्मान दिया है। 14 अगस्त, 1947 को संविधान सभा की एक बैठक हुई, जो कि संविधान सभा और विधान मंडल दोनों के रूप में हुई। इस बैठक में भारत की खंडित स्वतन्त्रता के कार्य को निर्धारित अवधि में कुशलता पूर्वक सम्पन्न करने के लिये एक प्रस्ताव पारित

12. डॉ. एन.वी. परांजपे–*भारत का वैधानिक एवं संवैधानिक इतिहास,* पृ. 401–403।

13. *फ्रीडम एट मिडनाइट*।

कर लार्ड माउन्ट बैटन के प्रति कृतज्ञता प्रकट की गई और उन्हें भारत का प्रथम गवर्नर जनरल नियुक्त किया गया।

दूसरा महत्वपूर्ण कार्य था राष्ट्रीय ध्वज को स्वीकृत करने का। तीस वर्ष पूर्व गांधीजी द्वारा भारत के तीनों प्रमुख धर्मों के प्रतीक रंगों को लेकर समान मात्रा की तीन पटिट्यों का एक झण्डा बनाया, जिसमें अपने प्रिय साधन चर्खे को बीच में रखा। यह कांग्रेस पार्टी का झण्डा था। इसे ही देश का राष्ट्रीय ध्वज बनाया गया और यह पार्टी और देश दोनों का झण्डा बन गया। अन्तर मामूली किया गया। वह भी कांग्रेस में आन्तरिक विरोध स्वरूप की भावी झण्डे में गांधीजी के खिलौने को केन्द्रीय स्थान पाने का क्या अधिकार है? अधिकांश सक्रिय पार्टी कार्यकर्ता यह महसूस कर रहे थे कि चर्खा अतीत का प्रतीक था, वह औरतों के मतलब की चीज था और अन्तर्मुखी भारत का चिन्ह था। अतः उनके आग्रह से ध्वज में सबसे सम्मानित स्थान सम्राट अशोक के सैनिकों का युद्ध चिन्ह् 'चक्र' को दिया गया। बल तथा साहस के प्रतीक शेरों के बीच शक्ति तथा सत्ता का प्रतीक अशोक का धर्म चक्र नये भारत का प्रतीक बना।

गांधीजी को जब इस फैसले का पता चला, उदास होकर उन्होंने कहा "यह डिजाइन कितना ही कलात्मक क्यों न हो, मैं कभी इस झण्डे को सलामी नहीं दूंगा, जिसके पीछे इस प्रकार का संदेश हो।"[14]

× × ×

एकाधिक बार स्वयं माउंट बैटन ने इस बात को दोहराया है कि यदि उन्हें पता होता कि जिन्ना टी.बी. की बीमारी से ग्रस्त है और वह इतनी आगे बढ़ चुकी है कि उनका जीवन अधिक नहीं है तो किसी भी तरह नेहरू को मना लेते जिन्ना को प्रधानमंत्री बनाने के लिए, जिससे कि भारत का बंटवारा नहीं होता।

लेकिन यह संभव नहीं है कि माउंट बैटन को जिन्ना की बीमारी का पता नहीं था। जब छोटे से छुट भैय्या राज नेताओं की पूरी जीवन गाथा और दिनचर्या का पल–पल का लेखा शासकों के पास होता है, ऐसी दशा में भारत के वरिष्ठतम राजनेता जिन्ना की बीमारी के बारे में माउंट बैटन को जानकारी नहीं थी, यह संभव नहीं है। कूटनीति में जो कहा जाता है, वह बेशक दस्तावेज बन जाता है, परन्तु सत्य नहीं होता। सत्य वह होता है जो कूटनीति

14. *फ्रीडम एट मिडनाइट*।

में प्रायः नहीं कहा जाता है। माउंट बैटन से पहले वाले वायसराय लार्ड वेवेल को भी जिन्ना की बीमारी का पता था।[15]

शायद यही कारण रहा हो माउंट बैटन का अपनी कार्ययोजना को तीव्र गति से अमल में लाने का। ब्रिटिश प्रधानमंत्री द्वारा घोषित भारत को स्वतंत्रता देने की तारीख 30 जून, 1948 तक थी, जिसे माउंट बैटन ने ठीक साढ़े आठ माह पहले भारत को स्वतंत्र करने की तारीख 15 अगस्त, 1947 तय की। इसके पीछे यह सोचना रहा होगा कि यदि जिन्ना कहीं 30 जून, 1948 के पहले चल बसे तो उनकी बंटवारे की योजना धरी रह जाएगी, दूसरे यह कि इस अवधि में भारतीय नेताओं में सुलह संभव हो सकती थी, जिससे बंटवारा और नेहरू का प्रधानमंत्रित्व खतरे में पड़ सकता था और तीसरा यह कि 1947 के बाद 30 जून, 1948 तक 15 अगस्त फिर नहीं आती और दूसरे विश्वयुद्ध में प्राप्त अपनी विजय के जश्न को भारत में् स्थायी रूप से मनाए जाने का अवसर समाप्त हो जाता।[16]

जो तय था उसे सफलतापूर्वक अंजाम दिया गया। *फ्रीडम एट मिड नाइट*[17] से एक उद्धरण ध्यान देने योग्य है–

---

15. माउंट बैटन से पहले लार्ड वेवेल ने 10 जनवरी और 28 फरवरी, 1947 को अपनी डायरी में इस आशय की रिपोर्ट दर्ज की थी कि जिन्ना बीमार आदमी है। लेकिन इन रिपोर्टों में कहीं यह नहीं बताया गया था कि वायसराय को इस बात का भी पता था कि मुस्लिम नेता की बीमारी कितनी गंभीर है। बहरहाल, माउंट बैटन को जो हिदायतें दी गई थीं, उनमें इस बात का इशारा भी नहीं किया गया था कि जिन्ना बहुत जल्द मरने वाले हैं। जिन्ना के मरने के पच्चीस वर्ष बाद माउंट बैटन ने कहा कि अगर उन्हें यह बात उस वक्त मालूम हो जाती तो भारत में वह दूसरे ही ढंग से काम करते। इस बात के संकेत मिलते हैं कि जिन्ना के जीवन के अंतिम छः महीनों में मुस्लिम लीग के दूसरे सबसे बड़े नेता लियाकत अली खां को उनकी बीमारी का पता था।
–(*फ्रीडम एट मिडनाइट*, पृ. 104 हिन्दी)

16. 15 अगस्त, 1945 को सुभाषचंद्र बोस ने आजाद हिन्द सेना के माउंट बैटन के सामने समर्पण की सिंगापुर रेड़ियो से घोषणा की थी। 04 जून, 1947 को जब माउंट बैटन ने अपनी योजना की घोषणा के लिए प्रेस कांफ्रेंस में सत्ता सौंपने की तारीख के बारे में पूछने पर इस तारीख की घोषणा की थी। उसी जश्न को इस तरह स्थायी यादगार बनाया गया। इस संबंध में भारत के ज्योतिषियों का आंकलन था कि 1947 को 15 अगस्त शुक्रवार की पड़ती है, जो अशुभ है। लेकिन एक दिन भी तारीख को आगे–पीछे नहीं किया गया।

17. हिन्दी संस्करण, (दूसरा संस्करण) पृ. 85 (प्रकाशक राधाकृष्ण प्रकाशन प्रा.लि. पैपर बैंक)।

".... गाँधी बंटवारे के कट्टर विरोधी थे और यह माउंट बैटन के रास्ते में सबसे बड़ी बाधा आने वाली थी। ऐसी हालत में उनके लिए एकमात्र आशा यह रह जाएगी कि वह कांग्रेस के नेताओं को राजी कर सकें कि वे अपने नेता से संबंध तोड़ लें और अपने देश की गुत्थी सुलझाने के एकमात्र हल के रूप में देश का बंटवारा मान लें। अगर ऐसी हालत पैदा हो गई तो सारा दारोमदार नेहरू पर रहेगा। माउंट बैटन के लिए बेहद जरूरी था कि यह एक मित्र उनके साथ रहे। माउंट बैटन ने सोचा कि शायद नेहरू की ही इतनी साख है कि वह गाँधी से टक्कर ले सकें।"

"अब नेहरू के शब्दों से यह संकेत भी मिल गया था कि गाँधी और उनकी पार्टी के नेताओं के बीच मतभेद हैं। माउंट बैटन को इस खाई को और चौड़ा करके उसका फायदा उठाना पड़ सकता है। उन्होंने नेहरू का समर्थन प्राप्त करने के लिए कोई कोशिश उठा नहीं रखी। उनके वशीकरण अभियान का किसी दूसरे भारतीय नेता पर उतना गहरा प्रभाव नहीं पड़ने वाला था, जितना कि उस यर्थाथवादी कश्मीरी ब्राह्मण पर। उस दिन एक ऐसी मित्रता का सूत्रपात हो रहा था जो आगे चलकर निर्णायक सिद्ध होने वाली थी।"

और इस प्रकार 14 अगस्त की मध्य रात्रि को जवाहरलाल नेहरू ने भारत के पहले अन्तरिम प्रधानमंत्री से नियमित प्रधानमंत्री के रूप में पद ग्रहण किया, उस भारत का जिसके नक्शे में अब सिंध, बलूचिस्तान, पूर्वोत्तर सीमा प्रांत और आधा पंजाब नहीं था। 565 राजाओं–नवाबों के राज्य, अभी भारत में नहीं थे। "भारत स्वतंत्रता अधिनियम 1947" के रूप में ब्रिटिश सरकार का तोहफा, गांधी को रास नहीं आया, उन्होंने इसे शोक दिवस माना।

भारत ने ब्रिटेन के प्रति ऐसी सदभावना और मैत्री का प्रदर्शन किया था जिसकी छः महीने पहले कोई आशा भी नहीं कर सकता था। इंडोनेशिया में हालैंड के और इंडो–चायना में फ्रांस के आचरण के साथ ब्रिटेन के आचरण की तुलना करते हुए एक बहुत प्रतिष्ठित भारतीय ने कहा था, "हम अंग्रेजों के साहस और उनकी राजनीतिक योग्यता की प्रशंसा किये बिना नहीं रह सकते।"

उधर 10 डाउनिंग स्ट्रीट में माउंट बैटन के विशेष दूत जार्ज एबैल एटली को बता रहा था कि जिस तरह आजादी मिली है वह उनकी सरकार की भी बहुत बड़ी विजय है और उस आदमी की भी जिसे उन्होंने अंतिम वायसराय बनाने के लिए चुना था।

अंग्रेजों का गुलाम भारत अब ब्रिटेन का डोमिनियन स्टेट बन गया था। इसी संसद कक्ष में वायसराय लार्ड माउन्ट बैटन ने भारत के राष्ट्राध्यक्ष (गवर्नर जनरल) के रूप में किंग जार्ज षष्ठम् के प्रति वफादारी की शपथ ली। यह शपथ उनको एक अंग्रेज, भारत के मुख्य न्यायाधीश सर स्पैंस ने दिलाई। समारोह के बाद हुए जश्न में प्रधानमंत्री जवाहर लाल नेहरू[18] ने शराब का जाम पिया,[19] किंग जार्ज षष्ठम् के नाम और अपनी ब्रिटिश वफादारी का परिचय दिया।[20] लेकिन सारा भारत, हिंसा और मारकाट का ऐसा मैदान बन चुका था, जिसकी कल्पना करते ही रोंगटे खड़े हो जाते हैं, मितली आने लगती है। 15 अगस्त, 1947 के रोज यह अपने चरम पर था। नये सत्ताधारी अपनी ताजपोशी के जश्न में मशगूल थे और उनके लिये लाहौर से अमृतसर आने वाली रेल '10 डाउन' में एक विशेष प्रकार का तोहफा लाहौर से भेजा गया था। गाड़ी के सारे डिब्बों में कोई हलचल नहीं थी। उसमें बच्चे, जवान, औरत, मर्द, बूढ़े लाशों के रूप में पड़े हुए थे। उसके आखिरी डिब्बे पर लिखा हुआ था, "पटेल और नेहरू के लिये तोहफा"।[21]

---

18. लारी कॉलिंस और डोमिनिक लेपियर, *फ्रीडम एट मिडनाइट*, हिंदी संस्करण, पृ. 196।
19. लारी कॉलिंस डोमिनिक लेपियर, *माउन्ट बैटन एण्ड पार्टीशन ऑफ इण्डिया*।
20. ब्रिटेन का राष्ट्रीय प्रतीक 'गुलाब का फूल' कोट के बहाने नेहरू के दिल में, नेहरू के सीने पर हमेशा सजा रहा, शोभायमान होता रहा।
21. *फ्रीडम एट मिडनाइट*।

6

बंटवारा

जब भी किसी के दिमाग में हिन्दू–मुसलमान का चेहरा उभरता है, उसके दिमाग में एक ही प्रश्न उभरता है, 'आखिर भारत का बंटवारा क्यों हुआ?' उसे बताये जाने वाले कारण, पढ़ाये जाने वाले ऐतिहासिक तथ्य, व्यक्तियों की भूमिका, राजनीतिक दलों के जोड़–तोड़ और महान व्यक्तियों की हठधर्मिता, ये सब उसे किसी भी परिणाम तक पहुंचने में सहायता नहीं करते, बल्कि भ्रमित करके प्रचलित–पूर्वाग्रहों में से किसी एक के प्रति आग्रह–पूर्ण बनाकर ही दम लेते हैं। कभी–कभी पत्र–पत्रिकायें भी कथित इतिहासकारों, विश्लेषकों के माध्यम से और किसी नये दस्तावेज के सामने आने या लाये जाने के बहाने सनसनीपूर्ण लेख लिखकर तथ्यों में कुछ न कुछ जोड़कर नये प्रकार के विश्लेषण और संश्लेषण प्रस्तुत करते रहते हैं। परन्तु, वे भी केवल व्यक्ति की भूमिका के पुनर्मूल्यांकन तक ही सीमित रहते हैं। उदाहरण के लिये, एक धुर हिन्दूवादी भारतीय जनता पार्टी के अध्यक्ष लालकृष्ण आडवाणी ने मई 2005 के अंतिम सप्ताह में अपनी पाकिस्तान यात्रा के दौरान कराची में पाकिस्तान के निर्माता–कायदे आजम (राष्ट्रपिता) मोहम्मद अली जिन्ना की समाधि पर श्रद्धासुमन अर्पित किये और वहां रखी अतिथि–पुस्तिका में अपने विचार भी लिखे और कहा था कि "जिन्ना साहब धर्म निरपेक्ष थे और वे चाहते थे कि पाकिस्तान को एक धर्मनिरपेक्ष राज्य होना चाहिये।'[1] आडवाणी के इस बयान ने पूरे भारत के राजनीतिक हलको में बवंडर–सा मचा दिया। विश्लेषकों और विद्वानों में होड़ मच गई, तत्कालीन प्रमुख नेताओं का मूल्यांकन करने, उनके बयानों, उनकी करतूतों की जांच–पड़ताल करने की।

---

1. 11 अगस्त, 1947 को पाकिस्तान की संविधान सभा में दिया गया उक्त संदर्भित भाषण का आंशिक पाठ परिशिष्ट में दिया गया है।

भारत में इस बहस में मुख्य लक्ष्य हमेशा से ही मोहम्मद अली जिन्ना रहे हैं। इसके अलावा एक बहुत बड़ा हिस्सा गांधीजी को जिम्मेदार मानता रहा है, इसलिये कि गांधीजी ने अपने व्यक्तित्व का प्रयोग करके बंटवारे को नकार क्यों नहीं दिया! कुछ लोग सरदार पटेल पर भी अंगुली उठाते देखे गये हैं और अपनी वैचारिक निष्पक्षता का सबूत देने वाले लोग अंग्रेजों को बंटवारे का दोषी मानते हैं। परन्तु, कोई भी नेहरू की तरफ इशारा नहीं करता! यह एक विडम्बना ही कही जा सकती है कि सत्तासीन होने वालों में से एक को दोषी कहा जाये और एक को नहीं। सारी बहस में लगता है कि नेहरू के बचाव में प्रत्यक्ष और अप्रत्यक्ष तर्क ढूंढ़े जा रहे हैं। यदि जवाहरलाल नेहरू की सम्पूर्ण भूमिका का मूल्यांकन किया जाये तो कुछ और ही तथ्य इतिहास लिखने के लिये उपलब्ध होंगे।

यह एक ऐतिहासिक सत्य है कि इतिहास की छोटी–बड़ी सभी घटनायें कुछेक व्यक्तियों या कि कुछेक तथाकथित महान व्यक्तियों की इच्छाओं पर निर्भर नहीं करतीं। वे तो समाज के आर्थिक विकास की अनिवार्य देन होती हैं, जोकि विभिन्न समाजिक अन्तर्विरोधों में से उभर कर सामने आती हैं। व्यक्ति या महान् नायक केवल उन विद्यमान अन्तर्विरोधों के पात्र के रूप में विभिन्न वर्गों का ही प्रतिनिधित्व मात्र करते हैं। चूंकि, उनके हाथों में घटनाओं को नियन्त्रित करने और मोड़ देने की शक्ति या तो राज्य से या उभरते हुए और इतिहास के भावी निर्णायक वर्ग से उन्हें प्राप्त होती है, अतः वे उस तत्कालीन दौर की घटनाओं को प्रभावित करने में सक्षम होते हैं, अपनी सुविधानुसार उनकी व्याख्या करने में अहम भूमिका निभाते हैं, तथा भावी पीढ़ियों के लिये एक तथ्यात्मक या कहें, मिथ्या इतिहास पुस्तकों और दस्तावेजों में दर्ज करके चले जाते हैं। जो दस्तावेज उनकी छवि या भूमिका को जनता के सामने सत्य के रूप में रखने वाले होते हैं, उन्हें या तो तत्काल या कालान्तर में नष्ट कर दिये जाते हैं।[2]

2. यही काम अंग्रेजों ने 1947 में चार टन से भी ज्यादा दस्तावेजों को जलाकर किया और उनके उत्तराधिकारियों ने भी कई मौकों पर ऐसा ही किया, जो कि 'आफीशियल सीक्रेट्स एक्ट' की छाया से नहीं ढंके जा सकते थे। एक समय गुजरने के बाद आगे की पीढियां केवल तत्थ्यों की सत्यता या असत्यता में उलझकर रह जाती हैं, और उनकी पिपाशा को शान्त करने के लिये आयोग पर आयोग जांचों के लिये बिठा दिये जाते हैं।

जैसा कि सुभाष चन्द्र बोस की मृत्यु के मामले में, लाल बहादुर शास्त्री की मृत्यु के मामले में, नागरवाला काण्ड के मामले में, आपातकाल की ज्यादतियों के मामले में, 1984 के सिक्खों की सामूहिक हत्याओं के मामले में और 1984 के ही भोपाल गैस त्रासदी मामले में हुआ है।

यह सब क्यों किया जाता है? निश्चित ही इसका कारण समाज का वर्ग विभाजन और उनका संघर्ष है। वर्ग विभाजन न तो धर्म के आधार पर, और न ही जातियों के आधार पर और न ही भाषा या प्रान्तों के आधार होता है। वर्ग विभाजन मुख्यतः अर्थव्यवस्था के आधार पर ही होता है, जिसमें उत्पादन के साधनों के मालिक और उन उत्पादन के साधनों के माध्यम से उत्पादन करने वाले केवल ये दो ही वर्ग होते हैं, समाज में। इनमें एक और अस्थाई वर्ग होता है जो उत्पादन के साधनों के मालिकों की व्यवस्थाओं और हितों की देखभाल करता है। इसमें कर्मचारी वर्ग या बुद्धिजीवी शामिल है। इसी प्रकार मालिकों के हितों और साधनों की रक्षा के लिये सेना और पुलिस भी होती है। यह कोई अलग वर्ग नहीं है, अपितु इन्हीं दोनों वर्गो का प्रतिनिधित्व इसमें होता है। मालिक वर्गों की ओर से इसमें अधिकारी वर्ग होता है और सामान्य जवान–सैनिक किसानों और मजदूरों में से भर्ती किये जाते हैं।

इस प्रकार दो प्रमुख और परस्पर विरोधी, वर्गों के बीच में बुद्धिजीवी–कर्मचारियों–सैनिकों की एक दीवार होती है, जो मुख्यतः मालिकों के लिये काम करती है, परन्तु, जब वह मरणासन्न होने को होता है, तो ये शक्तियां नये उभरते वर्ग की तरफ झुक जाती हैं।

चूंकि समाज में अलग–अलग वस्तुओं, उत्पादों की आवश्यकता होती है, अतः अलग–अलग साधनों पर काम करने वालों की दक्षता और हित भी अलग–अलग चिन्हित किये जा सकते हैं। इसी उप–विभाजन का लाभ उठाकर समाज में दो मुख्य वर्गों का उप–विभाजन हो जाता है, जिन्हें इतिहास में अलग–अलग समाज व्यवस्थाओं में अलग–अलग नाम दे दिये जाते हैं। सामन्तवाद में 'जातियों' के रूप में जानी जाती हैं तो औद्योगिक–पूंजीवादी युग में, दक्ष (Skilled) और दिहाड़ी मजदूरों आदि के रूप में जानी जाती हैं। कृषि भी चूंकि भारत की अर्थव्यवस्था का एक प्रमुख अंग है, अत खेत मजदूरों की भी एक श्रेणी है।

इनके विचारों का प्रतिनिधित्व करने वाला अग्रगामी दस्ता ही इनकी सही पार्टी हो सकती है और इनके विचारों को भविष्य की ओर ले जाने वाला व्यक्ति ही इनका नायक–महानायक कहला सकता है। किसी भी पार्टी का अस्तित्व समाज में विद्यमान किसी न किसी वर्ग का प्रतिनिधित्व करता है और उसके नेता इस वर्ग के नीतिकार और उनके हित साधक होते हैं– वैचारिक और कार्य रूप से सिर्फ नाम अपना लेने से ही नहीं, क्योंकि विचार किसी न किसी वर्ग का प्रतिनिधित्व करते हैं। तथा व्यवहार विचारों की ही अभिव्यक्ति होती है। यह चक्र तब तक चलता है जब तक कि या तो उन

पर कुछ हटकर करने का दबाव न हो या जब उनकी सत्ता को समाप्त नहीं कर दिया जाता।

भारत में भी यह ही सब कुछ हुआ है और हो रहा है। भारत सामन्तवाद से पूरी तरह बाहर तो आ नहीं पाया, औद्योगीकरण के द्वारा इसका पूंजीवादी विकास हुआ नहीं। परिणामस्वरूप भारत अर्थव्यवस्था के संक्रमणकाल से गुजर रहा है, जो किसी पहल के अभाव में अत्यधिक लम्बा खिंचता जा रहा है, और विश्व में अन्य देशों की अर्थव्यवस्थाओं से प्रभावित होते जाने के कारण एक अजीब किस्म की आर्थिक, सामाजिक और राजनीतिक अराजकता का सामना भारत की जनता को करना पड़ रहा है।

यह तो निर्विवाद है कि भारत की सामन्तवादी–सत्ता का अन्त नहीं हुआ है और न ही इसका आगामी पूंजीवादी व्यवस्था में पूरी तरह विकास हुआ है। सामन्तवाद की सबसे साधारण सी पहचान है, बिखरे हुए उत्पादन के साधनों का बिखरा हुआ स्वामित्व। कृषि पूरी तरह से कृषि मजदूरों के द्वारा की जाती है, लेकिन बहुत सारी भूमि उन्हीं कृषि–मजदूरों के स्वामित्व में टुकड़ों में बिखरी हुई है। जबकि कृषि भूमि का बहुत बड़ा हिस्सा कुछेक जमींदारों के हाथों में केन्द्रित है। अन्य धन्धे, जो बहुत हद तक कृषि के सहायक औजारों के उत्पादनकर्ता और अन्य आवश्यक जीवनोपयोगी वस्तुओं के उत्पादनकर्ता कारीगरों में विभक्त होकर बिखरा हुआ है और उन उत्पादनों के अपने उत्पादन के साधन है, जिन पर अधिकतर परिवार के अन्य सदस्य और साधनहीन कारीगर कार्य करते हैं। इनमें कार्य के विभाजन के रूप में कई जातियाँ और उपजातियाँ बनी हुई रहती हैं। इस प्रकार की आर्थिक और सामाजिक व्यवस्था में, जिसके पास अधिक मात्रा में उत्पादन के साधन हस्तगत किये हुए रहते हैं, प्रभावशाली और सत्ता का केन्द्र बन जाता है। जाहिर है कि मुख्य उत्पादन कृषि ही होता है तो, जिसके हाथ में अधिक भूमि केन्द्रित होगी, वही सत्ता का केन्द्र होगा। इस प्रकार जमींदार स्थानीय रूप से सत्ता का केन्द्र बना हुआ रहता है। अब चूंकि यह स्थानीय स्वरूप होता है, तो एक केन्द्रीय सत्ता, इन्हीं जमींदारों के आधार पर बनती है, और इसका स्वरूप भी उसी तरह की केन्द्रीय व्यवस्था में मुखरित होता है। इसी को राजा कहा जाता है। वह राजा अपने अधीनस्थ जमींदारों को अपने पूरक के रूप में जमींदार राजा को अपने हित रक्षक के रूप में मानते हैं। समाज के शेष अंग, जो जातियों उप–जातियों में बंटे रहते हैं, उनमें से प्रमुखता वही पाता है, जिसके अधीन कोई काम करता हो या जो अपने कार्य–उत्पादन में लगी प्रक्रिया के अच्छे या बुरे; घृणित या प्रशंसनीय व्यवसाय के कारण घृणित नहीं माना जाता है। एक विशाल सामाजिक समूह के मुख्य दो भाग

हो गये जमींदार और कृषि मजदूर। शेष उत्पादक कृषक पर अपनी आजीविका के लिये निर्भर होते हैं, परन्तु समर्थन जमींदार का करके अपने आपको अभिजात दर्जे में लाने के लिये प्रयासरत रहते हैं। इस प्रकार यह संगठित अर्थव्यवस्था अपने में कई अन्तर्द्वंद्व समेटे हुए रहती है। इसमें मुख्य रूप से कृषि से जुड़े लोगों के अलावा अन्यों को, व्यापारियों के एक नये वर्ग पर भी निर्भर रहना पड़ता है। इस प्रकार सामन्तवादी अर्थव्यवस्था का ढांचा बनता है। इसमें जो उत्पादन में भाग नहीं लेते हैं वे केवल परजीवी के रूप में मेहनतकशों की मेहनत पर पलते हैं, उनसे लगान, कर आदि लेते हैं तथा अपने ऐशो–आराम के सारे साधन जुटाना शुरू करते हैं जब यह चरम पर पहुँच जाता हैं तो दयनीय स्थिति तक उपहास्यास्पद बन जाते हैं।[3]

सामन्तवादी व्यवस्था में उत्पादन के साधनों पर अधिकार और व्यावसायिक दक्षता पैतृक रूप से चली आती है। जिसके परिणाम स्थाई दिखने वाली जाति व्यवस्था सामाजिक विभाजन को कठोरता से लागू भी करती है, व्यक्ति के आत्मसम्मान के हनन की सीमा तक चली जाती है।

इस व्यवस्था को भंग करने का प्रयास किसी नई उत्पादन प्रणाली ने नहीं किया बल्कि, जिस धर्म से भारत की जातीय व्यवस्था अपने तमाम अन्तर्विरोधों के बावजूद एक संस्कृति बनी रही, पारिवारिक एकात्मता बनी रही, उसी धर्म के कारण यह भंग होनी शुरू हुई, और जातीय–विभाजन का एक और समानान्तर विभाजन समाज में हो गया। अब दो प्रतिद्वन्द्वी धर्म आमने सामने थे–हिन्दू और मुस्लिम।

इन दोनों ही धर्मों में विश्वास करने वाले सत्ता के स्वामित्व के लिए संघर्ष में उलझते हैं। जहां, सत्ता के केन्द्र, गढ़, किले या राजधानी पर कब्जा कर लेने पर पूरी रियासत, पूरे जमींदारी समूह पर कब्जे का हकदार हो जाता है। कुछ जमींदार अपने वर्चस्व को बनाये रखने के लिये संघर्ष, संधि और समर्पण का रास्ता अपनाते हैं, और अपने अस्तित्व की रक्षा के प्रति आश्वस्त हो लेते हैं। फिर भी दूसरे धर्म वाले उनकी सम्पत्ति पर कब्जा कर लेते हैं या धर्म परिवर्तन करवाकर उन्हें अपने धार्मिक समूह में शामिल कर लेते हैं। परजीवी वर्गों के लिये धर्म उनके अस्तित्व को बनाये रखने का साधन मात्र होता है, निष्ठा का नहीं। अतः धर्म परिवर्तन से उनके जीवन पर कोई फर्क नहीं पड़ता, बल्कि उन पाबंदियों से मुक्त होने का लाभ उठाता है, जो उसके धर्म ने उन पर सापेक्ष रूप से डाल रखी होती हैं।

---

3. उदाहरण तो 565 रियासतों के 56 हजार मिल जायेंगे, परन्तु बड़ौदा के महाराजा, पटियाला, जयपुर, ग्वालियर, हैदराबाद, कपूरथला आदि की कुछ मिसालें परिशिष्ट में दी गई हैं।

परन्तु मेहनत करने वाले, छोटी कृषि भूमि और ऐसी ही अन्य सम्पत्ति रखने वाले परिवारों में धर्म परिवर्तन बहुत महत्व रखता है। किसी के विधर्मी हो जाने पर वह परिवार से पूर्णतः बहिष्कृत कर दिया जाता है। तदनुसार सम्पत्ति में उसका हिस्सा देने से भी मना कर दिया जाता है। इस प्रकार पैतृक सम्पत्ति से बहिष्कृत कर दिये जाने और यदि वह पुनः पुराने धर्म में आना चाहे तो उसे पुराना धर्म अपनाने के बावजूद भी उस परिवार का सदस्य नहीं बनाया जाता। इसके पीछे कारण सिर्फ सम्पत्ति के एक हिस्से को अपने ही बीच में बांटकर रखना होता है, ताकि अधिक सम्पत्ति मिल सके।

ऐसी दशा में धर्म से बहिष्कृत होना इतना दुखदायी नहीं होता, जितना कि सम्पत्ति से बेदखल करना। इससे उस धर्म के प्रति घृणा का चरम सीमा तक बढ़ जाना अवश्यम्भावी है, और उस घृणा को प्रतिशोध में बदलने के लिये अन्य ऐसे ही धर्म परिवर्तित–सम्पत्ति वंचित लोगों का पूरा समूह सक्रिय हो जाता है, तो यह धार्मिक उन्माद के रूप में ही हमें दिखाई देता है, इसके पीछे के सामन्तवाद और उससे जुड़े आर्थिक कारण हमें दिखाई नहीं देते।[4]

---

4. पंजाब की विधान–सभा के सदस्य रहे श्री मोहन लाल भास्कर ने अपने संस्मरणात्मक उपन्यास *मैं पाकिस्तान में भारत का जासूस था* में पाकिस्तान की एक जेल की घटना का वर्णन किया है, जो इस तथ्य पर प्रकाश डालती है। घटना इस प्रकार है–
"एक सुबह, मुंशी बशीर ने मुझे बाहर आने को कहा। उसने मुझे हथकड़ी लगाई और पीछे आने का इशारा किया। पीछे–पीछे एक बंदूकधारी चल रहा था। पल–भर के लिये जिस्म में एक सिहरन–सी दौड़ गयी कि मुझे फिर एक बार यातना केन्द्र की ओर ले जाया जा रहा है। उस वक्त तो मेरी रूह फना हो गयी जब मैंने देखा, राजा गुल–अनार–खान, जिसे शाही किले का जल्लाद कहते थे, मेरे सामने बैठा है। मैं जमीन पर बैठने ही जा रहा था कि उसने कुर्सी की तरफ इशारा किया। मुंशी बशीर जा चुका था, संतरी वहीं खड़ा था। उसने उसको भी इशारा किया कि हथकड़ी उतारे और चला जाये। अब वह बोला, 'मास्टर, एक बात बतलाओ, भास्कर का मतलब क्या है और तुम्हारी जात क्या है।'
'जनाब, भास्कर का मतलब है सूरज, और मैं जात से ब्राह्मण हूँ।'
'तो तुम सूर्यवंशी ब्राह्मण हो?' उसने कहा।
मैं हैरान रह गया और कहा, 'जनाब आपको कैसे मालूम है यह लफ्ज़?'
'इसमें कोई हैरानी की बात नहीं। मैं तवारीख में ग्रेजुएट हूँ। मैं खुद चंद्रवंशी राजपूत हूँ। हमारे पूर्वज राजस्थान के राजा कहलाते थे। औरंगजेब के जमाने की बात है। उसने हिन्दूओं पर बेपनाह जुल्म किये, खास–तौर पर राजपूतों पर। मेरे दादा के पड़दादा, जो उस वक्त एक छोटी–सी जागीर के राजा थे, उस जगह को छोड़कर अपनी जान बचाकर भागे। उस वक्त उनकी बीबी हामला थी। रास्ते में जब उनका कारवां रेगिस्तानों से गुजर रहा था तो उनके दर्द शुरू हो गया और वहीं एक हरी झाड़ी के पीछे उन्होंने मेरे पड़दादा को जन्म दिया। उनका नाम ही झाड़ी को देखते

दूसरी तरफ कुछ ऐसी सम्पत्ति–हीन जातियां, जो स्वाभाविक रूप से मेहनत–बेगार करने वाली होती थीं और सामाजिक रूप से अपमानभरी जिन्दगी जीती थीं, उनका खाना–पीना, रहना सब कुछ अमानवीय था, तथा हिन्दू–होते हुए भी उन्हें अच्छी तरह पूजा–पाठ करने, मंदिरों में जाने की इजाजत नहीं होती थी। जब कभी मामूली सा भी दबाव आया, शेष हिन्दू बचाने नहीं आते थे, अतः उन्होने मुस्लिम–धर्म को अपनाना शुरू कर दिया। वहां पर कम से कम मस्जिद में और तीज त्यौहारों पर बराबर का सम्मान मिला। अतः ऐसे धर्मान्तरित लोगों में भी हिन्दुओं के प्रति प्रतिशोधात्मक भावनाएँ अन्दर तक बैठी हुई थीं–इस कारण भी इनकी हठधर्मिता के कारण उन्हें धर्म परिवर्तन कर अपने भाई बंधो से अलग होना पड़ा।

हुये हरिया रखा गया। कारवां के लोग मुसलमानों का वेशधारे झंगसर सरगोधा पहुँचे और यहीं बस गये। यहाँ हमारे महलनुमा मकान हैं।

एक बार ऐसा हुआ कि मेरे पड़दादा को मजबूरी के तहत इस्लाम कबूल करना पड़ा तो उनके भाइयों ने उनका हुक्का–पानी बंद कर दिया। अगर वह उस वक्त राजपूताना में होते तो शायद उनकी जायदाद भी छीन ली जाती। अजनबी जगह होने की वजह से उनके भाई कुछ नहीं कर सके। क्या तुम्हें मालूम है कि भारत में इस्लाम क्यों इतनी तेजी से फैला और इस खित्ते के मुसलमान हिन्दुओं से क्यों इस कदर नफरत करते हैं? यह सच्चाई है कि उनकी पुश्तें कभी हिन्दू हुआ करती थीं। उसका कारण खुद हिन्दू हैं।

जब मुसलमानों ने हिन्दुस्तानियों पर हमले किये तो अलग–अलग रियासतों के राजाओं ने एक–दूसरे से अपना बैर निकालने के लिये गद्दारी की। एक–दूसरे को नीचा दिखाया और खुद अपनी तबाही की वजह बने। दूसरी बात यह कि जिन हिन्दुओं ने मजबूरी में या किसी वक्त मौत को सामने देखकर दिखावे के लिये ही कलाम शरीफ 'ला इलाह इल अल्लाह मोहम्मद रसूल–इल्लिाह पढ़ लिया तो फिर हिन्दुओं ने, यहाँ तक कि उनके अपने रिश्तदारों ने भी उनको हिन्दू मानने से इन्कार कर दिया। यही नहीं, रिश्ते तोड़कर उन्हें जायदाद से बेदखल कर दिया। जहाँ तक कि उनके गांव में उन्हें रोटी–पानी या पनाह मिलनी मुश्किल हो गयी। लिहाजा वे मजबूरन इस्लाम की गोद में चले गये, और हिन्दुओं के जानी दुश्मन बन गये।

यह वह गहरी ज़ड़ें पकड़े पुरानी दुश्मनी है जिसका आज तक दोनों कौमें एक–दूसरे से बदला ले रही है। ....मेरे दादा मरहूम बताया करते थे कि दादा के दादा ने बहुत मजबूरी में इस्लाम कबूल किया था। भाइयों ने उनसे आँखे फेर लीं, मंदिरों के दरवाजे उनके और उनके बच्चों के लिये बंद कर दिये गये। किसी त्यौहार में या होली–दिवाली के मौके पर भी उनको अपने बीच शामिल नहीं किया जाता था। यहाँ तक कि उन्होंने अपने बच्चों को भी मना कर दिया था वे हमारे बच्चों के हाथ की कोई चीज न खायें। उन्होंने इसके लिये उनकी इल्तजा की, गिड़गिड़ाये। लेकिन हिन्दु समाज के अलमबरदारों ने उनकी एक न सुनी। हिन्दू बनिये मंदिर बनाते रहे, उसको सजाते रहे बगैर इस

धर्म परिवर्तन के बावजूद भी उनकी आर्थिक दशा में कोई परिवर्तन नहीं आया। व्यवसाय लगभग वही रहा, जो वे धर्म परिर्वतन के पहले करते थे, अब भी वही उनका व्यवसाय बना रहा। इस प्रकार समानान्तर जातियां अस्तित्व में आयीं, जो दो अलग–अलग धर्मों को अपना चुकी थीं।

1857 के क्रान्तिकारी संघर्ष के बाद अंग्रेजों की सोच में एक बड़ा अन्तर आया। जहां वे मुसलमानों का प्रत्यक्ष और अप्रत्यक्ष रूप से समर्थन प्राप्त करते और प्रशासन में पूर्ण सहभागिता देते थे, अब वे शंका की दृष्टि से देखने लगे थे। 'भारत के सिपाही–विद्रोह' में मुसलमानों की जो भूमिका रही थी, उसके कारण उनकी बिरादरी को 1857 के बाद दो–तीन दशक तक ढके–छुपे ढंग से दण्डित किया जाता रहा। घातक आर्थिक विषमता के अलावा, ब्रिटिश शिक्षा और पाश्चात्य विचारधारा ने भारत को जो अवसर प्रदान किये थे उनका लाभ हिंदुओं ने मुसलमानों की अपेक्षा कहीं अधिक तेजी से उठाया था। इसका परिणाम यह हुआ कि सामाजिक स्तर पर तो मुसलमानों के साथ अंग्रेजों की बहुत अच्छी निभती थी, लेकिन उनकी ओर से भारत की प्रशासन व्यवस्था हिन्दू चलाते थे। वे ही भारत के व्यापारी, महाजन, प्रशासक और डाक्टर, वकील तथा अध्यापक आदि थे। पारसियों के साथ मिलकर हिन्दुओं ने बीमे तथा बैंकों के कारोबार पर, बड़ी–बड़ी तिजारतों पर और भारत के मुट्‌ठी भर उद्योगों पर अपना एकाधिकार जमा रखा था। शहरों में और छोटे–छोटे कस्बों में हिन्दुओं में से ही प्रभुत्वशाली वाणिज्यिक वर्ग थे। सूदखोर महाजन की व्यापक भूमिका भी लगभग हर जगह ही हिन्दू ही निभाते थे, कुछ तो इसलिये कि इस काम के प्रति उनकी सहज रुचि थी और कुछ इसलिये कि कुरान

बात की परवाह किये कि क्यों लाखों हिन्दू भूखे मर रहे हैं। इस तरह हिन्दुस्तान में इस्लाम की जड़ें मजबूत होती चली गयीं।

इन्हीं अभागों को जब इस्लाम ने गले लगाया रोजी–रोटी और पनाह दी तो उन्होंने बीते हुये जामने की तरफ झाँखा और पक्का इरादा किया कि वह तंगदिल हिन्दुओं से जी भरकर बदला लेंगे। जो मांस नहीं खाते थे, वे ही गऊ का मांस खाने लगे, और हर वह काम करने लगे, जिससे हिन्दुओं के ज़जबात को ठेस पहुँचे। कभी हिन्दुओं ने भी तो उनके ज़जबात कुचले थे, उन पर जुल्म किये थे, उन पर रहम नहीं खाया था। तुम्ही बताओं, किसका कसूर था? उसने पूछा।

"बेशक हमारे पूर्वजों का और उनसे भी ज्यादा कसूरवार ब्राह्मण थे, जो हालात को संभाल नहीं सके और अपने धर्म को सही रास्ता नहीं दिखा सके। आज उनकी पीढ़ियां उनके बोये हुये को ही काट रही है।" मैने जवाब दिया।

अफसोस, यह करूणा और दार्शनिक ऊँचाइयों का धर्म खुद हिन्दुओं के हाथों ही कत्ल हुआ। आज भी यह दम तोड़ रहा है, उन्हीं के हाथों।"

जिन्ना के दादा पूंजाभाई के साथ भी ऐसा ही हुआ था।

में मुसलमानों को सूदखोरी से मना किया गया।[5] यही विचारधारा कांग्रेस को विरासत में मिली थी। संयोग देखिये चार हिन्दू बैरिस्टरों के कांग्रेस मंच पर आने के पश्चात इसे व्यवहारिक रूप दिया गया।[6]

- तुलनात्मक रूप से मुस्लिम बहुलता वाले क्षेत्र पंजाब, सिंध उत्तर पश्चिमी सीमान्त, बंगाल और उससे जुड़ा आसाम का सिलहट इलाका।
- अधिक कृषि उपज वाले क्षेत्र–पंजाब, संयुक्त प्रांत, गेहूं–चावल, गन्ने के लिये, बंगाल जूट–गन्ना के लिये, महाराष्ट्र गन्ना, चावल गेहूं के लिये।
- उद्योगों का संकेन्द्रण–बंबई प्रांत के बंबई, पूना, नागपुर, सूरत, अहमदाबाद; बंगाल में कलकत्ता, ढाका; संयुक्त प्रांत में कानपुर, मेरठ, दिल्ली; मद्रास प्रांत के मद्रास में;
- प्रमुख बंदरगाह– बंबई, कराची, कलकत्ता, ढाका, चटगांव, मद्रास आदि

शेष भारत में ये सभी तत्व बिखरे रूप में मौजूद थे। इन सब के बीच 565 रियासतें, भारत के नक्शे में शरीर पर सफेद दागों (ल्युकोडर्मा–Lucodarma) की तरह थीं। इन देशी रियासतों में मुसलमानों की आबादी भी थी। वे तुलनात्मक रूप से कम संख्या में होते हुए भी कई मायनों में बेहतर स्थिति में थे; क्योंकि इनमें औद्योगीकरण बिल्कुल नगण्य था अतः सामाजिक और आर्थिक संबधों का ताना–बाना पूरी तरह से सामाजवादी था।

ब्रिटिश प्रान्तों के मुसलमानों को आन्दोलनों के दौरान यह एहसास हो चुका था कि अधिक मुस्लिम आबादी वाले इलाकों से किसी तरह यदि हिन्दू आबादी का पलायन हो जाता है तो उनका व्यापार, उनकी सम्पत्ति, उनके खेत आदि उनके हाथों में आ सकते हैं और वे भी अच्छी सामाजिक और आर्थिक हैसियत प्राप्त कर सकते हैं। ऐसी परोक्ष विचारधारा के लोग राजनीतिक मंच पर सक्रिय हुए और इस ओर काम करने लगे। कुछ लोगों में राजनीतिक महत्त्वाकांक्षाएँ भी जागृत हो गईं। उनकी महत्त्वाकांक्षाएँ धन सम्पत्ति की अपेक्षा करने वाले लोगों की आकांक्षाओं की पूरक बन गयी हैं। इस प्रकार सामन्तवादी

5. लॉरी कॉलिंस–डोमिनिक लेपियर–*फ्रीडम एट मिडनाइट* हिन्दी संस्करण 001 (2001), पृ. 29–30।

6. चार हिंदू बैरिस्टर थे–मोहनदास करमचंद गांधी, मोतीलाल नेहरू, जवाहरलाल नेहरू और वल्लभभाई पटेल।

समाज, जिसे औद्योगीकरण और पूंजीवाद के विकास के माध्यम से खत्म हो जाना चाहिये था, वह उग्र रूप में सक्रिय हो गया।

इस प्रकार भारत में विकास की ओर बढ़ने के लिये जो होना चाहिये था वह तो हुआ नहीं और जो नहीं होना चाहिए था वह होता चला गया। अर्थव्यवस्था के सामन्तवादी आधारों, सम्पत्ति और व्यवसाय पर कब्जा करने की ललक में मुसलमानों के लिये प्रान्तों का विभाजन किया गया, एक बने रहने का प्रयास जनता के अलावा किसी ने भी नहीं किया। नेताओं को सत्ता मिलीं, संपत्ति चाहने वालों को लूट की सम्पत्ति मिली; जनता बेजार होकर अपने ही देश में शरणार्थी बन गयी। और अन्ततः मुसलमानों का ही बंटवारा हो गया जिसका अपराध बोध आज तक मुस्लिम जनता भुगत रही है।

और पांचवें बैरिस्टर थे मोहम्मद अली जिन्ना, जो कि कांग्रेस में उपरोक्त सभी चारों बेरिस्टरों से वरिष्ठ और कांग्रेस के सबसे पुराने सदस्य थे।

जिन्ना मुल्तान के ठक्कर (हिन्दू) परिवार की वंश परंपरा में था, जिसके परदादा काठियावाड़ में आकर बस गए थे तथा जिन्ना के दादा पुंजाभाई ने इस्माइली सम्प्रदाय के आगाखां से प्रभावित होकर इस्लाम धर्म स्वीकार कर लिया था। पत्नी और बच्चों की असहमति के कारण जल्दबाजी में लिए गए धर्म परिवर्तन के अपने निर्णय से संतप्त पुंजाभाई वालजी ने पुनः हिन्दू धर्म में लौटने के लिए प्रयास किया, पर वह सफल नहीं हो सके। परिणामस्वरूप अब परिवार के पास मुस्लिम बने रहने के अलावा कोई विकल्प नहीं रह गया था।

आर्थिक और सामाजिक रूप से अच्छी स्थिति होने के कारण जिन्ना ने बैरिस्टरी की पढ़ाई लंदन में की और उसी दौरान यह धारणा बना ली कि राजनीति और कानूनी पेशे के बीच चोली दामन का संबंध है और यह भी कि इंग्लैण्ड को संसद की जननी (Mother of Parliament) कहा जाता है। दादाभाई नौरोजी के लिए हाऊस ऑफ कामंस के चुनावों के दौरान अंग्रेजों द्वारा काला होने के कारण अपमानजनक टिप्पणी करने पर जिन्ना ने अपनी बहन फातिमा को लिखा था, "इस तरह की गलीज मानसिकता वाले अंग्रेज–राजनेताओं से हिन्दुस्तान किस इंसाफ की उम्मीद कर सकता है।"

ऐसे विचार रखने वाला जिन्ना कांग्रेस से 1906 में जुड़ा, परन्तु दुर्भाग्य से उसे कांग्रेस के वरिष्ठ सदस्य होने का कभी महत्व नहीं दिया गया। 1906 में ही मुस्लिम लीग का निर्माण हुआ था, जो कि प्रारम्भ में कांग्रेस की एक शाखा के रूप में कार्य करती रही। बाद में भी कांग्रेस का नेतृत्व यही चाहता था कि मुस्लिम लीग कांग्रेस की एक इकाई या शाखा ही बनी रहे, परन्तु

कांग्रेस के शीर्ष नेतृत्व में किसी मुसलमान को नहीं लिया गया। शायद कांग्रेसी नेतृत्व किन्हीं दकियानूसी मुसलमानों को अपने में स्थान देना चाहती थी, मगर जिन्ना किसी भी दकियानूसीपने के सहारे राजनीति में अपना स्थान नहीं बनाना चाहता था। हिन्दू, मुसलमान उसके लिए केवल भारत की जनता थी, जिनके निजी विश्वास अलग–अलग हैं।

यह भी सच है कि उपरोक्त पांचों नेताओं में आम जनता के आन्दोलन का नेतृत्व की क्षमता थी तो वह केवल मोहनदास गाँधी में ही थी। जनता की भावनाओं को समझकर उसे ऊपरी स्तर पर राजनीतिक रूप दे देना इनकी खास रणनीति रही। जबकि अन्य चारों खालिस राजनीतिक उद्देश्य से कार्य करने वाले थे और भारत की जनता को केन्द्र की राजनीति से कोई सरोकार नहीं रहा, उन्हें केवल अपनी स्थानीय समस्याओं के समाधान से ही सरोकार रहा। अतः जो उनकी इन समस्याओं को लेकर उनसे जुड़ा वह नेतृत्व करने में सक्षम रहा। सरदार वल्लभभाई पटेल इस हिसाब से दूसरे सक्षम नेतृत्व क्षमतावान रहे। शेष मोतीलाल नेहरू और मोहम्मद अली जिन्ना अपने अभिजात्य बैरिस्टरी के दायरे से बाहर नहीं आ सके। जवाहरलाल नेहरू अभी कांग्रेस में कहीं भी नहीं था। अलबत्ता उसके पिता मोतीलाल नेहरू ने जवाहरलाल के एक फोटो पर अपनी महत्वाकांक्षा अवश्य जाहिर कर दी थी यह लिखकर "भारत का राजा"।[7]

जहाँ गाँधीजी ने दक्षिण अफ्रीका में खालिस मानवाधिकारों से संबंधित आन्दोलन चलाया था भारत में उन्हें धर्म को आधार बनाना पड़ा और दकियानूसी मुसलमानों का विश्वास जीतने के लिए तुर्की की अतातुर्क कमालपाशा की मुस्लिम देश की गैर इस्लामिक, प्रगतिशील सरकार और उसकी योजनाओं के विरुद्ध "खिलाफत आन्दोलन" चलाया जिसका जिन्ना कतई समर्थक नहीं रहा। इसका परिणाम यह रहा कि जिन्ना ना तो मुसलमानों का समर्थन पा सका और न ही कांग्रेस में मुसलमानों का सर्वमान्य नेता–प्रतिनिधि माना जा सका। इस प्रकार जिन्ना को कांग्रेस के केन्द्रीय नेतृत्व में बहिष्कृत की सी स्थिति का सामना करना पड़ा।

इसकी अन्तिम परिणति 1920 के दिसम्बर माह के अंतिम तीन दिनों में हुए कांग्रेस के अधिवेशन में हुई। उस अधिवेशन की अध्यक्षता नरम दल के दक्षिण भारतीय नेता विजय राघवाचारी ने की। इसमे कलकत्ता अधिवेशन में लिए गए असहयोग आंदोलन के निर्णय की पुष्टि की जानी थी। कलकत्ता

---

7. कैथरीन क्लैमाँ की कृति *एडविना और नेहरू* में 1922 की लखनऊ जेल बाप–बेटे के वार्तालाप के रूप में उद्धृत (हिन्दी संस्करण), पृ.–।

में उक्त प्रस्ताव के विरोध में मोतीलाल नेहरू, चितरंजनदास और मोहम्मद अली जिन्ना थे। जिन्ना के इस आक्षेप पर कि बिना जनरल बाडी की मीटिंग की बैठक में शामिल सदस्य परिवर्तन नहीं कर सकते, गांधी ने दो टूक शब्दों में यह कह दिया कि जो लोग इस परिवर्तित उद्देश्य से सहमत नहीं वह संगठन छोड़ने के लिए स्वतंत्र हैं और वह प्रस्ताव 19 के मुकाबले 42 मतों से पारित हुआ। एनीबीसेंट भी इस प्रस्ताव से सहमत नहीं थीं।

नागपुर के उक्त अधिवेशन में श्रीमती एनीबीसेंट को अपना भाषण पूरा नहीं करने दिया गया। जिन्ना को कांग्रेस के उत्तेजित नेताओं ने बेइज्जत किया, "शर्म–शर्म" के नारों के बीच बुजदिल और राजनैतिक धोखेबाज तक कह डाला। अपने आक्रोश को जाहिर करने के लिए तात्कालिक कारण जो लिया गया वह यह था कि जिन्ना ने गांधी को "महात्मा गाँधी" के बदले "मिस्टर गाँधी" कह दिया था।[8] उस समय जिन्ना की पत्नी रति भी वहीं थीं। उसी के सामने जिन्ना को धक्का–मुक्की करके मंच से नीचे उतार दिया गया।

जब जिन्ना के साथ यह अशोभनीय व्यवहार किया जा रहा था तो गांधी समेत किसी नेता ने हस्तक्षेप की जरूरत नहीं समझी थी।

इस प्रकार एक धर्म निरपेक्ष मुसलमान को मार–मारकर मुसलमान बनाया जा रहा था। व्यक्ति केन्द्रित पार्टी के रूप में कांग्रेस को परिवर्तित किया जा रहा था।

इसके बाद जो कुछ हुआ वह सभी के सामने है। न तो कांग्रेस अपनी सभी कोशिशों के बावजूद मुसलमानों को अपना विश्वास भाजन बना सकी और न ही मुसलमान कांग्रेस में विश्वास जता सके। कांग्रेस और मुस्लिम लीग दो विभिन्न धर्मों की पार्टियों के रूप में चिन्हित हो चुकी थीं। इस तथ्य को अंग्रेजों ने स्वीकार कर "कम्यूनल अवार्ड" जैसी घोषणाएं कर देश की जनता को दो भागों में सदा के लिए विभाजित होने का ठप्पा लगा दिया। कांग्रेस ने कभी भी किसी मुसलमान को शीर्ष नेतृत्व में नहीं लिया। सुभाषचंद्र बोस जैसे वरिष्ठ और सर्वप्रिय नायक को भी कांग्रेस से अलग कर दिया गया, दूसरा विश्व युद्ध शुरू हो गया और 1935 का संविधान जिसे "भारत सरकार अधिनियम, 1935" के नाम से जाना जाता है, अस्तित्व में आ चुका था। प्रांतीय

---

8. अपने भाषण में जिन्ना ने गांधी के नाम की चर्चा ग्यारह बार की थी, जिसमें सात बार "महात्मा" और चार बार आदतवश "मिस्टर" शब्द बोला गया था। श्रोताओं के ऐतराज पर जिन्ना ने खेद भी प्रकट किया था। जबकि गांधीजी के लिये "महात्मा" शब्द का पहली बार प्रयोग भी जिन्ना ने ही दिसम्बर, 1919 में कांग्रेस के अमृतसर अधिवेशन में किया था।

चुनावों से कुछ हासिल नहीं हुआ तो सभी शीर्ष नेता पृष्ठ भूमि में होकर "मौलाना अबुल कलाम आजाद" को 1940 में कांग्रेस का अध्यक्ष बनाया गया। लेकिन तब तक बहुत देर हो चुकी थी। 1940 से 1946 तक कांग्रेस इतिहास में सबसे लंबी अवधि तक एक मुसलमान को कांग्रेस का अध्यक्ष बनाए रखने का भी कोई सार्थक परिणाम नहीं निकला। आखिर देश के साथ–साथ स्वयं मुसलमानों का भी बंटवारा हो गया।

उनका यह बंटवारा कोई भावनात्मक नहीं था, बल्कि आर्थिक कारणों से था जिसके अन्तर्गत जिनकी जमीन मजबूत थी वे वहीं रहे, बाकी लकीर के उस पार चले गए। बंटवारे के पहले भारत के मानचित्र पर औद्योगिक एवं आर्थिक केन्द्रों के साथ भारत की जो तस्वीर उभरती है वह इस प्रकार थी–

बंगाल प्रांत के अन्तर्गत आने वाले राज्यों में बड़ी–बड़ी जमींदारियां थीं, जिन पर हिन्दू और मुस्लिम अभिजातों का कब्जा था। औद्योगिक रूप से कलकत्ता, ढ़ाका और चटगांव मुख्य केन्द्र थे। कलकत्ता और चटगांव मुख्य बंदरगाह। आसाम क्षेत्र आदिवासियों से परिपूर्ण चाय बागानों से हरा–भरा इलाका था।

उत्तरी और पश्चिमी राज्य अनाज की भरपूर फसल देने वाले नदियों से सिंचित इलाके थे जहाँ अपेक्षाकृत छोटी जमीदारियाँ थी। कराची औद्योगिक शहर होने के साथ–साथ एक बड़ा बंदरगाह भी था। लाहौर, हैदराबाद, दिल्ली, कानपुर आदि उद्योगों के केन्द्र थे, तो उत्तर–पश्चिमी प्रांत फलों और मेवों के उत्पादन का केन्द्र था।

मध्य एवं दक्षिण भारत भी इसी प्रकार से मिले जुले रूप में थे। बंबई, पूना, मद्रास, कोचीन, इन्दौर, अहमदाबाद, सूरत आदि प्रमुख औद्योगिक केन्द्र थे।

इस सभी इलाकों में हिन्दू और मुसलमान समान रूप से मजदूर थे, कारखानों में भी और खेतों में भी। परन्तु सांस्कृतिक रूप से भिन्न नहीं थे। चाहे वह बंगाल हो या पंजाब हो या सिंध हो या गुजरात हो या केरल हो या मद्रास।

यह एक सामान्य–सा तथ्य है कि जहाँ एक वर्ग होता है–किसान, कृषि मजदूर, मजदूर या मध्यम दर्जे के व्यापारी–पूँजीपति उन्हें आपस में बांटने का काम धर्म के आधार पर आसानी से कर सकते हैं। यही कारण है कि कुछ महत्वकांक्षी मुसलमानों ने अपनी राजनीतिक सरगर्मियों की आड़ में यह सोचने लगे कि हिन्दू उनके बीच में से चले जाये तो उनकी जमीन–जायदादों और व्यापार को अपने कब्जे में ले लेंगे। यह स्थानीय सोच था, व्यापक राष्ट्रीय

स्तर का नहीं। अतः जब धर्म के आधार पर कांग्रेस और मुस्लिम लीग की राजनीति ने जोर पकड़ा, तो सभी लोगों में यही जमीन जायदाद हड़पने की लालसायें जाग उड़ी, और यह भी तय पाया कि रेखा के पार पलायन करने वाली आबादी सस्ते मजदूरों की मंडी साबित होगी। चालीस वर्षों के घटना क्रम ने इस धारणा को और परवान चढ़ा दिया।

........और मुसलमानों का बंटवारा करके उन्हें बेघर कर दिया गया। पंजाब, बंगाल, सिंध के स्थानीय लोगों ने तो हिन्दुओं की जमीन–जायदादों पर कब्जा कर लिया और भारत के शेष भागों में वहाँ से जाने वाले मुसलमान बेघर बने रहे, उनको अलग पहचान दे दी गई............मुहाजिर।

संविधान का निर्माण

"संविधान का निर्माण जनता की समस्याओं को सुलझाने के लिए हुआ था, लेकिन इससे न तो आंकक्षायें पूरी हुई और न ही जनहित में सुशासन की व्यवस्था हो सकी। हमने उसी औपनिवेशिक तंत्र को कायम रखा। शासन बदले, लेकिन आम आदमी सत्ता से दूर वहीं का वहीं रहा। संविधान निर्माताओं ने आशा की थी कि इससे निरक्षरता व गरीबी मिटेगी, लोगों को पीने का शुद्ध पानी मिलेगा। आजादी के साठ साल बाद भी लोग पीने के पानी के लिए तरसते देखे जा सकते हैं। गरीबी की हालत भी नहीं बदली। सरकारी आंकड़ों पर ही यकीन करे तो आने वाले समय में पूरी दुनिया में गरीबों और निरक्षरों की आबादी सबसे अधिक भारत में होगी, लेकिन अपना संविधान कई मामलों में निराला भी है।

"लोकतन्त्र में नागरिकों की शासन में सीधी भागीदारी होनी चाहिए, लेकिन मौजूदा व्यवस्था में ऐसा दूर–दूर तक नहीं दिखता।"

"संविधान के पुनर्लेखन से कुछ नहीं होगा। जो है उसी का ईमानदारी से पालन नहीं हो रहा। हाँ, संशोधन के नाम पर पुरानी चीजों को अवश्य बदल रहे हैं, लेकिन अच्छा होता कि कानून–कायदे को बदला जाता, लेकिन इसके लिए राजनीतिक इच्छाशक्ति, ईमानदारी और निष्ठा जरूरी है, जो मौजूदा जनप्रतिनिधियों में दूर–दूर तक नहीं है।"

–सुभाष कश्यप
संविधान विशेषज्ञ

(राजस्थान पत्रिका, 26 जनवरी, 2008 के अंक में सम्पादकीय–पृष्ठ पर छपे "संविधान–सपने और समाधान" शीर्षक के अन्तर्गत पूछे गए 10 प्रश्नों के उत्तरों से लिए गए अंश)

7

संविधान का ऐतिहासिक विकास

इसमें कोई शक नहीं है कि भारत के वर्तमान संविधान का आलेख तैयार करने के लिए संविधान सभा की पहली बैठक 9 दिसम्बर, 1946 को हुई थी। यह संविधान राजनीतिक क्रांति का परिणाम नहीं है। यह जनता के मान्य प्रतिनिधियों के निकाय, संविधान सभा के अनुसंधान एवं विचार–विमर्श के परिणामस्वरूप जन्मा है। इस निकाय ने प्रशासन की विद्यमान पद्धति में सुधार लाने का प्रयत्न किया। अतएव संविधान को सही रूप से समझने के लिए सांविधानिक विकास पर दृष्टिपात करना अनिवार्य हो जाता है। 1949 का संविधान पिछली दो शताब्दियों के सांविधानिक दस्तावेजों से केवल एक बात में भिन्नता रखता है और वह यह कि अन्य दस्तावेज साम्राज्यवादी शक्तियों द्वारा लादे गए थे, किन्तु यह संविधान लोगों ने प्रभुत्व सम्पन्न संविधान सभा में समाविष्ट अपने प्रतिनिधियों के माध्यम से स्वयं बनाया है। इससे इस नए विलेख की गरिमा और नैतिक मूल्य प्रकट होता है और इस बात का महत्व भी स्पष्ट हो जाता है कि क्यों पहले से विद्यमान प्रणाली में कुछ नए उपबंध जोड़े गए हैं।

प्रोफेसर दुर्गादास बसु के ऊपर उद्धृत विचारों के समान ही प्रायः सभी संविधान विशेषज्ञों और विद्वानों के विचार भी हैं, जो कि अनगिनत पुस्तकों, दस्तावेजों, शोध ग्रंथों, प्रबंधों में मौजूद हैं। अतः भारत के संविधान के स्रोत ईस्ट इंडिया कम्पनी और उसके बाद ब्रिटिश राज और ब्रिटिश संसद द्वारा जारी किए गये वे नियम एवं कायदे कानून एवं आदेश रहे हैं, जिनसे भारत सरकार का प्रशासन संचालित होता रहा है और भारतीयों की भागीदारी का मार्ग खुला।

इन कायदे–कानूनों का दायरा मुख्यतः प्रशासन से जुड़े कुछ विषयों तक सीमित रहा है, जो कि संविधान निर्माण के भी केन्द्रीय विषय रहे हैं। ये हैं–

(1) सरकार का स्वरूप,

(2) सरकार का गठन,

(3) जनप्रतिनिधित्व,

(4) कार्यपालिका,

(5) न्याय प्रणाली एवं न्यायपालिका,

(6) वित्त व्यवस्था, तथा

(7) समाज विकास।

भारत में तीन प्रेसीडेंसी प्रान्तों की स्थापना के साथ ही मालगुजारी और अन्य कर वसूल करने के लिए कुछ अधिकारियों की नियुक्तियां की गईं, जिन्हें 'कलेक्टर' कहा गया। इसके साथ ही समाज में व्याप्त सामान्य अपराधों से अलग हटकर "सरकार" के अधिकारियों की कारगुजारियों की शिकायतें होने लगीं और असहमति के विवाद भी उठने लगे। इनके निपटारे के लिए प्रचलित प्रणालियों को समान बनाने के लिए सर्वप्रथम 1726 में एक चार्टर (राजपत्र) पारित किया गया, जिसके अनुसार–

- प्रेसीडेंसी शहरों के लिए मेयर कोर्ट स्थापित किए गए, जोकि इंगलिश लॉ (अंग्रेजी विधि) के अनुसार कार्य करते थे।
- स्पष्ट उल्लेख नहीं होने के कारण मेयर कोर्ट देशी भारतीयों पर भी अंग्रेजी कानून ही लागू करते थे।

1753 में दूसरा चार्टर जारी किया गया, जिसके अनुसार–

- मेयर कोर्ट देशी भारतीयों के मामले उस ही स्थिति में निपटा सकती थी, जबकि विवाद के दोनों पक्ष सहमत हों।
- भारतीयों के विवाद भारतीयों की वैयक्तिक विधि (Personal Laws) के आधार पर ही निपटाये जाने की व्यवस्था की गई।

1772 में वारेन हैस्टिंग्ज के गवर्नर जनरल नियुक्त किए जाने के बाद यह सुझाव दिया गया कि मालगुजारी की वसूली यथेष्ट रूप से नहीं हो पा रही है। अतः कलेक्टरों को मालगुजारी संबंधी कानूनों में आवश्यक परिवर्तन करने की छूट दी जावे। तद्नुसार 1774 का चार्टर पारित किया गया, जिसके अनुसार–

- कलकत्ता में सुप्रीम कोर्ट की स्थापना की गई।

- जहाँ किसी विवाद का निपटारे से संबंधित प्रावधान किसी कानून में पर्याप्त न हो, वहाँ साम्या[1] और सद्विवेक के आधार पर किया जाए।

इन्हीं प्रमुख बातों को ध्यान में रखते हुए कलकत्ता सुप्रीम कोर्ट के मुख्य न्यायाधीश सर एलिजा इम्पे ने 1781 में "दीवानी प्रक्रिया संहिता" (Civil Procedure Code) बनाई और यह प्रावधान किया कि भारतीयों के विवाद "निजी विधि" के आधार पर निपटाए जाएं, जहाँ दो भिन्न समुदायों से संबंधी पक्ष हों, वहां साम्या और सद्विवेक के आधार पर फैसले किये जाएं।

इस प्रक्रिया में लगाए गए न्यायाधीश कानूनी आधार पर प्रायः अप्रशिक्षित और अनुभवहीन होने के साथ–साथ भारतीय भाषाओं से भी अपरिचित होते थे तथा वैयक्तिक विधियों के मामले में हिन्दू पंडितों, मुस्लिम काजी, मुति और मौलवियों की सलाह ली जाती थी। जहां हिन्दू या मुस्लिम विधि लागू होती थी (विशेषतः संविदा आदि में) वहां न्याय, साम्या और सद्विवेक के प्रयोग से स्वच्छंदता आ गई, जो आज तक भी अधिकारियों में मौजूद है।

1831 में इस परम्परा को और मजबूती दी गई विलियम बैटिंग की न्यायिक योजना के द्वारा।

इसी बीच एलिजा इम्पे के सिविल कोड के पश्चात् 1786 में सभी नियमों, कानूनों की एक संहिता बनी, जिसे 1793 में गवर्नर जनरल की कौंसिल ने पुनः संग्रहित करके प्रकाशित करवाया, और जिसे 1797 में ब्रिटिश संसद ने स्वीकृति प्रदान की।

1 जनवरी, 1827 से बम्बई प्रेसीडेंसी के गवर्नर एलफिंस्टन ने फौजदारी (Criminal) और सिविल विधि व्यवस्था को संहिता का रूप दिया जोकि "एलफिस्टन कोड, 1827" के नाम से जानी जाती है।

1834 में बैप्टिस्ट मिशन द्वारा बंगाल सरकार के सभी कानूनों को आठ खण्डों में संग्रहित कर प्रकाशित करवाया। इनमें से पहले तीन खण्ड न्याय विभाग से संबंधित थे, अगले तीन खण्ड राजस्व विभाग की व्यवस्थाओं से तथा सातवां खण्ड वाणिज्य, नमक और अफीम के व्यापार संबंधी और आठवां खण्ड उक्त कानूनों की विषयवार सूची से संबंधित थे।

---

1. 1873 में ज्युडिकेचर एक्ट (Act of Judicature, 1873) लागू किए जाने से पहले इंग्लैण्ड में–कॉमन लॉ (Common Law) एक सामान्य कानून के रूप में न्यायालयों में प्रचलित था तथा जहाँ कॉमन लॉ में पर्याप्त उपचार (Remedy) उपलब्ध नहीं थे, वहाँ "साम्या विधि" (Equity Law) का प्रयोग किया जाता था। "साम्या विधि" के अन्तर्गत "चांसलरी कोर्ट" स्थापित किए गए तथा न्याय, साम्या और सद्विवेक (Justice, Equity and Good Conscience) के सिद्धान्तों के अनुसार मामलों का निपटारा किया जाता था।

पिट्स इण्डिया एक्ट, 1784 (Pitt's India Act, 1784)

1784 में पूर्व में पारित रेग्यूलेटिंग एक्ट, 1773 के बाद ब्रिटिश संसद ने भारत में कम्पनी राज के संचालन के लिए एक कानून पारित किया, जिसे "पिट्स इण्डिया एक्ट, 1784" के नाम से जाना जाता है। वारेन हेस्टिंग्ज के खिलाफ चले मुकदमे में परिणामस्वरूप यह अधिनियम पारित किया गया था।

इस अधिनियम के द्वारा कम्पनी के व्यापारिक और राजनीतिक कार्यों को अलग–अलग कर दिया गया था। कम्पनी के व्यापारिक कार्यों का नियन्त्रण कम्पनी के संचालकों के हाथों में ही रहा, परन्तु राजनीतिक कार्यों के लिए "बोर्ड ऑफ कन्ट्रोल" की स्थापना की गई, जिसमें वित्तमंत्री (Chancellor of Exchequer)] राज्य–सचिव (Secratary of State) के अलावा प्रीवि कौंसिल के चार सदस्य शामिल किए गए थे। इस प्रकार भारत की राजनीति में ब्रिटिश संसद ने सीधे हस्तक्षेप प्रारम्भ किया।

इस अधिनियम के अन्य प्रमुख प्रावधान इस प्रकार थे–

(1) गवर्नर जनरल और प्रेसिडेंसियों के गवर्नरों की नियुक्तियां कम्पनी का निदेशक मंडल यदि दो माह तक नहीं कर पाता है तो यह अधिकार सम्राट के हाथों में था।

(2) गवर्नर जनरल की परिषद की संख्या चार से घटाकर तीन की गई तथा कम्पनी की सेना के कमाण्डर- इन–चीफ को परिषद का सदस्य बनाया गया, जो कि गवर्नर जनरल के बाद दूसरा महत्वपूर्ण पद था।

(3) उक्त अधिनियम की धारा 34 के अनुसार भारत में कम्पनी द्वारा विस्तारवादी नीति अपनाई जाने तथा ब्रिटिश राज्य की गरिमा के विरुद्ध कार्य करना प्रतिबंधित किया गया था। गवर्नर जनरल तथा उसकी परिषद बिना बोर्ड ऑफ कन्ट्रोल को अनुमति के किसी देशी शक्ति से युद्ध की घोषणा नहीं कर सकती थी।[2]

(4) प्रेसीडेंसियों के गवर्नर, गवर्नर जनरल के आदेश मानने को बाध्य थे, परन्तु "गुप्त समिति" द्वारा दिए आदेशों की पालना के लिए गवर्नर जनरल के आदेशों की आवश्यकता नहीं थी।

---

2. कानून बना देने मात्र से नियत साफ नहीं झलकती। इस अधिनियम के बाद कम्पनी द्वारा देशी राज्यों को हड़पना तेज हो गया था; ब्रिटिश ताज और संसद के पास इसकी कोई सफाई नहीं थी। लार्ड डलहौजी द्वारा 07 अप्रैल, 1849 को ईस्ट इंडिया कंपनी के चेयरमैन जॉन हॉबहाउस को लिखा पत्र इसका उदाहरण है। उस पत्र का पाठ परिशिष्ट में दिया गया है।

(5) कम्पनी के कर्मचारी देशी राजाओं से किसी प्रकार की भेंट, धन या रिश्वत आदि नहीं ले सकते थे, क्योंकि धारा 44 के अनुसार इसे अपराध घोषित किया गया था।

(6) कम्पनी के संचालक को कम्पनी के मालिकों (Court of Proprietors) के नियन्त्रण से मुक्त कर बोर्ड ऑफ कन्ट्रोल के अधीन कर दिए गए थे।

(7) भारत में अपराध करने वाले अंग्रेजों पर मुकदमा चलाने के लिए इंग्लैण्ड में "विशेष अदालतें" कायम की गईं, क्योंकि अनेक अपराध प्रचलित न्यायालयों के अधिकार क्षेत्र में नहीं आते थे।

इसके बाद चार्टर एक्ट, 1793 बनाया गया। इसके अनुसार भारत के राजस्व के बारे में प्रावधान किए गए थे। अब बोर्ड ऑफ कन्ट्रोल के सभी सदस्यों और कर्मचारियों का वेतन भारतीय राजस्व से दिया जाना तय किया गया था।

1813 में पुनः चार्टर एक्ट, 1813 बनाया गया, जो कि संसद की प्रवर समिति की सिफारिशों पर आधारित था। इसकी मुख्य बातें इस प्रकार थीं–

(1) कम्पनी का लाइसेंस अगले बीस वर्षों के लिए बढ़ा दिया गया था तथा भारत में बिना लाइसेंस के अन्य कम्पनी व्यापार नहीं कर सकती थी।

(2) कम्पनी द्वारा अर्जित भारतीय प्रदेशों पर ब्रिटिश सम्राट की प्रभुसत्ता घोषित की गई।

(3) राजस्व पर कम्पनी के पूर्ण अधिकार के बावजूद व्यय की पहली प्राथमिकता सेना की व्यवस्था के बाद ब्याज की अदायगी के लिए तय की गई। शेष में से 5 लाख पौंड, कम्पनी ऋण के लिए, 5 लाख पौंड लाभांश के देने के बाद बचे हुए राजस्व में से नागरिक एवं व्यावसायिक प्रतिष्ठानों की व्यवस्था पर खर्च करना था।

(4) सैनिकों और कर्मचारियों के प्रशिक्षण के लिए मद्रास और कलकत्ता में प्रशिक्षण कॉलेज खोले गए।

(5) भारतीयों में धार्मिक शिक्षा, साहित्य और विज्ञान के प्रचार–प्रसार के लिए एक लाख रुपये का प्रावधान रखा गया।

(6) भारत में मिशनरियों की गतिविधियों को बढ़ावा देने के लिए उनका खर्च भारतीय राजस्व से किया जाने का प्रावधान किया गया।

(7) कलकत्ता, मद्रास और बंबई की सरकारों द्वारा बनाए गए कानूनों को ब्रिटिश संसद में रखा जाना अनिवार्य किया गया।

इस प्रकार क्रमशः आगे बढ़ते हुए 1833 में बनाया गया चार्टर संविधान निर्माण में नींव का पहला पत्थर बना।

1833 का चार्टर

1833 में ईस्ट इण्डिया कम्पनी की केन्द्रीय व्यवस्थापिका परिषद के सदस्य टी.बी. मैकाले भारत के भाग्य विधाता की भूमिका में अवतरित हुआ। उसने भारत की विधियों को संहिताबद्ध करने की पहल की, जिसके परिणामस्वरूप 1833 का चार्टर एक पास हुआ, जिसे 28 अगस्त, 1833 को शाही स्वीकृति मिली तथा 22 अप्रैल, 1834 को इसे लागू किया।

1833 का चार्टर वास्तव में भारत का पहला संविधान था। इसको–

(1) भारत की तीनों विभिन्न प्रेसीडेंसियों के लिए समान केन्द्रीय कानून बनाने की व्यवस्था की गई थी तथा चार सदस्यीय एक केन्द्रीय विधान परिषद का गठन किया गया था।

(2) केन्द्रीय विधान परिषद के तीन सदस्यों की नियुक्ति कम्पनी करती थी तथा सदस्य नियुक्त किए जाने के लिए कम्पनी सेवा का कम से कम दस वर्ष की सेवा का अनुभव होना चाहिए था। ये सदस्य प्रशासनिक मामलों में भी दखल रखते थे।

(3) चौथा सदस्य विधि सदस्य होता था, जो विधि निर्माण में सलाह देता था तथा उसे प्रशासनिक कार्यों में दखल देने का अधिकार नहीं था।

(4) विधि निर्माण की बैठकों में गवर्नर जनरल के अलावा तीन सदस्यों की उपस्थिति अनिवार्य थी, जबकि प्रशासनिक कार्यवाहियों में केवल एक ही सदस्य की उपस्थिति पर्याप्त थी।

(5) कम्पनी को भारत के लिए कानून बनाने की सभी शक्तियां दी गई थीं, जिन्हें ब्रिटिश संसद द्वारा पारित कानूनों के बराबर का दर्जा दिया गया था, परन्तु–

- 1833 के चार्टर में किसी भी प्रकार के संशोधन का अधिकार नहीं दिया गया था।
- केन्द्रीय विधान परिषद को ब्रिटिश संसद द्वारा पारित किसी कानून में दखल देने का अधिकार नहीं था।

- केन्द्रीय विधान परिषद जल सेना और थल सेना तथा उसके कर्मचारियों से संबंधित विद्रोह अधिनियम (Mutiny Act) में किसी प्रकार का संशोधन नहीं कर सकती थी।
- ब्रिटिश सम्राट, ब्रिटिश संसद और कम्पनी के सुरक्षित अधिकारों में हस्तक्षेप करने वाला कानून नहीं बना सकती थी।
- इंग्लैण्ड की परम्परागत अलिखित रूढ़ियों व नियमों को परिवर्तित करने का अधिकार भारत की केन्द्रीय विधान परिषद को नहीं था।
- इस परिषद द्वारा पारित कानून को कम्पनी की संचालन समिति द्वारा अनुमोदित किया जाना आवश्यक था।

(6) केन्द्रीय विधान परिषद द्वारा पारित कानून अब "अधिनियम" कहलाए जाने लगे थे।

(7) चार्टर के अनुसार भारत के लिए पहला विधि आयोग बनाया गया, जिसका गठन 19 फरवरी, 1835 को निम्नलिखित चार सदस्यों के साथ किया गया–

   (1) कैमेरान (Cameran) – अध्यक्ष
   (2) मैकनाटन (Macnaughton) – बंगाल से,
   (3) जॉन मैकफरसन (John Macpherson) – मद्रास से,
   (4) जी. डब्ल्यू. एंडरसन (G.W. Anderson) – बंबई से।

मैकनाटन को गवर्नर जनरल ने बंगाल से कार्यमुक्त नहीं किया। अन्ततः 25 मई, 1835 को केन्द्रीय विधान परिषद के विधि सदस्य मैकाले को इस आयोग का अध्यक्ष नियुक्त किया गया। इस प्रकार से लॉर्ड मैकाले भारत के प्रथम विधि आयोग का पहला अध्यक्ष बना और भारत के भाग्य के फैसलों की नींव के पत्थर रखे।

विधि आयोग को पूरी तरह से गवर्नर जनरल की परिषद के पूर्ण नियन्त्रण में रखा गया था। आयोग के प्रतिवेदनों को सरकार द्वारा की गई कार्यवाही तथा प्रतिक्रिया सहित ब्रिटिश संसद में रखा जाना आवश्यक था।

1837 में आयोग ने दण्ड विधान सम्बन्धी अपनी रिपोर्ट प्रस्तुत की और इसी वर्ष मैकाले ने दण्ड संहिता का प्रारूप भी तैयार कर प्रस्तुत किया। इसे ही 1860 में अधिनियम के रूप में पारित कर लागू किया गया, जो आज भी भारतीय दण्ड संहिता, 1860 (Indian Penal Code, 1860) के रूप में लागू है।

इसी आयोग ने 22 मई, 1841 को दीवानी मामलों के संबंध में अपनी रिपोर्ट प्रस्तुत की, जिसे "लेक्स लोकाई रिपोर्ट" (*Lex Loci* Report) के रूप में जाना जाता है। आयोग के अनुसार हिन्दू तथा मुस्लिम विधियाँ धार्मिक सिद्धान्तों पर आधारित होने के कारण वैयक्तिक स्वरूप की थीं। अतः उन्हें भारत की सामान्य विधि के रूप में नहीं अपनाया जा सकता था। इसी आधार पर इंगलिश विधि को भारत की स्थानीय विधि के रूप में मान्यता देने की सिफारिश की थी। इसके साथ ही कुछ उपबंध भी सुझाए गए थे, जो इस प्रकार हैं[3]–

(1) निचली अदालतों में केवल वे ही मूलभूत अंग्रेजी विधियाँ लागू की जा सकती थीं, जो स्थानीय परिस्थितियों के अनुकूल हों तथा भारत की केन्द्रीय विधान परिषद द्वारा पारित किसी नियम या अधिनियम के विपरीत न हों।

(2) अंग्रेजी विधि के दत्तक ग्रहण, तलाक तथा विवाह आदि से संबंधित प्रावधान केवल भारतीय ईसाइयों के लिए ही लागू किए जा सकते थे।

(3) इंगलिश विधि को भारत की स्थानीय विधि का दर्जा प्राप्त होने पर भी हिन्दू तथा मुस्लिम वैयक्तिक विधि अछूती रखी गई तथा हिन्दुओं व मुस्लिमों की सम्पत्ति प्रस्तावित इंगलिश विधि से बाहर रखी गई।

(4) न्यायालयों को निर्देश दिए गए कि वे निचली अदालतों की देशी प्रजाओं की प्राचीन रूढ़ियों, रीति–रिवाजों तथा प्रथाओं को उचित संरक्षण प्रदान करें।[4]

(5) कम्पनी के मोफस्सिलों को निर्देश दिए गए कि विधियों में अन्तर्विरोध की स्थिति में वे साम्या व सद्विवेक के सिद्धान्त के अनुसार न्याय दें।

(6) अचल सम्पत्ति के मामले उस स्थान विशेष की विधि के अनुसार निपटाए जाने थे, जहाँ वह सम्पत्ति स्थित हो, परन्तु चल सम्पत्ति के मामलों को अधिवासविधि (Domicile Law) के आधार पर निपटाया जाना था।

---

3. डॉ. परांजपे–*भारत का वैधानिक एवं संवैधानिक इतिहास*।

4. 1932 के 'कम्युनल अवार्ड' तक इसकी इतनी पक्की व्यवस्था कर दी गई थी कि 1935 के संविधान में से गुजरती हुई यह व्यवस्था भारत के संविधान तक पहुँच गई।

(7) किसी भी हिन्दू या मुस्लिम द्वारा धर्म परिवर्तन कर लेने मात्र से उसे अपने वैयक्तिक या सम्पत्ति सम्बन्धी अधिकारों से वंचित नहीं रखा जाएगा।

(8) मोफस्सिल क्षेत्रों तथा प्रेसीडेंसी नगरों की विधि व्यवस्था में समानता लाने के लिए यह भी व्यवस्था की गई कि 1726 के बाद ब्रिटिश संसद द्वारा पारित कोई भी विधि व्यवस्था मोफस्सिल क्षेत्रों में तब तक लागू नहीं होगी, जब तक कि संबंधित अधिनियम में विशेष निर्देश नहीं दिए गए हों।

इन्हीं प्रस्तावों के आधार पर जाति निर्योग्यता निवारण अधिनियम, 1850 (Caste Disability Removal Act, 1850) बनाया गया, जिसके अनुसार धर्म परिवर्तन पर पैतृक सम्पत्ति के या अन्य सम्पत्ति के अधिकार से वंचित नहीं किया जा सकता था।

अपने भारत प्रवास के दौरान मैकाले ने न्याय व्यवस्था, विधि व्यवस्था के साथ ही साथ प्रशासन व्यवस्था की तरफ भी ध्यान दिया और अनुभवों के आधार पर कम्पनी द्वारा अधिकारियों की नियुक्तियों को चयन और प्रशिक्षण व्यवस्था के अधीन करने के लिए तर्कसंगत सुझाव दिए। इसी के आधार पर ब्रिटेन के हेलीबरी शहर में बहुमुखी प्रशिक्षण दिया जाने लगा। साथ ही भारत में अधीनस्थ कर्मचारियों के स्वाभाविक शिक्षण–प्रशिक्षण के लिए अंग्रेजी भाषा की शिक्षा और उसमें दक्षता की परीक्षा की पद्धति प्रारम्भ की गई।

इस प्रकार आधुनिक भारत के भाग्य विधाता द्वारा रखे गए नींव के पत्थरों और भावी सुझावों के आधार पर 1853 का चार्टर एक्ट (Charter Act, 1853) ब्रिटिश संसद द्वारा पारित किया गया, जो कि 1833 के चार्टर की व्यवस्थाओं को विकसित और सुस्थापित करने के लिए था।

1853 का चार्टर अधिनियम (Charter Act, 1853)–

चार्टर अधिनियम, 1853 के अनुसार मुख्य व्यवस्था यह की गई कि–

(1) गवर्नर जनरल की कार्यकारिणी परिषद और केन्द्रीय विधान परिषद के कार्यक्षेत्रों का स्पष्ट विभाजन किया गया।

(2) विधि सदस्य को विधान परिषद का पूर्ण सदस्य बना दिया।

(3) विधि निर्माण को सुचारू एवं गतिमान बनाए रखने के लिए केन्द्रीय विधान परिषद के गठन का स्वरूप बदला गया, जो कि इस प्रकार था–

(i) गवर्नर जनरल।

(ii) प्रत्येक प्रेसीडेंसी के और प्रान्तों के गवर्नर या लेफ्टीनेंट गवर्नर द्वारा मनोनीत एक–एक सदस्य, जिसे कम्पनी सेवा का कम से कम 10 वर्ष का अनुभव हो।

(iii) कलकत्ता सुप्रीम कोर्ट का मुख्य न्यायाधीश तथा उसी न्यायालय का एक अन्य न्यायाधीश जिसे गवर्नर जनरल मनोनीत करे।

(iv) कम्पनी संचालन समिति के निर्देशानुसार गवर्नर जनरल द्वारा नियुक्त दो अंग्रेज कर्मचारी, जिन्हें कम्पनी सेवा का 10 वर्ष का अनुभव हो।

(4) केन्द्रीय विधान परिषद की कार्रवाई का प्रकाशन प्रारम्भ किया गया।

(5) द्वितीय विधि आयोग की स्थापना, जिसका कार्यकाल उक्त चार्टर एक्ट पारित किए जाने से तीन वर्ष के लिए था।

द्वितीय विधि आयोग में निम्नलिखित सदस्य थे–

(i) अध्यक्ष – लार्ड रोमिली (Lord Romily) विधिवेत्ता

(ii) सदस्य – सर जान जरविस (Sir John Jervis) – इंग्लैण्ड का पूर्व मुख्य न्यायाधीश

(iii) सदस्य – सर एडवर्ड रियान (Sir Edward Ryan) कलकत्ता सुप्रीम कोर्ट का मुख्य न्यायाधीश

(iv) सदस्य – लार्ड शेर ब्रुक (Lord Sherbrook)

(v) सदस्य – टी.एफ. इलियट (T.F. Eliat)

(vi) सदस्य – केमेरान, प्रथम विधि आयोग के सदस्य

(vii) सदस्य – मेक्लियाड, प्रथम विधि आयोग के सदस्य

इस आयोग ने 29 नवम्बर, 1853 से कार्य आरम्भ किया, जिसका कार्यकाल तीन वर्ष के लिए आगे बढ़ाया गया।

इस आयोग की पहली रिपोर्ट के अनुसार–

- कलकत्ता के सुप्रीम कोर्ट के स्थान पर हाईकोर्ट की स्थापना की गई।
- सिविल प्रक्रिया संहिता और दण्ड प्रक्रिया संहिता लागू करने का सुझाव दिया।

- भारतीय दण्ड संहिता और परिसीमा (Limitation) के प्रारूप पूर्ण किए।

आयोग की दूसरी रिपोर्ट के आते–आते भारत में कम्पनी राज के स्थान पर ब्रिटिश राज का सीधा शासन लागू किया गया। तद्नुसार विधि संहिताओं के निर्माण और उन्हें लागू करने का कार्य तेज गति से प्रारम्भ किया गया। तद्नुसार–

- सिविल प्रक्रिया संहिता, 1859 (जिसका 1908 में पुनर्लेखन किया गया)
- भारतीय दण्ड संहिता, 1860 पारित किए गए।

चौथी रिपोर्ट के आधार पर इंडियन हाईकोर्ट्स एक्ट, 1861 (Indian High Courts Act, 1861) पारित किया गया।

2 दिसम्बर, 1861 को तीसरा विधि आयोग अस्तित्व में आया तथा इसकी रिपोर्टों के आधार पर–भारतीय उत्तराधिकार अधिनियम, 1865 (Indian Succession Act, 1865) पारित किया गया। तत्पश्चात्–

- विनिर्दिष्ट प्रवर्तन (Specific Performance Act, 1866)
- परक्राम्य लिखित विधि (Negotiable Instruments Act, 1869)
- साक्ष्य अधिनियम, 1872 (Evidence Act, 1872)
- सम्पत्ति हस्तान्तरण अधिनियम, 1882 (Transfer of Property Act, 1882)
- दण्ड प्रक्रिया संहिता (Criminal Procedure Code, 1870) (इसे 1898 में पुनः निर्मित किया गया और 1973 में पुनः सूत्रबद्ध किया गया)
- इंडियन कम्पनीज एक्ट, 1866 (Indian Companies Act, 1866)
- जनरल क्लाजेज एक्ट, 1868 (General Clauses Act, 1868)
- रिलीजियस एण्डोमेंट एक्ट, 1863 (Religious Endousment Act, 1863)
- आफिशियल ट्रस्ट्रीज एक्ट, 1864 (The Official Trustees Act, 1864)
- कैरियर्स एक्ट, 1865
- पारसी मैरीज एण्ड डायवोर्स एक्ट, 1865
- पारसी इंटेस्टेट सक्सेशन एक्ट, 1865

- नेटिव कन्वर्जन एण्ड मैरिज डिजोल्यूशन एक्ट, 1866
- इंडियन ट्रस्ट्स एक्ट, 1866
- ट्रस्टीज एण्ड मोर्टगेजर्स पावर्स एक्ट, 1866
- पब्लिक गेम्बलिंग एक्ट, 1867
- प्रेस एण्ड रजिस्ट्रेशन आफ बुक्स एक्ट, 1867
- इण्डियन डायवोर्स एक्ट, 1869
- दी कोर्ट फी एक्ट, 1870
- दी फीमेल इफेंटिसाइड प्रिवेंशन एक्ट, 1870
- हिन्दू विल्स एक्ट, 1872
- पंजाब लॉज, 1872
- इण्डियन कांट्रेक्ट एक्ट, 1872

1875 में चौथा विधि आयोग बनाया गया और पांचवां विधि आयोग 5 अगस्त, 1955 में श्री एम.सी. सीतलवाड़ की अध्यक्षता में गठित किया, जिसमें 10 अन्य सदस्य शामिल थे।

इस कानूनों के निर्माण की प्रक्रिया के बीच 1857 में आजादी की लड़ाई की विफलता के बाद भारत सरकार अधिनियम, 1858 के द्वारा भारत को सीधे सम्राट के अधीन कर दिया गया और 1861 में अन्य भारत परिषद अधिनियम, 1861 (Indian Councils Act, 1861) लागू किया गया।

भारत परिषद अधिनियम, 1861 (Indian Council Act, 1861)

इस अधिनियम के अन्तर्गत वर्तमान में प्रचलित शासन व्यवस्था की नींव रखी गई।

1. केन्द्रीय कार्यपालिकाः भारत की केन्द्रीय कार्यपालिका, जो कि प्रशासन के सर्वोच्च संस्था मंत्रिमण्डल के रूप में अस्तित्व में लाई गई। यह वस्तुतः गवर्नर जनरल की केन्द्रीय कार्यकारिणी परिषद का ही नया रूप था–

- जिसमें सदस्यों की संख्या चार से बढ़ाकर पांच कर दी गई।
- कार्यपालिका की बैठक सप्ताह में एक बार करना आवश्यक था।
- जिस प्रान्त में बैठक की जाती थी, वहाँ का गवर्नर या लेफ्टीनेंट गवर्नर परिषद की बैठक में असाधारण सदस्य के रूप में शामिल होता था।
- तीन सदस्यों का मनोनयन भारत सचिव की परिषद करती थी। एक स्कॉटलैंड का बैरिस्टर या अधिवक्ता सम्राट द्वारा नियुक्त होता था और पांचवां सदस्य सेना प्रमुख सेनापति होता था।

- गवर्नर जनरल लार्ड केनिंग ने यहीं से सर्वप्रथम विभाग प्रणाली (Portfolio System) प्रारम्भ किया, जिसके अन्तर्गत विभिन्न सदस्यों को विभिन्न विभागों का कार्य सौंपा गया।
- यह परिषद विधि निर्माण को छोड़कर किसी भी कार्य के लिए गवर्नर जनरल को अधिकृत कर सकती थी।
- गर्वनर जनरल को नये प्रान्तों का निर्माण करने और उपराज्यपाल (लेफ्टीनेंट गवर्नर) नियुक्त करने का भी अधिकार दिया गया।

2. केन्द्रीय विधान परिषदः केन्द्रीय विधान परिषद वर्तमान संसद का बीजारोपण था। उक्त अधिनियम के प्रावधानों के अनुसार–

- विधान परिषद में कम से कम छः और अधिकतम 12 अतिरिक्त सदस्य रखे गए, जिनका चयन गवर्नर जनरल दो वर्षों के लिए करता था तथा इनमें से कम से कम आधे सदस्य गैर सरकारी होते थे। 1853 के अधिनियम के अनुसार पांच सदस्य होते थे।
- इस नवगठित केन्द्रीय विधान परिषद को ब्रिटिश भारत के अन्तर्गत आने वाले सभी क्षेत्रों, व्यक्तियों तथा न्यायालयों के लिए कानून बनाने का अधिकार था, जिन पर गवर्नर जनरल की अनुमति आवश्यक थी।
- परिषद द्वारा बनाए किसी कानून को ब्रिटिश राजा अस्वीकार कर सकता था। इस परिषद की विधान बनाने की शक्ति ब्रिटिश संसद की विधायी सर्वोच्चता के अधीन थी। अतः ब्रिटिश संसद द्वारा भारत एवं भारतीयों के लिए बनाये कानून को यह परिषद निरस्त या संशोधित नहीं कर सकती थी।
- इसी अधिनियम के द्वारा गवर्नर जनरल को ब्रिटिश भारत की शान्ति या सुरक्षा के लिए यदाकदा अध्यादेश जारी करने की शक्ति प्रदान की गई। ऐसा अध्यादेश छः माह तक प्रभावी रह सकता था तथा ब्रिटिश सम्राट के समक्ष प्रस्तुत किया जाना आवश्यक था।

3. प्रान्तीय विधान परिषदें: 1861 के इस अधिनियम के अनुसार प्रान्तों के पुनर्गठन के साथ ही उनके लिए प्रान्तीय विधान परिषदें गठित करने का अधिकार गवर्नर जनरल को दिया गया। तद्नुसार मद्रास व बम्बई प्रान्तों के अलावा बंगाल, पश्चिमोत्तर सीमा प्रांत, पंजाब तथा बर्मा के लिए प्रांतीय विधान परिषदें स्थापित की गईं। इसके लिए अन्य प्रावधान इस प्रकार थे–

- मद्रास व बम्बई के गवर्नरों द्वारा प्रान्त का महाधिवक्ता (Advocate General) नियुक्त करने का प्रावधान किया गया। यह गवर्नर को कानूनी सलाह देने के लिए था।
- मद्रास व बम्बई की प्रान्तीय परिषदों में 4 से 8 तक सदस्य मनोनीत करने का प्रावधान था। इनमें से आधे गैर–सरकारी सदस्य होते थे।
- अन्य प्रान्तीय परिषदों के लिए सदस्यों की संख्या तय नहीं की गई थी, परन्तु एक तिहाई सदस्य गैर–सरकारी होना आवश्यक था।
- प्रांतीय परिषदों को अपने–अपने भूक्षेत्र के लिए कानून बनाने, उन्हें संशोधित करने का अधिकार दिया गया था, परन्तु उन्हें ब्रिटिश संसद द्वारा बनाए गए किसी कानून या अधिनियम में संशोधन करने का अधिकार नहीं था। किसी अधिनियम को विधान परिषद द्वारा पारित करने से पहले गवर्नर जनरल की स्वीकृति जरूरी थी। गवर्नर जनरल प्रान्तीय परिषद द्वारा बनाये अधिनियम या कानून को निषिद्ध कर सकता था तथा भारत सचिव उन्हें अमान्य कर सकता था।

इन प्रावधानों के अनुसार मनोनयन केवल ब्रिटिश सरकार समर्थक लोगों का ही होता था। चुनाव की कोई पद्धति या व्यवस्था नहीं थी।

भारत सरकार अधिनियम, 1869 (Govt. of India Act, 1869)

इस अधिनियम के अनुसार–

- परिषद के खाली होने वाले स्थानों को भरने का अधिकार भारत सचिव को दिया गया।
- परिषद के सदस्यों का कार्यकाल ब्रिटिश राज की मर्जी के अधीन 14 वर्ष तय किया गया।

भारत परिषद अधिनियम, 1870 (Indian Councils Act, 1870)

इस अधिनियम के अनुसार गवर्नर जनरल को बिना सिविल सेवा परीक्षा उत्तीर्ण किए भारतीयों को प्रसंविदित सेवा (Covenanted Service) में नियुक्ति करने का अधिकार दिया गया था। भारतीयों का प्रशासनिक सेवाओं में यह पहला प्रवेश था।

भारत सरकार अधिनियम, 1892 (Govt. of India Act, 1892)

इस अधिनियम के अनुसार केन्द्रीय तथा प्रांतीय विधान परिषदों के सदस्यों की संख्या में वृद्धि कर उनका मनोनयन एक प्रकार से विभिन्न संबंधित संगठनों के द्वारा अनुमोदित व्यक्तियों का होता था। यह एक प्रकार

से चुनाव का प्रारम्भिक रूप था तथा इसके द्वारा साम्प्रदायिक प्रतिनिधित्व की शुरुआत की गई।

इसके पश्चात 1904 ऑफिशियल सीक्रेट्स एक्ट, 1904 जारी किया गया।

भारत परिषद अधिनियम, 1909 (Indian Councils Act, 1909)

1909 का यह अधिनियम तत्कालीन भारत सचिव जॉन मार्ले (John Marley) तथा भारत के गवर्नर जनरल लार्ड मिंटो के द्वारा सुझाए गए कुछ प्रस्तावों पर आधारित था। ये "मिंटो मार्ले सुधारों" के नाम से जाने जाते हैं, क्योंकि विधान परिषद का विस्तार और "चुनावों" की पद्धति इनमें प्रस्तावित थी। 01–01–1910 से लागू इस अधिनियम के अनुसार–

1. केन्द्रीय विधान परिषद (Supreme Legislative Council)

- केन्द्रीय विधान परिषद को सर्वोच्च विधान परिषद या (Supreme Legistative Council) नाम दिया गया।
- इसमें नौ पदेन सरकारी सदस्यों के अलावा 28 मनोनीत सरकारी सदस्य तथा 32 गैर सरकारी सदस्यों में 5 मनोनीत और 27 निर्वाचित सदस्य तय किए गए, जिनमें 6–6 मुस्लिम और जमींदार तथा 2 विशेष सदस्य रखे गए थे।
- इन चुनावों के लिए तीन प्रकार के निर्वाचक मण्डल रखे गए–
  (1) साधारण, जिसमें अशासकीय तथा जिला परिषदों को शामिल किया गया था;
  (2) वर्ग विशेष में जमींदरों तथा मुसलमानों के निर्वाचन के लिए, तथा
  (3) विशेष निर्वाचन मंडल में प्रेसीडेंसियों के नगर निगमों तथा व्यापार मंडलों के सदस्यों का प्रतिनिधित्व था।

2. प्रान्तीय विधान परिषदें (Provincial Legistation Councils)

इस अधिनियम के द्वारा 9 सुस्थापित प्रान्तीय विधान परिषदों का गठन कर उनकी सदस्य संख्याओं का निर्धारण किया गया। इसमें सरकारी मनोनीत सदस्यों का बहुमत रखा गया।

3. निर्वाचन पद्धति

इस अधिनियम में यह प्रावधान था कि गवर्नर जनरल चुनावों के संचालन संबंधी नियम बना सकता था, जिन्हें भारत सचिव का अनुमोदन आवश्यक था। तद्नुसार–

- महिलाएं, 21 वर्ष से कम आयु के व्यक्ति तथा विकृत मानसिकता वाले मतदान के अधिकारी नहीं थे।
- किसी न्यायालय द्वारा छः माह से अधिक के कारावास की सजा प्राप्त कोई भी व्यक्ति, सरकारी नौकर, सरकारी नौकरी से हटाया गया व्यक्ति, राजनीतिक अपराधी और देश से निष्कासित व्यक्ति मतदान का अधिकारी नहीं था, परन्तु गवर्नर जनरल को इनमें छूट देने का अधिकार था।
- इसके बावजूद वोट देने का अधिकार केवल उन लोगों को था, जिनकी वार्षिक आय 15,000 रु. थी या जो केवल 10,000 रु. वार्षिक लगान देते थे।
- बंगाल प्रान्त में यह अधिकार उन्हें था, जिन्हें राजा या नवाब की उपाधि दी गई थी।
- ये चुनाव प्रत्यक्ष न होकर अप्रत्यक्ष थे। इसके परिणामस्वरूप ऐसे चुने गए सदस्यों में गैर–जिम्मेदारी की भावना होती थी।[5]

ऐसा इसलिए हुआ कि बनाए गए नियम, अधिनियम के मूल उद्देश्यों की भावना के विपरीत प्रावधान वाले बनाए गए थे।

4. परिषदों के सदस्यों के अधिकार

इस अधिनियम के द्वारा सर्वोच्च विधान परिषद तथा प्रान्तीय विधान परिषदों के सदस्यों को बजट पर बहस करने तथा सार्वजनिक हित के प्रश्न पूछने का अधिकार दिया गया था, जिसके लिए 15 दिन पहले सूचना देना जरूरी था और पूरक प्रश्न पूछने की रोक थी। सरकारी सदस्य न तो कोई प्रस्ताव रख सकते थे और न ही प्रश्न पूछ सकते थे। बिना सरकारी अनुमति के वे बहस में भी भाग नहीं ले सकते थे।

5. इंग्लैण्ड स्थित इण्डिया कौंसिल (भारत परिषद) तथा गवर्नर जनरल की परिषद में भारतीयों को भी नियुक्त करने का प्रावधान था। तद्नुसार भारत परिषद में श्री के.सी. गुप्ता तथा सैयद हुसैन बिलगामी (जो कि तत्कालीन हैदराबाद निजाम का प्रमुख सलाहकार था) को नियुक्त किया गया।

---

5. पायलीः *कांस्टीट्यूशन हिस्ट्री ऑफ इण्डिया,* पृ. 48। प्रसंगवश वर्तमान में राज्यसभा के सदस्यों का चुनाव भी अप्रत्यक्ष ही होता है।

भारत सरकार अधिनियम, 1919
(Government of India Act, 1919)

प्रथम विश्व युद्ध की तपन के बीच पारित भारत परिषद अधिनियम, 1909 के प्रतिफल विश्व युद्ध में धुल रहे थे। अतः प्रथम विश्व युद्ध की समाप्ति पर सोवियत संघ के उदय की आहट ने ब्रिटिश सरकार को अपने उपनिवेशों के बारे में कुछ अलग तरह से सोचने पर मजबूर किया। 20 अगस्त, 1917 को ब्रिटिश सरकार ने कुछ घोषणाएं की। उसी आधार पर तत्कालीन भारत सचिव एडविन मान्टेग्यू गवर्नर जनरल लार्ड चेम्स फोर्ड से विचार–विमर्श के लिए एक शिष्टमंडल 10 नवम्बर, 1917 को भारत आया, जिसमें अर्ल डोनोघमोर, चार्ल्स राबर्ट्स, सर विलियम ड्यूक और भूपेन्द्रनाथ बसु शामिल थे। 8 जुलाई, 1918 को प्रकाशित इस शिष्टमंडल की रिपोर्ट को "मांटेग्यू–चेक्सफोर्ड रिपोर्ट" के नाम से जाना जाता है। इसी रिपोर्ट के आधार पर भारत सरकार अधिनियम, 1919 बनाया गया, जिसमें घोषित नीति कि–

- भारत को ब्रिटिश राष्ट्र मण्डल में एक डोमिनियन राज्य का दर्जा दिया जाए।
- प्रान्तीय शासन को यथासम्भव लोकप्रिय नियन्त्रण में रखा जाए और उत्तरदायी सरकार बनाई जाए।
- उत्तरदायी सरकार प्रगति के आधार पर स्थापित की जाएगी, जिसका मूल्यांकन ब्रिटिश सरकार करेगी।
- उत्तरदायी सरकार की स्थापना के लिए प्रशासन के प्रत्येक क्षेत्र में भारतीयों का अधिक से अधिक समावेश तथा स्वशासित संस्थाओं का विकास को मुखरित किया गया था। ये ही बातें एक प्रकार से (Preamble) उद्देशिका भी; जिन्हें भारत सरकार अधिनियम, 1935 में भी स्वीकृत किया गया। उक्त अधिनियम के मुख्य प्रावधान इस प्रकार थे–

1. इंग्लैण्ड से सम्बन्धित प्रावधान–

(1) ब्रिटिश अधिराट् की सम्प्रभुता कायम रखी गई तथा भारत के संदर्भ में उसे "हिज मैजेस्टी दी किंग एम्परर ऑफ इण्डिया" (His Majesty the King Emperor of India) के नाम से एक संवैधानिक पदवी दी गई, (जिसकी घोषणा कभी ब्रिटिश प्रधानमंत्री बेंजामिन डिजरायली ने महारानी विक्टोरिया के लिए की थी)। (धारा 1)

(2) भारत सचिव के कई अधिकार गवर्नर जनरल को हस्तान्तरित कर दिए गए थे। आरक्षित विषयों के सम्बन्ध में उसका नियन्त्रण पूर्ववत था। (धारा 2)

(3) भारत सचिव को सम्राट में विहित चल–अचल सम्पत्ति के विक्रय बंधक आदि के अधिकार तथा सचिव परिषद की सलाह से समझौते आदि करने का अधिकार दिया गया था। (धारा 28)

(4) भारत परिषद में सदस्यों की संख्या 10 से 14 तक की गई और पांच वर्ष का कार्यकाल निश्चित किया गया। वे पुनर्नियुक्ति के पात्र नहीं थे। (धारा 3)

(5) सम्राट को ब्रिटेन में भारत का उच्चायोग (High Commission) स्थापित कर एक उच्च आयुक्त (High Commissioner) की नियुक्ति का प्रावधान था, जो कि भारत के भण्डारगृह, वहाँ अध्ययनरत भारत के छात्र–छात्राओं के हितों की देखभाल करने के लिए भारत के अभिकर्ता (Agent) के रूप में था।[6] (धारा 26–क व 35)

(6) भारत सचिव की परिषद को एक कानूनी व्यक्ति (निगमित व्यक्ति) का दर्जा प्रदान किया गया। (धारा 32)

इस प्रकार इन प्रावधानों के अनुसार भारत को सीधे उपनिवेश के बदले एक ऐसे देश का दर्जा दे दिया गया था, जिसके लिए अलग से संवैधानिक व्यक्तित्व और व्यवस्था लागू की गई। विश्व में एक देश के रूप में पहचान संवैधानिक आधार पर दी गई।

2. भारत सरकार (गवर्नर जनरल इन कौंसिल) से संबंधित प्रावधान–

(1) गवर्नर जनरल तथा उसकी कार्यकारिणी परिषद (अर्थात् मंत्रिमंडल) के सदस्यों की नियुक्ति "शाही वारण्ट" के द्वारा की जाती थी, जिसमें तीन भारतीय सदस्य भी शामिल करने का प्रावधान था। भारतीय की योग्यता के रूप में ब्रिटिश शाही सेवा का 10 वर्ष का अनुभव रखा गया था। (धारा 20)

(2) छः विभागों का उत्तरदायित्व साधारण सदस्यों को दिया गया। ये विभाग थे–गृह, विधि, कृषि, लोक निर्माण एवं राजस्व वाणिज़्य, उद्योग एवं रेल, शिक्षा, धर्म तथा वित्त।

---

6. सर विलियम म्योर को 1920 में पहला भारतीय उच्च–आयुक्त नियुक्त किया गया था।

(3) देश की शान्ति और सुरक्षा के मामले में गवर्नर जनरल को वीटो अधिकार दिया गया था। [धारा 67 (2)]

3. केन्द्रीय विधान मण्डल–

(1) अब एक के बदले दो सदन बनाए गए थे–(i) विधानसभा (Legislative Assembly) तथा (ii) राज्य परिषद (Council of State)।

(2) विधानसभा में कुल 143 सदस्य जिनमें 30 मुसलमान 2 सिक्ख, 9 यूरोपियन, 7 जमींदार, 4 वाणिज्यिक हितों के प्रतिनिधियों सहित 103 निर्वाचित सदस्य रखे गए। 40 मनोनीत, जिनमें 26 सरकारी और 14 गैर–सरकारी सदस्य रखे गए थे।

(3) विधानसभा का कार्यकाल पांच वर्ष रखा गया था। राज्य परिषद का तीन वर्ष का कार्यकाल रखा गया था।

(4) राज्य परिषद में 60 सदस्य रखे गए, जिनमें 34 निर्वाचित और 26 मनोनीत थे। (धारा 22)

(5) चुनाव की पद्धति और मत देने की योग्यता में कोई परिवर्तन नहीं किया गया।

(6) केन्द्रीय विधान मण्डल के दोनों सदनों में गतिरोध की दशा में गवर्नर जनरल दोनों सदनों की संयुक्त बैठक बुला सकता था, जिसमें साधारण बहुमत से अन्तिम निर्णय लिया जाता था। (धारा 24)

4. भारत की प्रशासनिक सेवायें–

उक्त अधिनियम में प्रशासनिक सेवाओं से सम्बन्धित प्रावधान भी रखे गए थे। तद्नुसार–

- प्रशासनिक सेवा में भर्ती तथा सेवा शर्तों के लिए नियम बनाने का अधिकार गवर्नर जनरल को दिया गया था।
- यह प्रावधान भी किया गया कि किसी अधिकारी को ऐसे अधिकारी द्वारा पदच्युत नहीं किया जा सकता था, जिसका ओहदा उस व्यक्ति को नियुक्त करने वाले अधिकारी से नीचे के स्तर का हो।
- किसी सेवा मुक्त कर्मचारी को भारत सचिव द्वारा पुनः सेवा में लाया जा सकता था।

- लोक सेवा आयोग (Public Service Commission) की स्थापना की गई, जिसमें पांच सदस्य पांच वर्षों के लिए नियुक्त किए जाने का प्रावधान था। (धारा 38)
- भारतीय सिविल सेवा संबंधी नियम बनाने का अधिकार भारत सचिव को था। (धारा 37)
- भारत सचिव को महालेखा परीक्षक (Auditor General) की नियुक्ति करने और उसके कार्यों का निर्धारण करने की अधिकार शक्ति दी गई थी।[7]

5. अधिनियम की धारा 84–ए में यह प्रावधान था कि इस अधिनियम के लागू होने के दस वर्षों के बाद एक सांविधिक आयोग (Statutory Commission) बनाया जाएगा, जो कि उक्त अधिनियम के अन्तर्गत भारतीयों द्वारा सरकार चलाने के शिक्षण प्रशिक्षण का मूल्यांकन कर आगे के लिए सुझाव देगा।

साइमन कमीशन (Statutory Commission)

27 जून, 1930 को दो भागों में साइमन कमीशन का प्रतिवेदन प्रकाशित किया गया। इसे Statutory Commission भी कहा जाता है, जो कि भारत सरकार अधिनियम, 1919 के प्रावधान के अनुसार 10 वर्ष बाद स्थापित किया गया था। भारत के राजनेताओं और राजनीतिक दलों के विरोध के बावजूद साइमन कमीशन के प्रस्ताव अत्यन्त महत्वपूर्ण हैं। इन प्रस्तावों में प्रमुख इस प्रकार थे–

(1) भारत के लिए परिसंघात्मक संविधान लागू किया जाए, क्योंकि प्रान्तों और देशी राज्यों के रूप में विभिन्न इकाइयों को स्वायत्तता के साथ सम्मिलित किया जाना अन्य व्यवस्था में सम्भव नहीं था।

(2) केन्द्रीय विधान मंडल का संघीय आधार पर पुनर्गठन किया जाए, जिसके दो सदन संघीय विधानसभा (Federal Assembly) तथा राज्य परिषद (Council of States) हों। संघीय विधानसभा की सदस्य संख्या 250 से 280 के बीच हो तथा इसके सदस्यों का चुनाव अप्रत्यक्ष निर्वाचन पद्धति से प्रांतीय विधान परिषदों के सदस्यों द्वारा प्रतिनिधित्व के आधार पर किया जाए तथा इसकी अवधि 5 वर्ष हो। राज्य परिषद पूर्ववत कार्य करती रहे।

---

7. इसके अनुसार केन्द्रीय सरकार के कर्मचारियों पर लागू "फण्डामेंटल रूल्स एवं सप्लीमेंटरी रूल्स" 01–1–1922 से लागू किए गए तथा इण्डियन सिविल सर्विसेज रूल्स भी बनाए गए, जो आज तक लागू हैं।

(3) केन्द्रीय सरकार को विधान मंडल के प्रभाव से दूर रखना उचित रहेगा। केन्द्र में उत्तरदायी सरकार हो, परन्तु इसे तत्काल लागू नहीं किया जाए।

(4) प्रान्तों में उत्तरदायी सरकारें बनाई जाएं। प्रान्तों को और स्वायत्तता दी जाए तथा प्रान्तीय परिषदों की संख्या यानी प्रान्तों की संख्या बढ़ाई जाये।

(5) गवर्नर प्रांतीय प्रशासन, वित्त एवं विधायी कार्यों में अनावश्यक हस्तक्षेप न करे। जहाँ आवश्यक हो, उसे मंत्रिमंडल की राय मानने से इन्कार करने की शक्ति दी जानी चाहिए। आपातकाल में गवर्नर को वित्तीय एवं विधायी शक्तियों का प्रयोग करने की छूट दी जाए।

(6) बर्मा प्रांत को भारत से अलग कर दिया जाए।

(7) उत्तर पश्चिमी सीमा प्रांत की स्वतन्त्र विधान परिषद बनाई जाए तथा उड़ीसा और सिंध को पृथक प्रांत का दर्जा दिया जाए।

(8) सेना का भारतीयकरण किया जाए तथा जब तक वह पूरी तरह से सक्षम (equipped) नहीं हो जाती, ब्रिटिश सेना भारत में बनी रहे।

(9) साम्प्रदायिक आधार पर प्रतिनिधित्व प्रणाली को जारी रखा जाए।

(10) दलित वर्गों को उचित आरक्षण दिया जाए।

(11) महिलाओं को मताधिकार दिया जाए।

(12) भारत के लिए ऐसे लचीले संविधान का विकास किया जाए, जो स्वयं विकसित होता रहे तथा निश्चित अन्तरालों के बाद उसकी समीक्षा की आवश्यकता ही न रहे।

............और वह लचीला संविधान "भारत सरकार अधिनियम (Govt. of India Act), 1935 बनाकर प्रस्तुत किया गया, जिसमें साम्प्रदायिक पंचाट (Communal Award, 1932) का भी समावेश किया गया था।

भारत सरकार अधिनियम, 1935 (Govt. of India Act, 1935)

2 अगस्त, 1935 को पारित यह अधिनियम वास्तव में भारत का मूल संविधान था। यह दो भागों में था, जिसमें भारत से अलग किए जाने वाले देश 'बर्मा' का संविधान भी स्थापित था। इसमें कुल 478 धारायें तथा 16 परिशिष्ट थे। 20 दिसम्बर, 1935 को बर्मा को अलग देश घोषित कर देने के पश्चात् उस अधिनियम में कुल 321 धाराएं और 10 परिशिष्ट शेष रह गए थे। यह अधिनियम कमोबेश 1919 के अधिनियम की उद्देशिका (Preamble)

तथा क्रिप्स मिशन की सिफारिशों पर आधारित था। तद्नुसार इसके प्रावधानों को विभिन्न धाराओं में सूत्रबद्ध किया गया था।

1. उद्देशिका (Preamble)–भारत सरकार अधिनियम, 1935 में उद्देशिका के रूप में भारत सरकार अधिनियम, 1919 की उद्देशिका को ही दोहराया गया था। (धारा 321)

2. अखिल भारतीय परिसंघ–भारत को राजनीतिक रूप से गणतन्त्रों का परिसंघ बनाने का प्रस्ताव था, जिसमें ब्रिटिश राज के ग्यारह प्रांत, छः कमीश्नरी प्रान्त[8] और देशी राज्यों को शामिल किया जाना प्रस्तावित था।

परिसंघ में शामिल होने वाले देशी राज्यों को लिखित में समामेलन पत्र (Instrument of Assestion) निष्पादित करना था। तत्पश्चात् उन्हें परिसंघ से अलग होने का अधिकार नहीं था, लेकिन उनके अधिकार बरकरार रखने का प्रावधान था।

3. विधायी शक्तियों का वर्गीकरण

(1) उक्त संवैधानिक अधिनियम में संघ और प्रान्तों के बीच विषयों का स्पष्ट विभाजन किया गया, जिनके संबंध में वे कानून बना सकते थे। ये इस प्रकार थे–

केन्द्रीय सूची में 59 विषय;
प्रांतीय सूची में 54 विषय; तथा
समवर्ती सूची में 36 विषय; रखे गए थे।

(2) इसके बावजूद किसी बाहरी युद्ध, आन्तरिक अशान्ति या संकटकालीन (आपात) स्थिति में गवर्नर जनरल संघ को प्रान्तीय विषय पर कानून बनाने के निर्देश दे सकता था।

(3) दो या दो से अधिक प्रान्तों की सहमति से भी प्रान्तीय विषय के संबंध में केन्द्र कानून बना सकता था।

(4) किसी प्रांत या संघ में शामिल देशी राज्य का कानून संघीय कानून के विपरीत हो तो उस प्रान्तीय या देशी राज्य के कानून का वह भाग निष्प्रभावी होगा, जो कि संघीय कानून के विपरीत हो।

---

8. ग्यारह प्रान्त इस प्रकार थे– मद्रास, बंबई, बंगाल, संयुक्त प्रान्त, पंजाब, बिहार, मध्य प्रांत (भारत), आसाम, उड़ीसा, अवध तथा उत्तर पश्चिमी सीमा प्रांत। छः कमीश्नरी प्रांत थे– ब्लूचिस्तान (ब्रिटिश), दिल्ली, अजमेर–मेरवाड़ा, कुर्ग, अंडमान–निकोबार तथा पंथ पिपलोद्रा। सिंध को तब तक बंबई से अलग करने का प्रस्ताव नहीं था।

4. संघीय कार्यपालिका

(1) इस अधिनियम के अनुसार गवर्नर जनरल के लिए आवश्यक था कि वह एक मंत्रिमंडल का गठन करे जो कि कार्यपालिका के कार्यों में सहायता करेगी।

(2) गवर्नर जनरल अपनी विवेकाधिकार शक्तियों का प्रयोग करते समय मंत्रिमण्डल की सलाह लेने के लिए बाध्य नहीं था।

(3) संघीय कार्यपालिका (सरकार) को जनजातीय क्षेत्रों से संबंधित संधि, अनुदान, प्रथा का विधिपूर्ण शासन संबंधी सभी अधिकार दिये गये।

5. गवर्नर जनरल

(1) गवर्नर जनरल के माध्यम से अल्पसंख्यकों के वैधानिक हितों का उचित संरक्षण करना।

(2) लोक सेवाओं के सदस्यों के अधिकारों व हितों का संरक्षण करना।

(3) देशी राज्यों तथा उनके शासकों (राजाओं) के हितों का सम्मान एवं प्रतिष्ठा का संरक्षण तथा उनके अधिकारों की सुरक्षा करना।

(4) गवर्नर जनरल अपनी सहायता के लिए वित्तीय सलाहकार वित्तीय मामलों में सलाह के लिए नियुक्त कर सकता था।

(5) कानूनी सलाह के लिए महाधिवक्ता (Advocate General) की नियुक्ति कर सकता था। जिसकी योग्यता संघीय न्यायालय के न्यायाधीश के पद पर नियुक्ति के लिए आवश्यक थी।

6. आपातकालीन स्थिति–आपातकाल की घोषणा कर गवर्नर जनरल सभी शक्तियां अपने हाथों में ले सकता था, लेकिन इसका संघीय न्यायालय पर कोई प्रभाव नहीं था।

7. केन्द्रीय विधान मण्डल–केन्द्रीय विधान मण्डल दो सदनों का रखा गया था। संघीय विधानसभा और राज्य परिषद।

(1) संघीय विधानसभा में 105 सदस्य सामान्य निर्वाचन क्षेत्रों से (19 अनुसूचित जातियों के सदस्यों सहित), 6 सिक्ख, 8 ईसाई, 8 यूरोपियन, 11 उद्योगपति एवं व्यवसायी, 7 जमींदार, 10 श्रमिक प्रतिनिधि, 9 महिलायें, 82 मुसलमान तथा 125 देशी रियासतों के प्रतिनिधि।

इस प्रकार कुल 375 सदस्य रखे गए थे।

(2) राज्य परिषद में कुल 260 सदस्य रखे गए थे।

8. प्रान्तीय विधान मण्डल–प्रांतीय विधान मण्डलों के सदस्यों की संख्या तय की गई तथा सभी सदस्यों का निर्वाचन किए जाने का प्रावधान किया।

मनोनयन की व्यवस्था समाप्त की गई। प्रान्तीय विधान मण्डलों के सदस्यों के चुनाव के लिए 17 विधिक निर्वाचक मण्डल तय किए गए थे, में निर्वाचक मण्डल इस प्रकार थे–

(1) सामान्य निर्वाचक मंडल;
(2) अनुसूचित जातियों के लिए आरक्षित;
(3) पिछड़ी जातियों के लिए आरक्षित;
(4) सिक्खों के लिए आरक्षित;
(5) मुसलमानों के लिए आरक्षित;
(6) आंग्ल भारतीयों के लिए आरक्षित;
(7) यूरोपियनों के लिए आरक्षित;
(8) भारतीय ईसाइयों के लिए आरक्षित;
(9) व्यवसायियों और उद्योगों के लिए आरक्षित;
(10) जमींदारों के लिए आरक्षित;
(11) विश्वविद्यालयों के लिए आरक्षित;
(12) श्रमिकों के लिए आरक्षित;
(13) महिलाओं के लिए आरक्षित; जिनमें–
  (i) सामान्य,
  (ii) सिक्ख,
  (iii) मुसलमान,
  (iv) आंग्ल भारतीय,
  (v) भारतीय ईसाई।

कुछ प्रान्तों में दो सदनों की व्यवस्था की गई थी, जिसे विधान परिषद का नाम दिया गया था। ये प्रान्त थे–बम्बई, मद्रास, संयुक्त प्रान्त, बंगाल, बिहार और आसाम।

9. संघीय न्यायालय–धारा 200 से 231 तक में संघीय न्यायालय से संबंधित प्रावधान किया गया था। तद्नुसार संघीय न्यायालय का कार्य संविधान का निर्वचन तथा संरक्षण करना और परिसंघ तथा उसकी विभिन्न इकाइयों के विवादों को निपटाना था।

न्यायाधीशों का कार्यकाल 65 वर्ष की आयु तक था। उसे मानसिक या शारीरिक अशक्तता या दुर्व्यवहार के आधार पर पदच्युत किया जा सकता

था। उसे पद से हटाने से पूर्व ब्रिटिश सम्राट को प्रिवी कौंसिल की राय लेना व कारणों का उल्लेख करना आवश्यक था।

इसे परिसंघ और उसकी इकाइयों के आपसी विवादों को निपटाने की मौलिक अधिकारिता (Original Jurisdiction) प्राप्त थी।

अपील अधिकारिता भी प्राप्त थी, परन्तु इसके लिए उच्च न्यायालय का प्रमाण–पत्र आवश्यक था। उसमें संवैधानिक व्याख्या का प्रश्न अन्तर्निहित होना आवश्यक बनाया गया।

आवश्यकता पड़ने पर गवर्नर जनरल किसी प्रश्न पर संघीय न्यायालय से परामर्श भी ले सकता था। इस प्रकार मांगी गई राय देने के लिए संघीय न्यायालय बाध्य नहीं था और न ही गवर्नर जनरल दी गई राय को मानने के लिए बाध्य था।

प्रान्तीय स्तर पर भी उच्च न्यायालयों का गठन किया गया, जहाँ पहले से कार्यरत उच्चतम प्रान्तीय न्यायालयों को उच्च न्यायालय का दर्जा दिया गया।

10. लोक सेवा आयोग (Public Service Commission)–अधिनियम की धारा 264 से 268 तक में संघ लोक सेवा आयोग की स्थापना तथा उनकी अधिकार शक्ति का उल्लेख किया गया है।

साथ ही प्रान्तीय लोक सेवा आयोगों की स्थापना के प्रावधान हैं। दो या अधिक प्रान्तों के लिए एक लोक सेवा आयोग हो सकता था। उनका खर्च संबंधित सरकारों को उठाना था।

इनके कार्यक्षेत्र में लोक सेवाओं में भर्ती के लिए परीक्षाएँ आयोजित करना, सिविल सेवकों के विरुद्ध अनुशासनात्मक कार्रवाई करना तथा उनके मुआवजे के मामलों को निपटाना तथा उनकी पदोन्नति, पदावनति तथा प्रत्याशियों की योग्यता निर्धारण संबंधी नियम बनाना भी शामिल था।

11. रिजर्व बैंक की स्थापना–संघ व प्रान्तों के राजस्व को विनियमित करने के लिए "रिजर्व बैंक ऑफ इण्डिया" की स्थापना की गई, जिसमें एक गवर्नर, दो उपगवर्नर तथा 15 निदेशक रखे गए थे, जिनमें से 8 निर्वाचित और 7 मनोनीत होते थे। (धारा 152 व 153)

12. महा अंकेक्षक (Auditor General)–पूर्व में कार्यशील किए गए महालेखाकार के अलावा एक महा अंकेक्षक की नियुक्ति का प्रावधान भी इस अधिनियम की धारा 161–169 में किया गया था, जिसे संघीय न्यायालय के न्यायाधीश के समकक्ष रखा गया था।

इसकी रिपोर्ट को यथास्थिति संघीय विधानमंडल और प्रान्तीय विधान मंडलों के पटल पर रखी जानी थी।

13. संघीय रेलवे प्राधिकरण (Federal Railway Authority)–धारा 181 से 182 में संघीय रेलवे प्राधिकरण का गठन किए जाने का प्रावधान था, जिसमें 7 सदस्य होते थे। इसके कार्य क्षेत्र में रेल पथ तथा सामग्री का निर्माण, रख–रखाव, रेलों का संचालन आदि का दायित्व दिया गया था।

रेल विभाग के लिए अलग से रेलवे प्राधिकरण (Railway Tribunal) की स्थापना का प्रावधान भी धारा 191–192 में किया गया था।

कैबिनेट मिशन (Delegation of Ministers of British Cabinet)– 23 मार्च, 1946 को ब्रिटिश मंत्रिमंडल के मंत्रियों का एक शिष्टमंडल संविधान निर्माण के संबंध में प्रस्ताव तैयार करने के लिए भारत आया, जिसमें भारत सचिव लार्ड पेथिक लॉरेंस, सर स्टेफोर्ड क्रिप्स–वित्त मंत्री, ए.पी. अलेक्जेंडर शामिल थे। इस शिष्टमंडल ने जो सिफारिशें की, उन्हीं के आधार पर भारत की संविधान सभा का निर्माण और संविधान की रूपरेखा बनाई गई। इन सिफारिशों में अन्य सिफारिशों के अलावा मुख्य इस प्रकार हैं–

(1) भारत एक अखिल भारतीय संघ (Union of India) हो।

(2) संघ और समूहों के संविधान में एक ऐसा प्रावधान हो, जिसके अधीन किसी भी प्रान्त को उसकी विधानसभा के मतों की बहुसंख्या द्वारा प्रारम्भिक दस वर्षों के बाद तथा उसके उपरान्त प्रत्येक दस वर्ष के अन्तराल से संविधान के उपबंधों पर पुनर्विचार करने की अनुमति हो।

(3) संविधान सभा का गठन वयस्क मताधिकार से न होकर अप्रत्यक्ष चुनाव पद्धति से किया जाए। इसके लिए प्रान्तों को उनकी जनसंख्या के अनुपात में सीटें आवंटित की जानी थीं, जो साधारणतः दस लाख पर एक हो।

(4) प्रान्तों के हिन्दू सदस्यों का चुनाव हिन्दू समुदाय तथा मुस्लिम सदस्यों का मुस्लिम समुदाय और सिक्ख प्रतिनिधियों का चुनाव सिक्ख समुदाय करेगा।

(5) संविधान सभा में कुल 292 सदस्य होंगे।

29 जून, 1946 को कैबिनेट मिशन वापस चला गया। कांग्रेस ने उसके प्रस्तावों को स्वीकार कर लिया। 29 जुलाई, 1946 को मुस्लिम लीग ने इसे पूर्णतः अस्वीकार कर दिया था। कांग्रेस अध्यक्ष मौलाना अबुल कलाम आजाद से इस्तीफा लिया गया व जवाहरलाल नेहरू ने अध्यक्ष पद लिया।

6 अगस्त, 1946 को जवाहरलाल नेहरू को प्रधानमंत्री बनने का निमन्त्रण दिया गया। 16 अगस्त, 1946 को मुस्लिम लीग ने सीधी कार्रवाई प्रारम्भ की। 2 सितम्बर, 1946 को नेहरू को प्रधानमंत्री (अंतरिम) पद की शपथ दिलाई गई। 26 अक्टूबर, 1946 को मुस्लिम लीग ने नेहरू की सरकार में शामिल होना स्वीकार कर शामिल हुई और 9 दिसम्बर, 1946 को दिल्ली में संविधान सभा की बैठक हुई। मुस्लिम लीग ने इसका बहिष्कार किया। उन्होंने संविधान सभा के गठन और उसकी कार्यवाही को अवैध एवं अविधिमान्य बताया और इसे तत्काल समाप्त किए जाने की मांग की। तद्नुसार 26 जुलाई, 1947 को पाकिस्तान के लिए अलग संविधान सभा की स्थापना की घोषणा गवर्नर जनरल ने की। इस प्रकार भारत की संविधान सभा की बैठक 14 अगस्त, 1947 को हुई। तब तक भारतीय स्वाधीनता अधिनियम, 1947 ब्रिटिश संसद पारित कर चुकी थी।

भारतीय स्वतन्त्रता अधिनियम, 1947 (Indian Independance Act, 1947)

भारतीय स्वाधीनता अधिनियम, 1947 के प्रावधानों के द्वारा निम्नलिखित संवैधानिक प्रावधान किए गए थे, जो कि भारत सरकार अधिनियम, 1935 में संशोधन के लिए किए गए थे–

(1) भारत सरकार अधिनियम, 1935 की धारा 3 विलोपित की गई, क्योंकि अब भारत में ब्रिटिश सम्राट की सरकार कार्यरत नहीं थी।

(2) उक्त अधिनियम की धारा 5 को संशोधित किया गया, जिसके अनुसार गवर्नरों के प्रान्त, मुख्य आयुक्तों के प्रांत तथा देशी राज्य स्वेच्छा से भारत में शामिल किए जा सकें।

(3) धारा 11 से 15, जो कि आरक्षित विषयों, गवर्नर जनरल के विशिष्ट दायित्वों, भारत सचिव की पर्यवेक्षीय अधिकार शक्ति तथा गवर्नर जनरल के वित्तीय सलाहकार से संबंधित थी, व्यर्थ हो जाने के कारण निरस्त कर दी गई।

(4) केन्द्रीय विधान मंडल के दोनों सदनों, केन्द्रीय विधानसभा तथा राज्य परिषद को समाप्त किया जाकर उनकी विधायिकी शक्ति संविधान राभा में निहित कर दी गई।

(5) गवर्नर जनरल की विधायी शक्ति समाप्त कर दी गई। तद्नुसार सांविधानिक मशीनरी के ठप्प पड़ जाने से संबंधित 1935 के अधिनियम के प्रावधानों को विलोपित कर दिया गया।

(6) प्रान्तीय गवर्नरों के विशिष्ट उत्तरदायित्व संबंधी प्रावधान भी समाप्त कर दिए गए।[9]

इस प्रकार भारत सरकार अधिनियम, 1935 में स्वयं ब्रिटिश सरकार ने संशोधन करके भारत को एक अन्तरिम संविधान भी अन्तरिम सरकार के साथ भेंट किया था।

भारत सरकार अधिनियम, 1935 के बारे में कई प्रकार के विचार विभिन्न विद्वानों के सामने आते रहे हैं, परन्तु सबसे अधिक दिलचस्प तथ्य यह है कि यह अधिनियम ब्रिटिश संसद द्वारा पारित तब तक का सबसे लम्बा और विस्तृत विधेयक था, जबकि विश्व के सर्वाधिक सफल संयुक्त राज्य अमरीका का संविधान मात्र कुछ पृष्ठों में ही सिमटा हुआ है।

इसकी लम्बाई का कारण और भी दिलचस्प बताया गया है। **इसकी लम्बाई का कारण भारतीयों और विशेष रूप से भारतीय राजनेताओं के प्रति संसद के विश्वास की कमी।**[10]

शरारती बच्चों को या उद्दण्ड दासों को अलग–अलग रस्सियों में बांधकर एक बाड़े में रखकर एक रखवाला तैनात कर देना ब्रिटिश सरकार का उद्देश्य था, जिसमें वे समझ सकें कि वे आजाद हैं, क्योंकि रस्सियों से बंधे एक सीमा से बाहर जा भी नहीं सकते, परन्तु उन्हें बाड़े में कहीं भी घूमने–फिरने की आजादी होती है।

19 अगस्त, 1947 को पुनः संविधान प्रारूप समिति का गठन किया गया। चूंकि तब तक डॉ. भीमराव अंबेडकर को विधि मंत्री के रूप में केन्द्रीय मंत्रिमंडल में शामिल कर लिया गया था, अतः उन्हें ही प्रारूप समिति का अध्यक्ष बनाया गया। अन्य सात सदस्य थे–एन. गोपालस्वामी आयंगर, अल्लादी कृष्णास्वामी अय्यर, कन्हैयालाल माणिकलाल मुंशी, टी.टी. कृष्णमाचारी, मोहम्मद सादुल्ला, एन. माधवराव तथा डी.पी. खैतान।

नवम्बर, 1948 में क्या स्थिति थी, ध्यान देने योग्य है, जो कि संविधान सभा में टी.टी. कृष्णमाचारी के भाषण से प्रकट होती है–

---

9. डॉ. एन.वी. परांजपे, *भारत का वैधानिक एवं असंवैधानिक इतिहास*।

10. David Steinberg–Essay on The Govt. of India Act, 1935, which reads as "The Govt. of India Act, 1935 was the longest bill ever passed by Parliamant. A Good Constitution should clearly set out overarching principles, not Lawyers' small print. The most successful Constitution ever, that of the USA is only a few pages long. The reasons for this length was Parliament's lack of trust of Indians and particularly Indians Politition s."

"सदन सम्भवतः इस बात से अवगत है कि आपके द्वारा मनोनीत सात सदस्यों में से एक सदस्य ने इस्तीफा दे दिया था, उसकी पूर्ति की गई। एक सदस्य की मृत्यु हो गई, पर उसके स्थान की पूर्ति नहीं हुई। एक सदस्य सुदूर अमरीका में हैं और उसका स्थान भी नहीं भरा गया। एक सदस्य राजकीय मामलों में व्यस्त हैं। अतएव उसका स्थान भी एक सीमा तक खाली रहा है। स्वास्थ्य सम्बन्धी कारणों से एक या दो सदस्य दिल्ली से दूर हैं और वे भी अपना काम नहीं संभाल पाते। इसलिए कुल मिलाकर संविधान के प्रारूप को तैयार करने का सारा उत्तरदायित्व डॉ. अम्बेडकर पर ही आ पड़ा है और मुझे यह कहने में कोई झिझक नहीं है कि हम उनके प्रति बड़े आभारी हैं।"

टी.टी. कृष्णमाचारी के उपरोक्त कथन का विश्लेषण करने पर जो बात स्पष्ट होती है, वह यह है कि ब्रिटिश संसद द्वारा किया गया भारतीयों और विशेष रूप से भारतीय राजनेताओं का चारित्रिक मूल्यांकन, जिसमें उन्होंने इनको विश्वसनीय नहीं माना। इसीलिए कानूनों में विस्तार से विषय–वस्तु का निरूपण करने के बाद भी वे सही ढंग से कार्य कर सकेंगे या नहीं। इनका अनुत्तरदायी चारित्रिक गुण ही कृष्णमाचारी के कथन से प्रकट होता है। यहां के सभी अभिजात राजनेताओं को इस बात की कोई चिन्ता नहीं थी कि भारत का भाग्य बनने वाले संविधान के निरूपण और लेखन को गम्भीरता से लिया जाए। एक दलित जो अपने सामाजिक अस्तित्व के लिए जीवनभर संघर्ष करता रहा। मौका मिलने पर मनोयोग से अपने अन्य सरकारी उत्तरदायित्व के बावजूद पूर्ण मनोयोग से संविधान के प्रारूप लेखन में जुटा रहा। समिति के सात सदस्यों में से केवल दो ही अपनी उपस्थिति देकर डॉ. अम्बेडकर के कार्य से जुड़े रहे।

भारतीय राजनेताओं की इन अविश्वसनीयताओं के संबंध में ब्रिटिश संसद में अंग्रेजों द्वारा कहा गया था। इसीलिए किसी भी भारतीय नेता को इस पर ग्लानि या अपमान का अनुभव नहीं हुआ। अगर इस प्रकार की कोई भी व्याख्या यदि भारतीयों में से ही कोई करे तो संसद से लेकर मोहल्ले की गली तक विशेषाधिकार का मामला उठाकर उसे दण्डित करने की कोशिश की जाती और अपनी पूर्वाग्रह ग्रसित कुत्सित भावनाओं को सन्तुष्ट करने की कोशिश की जाती।

लेकिन अंग्रेजों द्वारा ब्रिटिश संसद में भारतीय राजनेताओं के संबंध में किया गया मूल्यांकन कई आधारभूत तथ्यों को उजागर करने को बाध्य कर सकता है और करता भी है, जो कि कानून की लिखी गई लाइनों के बीच

से ही कहीं से निकलकर बाहर आती है और प्रेरित करती है, उन्हें समझने के लिए।

भारत का संविधान जो बनाया गया या जैसा बनवाया गया है, वह हमारा भाग्य विधाता है और जैसा कि विश्व के अनेकानेक विद्वानों ने हमारे संविधान को एक लचीला संविधान माना है, जिसमें समय और समाज की प्रगति को दिशा देने के अनुरूप संशोधन कर नया रूप भी दिया जा सकता है, क्योंकि आज हम अपने संविधान, संवैधानिक संस्थाओं और उनके गलियारों की परिणति को देखकर गर्व करने के बदले शर्मिन्दगी महसूस करने लगे हैं? शायद जनता इस प्रश्न का कारण भी जानती है और जवाब भी। अन्ततः वही उसका जवाब भी देगी।

8

कानून के राज के स्तम्भ

इंग्लैण्ड की परम्परा और पद्धतियों के विपरीत जहाँ पर संविधान भी अलिखित है और लिखित कानूनों का भी इतना बड़ा और सूक्ष्म व्याख्यात्मक जखीरा नहीं था; भारत में प्रत्येक तथ्य का, प्रत्येक बात को नियमबद्ध करने का सूत्रपात किया। इंग्लिश कानून में सूक्ष्म व्याख्याओं के स्थान पर "इंग्लिश कॉमन लॉ" प्रचलित रहा है जो कि "इंग्लिश प्लीडिंग सिस्टम" और "आम कानूनों के मामलों में अदालतों द्वारा अपनाए गए तरीकों" के आधार पर संचालित एवं निर्धारित होता था तथा अलिखित संविधान में दिए गए आम नागरिकों के मूल अधिकारों, ब्रिटिश देश, समाज और अंग्रेजों के हितों को ध्यान में रखकर की जाती थी, जबकि भारत में ऐसी धारणा अंग्रेजों की नहीं रही। भारत में अंग्रेजों के हितों के लिए तो उनका "इंग्लिश कॉमन लॉ" लागू किया जाता था, जबकि भारतीय जनता उनके लिए अंग्रेज समाज के स्तर की नहीं थी, अतः यहाँ के कानून निर्माण में इस बात का ध्यान रखा गया कि अंग्रेजों को किसी अपराध से बच निकलने का रास्ता कानून में कैसे रखा जाये।

इसी अवधारणा के अधीन मैकाले ने भारतीय कानूनों की नींव रखी। उसका वह पहला प्रयास अपराधों को संहिताबद्ध करके उनके लिए सजाएं तय करना था, परन्तु बाद के सभी कानूनों में यहाँ तक कि वर्तमान कानूनों में भी यही मनोविज्ञान स्पष्ट होता है। इस दृष्टि से सभी कानूनों की व्याख्या तो यहां नहीं की जा सकती, परन्तु कुछ उदाहरण देना अपने विषय को और स्पष्टता देने के लिए पर्याप्त होगा।

सबसे पहले मैकाले के प्रयास को लें। 1830 के दशक के मध्य में मैकाले को भारत में अपराधों को संहिताबद्ध करने का जिम्मा सौंपा गया क्योंकि वह भारत के पहले विधि–आयोग का अध्यक्ष भी था। इस काम को पूरा करने के लिए आवश्यक था कि वह विशाल भारतीय भू–भाग में विद्यमान अपराधों

की पहले जानकारी ले और उन्हें सूचीबद्ध करे। इसके लिए भारत के प्रत्येक भाग में रहने वाले समाज, जाति, धर्म, कबीलों के आचार–व्यवहार और सद्वृत्ति–अपराधवृत्तियों की जानकारी ले और किस दशा में किस प्रकार का अपराध किया जा सकता है, इसकी बारीक और मनोवैज्ञानिक समझ का होना आवश्यक था। मैकाले अन्य निष्ठावान, कर्मठ अंग्रेजों की ही तरह निष्ठावान, कर्मठ और अध्ययनशील था। वह यह भी अच्छी तरह से जानता था कि किसी भी देश की जनता के बारे में उनकी मनोदशा और मनोविज्ञान के बारे में ठोस जानकारी (आज की तरह प्रचलित) सर्वेक्षण पद्धति से नहीं हो सकती, बल्कि उस समाज–देश का इतिहास, उनकी आर्थिक, सामाजिक संरचना और धार्मिक निष्ठाएं और धार्मिक ग्रंथ ही सही स्रोत हो सकते हैं। इसी मूल अवधारणा के तहत उसने उपलब्ध तत्कालीन रिपोर्टों आदि के अलावा भारत के प्रमुख ऐतिहासिक धार्मिक ग्रंथ का सहारा निश्चित रूप से लिया होगा। अगर हम मोटे रूप से देखें तो साफ हो जाता है कि भारतीय दण्ड संहिता में दर्ज सारे अपराध महाभारत में उपलब्ध हैं। साथ ही उनका सामाजिक, आर्थिक, राजनीतिक, धार्मिक और नैतिक आधार भी व्याख्यायित है। शायद इसी अध्ययन प्रक्रिया के दौरान मैकाले को यह ज्ञान प्राप्त हुआ कि भारतीय जनता में किसी भी धर्म, सभ्यता, आचार–विचार को अपनाकर पूर्णतः अंगीकार कर लेने की अपूर्व क्षमता है जो कि विश्व के अन्य किसी भी देश में नहीं है।

अतः अंग्रेज सभ्यता और संस्कृति को अजर–अमर बनाने के लिए परंपरागत शिक्षा पद्धति के स्थान पर नई पद्धति का सुझाव दिया। इसी के तहत मेयो कालेज एवं अन्य स्कूल व प्रेसीडेंसी कॉलेजों की स्थापना की गई और भारत में अंग्रेजों का निर्माण प्रारंभ किया गया।

1830 के दशक में शुरू किया गया कार्य चार वर्षों में ही पूरा हो गया, लेकिन कम्पनी सरकार इसे वैधानिक जामा नहीं पहना सकी। डलहौजी के आने से पहले ही देशी रियासतों को येन–केन–प्रकारेण कम्पनी राज के अधीन करने की मुहिम चरम पर थी। डलहौजी ने इसे अपनी पराकाष्ठा पर पहुंचा दिया। परिणामस्वरूप 1857 की क्रान्ति हुई और अंग्रेजों को "इंग्लिश कॉमन लॉ" की नैतिकताओं से बाहर निकलना आवश्यक हो गया और ये सारी चिन्तायें अब कम्पनी के बदले ब्रिटिश सरकार के भारत मंत्री की हो गई और एक के बाद एक कानून बनाए जाने लगे।

भारतीय दण्ड संहिता 1860 में अधिसूचित की गई।

दूसरा कानून, जिससे पूरी भारतीय जनता, भारतीय समाज का वास्ता पड़ता है, उनके अमन–चैन का दारोमदार है, वह है "भारतीय पुलिस कानून,

1861"। इस कानून के संबंध में डॉ. ज्ञानप्रकाश पिलानिया जो कि राजस्थान पुलिस महानिदेशक के पद पर रह चुके हैं, के शब्दों का सहारा लेना समुचित एवं प्रासंगिक होगा (जो कि राजस्थान पत्रिका दिनांक 17–3–2004 के अंक में प्रकाशित लेख से है–)

"...... ब्रिटिश राज में बने 1861 के पुलिस एक्ट का जिक्र करना प्रासंगिक होगा, जिसमें लिखा है कि पुलिस सरकार की नौकर है, कानून की नहीं। इसका सीधा सा अर्थ यह है कि पुलिस सत्तारूढ़ पार्टी की नौकर है। यह एक अत्यन्त भयानक एवं अलौकतांत्रिक अवधारणा है कि पुलिस कानून की नहीं, सरकार की नौकर है। क्या सरकार कानून से ऊपर होती है? सरकार की इच्छानुसार, लाचार पुलिस कानून को तोड़ती–मरोड़ती रहती है। पुलिस कर्मचारियों के सिर पर हर समय "ट्रांसफर" की तलवार लटकती रहती है। जब भी नई सरकार सत्ता में आती है, थोक में ट्रांसफर होते हैं। कोई भी राज्य हो, हर जगह यही होता है। पुलिस प्रशिक्षण में दिए जाने वाले तटस्थता, निष्पक्षता, जवाबदेही, गरिमा, मानवीय अधिकार, संविधान के प्रति प्रतिबद्धता संबंधी प्रवचन निरर्थक हो जाते हैं।"

उक्त कानून को बनाने वाले अंग्रेजों की पुलिस व्यवस्था से तुलना कीजिये, अंग्रेजों के भारत के प्रति सोच के दोगलेपन को आसानी से समझा जा सकता है। इन्हीं डॉ. पिलानिया ने उसी लेख में लिखा है–

"इस संदर्भ में इंग्लैण्ड की पुलिस की श्रेष्ठता का जिक्र गाहे–बगाहे आता रहता है। आज इंग्लैण्ड की पुलिस एक "आदर्श फोर्स" मानी जाती है, परन्तु 1829 से पूर्व लंदन की जनता, पुलिस को संदेह, घृणा एवं हिकारत से देखती थी। पुलिस की छवि में रूपान्तरण एक लम्बी साधना का प्रतिफल है, जिसका श्रेय सर राबर्ट पील, इंग्लैण्ड के होम सेक्रेटरी को जाता है। पील ने मैट्रोपोलिटन पुलिस एक्ट, 1829 के द्वारा एक संगठित पुलिस फोर्स की स्थापना की, जिसका कार्यालय स्काटलैंड यार्ड में खोला। जनता को आशंका थी कि पुलिस के गठन से उसकी स्वतंत्रता पर आघात होगा। शुरू में जनता ने कांस्टेबल को 'बौबी और पीलर' के उपनाम से पुकार कर तिरस्कृत भी किया था, परन्तु आज वही 'बौबी' एक आदरसूचक शब्द बन गया है।"

"इंग्लैण्ड की पुलिस की छवि में यह चमत्कार पांच आधारभूत आचार–सिद्धान्तों (पुलिस का जीवन दर्शन) के कठोरता से अनुपालन के कारण ही संभव हुआ–

(1) देश का कानून सर्वोपरि है। उस कानून के द्वारा प्रदत्त अधिकारों के दायरे में सुनिश्चित रूप से रहते हुए ही एक पुलिस कर्मचारी को अपने कर्तव्यों का निर्वहन करना चाहिए।

(2) एक पुलिस कर्मचारी साधारण नागरिक के समान ही सामान्य कानून की अनुपालना के लिए प्रतिबद्ध है। कानून के उल्लंघन के लिए भी वह सामान्य रूप से दण्ड का भागी है।

(3) एक पुलिस कर्मचारी को जनता के साथ बिना किसी राजनीतिक, जातीय, धार्मिक एवं सामाजिक भेदभाव के अपने व्यवहार में पूर्ण निष्पक्षता प्रदर्शित करनी चाहिए।

(4) अपने हर कदम पर, हर कार्यकलाप में निश्चित रूप से सदा–सर्वदा उसे याद रखना चाहिए कि वह जनता का सेवक है, स्वामी नहीं (He is Servant, not the Master of the Public)।

(5) पुलिस की सफलता के लिए जनता का सहयोग और सद्भाव अनिवार्य पूर्वापेक्षा है।

इनके उल्लेख के उपरान्त डॉ. पिलानिया ने 1978–79 के अपने प्रशिक्षण प्रवास को याद करते हुए लंदन, स्काटलैंड यार्ड एवं अन्य महानगरों के पुलिस अधिकारियों से हुई बातचीत एवं जानकारी से **दो सदाचरण**–सत्यनिष्ठा (ईमानदारी) और कार्यकुशलता तथा **दो मूल्य**, जिनके प्रति प्रतिबद्धता है–राजनीतिक तटस्थता एवं जाति–धर्म निरपेक्षता का उल्लेख करते हुए एक संस्मरण भी बताया–

"मैंने मेनचेस्टर के तत्कालीन मेट्रोपोलियन चीफ पुलिस कमिश्नर एच. एंडसरसन से पूछा कि यदि इंग्लैण्ड का होम सेक्रेटरी (गृह मंत्री) उन्हें किसी अपराधी, जिसके विरुद्ध चालान करने के पुख्ता सबूत हों, अदालत में चालान न करने की फोन पर सिफारिश करे, तो आप क्या करेंगे? उन्होंने आश्चर्य से कहा कि ऐसी परिस्थिति कल्पनीय नहीं है। मैंने कहा, 'मान लीजिए ऐसा हो जाए?" उन्होंने बेहिचक जवाब दिया, 'मैं फौरन प्रेस कांफ्रेंस कर यह दुराचरण जगजाहिर कर दूंगा, जिसके कारण सरकार को इस्तीफा देने को बाध्य होना पड़ेगा (Her Majesty's Government would fall)। उन्होंने यह भी कहा कि उनको उनके पद से केवल दो परिस्थितियों में ही हटाया जा सकता है; रिश्वत लेने या पागलपन के कारण।"

अंग्रेजों ने 1829 के बाद 1861 में भारत का पुलिस कानून तो ऐसा नहीं बनाया, क्योंकि भारत में इंग्लिश कानून जैसा कानून अंग्रेजों के लिए सुविधाजनक नहीं था। और आज भी इसे बदलना या 1861 के पुलिस कानून को बदलना आज भी सुविधाजनक नहीं है। गौर करें, विरासत और विरासत को सहेज कर रखना किन के लिए सुविधाजनक और हितकर हो सकता है?

एक और महत्वपूर्ण कानून, जिससे भारतीय जनता और समाज की दिनचर्या और कार्यकलाप जुड़े हुए हैं वह है साक्ष्य कानून (Evidence Act) 1872.

"भारत का साक्ष्य कानून भी ऐसा है कि सिर्फ किसी व्यक्ति के अपराध स्वीकार कर लेने पर उसे सजा नहीं हो सकती, बल्कि अगर वह अपराध स्वीकार करता है और सबूत नहीं है तो उसे बरी कर दिया जाएगा।" (ये विचार भारत के सर्वोच्च सतर्कता आयुक्त रह चुके श्री एन. विट्ठल के हैं जो कि दैनिक भास्कर के रसरंग परिशिष्ट दिनांक 21–12–2003 में प्रकाशित हुए लेख में व्यक्त किए गए थे।)

भारतीय न्याय पद्धति अपराध के विश्लेषण पर केन्द्रित न होकर अपराधी के अपराध को दोष सिद्ध करने या नहीं करने की प्रेरणा से संचालित होकर साक्ष्यों का विश्लेषण मात्र करती है। भारत का साक्ष्य अधिनियम इस सारी कसरत का धर्मशास्त्र है। इस सारी कसरत में अपराध गौण हो जाता है और साक्ष्यों पर सारा ध्यान केन्द्रित हो जाता है। ऐसे में प्रभावशाली व्यक्ति साक्ष्यों को अपने पक्ष में सक्रिय करने के लिए दिमागों की खरीद–फरोख्त करता है। ये दिमाग जितने पैसे खर्च किये जाएंगे उतना ही दिमागदार प्रभावी वकील मिलेगा, और कोई बेचारा खर्च नहीं कर सकता वह निरपराधी होते हुए भी सजा भुगतेगा ही।

साक्ष्यों का यह खेल प्रारंभिक स्तर से ही शुरू हो जाता है, जब पुलिस किसी मामले में एफ.आई.आर. दर्ज करती है। अलबत्ता तो वह एफ.आई.आर. दर्ज नहीं करती, करती है तो मामले का भविष्य स्वयं ही तय कर देती है। साक्ष्यों को सूचीबद्ध करने और वारदात को तोड़मरोड़कर लिखने में।

साक्ष्य अधिनियम की प्रतिबद्धता में अपराध का विश्लेषण कर अपराधी तक पहुंचना नहीं है, अपितु जिसे अपराधी बनाया गया है, वह अपराधी है या नहीं इसी में प्रतिबद्धता। अगर निरपराधी मान लिया जाता है अदालत के द्वारा तो यह प्रयास नहीं किया जाता है कि अपराध हुआ है तो अपराधी कौन है! इसी से निर्भीक होकर अपराधी अपराध करते हुए स्वयं कानून बनाने की हैसियत में पहुंच गए हैं।

याद करें साक्ष्य कानून बनने के बाद लिखा गया भारतेन्दु हरिश्चन्द्र का नाटक 'अंधेर नगरी चौपट राजा' और आज के प्रमुख फैसले–मथुरा[1] के मामले

---

1. महाराष्ट्र के एक पुलिस थाने में एक महिला के साथ बलात्कार किया गया। निचली अदालत और उच्च न्यायालय ने पुलिस को अपराधी मानकर सजा दी। उच्चतम न्यायालय ने इस आधार पर पुलिस को बरी कर दिया कि "मथुरा" नाम की महिला, जिसके साथ कथित तौर पर थाने में बलात्कार हुआ था, आदतन एक वैश्या थी।

में उच्चतम न्यायालय का फैसला, शाहबानो के मामले में संसद का कानून इत्यादि।

इंग्लिश कॉमन लॉ की लाख खूबियों के बावजूद जो चीज भारतीयों के लिए साक्ष्य कानून के रूप में बनाई गई हैं, वह प्रभावी लोगों, प्रतिष्ठितों की पक्षधर रही हैं, वे चाहे अंग्रेजों के समय के अंग्रेज हों या आज की सत्ता के इर्द–गिर्द मंडरा रहे लोगों के सक्रिय गुट और बड़े नौकरशाहों की जमात हो। सबने विवेक को अपने विशेषाधिकारों का गुलाम बना लिया है, कानूनों के माध्यम से।

9

भारत का संविधान

भारत का संविधान इतना विस्तृत और बड़ा है कि उसे पूरा उद्धत करना मुश्किल है, वह स्वयं में एक पुस्तक है। अतः उसके प्रावधानों के सार को उन्हें दिये गये शीषकों के रूप में अनुच्छेदवार यहाँ दिया जा रहा है; जिससे उसके विषय अनुक्रम और पाठ समझा जा सके।

उद्देशिका

अनुच्छेद

भाग 1—संघ और उसका राज्यक्षेत्र

1. संघ का नाम और राज्यक्षेत्र।
2. नए राज्यों का प्रवेश या स्थापना।

2A. सिक्किम का संघ के साथ सहयुक्त किया जाना (हटाया गया)।

3. नए राज्यों का निर्माण और वर्तमान राज्यों के क्षेत्रों, सीमाओं या नामों में परिवर्तन।
4. पहली अनुसूची और चौथी अनुसूची के संशोधन तथा अनुपूरक, आनुषंगिक और पारिणामिक विषयों का उपबंध करने के लिए अनुच्छेद 2 और अनुच्छेद 3 के अधीन बनाई गई विधियाँ।

भाग 2—नागरिकता

5. संविधान के प्रारम्भ पर नागरिकता।
6. पाकिस्तान से भारत को प्रव्रजन करने वाले कुछ व्यक्तियों के नागरिकता के अधिकार।
7. पाकिस्तान को प्रव्रजन करने वाले कुछ व्यक्तियों के नागरिकता के अधिकार।

8. भारत के बाहर रहने वाले भारतीय उद्भव के कुछ व्यक्तियों के नागरिकता के अधिकार।
9. विदेशी राज्य की नागरिकता स्वेच्छा से अर्जित करने वाले व्यक्तियों का नागरिक न होना।
10. नागरिकता के अधिकारों का बना रहना।
11. संसद द्वारा नागरिकता के अधिकार का विधि द्वारा विनियमन किया जाना।

भाग 3—मूल अधिकार

साधारण

12. परिभाषा।
13. मूल अधिकारों से असंगत या उनका अल्पीकरण करने वाली विधियाँ।

समता का अधिकार

14. विधि के समक्ष समता।
15. धर्म, मूलवंश, जाति, लिंग या जन्म स्थान के आधार पर विभेद का प्रतिषेध।
16. लोक नियोजन के विषय में अवसर की समता।
17. अस्पृश्यता का अंत।
18. उपाधियों का अंत।

स्वतन्त्रता का अधिकार

19. वाक् स्वातंष्य आदि विषयक कुछ अधिकारों का संरक्षण।
20. अपराधों के लिए दोष सिद्धि के संबंध में संरक्षण।
21. प्राण और दैहिक स्वतंत्रता का संरक्षण।

21A. शिक्षा का अधिकार।

22. कुछ दशाओं में गिरफ्तारी और निरोध से संरक्षण।

शोषण के विरुद्ध अधिकार

23. मानव के दुर्व्यापार और बलात्श्रम का प्रतिषेध।
24. कारखानों आदि में बालकों के नियोजन का प्रतिषेध।

धर्म की स्वतंत्रता का अधिकार

25. अन्तकरण की और धर्म के अबाध रूप से मानने, आचरण और प्रचार करने की स्वतंत्रता।
26. धार्मिक कार्यों के प्रबंध की स्वतंत्रता।
27. किसी विशिष्ट धर्म की अभिवृद्धि के लिए करों के संदाय के बारे में स्वतंत्रता।
28. कुछ शिक्षा संस्थाओं में धार्मिक शिक्षा या धार्मिक उपासना में उपस्थित होने के बारे में स्वतंत्रता।

संस्कृति और शिक्षा संबंधी अधिकार

29. अल्पसंख्यक वर्गों के हितों का संरक्षण।
30. शिक्षा संस्थाओं की स्थापना और प्रशासन करने का अल्पसंख्यक वर्गों का अधिकार।
31. संपत्ति का अनिवार्य अधिग्रहण (निरसित)।

कुछ विधियों की व्यावृत्ति

31A. संपदाओं आदि के अर्जन के लिए उपबंध करने वाली विधियों की व्यावृत्ति।

31B. कुछ अधिनियमों और विनियमों का विधिमान्यकरण।

31C. कुछ निदेशक तत्वों को प्रभावी करने वाली विधियो की व्यावृत्ति।

31D. राष्ट्र विरोधी क्रियाकलाप के संबंध में विधियों की व्यावृत्ति।

सांविधानिक उपचारों का अधिकार

32. इस भाग द्वारा प्रदत्त अधिकारों को प्रवर्तित कराने के लिए उपचार।

32A. राज्य विधियों की सांविधानिक वैधता पर अनुच्छेद 32 के अधीन कार्यवाहियों में विचार न किया जाना (हटाया गया)।

33. इस भाग द्वारा प्रदत्त अधिकारों का, बलों आदि को लागू होने में, उपांतरण करने की संसद की शक्ति।
34. जब किसी क्षेत्र में सेना विधि प्रवृत्त है, तब इस भाग द्वारा प्रदत्त अधिकारों पर निर्बन्धन।
35. इस भाग के उपबंधों को प्रभावी करने के लिए विधान।

भाग 4—राज्य की नीति के निदेशक तत्व

36. परिभाषा।
37. इस भाग में अंतर्विष्ट तत्वों का लागू होना।
38. राज्य लोक कल्याण की अभिवृद्धि के लिए सामाजिक व्यवस्था बनाएगा।
39. राज्य द्वारा अनुसरणीय कुछ नीति तत्व।
39A. सामान्य न्याय और निःशुल्क विधिक सहायता।
40. ग्राम पंचायतों का संगठन।
41. कुछ दशाओं में काम, शिक्षा और लोक सहायता पाने का अधिकार।
42. काम की न्यायसंगत और मानवोचित्त दशाओं का तथा प्रसूति सहायता का उपबंध।
43. कर्मकारों के लिए निर्वाह मजदूरी आदि।
43A. उद्योगों के प्रबंध में कर्मकारों का भाग लेना।
44. नागरिकों के लिए एक समान सिविल संहिता।
45. छः वर्ष से कम आयु के बालकों के लिए प्रारम्भिक बाल्यावस्था देख–रेख और शिक्षा का उपबंध।
46. अनुसूचित जातियों, अनुसूचित जनजातियों और अन्य दुर्बल वर्गों के शिक्षा और अर्थ संबंधी हितों की अभिवृद्धि।
47. पोषाहार स्तर और जीवन स्तर को ऊँचा करने तथा लोक स्वास्थ्य का सुधार करने का राज्य का कर्त्तव्य।
48. कृषि और पशुपालन का संगठन।
48A. पर्यावरण का संरक्षण तथा संवर्धन और वन तथा वन्य जीवों की रक्षा।
49. राष्ट्रीय महत्व के संस्मारकों, स्थानों और वस्तुओं का संरक्षण।
50. कार्यपालिका से न्यायपालिका का पृथक्करण।
51. अंतर्राष्ट्रीय शांति और सुरक्षा की अभिवृद्धि।

भाग 4—मूल कर्त्तव्य

51A. मूल कर्त्तव्य।

भाग 5—संघ

अध्याय 1—कार्यपालिका

राष्ट्रपति और उपराष्ट्रपति

52. भारत का राष्ट्रपति।
53. संघ की कार्यपालिका शक्ति।
54. राष्ट्रपति का निर्वाचन।
55. राष्ट्रपति के निर्वाचन की रीति।
56. राष्ट्रपति की पदावधि।
57. पुनर्निर्वाचन के लिए पात्रता।
58. राष्ट्रपति निर्वाचित होने के लिए अर्हताएँ।
59. राष्ट्रपति के पद के लिए शर्तें।
60. राष्ट्रपति द्वारा शपथ या प्रतिज्ञान।
61. राष्ट्रपति पर महाभियोग चलाने की प्रक्रिया।
62. राष्ट्रपति के पद में रिक्ति को भरने के लिए निर्वाचन करने का समय और आकस्मिक रिक्ति को भरने के लिए निर्वाचित व्यक्ति की पदावधि।
63. भारत का उपराष्ट्रपति।
64. उपराष्ट्रपति का राज्यसभा का पदेन सभापति होना।
65. राष्ट्रपति के पद में आकस्मिक रिक्ति के दौरान या उसकी अनुपस्थिति में उपराष्ट्रपति का राष्ट्रपति के रूप में कार्य करना या उसके कृत्यों का निर्वहन।
66. उपराष्ट्रपति का निर्वाचन।
67. उपराष्ट्रपति की पदावधि।
68. उपराष्ट्रपति के पद में रिक्ति को भरने के लिए निर्वाचन करने का समय और आकस्मिक रिक्ति को भरने के लिए निर्वाचित व्यक्ति की पदावधि।
69. उपराष्ट्रपति द्वारा शपथ या प्रतिज्ञान।
70. अन्य आकस्मिकताओं में राष्ट्रपति के कृत्यों का निर्वहन।
71. राष्ट्रपति या उपराष्ट्रपति के निर्वाचन से संबंधित या संसक्त विषय।

72. क्षमा आदि की और कुछ मामलों में दण्डादेश के निलंबन, परिहार या लघुकरण की राष्ट्रपति की शक्ति।

73. संघ की कार्यपालिका शक्ति का विस्तार।

मंत्री–परिषद

74. राष्ट्रपति को सहायता और सलाह देने के लिए मंत्री–परिषद।

75. मंत्रियों के बारे में अन्य उपबन्ध।

भारत का महान्यायवादी

76. भारत का महान्यायवादी।

सरकारी कार्य का संचालन

77. भारत सरकार के कार्य का संचालन।

78. राष्ट्रपति को जानकारी देने आदि के संबंध में प्रधानमंत्री के कर्त्तव्य।

अध्याय 2–संसद

साधारण

79. संसद का गठन।

80. राज्यसभा की संरचना।

81. लोकसभा की संरचना।

82. प्रत्येक जनगणना के पश्चात् पुनः समायोजन।

83. संसद के सदनों की अवधि।

84. संसद की सदस्यता के लिए अर्हता।

85. संसद के सत्र, सत्रवसान और विघटन।

86. सदनों में अभिभाषण का और उनको संदेश भेजने का राष्ट्रपति का अधिकार।

87. राष्ट्रपति का विशेष अभिभाषण।

88. सदनों के बारे में मंत्रियों और महान्यायवादी के अधिकार।

संसद के अधिकारी

89. राज्यसभा का सभापति और उपसभापति।

90. उपसभापति का पद रिक्त होना, पदत्याग और पद से हटाया जाना।

91. सभापति के पद के कर्त्तव्यों का पालन करने या सभापति के रूप में कार्य करने की उपसभापति या अन्य व्यक्ति की शक्ति।

92. जब सभापति या उपसभापति को पद से हटाने का कोई संकल्प विचाराधीन है, तब उसका पीठासीन न होना।

93. लोकसभा का अध्यक्ष और उपाध्यक्ष।

94. अध्यक्ष या उपाध्यक्ष का पद रिक्त होना, पद त्याग और पद से हटाया जाना।

95. अध्यक्ष के पद के कर्त्तव्यों का पालन करने या अध्यक्ष के रूप में कार्य करने की उपाध्यक्ष या अन्य व्यक्ति की शक्ति।

96. जब अध्यक्ष या उपाध्यक्ष को पद से हटाने का कोई संकल्प विचाराधीन है, तब उसका पीठासीन न होना।

97. सभापति और उपसभापति तथा अध्यक्ष और उपाध्यक्ष के वेतन और भत्ते।

98. संसद का सचिवालय।

कार्य संचालन

99. सदस्यों द्वारा शपथ या प्रतिज्ञान।

100. सदनों में मतदान, रिक्तियों के होते हुए भी सदनों की कार्य करने की शक्ति और गणपूर्ति सदस्यों की निरर्हताएँ।

101. स्थानों का रिक्त होना।

102. सदस्यता के लिए निरर्हताएँ।

103. सदस्यों की निरर्हताओं से संबंधित प्रश्नों पर विनिश्चय।

104. अनुच्छेद 99 के अधीन शपथ लेने या प्रतिज्ञान करने से पहले या अर्हित न होते हुए या निरर्हित किए जाने पर बैठने और मत देने के लिए शास्ति।

संसद और उसके सदस्यों की शक्तियाँ, विशेषाधिकार और उन्मुक्तियाँ

105. संसद के सदनों की तथा उनके सदस्यों और समितियों की शक्तियाँ, विशेषाधिकार आदि।

106. सदस्यों के वेतन और भत्ते।

विधायी प्रक्रिया

107. विधेयकों के पुरःस्थापन और पारित किए जाने के संबंध में उपबंध।
108. कुछ दशाओं में दोनों सदनों की संयुक्त बैठक।
109. धन विधेयकों के संबंध में विशेष प्रक्रिया।
110. "धन विधेयक" की परिभाषा।
111. विधेयकों पर अनुमति।

वित्तीय विषयों के संबंध में प्रक्रिया

112. वार्षिक वित्तीय विवरण।
113. संसद में प्राक्कलनों के संबंध में प्रक्रिया।
114. विनियोग विधेयक।
115. अनुपूरक, अतिरिक्त या अधिक अनुदान।
116. लेखानुदान, प्रत्ययानुदान और अपवादानुदान।
117. वित्त विधेयकों के बारे में विशेष उपबंध।

साधारणतया प्रक्रिया

118. प्रक्रिया के नियम।
119. संसद में वित्तीय कार्य संबंधी प्रक्रिया का विधि द्वारा विनियमन।
120. संसद में प्रयोग की जाने वाली भाषा।
121. संसद में चर्चा पर निर्बंधन।
122. न्यायालयों द्वारा संसद की कार्यवाहियों की जाँच न किया जाना।

अध्याय 3—राष्ट्रपति की विधायी शक्तियाँ

123. संसद के विश्रांतिकाल में अध्यादेश प्रख्यापित करने की राष्ट्रपति की शक्ति।

अध्याय 4—संघ की न्यायपालिका

124. उच्चतम न्यायालय की स्थापना और गठन।
125. न्यायाधीशों के वेतन आदि।
126. कार्यकारी मुख्य न्यायमूर्ति की नियुक्ति।
127. तदर्थ न्यायाधीशों की नियुक्ति।

128. उच्चतम न्यायालय की बैठकों में सेवानिवृत्त न्यायाधीशों की उपस्थिति।

129. उच्चतम न्यायालय का अभिलेख न्यायालय होना।

130. उच्चतम न्यायालय का स्थान।

131. उच्चतम न्यायालय की आरंभिक अधिकारिता की वैधानिकता।

131A. केन्द्रीय अधिनियमों के मामले में उच्चतम न्यायालय का सर्वांग क्षेत्राधिकार (निरसित)।

132. कुछ मामलों में उच्च न्यायालयों से अपीलों में उच्चतम न्यायालय की अपीली अधिकारिता।

133. उच्च न्यायालयों से सिविल विषयों से संबंधित अपीलों में उच्चतम न्यायालय की अपीली अधिकारिता।

134. दांडिक विषयों में उच्चतम न्यायालय की अपीली अधिकारिता।

134A. उच्चतम न्यायालय में अपील के लिए प्रमाण–पत्र।

135. विद्यमान विधि के अधीन फेडरल न्यायालय की अधिकारिता और शक्तियों का उच्चतम न्यायालय द्वारा प्रयोक्तव्य होना।

136. अपील के लिए उच्चतम न्यायालय की विशेष इजाजत।

137. निर्णयों या आदेशा का उच्चतम न्यायालय द्वारा पुनर्विलोकन।

138. उच्चतम न्यायालय की अधिकारिता की वृद्धि।

139. कुछ रिट निकालने की शक्तियों का उच्चतम न्यायालय को प्रदत्त किया जाना।

139A. कुछ मामलों का अंतरण।

140. उच्चतम न्यायालय की आनुषंगिक शक्तियाँ।

141. उच्चतम न्यायालय द्वारा घोषित विधि का सभी न्यायालयों पर आबद्ध होना।

142. उच्चतम न्यायालय की डिक्रियों और आदेशों का प्रवर्तन और प्रकटीकरण आदि के बारे में आदेश।

143. उच्चतम न्यायालय से परामर्श करने की राष्ट्रपति की शक्ति।

144. सिविल और न्यायिक प्राधिकारियों द्वारा उच्चतम न्यायालय की सहायता में कार्य किया जाना।

144A. विधियों की संवैधानिकता के निष्पादन संबंधी विशेष प्रावधान (निरसित)।

145. न्यायालय के नियम आदि।

146. उच्चतम न्यायालय के अधिकारी और सेवक तथा व्यय।

147. निर्वचन।

अध्याय 5—भारत का नियंत्रक—महालेखापरीक्षक

148. भारत का नियंत्रक—महालेखापरीक्षक।

149. नियंत्रक महालेखापरीक्षक के कर्त्तव्य और शक्तियाँ।

150 संघ के और राज्यों के लेखाओं का प्ररूप।

151 संपरीक्षा प्रतिवेदन।

भाग—6

अध्याय 1—साधारण

152. परिभाषा।

अध्याय 2—कार्यपालिका

राज्यपाल

153. राज्यों के राज्यपाल।

154. राज्य की कार्यपालिका शक्ति।

155. राज्यपाल की नियुक्ति।

156. राज्य की पदावधि।

157. राज्यपाल नियुक्त होने के लिए अर्हताएँ।

158. राज्यपाल के पद के लिए शर्तें।

159. राज्यपाल द्वारा शपथ या प्रतिज्ञान।

160. कुछ आकस्मिकताओं में राज्यपाल के कृत्यों का निर्वहन।

161. क्षमा आदि की और कुछ मामलों में दंडादेश के निलंबन, परिहार या लघुकरण की राज्यपाल की शक्ति।

162. राज्य की कार्यपालिका शक्ति का विस्तार।

मंत्रि—परिषद

163. राज्यपाल को सहायता और सलाह देने के लिए मंत्री—परिषद।

164. मंत्रियों के बारे में अन्य उपबन्ध।

राज्य का महाधिवक्ता

165. राज्य का महाधिवक्ता।

सरकारी कार्य का संचालन

166. राज्य की सरकार के कार्य का संचालन।
167. राज्यपाल को जानकारी देने आदि के संबंध में मुख्यमंत्री के कर्त्तव्य।

अध्याय 3—राज्य का विधान—मंडल

साधारण

168. राज्यों के विधान—मंडलों का गठन।
169. राज्यों में विधान परिषदों का उत्सादन या सृजन।
170. विधानसभाओं की संरचना।
171. विधान परिषदों की संरचना।
172. राज्यों के विधान—मंडलो की अवधि।
173. राज्य के विधान मंडल की सदस्यता के लिए अर्हता।
174. राज्य के विधान—मंडल के सत्र सत्रावसान और विघटन।
175. सदन या सदनों में अभिभाषण का और उनको संदेश भेजने का राज्यपाल का अधिकार।
176. राज्यपाल का विशेष अभिभाषण।
177. सदनों के बारे में मंत्रियों और महाधिवक्ता के अधिकार।

राज्य के विधान—मंडल के अधिकारी

178. विधानसभा का अध्यक्ष और उपाध्यक्ष।
179. अध्यक्ष और उपाध्यक्ष का पद रिक्त होना, पदत्याग और पद से हटाया जाना।
180. अध्यक्ष के पद के कर्त्तव्यों का पालन करने या अध्यक्ष के रूप में कार्य करने की उपाध्यक्ष या अन्य व्यक्ति की शक्ति।
181. जब अध्यक्ष या उपाध्यक्ष को पद से हटाने का कोई संकल्प विचाराधीन है, तब उसका पीठासीन न होना।
182. विधान परिषद का सभापति और उपसभापति।

183. सभापति और उपसभापति का पद रिक्त होना, पदत्याग और पद से हटाना जाना।
184. सभापति के पद के कर्त्तव्यों का पालन करने या सभापति के रूप में कार्य करने की उपसभापति या अन्य व्यक्ति की शक्ति।
185. जब उपसभापति या उपसभापति को पद से हटाने का कोई संकल्प विचाराधीन है, तब उसका पीठासीन न होना।
186. अध्यक्ष और उपाध्यक्ष तथा सभापति और उपसभापति के वेतन और भत्ते।
187. राज्य के विधान–मंडल का सचिवालय।

कार्य संचालन

188. सदस्यों द्वारा शपथ या प्रतिज्ञान।
189. सदनों में मतदान, रिक्तियों के होते हुए भी सदनों की कार्य करने की शक्ति और गणपूति सदस्यों की निरर्हताएँ।
190. स्थानों का रिक्त होना।
191. सदस्यता के लिए निरर्हताएँ।
192. सदस्यों क निरर्हताओं से संबंधित प्रश्नों पर विनिश्चय।
193. अनुच्छेद 188 के अधीन शपथ लेने या प्रतिज्ञा करने से पहले या अर्हित न होते हुए या निरर्हित किए जाने पर बैठने और मत देने के लिए शास्ति।

राज्यों के विधान–मंडलों और उनके सदस्यों की शक्तियाँ, विशेषाधिकार और उन्मुक्तियाँ

194. विधान मंडलों के सदनों की तथा उनके सदस्यों और समितियों की शक्तियाँ, विशेषाधिकार, आदि
195. सदस्यों के वेतन और भत्ते।

विधायी प्रक्रिया

196. विधेयको के पुरःस्थापन और पारित किए जाने के संबंध में उपबंध।
197. धन विधेयकों से भिन्न विधेयकों के बारे में विधान परिषद की शक्तियों पर निर्बंधन।
198. धन विधेयको के संबंध में विशेष प्रक्रिया।

199. धन विधेयक की परिभाषा।

200. विधेयकों पर अनुमति।

201. विचार के लिए आरक्षित विधेयक।

वित्तीय विषयों के संबंध में प्रक्रिया

202. वार्षिक वित्तीय विवरण।

203. विधान–मंडल में प्राक्कलनों के संबंध में प्रक्रिया।

204. विनियोग विधेयक।

205. अनुपूरक, अतिरिक्त या अधिक अनुदान।

206. लेखानुदान, प्रत्यानुदान और अपवादानुदान।

207. विधेयकों के बारे में विशेष उपबंध।

साधारणतया प्रक्रिया

208. प्रक्रिया के नियम।

209. राज्य के विधान–मंडल में वित्तीय कार्य संबधी प्रक्रिया का विधि द्वारा विनियमन।

210. विधान–मंडल में प्रयोग की जाने वाली भाषा।

211. विधान–मंडल में चर्चा पर निर्बंधन।

212. न्यायालयों द्वारा विधान–मंडल की कार्यवाहियों की जाँच न किया जाना।

अध्याय 4—राज्यपाल की विधायी शक्ति

213. संविधान–मंडल के विश्रांतिकाल में अध्यादेश प्रख्यापित करने की राज्यपाल की शक्ति।

अध्याय 5—राज्यों के उच्च न्यायालय

214. राज्यों के लिए उच्च न्यायालय।

215. उच्च न्यायालयों का अभिलेख न्यायालय होना।

216. उच्च न्यायालयों का गठन।

217. उच्च न्यायालयों के न्यायाधीश की नियुक्ति और उसके पद की शर्तें।

218. उच्चतम न्यायालय से संबंधित कुछ उपबंधों का उच्च न्यायालयों को लागू होना।

219. उच्च न्यायालयों के न्यायाधीशों द्वारा शपथ या प्रतिज्ञान।
220. स्थायी न्यायाधीश रहने के पश्चात् विधि–व्यवसाय पर निर्बंधन।
221. न्यायाधीशों के वेतन आदि।
222. किसी न्यायाधीश का एक उच्च न्यायालय से दूसरे उच्च न्यायालय को अंतरण।
223. कार्यकारी मुख्य न्यायमूर्ति की नियुक्ति।
224. अपर और कार्यकारी न्यायाधीशों की नियुक्ति।
224A. उच्च न्यायालयों की बैठकों में सेवानिवृत्त न्यायाधीशों की नियुक्ति।
225. विद्यमान उच्च न्यायालयों की अधिकारिता।
226. कुछ रिट निकालने की उच्च न्यायालय की शक्ति।
226A. केन्द्रीय विधियों की संवैधानिक वैधता अनुच्छेद 226 में विचारणीय नहीं होगा (निरसित)।
227. सभी न्यायालयों के अधीक्षण की उच्च न्यायालय की शक्ति।
228. कुछ मामलों का उच्च न्यायालय को अंतरण।
228A. राज्य विधियों की संवैधानिक वैधता के प्रश्नों (निरसित)।
229. उच्च न्यायालयों के अधिकारी और सेवक तथा व्यय।
230. उच्च न्यायालयों की अधिकारिता का संघ राज्यक्षेत्रों पर विस्तार।
231. दो या अधिक राज्यों के लिए एक ही उच्च न्यायालय की स्थापना।
232. (निरसित)।

अध्याय 6—अधीनस्थ न्यायालय

233. जिला न्यायाधीशों की नियुक्ति।
233A. कुछ जिला न्यायाधीशों की नियुक्तियों का और उनके द्वारा किए गए निर्णयों आदि का विधिमान्यकरण।
234. न्यायिक सेवा में जिला न्यायाधीशों से भिन्न व्यक्तियों की भर्ती।
235. अधीनस्थ न्यायालयों पर नियंत्रण।
236. निर्वचन।
237. कुछ वर्ग या वर्गों के मजिस्ट्रेटों पर इस अध्याय के उपबंधों का लागू होना।
238. (निरसित)।

भाग 7—पहली अनुसूची के भाग ख के राज्य

भाग 8—संघ राज्य क्षेत्र

239. संघ राज्य क्षेत्रों का प्रशासन।

239A. कुछ संघ राज्य क्षेत्रों के लिए स्थानीय विधान—मंडलों या मंत्री—परिषदों का या दोनों का सृजन।

239AA. दिल्ली के संबंध में विशेष उपबंध।

39—AB. सांविधानिक तंत्र के विफल हो जाने की दशा में उपबंध।

239B. विधान—मंडल के विश्रांतिकाल में अध्यादेश प्रख्यापित करने की प्रशासक की शक्ति।

240. कुछ संघ राज्य क्षेत्रों के लिए विनियम बनाने की राष्ट्रपति की शक्ति।

241. संघ राज्य क्षेत्रों के लिए उच्च न्यायालय।

242. (निरसित)।

भाग 9—पंचायत

243. परिभाषाएँ।

243A. ग्राम सभा।

243B. पंचायतों का गठन।

243C. पंचायतों की संरचना।

243D. स्थानों का आरक्षण।

243E. पंचायतों की अवधि, आदि।

243F. सदस्यता के लिए निरर्हताएँ।

243G. पंचायतों की शक्तियाँ, प्राधिकार और उत्तरदायित्व।

243H. पंचायतों द्वारा कर अधिरोपित करने की शक्तियाँ और उनकी निधियाँ।

243I. वित्तीय स्थिति के पुनर्विलोकन के लिए वित्त आयोग का गठन

243J. पंचायतों के लेखाओं की संपरीक्षा।

243K. पंचायतों के लिए निर्वाचन।

243L. संघ राज्य क्षेत्रों को लागू होना।

243M. इस भाग का कतिपय क्षेत्रों को लागू न होना।

243N. विद्यमान विधियों और पंचायतों का बना रहना।
243O. निर्वाचन संबंधी मामलों में न्यायालय के हस्तक्षेप का वर्जन।

भाग 9क—नगरपालिकाएँ

243P. परिभाषाएँ।
243Q. नगर पालिकाओं का गठन।
243R. नगर पालिकाओं की संरचना।
243S. वार्ड समितियों आदि का गठन और संरचना।
243T. स्थानों का आरक्षण।
243U. नगर पालिकाओं की अवधि, आदि।
243V. सदस्यता के लिए निरर्हताएँ।
243W. नगर पालिकाओं आदि की शक्तियाँ, प्राधिकार और उत्तरदायित्व।
243X. नगर पालिकाओं द्वारा कर अधिरोपित करने की शक्ति और उनकी निधियाँ।
243Y. वित्त आयोग।
243Z. नगर पालिकाओं के लेखाओं की संपरीक्षा।
243ZA. नगर पालिकाओं के लिए निर्वाचन।
243ZB. संघ राज्य क्षेत्रों को लागू होना।
243ZC. इस भाग का कतिपय क्षेत्रों को लागू न होना।
243ZD. जिला योजना के लिए समिति।
243ZE. महानगर योजना के लिए समिति।
243ZF. विद्यमान विधियों और नगर पालिकाओं का बना रहना।
243ZG. निर्वाचन संबंधी मामलों में न्यायालयों के हस्तक्षेप का वर्जन।

भाग 10—अनुसूचित और जनजाति क्षेत्र

244. अनुसूचित क्षेत्रों और जनजाति क्षेत्रों का प्रशासन।
244A. असम के कुछ जनजाति क्षेत्रों को समाविष्ट करने वाला एक स्वशासी राज्य बनाना और उसके लिए स्थानीय विधान–मंडल या मंत्रि–परिषद का या दोनों का सृजन।

भाग 11—संघ और राज्य के बीच संबंध

अध्याय 1—विधायी संबंध

विधायी शक्तियों का वितरण

245. संसद द्वारा और राज्यों के विधान—मंडलों द्वारा बनाई गई विधियों का विस्तार।

246. संसद द्वारा और राज्यों के विधान—मंडलों द्वारा बनाई गई विधियों की विषय—वस्तु।

247. कुछ अतिरिक्त न्यायालयों की स्थापना का उपबंध करने की संसद की शक्ति।

248. अवशिष्ट विधायी शक्तियाँ।

249. राज्य सूची में के विषय के संबंध में राष्ट्रीय हित में विधि बनाने की संसद की शक्ति।

250. यदि आपात की उद्‌घोषणा प्रवर्तन में हो तो राज्य सूची में के विषय के संबंध में विधि बनाने की संसद की शक्ति।

251. संसद द्वारा अनुच्छेद 249 और अनुच्छेद 250 के अधीन बनाई गई विधियों और राज्यों के विधान मंडलों द्वारा बनाई गई विधियों में असंगति।

252. दो या अधिक राज्यो के लिए उनकी सहमति से विधि बनाने की संसद की शक्ति और ऐसी विधि का किसी अन्य राज्य द्वारा अंगीकार किया जाना।

253. अंतर्राष्ट्रीय करारों को प्रभावी करने के लिए विधान।

254. संसद द्वारा बनाई गई विधियों और राज्यों के विधान—मंडलों द्वारा बनाई गई विधियों में असंगति।

255. सिफारिशों और पूर्व मंजूरी के बारे में अपेक्षाओं को केवल प्रक्रिया के विषय मानना।

अध्याय 2—प्रशासनिक संबंध

साधारण

256. राज्यों की और संघ की बाध्यता।

257. कुछ दशाओं में राज्यों पर संघ का नियंत्रण।

257A. (निरसित)।

258. कुछ दशाओं में राज्यों को शक्ति प्रदान करने आदि की संघ की शक्ति।

258A. संघ को कृत्य सौंपने की राज्यों की शक्ति।

259. (निरसित)।

260. भारत के बाहर के राज्यक्षेत्रों के संबंध में संघ की अधिकारिता।

261. सार्वजनिक कार्य, अभिलेख और न्यायिक कार्यवाहियाँ।

जल संबंधी विवाद

262. अंतरराज्यीय नदियों या नदी–घाटियों के जल संबंधी विवादों का न्याय–निर्णयन।

राज्यों के बीच समन्वय

263. अंतरराज्यीय परिषद् के संबंध में उपबंध।

भाग 12–वित्त, संपत्ति, संविदाएँ और वाद

अध्याय 1–वित्त

साधारण

264. निर्वचन।

265. विधि के प्राधिकार के बिना करों का अधिरोपण न किया जाना।

266. भारत और राज्यों की संचित निधियाँ और लोक लेख।

267. आकस्मिकता निधि।

संघ और राज्यों के बीच राजस्वों का वितरण

268. संघ द्वारा उदग्रहीत किए जाने वाले किन्तु राज्यों द्वारा संग्रहित और विनियोजित किए जाने वाले शुल्क।

268A. संघ और राज्यों द्वारा सेवा–कर का उद्ग्रहीत किया जाना।

269. संघ द्वारा उद्ग्रहीत और संग्रहित किन्तु राज्यों को सौंपे जाने वाले कर।

270. उद्ग्रहीत कर और उनका संघ तथा राज्यों के बीच वितरण।

271. कुछ शुल्कों और करों पर संघ के प्रयोजनों के लिए अधिभार।

272. कर जो संघ द्वारा उदग्रहीत किए जाते हैं तथा जो संघ और राज्यों के बीच वितरित किए जा सकेंगे।

273. जूट पर और जूट उत्पादों पर निर्यात शुल्क के स्थान पर अनुदान।

274. ऐसे कराधान पर, जिसमें राज्य हितबद्ध है, प्रभाव डालने वाले विधेयकों के लिए राष्ट्रपति की पूर्व सिफारिश की अपेक्षा।

275. कुछ राज्यों को संघ से अनुदान।

276. वृत्तियों, व्यापारों, आजीविकाओं और नियोजनों पर कर।

277. व्यावृत्ति।

278. (निरसित)।

279. "शुद्ध आगम" आदि की गणना।

280. वित्त आयोग।

281. वित्त आयोग की सिफारिशें।

प्रकीर्ण वित्तीय उपबंध

282. संघ या राज्य द्वारा अपने राजस्व से किए जाने वाले व्यय।

283. संचित निधियों, आकस्मिकता निधियों और लोक लेखाओं में जमा धराशियों की अभिरक्षा आदि।

284. लोक सेवकों और न्यायालयों द्वारा प्राप्त वादकर्ताओं की जमा राशियों और अन्य धनराशियों की अभिरक्षा।

285. संघ की संपत्ति को राज्य के कराधान से छूट।

286. माल के क्रय या विक्रय पर कर के अधिरोपण के बारे में निर्बंधन

287. विद्युत पर करों से छूट।

288. जल या विद्युत के संबंध में राज्यों द्वारा कराधान से कुछ दशाओं में छूट।

289. राज्यों की संपत्ति और आय को संघ के कराधान से छूट।

290. कुछ व्ययों और पेंशनों के सम्बन्ध में समायोजन।

290अ. कुछ देवस्वम् निधियों को वार्षिक संदाय।

291. (निरसित)।

अध्याय 2—उधार लेना

292. भारत सरकार द्वारा उधार लेना।

293. राज्यों द्वारा उधार लेना।

अध्याय 3—संपत्ति, संविदाएँ, अधिकार, दायित्व, बाध्यताएँ और वाद

294. कुछ दशाओं में संपत्ति, आस्तियों, अधिकारों, दायित्वों और बाध्यताओं का उत्तराधिकार।

295. अन्य दशाओं में संपत्ति, आस्तियों, अधिकारों, दायित्वों और बाध्यताओं का उत्तराधिकार।

296. राजगामी या व्यपगत या स्वामीविहीन होने से प्रोद्‌भूत संपत्ति।

297. राज्यक्षेत्रीय सागर—खण्ड या महाद्वीपीय मग्नतट भूमि में स्थित मूल्यवान चीजों और अनन्य आर्थिक क्षेत्र के संपत्ति स्रोतों का संघ में निहित होना।

298. व्यापार करने आदि की शक्ति।

299. संविदाएँ।

300. वाद और कार्यवाहियाँ।

अध्याय 4—संपत्ति का अधिकार

300A. विधि के प्राधिकार के बिना व्यक्तियों को संपत्ति से वंचित न किया जाना।

भाग 13—भारत के राज्यक्षेत्र के भीतर व्यापार, वाणिज्य और समागम

301. व्यापार, वाणिज्य और समागम की स्वतंत्रता।

302. व्यापार, वाणिज्य और समागम पर निर्बन्धन अधिरोपित करने की संसद की शक्ति।

303. व्यापार और वाणिज्य के संबंध में संघ और राज्यों की विधायी शक्तियों पर निर्बंधन।

304. राज्यों के बीच व्यापार, वाणिज्य और समागम पर निर्बंधन।

305. विद्यमान विधियों और राज्य के एकाधिकार का उपबंध करने वाली विधियों की व्यावृत्ति।

306. (निरसित)।

307. अनुच्छेद 301 से अनुच्छेद 304 के प्रयोजनों को कार्यान्वित करने के लिए प्राधिकारी की नियुक्ति।

भाग 14—संघ और राज्यों के अधीन सेवाएँ

अध्याय 1—सेवाएँ

308. निर्वचन।

309. संघ या राज्य की सेवा करने वाले व्यक्तियों की भर्ती और सेवा की शर्तें।

310. संघ या राज्य की सेवा करने वाले व्यक्तियों की पदावधि।

311. संघ या राज्य के अधीन सिविल हैसियत में नियोजित व्यक्तियों का पदच्युत किया जाना, पद से हटाया जाना या पंक्ति में अवनत किया जाना।

312. अखिल भारतीय सेवाएँ।

312A. कुछ सेवाओं के अधिकारियों की सेवा की शर्तों में परिवर्तन करने या उन्हें प्रतिसंहृत करने की संसद की शक्ति।

313. संक्रमणकालीन उपबन्ध।

314. (निरसित)।

अध्याय 2—लोक सेवा आयोग

315. संघ और राज्यों के लिए लोक सेवा आयोग।

316. सदस्यों की नियुक्ति और पदावधि।

317. लोक सेवा आयोग के किसी सदस्य का हटाया जाना और निलंबित किया जाना।

318. आयोग के सदस्यों और कर्मचारियों की सेवा की शर्तों के बारे में विनियम बनाने की शक्ति।

319. आयोग के सदस्यों द्वारा ऐसे सदस्य न रहने पर पद धारण करने के संबंध में प्रतिषेध।

320. लोक सेवा आयोग के कृत्य।

321. लोक सेवा आयोगों के कृत्यों का विस्तार करने की शक्ति।

322. लोक सेवा आयोगों के व्यय।

323. लोक सेवा आयोगों के प्रतिवेदन।

भाग 14क—अधिकरण

323A. प्रशासनिक अधिकरण।

323B. अन्य विषयों के लिए अधिकरण।

भाग 15—निर्वाचन

324. निर्वाचन के अधीक्षण, निदेशन और नियंत्रण का निर्वाचन आयोग में निहित होना।

325. धर्म, मूलवंश, जाति या लिंग के आधार पर किसी व्यक्ति का निर्वाचन नामावली में सम्मिलित किए जाने के लिए अपात्र न होना और उसके द्वारा किसी विशेष निर्वाचक नामवली में सम्मिलित किए जाने का दावा ना किया जाना।

326. लोक सभा और राज्यों की विधान सभाओं के लिए निर्वाचनों का वयस्क मताधिकार के आधार पर होना।

327. विधान मंडलों के लिए निर्वाचनों के संबंध में उपबंध करने की संसद की शक्ति।

328. किसी राज्य के विधान मंडल के लिए निर्वाचनों के संबंध में उपबंध करने की उस विधान मंडल की शक्ति।

329. निर्वाचन संबंधी मामलों में न्यायालयों के हस्तक्षेप का वर्जन।

329A. (निरसित)।

भाग 16—कुछ वर्गों के संबंध में विशेष उपबंध

330. लोकसभा में अनुसूचित जातियों और अनुसूचित जनजातियों के लिए स्थानों का आरक्षण।

331. लोकसभा में आंग्ल–भारतीय समुदाय का प्रतिनिधित्व।

332. राज्यों की विधान सभाओं में अनुसूचित जातियों और अनुसूचित जनजातियों के लिए स्थानों का आरक्षण।

333. राज्यों की विधान सभाओं में आंग्ल–भारतीय समुदाय का प्रतिनिधित्व।

334. स्थानों के आरक्षण और विशेष प्रतिनिधित्व का साठ वर्ष के पश्चात् न रहना।

335. सेवाओं और पदों के लिए अनुसूचित जातियों और अनुसूचित जनजातियों के दावे।

336. कुछ सेवाओं में आंग्ल–भारतीय समुदाय के लिए विशेष उपबंध।

337. आंग्ल–भारतीय समुदाय के फायदे के लिए शैक्षिक अनुदान के लिए विशेष उपबंध।

338. राष्ट्रीय अनुसूचित जाति आयोग।

338A. नये अनुच्छेद 338क का अन्तःस्थापन अनुसूचित जनजातियों के लिए राष्ट्रीय आयोग।

339. अनुसूचित क्षेत्रों के प्रशासन और अनुसूचित जनजातियों के कल्याण के बारे में संघ का नियंत्रण।

340. पिछड़े वर्गों की दशाओं के अन्वेषण के लिए आयोग की नियुक्ति

341. अनुसूचित जातियाँ।

342. अनुसूचित जनजातियाँ।

भाग 17—राजभाषा

अध्याय 1—संघ की भाषा

343. संघ की राजभाषा।

344. राजभाषा के संबंध में आयोग और संसद की समिति।

अध्याय 2—प्रादेशिक भाषाएँ

345. राज्य की राजभाषा या राजभाषाएँ।

346. एक राज्य और दूसरे राज्य के बीच या किसी राज्य और संघ के बीच पत्रादि की राजभाषा।

347. किसी राज्य की जनसंख्या के किसी अनुभाग द्वारा बोली जाने वाली भाषा के संबंध में विशेष उपबन्ध।

अध्याय 3—उच्चतम न्यायालय, उच्च न्यायालयों आदि का भाषा

348. उच्चतम न्यायालय और उच्च न्यायालयों में और अधिनियमों, विधेयकों आदि के लिए प्रयोग की जाने वाली भाषा।

349. भाषा से संबंधित कुछ विधियां अधिनियमित करने के लिए विशेष प्रक्रिया।

अध्याय 4—विशेष निदेश

350. शिकायतों के निवारण के लिए अभ्यावेदन में प्रयोग की जाने वाली भाषा।

350A. प्राथमिक स्तर पर मातृभाषा में शिक्षा की सुविधाएँ।

350B. भाषाई अल्पसंख्यक—वर्गों के लिए विशेष अधिकारी।

351. हिन्दी भाषा के विकास के लिए निदेश।

भाग 18—आपात उपबंध

352. आपात की उदघोषणा।

353. आपात की उद्‌घोषणा का प्रभाव।

354. जब आपात की उद्‌घोषणा प्रवर्तन में है तब राजस्वों के वितरण संबंधी उपबंधों का लागू होना।

355. बाह्य आक्रमण और आंतरिक अशांति से राज्य की संरक्षा करने का संघ का कर्तव्य।

356. राज्यों में सांविधानिक तंत्र के विफल हो जाने की दशा में उपबंध।

357. अनुच्छेद 356 के अधीन की गई उद्‌घोषणा के अधीन विधायी शक्तियों का प्रयोग।

358. आपात के दौरान अनुच्छेद 19 के उपबंधों का निलंबन।

359. आपात के दौरान भाग 3 द्वारा प्रदत्त अधिकारों के प्रवर्तन का निलंबन।

359A. (निरसित)।

360. वित्तीय आपात के बारे में उपबन्ध।

भाग 19—प्रकीर्ण

361. राष्ट्रपति और राज्यपालों और राजप्रमुखों का संरक्षण।

361A. संसद और राज्यों के विधान—मंडलों की कार्यवाहियों के प्रकाशन का संरक्षण।

361B. लाभकारी राजनैतिक पद पर नियुक्ति के लिए निरर्हता।

362. (निरसित)।

363. कुछ संधियों, करारों आदि से उत्पन्न विवादों में न्यायालयों के हस्तक्षेप का वर्जन।

363A. देशी राज्यों के शासकों को दी गई मान्यता की समाप्ति और निजी थैलियों का अंत।

364. महापत्तनों और विमान क्षेत्रों के बारे में विशेष उपबन्ध।

365. संघ द्वारा दिए गए निदेशों का अनुपालन करने में या उनको प्रभावी करने में असफलता का प्रभाव।

366. परिभाषाएँ।

367. निर्वचन।

भाग 20—संविधान का संशोधन

368. संविधान का संशोधन करने की संसद की शक्ति और उसके लिए प्रक्रिया।

भाग 21—अस्थायी, संक्रमणकालीन और विशेष उपबंध

369. राज्य सूची के कुछ विषयों के संबंध में विधि बनाने की संसद की इस प्रकार अस्थायी शक्ति मानो वे समवर्ती सूची के विषय हों।

370. जम्मू–कश्मीर राज्य के संबंध में अस्थायी उपबंध।

371. महाराष्ट्र और गुजरात राज्यों के संबंध में विशेष उपबंध।

371A. नागालैंड राज्य के संबंध में विशेष उपबंध।

371B. असम राज्य के संबंध में विशेष उपबंध।

371C. मणिपुर राज्य के संबंध में विशेष उपबंध।

371D. आंध्र प्रदेश राज्य के संबंध में विशेष उपबंध।

371E. आंध्र प्रदेश में केन्द्रीय विश्वविद्यालय की स्थापना।

371F. सिक्किम राज्य के संबंध में विशेष उपबंध।

371G. मिजोरम राज्य के संबंध में विशेष उपबंध।

371H. अरूणाचल प्रदेश राज्य के संबंध में विशेष उपबंध।

371I. गोवा राज्य के संबंध में विशेष उपबंध।

372. विद्यमान विधियों का प्रवृत्त बने रहना और उनका अनुकूलन।

372A. विधियों का अनुकूलन करने की राष्ट्रपति की शक्ति।

373. निवारक निरोध में रखे गए व्यक्तियों के संबंध में कुछ दशाओं में आदेश करने की राष्ट्रपति की शक्ति।

374. फेडरल न्यायालय के न्यायाधीशों और फेडरल न्यायालय में या सपरिषद हिज मजेस्टी के समक्ष लंबित कार्यवाहियों के बारे में उपबंध।

375. संविधान के उपबंधों के अधीन रहते हुए न्यायालयों, प्राधिकारियों और अधिकारियों का कृत्य करते रहना।

376. उच्च न्यायालयों के न्यायाधीशों के बारे में उपबंध।

377. भारत के नियंत्रक महालेखापरीक्षक के बारे में उपबंध।

378. लोक सेवा आयोग के बारे में उपबंध।

378A. आंध्रप्रदेश विधानसभा की अवधि के बारे में विशेष उपबंध।

379–391. निरसित।

392. कठिनाईयों को दूर करने की राष्ट्रपति की शक्ति।

भाग 22—संक्षिप्त नाम, प्रारंभ, हिन्दी में प्राधिकृत पाठ और निरसन

393. संक्षिप्त नाम।

394. प्रारंभ।

394A. हिंदी भाषा में प्राधिकृत पाठ।

395. निरसन।

संविधान का भारत या संवैधानिक भारत

"संविधान चाहे कितना भी अच्छा हो, यदि उसको व्यवहार में लाने वाले लोग अच्छे न हों तो संविधान निश्चय ही बुरा साबित होगा। अच्छे लोगों के हाथों में बुरे संविधान को भी अच्छा साबित होने की सम्भावना रहती है। भारत के लोग इसके साथ कैसा व्यवहार करेंगे, यह कौन जान सकता है।"

–डॉ. भीमराव अम्बेडकर
(संविधान सभा के अन्तिम सत्र
में दिये गये भाषण से)

10

उद्देशिका (Preamble)

26 नवम्बर, 1949 को स्वीकृत मूल संविधान में कुल 22 भागों में सिमटीं 395 अनुच्छेद और 8 अनुसूचियाँ थीं। आज वही संविधान 25 भागों में 448 अनुच्छेद और 12 अनुसूचियों के साथ विशाल रूप में हमारे सामने मौजूद है।

इन सबके ऊपर संविधान के प्रारम्भ में भविष्य की ओर उन्मुख तथा विस्तृत प्रावधानों के अन्तर्य को प्रतिबिम्बित करती एक "उद्देशिका" जिसे अंग्रेजी में "Preamble" कहते हैं, रखी गई है। किसी भी संविधान में उद्देशिका को "नीति एवं उद्देश्यों के विवरण" के रूप में लिया जाता है, जिनके प्रति प्रतिबद्धता संविधान के प्रावधानों एवं भविष्य में विधि निर्माण तथा सरकार की कार्यप्रणाली को नियंत्रित और नियमित करती है।

भारत के संविधान में भी यह उद्देशिका रखी गई है, जो कि इस प्रकार है–

"हम भारत के लोग, भारत को एक सम्पूर्ण प्रभुत्व सम्पन्न लोकतन्त्रतात्मक गणराज्य बनाने के लिए तथा उसके समस्त नागरिकों को

सामाजिक, आर्थिक और राजनैतिक न्याय,

विचार अभिव्यक्ति, विश्वास धर्म और उपासना की स्वतन्त्रता,

प्रतिष्ठा और अवसर की समता प्राप्त करने के लिए तथा उन सभी में

व्यक्ति की गरिमा, और

राष्ट्र की एकता और अखण्डता सुनिश्चित करने वाली बंधुता बढ़ाने के लिए

दृढ़ संकल्प होकर अपनी इस संविधान सभा में आज तारीख 26 नवम्बर, 1949 ई. (मिति मार्गशीर्ष शुक्ल सप्तमी, संवत् दो हजार छः विक्रमी) को एतद्द्वारा इस संविधान को अंगीकृत, अधिनियमित और आत्मार्पित करते हैं।"

इस समय 1976 में 42वें संविधान संशोधन के द्वारा किए गए परिवर्तन के बाद प्रचलित अंग्रेजी पाठ इस प्रकार है–

"WE, THE PEOPLE OF INDIA, having solemnly resolved to Constitute India in to a [SOVEREIGN SOCIALIST SECULAR DEMOCRATIC REPUBLIC][1] and to secure to all its citizens:

JUSTICE, Social, Economic and Political;

LIBERTY of thought, expression, belief, faith and worship;

EQUALITY of status and of opportunity;

and to promote among them all FRATERNITY assuring the dignity of the individual and [Integrity of the Nation][2]

IN OUR CONSTITUENT ASSEMCLY. This twenty sixth day of November, 1949 do HEREBY ADOPT, ENACT AND GIVE OURSELVES THIS CONSTITUTION.

उपरोक्त अधिनियमित संशोधनों के अलावा एक और संशोधन किया गया है, जिसकी पृष्ठभूमि उल्लिखित नहीं है, परन्तु स्पष्ट है। यह संशोधन है संविधान को अंगीकृत करने की तारीख 26 नवम्बर, 1949 के साथ दी गई भारतीय तिथि **"मिति मार्गशीर्ष शुक्ल सप्तमी सम्वत् दो हजार छः विक्रमी।"** यही वह तथ्य है, जिसमें डॉ. अम्बेडकर के उन शब्दों की सत्यता प्रकट होती है, जिन्हें एक प्रकार से ब्रिटिश सांसदों के भारतीय राजनेताओं के चारित्रिक मूल्यांकन को ही रेखांकित करते हुए डॉ. अम्बेडकर ने कहा था कि **"संविधान चाहे कितना भी अच्छा हो, यदि उसको व्यवहार में लाने वाले लोग अच्छे न हों तो संविधान निश्चय ही बुरा साबित होगा।"**

इन्हीं आशंकाओं को ध्यान में रखकर अंग्रेजों ने "भारत सरकार अधिनियम, 1935" विस्तृत प्रशासनिक प्रावधानों एवं उपबंधों के साथ बनाया था और भारतीय संविधान के रचयिता शासन के मूल सिद्धान्तों को अधिनियमित करने से ही सन्तुष्ट नहीं हुए (जैसा कि अमरीका संविधान में है), उन्होंने प्रशासनिक ब्यौरे की बातों के लिए भी उपबंध करने के लिए "भारत सरकार अधिनियम, 1935" को अंशतः अपना लिया।

उद्देशिका के अनुरूप ही संविधान में घोषित लक्ष्यों को प्राप्त करने के लिए प्रावधान किए गए थे।

---

1. ये शब्द "Sovereign Democratic Republic" शब्दों के स्थान पर प्रतिस्थापित किए गए हैं।
2. ये शब्द "Unity of the Nation" के स्थान पर प्रतिस्थापित किए गए हैं।

"सम्पूर्ण प्रभुत्व संपन्न" बनाने के उद्देश्य से संविधान में कहीं पर भी यह उल्लेख नहीं है कि "भारत एक ब्रिटिश डोमिनियन राज्य होगा" तथापि "ब्रिटिश राष्ट्र मंडल" की सदस्यता असंवैधानिक रूप से घोषित करती है कि "भारत एक ब्रिटिश डोमिनियन राज्य" है। इस दाग को धोने के लिए "उद्देशिका" में "समाजवादी धर्मनिरपेक्ष" शब्दों को जोड़ा तो गया पर दिशाहीनता के प्रारम्भ में बोये गये बीज अब फल देने लगे थे, जहां "समाजवाद, धर्मनिरपेक्ष" जैसी बेहतरीन शब्दावली भी बेबस होकर अपना महत्व खो देती है।

"लोकतन्त्रात्मक गणराज्य" बनाने के उद्देश्य से संविधान के भाग पांच व छः में स्पष्ट और विस्तृत प्रावधान किए गए हैं, लेकिन इन स्पष्ट भविष्यगामी प्रावधानों के बावजूद उन्हें लागू करने और नियमित करने के लिए बनाए गए नियम–कानूनों में वह ईमानदारी परिलक्षित नहीं होती। इसे "जनप्रतिनिधित्व अधिनियम, 1950" तथा संसद एवं विधान मंडलों की कार्यवाही संचालन नियमों में आसानी से देख सकते हैं। बाद में जोड़ा गया शब्द "समाजवाद" राजनीतिक रूप से दिग्भ्रमित करने और सामाजिक रूप से उपहास का केन्द्र बनकर अपना महत्व खो चुका है।

इसी प्रकार जोड़ा गया शब्द "धर्म निरपेक्षता" व्यवहार में शब्दाडम्बर बन गया है। भारत के इतिहास ने सामाजिक रूप से धार्मिक सहिष्णुता को स्थापित किया है, परन्तु राजनीतिक रूप से समाज के विभाजन और लोगों में विद्वेष फैलाने का आधार धर्म ही रहा है। सत्ता के गलियारों और केन्द्र में अपना वर्चस्व कायम करने के लिए समाज को विभिन्न समूहों में बांटना और फिर उनका प्रतिनिधित्व करने का दावा करना, धर्म निरपेक्षता नहीं बल्कि धार्मिक संरक्षण बन गया है। इस संरक्षण को एक और समानान्तर शब्द "अल्पसंख्यक" की आड़ में विधिमान्य बना दिया गया है। धर्म को "अल्पसंख्यकता" की आड़ में इस प्रकार विधिमान्य कर देने का स्पष्ट संदेश है कि संविधान के तहत काम करने वाली तथाकथित सरकारें "बहुसंख्यकों" की हैं और तथाकथित "बहुसंख्यक" की सरकार "अल्पसंख्यकों" के प्रति अत्याचारी की तरह व्यवहार कर रही है। तब ही तो "अल्पसंख्यकों" के संरक्षण की बात सामने आती है। "अल्पसंख्यक का प्रचलित और विधिमान्य स्वरूप" धार्मिक अल्पसंख्यक ही है और यदि इस आधार पर संरक्षण देने का दिशा–निर्देश संविधान का उद्देश्य था तो प्रारम्भ से हमने "धर्मनिरपेक्षता" का मतलब नहीं समझा। अनुच्छेद 15, 16, 17, 28, 29, 30 में स्पष्ट रूप से अल्पसंख्यक की परिभाषा और धार्मिक अनुष्ठानों को उनकी अपनी संस्थागत गतिविधियों में निष्पादित करने की छूट है, अन्यथा नहीं।

दुर्भाग्यपूर्ण तथ्य यह रहा है संविधान की उद्देशिका में "धर्मनिरपेक्ष" शब्द जोड़े जाने के बाद से संविधान के उपरोक्त प्रावधान अपनी आत्मा को खो चुके हैं और सार्वजनिक रूप से और स्वयं संसद में भी धर्मनिरपेक्ष चरित्र स्थापित करने के विपरीत धार्मिक पक्षपात संरक्षण और सामाजिक विद्वेष मूलक चरित्र सामने आया है। "शाहबानो" मामले में उच्चतम न्यायालय के निर्णय को निष्प्रभावी बनाने के लिए बनाया गया मुस्लिम विधि (विवाह विच्छेद पर अधिकार संरक्षण) अधिनियम, 1986 और बाद में राष्ट्रीय अल्पसंख्यक आयोग अधिनियम, 1992 बनाया गया, इसके स्पष्ट उदाहरण हैं।[3]

"लोकतन्त्रात्मक गणतन्त्र" को प्राप्त करने के लिए प्रयास और प्रावधान संविधान की आत्मा है। "लोकतन्त्र" की समग्र प्रक्रिया का निरूपण भाग–पांच के अध्याय–2 में तथा भाग छः के अध्याय–3 में दिया गया है। साथ ही भाग नौ एवं नौ–ए तिहत्तरवें संविधान संशोधन के द्वारा 29–11–1993 से जोड़े गए हैं, जिनमें पंचायतों और नगरपालिकाओं में "लोकतन्त्र" को संवैधानिकता प्रदान की गई है। प्रारम्भ में बनाया गया जनप्रतिनिधित्व अधिनियम, 1950 एवं 1951 तथा 1993 के संशोधनों के अनुसरण में विभिन्न राज्य सरकारों द्वारा बताए गए नियम "लोकतन्त्र" की आत्मा को झुठलाते प्रतीत होते हैं, आधुनिक कबीलों के आपसी वर्चस्व की लड़ाई के लिए प्रावधान और विधान बनाए गए लगते हैं। ये आधुनिक कबीलें हैं "राजनीतिक पार्टियां।"

यह प्रारम्भिक उद्घोषणा "हम भारत के लोगों" के द्वारा की गई थी। उद्देशिका का दूसरा भाग "भारत के नागरिकों" के लिए है। इस भाग में उनके लिए सामाजिक, आर्थिक और राजनीतिक न्याय प्रतिस्थापित करने का आश्वासन दिया गया है। इस आश्वासन के अनुरूप संविधान के भाग–तीन, भाग–चार, भाग–पांच के अध्याय 4, अध्याय 2, भाग–छः के अध्याय 5, भाग–दस तथा भाग–सोलह में विस्तार से प्रावधान किए गए। इनमें मूल अधिकार, राज्य के नीति के निर्देशक तत्व, राजनीतिक भागीदारी के लिए संवैधानिक संस्थाओं के लिए चुनाव और सामाजिक उत्थान के लिए पिछड़े वर्गों को आरक्षण के प्रावधान हैं, लेकिन लगता है ये सब राजनीतिक कबीलों (पार्टियों) के आपसी हित साधन के षडयन्त्रों की भेंट चढ़ चुके हैं।

"विचार, अभिव्यक्ति, विश्वास, धर्म एवं उपासना की स्वतन्त्रता" से संबंधित प्रावधान भी उपरोक्त भागों में ही सन्निहित हैं। इस पर की जाने वाली प्रतिक्रिया इन स्वतन्त्रताओं का द्योतक होगी। देखिए सामने क्या आता है।

---

3. अहमद बनाम शाहबानो, ए.आई.आर. 1985 एस.सी. 945।

जीवन्त संविधान जनता की मांग है, निष्प्राण संविधान राजनीतिक कबीलों (पार्टियों) का संरक्षक कानूनी दस्तोज बनकर रह जाता है।

"प्रतिष्ठा और अवसर की समानता" प्राप्त करने के लिए संविधान में पर्याप्त प्रावधान किए गए हैं, परन्तु असमानता का वैधानीकरण भारतीयों का दुर्भाग्य रहा है। भाग–तीन एवं पांच में इसके लिए प्रावधानों को वी.आई.पी., वी.वी.आई.पी. की अवैधानिक श्रेणियों में बांटकर रख दिया गया है। विशेषाधिकारों का स्वार्थपूर्ण मन्तव्य लगाकर ईमानदारी का परिचय तो दिया ही नहीं गया, अपितु पिछड़े वर्गों, जातियों को आरक्षण संरक्षण दिए जाने के बावजूद सामाजिक ईमानदारी भी कतई नहीं बरती गई। इस सामाजिक बेईमानी, जो कि वैधानिक, राजनीतिक, प्रशासनिक और यहां तक कि न्यायिक स्तर पर भी दिखाई देती है, के बदौलत ही प्रतिष्ठा कल्पनाहीन, वैधानिक शब्जदाल के अलावा कुछ नहीं बन पाई है। सामाजिक रूप से मरणासन्न सामन्तवादी प्रतिष्ठा की सूचक जाति प्रथा आज अपने पूरे यौवन पर आ चुकी है और कानूनी मान्यता प्राप्त कर चुकी है।[4]

संविधान की स्वीकृति की तारीख 26 नवम्बर, 1949 ई. (मिति मार्गशीर्ष शुक्ल सप्तमी सम्वत् दो हजार छः विक्रमी) दी गई है। परन्तु आज भारतीय मिति को अवैधानिक तरीके से निकाल दिया गया है। देश के कर्णधारों को भारतीय अस्मिताओं से इतनी हीनभावना महसूस होती है कि वे भारतीय अस्मिता के सभी प्रतीकों को संविधान से बहिष्कृत कर चुके हैं। भारतीय जनजीवन का मानक राष्ट्रीय पंचांग, चन्द्र एवं सूर्य आधारित वर्ष तिथियां हैं, बेशक सम्वत् अलग–अलग प्रान्तीय संस्कृतियों के अलग–अलग हों सकते हैं, परन्तु सर्वमान्य सम्वत् को ही संविधान में स्थान दिया गया था। बाद में राष्ट्रीय सम्वत् पर बनाई गई समिति ने बेतुके तरीके से राष्ट्रीय पंचांग बनाया, जिसका भारत की किसी भी राष्ट्रीय अस्मिता या प्रतीक से कोई लेना–देना नहीं है।

सूर्य आधारित वर्ष का प्रारम्भ पूरे भारत में 14 अप्रैल को सूर्य के मेष राशि में प्रवेश के होता है तथा चांद्र वर्ष के अनुसार चैत्र शुक्ल प्रतिपदा को नववर्ष का प्रारम्भ होता है और दोनों ही समानान्तर रूप से सम्पूर्ण भारत में अलग–अलग नामों से मनाए जाते हैं। सूर्य वर्ष से निरपेक्ष गणना होती है, जो कि ग्रेगोरियन कलेण्डर की तरह है, जबकि चांद्र वर्ष सापेक्ष गणनाओं पर आधारित है। राष्ट्रीय पंचाग के रूप में दोनों में एक सूर्य आधारित गणना

---

4. 1931 के बाद 2011 की जनगणना जातीय आधार पर किये जाने का निर्णय केन्द्रीय सरकार द्वारा लिया जा चुका है।

को अपनाया जा सकता था, परन्तु वैज्ञानिकता का दावा करने वाली अवैज्ञानिक समिति ने मेष राशि में सूर्य के प्रवेश की भारतीय तिथि के बदले पाश्चात्य तिथि 22 मार्च रखी गई और सम्वत् के रूप में शकसंवत् को अपनाया, जो कि ईस्वी सन् के बाद में प्रारम्भ हुआ था और जो भारत के किसी भी भाग में प्रचलित नहीं है। भारतीय सभ्यता या प्रतीक पश्चिमी संस्कृति से समृद्ध और पुराने नहीं कहलाए जाए, इसका ध्यान रखा गया है। अन्यथा विक्रम सम्वत् ईस्वी सन से 57 वर्ष पुराना है, लेकिन पश्चिमी विद्वानों के अनुगामी भारतीय विद्वान कर्णधारों ने भारतीय अस्मिताओं को केवल "किम्वदन्तियाँ" ही मानकर नकारा है। यहीं से शुरू होता है तमाम सद्इच्छाओं के बावजूद दुराचरणों और दुराग्रहों का व्यावहारिक प्रदर्शन।

11

राज्य की नीति के निर्देश तत्व (Directive Principles of State Policy)

मूल रूप से और सैद्धान्तिक रूप से भी यदि देखा जाये तो राज्य के संचालन, नीति निर्धारण और विधि निर्माण की दिशा क्या होगी, वे बिन्दु ही इस तथ्य का आधार हैं कि राज्य और सरकार किस दिशा में जा रही है। संविधान की उद्देशिका के अनुरूप व्यावहारिक एवं क्रियाशील प्रावधान संविधान के भाग–चार में शामिल किए गए हैं, जो कि अनुच्छेद 36 से 51 तक समाहित हैं।

हालांकि इस भाग में प्रयुक्त राज्य (State) का तात्पर्य अनुच्छेद 12 में दी गई परिभाषा के अनुरूप ही है, जिसके अनुसार "राज्य" शब्द का मतलब **"भारत की सरकार एवं संसद तथा प्रत्येक राज्य की सरकार एवं विधानसभा और भारत की सीमा में अवस्थित या भारत सरकार के नियन्त्रण के अधीन स्थानीय या अन्य प्राधिकारी।"**[1]

सामान्य दृष्टि से देखने में स्पष्ट समझा जा सकता है कि "राज्य" शब्द का तात्पर्य यह है कि प्रत्येक वह संगठन या इकाई, जिसका सार्वजनिक जीवन में किसी समूह को आर्थिक, प्रशासनिक रूप से नियन्त्रण करने का अधिकार है और इस उद्देश्य के लिए जिसे कुछ नियम बनाने और निर्देश जारी करने का अधिकार है।

इस प्रकार "राज्य" में सरकार, संसद, मण्डलों, स्थानीय प्राधिकारियों के अलावा वे संगठन या संस्थान भी शामिल हैं, जिनका सार्वजनिक जीवन में किसी भी रूप में दखल है।

---

1. **Article 12:** In this Part, unless the context otherwise requires, "The State" includes the Government and Parliament of India and the Government and the Legislature of each of the State and all local or other authorities within the territory of India or under the control of the Government of India.

लेकिन निजी संस्थाओं, संस्थानों एवं अन्य संगठनों को इस परिभाषा में से बिल्कुल ही निकाल दिया गया है। न्यायिक निर्णयों में उच्चतम एवं सभी उच्च न्यायालयों ने इस परिभाषा को सीमित करके सरकार और उसके नियन्त्रण के अधीन वाले संगठनों–संस्थानों को ही "राज्य" की श्रेणी में रखा गया है।

परन्तु राजस्थान उच्च न्यायालय के एक निर्णय के अनुसार जिसे उसी उच्च न्यायालय ने एक निर्णय[2] के अनुसार, जिसे उसी उच्च न्यायालय की खण्डपीठ ने और बाद में उच्चतम न्यायालय ने भी अनुमोदित[3] किया है; राज्य के सभी निजी शिक्षण संस्थानों को, राज्य सरकार के नियन्त्रण के अधीन मानी गई है, जो राजस्थान सरकार (विधानसभा) द्वारा बनाए गए कानून से परिचालित होती है तथा मान्यता प्राप्त करती है और उसे मान्यता देने के लिए लगाई गई शर्तों के उल्लंघन करने पर उस शिक्षण संस्थान की मान्यता समाप्त करने का अधिकार राज्य सरकार को है। चूंकि इस सिद्धान्त को उच्चतम न्यायालय ने भी अनुमोदित कर दिया है, अतः इस व्याख्या के अनुसार अनुच्छेद 12 में उल्लिखित "अन्य प्राधिकारी" में सभी निजी संस्थान, कम्पनियाँ, फैक्ट्रियाँ भी शामिल होती हैं, क्योंकि राज्य या केन्द्रीय सरकार के किसी न किसी अधिनियम या नियम के अन्तर्गत उनका अस्तित्व एवं संचालन नियन्त्रित होता है और उन नियमों, शर्तों के उल्लंघन करने पर उनका पंजीयन आदि रद्द किया जा सकता है। इसी अधिकार से वे सभी किसी न किसी "सरकार" के नियन्त्रण के अधीन हैं।

इस दृष्टि से "राज्य" के परिभाषित न्यायिक स्वरूप अधूरे एवं किन्हीं न्यायिक पूर्वाग्रहों से ग्रसित लगते हैं और अनायास ही उनको उनके सामाजिक, आर्थिक, और राजनीतिक तथा सर्वोपरि संवैधानिक उत्तरदायित्वों से मुक्त कर दिया गया है।

न्यायिक निर्णयों ने तो खैर गैर–सरकारी संस्थानों और संगठनों को ही उनके उत्तरदायित्वों से मुक्त किया है, परन्तु संविधान में अगले अनुच्छेद 37 की इबारत लिखकर स्वयं सरकार और संसद तथा विधान मण्डलों को भी किसी के भी प्रति प्रतिबद्ध नहीं रखा गया है। इस अनुच्छेद में लिखा है–

अनुच्छेद 37–इस भाग में समाहित सिद्धान्तों को लागू किया जाना– *इस भाग में उल्लिखित प्रावधान किसी भी न्यायालय द्वारा लागू नहीं*

---

2. राजस्थान उच्च न्यायालय खण्डपीठ निर्णय दिनांक 11–2–2002। (U.O.I. V. Shree Biganebar Jain Seco. School 2003 I CLR-233).

3. उच्चतम न्यायालय निर्णय, दिनांक 30–10–2006।

करवाए जा सकेंगे तथापि वहाँ उल्लिखित सिद्धान्त ऐसा होने पर भी देश का शासन चलाने के लिए मूल सिद्धान्त है तथा यह राज्य का कर्त्तव्य होगा कि वह कानून बनाने में इनको लागू करे।[4]

चूंकि राज्य की नीति के निर्देशक तत्व राज्य द्वारा लागू किए जाने अपेक्षित हैं अतः राज्य द्वारा इन्हें लागू करने के लिए विधि निर्माण किया जाना आवश्यक है। जहाँ किसी विषय के संबंध में विधि का निर्माण हो चुका हो, उसे लागू करने से राज्य द्वारा नकारना दुष्कर होता है। अतः सार्वजनिक हित के लिए राज्य अपने लिए कोई बाध्यकर कानून बनाना पसंद नहीं करेगा। शायद इसीलिए संविधान में यह प्रावधान जोड़ा गया है।

दूसरी ओर भाग–तीन में उल्लिखित मूल अधिकारों को लागू करने के संबंध में अनुच्छेद 13 में स्पष्ट निर्देश दिए गए हैं कि मूल अधिकार न्यायालयों द्वारा लागू कराए जा सकते हैं और उनके विपरीत कोई कानून नहीं बनाया जा सकता। अनुच्छेद 13 का पाठ इस प्रकार है–

मूल अधिकारों के विरोधी कानून या इनके प्रभाव को कम करने वाले कानून– *(1) इस संविधान के लागू होने के तत्काल पहले भारत की सीमा में प्रभावी कानून, जहाँ तक कि वे इस भाग के प्रावधानों के अनुरूप नहीं हों, वे उस अननुरूपता की सीमा तक अवैध होंगे।*

(2) राज्य ऐसा कोई कानून नहीं बनाएगा, जो इस भाग द्वारा उपलब्ध कराए गए अधिकारों को समाप्त करता हो या उन्हें कम करता हो तथा इस खण्ड के प्रावधानों के विपरीत बनाया गया कोई भी कानून उस विरोधाभास तक अवैध होगा।

(3) जब तक कि अन्यथा संदर्भ न हो इस अनुच्छेद में–

(ए) "कानून" (या विधि) में भारत की सीमा के लागू अध्यादेश, आदेश, नियमावली, नियम, विनियम, अधिसूचना, रीति–रिवाज या परम्परायें जिन्हें कानूनी दर्जा प्राप्त है, शामिल है;

(बी) "प्रभावी कानून" में इस संविधान के लागू होने से पहले भारत की सीमा में किसी विधान मंडल या अन्य सक्षम अधिकारी द्वारा पारित या बनाया गया कानून तथा जिसे पहले समाप्त नहीं

---

4. **Article 37: Application of the principles contained in this part**—The provisions contained in this part shall not be enforceable by any court, but the principles there in laid down are nevertheless fundamental in the governance of the country and it shall be the duty of the State to apply these principles in making laws.

किया गया हो, जिससे कि वह कानून पूर्ण रूप से या किसी क्षेत्र विशेष में लागू नहीं रहा हो।

(4) अनुच्छेद 368 के अन्तर्गत बनाए गए इस संविधान के किसी भी संशोधन पर इस अनुच्छेद का कोई भी प्रावधान लागू नहीं होगा।[5]

(इस अनुच्छेद का चौथा प्रावधान 1971 में चौबीसवें संविधान संशोधन के द्वारा जोड़ा गया था।)

राज्य की नीति के निर्देशक सिद्धान्तों एवं मूल अधिकारों को लागू किए जाने के संबंध में विपरीत दृष्टिकोण संविधान में क्यों रखा गया है? उच्चतम न्यायालय के अनुसार इन सिद्धान्तों को मूल अधिकारों के अनुरूप एवं पूरक के रूप में लिया जाना आवश्यक है [*मद्रास बनाम चम्पकम दोरैराजन– ए.आई.आर. 1951 उच्चतम न्यायालय 226*]। संविधान को लागू किए जाने के तत्काल बाद में दिया गया यह निर्णय आज तक संवैधानिक व्याख्याओं का आधार है। 1980 तक इससे एक अलग दृष्टिकोण देने का प्रयास भी उसी उच्चतम न्यायालय ने [*मिनर्वा मिल्स लि. बनाम भारत संघ–ए.आई.आर. 1980 उच्चतम न्यायालय 1789*] के मामले में जब यह कहा कि "मूल अधिकारों एवं निर्देशक सिद्धान्तों के बीच सद्भावना एवं सन्तुलन संविधान के ढांचे का आधारभूत तत्व है।"

उच्चतम न्यायालय के कथन की पृष्ठभूमि में 42वें संविधान संशोधन मुख्य रूप से कार्य कर रहे थे, जिसके द्वारा "उद्देशिका" में "समाजवादी" शब्द जोड़ा

---

5. **Article 13: Laws in consistent with or in derogation of the fundamental rights–** (1) All laws in force in the territory on India immediately before the commencement of this constitution, in so far as they are inconsistent with the provisions of this part, shall to the extent of such in consistancy be void.

(2) The State shall not make any law which takes away or abridges the rights conferred by this part and any law made in contravention of this clause shall, to the extent of the contravention be void.

(3) In this Article unless the context otherwise required:

(a) "Law" includes any ordinance order, Bye-law, rule, regulation, notification, custom or usage in the territory of India the force of law;

(c) "Law in force" includes laws passed or made by a legislature or other competant authority in the territory of India before the commencement of this Constitution and not previously repealed not-with-standing that any such law or any part thereof may not be then in operation either at all or in particular areas.

(4) Nothing in this Article shall apply to any ammendment of this Constitution made under Article 368.

गया था तथा उसके पहले 1971 में पच्चीसवें संशोधन के द्वारा **अनुच्छेद 31–सी** जोड़ा गया था तथा यह स्पष्ट करने का प्रयास किया गया था कि "समूह" या "समाज" के हितों में किसी व्यक्ति का "मूल अधिकार" आड़े आता है तो वह "मूल अधिकार" कानूनी रूप से लागू नहीं किया जा सकेगा।

कानूनी रूप से समूह की वरीयता होगी या व्यक्ति की, इस संबंध में डॉ. अम्बेडकर ने संविधान सभा में इन सिद्धान्तों पर बहस के दौरान अपने भाषण में कहा था–

> *"जो रूढ़ नहीं है, जो मूलभूत रूप से परिवर्तनीय है, उसे निश्चित रूढ़ रूप देने की कोई उपयोगिता नहीं है तथा उसे समय एवं परिस्थितियों के अनुसार परिवर्तित होते रहना चाहिए। अतएव यह कहना कि निर्देशक सिद्धान्तों का कोई महत्व नहीं है, कोई महत्व नहीं रखता। मेरे निष्कर्ष के अनुसार निर्देशक सिद्धान्त हमारे आदर्श "आर्थिक लोकतन्त्र" को लागू करने के लिए बहुत मूल्यवान हैं, क्योंकि हमने नहीं चाहा था कि बिना इसके हमारे आर्थिक आदर्श और हमारी सामाजिक व्यवस्था किस दिशा में जाएगी, संविधान द्वारा निर्धारित विभिन्न, यान्त्रिक प्रावधानों के द्वारा केवल संसदीय शासन व्यवस्था लागू की जाए। हमने जानबूझकर हमारे संविधान में निर्देशक सिद्धान्तों को शामिल किया है। मैं सोचता हूँ कि मेरे मित्रों को, जो इस प्रश्न से असहमत हैं, उन्हें जो मैंने अभी कहा है कि उसे दिभाग में रखेंगे तो उनकी अधिकतर गलतफहमियां, जिनके कारण ज्यादातर सदस्य मेहनत कर रहे हैं, समाप्त हो जाएंगी; कि इस संविधान के निर्माण का हमारा दोहरा उद्देश्य है–(i) राजनीतिक लोकतन्त्र के स्वरूप को निर्धारित करना तथा (ii) यह निर्धारित करना कि हमारा आदर्श आर्थिक–लोकन्तत्र है तथा यह भी निर्धारित करना कि प्रत्येक सरकार, जो भी सत्तासीन हो, आर्थिक लोकतन्त्र लाने के लिए प्रयास करेगी।"* [6]

डॉ. अम्बेडकर के उक्त तर्क को संविधान सभा में दिया गया एक आदर्शवादी भाषण मान भी लिया जाए तो भी सरकार के मुखिया और आधुनिक भारत के निर्माता जवाहरलाल नेहरू के 25–2–1956 को संसदीय लोकतन्त्र पर गोष्ठी के उद्घाटन भाषण के बारे में क्या कहा जाए, जब उसने कहा था कि "भूतकाल में लोकतन्त्र को राजनीतिक लोकतन्त्र के रूप में ही पहचाना गया, जिसमें मोटे–तौर से एक व्यक्ति एक मत होता है, किन्तु मत का उस व्यक्ति के लिए कोई महत्व नहीं होता, जो निर्धन और निर्बल है या

---

6. संविधान सभा की बहसें खण्ड सात, पृष्ठ 494–95।

ऐसे व्यक्ति के लिए जो भूखा है या भूख से मर रहा है, राजनीतिक लोकतन्त्र अपने आप में पर्याप्त नहीं है। उनका आर्थिक लोकतन्त्र और समानता में धीरे–धीरे वृद्धि करने के लिए और जीवन की सुख–सुविधाओं को दूसरों तक पहुंचाने के लिए तथा सभी असमानताओं को हटाने के लिए प्रयोग किया जा सकता है।"

स्पष्ट है कि राजनीतिक–लोकतन्त्र महत्वपूर्ण और प्रमुख हो गया है। "एक व्यक्ति एक मत" के सिद्धान्त में सिमटा लोकतन्त्र और शासन व्यवस्था समाज और समूह के प्रति कोई उत्तरदायित्व महसूस नहीं करती। यही व्यक्तिवादी केन्द्रीयता "पूँजीवादी अर्थव्यवस्था" का मूल आधार है। जब व्यक्ति पर केन्द्रीयता समाप्त हो जाएगी, तब आर्थिक लोकतन्त्र का मार्ग भी खुल जाएगा। तब और भी कई अनुषंगी परिवर्तन अवश्यम्भावी हैं, जिन्हें कि सरकार और शासन की वर्तमान व्यवस्था कभी नहीं चाहेगी। निर्धन, निर्बल और भूख से मरने वाले व्यक्ति के लिए राजनीतिक लोकतंत्र कोई मतलब नहीं रखता, परन्तु यही "एक व्यक्ति एक मत" का राजनीतिक–लोकतन्त्र उनके लिए खास मायने रखता है, जो सत्ता के आसपास समूहबद्ध होकर शासन–सत्ता पर अधिकार करना चाहते हैं। ये समूहबद्ध हैं राजनीतिक पार्टियाँ, जो मत देने वाले की आर्थिक उन्नति और आर्थिक लोकतन्त्र से भयभीत हो जाती हैं।

अनुच्छेद 38 व 39 में राज्य के लिए निर्देश दिए गए हैं, जिनमें अनुच्छेद 38 आदेशात्मक है तथा अनुच्छेद 39 में सामान्य उत्तरदायित्व शामिल हैं।

अनुच्छेद 38 इस प्रकार है–**जनता के कल्याण को बढ़ावा देने के लिए राज्य ऐसी समाज व्यवस्था स्थापित करे–**

(1) जनता के कल्याण को बढ़ावा देने के लिए ऐसी समाज व्यवस्था प्राप्त करने और उसकी रक्षा करने के लिए प्रभावी प्रयास करेगा, जो कि न्यायिक, सामाजिक, आर्थिक और राजनीतिक रूप से राष्ट्रीय परिदृश्य की सभी संस्थाओं में परिलक्षित हो।

(2) राज्य विशिष्टतया आय की असमानताओं को कम करने का प्रयास करेगा और न केवल व्यक्तियों के बीच, बल्कि विभिन्न क्षेत्रों में रहने वाले और विभिन्न व्यवसायों में लगे हुए लोगों के समूहों के बीच भी प्रतिष्ठा, सुविधाओं और अवसरों की असमानता समाप्त करने का प्रयास करेगा।

खण्ड (2) को 1978 में जोड़ा गया था, जब गैर–कांग्रेसी सरकार सत्ता में आई थी।

अनुच्छेद 39 इस प्रकार है–

नीति के कुछ सिद्धान्तों का राज्य को पालन करना होगा–राज्य, विशेष रूप से–

(ए) सभी नागरिकों, पुरुषों और स्त्रियों द्वारा समान रूप से जीवनयापन के साधन प्राप्त करने के अधिकार;

(बी) समुदायिक संसाधनों के स्वामित्व एवं नियन्त्रण को इस प्रकार वितरित किया जाए कि उससे सभी की भलाई हो;

(सी) आर्थिक व्यवस्था का संचालन इस प्रकार हो कि पूंजी और उत्पादन के संसाधनों का संकेन्द्रण सामान्य जनता को नुकसान ना पहुंचाये;

(डी) पुरुष और स्त्रियों के लिए समान कार्य के लिए समान वेतन;

(ई) श्रमिकों का, चाहे वह पुरुष हो या स्त्री, स्वास्थ्य और शक्ति तथा बच्चों की प्रारम्भिक अवस्था में हानिकारक व्यवहार न हो तथा कोई भी नागरिक अपनी आर्थिक आवश्यकताओं के कारण ऐसे कार्यों के लिए बाध्य न हो, जो उनकी आयु और क्षमता के योग्य न हो;

(एफ) बच्चों के अच्छी प्रक्रिया से तथा स्वतन्त्र और सम्मानजनक परिस्थितियों में विकसित होने के अवसर और सुविधाएँ, प्राप्त करने के लिए अपनी नीति को निर्देशित करेंगे।

खण्ड (एफ) का प्रारम्भिक भाग 1976 के 42वें संशोधन के द्वारा जोड़ा गया था।

इन दो अनुच्छेदों के अलावा–

अनुच्छेद 40 पंचायतों का संगठन,

अनुच्छेद 41 काम, शिक्षा तथा जनता की सहायता का अधिकार,

अनुच्छेद 42 काम की न्यायपूर्ण एवं मानवीय परिस्थितियां और मातृत्व सहायता,

अनुच्छेद 43 श्रमिकों के लिए जीवनयापन योग्य वेतन,

अनुच्छेद 44 समान नागरिक संहिता,

अनुच्छेद 46 अनुसूचित जातियों, अनुसूचित जनजातियों और अन्य पिछड़े वर्गों की शिक्षा और आर्थिक स्थिति का विकास,

अनुच्छेद 47 पोषण के स्तर, जीवन स्तर और जनता के स्वास्थ्य को बढ़ावा देना राज्य का कर्त्तव्य है,

अनुच्छेद 48 कृषि और पशुपालन को संघटित करना,

अनुच्छेद 49 स्मारकों तथा राष्ट्रीय महत्व के स्थानों एवं प्रतीकों की सुरक्षा,

अनुच्छेद 50 कार्यपालिका से न्यायपालिका को अलग करना,

अनुच्छेद 51 अन्तर्राष्ट्रीय शान्ति एवं सुरक्षा को बढ़ावा देना,

संविधान में मूल रूप से शामिल थे।

अनुच्छेद 45 में संशोधन करके दस वर्षों के अन्दर 14 वर्ष तक के बच्चों को मुफ्त अनिवार्य शिक्षा के स्थान पर छः वर्ष तक के बच्चों के लिए बचपन की देखभाल और शिक्षा को 86वें संशोधन के द्वारा शामिल किया गया था। साथ ही मूल अधिकारों में अनुच्छेद 21–ए जोड़कर 14 वर्ष तक के बच्चों का अनिवार्य शिक्षा का अधिकार दिया गया था, परन्तु यह संविधान संशोधन वर्ष 2002 से 2009 तक लागू नहीं किया गया है, क्योंकि केन्द्रीय सरकार ने इसकी अधिसूचना जारी नहीं की है।[7]

इनके अलावा बाद में जोड़े गए प्रावधान ये हैं–

अनुच्छेद 39ए समान न्याय और न्यायिक शुल्क सहायता।

अनुच्छेद 48–ए पर्यावरण का संरक्षण एवं विकास तथा वनों एवं वन्य जीवों की सुरक्षा।

इन नीति के निर्देशक सिद्धान्तों में कुछ बातें ऐसी हैं, जिनके लिए संविधान में अन्यत्र स्वतन्त्र या पूरक प्रावधान किए गए हैं। इनमें मुख्य इस प्रकार हैं–

अनुच्छेद 17 छुआछूत का उन्मूलन।

अनुच्छेद 18 उपाधियों का उन्मूलन।

अनुच्छेद 23 वेश्यावृत्ति और जबर्दस्ती श्रम की रोकथाम।

अनुच्छेद 24 कारखानों में बालश्रम का उन्मूलन।

ये सभी मूल अधिकारों का भाग हैं, परन्तु ये सभी व्यक्तिगत कम और सामूहिक होने के कारण इनको नीति के निर्देशक सिद्धान्तों की तरह ही व्यवहार में माना जा रहा है। व्यक्तिगत स्तर पर इनको न्यायालयों द्वारा लागू करवा पाना नितान्त असम्भव है।

इसी प्रकार अनुच्छेद 41–काम, शिक्षा और सार्वजनिक सहायता का अधिकार नीति के निर्देशक सिद्धान्तों में शामिल हैं, परन्तु मूलतः यह मूल

7. सन् 2010 में अधिसूचना जारी करके इसे प्रभावी किया गया है।

अधिकारों का भाग है, जिसे न्यायालय व्यक्ति स्तर पर लागू करवा सकता है।

इन प्रावधानों को तथा संविधान के अन्य प्रावधानों का यदि मूल्यांकन किया जाए तो स्पष्टतः ही यह सामने आता है कि मूलतः ये–

(1) नियामक,

(2) प्रतिबंधात्मक,

(3) नकारात्मक

(4) संरक्षात्मक,

(5) उन्मूलक,

(6) सुसाध्य/परिस्थियां उपलब्ध कराने वाला, तथा

(7) विकासात्मक।

सात प्रकार के प्रावधान हैं, लेकिन आगे बताया गया है कि इनमें से किस प्रकार के प्रावधान मुखरित होकर प्रमुख हो गये हैं और कौन से नगण्य हो रहे हैं। संसद और अन्य संवैधानिक संस्थायें किन सिद्धान्तों और अन्तर्प्रेरणाओं से प्रेरित होकर कार्य करते रहे हैं।

12

छुआछूत का उन्मूलन

अनुच्छेद 17 की भाषा इस प्रकार है–

> *"छुआछूत" समाप्त की जाती है तथा इसे किसी भी रूप में व्यवहार में लाना मना है। "छुआछूत" के कारण अयोग्य ठहराना अपराध होगा, जिसकी सजा कानून के अनुसार दी जाएगी।*

उच्चतम न्यायालय ने भी यह स्वीकार किया है कि "छुआछूत" शब्द का प्रयोग विशेष प्रकार से (Inverted Commas में) किया है, जिसे उदार या व्याकरण के अर्थों में लेना उचित नहीं है। इस शब्द का संदर्भ उन अछूतों से संबंधित है, जो समाज में इतिहास के विकास के साथ अस्तित्व में आए हैं–[*बैंगलोर डब्ल्यू सी एण्ड एस मिल्स बनाम मैसूर राज्य–ए.आई.आर. 1958 मैसूर 85*].

निर्विवाद रूप से भारतीय समाज में मौजूद जाति व्यवस्था के अन्तर्गत नीची जातियाँ आती हैं, जिन्हें व्यावहारिक रूप में समाज से सामूहिक रूप से बहिष्कृत रखा गया और जिनके छू लेने मात्र से शरीर, अन्न, जल और भगवान सभी अपवित्र हो जाते हैं। बहुत कुछ उनका व्यवसाय या जीविकोपार्जन भी निकृष्टतम श्रेणी के कार्य रखे जाते थे, जो कि आमतौर से ढोरों, जानवरों के लिए भी नहीं रखे जाते होंगे। इन्हीं व्यवसायों के आधार पर देश के विभिन्न भागों में विभिन्न समाज समूहों में ये अछूत समूह अलग–अलग जातियों के सम्बोधन से जानी जाने रहे हैं। सवर्ण जातियाँ उनके प्रति कभी भी उदार नहीं रही। हमेशा उनसे सामूहिक गुलामों का सा व्यवहार करते रहे हैं। कहीं भी उन्हें बराबर तो क्या अपने आसपास भी नहीं फटकने दिया गया।

संविधान को लागू किए जाने के तत्काल बाद "नागरिक अधिकारों का संरक्षण अधिनियम" (Protection of Civil Rights Act) बनाकर उसकी धारा 3 व 4 में छुआछूत के अपराध संबंधी सजाओं का प्रावधान किया गया

था, परन्तु समाज के सवर्णों और वर्चस्वधारी अधिकार सम्पन्न जातियों के कर्मचारियों और अधिकारियों से भरपूर पुलिस लवाजमे ने उन अपराधों का प्रसंज्ञान लेने में कोई रुचि नहीं दिखाई। यदि किसी तरह से दिखाई भी तो स्थानीय तौर सामाजिक प्रताड़नाओं के चलते अछूत न तो शिकायतें ही दर्ज करवा सकते थे और न ही गवाही जुटा सकते थे। परिणामस्वरूप समाज वैसा ही चलता रहा। उनकी सामाजिक स्थिति या छुआछूत में कमी उनके व्यवसायों में परिवर्तन और स्थानीय परिवेश से देश के अन्य इलाकों में संक्रमण के कारण स्वतः स्फूर्त रूप से होता गया। तथापि स्थानीय परिवेश में यह बदस्तूर जारी रही।

कांग्रेस ने 1977 में चुनावी पराजय के बाद अछूत जातियों का समर्थन हासिल करने के प्रयास के रूप में 1989 में अनुसूचित जाति, अनुसूचित जनजाति (अत्याचार निवारण) अधिनियम बनाया, जिसमें अपराधियों की जमानत मुश्किल बनाई गई और सुनवाई का अधिकार जिला जज की विशेष अदालतों के सुपुर्द किया गया, लेकिन परम्परागत व परिस्थितिजन्य कारणों से इस अधिनियम का कोई सकारात्मक प्रभाव नहीं पड़ा। अपितु अछूत जातियों की रहनुमा कहलाने वाली राजनीतिक पार्टियों के छुटभैये स्थानीय नेता अपना रुतबा कायम करने और प्रतिद्वंद्वी को नीचा दिखाने के लिए इस अधिनियम का उपयोग अछूत जातियों के माध्यम से करने लगे, क्योंकि अब स्थायी प्रतिद्वंद्विता गैर–कांग्रेसी सरकार बनने के साथ प्रारम्भ हो चुकी थी और इनको अपना अस्तित्व बचाने के लिए जातियों का सहारा लेना भी सामाजिक और राजनीतिक आवश्यकता हो गई थी।

ऐसे में छुआछूत की समाप्ति संविधान के अनुच्छेद 17 की शब्दावली में ही सिमटकर रह गई, क्योंकि इसी संविधान में आगे के प्रावधान, जिनके द्वारा छुआछूत और तद्नुसार जाति प्रथा के उन्मूलन को व्यवहार में लेना था, भविष्य के अगले वर्षों में सामाजिक, आर्थिक और राजनीतिक प्रहसन बन गए हैं।

भाग 16 के अनुच्छेद 330 और उससे आगे के 12 अनुच्छेदों के प्रावधान और उनमें किए गए विभिन्न संशोधन इस प्रहसन के मुख्य संवाद हैं। ये आरक्षण से सम्बन्धित हैं।

आरक्षण

अनुच्छेद 330 से लेकर अनुच्छेद 342 तक आरक्षण का प्रावधान है।

अनुच्छेद 330 व 332 में अनुसूचित जाति और अनुसूचित जनजातियों के लिए लोकसभा और विधानसभाओं में आरक्षण की व्यवस्था है तथा अनुच्छेद

331 व 333 में क्रमशः लोकसभा तथा विधानसभाओं में आंग्ल–भारतीयों (Anglo-Indians) के लिए आरक्षण का प्रावधान किया गया है। अनुच्छेद 334 में मूलतः उपरोक्त आरक्षण दस वर्षों के लिए था, परन्तु इसे हर दस वर्ष बाद बढ़ाया गया और वर्तमान में यह संशोधन कर 60 वर्षों के लिए किया गया है, जोकि जनवरी 2010 तक है, जिसे फिर से बढ़ाकर 70 वर्ष के 25 जनवरी, 2020 तक के लिये कर दिया गया है।

इनके आगे अनुच्छेद 335 में अनुसूचित जातियों और अनुसूचित जनजातियों के लिए केन्द्र एवं राज्यों की सेवाओं में आरक्षण का प्रावधान किया गया है। परन्तु इस प्रकार के आरक्षण की कोई समय सीमा तय नहीं है। यह एक अनिश्चितकालीन व्यवस्था है।

इसके विपरीत अनुच्छेद 336 व 337 में आंग्ल भारतीयों के लिए क्रमशः नौकरियों में आरक्षण का तथा उनकी शिक्षण संस्थाओं को विशेष अनुदान देने का प्रावधान है, जो कि संविधान लागू होने के बाद 10 वर्षों तक जारी रहना था। इसे 10 वर्षों से आगे नहीं बढ़ाया गया है। अतः ये दोनों धारायें अब अप्रासंगिक हो गई हैं।

अनुच्छेद 338 में अनुसूचित जातियों और अनुसूचित जनजातियों के लिए एक विशेष अधिकारी बनाने का था, जिसका 1990 में संशोधन के द्वारा "राष्ट्रीय आयोग" नामकरण किया गया। 2003 में संशोधन कर अनुच्छेद 338–ए जोड़कर अनुसूचित जनजातियों के लिए अलग से राष्ट्रीय आयोग बनाने का प्रावधान किया गया।

अनुच्छेद 341 व 342 में क्रमशः अनुसूचित जातियों और अनुसूचित जनजातियों की सूची में विभिन्न जातियों को जोड़ना या हटाने का अधिकार राष्ट्रपति को दिया गया है, जिसमें राज्यों की सिफारिश भी शामिल है। समय–समय पर यह काम किए जाने का निर्देश है।

अनुच्छेद 340 में सामाजिक और शैक्षणिक रूप से पिछड़े वर्गों के अध्ययन के लिए आयोग बनाने का प्रावधान किया गया है।

इन प्रावधानों के अन्तर्गत जातियों के चयन का आधार "धर्म" को लिया गया है। हिन्दू और सिक्खों के धर्म के अलावा इस्लाम में भी समानान्तर जातियाँ मौजूद हैं। फिर केवल हिन्दू और सिक्ख धर्म के अन्तर्गत आने वाली जातियों को ही इन प्रावधानों के अन्तर्गत अनुसूचित जाति में शामिल किया गया है। ऐसा सम्भवतः इस बात को ध्यान में रखकर किया कि सामाजिक

तौर पर उत्थान की प्राथमिक एवं प्रारम्भिक आवश्यकता उन अछूतों के लिए है, जिनके लिए अनुच्छेद 17 के स्पष्ट निर्देश है।[1]

अन्य धर्मों, इस्लाम या ईसाई धर्म में पिछड़ी जातियां हैं, परन्तु अछूत कोई भी नहीं है। अतः जातीय आधार पर आरक्षण की व्यवस्था ने अनायास ही समाज के प्रत्येक व्यक्ति को विभिन्न धर्मों में विभाजित कर दिया है। जिस धर्म की स्वतन्त्रता का मूल अधिकार अनुच्छेद 25 से अनुच्छेद 28 में दिया गया है, वह अधिकार व्यक्ति का व्यक्तिगत न रहकर सार्वजनिक बना दिया गया है। धर्म का सार्वजनिक प्रदर्शन संविधान के प्रावधानों और भावनाओं के बिल्कुल विपरीत है। यह समाज विकास की गति को धीमा ही नहीं करता है, बल्कि उसे उलटी दिशा में ले जाने का कारण भी है।

यदि आरक्षण के इन प्रावधानों को और उनको व्यवहार में लाने के लिए बनाए गए कानूनों और नियमों को तथा उनके अन्तिम परिणाम का मूल्यांकन करें तो समग्र रूप से ये विकासात्मक, प्रतिबंधात्मक, उन्मूलक, नियामक, संरक्षात्मक और नकारात्मक आदि सभी अन्तर्यों को समाविष्ट किए हुए हैं।

1950 से अब तक चौथी पीढ़ी देश की मुख्यधारा में शामिल हो चुकी है, जहाँ उन्हें अब तक जाति प्रथा का भान तक नहीं होना चाहिए था, जातियां अपने अवसान या मरणासन्न स्वरूप को त्याग कर समाज में और मुखरित हो गई हैं। इसका और कोई कारण नहीं हो सकता, सिवाय इसके कि राजनैतिक नेतृत्व की विसंगतियां, उनमें इच्छा शक्ति की कमी तथा दिशाहीन आर्थिक विकास सही मार्ग पर नहीं है। संविधान द्वारा दिए गए आश्वासनों की पालना नहीं करना, इसके विश्लेषण का अन्तिम परिणाम है।

विकासात्मक—इसमें कोई संदेश नहीं है कि अनुच्छेद 340 समाज के अछूतों को सरकारी एवं सार्वजनिक नौकरियों में स्थान दिलाने के लिए है,

---

1. यह अभिव्यक्ति भारतीय संविधान की मूल रूप से नहीं है, बल्कि इसका मूल अनुसूचित जाति आदेश 1936 का पैरा 2, जो भारत सरकार अधिनियम, 1935 की अनुसूची 1 के पैरा 26 के निर्देश के अनुसरण में निकाला गया था। इसका उद्देश्य था उन वर्गों का अवधारण, जो दलित हैं (जिन्हें महात्मा गांधी हरिजन कहते थे)। संविधान के पहले, 1936 के अनुसूचित जाति आदेश में यह स्पष्टतः घोषित किया गया था कि कोई व्यक्ति जो भारतीय ईसाई है या जो बौद्ध धर्म का है या किसी जनजाति धर्म का अनुयायी है, अनुसूचित जाति का सदस्य नहीं माना जाएगा, चाहे वह मूल रूप से इस आदेश में विहित अनुसूचित जाति की सूची में रहा हो। अनुसूचित जातियों का पृथक वर्ग इसलिए बनाए रखा गया कि हिन्दुओं और सिक्खों के सामाजिक इतिहास के कारण जाति प्रथा विद्यमान थी और इस प्रथा के कारण दुर्गुण उत्पन्न हुआ था। यही कारण है कि अनुच्छेद 340 में पिछड़े वर्गों/जातियों के लिए अलग से प्रावधान है।

जिससे कि वे सार्वजनिक प्रशासन में भागीदार बन सकें। इसके साथ ही लोकसभा और विधानसभाओं में आरक्षण भी इसी उद्देश्य से शामिल किया गया था कि अछूतों के प्रतिनिधि अपने समाज के आर्थिक, सामाजिक और राजनीतिक विकास की बात को सशक्त तरीके से रख सकेंगे, परन्तु लोकसभा और विधानसभाओं में अछूतों के या अनुसूचित जातियों के प्रतिनिधि चुने ही नहीं जाते, वे तो सिर्फ राजनीतिक पार्टियों के प्रतिनिधि के रूप में ही चुने जाते हैं और उन्हीं पार्टियों की बात को मुखरित करते हुए नजर आते हैं।

इसी प्रकार नौकरियों में चयन करने वाले प्रारम्भ में तो किसी को लेते ही नहीं थे। कारण शिक्षित नहीं लेना। प्रारम्भिक शिक्षा में लगभग पन्द्रह वर्षों का समय लगा। उसके बाद ही नौकरियों में आरक्षण के नियम एवं दिशा–निर्देश तय किए गए। व्यापक रूप से 1970 के दशक में ही इन्हें लागू करने की बाध्यता की गई।

जब इन जातियों में शिक्षा का प्रसार हुआ और योग्य व्यक्ति, बेशक तुलनात्मक रूप से सवर्णों से कमजोर, सामने आकर नौकरियों में दावेदार बनने लगे, साधारण से नियमों की भी इस प्रकार की व्याख्यायें की जाने लगीं, उनका व्यावहारिक रूप से विपरीत प्रभाव पड़ने लगा। इस प्रकार के प्रमुख बिन्दु इस प्रकार के रहे हैं–

(1) पिछली खाली आरक्षित स्थानों को भरे जाने की बाध्यता का अभाव।

(2) लगातार तीन वर्ष तक आरक्षित पद नहीं भरे जाने पर उनके आरक्षित रहने को समाप्त करना (डी–रिजर्व करना)।

(3) किसी भी नियुक्ति के दौरान आरक्षित पदों पर नियुक्ति कुल रिक्त पदों के 50 प्रतिशत से अधिक की नहीं करना।

(4) सामान्य चयन सूची में आरक्षित जातियों के प्रत्याशियों के आने पर भी उनके स्थान आरक्षित प्रतिशत से अधिक नहीं करना, इत्यादि।

पिछले रिक्त पदों को भरने की बाध्यता करने पर इस व्याख्या को मुखरित कर देना कि आरक्षित जातियों की एकमुश्त नियुक्तियां कुल पदों से 50 प्रतिशत से अधिक नहीं होनी चाहिए, किसी कानूनी षड़यन्त्र का हिस्सा लगता है। यही दिशा–निर्देश, तर्क और व्याख्या आगे चलकर 1993 में दिए गए उच्चतम न्यायालय के निर्णय[2] का आधार बना, जिसमें यह कहा गया था कि आरक्षण 50 प्रतिशत से अधिक नहीं हो। यह फैसला सवर्णों के लिए

2. इंदिरा साहनी बनाम भारत संघ–ए.आई.आर. 1993 उच्चतम न्यायालय 477 एवं इंदिरा साहनी बनाम भारत संघ–(2000) 1 एस.सी.सी. 168।

एक नायाब हथियार बन गया। इस बहाने से पिछली रिक्तियों को नहीं भरने का अच्छा बहाना मिल गया।

जहाँ तक आरक्षण के मामले में संवैधानिक प्रावधानों का प्रश्न है, उनमें अन्तर्निहित भावना और उद्देश्य यही है कि अछूतों के प्रतियोगिताओं में पिछड़े होने के सामाजिक और शैक्षणिक कारणों से उन्हें आगे बढ़ाने के पर्याप्त अवसर प्रशासनिक स्तर पर किए जाए। इस उद्देश्य से एक न्यूनतम परिमाण (प्रतिशत में) तय किया गया और अछूतों को 15 और अनुसूचित जनजातियों को 7.5 नौकरियों में आरक्षण देने का प्रावधान किया गया, जो कि उनकी जनसंख्या के अनुपात में काफी कम था। फिर भी इसे न्यूनतम माना गया, अधिकतम की कोई सीमा नहीं है। संविधान ने इतनी मात्रा में आगे बढ़ने पर खुली प्रतियोगिता में यदि इससे भी अधिक भागीदारी इन जातियों के व्यक्तियों की होती है तो इसे सामाजिक विकास में अग्रणी कदम माना है। परन्तु सभी न्यायिक व्याख्याओं में इसे विपरीत तरीके से लिया गया है। आरक्षण की इस मात्रा को इन जातियों के लिए अधिकतम सुविधा मानकर उनकी भागीदारी को सीमित करना, उस प्रतिशत तक प्रतिबंधित करना न तो संविधान की कभी मंशा रही और न ही समाज विकास का आधारभूत दृष्टिकोण। यहाँ यह ध्यान देने योग्य है कि अनुच्छेद 336(2)[3] के समान प्रावधान अनुच्छेद 335 में भी होना चाहिये था, जो कि नहीं किया गया। इसी का परिणाम यह रहा है कि न्यायपालिका ने आरक्षण भी सीमा की प्रतिबंधात्मक व्याख्यायें करके संविधान की भावना को बिल्कुल उलट दिया है।

यह है इन प्रावधानों का प्रतिबंधात्मक और नकारात्मक स्वरूप।

1989 में मंडल कमीशन की रिपोर्ट को आधार बनाकर जब अन्य पिछड़े वर्गों के लिए आरक्षण की घोषणा की गई तो राष्ट्रीय स्तर पर इसकी तीव्र प्रतिक्रिया हुई और कई भ्रान्ति मूलक व्याख्याओं को विधि सम्मत बना दिया गया। इनमें प्रमुख ये हैं–

(1) कुल आरक्षण 50 प्रतिशत से अधिक नहीं होगा।

(2) पदोन्नतियों में आरक्षण नहीं दिया जाए और यदि दिया भी जाता है तो ऐसे व्यक्तियों की वरीयता वरीयता सूची में वह ही रहेगी,

---

3. **Article 336(2):** Nothing in clause (1) shall bar the appointment of members of the Anglo-Indian community to posts other than, or in addition to, those reserved for the community under that clause of such members are found qualified for appointment on merit as compared with the members of others communities.

> जो निचले स्तर की श्रेणी में थी, चाहे अन्य वर्गों के व्यक्तियों की पदोन्नति पांच वर्ष बाद ही क्यों न हुई हो।

लेकिन बाद में संविधान में संशोधन करके अनुच्छेद 335 में परन्तुक जोड़कर विशेष प्रावधान किए गए और पदोन्नतियों में अनुसूचित जातियों/जनजातियों को आरक्षण देने का संवैधानिक प्रावधान किया गया।

उधर तमिलनाडु जैसे राज्य में आरक्षण को 50 प्रतिशत से अधिक किया गया तथा उच्चतम न्यायालय की प्रतिबंधात्मक व्याख्या से बचने के लिए अनुच्छेद 31–बी का सहारा लिया गया और तमिलनाडु के उस कानून तमिलनाडु बेकवर्ड क्लासेज शेडूल्ड कास्टस एवं शेडूल्ड ट्राइब्स (रिजर्वेशन ऑफ सीट्स इन एजूकेशनल इंस्टिट्यूशंस एण्ड ऑफ अपाइंटमेंट्स ऑर पोस्ट्स इन सर्विसेज अण्डर दी स्टेट) एक्ट, 1993 (तमिलनाडु एक्ट 45 ऑफ 1994), को नौवीं अनुसूची की विशिष्ट प्रविष्टि संख्या 257–ए के रूप में 31–8–1994 से जुड़वाया गया। अब इसी प्रकार का तरीका अन्य राज्य भी उठाने जा रहे हैं। जैसे राजस्थान में गुर्जरों व अन्यों को अनुसूचित जनजाति में न जोड़कर अन्य श्रेणी में अतिरिक्त आरक्षण देने का प्रावधान करने का राजनीतिक समझौता–प्रस्ताव विचाराधीन है।

इस संबंध में, वर्तमान में भारतीय समाज की क्या स्थिति है, इसका चित्रण एक रिटायर्ड आई.ए.एस. अधिकारी हर्ष मंदर ने अपने एक संक्षिप्त से लेख में लिया है, जो कि दैनिक भास्कर, दिनांक 19 जून 2009 को जयपुर संस्करण में प्रकाशित हुआ है। इस लेख को पूरा का पूरा उद्धृत करना यहां प्रासंगिक होगा–

> तमिलनाडु में कोयंबटूर जिले में एक हाईस्कूल में साथ पढ़ने वाले वेलमुरूगन व रमेश के बीच गहरी मित्रता है। हालांकि रमेश कभी अपने इस मित्र के घर नहीं जा सकता क्योंकि वह (वेलमुरुगन) दलित बस्ती में रहता है। वेलमुरुगन की झुग्गी में बिजली नहीं आती, लिहाजा वह अपनी पढ़ाई के लिये कभी–कभार इस उच्च जाति के मित्र के यहां चला जाता है। वह पढ़ने में होशियार है और पढ़ाई में रमेश की मदद करता है, लेकिन उसे रमेश के यहां बरामदे से कभी आगे नहीं जाने दिया जाता। उसे वहां कभी–कभार खाना भी मिल जाता है, जो घरेलू नौकरों के लिए निर्धारित अलग प्लेट में परोसकर दिया जाता है।

ग्रामीण भारत में बच्चे जल्दी ही जात–पात संबंधी नियम–कायदे समझ जाते हैं जो जीवनभर उनके साथ चलते हैं, जबकि उनका देश इक्कीसवीं सदी में आगे बढ़ रहा है। देश के 11 बड़े राज्यों में 565 गांवों में अस्पृश्यता

को लेकर किए गए सर्वे में पाया गया कि 38 प्रतिशत शासकीय स्कलों में दलित बच्चों को खाने के वक्त अलग बैठाया जाता है। 20 प्रतिशत स्कूलों में दलित बच्चों को दूसरे बच्चों के साथ एक ही स्त्रोत में पानी तक नहीं पीने दिया जाता।

देश में जारी अस्पृश्यता के बारे में संभवतः पहली बार कोई राष्ट्रव्यापी सर्वे किया गया। इसकी रिपोर्ट हाल ही में जारी की गई जिसे घनश्याम शाह, सुखदेव थोराट, सतीश देशपांडे, अमिता बाविस्कर और मैंने मिलकर तैयार किया है। इस रिपोर्ट के मुताबिक इस तरह की छुआछूत तमाम स्थानीय सरकारी संस्थानों में मिलती है। 27.6 फीसदी दलितों को पुलिस स्टेशनों और 25.7 फीसदी दलितों को राशन की दुकानों में घुसने ही नहीं दिया जाता। 33 फीसदी सार्वजनिक स्वास्थ्यकर्मी दलितों के घर जाने से इन्कार कर देते हैं और 23.5 फीसदी दलितों को अपने घर के पते पर भेजे गए पत्र नहीं मिलते। सर्वे के तहत 30.8 फीसदी स्व–सहायता समूहों व सहकारी समितियों और 29.6 फीसदी पंचायत कार्यालयों में दलितों के बैठने की अलग व्यवस्था पाई गई। 14.4 फीसदी गांवों में दलितों को पंचायत भवन में घुसने नहीं दिया जाता। 12 फीसदी गांवों में दलितों को मतदान केन्द्रों तक नहीं पहुंचने दिया जाता या फिर अलग कतार में खड़े होने के लिए विवश किया जाता है। सामाजिक न्याय को आगे बढ़ाने की संवैधानिक व्यवस्था से बद्ध होने के बावजूद कई स्थानीय संस्थाएँ स्पष्ट तौर पर अस्पृश्यता को न केवल झेलती हैं, बल्कि आगे भी बढ़ाती हैं।

दलित बस्तियां ज्यादातर गांव से बाहर होती है और सरकार द्वारा इंदिरा आवास हाउसिंग कॉलोनियों के निर्माण या गुजरात में वर्ष 2001 में आए भूकम्प के बाद कुछ स्वयंसेवी संस्थाओं द्वारा किए गए पुनर्निर्माण कार्य भी इसकी याद दिलाते हैं। सर्वे किए गए तकरीबन आधे गांवों (48.8 फीसदी) में दलितों को जल संसाधनों तक नहीं पहुंचने दिया जाता। एक–तिहाई से ज्यादा गांवों (35.8 फीसदी) में पाया गया कि दलित गांव की दुकानों में प्रवेश नहीं कर सकते। दलितों द्वारा सार्वजनिक दौर पर कोई उत्सव मनाने या खुशी का इजहार करने पर भी व्यापक पैमाने पर और कई बार हिंसक प्रतिक्रिया जताई जाती है। 47 फीसदी से ज्यादा गांवों में सड़कों पर दलितों के बारात निकालने पर प्रतिबंध था। यहां तक कि दलितों को साफ–सुथरे, चमकदार और फैशनेबल कपड़े या चश्मे पहनने पर मनाही थी।

सर्वे के दौरान औसतन 64 फीसदी जगहों पर मंदिरों में दलितों का प्रवेश वर्जित पाया गया। अध्ययन ने इस बात को स्थापित कर दिया कि इस तरह के प्रतिबंध दलितों के धर्मांतरण के बाद समतावादी मूल्यों को अपनाने के

बावजूद लागू हैं। पंजाब में 51 गांवों में सर्वे किया गया, जिनमें से 41 गांवों में दलित सिखों के लिए अलग गुरूद्वारे पाए गए। महाराष्ट्र में महारों के बड़े पैमाने पर बौद्ध धर्म अपनाने के बावजूद 51 फीसदी गांवों में दलितों का मंदिरों में प्रवेश वर्जित था। केरल और कर्नाटक जैसे राज्यों में धर्मांतरित दलित और बाकी लोगों के बीच और यहां तक कि दलित पादरियों के खिलाफ भी भेदभाव देखा गया।

यह छुआछूत अंतिम क्रियाकर्म में भी दलितों का पीछा नहीं छोड़ती। तकरीबन आधे गांव (48.9 फीसदी) में दलितों का श्मशान घाट पर प्रवेश निषिद्ध पाया गया। यहां तक कि महाराष्ट्र में भी जहाँ दलितों के अपने श्मशान घाट हैं, उन्हें गांव के पूर्वी हिस्से में ही इसकी इजाजत दी गई है ताकि उच्च जाति के लोग पश्चिम से पूरब की ओर बहने वाली हवाओं से प्रदूषित न हों।

मजदूर वर्ग में भी दलितों को लेकर ऐसा ही भेदभाव देखा गया। 25 फीसदी गांवों में दलित मजदूरों को गैर–दलित श्रमिकों के मुकाबले कम मजदूरी मिलती देखी गई। दलित मजदूरों से काम भी देर तक करवाया जाता, उसके भुगतान को लटका दिया जाता, उनके साथ गाली–गलौच की जाती या शारीरिक तौर पर दुर्व्यवहार किया जाता। ऐसा सिर्फ बिहार जैसे 'सामंतवादी' राज्य में ही नहीं बल्कि पंजाब जैसे प्रदेश में भी देखा गया। अध्ययन में दुखद रूप से गैर–दलित और दलित मजदूरों के बीच आपस में भी भेदभाव देखा गया, जो श्रमजीवी एकजुटता पर जाति के हावी होने का सबूत है।

एक–तिहाई से ज्यादा गांवों में देखा गया कि दलित भू–स्वामियों को सिंचाई के लिए पानी नहीं मिलता। 21 फीसदी गांवों में उनके लिए चरनोई की जमीनों और मछली तालाबों तक जाना निषिद्ध था। दलितों द्वारा खेती अथवा आवास के लिए आवंटित सरकारी भूमि के इस्तेमाल पर भी उच्च जातियों द्वारा हिंसक प्रतिक्रिया देखी गई।

यहाँ तक उपभोक्ता बाजारों में भी छुआछूत नजर आई। 35 फीसदी गांवों में दलित उत्पादकों को स्थानीय बाजार में माल बेचने में बजाय दूरस्थ शहरी बाजार में बेचने के लिए मजबूर किया जाता है।[4] यह जातिभेद खासकर दूध जैसे उत्पादनों के मामले में ज्यादा देखा गया। सहकारिता से जुड़े 47 फीसदी गांवों में दलितों को सहकारी समितियों और यहाँ तक कि निजी खरीदारों को दूध बेचना वर्जित था। एक–चौथाई गांवों में तो दलित सहकारी समितियों से दूध खरीद भी नहीं सकते थे।

4. याद करें श्याम बेनेगल की फिल्म "मंथन"।

हालांकि सार्वजनिक संस्थानों और धार्मिक स्थलों से ज्यादा अस्पृश्यता का व्यवहार ज्यादातर उच्च जाति के ग्रामीण घरों में नजर आता है, जिसे व्यक्ति निजी अधिकार क्षेत्र मानते हैं। 73 फीसदी गांवों में दलितों का उच्च जाती के घरों में प्रवेश वर्जित था और 70 फीसदी लोग उनके साथ बैठकर खाना नहीं खाते।[5] यहां तक कि दलित शोधकर्ताओं को भी उच्च जाति के घरों में नहीं घुसने दिया गया।

इस तरह स्कूल व पुलिस स्टेशन जैसे सरकारी संस्थानों में, मंदिर व दुकान जैसे सार्वजनिक स्थलों में, खेतों व बाजारों में, लोगों के घरों यहां तक कि दिलों में भी इस हद तक मौजूद अस्पृश्यता को देखकर लगता है कि भारत में दलित आज भी असहाय और गुस्से के भाव से उस भोर का इंतजार कर रहे हैं, जो उनके जीवन में समान्ता की नई रोशनी लेकर आए।

आरक्षण को इस प्रकार सीमाबद्ध कर देना समाज के अछूत वर्गों को आगे बढ़ने से रोकना है।[6] उनके ऊपर दोहरा मानसिक और सामाजिक दबाव बना दिया गया है। एक तो उनका पिछड़ापन और दूसरे आरक्षण के सहारे भागीदारी लेने के कारण उन पर लांछन लगाना कि वे कार्य में कतई अक्षम है, कि उनकी वजह से प्रतिभाओं को काम पर लिए जाने का मौका नहीं मिल रहा है, कि जितने गलत काम या दक्षताहीन सभी कामों का उत्तरदायित्व इन्हीं आरक्षित जातियों के व्यक्तियों के कारण है। इस प्रकार की अभिव्यक्तियां एक स्वच्छ और प्रगतिशील समाज की नहीं हैं, बल्कि सामाजिक पिछड़ेपन की निशानी हैं, जिसमें अन्य जातियां अपनी दक्षता और अपनी श्रेष्ठता को साबित करने के लिए अपनी प्रतिद्वंद्वी अछूत जातियों को अनन्तकाल तक उन्हीं जातियों के सम्बोधन में समेटकर रखना चाहती हैं, जिन्हें समाप्त करने का

---

5. एक अछूत का ऊँची जाति की किसान महिला से प्रेम हो गया। एक बार दोपहर में एकान्त देखकर वह महिला के घर गया और शारीरिक संबंध बनाने के बाद पानी पीने के लिये घड़े से पानी लेने के लिये हाथ बढ़ाये तो महिला ने मना कर दिया कि घड़े को फोड़ना पड़ेगा?

6. 25 जुलाई, 2010 को सनसनी खबर के तौर पर *दैनिक भास्कर,* (जयपुर) ने छापा "देना था 50, बांटा 80% रिजर्वेशन"। मामला राजस्थान की मेडिकल कॉलेजों में भर्ती का था। मेडिकल प्रवेश परीक्षा के बाद प्रत्येक कॉलेज को पहले सामान्य वर्गों के विद्यार्थियों को आवंटित किया गया। फिर बची हुई सीटों पर रिजर्वेशन की शुरूआत की गई। बकौल डॉ. एस.के. कौशिक संयोजक मेडिकल प्रवेश परीक्षा, 2010 व प्रिंसीपल अजमेर मेडिकल कॉलेज, यह प्रक्रिया को उलटा करना था। इस प्रकार करीब 20 अधिक रिजर्वशन मिल गया। उनका कहना था कि इसे कोर्ट के हस्तक्षेप से ही ठीक किया जा सकता है।

निर्देश संविधान ने दिया था और अब आधी शताब्दी से भी अधिक बीत जाने के बाद भी उसी जातिगत सामाजिक ढांचे को देश के लोकतन्त्र का मजबूत आधार बनाकर रख दिया गया है।

यह संविधान की सबसे बड़ी अवहेलना का सबूत है।

13

धर्मनिरपेक्षता

धर्म को मानव समाज के लिए एक प्रकार से आध्यात्मिक नियमावली के रूप में देखा जाता है तथा यह बदलती समाज अर्थव्यवस्था और तद्नुरूप राजनीतिक व्यवस्था के हितों के अनुरूप बदलता रहा है। लोकतन्त्रों के लिए धर्म एक समस्या बनी हुई है, क्योंकि सामन्तवादी व्यवस्था के छिन्न–भिन्न हो जाने के कारण वे सामाजिक गुट और व्यक्ति, जिनकी जीविका सामाजिक विशिष्टता और सामाजिक और राजनीतिक वर्चस्व बना हुआ था, उसे कायम रखने के लिए संघर्षरत रहते हैं तथा लोकतंत्र में अपने हिस्से का दावा करते रहते हैं। यह दावा तब ही सम्भव होता है, जब लोकतंत्र को पार्टी तंत्र के रूप में चलाया जाता है, क्योंकि पार्टियां जनता की प्रतिनिधि न होकर अभिजात सामाजिक गुटों की प्रतिनिधि मात्र होती हैं और ऐसे गुटों के साथ सौदेबाजी करना सहज और सम्भव होता है। अतः धर्म के नाम पर कई प्रकार की राजनीतिक विसंगतियां उभर आती हैं, जिनका खामियाजा समाज और अर्थव्यवस्था को भुगतना पड़ता है।

विश्व के अन्य लोकतंत्रों के विपरीत भारत बहु–धर्म और संस्कृतियों का देश है और धर्म भी ऐसे, जो मूल रूप से भारत की जीवनधारा और संस्कृति से नहीं उपजे, बल्कि उनका उद्‌भव भारत के बाहर हुआ, परन्तु भारत पर लम्बे समय तक राज करने के परिणामस्वरूप भारत की व्यापक जनता को अपने प्रभाव में ले लिया। यह प्रभाव में लेना भी इसीलिए संभव हो सका कि राजकाज चलाने के लिए और राजनीतिक अभिजात समुदाय में शामिल होने के लिए धर्म परिवर्तन का माध्यम बनाया गया। ऐसी दशा में भारत के राजनीतिक धरातल पर धर्म के संबंध में अस्थिर मनोवृत्ति और राजनीतिक इच्छा शक्ति की कमी साफ दिखाई देती है।

राजनीतिक रूप से इसी अस्थिर मनोवृत्ति को "धर्मनिरपेक्षता" जो कि अंग्रेजी शब्द "सेक्यूलरिज्म (Secularism)" का पर्याय है, का नाम दिया जाता

रहा है, जबकि इस शब्द की व्याख्या कहीं पर भी नहीं की गई है। यहाँ तक कि 1976 में 42वें संविधान संशोधन के द्वारा उद्देशिका में "धर्मनिरपेक्ष" शब्द जोड़ते समय भी इसकी व्याख्या नहीं की गई। परिणामस्वरूप संविधान में विभिन्न स्थानों और अनुच्छेदों में धर्म सम्बन्धी मूल प्रावधानों के बावजूद उद्देशिका में जोड़ा गया शब्द "धर्मनिरपेक्ष" कोई मायने नहीं रखता। यह केवल संवैधानिक शब्दजाल बनकर रह गया है।

"सेक्यूलर" (SECULAR) शब्द का शब्दकोषों में जो अर्थ दिया गया है, वह इस प्रकार है–

विशेषण के रूप में–"Pertaining to the present world or to thing not spiritual or **sacred**[1] not **ecclesiastical**[2] or **monastic**[3], **worldly**[4], **temporal**[5], **profane**[6], lasting, extending over, occurring in or Accomplished during a centuary an age or a very long period of time".

1. धर्म संबंधी, पवित्र, पावन।
2. चर्च के लिए धनसंग्रह करने वाले।
3. मठ की जिंदगी, सन्यासी।
4. ऐहिक, लौकिक।
5. सांस्कारिक।
6. अधर्मी, नास्तिक।

संज्ञा के रूप में–"A layman, a Roman catholic priest bound only by the **vow**[1] or **chastity**[2] and belonging to no regular order, a church official who is not **ordained**"[3].

1. प्रतिज्ञा, व्रत लेना।
2. पवित्रता।
3. पादरी महन्त।

SECULARISM संज्ञा के रूप में–"The State of being secular, applied by George Jecoc Holyoake to an ethical system founded on natural morality and opposed to religious education or ecclesiastisiesm."

उपरोक्त का शब्दार्थ करने पर **"सेक्यूलर"** का सीधा–सा अर्थ निकलता है "ऐहिक, सांसारिक मामला या बात जिसमें अध्यात्म या धर्मसंबंधी पवित्रता नहीं हो और न ही धर्म के लिए धनसंग्रह करने या सन्यासी जैसा जीवन

जीना; पूर्णतः समकालीन, ऐहिक, सांसारिक या नास्तिक, जो निरन्तर और नैसर्गिक है।" ये विश्लेषण के रूप में है। इसका संज्ञा के रूप में अर्थ है "साधारण व्यक्ति, रोमन कैथोलिक सम्प्रदाय, धर्म की दीक्षा तो ले चुका हो, परन्तु किसी नियमित धारा में बंधा नहीं हो और न ही पादरी, महन्त हो।

सेक्युलरिज्म का मतलब है–"सेक्युलर (उपरोक्त अर्थों में) राज व्यवस्था होना–धार्मिक शिक्षा और धर्म के लिए धन संग्रह के विरोध और नैसर्गिक आदर्शों पर आधारित होकर बनायी गयी आदर्श नीति पर चलने की व्यवस्था, जैसा कि जॉर्ज जेकब होलियाक ने प्रतिपादित किया था।"

सेक्युलर की उक्त शब्द–कोषीय व्याख्या में कहीं पर भी धर्म को संरक्षण देने की बात नहीं है, परन्तु सेक्युलर के हिन्दी रूपान्तरण "धर्म निरपेक्ष" या "धर्मनिरपेक्षता" का मतलब ही कुछ और होता है। वह यह है कि "धर्म सापेक्ष" न होना या "धर्मसापेक्षता" का सिद्धान्त नहीं अपनाना अर्थात् हम धर्म को अपनाकर उसके अनुसार कार्य नहीं करें अपितु धर्म के प्रति कोई लगाव न हो और न ही ऐसा कोई काम हो, जिससे धर्म को बढ़ावा मिले, वही "धर्मनिरपेक्षता" है।

धर्म से संबंधित प्रावधान संविधान के भाग–3 में मूल अधिकारों के भाग के रूप में शामिल किए गए हैं। इस भाग में कुल 30 अनुच्छेद हैं, जिनमें अनुच्छेद 12–13 परिभाषाओं से संबंधित हैं,5 अनुच्छेद सम्पत्ति से संबंधित और 5 अनुच्छेद मूल अधिकारों को लागू करने से संबंधित प्रावधानों के लिए हैं। शेष में से 7 अनुच्छेद धर्मसंबंधी प्रावधानों में लगाए गए हैं और अन्य 11 अनुच्छेद अन्य मूल अधिकारो से संबंधित प्रावधानों के लिए हैं। धर्म से संबंधित प्रावधान इस प्रकार हैं–

अनुच्छेद 15–धर्म आदि के आधार पर भेदभाव का उन्मूलन करता है।

अनुच्छेद 25–अन्तःकरण की और धर्म को अबाध रूप से मानने, आचरण और प्रचार करने की स्वतन्त्रता–*(1) सार्वजनिक व्यवस्था, सदाचार और स्वास्थ्य तथा इस भाग के अन्य उपबंधों के अधीन रहते हुए सभी व्यक्तियों को अन्तःकरण की स्वतन्त्रता का और धर्म को अबाध रूप से मानने, आचरण करने और प्रचार करने का समान अधिकार होगा।*

(2) इस अनुच्छेद की कोई बात किसी ऐसी विद्यमान विधि को लागू किए जाने को प्रभावित नहीं करेगी या राज्य को कोई ऐसी विधि बनाने से नहीं रोकेगी, जो–

(ए) धार्मिक आचरण से संबंधित किसी आर्थिक, वित्तीय, राजनैतिक या अन्य धर्मनिरपेक्ष गतिविधियों का विनियमन या प्रतिबंधित करती हो;

(बी) *सामाजिक कल्याण और सुधार के लिए या सार्वजनिक प्रकार की हिन्दुओं की धार्मिक संस्थाओं को हिन्दुओं के सभी वर्गों और जातियों के लिए खोलने का प्रावधान करती हो;*

स्पष्टीकरण 1–*कृपाण धारण करना और लेकर चलना सिक्ख धर्म को मानने का अंग समझा जाएगा।*

स्पष्टीकरण 2–*खण्ड (2) के उपखण्ड (बी) में हिन्दुओं के लिए निर्देश का तात्पर्य है कि उसमें सिक्ख, जैन या बौद्ध धर्म को मानने वाले व्यक्तियों के लिए भी निर्देशित है और हिन्दुओं की धार्मिक संस्थाओं के लिए निर्देश का अर्थ तद्नुसार लगाया जाएगा।*

अनुच्छेद 26–धार्मिक कार्यों के प्रबन्ध की स्वतन्त्रता–*सार्वजनिक व्यवस्था सदाचार और स्वास्थ्य के अधीन रहते हुए प्रत्येक धार्मिक सम्प्रदाय या उसकी शाखा को–*

(ए) *धार्मिक और धर्मार्थ प्रयोजनों के लिए संस्थाओं की स्थापना और रखरखाव का;*

(बी) *अपने धर्म विषयक कार्यों के प्रबंधन का;*

(सी) *चल व अचल सम्पत्ति को रखने और प्राप्त करने का, तथा*

(डी) *विधि अनुसार ऐसी सम्पत्ति का प्रशासन करने का अधिकार होगा।*

अनुच्छेद 27–किसी विशिष्ट धर्म की अभिवृद्धि के लिए करों के भुगतान की स्वतन्त्रता–*किसी व्यक्ति को ऐसे करों के भुगतान के लिए बाध्य नहीं किया जाएगा, जो कि किसी विशिष्ट धर्म या धार्मिक समुदाय की अभिवृद्धि या पोषण में व्यय करने के लिए विनिर्दिष्ट रूप से व्यय किए जाते हों।*

अनुच्छेद 28–कुछ शिक्षा संस्थाओं में धार्मिक शिक्षा या धार्मिक उपासना में शामिल होने की स्वतन्त्रता–

(1) राज्य विधि से पूर्णतः पोषित किसी शिक्षा संस्था में कोई धार्मिक शिक्षा नहीं दी जाएगी।

(2) खण्ड (1) की कोई बात ऐसी शिक्षा संस्था पर लागू नहीं होगी, जिसका प्रशासन राज्य करता हो, किन्तु जो किसी ऐसे विन्यास या न्यास के अधीन स्थापित की गई हो, जिसके अनुसार उस संस्था में धार्मिक शिक्षा देना आवश्यक हो।

(3) राज्य से मान्यता प्राप्त या राज्य निधि से सहायता पाने वाले किसी व्यक्ति को ऐसी संस्था में दी जाने वाली धार्मिक शिक्षा में भाग लेने के लिए या ऐसी संस्था में या उससे जुड़े किसी परिसर में की जाने वाली धार्मिक

उपासना में शामिल होने के लिए तब तक बाध्य नहीं किया जाएगा, जब तक कि उस व्यक्ति ने या यदि वह अवयस्क है तो उसके संरक्षक ने इसके लिए सहमति नहीं दे दी हो।

अनुच्छेद 30—शिक्षा संस्थाओं की स्थापना और प्रशासन चलाने में अल्पसंख्यकों का अधिकार—*(1) धर्म या भाषा पर आधारित सभी अल्पसंख्यक वर्गों को अपनी रुचि की शिक्षा संस्थाओं की स्थापना और उनके प्रशासन का अधिकार होगा।*

(1—ए) खण्ड (1) में निर्दिष्ट किसी अल्पसंख्यक वर्ग द्वारा स्थापित और प्रशासित शिक्षण संस्था की सम्पत्ति के अनिवार्य अर्जन के लिए उपबंध करने वाली विधि बनाते समय राज्य यह सुनिश्चित करेगा कि ऐसी सम्पत्ति के अर्जन के लिए ऐसी विधि द्वारा नियत या उसके अधीन अवधारित रकम इतनी हो कि उस खण्ड के अधीन प्रत्याभूत अधिकार निर्बन्धित या निराकृत न हो जाए।

(2) शिक्षण संस्थाओं को सहायता देने में राज्य किसी शिक्षण संस्था के विरुद्ध इस आधार पर विभेद नहीं करेगा कि वह धर्म या भाषा पर आधारित किसी अल्पसंख्यक वर्ग के प्रबंधन के अधीन है।

अनुच्छेद 29—अल्पसंख्यक वर्गों के हितों का संरक्षण—*(1) भारत के राज्य क्षेत्र उसके किसी भाग के निवासी नागरिकों की किसी शाखा को जिसकी अपनी विशेष भाषा, लिपि या संस्कृति हो, उसे बनाए रखने का अधिकार होगा।*

(2) राज्य द्वारा पोषित या राज्य विधि से सहायता पाने वाली किसी शिक्षण संस्था में प्रवेश से किसी भी नागरिक को केवल धर्म, मूलवंश, जाति, भाषा या इनमें से किसी के आधार पर वंचित नहीं किया जाएगा।

उपरोक्त प्रावधानों को देखते हुए यह साफ नजर आता है कि उक्त प्रावधानों को बनाते समय कुछ ऐसे शब्द भी डाल दिए गए, जो कि नितांत रूप से गौण हैं, परन्तु व्यवहार में और राज्य स्तर पर भी मुख्य प्रावधान हो गए हैं। ये प्रावधान यह भी इंगित करते हैं कि अपनी तमाम सदिच्छाओं के विपरीत संविधान सभा के सदस्यों की मानसिक दशा, लोकतन्त्र के प्रति प्रतिबद्धता दिखाने के बावजूद धार्मिक पूर्वाग्रहों और धार्मिक बेड़ियों से बाहर नहीं निकाल सके। ठीक इसी वजह से संविधान के गौण प्रावधान मुख्य प्रावधान बन गए और मुख्य प्रावधान अपनी महत्ता, अपना अस्तित्व खो चुके हैं। अनुच्छेद 15 अनुच्छेद 25 में अपना अस्तित्व खोया हुआ दिखता है। अनुच्छेद 25 (1) का पहला भाग "सार्वजनिक व्यवस्था, सदाचार और स्वास्थ्य

के अधीन रहते हुए" इसी खण्ड के दूसरे भाग "धर्म को अबोध रूप से मानने, आचरण करने और प्रचार करने का समान अधिकार होगा" के द्वारा पूरी तरह बदल गया है। वह भी केवल अन्तिम शब्दों "प्रचार करने" के द्वारा। इन्हीं शब्दों में "धार्मिक उच्छृंखलता" की स्वतन्त्रता का अधिकार छुपा हुआ है।

इसी प्रकार अनुच्छेद 29 में अल्पसंख्यकों को साफ तरीके से परिभाषित किया गया है। इसमें स्पष्ट रूप से भाषा लिपि या संस्कृति को आधार बनाया गया है। धर्म या धार्मिक आधार पर अल्पसंख्यक का कोई जिक्र या प्रावधान नहीं है। परन्तु अनुच्छेद 30 में अनुच्छेद 29 के ठीक विपरीत प्रावधान है। इसमें कहा गया है कि धर्म या भाषा पर आधारित अल्पसंख्यक वर्गों को अपनी रुचि की शिक्षा संस्थाओं की स्थापना और प्रशासन का अधिकार होगा।[1]

भारत जैसे देश में "अल्पसंख्यक" होने का मतलब क्या है। "अल्पसंख्यक" सिर्फ वहीं प्रासंगिक होता है, जहां राज्य शासन पर किसी विशेष वर्ग का अधिकार हो और उसके द्वारा अपनी भाषा, लिपि और संस्कृति को राज्य के संरक्षण में विस्तार किए जाने के कारण अन्य भाषाएं, लिपियां या संस्कृतियां समाप्त की जा रही हों, उन्हें संरक्षण देने के उद्देश्य से उन्हें अल्पसंख्यक की श्रेणी में रखा जाता है। यहां धर्म नामक तत्व कोई भूमिका नहीं दिखाता। भाषा, लिपि या संस्कृति किसी धर्म का प्रतीक नहीं हो सकती। फिर भी भाषाओं को, लिपियों को धर्मों का प्रतीक घोषित कर दिया गया है और धार्मिक रीति–रिवाजों को "संस्कृति" के रूप में परिभाषित किया जाने लगा है। अन्यथा यह कैसे हो सकता है कि यदि हिन्दी हिन्दुओं की भाषा है तो संस्कृत, गुजराती, मराठी, तमिल, तेलुगू, मलयालम, बांग्ला किस धर्म की भाषाएं हैं? क्या असमी, मणिपुरी, गुजराती, तमिल, उड़िया, पंजाबी, आंध्रा, कश्मीरी, संस्कृतियां हिन्दू धर्म की संस्कृतियां नहीं हैं? क्या ये ही मुसलमानों की, ईसाइयों की भी संस्कृतियां नहीं है? निश्चित रूप से हैं। परन्तु धर्मनिरपेक्षता की गलत व्याख्या से प्रत्येक भाषा को ही नहीं आचार–व्यवहार और संस्कृतियों को भी धर्मों के खानों में डाल दिया है।

इस संबंध में इस सवाल का जवाब जरूरी है कि क्या भारत एक "हिन्दू राष्ट्र" है, जहाँ मुसलमानों को, ईसाइयों को, सिक्खों को, जैनियों को, बौद्धों को धार्मिक अल्पसंख्यक माना जाने लगा है? कश्मीर में, पंजाब में, नागालैंड

1. उल्लेखनीय है कि संविधान निर्माण के पहले ही अल्पसंख्यकता का सिद्धान्त प्रतिपादित हो चुका था, जब नेहरू–लियाकत समझौता हुआ था और यह प्रतिपादित किया गया था कि भारत में मुसलमान और पाकिस्तान में हिन्दू अल्पसंख्यक माने जायेंगे। इसके विरोध में एक कैबीनेट मंत्री डॉ. श्यामाप्रसाद मुखर्जी ने मंत्री–मण्डल से त्यागपत्र देकर जनसंघ पार्टी बनाई थी। जाहिर है, समझौते संविधान पर हावी रहे हैं।

में, मिजोरम में क्या हिन्दू या मुसलमान अल्पसंख्यक नहीं है? दिल्ली राज्य में किसको अल्पसंख्यक माना जाएगा–हिन्दूओं को या मुसलमानों को, सिक्खों को या ईसाइयों को?

साफ नजर आता है यह देश की आबादी को बांटने का उपाय है, धर्म के आधार पर वृहद विभाजन किया जाए। जहाँ धर्म के आधार पर विभाजन संभव न हो, भाषा के आधार पर विभाजन कर दिया जाए। जैसा कि हिन्दी विरोधी आन्दोलनों से प्रकट होता है।

वस्तुतः लोकतन्त्रीय व्यवस्था में, जहाँ जनता का प्रतिनिधित्व ही सही मायने में मुखारित होना चाहिए, सरकार और संविधान देश में प्रचलित सभी धर्मों के प्रति उदासीन होने चाहिए। उनकी तरफ से निरपेक्ष होकर धार्मिक आधार पर कोई भी कार्य, कानून या विधान नहीं होना चाहिए। परन्तु संविधान और सरकारें धर्म के प्रति निरपेक्ष न होकर धर्मों के प्रति सापेक्ष हैं–सभी धर्मों को एक साथ राजकीय धर्म बनाने की कोशिश की जाती रही है। यही कारण है कि किसी सरकारी नीति के निर्माण में धर्मों को महत्व दिया जाता है और सापेक्ष रूप से उनका उल्लेख किया जाता है। जैसे कि सरकारी स्तर पर सार्वजनिक अवकाशों की घोषणा में या निर्धारण में साफ देखा जा सकता है। कुल अपेक्षित 17 अवकाशों में से 4 अवकाश इस्लाम से संबंधित हैं तो दो ईसाई, एक–एक जैन, बौद्ध और सिक्ख। शेष बचे 5, वे हिन्दू धर्म के लिए निर्धारित हैं तथा तीन राष्ट्रीय अवकाश हैं। जबकि अवकाशों के मामलों में होना यह चाहिए कि राष्ट्र के सांस्कृतिक पर्वों का निर्धारण करके उन पर्वों के लिए अवकाश निर्धारित किए जाये, परन्तु देश की संस्कृति और सांस्कृतिक पर्वों पर धर्म हावी हैं। पर्वों को जनता मानती है। धर्म पर आधारित अवकाश को धर्मनिरपेक्षता का सबूत देने के काम के लिये उपयोग किया जाता है।

आखिर धर्मनिरपेक्षों को धर्मनिरपेक्षता का सबूत देने की क्यों आवश्यकता आ खड़ी है। साफ है हम धर्मनिरपेक्ष न होकर धर्मसापेक्ष हैं, और विभिन्न धर्मों के बीच सन्तुलन बैठाने के चक्कर में कभी किसी और कभी किसी धर्म को बढ़ावा देते रहे हैं और कानूनों, विधानों को विभिन्न धर्मों को सन्तुष्टि के लिए इस्तेमाल करते जा रहे हैं। इसका एक उदाहरण पूरे इतिहास की व्याख्या कर देता है।

"वन्दे मातरम्" पूरे स्वतन्त्रता आंदोलन का प्रेरणा स्रोत और राष्ट्रीयता का मंत्र रहा है। सुभाषचन्द्र बोस ने तो इसे "आजाद हिन्द सरकार" का राष्ट्रीय गान बनाया था। उसी वन्दे मातरम् की 100वीं सालगिरह 7 सितम्बर, 2006 को मनाने की घोषणा केन्द्र की कांग्रेस सरकार ने की। (1876 में लिखे वन्देमातरम् के सौ वर्ष 1976 व 125 वर्ष 2001 में होते हैं। पहली बार 1905

के कांग्रेस अधिवेशन (28, 29, 30 दिसम्बर) में "वन्देमातरम्" गाया गया था।) इसका समारोह न तो संसद में रखा गया न ही कांग्रेस के मुख्यालय में। यह समारोह कांग्रेस सेवादल के दफ्तर में रखा गया, जिसमें स्वयं कांग्रेस अध्यक्षा सोनिया गांधी दिल्ली में होते हुए भी उपस्थित नहीं हुईं। वजह मुसलमानों का ऐतराज? जबकि मुसलमान इस पर कोई ऐतराज नहीं करते। बंगभंग (1905) विरोधी आन्दोलन में एकता का मंत्र बनकर उभरा वंदेमातरम् कांग्रेस की मजबूरी बन गया था। इसका पहली बार विरोध 1923 में फिर 1932 के कांग्रेस अधिवेशनों में हुआ। खिलाफत आन्दोलन के बाद में अंग्रेजों ने धर्म के आधार पर विभाजन के लिए वंदेमातरम् को आधार बनाया, जो कि अन्तिम रूप से 1937 में विरोध को दर्ज करते हुए मौलाना आजाद की अध्यक्षता में नेहरू, सुभाष, रविन्द्रनाथ टैगोर और आचार्य नरेन्द्र देव की समिति ने दो अंतरों को राष्ट्रीय गान बनाने की सिफारिश की, लेकिन आज फिर इसका विवाद खड़ा करना धर्मनिरपेक्षता नहीं, अपितु धर्मसापेक्षता है और ऐसी हर उस चीज से, बात से आंख चुराई जा रही है, जो हिन्दुओं से संबंधित है, जैसे कि भारतीय गणतन्त्र एक लोकतन्त्र न होकर हिन्दू राष्ट्र है, जिसमें सीमित लोकतन्त्र के जरिए सरकार चलाई जा रही है और दूसरे धर्म वाले अपने अस्तित्व की लड़ाई लड़ रहे हों? क्या ऐसा है? यदि है तो यह देन किसकी की है। यदि नहीं है तो ऐसा क्यों किया जा रहा है? देश के लोकतन्त्र की हत्या क्यों की जा रही है?

किसी के लिए भी सापेक्ष होना आसान है, परन्तु निरपेक्ष होना बहुत कठिन है। धर्म के मामले में भी हम सापेक्ष होकर सत्ता सुख और तमगे हांसिल कर सकते हैं, परन्तु निरपेक्ष होने पर लगभग सभी धर्मों का कोपभाजन बनना पड़ेगा। बेचारा संविधान भी बेबस है।

14

शिक्षा

आम तौर पर माना जाता है कि शिक्षा समाज का दर्पण है, लेकिन यह गलत है। शिक्षा समाज व्यवस्था का दर्पण होती है। अतः जिस प्रकार की शिक्षा का प्रचलन होगा, वह तत्कालीन समाज व्यवस्था को ही प्रतिबिंबित करती है। यदि सरकार समाज के प्रति उत्तरदायी है तो वह समाज के विकास के लिए प्रतिबद्ध शिक्षा की व्यवस्था करेगी और यदि सरकार समाज के किसी वर्ग विशेष या वर्गों के लिए प्रतिबद्ध होगी तो शिक्षा की व्यवस्था उसी के अनुसार की जाएगी। संविधान के अनुच्छेद 45 में शिक्षा संबंधी प्रावधान मूल रूप से किया गया था कि–

अनुच्छेद "45– बच्चों के लिए निःशुल्क एवं अनिवार्य शिक्षा का प्रावधान– *राज्य इस संविधान के लागू होने से दस वर्षों के अन्दर जब तक कि वे चौदह वर्ष की आयु प्राप्त कर लेते, मुफ्त एवं अनिवार्य शिक्षा प्रदान करने का प्रयास करेगा।"*

इस प्रावधान को छियासीवें संविधान संशोधन, 2002 के द्वारा बदलकर "छः वर्ष तक के बच्चों की देखभाल और शिक्षा देने का प्रयास राज्य करेगा" किया गया तथा अनुच्छेद 21–ए जोड़कर "छः से चौदह वर्ष की आयु तक के बच्चों को अनिवार्य शिक्षा राज्य द्वारा पारित कानून के अनुसार दी जाएगी।"

सौभाग्य कहिए या दुर्भाग्य, छियासीवां संविधान संशोधन विधेयक, 2002 का उक्त दोनों संशोधन अभी तक भी लागू नहीं किये गये है, क्योंकि उसकी अधिसूचना जारी नहीं की गई है। ऐसी दिशा में बच्चों को शिक्षा उपलब्ध करवाने का प्रावधान सरकार पर बाध्यकर नहीं है, क्योंकि अनुच्छेद 45 "राज्य की नीति के निर्देशक सिद्धान्तों का भाग है, जो कि राज्य पर बाध्यकारी नहीं है। ध्यान देने योग्य है कि छः वर्ष तक के बच्चों को कौन–सी शिक्षा दी जाती है? तथापि अनुच्छेद 21–ए को 2010 में अधिसूचित किया गया है।

इस सबके लिए कौन उत्तरदायी है? केन्द्रीय सरकार या राज्य सरकार?

सातवीं अनुसूची की पहली सूची (संघीय सूची) की प्रविष्टि संख्या 63, 64, 65 व 66 में उच्च शिक्षा संबंधी कुछ विषय शामिल हैं, जिनमें केन्द्रीय विश्वविद्यालयों के अलावा राष्ट्रीय महत्व के शिक्षा संस्थान, केन्द्रीय सरकार द्वारा वित्त पोषित वैज्ञानिक एवं तकनीकी शिक्षा संबंधी संस्थान, जिन्हें संसदीय कानून द्वारा राष्ट्रीय महत्व का घोषित किया जाए, केन्द्रीय संस्थान, जिनमें पुलिस अधिकारियों को शिक्षण प्रशिक्षण दिया जाए; जिनमें विशेष अध्ययन और अनुसंधान किया जाए तथा जिनमें अपराधों की जांच–पड़ताल और अन्वेषण संबंधी वैज्ञानिक और तकनीकी सहायता दी जाए तथा उच्च शिक्षा और अनुसंधान तथा वैज्ञानिक और तकनीकी संस्थानों के आपसी तालमेल और स्तर का निर्धारण करना प्रमुख है।

केन्द्रीय सरकार की ओर से इसके लिए "विश्वविद्यालय अनुदान आयोग" (UGC) तथा अखिल भारतीय प्रशिक्षण एवं शिक्षा परिषद (AICTE) प्रमुख संस्थाएं कार्यरत हैं।

सातवीं अनुसूची की दूसरी सूची (राज्य सूची) की क्रम संख्या 32 के अनुसार कोई भी राज्य सूची एक में उल्लेखित के अलावा कोई निगम, विश्वविद्यालय, असंघटित व्यापार, शैक्षिक, वैज्ञानिक, धार्मिक और अन्य समितियां, संघ, सहकारी समितियों को स्थापित करने, विनियमित करने और समापन करने संबंधी मामलों के संबंध में कानून बना सकता है।

तीसरी सूची (उभय सूची) की 25वीं प्रविष्टि केन्द्र और राज्य सरकारों को यह अधिकार देती है।

केन्द्रीय सरकार हो या राज्य, सरकारों का शिक्षा के प्रति क्या दृष्टिकोण है, इसे जानने के लिए दो मामलों का उदाहरण लेना पर्याप्त होगा।

पहला मामला है केरल का, जो कि संशोधन पूर्व के अनुच्छेद 45 की अनुपालना में "केरल शिक्षा बिल, 1957" का है, जिसके बारे में उच्चतम न्यायालय ने रेखांकित किया है कि "ऐसा कोई कारण नहीं है, जो सरकार को उस पर डाले गए उत्तरदायित्व को सरकारी या अनुदानित स्कूलों के माध्यम से पूरा करने से रोके। अनुच्छेद 45 यह अपेक्षा नहीं कहता है कि सरकार अपने उत्तरदायित्व अल्पसंख्यक समुदायों के खर्च से पूरा करे– [*ए.आई.आर. 1958 उच्चतम न्यायालय 356; 1959 एससीआर 995*]।

दूसरा मामला है छत्तीसगढ़ राज्य का। छत्तीसगढ़ निजी क्षेत्र में विश्वविद्यालय (स्थापना और विनियमन) अधिनियम, 2002 की धारा 5 के अन्तर्गत छत्तीसगढ़ राज्य में कुकुरमुत्तों की तरह स्ववित्त पोषित निजी विश्वविद्यालय उभर आए।

"एक वर्ष में 112 ऐसे विश्वविद्यालयों को ऐसे मात्र अधिसूचना के द्वारा स्थापित किया गया, जिनमे से अधिकतर के पास अपने भवन तक नहीं थे, केवल किराये के एक कमरे से ही विश्वविद्यालय चलाए जा रहे थे। इस प्रकार शिक्षा के स्तर में गिरावट को देखकर प्रोफेसर यशपाल (जो विश्वविद्यालय अनुदान आयोग के अध्यक्ष भी रह चुके थे) ने एक जनहित याचिका दायर कर इस कानून को असंवैधानिक घोषित करने की मांग की। उच्चतम न्यायालय ने तकनीकी कारण कि शिक्षा के स्तर को नियन्त्रित करने का अधिकार केन्द्रीय सरकार के अधिकार क्षेत्र में (प्रविष्टि संख्या 66 के द्वारा) है, का हवाला देते हुए इसे शिक्षा के प्रति उपहास मानते हुए उक्त अधिनियम को निरस्त घोषित कर दिया–[*प्रोफेसर यशपाल बनाम छत्तीसगढ़ राज्य (2005) 5 एस.सी.सी. 420*]

ये दोनों प्रतीकात्मक मामले पूरे भारत में शिक्षा के प्रति राज्य के रुख–रुझान को दर्शाता है, जिसके कारण बच्चों की प्रारम्भिक शिक्षा को भी उनका "मूल अधिकार" बनाने के बाद भी उसे लागू करने की अधिसूचना जारी करने की हिम्मत किसी भी पार्टी की सरकार की नहीं हो रही थी।

अप्रत्याशित रूप से दोनों ही मामलों में कांग्रेस पार्टी का सामाजिक चरित्र उजागर होता है। केरल में 1957 में गैर–कांग्रेस पार्टी की सरकार बनी, जिसका नेतृत्व भारतीय कम्युनिस्ट पार्टी के हाथों में था। कम्युनिस्ट पार्टी ने अपनी घोषित तत्कालीन सामाजिक प्रतिबद्धताओं के अनुरूप और संविधान के निर्देशानुसार (अनुच्छेद 45) दस वर्षों के अन्दर–अन्दर चौदह वर्ष की आयु के बच्चों को मुफ्त शिक्षा उपलब्ध कराने के "केरल शिक्षा बिल, 1957" बनाया और तब के सद्प्रयासों का परिणाम है कि आज पूरे भारत में केरल सबसे अधिक, लगभग शत–प्रतिशत साक्षर है। भारत के शेष प्रान्तों में कांग्रेस पार्टी की सरकारें थीं, जिनका केन्द्रीय नेतृत्व जवाहरलाल नेहरू के हाथों में था, कहीं भी शिक्षा के संबंध में ऐसा कोई प्रयास नहीं हुआ न तो सामाजिक स्तर पर और न ही वैधानिक स्तर पर।

दूसरी तरफ छत्तीसगढ़ के मामले में जब "छत्तीसगढ़ निजी क्षेत्र विश्वविद्यालय (स्थापना और विनियमन) अधिनियम, 2002" बनाया गया था, वहां कांग्रेस पार्टी की सरकार थी, जिसका नेतृत्व अजीत जोगी के हाथों में था और इस अधिनियम के माध्यम से डिग्रियां देने की दुकानें खोलने का लाइसेंस दिया गया और पैसों और राजनीतिक रुतबों से डिग्रियां बटोरने और बंटवाने वालों का काम आसान करने का प्रयास किया गया। बच्चों की शिक्षा सिर्फ अपने नेताओं के नामों को रटाने और स्मरणीय बनाने के लिए बनाई जाने वाली योजनाओं में दम तोड़ती रही और अपनी पीठें थपथपाने के लिए आंकड़ों का

अम्बार लगाते रहे। यह हाल छत्तीसगढ़ का ही नहीं भारत के लगभग सभी प्रान्तों का रहा है, कुछ एक को छोड़कर।

शिक्षा सामाजिक आवश्यकता है और अशिक्षा कुछ लोगों की आवश्यकता। गुटों की सत्ता पर कब्जा करने की व्यवस्था को मजबूत करने के लिए अशिक्षा आवश्यक है। अशिक्षित जनता से मत प्राप्त करना आसान होता है।

शिक्षा का इस प्रकार का रूपान्तरण कैसे और कब से हुआ। सही–सही कुछ नहीं कहा जा सकता। परन्तु कुछ पौराणिक, ऐतिहासिक उदाहरण हैं, जो इस ओर या इसकी पृष्ठभूमि का काम कर चुके हैं। इनमें पहला नाम परशुराम का लिया जा सकता है, जिसने अभिजात और शिक्षा का पात्र समझे जाने वाले वर्णों में से एक (क्षत्रिय) वर्ण को भी शिक्षा नहीं देने का प्रण किया हुआ था। समाज के बहुत बड़े भाग शूद्रों और वैश्यों को आश्रम की शिक्षा देना पहले ही बन्द कर दिया गया था। दूसरी तरफ वशिष्ठ और विश्वामित्र की आपसी प्रतिद्वंद्विता, जो कि कई कारणों से थी। दोनों की प्रतिद्वंद्विता ने शिक्षक–गुरु–ऋषियों को राजाओं का विश्वास प्राप्त कर उनका दरबारी गुरु बनने का रास्ता दिखाया और उनके आश्रम राज्याश्रयों से राजधानियों में बनने शुरू हुए।

अन्त में उन्हीं परशुराम के शिष्य द्रोणाचार्य, जिसने अपने शिष्यों को अपने आश्रम में रखने से छूट देते हुए उन्हें राजभवन में रहने की छूट दी और अपनी शिक्षा के पाठ्यक्रम को राजभवन के निर्देशानुसार, राजभवन की आवश्यकतानुसार बदल डाला।

पाठ्यक्रम की उसी आवश्यकता को अंग्रेजी शासन में इस प्रकार बनाया गया कि आज उनकी प्रशासनिक, व्यापारिक आवश्यकताएं पूरी करने के लिए वफादार, समर्पित सेवक मिल सके और इस काम की नींव डाली टी.बी. मैकाले ने।

टी.बी. मैकाले 1833 में ईस्ट इण्डिया कम्पनी की केन्द्रीय व्यवस्थापिका परिषद का सदस्य होने के नाते भारत में कम्पनी द्वारा चलाए जा रहे प्रशासन के तरीकों को देखकर उनमें परिवर्तन करने की सोची। उसने अपने विचारों को बल देने के लिए ब्रिटिश शासन पद्धति को सामने रखा और 1853 में जब ईस्ट इण्डिया कम्पनी का चार्टर ब्रिटिश संसद के सम्मुख पुनर्विचार के लिए प्रस्तुत किया गया, तब मैकाले ने प्रचलित प्रथा को समूल उखाड़ कर उसके स्थान पर प्रतियोगी पद्धति की स्थापना करने में सफलता प्राप्त की। उन्होंने कहा 'मुझे ऐसा मालूम होता है कि कभी कोई तथ्य इतने अधिक प्रमाणों और विविध अनुभवों से सही सिद्ध नहीं हुआ, जितना यह तथ्य सही

सिद्ध हुआ है कि **"जो लोग युवावस्था में अपने को अपने समकालीन व्यक्तियों की अपेक्षा एक विशिष्ट कोटि का सिद्ध कर देते हैं, वे अपनी इस विशेषता को आजीवन कायम रखते हैं।"** प्रशासन में भर्ती किए जाने के लिए मैकाले ने किसी प्राविधिक (तकनीकी) या व्यावसायिक शिक्षा का समर्थन नहीं किया। उन्होंने प्रतियोगी परीक्षाओं द्वारा परखी गई बौद्धिक चेतना और सामर्थ्य पर अधिक जोर दिया। वह किसी विशेष प्रकार की शिक्षा की अपेक्षा उदार, व्यापक शिक्षा को अधिक महत्व देते थे। उनका कहना था कि कार्यसंचालन का प्रांविधिक चातुर्य बाद में भी प्राप्त किया जा सकता है।[1] इस सटीक अपेक्षा ने भारत में भावी शिक्षा के स्वरूप का निर्धारण कर दिया था। लिहाजा ऐसी शिक्षा पद्धति और पाठ्यक्रम बनाया गया जो केवल सत्ताधारी वर्गों की अपेक्षा के अनुसार प्रतियोगी परीक्षा में सफलता दिला सके। दक्षता बाद में प्राप्त की जा सकने वाली अनुभवजन्य मानी गई।

प्रतियोगी परीक्षाओं में सफलता के लिए आवश्यक है कि प्रतियोगिता के मापदण्डों के पूरक के रूप में शिक्षा दी जाए और प्रतियोगिता का पहला मापदण्ड है प्रतियोगिता आयोजित करने वाले के निजी हित, जिनकी पूर्ति के अनुरूप चयन के प्रति आश्वस्त होने की पहली शर्त है और यह शर्त ही शिक्षा के सम्पूर्ण पाठ्यक्रम का और शिक्षा पद्धति का निर्धारण करती है; जाहिर है, यह चयन की परीक्षा पद्धति है।

मैकाले ने अपनी अंग्रेज सरकार के तंत्र में सहायक बनने की इच्छा जागृत करने के लिए उन्हें पढ़ने को प्रेरित किया। इस प्रकार प्रतियोगिता का तात्पर्य केवल अंग्रेज सरकार के वफादार बनने की प्रतियोगिता ही थी, जिसमें केवल अक्षर ज्ञान जैसी शिक्षा की आवश्यकता थी। सामाजिक सरोकारों से उसका कोई वास्ता नहीं रहा। "संविधान द्वारा मुफ्त और अनिवार्य शिक्षा का लक्ष्य, जो पहले 1961 तक पूरा किया जाना था, वह बढ़ाकर 1966 और फिर सुदूर भविष्य के लिए टाल दिया गया। शिक्षा का समान अवसर सबको प्राप्त नहीं हो रहा था। इसलिए नौकरी में अवसर की समानता का सवाल ही पैदा नहीं होता। परिणामस्वरूप ग्रामीण और गरीब लोग भारत का बहुसंख्यक हिस्सा होते हुए भी इनके लाभ से वंचित रहे। एक दूसरी कमजोरी, जो इस समय पैदा हुई वह थी शिक्षा के स्तर में गिरावट। इस समस्या को महसूस करने के बावजूद सिर्फ तकनीकी शिक्षा को छोड़कर शेष शिक्षा को बगैर सुधार के अछूता छोड़ दिया गया और शिक्षा का स्तर पहले स्कूलों में फिर उसके बाद कॉलेजों और विश्वविद्यालयों में गिरने लगा। इसके अतिरिक्त

1. डॉ. ए.डी. आशीर्वादम्–*राजनीति शास्त्र*, प्रथम भाग (1960), पृ. 324।

शिक्षा का विचारात्मक स्वरूप वही रहा, जो औपनिवेशिक काल में था। उदाहरण के लिए यह साम्प्रदायिकता के प्रसार का हथियार ही बना रह गया और बाद में क्षेत्रीय संकीर्णता और अहंकार का प्रसार भी इसके माध्यम से बढ़ता चला गया।

आज भी वही परम्परा कायम रखी गई है। शिक्षा का उद्देश्य केवल सरकारी तन्त्र में भागीदारी के लिए प्रतियोगिता के लिए तैयार करना है और ज्यों–ज्यों प्रतिभागी दावेदार पढ़–लिखकर तैयार होने लगे तो उसमें कई ऐसी बातों का समावेश किया गया, जो कि सीमित लोगों के लिए ही सफलता की गारंटी बन सके। उदाहरण के लिए अंग्रेजी भाषा की अनिवार्यता, डिग्री प्राप्त करने के लिए तेरह वर्ष से बढ़ाकर पन्द्रह वर्ष का पाठ्यक्रम कर देना, विस्तृत लेख परीक्षा के स्थान पर चयनित उत्तरों में से चयन करने की पद्धति अपनाना आदि। इन सबके उपरान्त भी प्रतिभागियों की संख्या में निरन्तर बढ़ोतरी या शिक्षा के क्रमिक विस्तार के कारण प्रारम्भिक स्तर पर अधिक अंक प्राप्त करने वालों को ही भागीदारी देना। यह सब समाज के कुछ चयनित अभिजात या सम्पन्न वर्गों के लिए ही हितकर रहा है या उनके लिए अप्रत्यक्ष आरक्षण बन गया है। ऐसी दिशा में समाज के पिछड़े और अछूतों को भागीदारी देने के लिए उक्त मानदण्डों में छूट देना संवैधानिक और सामाजिक आवश्यकता बन गई। इसी आवश्यकता पर अछूतों के अलावा अन्य अक्षम जातियां या वर्ग भी दावा करने लगीं और इस प्रकार शिक्षा की विसंगतियां सामाजिक बोझ बनती गईं, बेरोजगारों की संख्या बढ़ने लगी।

सरकारी नौकरियों के अलावा अन्य मामलों में वहां के मालिकों की अपेक्षा के अनरूप शिक्षा के विषयों में परिवर्तन किया गया और तकनीकी एवं प्रबंधकीय दक्षता उपलब्ध करवाने वाली शिक्षा की धारा अलग से फूट पड़ी। अफसोस कि यह तकनीकी शिक्षा दक्ष व्यक्तियों के बदले उन्हीं संपन्न वर्गों के बच्चों को ही उपलब्ध होने लगी, कारण–इनका खर्च या लागत।

इस प्रकार सम्पूर्ण शिक्षा पद्धति का उद्देश्य केवल प्रतियोगिताओं में दावेदारी तक ही सीमित रह गया है। शायद अभी तक भी नियामकों को सही सामाजिक सरोकारों वाली शिक्षा और शिक्षा पद्धति का मार्ग नहीं मिल रहा है या अपनी वर्गीय प्रतिबद्धताओं और पूर्वाग्रहों के कारण इस ओर ध्यान ही नहीं दिया जा रहा है।

1963 में जवाहरलाल नेहरू ने सभी मुख्यमंत्रियों को लिखा था, "अन्तिम विश्लेषण में प्रत्येक व्यक्ति के लिए शिक्षा की उपलब्धि हमारी सभी समस्याओं का समाधान है।" इसके अलावा "अपने उद्योगों को विकसित करने की ऐसी तीव्र इच्छा के बावजूद मैं यह सोचने लगा हूं कि निचले स्तर पर पर्याप्त शिक्षा

के बगैर काम चलाने से बेहतर है कि कुछ औद्योगिक विकास के बगैर ही काम चलाया जाए।"[2]

इस प्रकार की सदिच्छाओं के बावजूद जवाहरलाल नेहरू ने ही सभी समस्याओं के स्थायी समाधान की दिशा में कदम न उठाकर उन्हें अनिश्चितकाल के लिए स्थगित कर देश के लिये नासूर बनने के लिए छोड़ दिया।

"शिक्षा एक समस्या है" या **"शिक्षा की समस्याएं क्या हैं?"** कौन सा प्रश्न किस प्रकार लिया जाता है, यही समस्या के समाधान का मार्ग भी दिखा सकता है।

"शिक्षा" औपचारिक हो या अनौपचारिक, शिक्षा को सही रूप से परिभाषित करने वाला पाठ्यक्रम कभी अपनाया ही नहीं गया। अनौपचारिक शिक्षा को न तो कोई मान्यता है और न ही इसका कोई आधार या मानक। मानक शिक्षा के नाम पर औपचारिक शिक्षा की गुणवत्ता परीक्षा पद्धति पर निर्भर बनी हुई है। पाठ्यक्रम में चाहे जो भी रखा गया हो, औपचारिक शिक्षा का मानक विभिन्न चरणों और स्तरों पर ली जाने वाली परीक्षा ही है, जिसे औपचारिक शिक्षा के लिए लगाए गए वर्षों की गणना के लिए प्रयुक्त किया जाता है और ये मानक किसी भी नौकरशाही आदेश के द्वारा पुनर्निर्धारित किए जा सकते हैं। जैसे कि सातवीं कक्षा तक (या सात वर्ष तक औपचारिक अध्ययन के दौरान) किसी भी बालक को असफल या अनुत्तीर्ण घोषित नहीं किया जाएगा। इस प्रकार के निर्णय न तो शिक्षा के हित में हैं और न ही समाज के, अपितु अपनी सफलता के बनावटी आंकड़े तैयार करने का प्रशासनिक हथकण्डा मात्र हैं, बजाय इसके कि अनुत्तीर्ण होने या किए जाने के कारणों को चिह्नित कर उनका समाधान किया जाए।

औपचारिक शिक्षा का सीधा सा मतलब है, विभिन्न चरणों में ली जाने वाली परीक्षाओं को उत्तीर्ण करना और उसका प्रमाण पत्र प्राप्त करना। तकनीकी शिक्षा के अलावा उच्चतर शिक्षा तक के पाठ्यक्रम में कहीं भी यह शामिल नहीं होता है कि व्यक्ति अपने आपको, अपने समाज को, अपनी व्यवस्था को समझने के लिए 'क्या, क्यों और कैसे' की कसौटी करने की क्षमता पैदा कर सके। यदि शिक्षा 'क्या, क्यों और कैसे' की क्षमता पैदा नहीं कर सकती, वह शिक्षा नहीं बल्कि केवल अक्षर ज्ञान है, वह भी असंगत और अवैज्ञानिक, जिसे प्राप्त करने वाले को मैकाले के ख्वाबों के अनुसार "अपनी अपेक्षाओं के अनुरूप प्रशिक्षित और दक्ष किया जा सकता है।"

एक और तथ्य यह है कि भाषाई आधार पर भी अभिजात बना दिए गए हैं, जो प्रतियोगिताओं में आसानी से वरीयता प्राप्त कर लेते हैं। भ्रमित शिक्षा और शिक्षा पद्धति का एक कारण भाषा की समस्या भी है।

---

2. जवाहरलाल नेहरू, *लेटर्स टू चीफ मिनिस्टर्स*, खण्ड–5, पृ. 601 एवं 590 क्रमशः।

15

भाषा

भोजन के बाद मानव समाज की सबसे बड़ी और प्राथमिक आवश्यकता है "भाषा"। सामान्यतः भाषा किसी पर रोब झाड़ने या बुद्धिमता दिखाने का साधन नहीं है, अपितु अपने सामान्य विचारों और संदेशों को सम्प्रेषित करने का माध्यम होती है। संदेशों और विचारों का सम्प्रेषण सार्थक तब ही होता है, जबकि वह अगले व्यक्ति जिसके लिए सम्प्रेषित किया जाता है, के समझ में आ जाए। यदि वह उसके समझ में नहीं आता है तो इसका सीधा–सा तात्पर्य यह है कि संवाद का सम्प्रेषण सही तरह से नहीं किया गया है, जिसमें स्वयं भाषा की सर्वाधिक भूमिका होती है। यदि संवाद सम्प्रेषण की भाषा ग्राह्य है तो यह एक सार्थक भाषा है अन्यथा नहीं।

भाषा जितने बड़े मानव समूह में एक रूप होगी, वह उतनी ही सार्थक भाषा होगी। अतः भाषा मानव समूह को एकसूत्र में बांधे रखने का काम करती है। या इसे इस प्रकार भी कह सकते हैं कि भाषा मानव समूह की सांस्कृतिक रूप से एकात्मकता का द्योतक होती है।

हम बोली को भाषा का दर्जा नहीं दे सकते, बल्कि एक भाषा की कई बोलियां हो सकती हैं। भाषा की एकरूपता उसकी लिपि से प्रकट नहीं होती, बल्कि उसके व्याकरण और वैयाकरणिक संयोजन से प्रकट होती है। लिपि केवल भाषा लेखन का माध्यम होती है, जबकि व्याकरण उसका वैज्ञानिक आधार होती है। यही कारण है कि विश्व में अनेक भाषाओं की एक ही लिपि होने के बावजूद उन भाषाओं का व्याकरण भिन्न होता है। जैसे कि यूरोपीय भाषाओं का व्याकरण अलग–अलग होते हुए भी लिपि एक ही "रोमन" है।

इसके विपरीत भाषाओं का व्याकरण एक होते हुए भी लिपियां अलग–अलग होती हैं। जैसा कि भारत की विभिन्न भाषाओं के मामले में है। भारत में सभी भाषाओं का व्याकरण एक ही है, चाहे वह हिन्दी हो, संस्कृत हो, तमिल हो, तेलुगू हो, मलयालम हो, बांग्ला हो या अन्य कोई, परन्तु सब की लिपियां

अलग–अलग हैं। यही कारण है कि भारत में सभी भाषाएं एक ही व्याकरण की होने के बावजूद भी अलग–अलग भाषा के रूप में जानी जाती हैं।

दुर्भाग्य से सभी भारतीय भाषाओं की समान व्याकरण होते हुए भी समान लिपि नहीं होने के कारण भाषा विशेष बोलने वाला मानव समूह अपनी अलग पहचान बनाए हुए है, एक–दूसरे से समामेलित नहीं हो सका है।

भाषा के मामले में एक तथ्य और। जिस भाषा में समाज की अर्थव्यवस्था का संचालन और नियमन होता है। वही भाषा सरकारी कामकाज की भाषा बनती है और कालान्तर में वही भाषा सामाजिक समूहों की बन जाती है। ऐसी दशा में भाषा की सम्प्रेषणीयता कैसी है और वह किस लिपि में लिखी जाती है, यह इस बात पर निर्भर करता है कि आर्थिक संवाद और सम्प्रेषणीयता की गति या तीव्रता कैसी है, उसी आधार पर लिपि का रूप उभरकर सामने आता है और लिपि अपने सरलतम रूप में प्रकट होती है। इस प्रकार भाषा दोहरे रूप में हमारे सामने प्रकट होती है। एक आर्थिक हितों के अनुरूप अपने सरलतम रूप में सरल लिपि के साथ और दो, अपने सम्पूर्ण वैज्ञानिक रूप में, अपनी सम्प्रेषणीय वैज्ञानिक कसौटियों पर खरी उतरने वाली लिपि के साथ। भाषा की इन्हीं दो धाराओं का संघर्ष भाषा की समस्या के रूप में उभरकर सामने आता है। यही भाषा की समस्या है।

भाषा की समस्या के इन तत्वों को नहीं सुलझा कर फौरी तौर पर भाषा की समस्या का समाधान करने का आधा अधूरा सा प्रयास किया गया है। जिससे कई समान्तर समस्यायें उत्पन्न हो गई हैं।

संविधान में भाषा संबंधी प्रावधान इस प्रकार हैं–

अनुच्छेद 120–*(1) भाग 17 में किसी बात के होते हुए भी, किन्तु अनुच्छेद 348 के उपबन्धों के अधीन रहते हुए संसद में कार्य हिन्दी में या अंग्रेजी में किया जाएगा:*

परन्तु यथास्थिति राज्यसभा सभापति या लोकसभा का अध्यक्ष अथवा उस रूप में कार्य करने वाला व्यक्ति किसी सदस्य को, जो हिन्दी या अंग्रेजी में अपनी पर्याप्त अभिव्यक्ति नहीं कर सकता, अपनी मातृभाषा में सदन को सम्बोधित करने की अनुमति दे सकेगा।

(2) जब तक संसद विधि द्वारा अन्यथा उपबंध न करे, तब तक इस संविधान के प्रारम्भ से 15 वर्ष की अवधि की समाप्ति के पश्चात् यह अनुच्छेद ऐसे प्रभावी होगा, मानो "या अंग्रेजी में" शब्दों का उसमें लोप कर दिया गया हो।

अनुच्छेद 210—*(1) भाग 17 में किसी बात के होते हुए भी, किन्तु अनुच्छेद 348 के उपबंधों के अधीन रहते हुए राज्य के विधान मंडल में कार्य राज्य की राजभाषा या राजभाषाओं में या हिन्दी या अंग्रेजी में किया जाएगा।*

भाग—17 संघ की भाषा

अनुच्छेद 343—*(1) संघ की राजभाषा देवनागरी में लिपि में हिन्दी होगी। संघ के शासकीय प्रयोजनों के लिए प्रयोग किए जाने वाले अंकों का रूप भारतीय अंकों का अन्तर्राष्ट्रीय रूप होगा।*

(2) खण्ड (1) में किसी बात के होते हुए भी इस संविधान के प्रारम्भ से पन्द्रह वर्ष की अवधि तक संघ के उन सभी शासकीय प्रयोजनों के लिए अंग्रेजी भाषा का प्रयोग किया जाता रहेगा, जिनके लिए ऐसे प्रारम्भ से ठीक पहले प्रयोग किया जा रहा थाः

परन्तु राष्ट्रपति उक्त अवधि के दौरान आदेश द्वारा संघ के शासकीय प्रयोजनों में से किसी के लिए अंग्रेजी भाषा के अतिरिक्त हिन्दी भाषा का और भारतीय अंकों के अन्तर्राष्ट्रीय रूप के अतिरिक्त देवनागरी रूप का प्रयोग प्राधिकृत कर सकेगा।

(3) इस अनुच्छेद में किसी बात के होते हुए भी संसद उक्त पन्द्रह वर्ष की अवधि के पश्चात् विधि द्वारा—

(ए) अंग्रेजी भाषा का, या

(बी) अंकों के देवनागरी रूप का ऐसे प्रयोजनों के लिए प्रयोग उपबंधित कर सकेगी, जो ऐसी विधि में विनिर्दिष्ट किए जाएं।

अनुच्छेद 348—*(1) इस भाग के पूर्वगामी उपबंधों में किसी बात के होते हुए भी, जब तक संसद विधि द्वारा अन्यथा उपबंध न करे, तब तक—*

(ए) उच्चतम न्यायालय और प्रत्येक उच्च न्यायालय में सभी कार्यवाहियां अंग्रेजी भाषा में होगी,

(बी) (i) संसद के प्रत्येक सदन या किसी राज्य विधान मण्डल के सदन या प्रत्येक सदन में पुरःस्थापित किए जाने वाले सभी विधेयकों या प्रस्तावित किए जाने वाले उनके संशोधनों के;

(ii) संसद या किसी राज्य के विधान मंडल द्वारा पारित सभी अधिनियमों के और राष्ट्रपति या किसी राज्य के राज्यपाल द्वारा प्रख्यापित सभी अध्यादेशों के; और

(iii) इस संविधान के अधीन अथवा संसद या किसी राज्य के विधान मण्डल द्वारा बनाई गई किसी विधि के अधीन

निकाले गए या बनाए गए सभी आदेशों, नियमों, विनियमों और उपविधियों के प्राधिकृत पाठ अंग्रेजी भाषा में होंगे।

(2) खण्ड (1) के उपखण्ड (ए) में किसी बात के होते हुए भी किसी राज्य का राज्यपाल राष्ट्रपति की पूर्व सहमति से उस उच्च न्यायालय जिसकी मुख्य पीठ उस राज्य में है, की कार्यवाहियों में हिन्दी भाषा का या उस राज्य के शासकीय प्रयोजनों के लिए प्रयुक्त होने वाली किसी अन्य भाषा का प्रयोग प्राधिकृत कर सकेगाः

परन्तु इस खण्ड की कोई बात ऐसे उच्च न्यायालय द्वारा दिए गए निर्णय, डिक्री या आदेश के मामले में लागू नहीं होगी।

(3) खण्ड (1) के उपखण्डः (बी) में किसी बात के होते हुए भी, जहाँ किसी राज्य के विधान मण्डल ने उस विधान मण्डल में पुरस्थापित विधेयकों या उसके द्वारा पारित अधिनियमों में अथवा उस राज्य के राज्यपाल द्वारा प्रख्यापित अध्यादेशों में अथवा उस उपखण्ड के पैरा (iii) में निर्दिष्ट किसी आदेश, नियम, विनियम या उपविधि में प्रयोग के लिए अंग्रेजी भाषा से भिन्न कोई भाषा विहित की है, वहां उस राज्य के राजपत्र में उस राज्य के राज्यपाल के प्राधिकार से प्रकाशित अंग्रेजी भाषा में उसका अनुवाद इस अनुच्छेद के अधीन उसके अंग्रेजी भाषा के पाठ को प्राधिकृत पाठ समझा जाएगा।

अनुच्छेद 351—*संघ का यह कर्त्तव्य होगा कि वह हिन्दी भाषा का प्रसार बढ़ाए, उसका विकास करे, जिससे वह भारत की सम्पूर्ण संस्कृति के सभी तत्वों की अभिव्यक्ति का माध्यम बन सके और उसकी प्रकृति में हस्तक्षेप किए बिना हिन्दुस्तानी में और आठवीं अनुसूची में विनिर्दिष्ट भारत की अन्य भाषाओं में प्रयुक्त रूप, शैली और पदों को आत्मसात करते हुए और जहां तक आवश्यक या वांछनीय हो, वहां उसके शब्द भंडार के लिए मुख्यतः संस्कृत से और गौणतः अन्य भाषाओं से शब्द ग्रहण करते हुए उसकी समृद्धि सुनिश्चित करें।*

आठवीं अनुसूची

(1) असमिया, (2) उड़िया, (3) उर्दू, (4) कन्नड़, (5) कश्मीरी, (6) गुजराती, (7) तमिल, (8) तेलुगू, (9) पंजाबी, (10) बंगला, (11) मराठी, (12) मलयालम, (13) संस्कृत, (14) सिंधी, (15) हिन्दी, (16) मणिपुरी, (17) नेपाली, (18) कोंकणी, (19) मैथिली, (20) संथाली, (21) बोड़ो, (22) डोगरी।

उपरोक्त सभी संवैधानिक प्रावधानों को देखने से दो बातें साफ हैं। पहली यह कि भारत की मान्य लिपि देवनागरी ही है। चाहे भाषा कोई भी हो।

अंग्रेजी को भी देवनागरी में ही लिखा जाना चाहिए, क्योंकि देवनागरी के अलावा किसी अन्य लिपि का जिक्र संविधान में नहीं है, जबकि कई भाषाओं के प्रयोग का हवाला विभिन्न संदर्भों में दिया गया है।

दूसरी यह कि भाषा संबंधी सभी प्रावधान अंग्रेजी भाषा के बाध्यकारी प्रयोग के संबंध में हैं, जबकि कहीं भी हिन्दी के बाध्यकारी प्रयोग का प्रावधान नहीं है। यहां तक कि विधायी भाषा और न्यायालयों की भाषा अंग्रेजी को ही संवैधिक रूप से घोषित किया गया है, हिन्दी को किसी भी विधायी कार्य या न्यायालय की भाषा घोषित नहीं किया गया है।

संविधान में सबसे दुर्भाग्यपूर्ण बात यह है कि हिन्दी को राष्ट्रभाषा तो घोषित कर दिया गया है, परन्तु उसे प्रयोग में लाये जाने के उद्देश्य से भारत की क्षेत्रीय भाषाओं में शामिल कर दिया गया है। राष्ट्रभाषा को क्षेत्रीय भाषाओं संबंधी आठवीं अनुसूची में शामिल करके हिन्दी के दर्जे को संवैधानिक रूप से कम करके अंग्रेजी को व्यापक राष्ट्रीय भाषा, राष्ट्र भाषा की मान्यता संविधान में दे दी गई है और घोषित राष्ट्रभाषा हिन्दी को क्षेत्रीय भाषाओं से संघर्ष करने के लिए निम्नतर स्तर का संवैधानिक प्रावधान किया गया है।[1]

हिन्दी की इसी घोषित क्षेत्रीय भाषा के स्वरूप को लेकर भारत में भाषा संबधी संघर्ष चल रहा है। संविधान में ही इसकी शुरुआत "हिन्दी" के स्थान पर "हिन्दुस्तानी भाषा" शब्द का प्रयोग करके (अनुच्छेद 351) कर दी गई थी।

इस प्रकार हिन्दी के प्रयोग का प्रश्न एक "राष्ट्रभाषा" का राष्ट्रीय स्तर पर प्रयोग का प्रश्न न होकर एक "क्षेत्रीय भाषा" को राष्ट्रीय स्तर पर प्रयुक्त करने का प्रश्न बन गया है और सही मायने में भारत की राजनीति भी इसी दर्पण में परिलक्षित हो रही है। क्षेत्रीय राजनीति राष्ट्रीय स्तर पर हावी होने का संघर्ष भारत में साफ दिखाई दे रहा है। यही कारण रहा है कि आगे चलकर भाषाई आधार पर राज्यों का पुनर्गठन किया गया।

भाषा के संबंध में कुछ तथ्य इतिहास के पन्नों से झांकते नजर आते हैं, जो कि इस संबंध में महत्वपूर्ण हैं।

अपने अधिवेशनों और राजनीतिक कार्यों के दौरान राष्ट्रीय कांग्रेस अंग्रेजी की जगह हिन्दी और प्रादेशिक भाषाओं का उपयोग करती थी। 1925 में कांग्रेस ने अपना संविधान इस प्रकार संशोधित किया था, "जहां तक संभव होगा कांग्रेस अपना कामकाज हिन्दुस्तानी में चलाएगी। अंग्रेजी अथवा प्रादेशिक

1. पिछले दिनों गुजरात उच्च न्यायालय ने एक फैसले में कहा है कि "हिन्दी" राजभाषा (Official Language) है न कि राष्ट्रीय भाषा (National Language) अतः इसके प्रयोग के लिये बाध्य नहीं किया जा सकता। ध्यान दें तब राष्ट्रीय भाषा क्या है?

भाषाओं का उपयोग तभी किया जा सकता है, जब वक्ता हिन्दुस्तानी बोलने में सक्षम न हो अथवा जब ऐसा करना बहुत जरूरी हो। प्रादेशिक कांग्रेस समितियों के कामकाज आमतौर पर उस प्रदेश की भाषा में किए जाएंगे। हिन्दुस्तानी का उपयोग भी किया जा सकता है।" राष्ट्रीय आम सहमति को प्रतिबिम्बित करते हुए 1928 में नेहरू रिपोर्ट ने यह स्थापित किया था कि देवनागरी अथवा उर्दू लिपियों में लिखी हिन्दुस्तानी भारत की आम भाषा होगी, परन्तु कुछ समय के लिए अंग्रेजी का उपयोग जारी रहेगा। यह मजेदार तथ्य है कि सिवाय "हिन्दुस्तानी" की जगह "हिन्दी" रख देने के अन्ततः स्वतन्त्र भारत के संविधान में इसी मत को अपना लिया। परिणामस्वरूप आजादी के पहले ही इस पर करीब–करीब पूर्ण सहमति के कारण संविधान सभा में असल बहस इन दो भिन्न मुद्दों पर हुईः क्या हिन्दी और हिन्दुस्तानी अंग्रेजी की जगह लेंगी और इस स्थानान्तरण के लिए क्या कोई निश्चित समय सीमा निर्धारित की जाए।[2]

परन्तु, जैसे ही विभाजन की घोषणा की गई, हिन्दी समर्थकों का हौंसला और बुलंद हो गया। खासकर इसलिए कि पाकिस्तान के निर्माताओं ने उर्दू को मुसलमानों और पाकिस्तान की भाषा के रूप में प्रस्तुत किया। हिन्दी के हिमायती अब उर्दू को "विभाजन के प्रतीक" के रूप में पेश करने लगे। उन्होंने मांग की कि देवनागरी में लिखी हिन्दी को राष्ट्रीय भाषा बनाया जाए। उनकी इस मांग ने कांग्रेस को बीचोंबीच विभाजित कर दिया। अन्ततः कांग्रेस विधायी दल ने "हिन्दुस्तानी" के विरुद्ध और हिन्दी के पक्ष में 77 के मुकाबले 78 मतों से निर्णय लिया। हालाकि नेहरू और आजाद हिन्दुस्तानी के पक्ष में लड़ते रहे। हिन्दी गुट भी कुछ समझौता करने को मजबूर हुआ और इसने मान लिया कि हिन्दी "राजभाषा" होगी "राष्ट्रीय भाषा" नहीं।

"अंग्रेजी से हिन्दी में अन्तरण के लिए समय सीमा के निर्धारण के मुद्दे ने हिन्दी और अहिन्दी क्षेत्रों के बीच एक मतभेद उत्पन्न कर दिया। हिन्दी प्रदेशों के प्रवक्ता तत्काल ही हिन्दी अपनाने की वकालात कर रहे थे, जबकि अहिन्दी भाषी प्रदेशों के प्रवक्ता यदि हमेशा के लिए न भी सही तो काफी लम्बे समय के लिए अंग्रेजी को बनाये रखने के पक्ष में थे, जब तक कि भविष्य में कोई संसद हिन्दी को राजभाषा बनाने का निर्णय न ले ले। नेहरू हिन्दी को राजभाषा बनाने के पक्ष में तो थे, पर वे अतिरिक्त भाषा के रूप में अंग्रेजी के भी हिमायती थी।"[3]

---

2. *आजादी के बाद का भारत 1947–2000*–विपिनचन्द्र, दिल्ली विश्वविद्यालय प्रकाशन, पृ. 121–122।

3. उपरोक्त, पृ. 122।

संविधान में भाषा संबंधी पाठों और प्रावधानों का मूल आधार यही है। पन्द्रह वर्ष की समय सीमा को अनिश्चितकाल के लिए संसद ने बढ़ा दिया है। 1963 में नेहरू ने राजभाषा अधिनियम पारित करवाया। पार्टी के अन्दरूनी दबावों और चीन के साथ युद्ध के कारण इसे पारित करवाने में विलम्ब हुआ। तथापि नेहरू ने स्पष्ट किया कि उस अधिनियम का उद्देश्य "संविधान द्वारा अंग्रेजी के उपयोग पर एक खास तिथि यानी 1965 के बाद लगे प्रतिबंध को समाप्त करना था। परन्तु नेहरू की मृत्यु के बाद लालबहादुर शास्त्री प्रधानमंत्री बने और अहिन्दी नेताओं की शंका कि नेहरू के बाद क्या होगा, बढ़ने लगी? 1964 में 1965 की समय सीमा को ध्यान में रखते हुए कई मंत्रालयों ने परिपत्र जारी किए कि 26 जनवरी, 1965 के बाद केन्द्रीय सरकार का राज्यों के साथ पत्र व्यवहार हिन्दी में होगा। यद्यपि अहिन्दी भाषी राज्यों के संदर्भ में उसके साथ अंग्रेजी अनुवाद भी संलग्न किया जाएगा। सूचना एवं प्रसारण मंत्रालय ने भी इसी प्रकार का परिपत्र जारी किया। उल्लेखनीय है कि उस समय सूचना एवं प्रसारण मंत्री श्रीमती इंदिरा गांधी थी।

जैसे–जैसे 26 जनवरी, 1965 आती गई, अहिन्दी भाषी प्रान्तों, विशेष रूप से मद्रास प्रांत (अब तमिलनाडु) में भय की मानसिकता बढ़ती चली गई। 17 जनवरी, 1965 को द्रविड़मुन्नेत्र कषगम (डी.एम.के.) पार्टी ने मद्रास राज्य हिन्दी विरोधी सम्मेलन आयोजित किया और 26 जनवरी को शोक दिवस के रूप में मनाने का आह्वान किया। बाद में इस उग्र आंदोलन में कुछ लोगों ने आत्मदाह भी किया और 60 लोग मारे भी गए। इस आंदोलन में केन्द्रीय नेता के रूप में इंदिरा गांधी मद्रास आन्दोलनकारियों के बीच पहुंचीं और सहानुभूति जताकर नेहरू के बाद पहली उत्तर भारतीय नेता बनीं, जो दक्षिण के लोगों का इस मामले में विश्वास प्राप्त कर सकीं।

इंदिरा गांधी का मद्रास जाना कई पारिवारिक और राजनीति के कारणों से था। जवाहरलाल नेहरू की इच्छाओं के अनुसार 1966 में प्रधानमंत्री बनने के बाद इंदिरा गांधी ने अंग्रेजी को चिरस्थाई बनाने के लिए 27 नवम्बर, 1967 को 1963 के राजभाषा अधिनियम में संशोधन करने का बिल रखा, जिसे 16 दिसम्बर, 1967 को संसद ने 41 के मुकाबले 205 मतों से पारित कर दिया और अंग्रेजी को राजभाषा के रूप में स्थायी रूप से स्वीकार कर हिन्दी के लिए ऐसे नियम बनाए कि कोई या तो हँस सकता है या तरस खा सकता है।

× × ×

लेकिन संसदीय कानूनों से ऊपर भी कानून होता है, जो समाज में स्वयं जनता द्वारा निष्पादित कर अमल में लाया जाता है। व्यापार, फिल्म, रेडियो,

टेलीविजन और पर्यटन के द्वारा हिन्दी वास्तव में ही सम्पर्क भाषा बन चुकी है। प्रशासनिक तंत्र के पूर्वाग्रहों और कुत्सित राजनीतिक उद्देश्यों के कारण जो अपनी जनता को उनकी मातृभाषा का पठनीय ज्ञान प्राप्त करने तक की सुविधायें उपलब्ध नहीं करवा सकता, वह हिन्दी का ज्ञान कैसे उपलब्ध करवा सकता है? ऐसी दशा में अंग्रेजी की हिमायत कर उन्हें अंग्रेजी का ज्ञान कैसे दिला पाएंगे? जाहिर है हिन्दी विरोध के बहाने अपनी जनता को हिन्दी और अंग्रेजी दोनों से ही दूर रखकर उन्हें प्रान्तीय दायरे में समेट कर रखना चाहते हैं, ताकि उनका राजनीतिक वर्चस्व बना रह सके। प्रान्तीय दलों को अपना अस्तित्व बनाये रखने का एक सशक्त (और भावनात्मक भी) साधन मिल गया था।

16

कार्यपालिका

कार्यपालिका संबंधी प्रावधान का संविधान के भाग–5 के अन्तर्गत उल्लेख है। दरअसल पांचवें भाग में संवैधानिक संस्थाओं या प्राधिकारियों का उल्लेख है, जो इस प्रकार है–

(1) कार्यपालिका, जिसमें राष्ट्रपति एवं मंत्रि–परिषद है। साथ ही अटॉर्नी जनरल भी इसी अध्याय में शामिल हैं (अध्याय–1);

(2) संसद (अध्याय–2);

(3) न्यायपालिका (अध्याय–4);

(4) महानियंत्रक एवं महालेखा परीक्षक (अध्याय–5)।

इस प्रकार छः संवैधानिक प्राधिकारी हैं, जिनमें राष्ट्रपति तथा संसद निर्वाचित होते हैं। मंत्रि–परिषद, अर्द्ध–निर्वाचित, अर्द्ध–चयनित होती हैं। अटार्नी जनरल (महान्यायवादी) का चयन मंत्रि–परिषद के साथ जुड़ा रहता है और इसके साथ ही बदल दिया जाता है। शेष न्यायपालिका तथा महानियंत्रक एवं महालेखा परीक्षक चयनित होते हैं।

इनमें से भी संसद का संवैधानिक कार्यक्षेत्र सिर्फ कानून निर्माण है, जिसमें संविधान संशोधन भी शामिल है। इन कानूनों का मसौदा कार्यपालिका द्वारा ही बनाया जाता है व निर्धारित किया जाता है, जबकि देश का पूरा प्रशासन कार्यपालिका द्वारा संचालित किया जाता है, जिसकी सहायता के लिए अनुच्छेद 309, 310, 311 व 312 द्वारा संरक्षित नौकरशाहों की पूरी टीम है, जिसके स्थायी मुखिया और मंत्रि परिषद से भी अधिक स्थाई भारतीय प्रशासनिक एवं अन्य सेवाओं में नियुक्त अधिकारी हैं। मूलतः इन्हीं की कार्यप्रणाली, सोचने समझने का तरीका और नीतिगत निर्णय लेना व्यवहार में आम जनता को किस रूप में प्रभावित करता है, यही वह मसला है, जहाँ न्यायपालिका का हस्तक्षेप अपेक्षित हो जाता है। चूंकि, संवैधानिक व्याख्या

के अनुसार अनुच्छेद 50 में उल्लिखित न्यायपालिका का कार्यपालिका से पृथक्करण का तात्पर्य है, अलग न्यायिक सेवाएं, जो कार्यपालिका के नियन्त्रण से स्वतन्त्र हों–[*राम जवाया कपूर बनाम पंजाब राज्य, ए.आई.आर. 1955 एस. सी. 549–556*]। यह भी कहा गया है कि इंग्लैण्ड में भी, जहाँ से हमने अपनी अधिकांश विधि व्याख्याएं अंगीकार की हैं, न्यायपालिका को हर एक स्तर पर "लोक सेवाएं" माना गया है। कार्यपालिका के स्थायी सेवक (भारतीय प्रशासनिक अधिकारी) न्यायपालिका को अपने से अलग नहीं मानते। इस प्रकार वे उन्हें अपने प्रशासन में अड़ंगेबाज के रूप में लेते हैं। संवैधानिक प्राधिकारी होने के कारण से नौकरशाह न्यायाधीशों को सीधे तौर पर कुछ नहीं कह पाते। अतः अर्द्ध–चयनित प्राधिकारी मंत्रि–परिषद, जो कि अपने उद्‌गम स्रोत में संसद का एक अंश होती है, को उकसाकर न्यायपालिका के मुकाबले खड़ा करती है, जो अन्ततः संसद से मुकाबले में परिवर्तित कर दी जाती है।

महानियंत्रक एवं महालेखा परीक्षक भी सामान्य लोक सेवाओं से भिन्न उनकी गतिविधियों की समीक्षा करके राष्ट्रपति को अपनी रिपोर्ट देने वाली संस्था है। अतः यह भी कमोबेश स्वतन्त्र प्राधिकारी है, परन्तु कार्यपालिका के नियन्त्रण से मुक्त नहीं है, क्योंकि इनके अधीन वरिष्ठ श्रेणी के अधिकारी प्रशासनिक सेवाओं में पांचवीं–छठीं श्रेणी की सेवाओं में (आई.ए.एस.) गिने जाते हैं; प्रशासनिक अधिकारी ही उनके वास्तविक नियंत्रक हैं।

इस प्रकार मुख्य प्रमुखता निश्चित रूप से मंत्रि–परिषद और उसके अधीन नौकरशाही की ही बनी हुई है। बाकी शेष प्राधिकारियों को इन्हीं के निर्देश–निर्णयों के अनुसार कार्य करने को बाध्य होना पड़ता है, चाहे वह राष्ट्रपति हो, संसद हो या न्यायपलिका हो या महालेखा परीक्षक हो।

× × ×

1950 के दशक में प्रसिद्ध कथाकार कृश्नचन्दर ने एक उपन्यास लिखा था। उपन्यास का नाम था *एक गधे की आत्मकथा*। उपन्यास का नायक एक गधा है, जिसका मालिक एक धोबी है। वह रोजाना गधे पर कपड़े लादकर यमुना नदी के किनारे कपड़े धोने जाया करता था। एक दिन नदी में डूबने से धोबी की मृत्यु हो जाती है। धोबी का परिवार बेहसहारा होकर भूखे मरने को मजबूर हो जाता है। गछे को अपने मालिक की मृत्यु और उसके परिवार का दुःख देखा नहीं जाता। वह उन्हें सरकार से सहायता दिलवाने का बीड़ा उठाता है। एक दफ्तर से दूसरे दफ्तर एक अफसर से दूसरे अफसर के पास जाता है, लेकिन उसकी अर्जी पर कोई भी अफसर, दफ्तर कार्रवाई करने को तैयार नहीं होता। सब एक दूसरे पर टालते रहते हैं। गृह विभाग, पुलिस विभाग, समाज कल्याण विभाग, नदी जल विभाग आदि उसकी अर्जी पर कोई

फैसला नहीं लेते हैं। हार कर वह गधा प्रधानमंत्री जवाहरलाल नेहरू के घर तीन मूर्ति भवन जाता है। नेहरू को वह अपनी अर्जी भी देता है। नेहरू को वह अपनी पीठ पर बिठाकर तीन मूर्ति भवन के बगीचे में सैर भी करवाता है, परन्तु उसका काम तब भी नहीं होता है।

प्रशासन तन्त्र का इससे अच्छा व्यंग्यात्मक चित्रण शायद ही देखने को मिले। भारत के प्रशासन तंत्र की ये ही चारित्रिक विशेषताएं प्रायः हर तरफ दिखाई देती हैं। ऐसा क्यों है? इस प्रकार का तन्त्र क्यों कर गढ़ा गया या अस्तित्व में आया? इसके जवाब के तौर पर भ्रष्टाचार, रिश्वतखोरी, भाई–भतीजावाद, निकम्मापन, यहां तक कि आरक्षण तक का नाम लिया जाता है। परन्तु इस तन्त्र के उद्देश्य और फलीभूत किए जाने या होने के पीछे क्या कारण रहे हैं, तर्कसंगत उत्तर देने का प्रयास न तो स्वयं प्रशासन के स्तर पर हुआ न ही लोकतांत्रिक संस्थाओं के माध्यम से हुआ और न ही किसी शोधकर्ता द्वारा इस पर शोध किया गया है।

इस संबंध में अगर यह कहा जाए कि भारत के प्रशासन तन्त्र में नौकरशाही ने लोकतांत्रिक संस्थाओं, लोकसभा, विधानसभाओं और उच्चतम न्यायालय सहित न्याय–प्रणाली और न्याय–व्यवस्था को अपने स्वार्थों और हितों के अनुरूप ढाला है, बनाया है, तो पूरा संसदीय तन्त्र और न्याय तन्त्र अपने विशेषाधिकार हनन के सवाल उठाकर उसे सजा देने पर उतर आएंगे। परन्तु, यही ऐतिहासिक, सामाजिक और राजनीतिक सत्य है।

भारत में कम्पनी राज और ब्रिटिश राज के दौरान लोकतन्त्र का एक आवश्यक तत्व विकसित हुआ, और वह था सत्ता के केन्द्र में व्यक्तियों का एक निश्चित अवधि के बाद बदलना। इस बदलाव का यह परिणाम हुआ कि केन्द्र के व्यक्ति में बदलाव के बावजूद प्रशासन तन्त्र में कोई नीतिगत परिवर्तन न हो और जिन हित साधनों की नीति के तहत शासन कायम किया गया था, उसका प्रशासनिक संचालन नियमित, सुचारु और स्थायित्व लिए हो। इसी से प्रेरित मैकाले ने भारत में विधान को संहिताबद्ध करने के साथ–साथ स्थायी प्रशासनिक केन्द्र, भारतीय नागरिक सेवा या भारतीय सिविल सर्विस की शुरुआत 1930 के दशक में की, जिसे स्वयं ब्रिटेन ने भी अंगीकार किया।

यह तंत्र चूंकि गवर्नर जनरल के अधीन कार्य कर रहा था और गवर्नर जनरल को कानून बनाने का भी अधिकार था। अतः कानूनों का प्रारूप और उनकी व्याख्या करने का अधिकार भी इन्हीं के पास रहा। इसी अधिकार का प्रयोग कर इसी नौकरशाही ने संसदीय और न्याय–प्रणाली की नियमावली और कार्य–पद्धति को निर्धारित करने के विधि–विधानों के प्रारूप बनाए। इसी प्रक्रिया में उसने अपने लिए स्थायित्व की गारंटी भी कर ली। इस संबंध में,

अन्य नियमों–कानूनों की गहराई में न जाकर संवैधानिक प्रावधानों को देखा जाए तो यह स्पष्ट हो जाता है।

संविधान के अनुच्छेद 309, 310, 311, 312, 312–ए, 313 में इसके संरक्षणात्मक प्रावधान निहित हैं।

अनुच्छेद 309–संघ या राज्य की सेवा करने वाले व्यक्तियों की भर्ती और सेवा की शर्तें–*इस संविधान के प्रावधानों के अधीन रहते हुए समुचित विधान मंडल के अधिनियम, संघ या किसी राज्य के कार्यकलापों से संबंधित लोकसेवाओं और पदों के लिए भर्ती का और नियुक्त व्यक्तियों की सेवा की शर्तों का विनियमन कर सकेंगे:*

परन्तु जब तक इस अनुच्छेद के अनुसार समुचित विधान मंडल के अधिनियम द्वारा या उसके अधीन इस निमित्त उपबंध नहीं किया जाता है, तब तक संघ के कार्यकलापों से संबंधित सेवाओं और पदों के मामले में राष्ट्रपति या ऐसा व्यक्ति, जिसे वह निर्दिष्ट करे तथा राज्य के कार्यकलापों से संबंधित सेवाओं और पदों के मामले में राज्य का राज्यपाल या ऐसा व्यक्ति, जिसे वह निर्दिष्ट करे, जैसा भी मामला हो, ऐसी सेवाओं और पदों के लिए भर्ती का और नियुक्त व्यक्तियों की सेवा की शर्तों का विनियमन करने वाले नियम बनाने के लिए सक्षम होगा और इस प्रकार बनाए गए नियम किसी ऐसे अधिनियम के उपबंधों के अधीन रहते हुए प्रभावी होंगे।

अनुच्छेद 310–संघ या राज्य की सेवा करने वाले व्यक्तियों की पदावधि– *(1) इस संविधान द्वारा अभिव्यक्त रूप से जैसे प्रावधान किए गए हों, के सिवाय प्रत्येक व्यक्ति, जो रक्षा सेवा या संघ की सिविल सेवा का या अखिल भारतीय सेवा का सदस्य या संघ के अधीन कोई सिविल पद धारण करता है, राष्ट्रपति की अनुकम्पा (प्रसाद) पर्यन्त वह पद धारण करता है और प्रत्येक व्यक्ति, जो किसी राज्य की सिविल सेवा का सदस्य है या राज्य के अधीन सिविल पद धारण करता है, उस राज्य के राज्यपाल की अनुकम्पा पर्यन्त वह पद धारण करता है।*

(2) इस बात के होते हुए भी कि संघ या किसी राज्य के अधीन सिविल पद धारण करने वाला व्यक्ति राष्ट्रपति या राज्यपाल, जैसा भी संदर्भ हो, की अनुकम्पा पर्यन्त पद धारण करता है, कोई संविदा, जिसके अधीन कोई व्यक्ति, जो रक्षा सेवा का या अखिल भारतीय सेवा का या संघ या राज्य की सिविल सेवा का सदस्य नहीं है, ऐसे किसी पद को धारण करने के लिए इस संविधान के अधीन नियुक्त किया जाता है, उस दशा में राष्ट्रपति या राज्यपाल, जैसा भी संदर्भ हो, विशेष योग्यताओं (अर्हताओं) वाले किसी व्यक्ति की सेवाएं प्राप्त

करना आवश्यक समझता है, वह उपबंध कर सकेगी कि यदि करार की गई अवधि की समाप्ति से पहले वह पद समाप्त कर दिया जाता है या ऐसे कारणों से, जो उसके किसी अवचार (दुराचरण) से सम्बन्धित नहीं हो, उससे वह पद रिक्त करने की अपेक्षा की जाती है तो उसे मुआवजा दिया जाएगा।

अनुच्छेद 311–संघ या राज्य के अधीन सिविल हैसियत में नियोजित व्यक्तियों का पदच्युत किया जाना, पद से हटाना या निम्न श्रेणी में पदावनत किया जाना–*(1) किसी व्यक्ति को जो संघ की सिविल सेवा का या अखिल भारतीय सेवा का या राज्य की सिविल सेवा का सदस्य है, अथवा संघ या राज्य के अधीन कोई सिविल पद धारण करता है, उसकी नियुक्ति करने वाले प्राधिकारी के अधीनस्थ किसी प्राधिकारी द्वारा पदच्युत नहीं किया जाएगा या पद से नहीं हटाया जाएगा।*

(2) यथापूर्वोक्त किसी व्यक्ति को ऐसी जांच के पश्चात् ही, जिसमें उसके विरुद्ध आरोपों की सूचना हो और उन आरोपों के संबंध में सुनवाई का युक्तियुक्त अवसर दे दिया गया हो, पदच्युत किया जा सकेगा या पदावनत किया जा सकेगा अन्यथा नहीं:

परन्तु जहां ऐसी जांच के पश्चात् उस पर ऐसी कोई दण्ड (शास्ति) अधिरोपित करना प्रस्तावित हो, वहाँ ऐसी शास्ति ऐसी जांच के दौरान दिए गए साक्ष्य के आधार पर अधिरोपित की जा सकेगी और ऐसे व्यक्ति को दी गई शास्ति के विषय में अभ्यावेदन करने का अवसर देना आवश्यक नहीं होगा:

परन्तु यह कि यह खण्ड वहाँ लागू नहीं होगा–

(ए) जहाँ किसी व्यक्ति को ऐसे आचरण के आधार पर पदच्युत किया जाता है या पद से हटाया जाता है या पदावनत किया जाता है, जिसके लिए आपराधिक आरोप पर उसे सिद्धदोष ठहराया जाता है, या

(बी) जहाँ किसी व्यक्ति को पदच्युत करने या पद से हटाने या पदावनत करने के लिए अधिकृत सक्षम प्राधिकारी को सन्तुष्टि हो जाती है कि किसी कारण से, जो इस प्राधिकारी द्वारा लिखित में लिखा जाएगा, यह युक्तियुक्त रूप से साध्य नहीं है कि ऐसी जांच की जाए।

(सी) जहाँ राष्ट्रपति या राज्यपाल, जैसा भी संदर्भ हो, को यह सन्तुष्टि हो जाती है कि राज्य की सुरक्षा के हित में यह उचित है कि ऐसी जांच नहीं की जाए।

(3) यदि यथापूर्वोक्त किसी व्यक्ति के संबंध में यह प्रश्न उठता है कि खण्ड (2) में निर्दिष्ट जांच करना युक्तियुक्त रूप से साध्य है या नहीं तो उस व्यक्ति को पदच्युत करने या पद से हटाने या पदावनत करने के लिए सक्षम प्राधिकारी का उस पर निर्णय अन्तिम होगा।

अनुच्छेद 312—अखिल भारतीय सेवाएँ—*(1) भाग 6 के अध्याय 6 या भाग 11 में किसी बात के होते हुए भी यदि राज्यसभा उपस्थित और मत देने वाले सदस्यों के कम से कम दो तिहाई सदस्यों द्वारा समर्थित संकल्प द्वारा यह घोषित करे कि राष्ट्रहित में ऐसा करना आवश्यक और समीचीन है तो संसद द्वारा संघ और राज्यों के लिए एक या अधिक अखिल भारतीय सेवाओं (जिनके अन्तर्गत अखिल भारतीय न्यायिक सेवा भी है) के सृजन के लिए उपबंध कर सकेंगी और इस अध्याय के अन्य उपबन्धों के अधीन रहते हुए किसी ऐसी सेवा के लिए भर्ती का और नियुक्त व्यक्तियों की सेवा की शर्तों का विनियमन कर सकेगी।*

(2) इस संविधान के प्रारम्भ पर विद्यमान भारतीय प्रशासनिक सेवा और भारतीय पुलिस सेवा के नाम से ज्ञात सेवाएं इस अनुच्छेद के अधीन संसद द्वारा सृजित सेवाएं समझी जाएंगी।

(3) खण्ड (1) में निर्दिष्ट अखिल भारतीय न्यायिक सेवा के अन्तर्गत अनुच्छेद 236 में परिभाषित जिला न्यायाधीश के पद से कमतर कोई पद नहीं होगा।

(4) पूर्वोक्त अखिल भारतीय न्यायिक सेवा के सृजन के लिए उपबंध करने वाली विधि में भाग 6 के अध्याय 6 में संशोधन के लिए ऐसे उपबंध अन्तर्विष्ट हो सकेंगे, जो उस विधि के उपबंधों को कार्यान्वित करने के लिए आवश्यक हों और ऐसी कोई विधि अनुच्छेद 368 के प्रयोजन के लिए संविधान का संशोधन नहीं समझी जाएगी।

अनुच्छेद 313—संक्रमणकालीन उपबंध—*जब तक इस संविधान के अधीन इस निमित्त अन्य उपबंध नहीं किया जाता है, तब तक ऐसी सभी विधियां, जो इस संविधान के ठीक पहले प्रवृत्त हैं और किसी ऐसी लोकसेवा या किसी ऐसे पद को, जो इस संविधान के प्रारम्भ के पश्चात् अखिल भारतीय सेवा के अथवा संघ या किसी राज्य के अधीन सेवा या पद के रूप में बना रहता है, लागू है, वहां तक जारी रहेंगे, जहां तक कि वे इस संविधान के उपबंधों के अनुरूप हों।*

अनुच्छेद 309 में सेवाओं संबंधी विनियम बनाने का का अधिकार अन्ततः नौकरशाही के हाथों में है। अनुच्छेद 311 में नौकरशाहों की नौकरी को

नैसर्गिक और स्थायी स्वरूप प्रदान करने की व्यवस्था की गई है। साथ ही राष्ट्रपति या राज्यपाल द्वारा अधिकृत प्राधिकारियों की श्रेणी में नियमतः अपने आप को डलवाकर अपने अधीनस्थों के भाग्य विधाता बनने का संवैधानिक मार्ग भारतीय सिविल सेवा या अखिल भारतीय सेवाओं के अधिकारियों ने निकाल लिया है।

अनुच्छेद 312 में उल्लिखित अखिल भारतीय सेवाओं की श्रेणी में घोषित अखिल भारतीय न्यायिक सेवाओं को अभी तक भी व्यावहारिक रूप में नहीं लाया गया है, जिसके पीछे भारतीय प्रशासनिक सेवाओं के अधिकारी अपने समकक्ष किसी अन्य वर्ग को नहीं लाना चाहने की आशा रही दिखती है। स्वतन्त्र न्यायिक सेवा के अस्तित्व में आ जाने पर नौकरशाहों पर काफी हद तक अंकुश लगने की संभावना है, न्याय पालिका या न्यायाधीशों के चयन में प्रशासनिक सेवाओं के अधिकारियों की भूमिका समाप्त सी हो सकती है। साथ ही अनुच्छेद 311 में दिए गए अर्द्ध–न्यायिक अधिकार सहित प्रशासनिक अधिकारियों को दिए गए अन्य सभी न्यायिक अधिकार न्यायिक सेवा के अधीन जा सकते हैं।

जब इस प्रकार की दूरगामी और दुराग्रहपूर्ण कार्यप्रणाली को अमल में लाने के संवैधानिक और कानूनी उपाय किए गए हों, वहाँ पर यह नितान्त संभव है कि गवर्नर जनरल सहित अन्य अंग्रेज अभिजात अधिकारियों की सेवा सुश्रुषा में लगे अखिल भारतीय सेवा और भारतीय प्रशासनिक सेवा के अधिकारी इस तथ्य को जान चुके थे कि भारत की भावी लोकतांत्रिक प्रणाली, जैसी कि लाई गई है, में सत्ता पर कब्जा करने वाले व्यक्ति या व्यक्तियों का समूह अपनी सभी सद्इच्छाओं और सद्घोषणाओं के बावजूद, भारत में प्रचलित धार्मिक पूर्वाग्रहों, जातीय समीकरणों और सामन्तवादी अभिजात्य गुणों या दुर्गुणों का निर्णायक महत्व होगा और उनकी सन्तुष्टि के लिए उन्हें बहुत कुछ करना पड़ेगा, जिसे करते हुए देखा भी जा रहा है।

संविधान के अन्तर्गत जारी प्रशासन व्यवस्था का पूर्वानुमान स्वतन्त्र भारत के निर्माता एवं भविष्य दृष्टा जवाहरलाल नेहरू से संबंधित एक संस्मरण में देखा जा सकता है, जिसे अजमेर क्षेत्र के स्वतन्त्रता सेनानी राजेन्द्रकुमार 'अजेय' के हवाले से "राजस्थान पत्रिका" 15 अगस्त, 2007 के "परिवार" परिशिष्ट में छापा गया था। 91 वर्ष की आयु प्राप्त श्री 'अजेय' ने लिखा था "स्वतन्त्रता संग्राम के दौरान मेरा मुख्य कार्यक्षेत्र अजमेर और आसपास का इलाका रहा। 1934 की बात है जवाहरलाल नेहरू गुजरात से ब्यावर होते हुए अजमेर जाने वाले थे। उस वक्त मैं कोटा में हरबर्ट कॉलेज (अब राजकीय महाविद्यालय) में पढ़ता था। मैं महापुरुषों के भाषण सुनने कोटा से भागकर

अमजेर आता था। रास्ते में ब्रिक्रियावास में हमने हजारों लोगों को इकट्ठा किया और उनसे संबोधन के लिए आग्रह किया। नेहरू जी ने वहाँ चरखे वाला झंडा फहराया और कहा–"देश जल्द आजाद होने वाला है"। मैं उनकी कार में पीछे बैठकर अजमेर गया। वहाँ उन्होंने भाषण समाप्त करते हुए कहा "मुझे दिल्ली जाना है"। लोगों ने कहा "थोड़ा रुक जाइए" तो उनका जवाब था 'अभी वो समय नहीं आया कि ट्रेन मेरा इंतजार करे, मुझे जाना होगा।"

1947 में वह समय आ गया, जब ट्रेनें ही क्या प्रत्येक गति और विधि उनका इंतजार करने लगी। जनता के लिए निर्धारित सामान्य मानदण्डों को एक तरफ करके अभिजातों और नवअभिजातों की विशिष्ट सेवा में लगे रहना प्रशासन का मूलमन्त्र है।

एक और घटना। राजस्थान की विधानसभा के चुनावों के बाद खान मंत्री के इलाके का विशिष्ट व्यक्ति खान मालिक जो कि गैर–कानूनी खनन करता था और जिसकी पुरानी खान का नवीनीकरण अधिकारियों ने मना कर दिया था, खान मंत्री के पास गया और अपना दुःखड़ा बताया। खान मंत्री ने कहा, "अपनी दरखास्त दे दो, नियमानुसार नवीनीकरण कर दिया जाएगा।" खान मालिक ने कहा कि यदि नियमों के अनुसार ही काम करवाना होता तो आपको वोट क्यों देते और अपके पास क्यों आता। सीधे अफसर के पास ही चला जाता।

प्रशासन तन्त्र के विभिन्न केन्द्रों का इस तरह के गठनबंधन जिसमें आगे चलकर प्रचार तन्त्र भी शामिल हो गया है। हालांकि प्रचार माध्यमों को लोकन्तत्र का चौथा स्तम्भ कहा जाता है, लेकिन यह जनता की आवाज नहीं बनकर प्रशासन तन्त्र के विभिन्न केन्द्रों, विभिन्न गुटों का समर्थन या विरोध करते नजर आते हैं। कभी नेताओं के भ्रष्टाचार की किस्सागोई करते हैं तो कभी अफसरों या कर्मचारियों के किस्से हवा में उड़ाते रहते हैं, परन्तु कभी जनता की अपेक्षाओं की तरफ नहीं देखते। यही कारण है किये अपने प्रशंसित केन्द्र या गुट के लिए पूरी ताकत लगा देते हैं और विरोधी केन्द्र या गुट के खिलाफ कार्रवाई करते नजर आते हैं। अब तो यह भी सामने आया है कि व्यक्तिगत रूप से ही नहीं, पार्टी स्तर और अफसरों के स्तर पर भी पैसे देकर अपनी खबरें छपवाई जा रही है।

इन तीनों स्तम्भों की आपसी एकजुटता इस बात में भी प्रकट होती है कि वास्तविक कार्यों के बदले आंकड़ों का मायाजाल खड़ा कर विकास का भ्रम खड़ा किया जाता है। किसी भी योजना या पंचवर्षीय योजना या वार्षिक बजट में विकास का पैमाना कार्य निष्पादन को आधार नहीं बनाकर पैसों–रुपयों की तादाद में आंका जाता है। पैसा कितना खर्च किया गया, विकास का या

कार्य निष्पादन का दावा उतना ही ठोस माना जाता है। पैसों का खर्च करने का सबसे बेतुका स्वरूप वित्तीय वर्ष के आखिरी माह में देखने को मिलता है, जब बजट की राशि को वापस नहीं करने के लिए रातों–रात खर्च कर दी जाती है तथा बजट प्रस्तुतिकरण के समय मेजों की थपथप के बीच विकास या कार्य निष्पादन की वाहवाही लूटी जाती है।

प्रशासन तन्त्र का नौकरशाही के अलावा एक और अंग होता है, जो व्यापक रूप से फैला हुआ है और जिसकी पहुंच लगभग हर एक आदमी तक आसानी से होती है, वह है पुलिस तन्त्र। लोकतन्त्र में पुलिस को जनता के रक्षक के बतौर माना जाता है, लेकिन उसका उपयोग जनता के खिलाफ ज्यादा किया जाता है। जनता सामान्य परिस्थितियों में पुलिस से दूर भागती है, परन्तु किसी भी संकट के समय वह पुलिस के पास ही जाएगी। यह वह तत्व है, जो पुलिस को जनता का विश्वास प्रदान करती है। जब यह कहा जाता है कि "पुलिस का उपयोग जनता के खिलाफ ही ज्यादा किया जाता है" तब जाहिर है पुलिस का उपयोग करने वाला कोई और है, जो पुलिस को जनता के खिलाफ इस्तेमाल करता है, जाहिर है वह उसे अपने हितों के लिए ही इस्तेमाल करता है और यही एक सीमा रेखा खिंच जाती है, जनता और कार्यपालिका के बीच। ऐसे किस्से हजारों की तादात में मिल जाएंगे। पुलिस स्वयं भी अपने दुरुपयोग से परेशान हो चुकी है, परन्तु नौकरी है, कुछ कर नहीं सकती। रेल सफर के दौरान सहयात्री एक पुलिस अधिकारी ने यह कहा कि "यदि हमें छूट दे दी जाए तो सारे बदमाशों को, चाहे वह आदतन हो या नेता या अफसर, चौबीस घन्टे में अन्दर बंद कर दें।" निश्चय ही यह सही है, आखिर अपराधियों और पूंजीपतियों, अभिजातों का चोली–दामन का साथ जो होता है।

परन्तु, लोकतन्त्र में जिनको दृढ़ विश्वास है, वे उसका भी सामना करते हैं। पुलिस का एक सब–इंस्पेक्टर यूनुस अली 2006 से 2008 तक जयपुर के हरमाड़ा थाना में तैनात था। तब उसने आदतन अपराधी विक्रमसिंह शेखावत के खिलाफ मारपीट, जमीनों पर कब्जा करने से संबंधित कई मामलों की जांच कर कोर्ट में चालान पेश करने के अनुमति के लिए उच्च अधिकारियों के पास भेजा, लेकिन आई.जी. पंकज कुमारसिंह व डी.एस.पी. रामसिंह ने उल्टे यूनुस अली के खिलाफ फर्जी दस्तावेज तैयार कर उसे हानि पहुंचाने के लिए अपने पद का दुरुपयोग किया तथा अपराधी को बचाने व उसके खिलाफ कार्रवाई न करने के एवज में एक भूखण्ड की भी डील की और यूनुस अली के खिलाफ तीन झूठे आरोप लगाकर विभागीय जांच के द्वारा उसे सेवा से बर्खास्त करने की सिफारिश की, लेकिन उच्च स्तर पर जांच

किए जाने पर यूनुस अली के अनुसंधान को सही और आई.जी. व डी.एस.पी. की जांचों को झूठा पाया गया। तब यूनुस अली ने आई.जी. सहित अन्यों के खिलाफ मामला दर्ज करने की गुहार की और अधीनस्थ न्यायालय ने एक आदतन अपराधी को बचाने और लोक सेवक (सब–इंस्पेक्टर) के काम में बाधा पहुंचाने के आरोप में छः व्यक्तियों आई.जी. पंकजकुमार सिंह, डी.एस.पी. दिनेश बोहरा व रामसिंह शेखावत, विक्रमसिंह शेखावत, जयपालसिंह व बीना कंवर को आरोपी बनाकर जयपुर के बनी पार्क थाने में मामला दर्ज कर जांच करने के आदेश दिए तथा न्यायालय ने जांच रिपोर्ट मांगी है।[1]

साफ तौर पर देखा जा सकता है पुलिस का दुरुपयोग करने वालों का स्तर, उनके आपसी सामाजिक एवं आर्थिक संबंध। लोकतंत्र को अभी और परिपक्व करना होगा। जनता का विश्वास अपनी सहयोगी संस्था पुलिस पर इतना बढ़ जाए कि ब्रिटिश पुलिस की तरह मजाकिया संबोधन "बॉबी" मजाक न रहकर एक प्यारा नाम बन जाए, जो कि पुलिस जैसे कड़वाहट भरे नाम से कई गुना ज्यादा आत्मीय हो गया है।

1. समाचार पत्रों के जयपुर संस्करणों में दिनांक 27–3–2010 को प्रकाशित समाचार।

17

जन प्रतिनिधि

(1) "जन प्रतिनिधि" इस आकर्षक शब्द से देश की जनता के दिल और दिमाग के निचोड़ का, संगठन का, प्रतिध्वनि का बोध होता है। लेकिन भारत में संविधान के अन्तर्गत जनप्रतिनिधि ऐसा नहीं होकर अपनी ऐसी छवि बना चुका है कि यह नाम आते ही आम आदमी के मन में घृणा पैदा हो जाती है, एक रिश्वतखोरों का सरदार, गैर–कानूनी काम करने, कराने का लाइसेंसधारी, जनता के शान्त जीवन में कानून से बेखौफ होकर गुंडागर्दी करने वाला, मोटी चमड़ी वाला, झक कपड़े पहने, अपने बचाव और रक्षा के नाम पर पांच–दस पुलिस, सशस्त्र बलों के साथ अपने खास लठैतों को साथ लिये व्यक्ति का चित्र उभरता है और अपने जनप्रतिनिधि के लिये एक शब्द भी नहीं कह सकती जनता। अफसोस, संविधान के अन्तर्गत लोकतन्त्र ने जनता की आवाज को बंद कर दिया लगता है, मुंह को सिल सा दिया है। उसके लिये कोई प्रावधान संविधान में नहीं किया गया है, यदि किया भी गया है तो वह तथाकथित विशेषाधिकार की भेंट चढ़ गया है।

जन प्रतिनिधित्व संबंधी प्रावधान संविधान के अनुच्छेद 79, 80, 81 में किये गये हैं, जिनकों व्यावहारिक रूप देने के लिये जनप्रतिनिधित्व अधिनियम, 1950 व जनप्रतिनिधित्व अधिनियम, 1951 बनाये गये। उनके मूलरूप को पहले चुनावों से पहले ही कई बार संशोधित किया गया और अन्ततः बावनवें संविधान संशोधन के द्वारा 01.03.1985 से अनुच्छेद 102 व 191 में खण्ड (2) जोड़कर दसवीं अनुसूची जोड़ी गई, जिसके अनुसार लोकतन्त्र की आत्मा, जनप्रतिनिधित्व को कुछ गुटों के प्रतिनिधि बना दिया गया है, जिन्हें राजनीति की भाषा में "राजनीतिक पार्टी" कहा गया है।

प्रावधान इस प्रकार हैं–

अनुच्छेद 79. संसद का गठन

संघ के लिये एक संसद होगी जो राष्ट्रपति और दो सदनों से मिलकर बनेगी, जिनके नाम राज्यसभा और लोकसभा होंगे।

अनुच्छेद 80. राज्य सभा की संरचना

(1) राज्य सभा–

(ए) राष्ट्रपति द्वारा खण्ड (3) के प्रावधानों के अनुसार नाम निर्देशित किये जाने वाले बारह सदस्यों, और

(बी) राज्यों के और संघ शासित क्षेत्रों के दो सौ अड़तीस प्रतिनिधियों, से मिलकर बनेंगी।

(2) राज्य सभा में "राज्यों और संघ शासित क्षेत्रों के प्रतिनिधियों द्वारा भरे जाने वाले स्थानों का आवंटन, चौथी अनुसूची में इस निमित निर्दिष्ट उपबंधों के अनुसार होगा।

(3) राष्ट्रपति द्वारा खण्ड (1) के उपखण्ड (ए) के अधीन नाम निर्देशित किये जाने वाले सदस्य ऐसे व्यक्ति होंगे, जिन्हें निम्नलिखित विषयों के संबंध में विशेष ज्ञान या व्यावहारिक अनुभव हो अर्थात् साहित्य, विज्ञान, कला और समाज सेवा।

(4) राज्य सभा के प्रत्येक राज्य के प्रतिनिधियों का निर्वाचन उस राज्य की विधान सभा के निर्वाचित सदस्यों द्वारा आनुपातिक प्रतिनिधित्व पद्धति के अनुसार एकल एवं हस्तान्तरणीय मत द्वारा किया जायेगा।

(5) राज्यसभा में संघ शासित क्षेत्रों के प्रतिनिधि ऐसी प्रक्रिया से चुने जायेंगे, जो संसद विधि द्वारा विहित करें।

अनुच्छेद 81. लोकसभा की संरचना

(1) अनुच्छेद 331 के प्रावधानों के अधीन रहते हुये, लोकसभा–

(ए) राज्यों में सीमाबद्ध निर्वाचन क्षेत्रों से प्रत्यक्ष निर्वाचन द्वारा चुने हुए, जो पांच सौ तीस से अधिक नहीं हो, सदस्य तथा

(बी) संघ शासित क्षेत्रों का प्रतिनिधित्व करने के लिये ऐसी प्रक्रिया से, जो संसद विधि द्वारा निर्धारित करें, चुने हुये बीस से अनधिक सदस्यों से मिलकर बनेगी:

(2) खण्ड (1) के उपखण्ड (ए) के उद्देश्य के लिये–

(ए) प्रत्येक राज्य को लोकसभा में स्थानों का आवंटन उस प्रकार से किया जायेगा कि स्थानों की संख्या से उस राज्य की जनसंख्या का अनुपात सभी राज्यों के लिये यथासम्भव एक ही हो, और

(बी) प्रत्येक राज्य को सीमाबद्ध निर्वाचन क्षेत्रों में इस प्रकार विभाजित किया जायेगा कि प्रत्येक निर्वाचन क्षेत्र की जनसंख्या का उसको आवंटित स्थानों की संख्या का अनुपात सभी राज्यों में एक ही हो,

परन्तु इस खण्ड के उपखण्ड (ए) के प्रावधान किसी राज्य की लोकसभा में स्थानों के आवंटन के प्रयोजन के लिये तब तक लागू नहीं होंगे, जब तक कि उस राज्य की जनसंख्या साठ लाख से अधिक नहीं हो जाती है।

(3) इस अनुच्छेद में "जनसंख्या" शब्द से ऐसी अन्तिम पूर्ववर्ती जनगणना में आंकी गई जनसंख्या का तात्पर्य है, जिसके सुसंगत आंकड़े प्रकाशित हो गये हैं।

परन्तु, इस खण्ड में, अन्तिम पूर्ववर्ती जनगणना के प्रति, जिसके सुसंगत आंकड़े प्रकाशित हो गये हों, निर्देश का जब तक सन [2026] के पश्चात् की गई पहली जनगणना के सुसंगत आंकड़े प्रकाशित नहीं हो जाते हैं। यह अर्थ लगाया जायेगा कि वह

(i) खण्ड 2 के उपखण्ड (ए) और उस खण्ड के परन्तुक के प्रयोजनों के लिये, 1971 की जनगणना के प्रति निर्देश हैं, और (ii) खण्ड (2) के उपखण्ड (बी) के प्रयोजनों के लिये, 2001 की जनगणना के प्रति निर्देश है।

अनुच्छेद 80 को पैंतीसवें संविधान संशोधन, 1974 के द्वारा, संशोधित कर दसवीं अनुसूची जोड़ी गई, जिसे पुनः छत्तीसवें संविधान संशोधन, 1975 के द्वारा उस अनुच्छेद में संशोधन कर दसवीं अनुसूची को हटा दिया गया।

अनुच्छेद 81 व 82 को सातवें संशोधन, 1956 के द्वारा पूरा ही बदला गया। अनुच्छेद 81 को चौदवें संशोधन, 1962, पैंतीसवें, 1974 व छत्तीसवें संशोधन, 1975 के द्वारा संशोधित किया गया। इकत्तीसवें संशोधन, 1973 के द्वारा परन्तुक जोड़ा गया तथा बयालिसवें संशोधन, 1976 के द्वारा अनुच्छेद 81(3) में एक और परन्तुक जोड़ा गया, जिन्हें चौरासीवें संशोधन, 2001 व सत्यासीवें संशोधन, 2003 द्वारा संशोधित किया गया। अनुच्छेद 82 को भी इसी प्रकार संशोधित किया गया। हद तो तब हो गई, जब 1985 में अनुच्छेद 102 में उपधारा (2) जोड़कर संविधान का वचन और लोकतन्त्र की आत्मा "जनप्रतिनिधि" की परिभाषा को बदल कर "पार्टी प्रतिनिधि" कर दिया गया। पहले जोड़ी फिर हटाई गई अनुसूची दस के स्थान पर एक नई इबारत लिखकर दसवीं अनुसूची नाम दे दिया गया, जिसे "दलबदल विरोधी कानून" के रूप में प्रचारित किया गया।

संविधान के इन्हीं प्रावधानों को अमल में लाने के लिये जनप्रतिनिधित्व अधिनियम, 1950 एवं जनप्रतिनिधित्व अधिनियम, 1951 बनाये गये थे, जिनके अनुसार निर्वाचन क्षेत्रों का सीमांकन, चुनाव की प्रक्रिया आदि तय की गई,

परन्तु इस दोनों अधिनियमों के अनुसार कार्य निष्पादन करने से पहले ही संशोधित करना प्रारम्भ किया गया। इसमें जनप्रतिनिधित्व अधिनियम, 1951 के संशोधन महत्वपूर्ण हैं।

सबसे महत्वपूर्ण संशोधन 1956 में किये गये। इनमें प्रमुख हैं–धारा 2(एफ), जिसमें राजनीतिक पार्टी को पारिभाषित किया गया था, हटा दिया गया था, जिसे पुनः 1989 के संशोधन से पुनः जोड़ दिया गया।

इसी प्रकार अपात्रता से संबंधित प्रावधान में "भ्रष्ट" शब्द के साथ प्रयुक्त "गैर–कानूनी गतिविधियाँ" (Illegal Practices) शब्द को हटा दिया गया था।[1] अब गैर–कानूनी काम करने वाला व्यक्ति भी सांसद या विधायक बन सकता था। (उल्लेखनीय है, पंचायतों में पंच या सरपंच बनने में दो से अधिक बच्चे होना भी अड़चन है)।

सबसे दुर्भाग्यपूर्ण संशोधन 1989 का रहा, जिसके बाद से जनता को अपना प्रतिनिधि चुनने का अधिकार नहीं रहा, बल्कि राजनीतिक पार्टियों के प्रतिनिधि चुनने की बाध्यता कर दी गई। इसी वर्ष संविधान में संशोधन करके राजनीतिक पार्टियों के चुने गये प्रतिनिधियों को केवल उसी पार्टी से जुड़े रहने की गारंटी की गई। यदि जुदा राय रखता है, तो उसे संसद या विधानसभा की अपनी सदस्यता से हाथ धोना पड़ेगा। जनता यदि अपने निकम्मे–नालायक प्रतिनिधि को वापस लाना चाहे तो वह ऐसा नहीं कर सकती, परन्तु राजनीतिक पार्टी के नेता की बात नहीं मानने (व्हीप की बात नहीं मानने) मात्र से ही उस सदस्य की संसद या विधानसभा की सदस्यता समाप्त हो जायेगी।

इन परिवर्तनों से यही व्यवस्था बना दी गई है कि इस संविधान के अन्तर्गत चुनावों के माध्यम से जनता के प्रतिनिधि नहीं चुने जाते हैं; बल्कि राजनीतिक पार्टियों के प्रतिनिधि ही चुने जाते हैं, जो जनता के प्रति उत्तरदायी न होकर या तो अपनी पार्टी के प्रति उत्तरदायी होते हैं या अपने व्यावसायिक हितों के प्रति उत्तरदायी होते हैं। तभी तो गैर–कानूनी कार्यकलापों में संलग्न पार्टी प्रतिनिधि को चुने जाने का रास्ता साफ किया गया। अब गैर–कानूनी काम करने वालों के तो कई प्रकार के गैर–कानूनी कार्यकलाप हो सकते हैं, अतः उन्हीं को बचाने के लिये उन्हें संरक्षित करने के लिये वे संसद में बैठकर कानून बनायेंगे। यदि कोई सार्थक कानून का सवाल आता है तो विरोध में

---

1. जनप्रतिनिधित्व अधिनियम, 1951 के भाग–VII का शीर्षक एवं अनुगामी अध्याय 1 का पाठ जिसे 1956 के 27वें अधिनियम के द्वारा 28–8–1956 से (दूसरे आम चुनावों के ठीक पहले) बदला गया।

सभी लगभग सभी प्रतिनिधि हंगामा करने लगते हैं, जोकि टेलीविजन के माध्यम से जनता से छुपा नहीं है।[2]

एक ऐसा ही प्रावधान कि भारत के किसी भी भाग की मतदाता सूची में यदि नाम हैं, तो वह देश के किसी भी संसदीय क्षेत्र के लिये चुनाव लड़ सकता है (केवल आसाम व लक्षद्वीप के अनुसूचित जाति के क्षेत्र व सिक्किम को छोड़कर)। ऐसे में कोई कैसे उस क्षेत्र की जनता का प्रतिनिधि हो सकता है? जाहिर है, वह जनता का नहीं बल्कि किसी पार्टी का ही प्रतिनिधि होगा।

यह सब चूंकि कुछ चुनिंदा वर्गों एवं उनके स्थायी प्रतिनिधि व्यक्तियों को स्थायी रूप से राजनीति में सक्रिय रखने के उद्देश्य से हैं किसी भी, परिवर्तन इनके लिए खतरनाक हो सकता है और संसद या विधानसभाओं में जनता के अधिक प्रतिनिधि पहुंचने से खतरा यह भी है कि जमे हुए व्यक्तियों, परिवारों को विधायकाओं में पराजित होना पड़ सकता है; इसलिये अनुच्छेद 331 को लगातार संशोधित करके संसद और विधानासभाओं में प्रतिनिधि सदस्यों की संख्या फिलहाल 60 वर्षों के लिए (1971 से 1931 तक) सीमित कर दी गई है; जबकि मूलप्रावधान पाँच से साढ़े सात लाख की जनसंख्या पर एक लोकसभा के सदस्य के हिसाब से प्रतिनिधित्व देश था।

इसी प्रकार, राज्यसभा के सदस्यों के लिये अलग–अलग विशेषज्ञता क्षेत्र होता है, जो कि 1935 के संविधान और उसके पहले की व्यवस्था में भी था, परन्तु संविधान निर्माण के समय "वरिष्ठों" की वरिष्ठता को झुठला दिया गया और विभिन्न क्षेत्रों के विशेषज्ञों के प्रतिनिधि लेने के बदले विधान–सभाओं के

---

2. 2 सितम्बर, 2007 को *राजस्थान पत्रिका* में प्रकाशित वी.एन. नारायण के एक विशेष आलेख में बताया गया कि लोकसभा के 539 सासंदो में से करीब 136 आपराधिक छवि वाले हैं। यानी कुल सदस्य संख्या का करीब 25 फीसदी। स्वयंसेवी संस्था नेशनल सोशल वाच कोलीशन की सिटिजंस रिपोर्ट ऑफ गवर्नेस एण्ड डेवलपमेंट, 2006 में इस तथ्य का उल्लेख है। रिपोर्ट के अनुसार युवा सांसद कानून बनाने और मौजूदा कानूनों की रक्षा के बजाए कानून तोड़ने में ज्यादा मशगूल हैं।

"मौजूदा सदन में करीब 30.4 फीसदी युवा (36 से 45 आयु वर्ग के) सांसदों पर आपराधिक मामले दर्ज हैं। इनमें से भी 18.3 फीसदी युवा सांसदों पर तो हत्या, बलात्कार, अपहरण, फिरौती जैसे संगीन मामले देश के विभिन्न राज्यों में चल रहे हैं। सोशल वाच इंडिया के हिमांशु झा के अनुसार आपराधिक प्रवृत्त के युवा राजनीति को बिजनेस का अवसर मानकर इसमें आ रहे हैं।

इलाहाबाद उच्च न्यायालय में पेश उत्तरप्रदेश पुलिस की रिपोर्ट में माना गया है कि राज्य के 80 में से 24 सांसदों के खिलाफ 138 मामले दर्ज हैं। इसी तरह सवा सौ मौजूदा एवं पूर्व विधायकों पर करीब 350 आपराधिक मामले हैं।

सदस्यों को ही अपनी पार्टी के बचे–खुचे लोगों (नेताओं) को समायोजित करने के लिये व्यवस्था की गई। विशेषज्ञों के नाम पर साहित्य, विज्ञान, कला और समाज सेवा अनुच्छेद 171(3), के क्षेत्रों से केवल बारह प्रतिनिधि सत्तापक्ष राष्ट्रपति द्वारा मनोनयन के नाम पर राज्यसभा में भेजे जाते हैं। जबकि अनुच्छेद 17(3) में राज्यों की विधान परिषदों में विशिष्ट क्षेत्रों के प्रतिनिधि चुनने का प्रावधान है, जो कि राज्यसभा के लिये भी मूलरूप से प्रस्तावित था और होना चाहिये।

राज्यसभा का सदस्य बनाये जाने के लिये पहले उसी राज्य का मतदाता होने का प्रावधान था, जिसे 2003 के संशोधन के द्वारा (जनप्रतिनिधित्व अधिनियम, 1951 की धारा 3) इसे भारत के किसी भी भाग का मतदाता होने की छूट दे दी गई। यहाँ, यह उल्लेखनीय है कि उक्त धारा 3 को 01.11. 1956 में संशोधित कर वर्तमान शब्दावली रखी गई है।

इससे जाहिर है कि राज्यसभा के प्रतिनिधित्व को भी केवल पार्टी के प्रतिनिधियों के लिये आरक्षित कर दिया गया है।

इस प्रकार संसद और विधानसभाओं में जाने वाले व्यक्ति जब अपने आपको जनता का प्रतिनिधि नहीं मानकर किसी पार्टी या गुट का प्रतिनिधि मानने लगे हैं (और वे हैं भी) तो उनका आचार–व्यवहार जनता के प्रति उत्तरदायी या जवाबदेह कैसे हो सकता है? यह तथ्य संसद संबंधी कुछ आंकड़ों से स्पष्ट हो जाता है।

पहली संसद में औसत 100 से ज्यादा बैठकें हुई। 1956 में 152 बैठकें हुई थी। (ध्यान रहे यह दूसरे आम चुनावों का पहले का वर्ष था और जनप्रतिनिधित्व कानून, 1951 और संविधान में कई संशोधन किये गये थे, जो कि चुनाव प्रणाली को प्रभावित करने वाले थे)।

1999 से लेकर 2008 तक बैठकों की संख्या 90 का आंकड़ा भी नहीं छू सकी–

1999	2000	2001	2002	2003	2004	2005	2006	2007	2008
51	85	81	84	74	53	85	87	88	58

उल्लेखनीय है कि लगभग तीन माह चलने वाले बजट सत्र (फरवरी मध्य से मई मध्य तक) के बावजूद यह स्थिति है। बजट पर बहसें अब संसद में समाप्त कर दी गई हैं, केवल विभिन्न उपसमितियां बजट प्रस्तावों पर चर्चा करती है, बजट प्रस्तावों पर चर्चा करती है, उस दौरान बजट सत्र का अवकाश रखा जाता है।

इसके बावजूद संसद का खर्च देखिये–

वर्ष	खर्च प्रति मिनट (रुपयों में)	खर्च प्रति घंटे (लाखों में)	कुल खर्च करोड़ों में
1990–91	2517	1.51	27.72
2002–2003	28820	17.89	328.78
2005–2006	27342	18.40	301.45
2007–2008	34550	20.73	381.08
2008–2009	39766	23.96	438.50

ऐसा क्यों? राजनीतिक पार्टियां ऐसे आदमी को अपना प्रतिनिधि बनाती है, जो जीत सके हर हालत में। ऐसे में उनका प्रतिनिधि क्या क्या नहीं करता, उनके अधिकार और अधिकार ही उनको एक विशेष दर्जा दे देते हैं, जो इनके सार्वजनिक ही नहीं, बल्कि निजी जीवन में भी कई सुविधायें प्रदान करता है। आम जनता उसके सामने कुछ नहीं होती (सिवाय अपने समर्थकों के),[3] सरकारी अधिकारी उनकी गलत मांगों और कामों के लिये भी 'ना' नहीं कह सकता, पुलिस तो जैसे उनके हुकम पर चलने वाली सेना है। यह सब कैसे और क्यों है? क्या ये इनके विशेषाधिकारों में आता है।

जनप्रतिनिधियों के विशेषाधिकार

अक्सर, सांसद या विधायक राह चलते भी विशेषाधिकारों की बात करने लगता है और संसद या विधान सभा में भी उसकी शिकायत करता है जिस पर कार्यवाही होती है। आखिर यह विशेषाधिकार है क्या?

संसद के सदस्यों के विशेषाधिकार अनुच्छेद 105 में तथा विधान सभा के सदस्यों के विशेषाधिकार अनुच्छेद 194 में दिये गये हैं।

अनुच्छेद 105–संसद के सदनों की तथा उनके सदस्यों और समितियों की शक्तियां, विशेषाधिकार आदि:–*(1) इस संविधान के उपबंधों के और संसद की प्रक्रिया का नियमन करने वाले नियमों और स्थाई आदेशों के अधीन रहते हुये संसद में बोलने की स्वतंत्रता होगी।*

3. 2010 के मानसून सत्र में सांसदों के वेतन–भत्ते बढ़ाने के मामले को देश की जनता ने टेलीविजन पर देखा है और अखबारों में पढ़ा है। कुछ की मांग थी कि उनकी तनख्वा कैबिनेट सचिव से एक रूपया अधिक (80,001) की जाए। वैसे सभी भत्ते मिलाकर अभी रु. 1.50 लाख से अधिक प्रतिमाह प्रत्येक सांसद का वेतन है।

(2) संसद में या उसकी किसी समिति में संसद के किसी सदस्य द्वारा कही गई किसी बात या दिये गये किसी मत के संबंध में उसके विरूद्ध किसी न्यायालय में कोई कार्यवाही नहीं की जायेगी और किसी व्यक्ति के विरूद्ध सांसद के किसी सदन के प्राधिकार द्वारा उसके अधीन किसी प्रतिवेदन, पत्र, मतों या कार्यवाहियों के प्रकाशन के संबंध में इस प्रकार की कार्यवाही नहीं की जायेगी।

(3) अन्य बातों में संसद के प्रत्येक सदन की और प्रत्येक सदन के सदस्यों और समितियों की शक्तियां, विशेषाधिकार और संरक्षायें, ऐसी होगी जो संसद समय–समय पर, विधि द्वारा परिनिश्चित करे और जब तक वे इस प्रकार परिनिश्चित नहीं की जाती है, तब तक वे वहीं होंगी जो संविधान (चवालीसवां संशोधन) अधिनियम, 1978 की धारा 15 के प्रभावी होने से ठीक पहले उस सदन की और उसके सदस्यों और समितियों की थी।

(4) जिन व्यक्तियों को इस संविधान के आधार पर संसद के किसी सदन या उसकी किसी समिति में बोलने का और उसकी कार्यवाहियों में अन्यथा भाग लेने का अधिकार है, उनके संबंध में खण्ड (1) खण्ड (2) और खण्ड (3) के उपबंध उसी प्रकार लागू होंगे जिस प्रकार वे संसद के सदस्यों के संबंध में लागू होते हैं।

[उपरोक्त खण्ड (3) को 42वें संशोधन द्वारा 1976 में संशोधित किया गया था, जिसे प्रभावी किये जाने से पहले ही 1978 में 44वें संशोधन के द्वारा पुनः मूल भाषा–शब्दों को समाहित कर दिया गया था, जो इस प्रकार है–

(3) अन्य बातों में संसद के प्रत्येक सदन की और प्रत्येक सदन के सदस्यों और समितियों की शक्तियां विशेषाधिकार और संरक्षायें वही होंगी जो संसद समय समय पर, विधि द्वारा परिनिश्चित करे और जब तक वे इस प्रकार परिनिश्चित नहीं की जाती हैं, तब तक वे वे ही होंगी जो इस संविधान के लागू होने के समय ब्रिटेन (यू.के.) की संसद के निचले सदन को, और उसके सदस्यों और समितियों को उपलब्ध थे।][4]

अनुच्छेद 194 की भाषा भी यही है, केवल संसद के स्थान पर 'राज्य के विधान मंडल' शब्द का प्रयोग है।

इन प्रावधानों से साफ है कि प्रत्येक सांसद या विधायक को किसी भी प्रकार के विशेषाधिकार केवल संसद के भीतर सांसद के रूप में भाग लेते

---

4. एक सार्वभौम देश के संविधान में संविधान के असितत्व में आने के पहले के कानूनों को हावी रखा गया है। यहाँ कि उसमें किसी अन्य देश के संविधान, कानून और परम्पराओं को वरीयता देना सार्वभौमिकता पर प्रश्न चिन्ह लगता है। फिर, गरिमा भी तो ब्रिटिश सांसदों की तरह रखी जानी चाहिए।

समय और किसी संसदीय समिति के सदस्य के रूप में अपना कार्य निष्पादित करते समय ही उपलब्ध है। इस सीमा के बाहर किसी भी सांसद या विधायक को किसी भी प्रकार का विशेषाधिकार प्राप्त नहीं है।

उल्लेखनीय है कि इनके विशेषाधिकारों का नियमन करने के लिये संसद ने अभी कोई कानून नहीं बनया है। अतः इनके विशेषाधिकार एवं संरक्षायें ब्रिटिश सांसदों को मिलने वाले विशेषाधिकारों अनुरूप ही है। ये मुख्य रूप से वे ही है जिन्हें उपरोक्त अनुच्छेद में शामिल किया गया है, वे इस प्रकार हैः–

(1) बोलने की स्वतंत्रताः संसद या विधान मंडलों में और उनकी समितियों में अपने विचार व्यक्त करने की पूरी स्वतंत्रता है। इसके बाहर नहीं। इनके बाहर व ही सीमायें इन पर लागू हैं, जो आम नागरिक पर लागू हैं, जहाँ विशेषाधिकार हनन नहीं है।

(2) कार्यवाहियों को प्रकाशित करने का अधिकारः संसद, विधान मंडलों या इनकी समितियों की कार्यवाही का प्रकाशन या सार्वजनिक किये जाने का अधिकार भी संसद या विधान मंडल या उनकी समितियों को उनके अध्यक्ष के माध्यम से है। यदि अन्य प्रकार से ये प्रकाशित की जाती है तो यह विशेषाधिकार हनन का मामला बनता है।

(3) गिरफ्तारी से छूटः जब संसद या विधान मंडल की कार्यवाही जारी हो और उसमें उस सांसद या विधायक को भाग लेना हो तो उसे सिविल मामलों में गिरफ्तार नहीं किया जा सकता, जो कि सदन की बैठक से चालीस दिन पहले और चालीस दिन बाद तक उपलब्ध है। इस प्रकार सदन की दो बैठकों के बीच अस्सी दिनों का अन्तराल है, तो किसी सांसद या विधायक को सिविल मामले में गिरफ्तार नहीं किया जा सकता। परन्तु, आपराधिक मामले में उन्हें किसी प्रकार का संरक्षण नहीं मिलेगा।

(4) किसी बाहरी व्यक्ति को कार्यवाही में शामिल नहीं करनाः किसी सदन या किसी समिति की कार्यवाही के दौरान किसी बाहरी व्यक्ति को उपस्थित रहने देने या नहीं रहने देने का इनको पूर्ण अधिकार है।

(5) कार्यवाहियों को प्रकाशित नहीं करने देनाः कोई भी सदन चाहे तो वह अपनी कार्यवाही या कार्यवाहियों को प्रकाशित करने से मना कर सकता है।

(6) अपने किसी सदस्य या बाहरी व्यक्ति को विशेषाधिकार हनन पर सजा देनाः यदि कोई सांसद, विधायक या समिति का सदस्य या अन्य कोई भी व्यक्ति उपरोक्त विशेषाधिकारों का हनन करता है तो संसद या विधानमंडल उसे सजा दे सकता है। यदि किसी की वह कार्यवाही विशेषाधिकार हनन नहीं है तो उसे "विशेषाधिकार हनन" के नाम पर सजा नहीं दी जा सकती।

परन्तु, सांसदों और विधायकों की विशेषाधिकार की अपनी–अपनी परिभाषायें हैं। उनके जरिये वे वी.आई.पी. या अभिजात बन गये हैं। सड़क पर चलने में भी उनका विशेषाधिकार है। किसी सरकारी दफ्तर में तो ऐसे व्यवहार करते हैं, जैसे उनकी इच्छा, उनकी वाणी ही कानून है, बने हुये नियम कायदे कुछ नहीं।

याद आता है तत्कालीन मद्रास से प्रकाशित पत्रिका *आनन्द विकटन* में प्रकाशित एक कार्टून जिसके गुण्डा जैसा लगने वाले को एमएलए और डाकू जैसे लगने वाले को एमपी बताया गया था और उसके सम्पादक को विधानसभा द्वारा विशेषाधिकार हनन के मामले के रूप में जेल की सजा दी गई थी, जबकि यह कोई ऐसा मामला नहीं था, जिसमें संविधान प्रदत्त किसी विशेषाधिकार का हनन हुआ है। *आनन्द विकटन* की वह अभिव्यक्ति तब भी शायद अतिरंजित नहीं थी और आज तो हो ही नहीं सकती, क्योंकि आज जीतने वाले उम्मीदवार की जरूरत सभी पार्टियों को है, और जीत वही सकता है, जो गैर कानूनी काम कर सके। पिछले अध्याय में उद्धृत आंकड़ों के अनुसार जब 539 में से 136 सांसद अपराधी रिकार्ड के हों तो उनकी चिंताएं क्या होंगी, उनके विशेषाधिकार क्या होंगे, यह आसानी से समझा जा सकता है। उनकी चिंतायें, उनके विशेषाधिकार जाहिर है, इनके समर्थकों को भी मिलते हैं, मिलते ही नहीं, उन्हें दिलवाते भी हैं, तब गलियों के छुटभैये भी अपने बास की चमक से चमके रहते हैं और जनप्रतिनिधि की हैसियत का पूरा उपभोग करते हुए कभी किसी दफ्तर में तोड़ फोड़ करते हैं, कभी किसी अफसर की पिटाई और बेइज्जती करते हैं और कभी राह चलते साधारण लोगों को आतंकित करते हैं। बाजार के व्यापारियों से हफ्ता वसूली तो इनका जैसे विशेषाधिकार है। बेचारे माइकल जैक्सन को भी मुम्बई में अपने शो की आमदनी ऐसे ही देनी पड़ी थी।

इसका क्या कारण है? देखा जाये तो इसका बीजारोपण 1956 में जनप्रतिनिधित्व अधिनियम, 1951 में किया गया वह संशोधन है, जिसके अनुसार "गैर–कानूनी" काम करने वाले को सांसद या विधायक बनने के लिये अयोग्य माना जाने का प्रावधान हटा दिया गया था और जो परवान चढ़ा। 1974–1976 में लगाये गये आपातकाल के दौरान जब युवाओं की नई फौज जो कांग्रेस पार्टी के औपचारिक सदस्य बने बिना उसके समर्थक बन गये और कई प्रकार के विशेषाधिकारों का उपभोग करने लगे और जिसका क्रूरतम रूप 1984 में सिखों के राष्ट्व्यापी सामूहिक कत्लेआम के रूप में देश के सामने आया और इतिहास में दर्ज हो गया। वही युवा फसल 30 प्रतिशत से ज्यादा अपराधिक रिकार्ड वाले सांसदों के रूप में आज संसद में मौजूद है।

18

राजनीतिक पार्टियाँ

लोकतन्त्र में पार्टियों का होना आवश्यक है। राजनीतिक पार्टियां विभिन्न सामाजिक वर्गों का प्रतिनिधित्व करती हैं और उनका यह लोकतान्त्रिक उत्तरदायित्व होता है कि वे उन वर्गों में, जिनका वह प्रतिनिधित्व करती हैं, राजनीतिक शिक्षा और जागरूकता पैदा करे, ताकि वे अपने वर्गीय हितों के अनुसार अपने उचित और दक्ष प्रतिनिधियों के हाथों में पार्टी का नेतृत्व सौंपे, जो उनके वर्गीय हितों की रक्षा करें। उनका विस्तार करे और उसके लिए राज्य सत्ता पर अधिकार कर अपनी सरकार बनाए तथा अपने प्रतिनिधि–वर्गीय हितों के अनुसार काम करे।

लेकिन चूंकि कोई भी राजनीतिक पार्टी सम्पूर्ण जनता की प्रतिनिधि पार्टी नहीं हो सकती और वह सरकार बनाने में भी पूर्णतः सक्षम नहीं हो सकती। अतः सरकार के उदग्म लोकतन्त्र के केन्द्र, संसद (या विधानसभा) में वे जनता के प्रतिनिधि ही कहलाते हैं, किसी पार्टी के प्रतिनिधि नहीं, क्योंकि किसी पार्टी के ही प्रतिनिधि बनकर सरकार चलाने पर उसके प्रतिद्वंद्वी वर्गों की पार्टियां उसका विरोध करेंगी और इस प्रकार, संसद लोकतंत्र का केन्द्र न होकर विभिन्न पार्टियों की कुश्ती (बहस के लिहाज से ही नहीं, बल्कि वास्तविक रूप में भी) का अखाड़ा बन जाएगी और प्रशासन–तन्त्र विकास की ओर आगे बढ़ने के बदले उस स्थिति का फायदा उठाने लगेगा।

कभी–कभी ऐसा भी लगता है कि किसी पार्टी को चुनावों में भारी जीत हासिल होती है तो वह यह समझने लगती है कि वह ही जनता की असली प्रतिनिधि है और जनता के सभी वर्गों का प्रतिनिधित्व करती है, परन्तु ऐसा नहीं होता। भारत में सभी राजनीतिक पार्टियों को अगर परखा जाए तो सभी पार्टियों का गठन उनके सामान्तवादी सामाजिक–चरित्र के आधार पर हुआ है और चूंकि आधुनिक लोकतंत्र पूंजीवाद की अनिवार्य उपज है, अतः समाज का आधार सामन्तवादी ढांचा न होकर पूंजीगत आधार पर बने विभिन्न वर्ग

हैं, जिनमें एक ओर उत्पादन के साधनों के मालिक और दूसरी ओर उनको संचालित करने वाले श्रमिक कर्मचारी। अपने सुविधा भोग के सहज अवसरों के कारण यह वर्ग एक और काम करता है, जो अन्य कर्मचारियों से तो अपने आपको अभिजात मानता है, परन्तु पूंजीपतियों का अविश्वसनीय सहायक होता है। यहां यह भी बता देना उचित होगा कि पूंजीपति भी कोई टाटा–बिड़ला या अम्बानी नाम के व्यक्ति नहीं है, परन्तु वह समुदाय है, जो उत्पादन के साधनों पर अपना अधिकार कायम रखता है, जो कि आजकल कारपोरेट तन्त्र के माध्यम से अभिव्यक्त होता है। जो इस कारपोरेट तन्त्र के सक्रिय या निष्क्रिय भागीदार होते हैं, वे स्वयं प्रत्यक्ष रूप से राजनीतिक पार्टी में भागीदार नहीं होते, बल्कि अपने समर्थक पैदा करके अपने हित साधने के लिए सरकारी तन्त्र को प्रभावित करते हैं। पूंजीपतियों की आपसी प्रतिद्वंद्विता के चलते वे अपने समर्थकों के माध्यम से अलग–अलग पार्टियों का निर्माण करवाते हैं।

ऐसे बनी राजनीतिक पार्टियां, लोकतंत्र की भाषा में अपने आपको पूंजीपतियों की पार्टी कहलाना पसन्द नहीं करेगी, बल्कि अपने आपको जनता की प्रतिनिधि पार्टी साबित करने के लिए समाज के विभिन्न वर्गों के बीच अपनी उपस्थिति साबित करने के लिए उनके बीच अपनी शाखाएँ खोलेंगी, जैसे मजदूरों के बीच और अप्रत्यक्ष रूप से सरकारी, अर्द्ध–सरकारी और गैर–सरकारी कर्मचारियों के बीच।

एक और तथ्य यह है कि सामाजिक, आर्थिक संक्रमणकाल में जो वर्ग, पार्टियां वर्तमान में वर्चस्व कायम किए हुए हैं, वे पार्टियां भी अपना आधार भावी समाज व्यवस्था में बनाए रखने के प्रति आश्वस्त नहीं हैं। अतः वे वर्तमान सामान्तवादी समाज व्यवस्था के बीच ही अपना आधार बनाए रखने में अपने आपको सुरक्षित महसूस करते हैं। अतः वे पार्टियां इस सामान्तवादी समाज व्यवस्था में कोई परिवर्तन नहीं चाहती हैं। इसका दूसरा कारण यह भी है कि उनके पास भावी समाज व्यवस्था का कोई सिद्धान्त या रूपरेखा भी नहीं है। अतः वे पार्टियां किसी सामाजिक परिवर्तन की संवाहक भी नहीं बन सकती हैं। इसलिए लगभग सभी राजनीतिक पार्टियां सामान्तवादी समाज व्यवस्था, यानी की धर्म और जाति आधारित सामाजिक गुटों, समुदायों के बीच अपना अस्तित्व खड़ा किए हुए हैं। कोई भी पार्टी अपने–अपने जातीय आधारों से बाहर नहीं निकल पाती हैं। किसी पार्टी में कोई भी व्यक्ति यदि पहली पंक्ति में आकर नेतृत्व संभालने की क्षमता रखता है या नेतृत्व संभालने की कोशिश करता है तो उसे उस पार्टी के प्रमुख केन्द्रीय व्यक्ति के विरुद्ध मानकर उसे सबक सिखाने के लिए उसे प्रताड़ित किया जाता है। परिणाम यह होता है कि वह अपने कुछ वफादारों और जातीय समर्थकों के साथ एक

नई पार्टी बना लेता है और इस प्रकार एक के बाद एक राजनीतिक पार्टी बनती जाती है।

इसी प्रकार पार्टियों का बनाते जाना ही वह प्रमुख कारण है कि इन पार्टियों के अस्तित्व को प्राण वायु दिए रखने के लिए जनप्रतिनिधित्व अधिनियम, उसकी बनावट और उसमें संशोधन, यहां तक कि संविधान में भी संविधान विरुद्ध संशोधन करने पड़े हैं। सभी संशोधनों की पृष्ठभूमि में ऐसा ही कोई कारण रहा है, बनिस्पत इसके कि जनता को राजनीतिक शिक्षा और लोकतांत्रिक उपयोगिता से शिक्षित–दीक्षित किया जाए।

एक बात और। विश्व के किसी भी लोकतंत्र को हम पूर्णता प्राप्त लोकतन्त्र नहीं कह सकते, क्योंकि सभी देशों की, सभी राजनीतिक पार्टियों की लोकतन्त्र संबंधी, उनकी अपनी–अपनी जातीय या गुटीय सीमाओं के कारण अपनी–अपनी व्याख्याएँ हैं वर्तमान में प्रचलित सभी लोकतन्त्रीय व्यवस्थाएँ अल्पतंत्रीय लोकतन्त्र है, जिसमें प्रत्येक राजनीतिक पार्टी एक ही उद्देश्य लेकर चलती है, वह यह कि किस प्रकार सत्ता पर कब्जा करके अपनी सरकार बनाई जाए और इस उद्देश्य की प्राप्ति के लिए वे वोट देने वालों से अर्थ, भय, धर्म, जाति, भाषा, क्षेत्रीय संस्कृति, किसी का भी सहारा लेकर, मतों की तुलनात्मक रूप से अधिक संख्या (प्रतिशत नहीं) प्राप्त करने का प्रयास करते हैं। इस प्रकार कई पार्टियों में से किसी न किसी पार्टी को तो अवसर मिलेगा ही। अन्यथा किसी भी राजनीतिक पार्टी की सदस्य संख्या कुल आबादी के हिसाब से नगण्य होती है और समर्थक भी उतने ही कम। लोकतन्त्र में खुला मतदान निरपेक्ष होता है, जबकि संसद या विधायिका आदि में यह मतदान सापेक्ष होता है।

× × ×

राजनीतिक पार्टियों की कुछ चरित्रिक विशेषताओं के उल्लेख के बाद भारत में मौजूद राजनीतिक पार्टियों के संबंध में, जिन्होंने संविधान और संवैधानिक व्यवस्था को प्रभावित किया है।

भारत में सबसे पुरानी राजनीतिक पार्टी का दर्जा जिसे प्राप्त है, वह है "भारतीय राष्ट्रीय कांग्रेस" जिसकी स्थापना दिसम्बर 1885 में की गई। इसकी स्थापना के पीछे मुख्य प्रेरणा ए.ओ. ह्यूम की थी, जो कि बुंदलेखण्ड इलाके में एक अंग्रेज प्रशासक था। अपने कई सुधारवादी कार्यों के कारण उस इलाके वह एक अच्छा अधिकारी माना जाता था। इसी कारण कांग्रेस का मुख्य उद्देश्य था कुछ सुधारवादी मांगे रखी जाए, जो कि राजनीतिक तद्नुसार कानूनी (वैधानिकता) सुधारों के रूप में परिलक्षित होती। जब कानूनी सुधारों

की बात उभरकर सामने आई तो जाहिर है, तत्कालीन कानूनों के श्रेष्ठ ज्ञाता इस पार्टी से जुड़ते और वे जुड़े भी। इस प्रकार प्रारम्भ से ही कानून के ज्ञाताओं, बैरिस्टरों के हाथों में कांग्रेस की बागडोर जाना तय हो गया।

लेकिन यूरोप, अमरीका के आंदोलनों और रूस की 1905 व 1917 की क्रान्तियों ने भारतीय जनता का एक नया नेतृत्व पैदा किया, जो केवल कानूनी सुधारों के द्वारा ही राजनीतिक स्वतन्त्रता प्राप्त करने के सिद्धान्त से सहमत नहीं था। आम जनता भी कानूनी भाषा के बदले साधारण शब्दों में बनाई जाने वाली राजनीतिक स्वतन्त्रता की बात को आसानी से समझ रही थी। यहीं से कांग्रेस का नेतृत्व किसके हाथों में रहे, यह अन्तर्विरोध पैदा हुआ और गरम दल–नरम दल के रूप में पहली रेखा खींच गई। नरम दल का नेतृत्व वकीलों के पास रहा और कानूनी रूप से गरम दल के लोगों को किनारे करना आसान रहा और वह किया भी गया।

इस सबके के बीच एक सवाल आ खड़ा हुआ, आम जनता का नेता कौन होगा, नेतृत्व किसके हाथों में रहेगा। जाहिर है, जो जनता के बीच जाकर उनका बन सके, वही उसे अपना बना सकता था। यहां से स्वयं वकील वर्ग में अन्तर्विरोध पैदा हो गया। क्या कांग्रेस मुसलमानों का भी नेतृत्व करती है? मोहम्मद अली जिन्ना 1896 से कांग्रेस का सदस्य था, लेकिन अपनी निरपेक्ष सोच के कारण और अभिजात्य स्थिति और आचार–विचार एवं व्यवहार के कारण मुसलमान उसे अपना नहीं मानते थे; इसीलिए 1906 में मुस्लिम लीग की स्थापना की गई। वह हमेशा कांग्रेस की छाया की तरह काम करती रही, जहाँ भी, जब भी कांग्रेस की मीटिंग या अधिवेशन होता, मुस्लिम लीग की मीटिंग या अधिवेशन भी वहीं होता रहा। ऐसी दशा में कांग्रेस का नेतृत्व उसे अपनी छाया मानकर अपने केन्द्रीय नेतृत्व में मुसलमानों को स्थान नहीं देने का स्वतःस्फूर्त या जानबूझकर प्रयास किया जाता रहा। 1916 के लखनऊ पैक्ट में जिन्ना की निरपेक्ष भूमिका के बावजूद कोई भी मुसलमान नेतृत्व में जगह नहीं बना सका।

इस बीच गांधीजी का पदार्पण हुआ। एक उत्कृष्ट बैरिस्टर, वकील होते हुए भी उन्होंने गरम दल वालों को करारा जवाब दिया और सरकार की नजरों में भी एक सुरक्षित नेतृत्व के रूप में माना जाने लगा। गांधीजी ने वकीलों के अभिजात्य व्यवहार को तोड़कर आम जनता में मिलने की ठानी और वे मिल भी गए। अब आम जनता को इससे कोई मतलब नहीं रहा कि कांग्रेस कोई पार्टी है या नहीं और उसका नेतृत्व किसके हाथों में है, उसे तो एक व्यक्ति में ही सम्पूर्ण पार्टी नजर आने लगी थी, जो उनकी आवाज को सरकारी गलियारों में समाचार पत्रों की सुर्खियों में जगह दिला सकता था। इससे भी

ज्यादा यह कि गांधीजी का आचार, व्यवहार स्वाभाविक रूप से हिन्दू होने के कारण समस्त हिन्दू धर्मावलंबियों को प्रभावित कर सका। यहीं से भावनात्मक नेतृत्व कायम हुआ, जहाँ जागरूक और सामयिक सिद्धान्तों का कोई मूल्य नहीं था। गांधीजी के रूप में कांग्रेस के बैरिस्टर नेतृत्व को जनता का भावनात्मक रूप से दोहन करने के लिए एक साधन मिल गया था। बहुसंख्यक हिन्दुओं को अब कांग्रेस अपना अनुचर और अपने आपको उसका नेतृत्व मानने लग गई थी।

परन्तु, समस्या मुसलमानों की थी। नाम के लिए ही सही जिन्ना को नेतृत्व में नहीं लेने के कारण मुसलमान कांग्रेस पर विश्वास नहीं कर रहे थे। इस मनोदशा से पार पाने के लिए तुर्की के सुधारवादी सत्ता परिवर्तन के विरुद्ध भारत के मुसलमानों में भावनाएँ जगाने के उद्देश्य से "खिलाफत आन्दोलन" (1921) किया गया, लेकिन यह आन्दोलन भी मुसलमानों के दिमागों में कांग्रेस नेतृत्व के हिन्दू उन्मुखी होने के विश्वास को खत्म नहीं कर सका और भारत की राजनीति में दो भावनात्मक धाराएँ हिन्दू और मुसलमान केन्द्र में आ गई।

यही वह दौर था, जब उग्र राजनीतिक नेतृत्व उभरने का प्रयास कर रही थी और साथ ही साथ रूस की कम्युनिस्ट क्रांति के प्रभाव से एक सक्रिय राजनीतिक चेतना उभर कर अस्तित्व में आ रही थी। कम्युनिस्ट नेतृत्व को काबू करना कांग्रेस नेतृत्व के बस की बात नहीं थी। अतः इससे निपटने का काम स्वयं ब्रिटिश सरकार ने ब्रिटेन की कम्युनिस्ट के माध्यम से अपने हाथ में ले लिया। ब्रिटिश कम्युनिस्ट चूंकि ब्रिटिश सरकार और पूंजीपतियों के औपनिवैशिक शोषण में से हिस्सा लेकर अभिजात ब्रिटिश मजदूरों के बीच में से निकले थे, अतः उन्होंने भारत की अपनी शाखा को सैद्धान्तिक रूप से भ्रष्ट करके कांग्रेस की राह सुगम बना दी। अन्य उग्र गुटों (जैसे भगतसिंह वगैरह) से सरकार सख्ती से निपट रही थी। कांग्रेस नेतृत्व में बैठे सभी बैरिस्टर लोग कानून की धज्जियां उड़ते देखते रहे (निर्धारित समय से पहले शाम के समय फांसी देना) शायद यही उनके हित में था।

किन्तु, इससे भी महत्वपूर्ण दो बातें थीं–पहली, कांग्रेस में दीर्घकालीन नेतृत्व गढ़ना और दूसरी, अपने संभावित स्वाभाविक प्रतिद्वंद्वी मुस्लिम उग्रता का विरोध करने का स्थायी बन्दोबस्त करना। जब यह तय हो गया कि गांधीजी कभी भी पार्टी का राजनीतिक नेतृत्व अपने हाथ में नहीं लेंगे। मोतीलाल नेहरू ने गांधीजी का उपयोग करते हुए अपने बेटे जवाहरलाल नेहरू को भारत में केन्द्रीय नेतृत्व में स्थपित करने की योजना को अमल में लाना शुरू किया और नेहरू समिति से लेकर लाहौर कांग्रेस अधिवेशन

(1929) में अध्यक्ष बनवाकर शुरूआत की। इसी मुहिम के शिकारों में वल्लभ भाई पटेल के अलावा जिन्ना सबसे पहले थे।

दूसरी तरफ उग्र मुस्लिमों के मुकाबले उग्र हिन्दुओं को आगे बढ़ाया गया, जिनमें नागपुर अधिवेशन के तत्काल बाद नागपुर में ही "राष्ट्रीय स्वयं सेवक" संघ की स्थापना की गई। साथ ही "हिन्दू महासभा" और "रामराज्य परिषद" भी अलग–अलग जगहों पर बनाई गई।

अब कांग्रेस में गांधीजी के माध्यम से जनता को भावनात्मक रूप से इकट्ठा कर अनुसरण करवाने का हथियार हाथ में आ गया था। अतः सैद्धान्तिक जनशिक्षण का कार्य बाकी रहा ही नहीं। जनसमूह को जब भी अपने पीछे लेना हो, गांधीजी को आगे किया जाने लगा। परिणामस्वरूप कांग्रेस केन्द्रीय के नेतृत्व का ध्यान भावी सत्ता में प्रमुखता प्राप्त करने का प्रयास रह गया और इसकी शुरूआत सुभाषचन्द्र बोस को किनारे लगाने से हुई। गांधीजी के समर्थित प्रत्याशी के मुकाबले हरिपुरा कांग्रेस में अध्यक्षपद प्राप्त कर सभी नेताओं को चुनौती दी गई कि गांधीजी के बाद यदि कोई सक्षम नेता है तो वह है सुभाष। गांधाजी का सहयोग नहीं मिलने पर, बाध्य होकर सुभाषचन्द्र बोस को कांग्रेस छोड़कर "फारवर्ड ब्लाक" नाम से एक अलग पार्टी बनानी पड़ी और अन्ततः देश–निकाला लेना पड़ा। अब नेहरू का कोई भी मजबूत प्रतिद्वंद्वी नहीं बचा था।

फिर भी जब मुसलमानों की मांग अलग देश (पाकिस्तान) पर दृढ़ होने लगी, जहवारलाल नेहरू एक प्रकार से परदे के पीछे हो गए तथा कांग्रेस अध्यक्ष का पद 1940 में मौलाना अबुल कलाम आजाद को दिया गया, जिन्होंने कांग्रेस के इतिहास में सबसे लम्बी अवधि के लिए यह पद संभाला। यह दूसरे विश्व युद्ध का भी दौर था। अतः मौलाना आजाद का नेतृत्व इस पूरे दौर में मायने रखता है। परन्तु जब 1946 में अन्तरिम प्रधानमंत्री के चयन की बात आई, तब नेहरू परदे के पीछे से सामने आ गए और मौलाना आजाद से कांग्रेस अध्यक्ष पद से त्यागपत्र लेकर नेहरू अध्यक्ष बनाए गए और उसी पद के आधार पर वह प्रधानमंत्री बनाए गए। किसी अन्य नेता में कोई महत्वाकांक्षा रही हो या नहीं, लेकिन जवाहरलाल नेहरू में यह महत्वाकांक्षा कूट–कूटकर भरी हुई थी, जिसकी वजह से डॉ. भीमराव आंबेडकर मंत्रिमंडल से अलग होकर रिपब्लिकन पार्टी बनाने पर मजबूर हुए। श्यामाप्रसाद मुखर्जी ने लियाकत अलीखाँ से समझौते में मुसलमानों को "अल्पसंख्यक" स्वीकार कर लेने पर, त्यागपत्र लेकर "भारतीय जनसंघ" बनाई, चक्रवर्ती राजगोपालाचारी एवं आचार्य कृपलानी ने "स्वतन्त्र पार्टी" बनाई। इसी बिखराव के बीच

संविधान में कई संशोधन किए गए। कई ऐसे कानून बनाए गए, जिनका प्रतिफल हम आज देख रहे हैं।

भारत के किसी भी नेता से ज्यादा जवाहरलाल नेहरू भारतीय जनता की मनोदशा को अच्छी तरह से समझते थे और यह भी कि उसे अपने पक्ष में कैसे खड़ा किया जा सकता है, किस प्रकार उसकी भावनाओं को उभारकर अपने हित में उसका शोषण किया जा सकता है। धार्मिक आधार पर प्रत्यक्ष विभाजन रेखा खींच दिए जाने के बावजूद दुनिया के परिवर्तनों से जनता को दूर रखना संभव नहीं हो सकता था। अतः गरीब जनता के सामने समाजवादी फोरम और उस तरह की बातें 1929–30 से ही कही जाने लगी थी। आन्दोलन के पूरे इतिहास को और पूरे आन्दोलन को अपना ही बनाकर इस्तेमाल कर लेना, भावनात्मक रूप से जनता को भ्रमित करने के स्थायी साधन अपने हाथों में ले लेने का कार्य नेहरू ने ही किया।

कांग्रेस के आंदोलन में तिरंगे का इस्तेमाल किया जाता रहा था, उसे परिवर्तित चिन्ह के साथ राष्ट्रीय ध्वज बना देने के बाद भी उसी तिरंगे स्वरूप को कांग्रेस का ध्वज बनाये रखना साफ जाहिर करता है कि राष्ट्रीय प्रतीक राष्ट्रीय ध्वज कांग्रेस का भी प्रतीक बना रहेगा, जिससे कभी अपमान की बात आए तो राष्ट्रीय अपमान के बहाने अपना सम्मान बनाए रखना जारी रखा जा सके। यदि कोई प्रतिद्वंद्वी कांग्रेस ध्वज को सम्मान नहीं दे तो उसे राष्ट्रीय अपमान सहज ही बताया जा सकता है। आम जनता इसमें सहज ही फर्क नहीं कर सकती। इसका एक उदाहरण अभी हाल ही में युवा कांग्रेस द्वारा अपनी सदस्यता अभियान के लिए अखबारों में जारी एक विज्ञापन से प्रकट होता है। 14 नवम्बर, 2009 को सभी अखबारों में जारी उस विज्ञापन में अन्य बातों के अलावा "तिरंगा झण्डा" बिना किसी चिन्ह के, (न तो चक्र था और न ही कांग्रेस की हथेली)। उसके नीचे राहुल गांधी का चित्र था। ऊपर राहुल गांधी के हवाले से लिखा था "तिरंगा मेरा धर्म"। उसका मतलब था? क्या वह भारतीय तिरंगे का अपमान नहीं है, जिसे केवल व्यक्तिगत हित में इस्तेमाल किया गया। राहुल के उस तिरंगे का क्या मतलब है? यह केवल जनता की भावनाओं का इस्तेमाल करना ही है।

दूसरी तरफ महात्मा गांधी जनता के नायक रहे हैं, लेकिन कांग्रेस ने उन्हें केवल कांग्रेस का ही नेता बनाकर रखा दिया और हमेशा अपने ही हित में इस्तेमाल किया। जनता ने यदि गांधीजी को पूजा तो कांग्रेस ने उसे अपना समर्थन बताया और गांधीजी के प्रति जनता के भावनात्मक लगाव को अपने हित में प्रचारित किया, जनता गांधीजी का अपमान नहीं करने की भावना के कारण कुछ नहीं कर पायी।

ऐसे ही भावनात्मक शोषण से पोषित कांग्रेस उद्‌दण्डता के स्तर तक भी पहुंचने में नहीं हिचक पायी। अन्ततः जवाहरलाल नेहरू की व्यक्तिगत महत्वाकांक्षा परिवार पर केन्द्रित हो गई और इंदिरा गांधी को अपने उत्तराधिकारी के रूप में दीक्षित करने के लिए 1957–58 में कांग्रेस का अध्यक्ष बनाया और देश की पहली गैर–कांग्रेसी (कम्युनिस्ट) सरकार को बर्खास्त कर केरल में राष्ट्रपति शासन लगाया। यहीं से यह सिद्धान्त काम करने लगा कि भारत में किसी गैर–कांग्रेसी सरकार को नहीं चलने दिया जाएगा और नेहरू परिवार के नेतृत्व के विरुद्ध किसी अन्य नेतृत्व को उभरने नहीं दिया जाएगा। इसी प्रयास में इसके बाद 1960–61 में 'कामराज योजना' के रूप में एक सफाई अभियान चलाया गया, जिसके अन्तर्गत सभी बुजुर्ग नेताओं को अपने–अपने पदों से त्यागपत्र देना था और नौजवानों को मौका देना था। जाहिर है इंदिरा गांधी के लिए रास्ता साफ करना था। इस योजना के अनुसार बुजुर्ग जवाहरलाल नेहरू ने त्यागपत्र नहीं दिया था। इस योजना का उद्देश्य था, उस समय नंबर दो नेता मोरारजी देसाई को लक्ष्य कर मार्ग से हटाना। इन्हें सिंडिकेट नाम देकर कांग्रेस में अछूत बनाने का प्रयास किया गया। दुर्भाग्य से चीन के साथ युद्ध में नेहरू की छवि और दक्षता धूमिल हो गई। अतः इंदिरा गांधी को सामने लाना संभव नहीं हो पाया। फिर भी सिंडिकेटी मोरारजी के मुकाबले अंजान से व्यक्ति लालबहादुर शास्त्री को (याद करें, मनमोहन सिंह को 2004 में ऐसी ही परिस्थितियों में) प्रधानमंत्री बनाया गया, जिन्होंने पाकिस्तान के साथ युद्ध में विजय हांसिल कर नेहरू की दक्षता पर हमेशा के लिए प्रश्न चिन्ह लगा दिया। दुर्भाग्य से शास्त्रीजी अकाल मारे गए और इंदिरा को प्रधानमंत्री बनाया गया। अन्य उतार–चढ़ावों पर न जाए तो 1971 की पाकिस्तान से लड़ाई और बांग्लादेश का निर्माण शायद इंदिरा गांधी का वह प्रयास था, जिसे शास्त्री की योग्यता से नेहरू परिवार की योग्यता और दक्षता को भारी साबित करने का प्रयास कहा जा सकता था। तब ही तो वाजपेयी पर कारगिल युद्ध विजय के बावजूद इस प्रकार के लांछन लगाए गए। यह तथ्य 1957 के बाद के इतिहास से साफ है। कांग्रेस एक राजनीतिक पार्टी न रहकर एक सरदार–परिवार की वाफादार सेना बन गई। 1971 के बाद का इतिहास यही बताता है। 1975 में आपातकाल लगाना, 1978 में इंदिरा गांधी को जेल भेजने पर हुए आंदोलन, 1984 में इंदिरा गांधी की हत्या पर हुआ सिखों का कत्लेआम, 1991 में राजीव गांधी की हत्या के बाद सोनिया–राहुल–प्रियंका की इस प्रकार देखभाल, परिवरिश करना कि नाबालिग सरदार को जवान होने दो, तब तक किसी को ठीक से कांग्रेस को नहीं चलाने दिया जाए। नरसिम्हाराव को किस तरह पांच साल काटने पड़े, राजनीतिक

घटनाओं के सभी जानकार जानते हैं। आखिर में उन्हें बेइज्जत ही किया गया। अन्यथा देश को सिख आतंकवाद, कश्मीरी आतंकवाद से निजात दिलाने और देश की अर्थव्यवस्था को सही पटरी पर लाने के कारण नरसिम्हाराव, नेहरू और इंदिरा गांधी से भी ज्यादा कामयाब और दक्ष प्रधानमंत्री साबित हुए हैं। कांग्रेस ने तो लालबहादुर शास्त्री को भी कूड़ेदान में डालने की कोशिश की थी, परन्तु जनता जानती है कौन उसके दिलों और सिर आंखों पर रहने योग्य है और कौन कूड़ेदान के कचरे में। बस समय का ही इंतजार करती है जनता।

देश की सबसे पुरानी राजनीतिक पार्टी में आन्तरिक लोकतन्त्र तो 1939 में सुभाषचन्द्र बोस के कांग्रेस अध्यक्ष पद से त्यागपत्र देने के साथ ही समाप्त हो चुका था। अब तो बाकी था भावनाओं के आधार पर पार्टी चलाना और उन्हीं आधारों पर कानूनों–विधानों का निर्माण करना। प्रत्यक्ष और अप्रत्यक्ष रूप से ये ही चारित्रिरिक विशेषताएँ अन्य राजनीतिक पार्टियों में भी देखी जा सकती है।

1948 के पहले बनी राजनीतिक पार्टियों में कांग्रेस के अलावा प्रमुख पार्टियों में मुस्लिम लीग, भारतीय कम्युनिस्ट पार्टी, रामराज्य परिषद, फारवर्ड ब्लाक आदि। संविधान सभा और तद्नुसार सरकार में प्रमुख शक्तियों के भागीदार होने के बावजूद पहले चुनाव (मार्च, 1952) के पहले नेहरू की अन्तरिम सरकार छिन्न–भिन्न हो गई और कांग्रेस तथा सरकार में वे ही लोग रह गए, जो भावनात्मक रूप से गांधीजी और कांग्रेस से जुड़े थे। इनमें ज्यादातर ऐसे थे, जो कांग्रेस और नेहरू के साथ जुड़े रहने में अपनी महत्वाकाक्षाओं को भविष्य में फलीभूत होते देखना चाहते थे। सरकार से अलग हुए लोगों ने अपनी–अपनी अलग–अलग पार्टियां बनाई। इनमें प्रमुख थीं–डॉ. श्यामाप्रसाद मुखर्जी (शिक्षा मंत्री) द्वारा स्थापित भारतीय जनसंघ, डॉ. भीमराव अंबेडकर द्वारा स्थापित रिपब्लिकन पार्टी ऑफ इंडिया, चक्रवर्ती राजगोपालाचारी एवं आचार्य कृपलानी द्वारा स्थापित "स्वतन्त्र पार्टी" और जयप्रकाश नारायण एवं राम मनोहर लोहिया द्वारा स्थापित "समाजवादी पार्टी।"

इसके बाद कुछ अति महत्वाकांक्षी लोगों और उनके गुटों ने अलग–अलग पार्टियां बनाई, जो मुख्य रूप से धर्म, जाति और क्षेत्रीयता पर आधारित रही है। जैसे–शिरोमणि अकाली दल (सिक्ख), भारतीय लोकदल (उत्तर प्रदेश, हरियाणा के जाट), द्रविड़ मुन्नेत्र कषगम् (तमिलनाडु) (हिन्दी विरोध), तेलुगूदेशम् (आन्ध्र प्रदेश), नेशनल कांफ्रेंस (कश्मीर), शिवसेना (मराठी हिन्दू), झारखण्ड मुक्ति मोर्चा (झारखण्ड) (अभिजात आदिवासी), असमगण परिषद (आसाम), मिजो नेशनल फ्रेंट (मिजोरम), बहुजन समाज पार्टी (दलित) इत्यादि। 1977

में कम्युनिस्ट पार्टी और मुस्लिम लीग को छोड़कर सभी गैर–कांग्रेसी पार्टियों ने मिलकर जनता पार्टी बनाई। परन्तु जिन महत्वाकांक्षाओं ने पहले अलग–अलग पार्टियां बनवाई थीं, उन्हीं महत्वाकांक्षाओं ने जनता पार्टी को 1981 में बिखेर दिया और नए सिरे से अस्तित्व में आई भारतीय जनता पार्टी, जनता दल, लोकदल, इंडियन नेशनल लोकदल, बीजू जनता दल, समाजवादी पार्टी इत्यादि।

इनके गठन एवं सीमित दायरों के कारण ही इन राजनीतिक पार्टियों का गठन जनता के राजनीतिक शिक्षक के लिए नहीं रहा है, बल्कि लोकतन्त्र की प्रचलित चुनाव प्रणाली के माध्यम से संसद या विधानसभा में पहुंचकर, जैसे भी हो सत्ता व सरकार में भागीदीर बनकर सुविधा भोग करना और ऐसे लोगों को अपना चुनावी उम्मीदवार बनाना, जो किसी भी प्रकार से जीत सके। जनता के राजनीतिक शिक्षण के प्रति प्रश्नबद्ध राजनीतिक पार्टियों में भारत की कम्युनिस्ट पार्टी प्रमुख या कहिए एकमात्र पार्टी रही है, परन्तु अन्ततः इस पर भी धर्म जाति, प्रांत, भाषा हावी हो गई और अपने घोषित अन्तर्राष्ट्रीय उद्देश्य से भटक गई।

बीसवीं शताब्दी के तीसरे दशक में बीच में बारत को कम्युनिस्ट पार्टी का गठन किया गया। यह पार्टी एक स्वतन्त्र इकाई के रूप में नहीं, बल्कि ब्रिटिश कम्युनिस्ट पार्टी की एक शाखा, एक इकाई के रूप में स्थापित की गई थी और उसी रूप में कार्य करती रही। परिणाम यह हुआ कि ब्रिटिश साम्राज्य में उपनिवेशों के शोषण से प्राप्त धन–दौलत के जरिए ब्रिटेन का जो मजदूर भी सुविधाभोगी अभिजात मजदूर बन गया या वह नहीं चाहता था कि ब्रिटेन के साम्राज्य में उसके उपनिवेश किसी क्रान्ति की ओर अग्रसर हो। अतः ब्रिटिश कम्युनिस्ट पार्टी ने कभी भी भारत के कम्युनिस्टों को सही रास्ते पर नहीं आने दिया और इनके भारतीय अध्ययन मनन को ब्रिटिश शोध संस्कारों के अनुरूप ही बनाये रखने का प्रयास किया और इसमें वे सफल भी रहे। इसका उदाहरण रजनी पामदत्त को ले सकते हैं, जिन्होंने भारत के सामाजिक, आर्थिक इतिहास का अध्ययन करके *इण्डिया टुडे* नामक बहुत ही अच्छा ग्रंथ लिखा, परन्तु अन्तिम निष्कर्ष पाश्चात्य एवं ब्रिटिश दर्शन के अनुरूप ही रहे। इसके विपरीत जवाहरलाल नेहरू ने भी भारतीय समाज और उसके अन्तर्निहित तत्वों का अध्ययन कर *भारत की खोज* नामक ग्रंथ लिखा और भारतीय जनता की मनोभावनाओं को आत्मसात किया। तब ही तो वह भारत का भाग्य विधाता बना और "भारत की खोज" लोकप्रिय संदर्भ ग्रंथ बन गया। जबकि *इण्डिया टुडे* आज शौकिया कम्युनिस्टों के पास भी नजर नहीं आता।

कम्युनिस्टों के तत्कालीन अन्तर्राष्ट्रीय संगठन कम्युनिस्ट में भारत के एकमात्र प्रतिनिधि मानवेन्द्र राय को भारत की कम्युनिस्ट पार्टी में कभी भी जगह नहीं दी गई। अन्ततः कम्युनिस्ट पार्टी भी अन्य पार्टियों की तरह ही चुनावों के जरिए सत्ता सुख चखने की राह पर चल पड़ी। जाहिर है, यहाँ पर भी यह पार्टी भारत के स्तरीय अभिजात मजदूरों पर केन्द्रित होकर रह गई। आम मजदूर की श्रेणी से आने वाले किसी भी व्यक्ति को शिखर की ओर नहीं बढ़ने दिया। जैसा कि रूस में एक मोची के लकड़े जोसेफ स्तालिन को अवसर मिला। श्रमिक–किसान जनता ने कांग्रेस के विपरीत भारत की कम्युनिस्ट पार्टी को केरल में सरकार बनाने का अवसर दिया, परन्तु, दो साल भी पूरे नहीं करने दिए केन्द्र की नेहरू सरकार ने उस कम्युनिस्ट सरकार को, अपदस्थ कर राष्ट्रपति (केन्द्रीय) शासन लगा दिया। यही से कम्युनिस्ट नेतृत्व में आन्तरिक मतभेद बढ़ने लगे और अन्ततः 1962 में इस पार्टी के भी दो टुकड़े हो गए।

अब कम्युनिस्ट कार्यकर्ता तीन श्रेणियों में विभाजित होते जा रहे थे। स्तालिन के बाद के नेतृत्व (ब्रेझनेव) समर्थक एक स्तालिन समर्थक एवं एक किसान समर्थक जो माओत्सेतुंग के किसान आधारित सिद्धान्तों पर चलने की बात कर रहा था। अन्ततः पश्चिम बंगाल में केन्द्रित भारत की कम्युनिस्ट पार्टी (मार्क्सवादी) या मार्कवादी कम्युनिस्ट पार्टी में दो टुकड़े हो गए और चारू मजूमदार के नेतृत्व में भारत की कम्युनिस्ट पार्टी (मार्कवादी लेनिनवादी) या कम्युनिस्ट पार्टी (माले) बनी, जिसे "नक्सलवादी" के लोकप्रिय नाम से जाना जाता है।

पश्चिम बंगाल में किसानों के बीच गांवों में किए जा रहे नक्सलवादी पार्टी के प्रशिक्षण कार्यक्रम का परिणाम यह हुआ कि मार्क्सवादी कम्युनिस्टों को किसानों के भावनात्मक वोट चुनावों में मिलने लगे। 1977 की कांग्रेस विरोधी लहर में पश्चिम बंगाल में मार्क्सवादी कम्युनिस्टों की ज्योति बसु के नेतृत्व में सरकार बनी, जो छठी बार तक ज्योति बसु के नेतृत्व में चलती हुई सातवीं बार भी बुद्धदेव भट्टाचार्य के नेतृत्व में चली आ रही है।

लेकिन मार्क्सवादी सरकार ने भी अपने प्रति प्रतिद्वंद्वी नक्सलवादियों को दबाना शुरू कर दिया, जिसके कारण नक्सलवादी और भी गरीब किसानों को ढूंढते हुए लड़ाकू आदिवासी इलाकों के किसानों के बीच कार्यरत हो गए। गांवों के कई नक्सलवादी भी चुनाव में भाग लेकर मानवाधिकारियों के सहायक बन गए। दूसरी ओर, विभिन्न आदिवासी इलाकों में कार्यरत अलग–अलग गुट बन गए और अपनी–अपनी पार्टियों के रूप में जाने जाने लगे। ये लड़ाकू आदिवासियों के साथ नक्सलबाड़ी के सशस्त्र संघर्ष के द्वारा क्रान्ति के

सिद्धान्त पर आज भी चल रहे हैं और पूर्वी और मध्य भारत के आदि गांवों में अपनी छोटी–छोटी सत्ताएँ कायम करने का दावा कर रहे हैं, परन्तु बिखराव तो बिखराव ही है। चारू मजूमदार की 1973 की जेल में मृत्यु हो जाने के बाद नक्सलवादियों का कोई नेतृत्व नहीं रहा और उनका बिखराव हो गया।

कार्लमार्क्स की शिक्षा से पश्चिमी यूरोप, चीन एवं अन्य कई देश अपनी जनता की स्वतंत्रता एवं "लोकतन्त्रात्मक अधिनायकवाद" के रूप में अपना वर्चस्व देख चुकी थी। वहीं भारत में जनता, मजदूर हो या किसान, भावनात्मक रूप से शोषित बने हुए हैं। बजाए इसके कि उनको लोकतन्त्रात्मक राजनीतिक शिक्षा से प्रशिक्षित किया जाए।

19

न्याय व्यवस्था

लोकतन्त्र में न्याय व्यवस्था आम जनता की आशा होती है। भारत में यह कई बार साबित हो चुका है। कई बार, परन्तु आमतौर पर खरी भी नहीं उतरी है। ओझा, डॉक्टर और वकील के चक्कर में जो पड़ जाता है, वह मरकर या बर्बाद होकर ही इनसे मुक्ति पाता है, यह कहावत बरसों के अनुभव से निकलकर आई है और यह ही न्याय व्यवस्था के चरित्र का चित्रण भी करती है। आखिर न्याय में विलम्ब भी तो न्याय नहीं करना ही है।

आखिर विलम्बित न्याय देने के लिए मजबूर न्याय पालिका, न्याय व्यवस्था से संबंधित संविधान के प्रावधान क्या हैं।

भाग 3: मूल अधिकार

अनुच्छेद 13—मूल अधिकारों से असंगत या उनका न्यूनकरण करने वाले विधि—विधान—*(1) इस संविधान के प्रारम्भ से ठीक पहले भारत के राज्य क्षेत्र में लागू सभी विधि—विधान उस सीमा तक शून्य होंगे, जहाँ तक कि वे इस भाग के उपबंधों से असंगत हों।*

(2) राज्य ऐसी कोई विधि नहीं बनाएगा, जो इस भाग द्वारा प्रदत्त अधिकारों को छीनती हों या उनमें कमी करती हो और इस खण्ड के उल्लंघन में बनाई गई प्रत्येक विधि उल्लंघन की मात्रा—सीमा तक शून्य होगी।

(4) इस अनुच्छेद की कोई बात अनुच्छेद 368 के अधीन किए गए इस संविधान के किसी संशोधन पर लागू नहीं होगी।

(1971 में चौबीसवें संविधान संशोधन द्वारा खण्ड (4) जोड़ा गया।)

(5) इस अनुच्छेद में, जब तक कि संदर्भ से अन्यथा अपेक्षित न हो—

(ए) "विधि" के अन्तर्गत भारत के राज्य क्षेत्र में कानून की मान्यता रखने वाला कोई अध्यादेश आदेश, उपविधि, नियम, विनियम, अधिसूचना, रूढ़ि या प्रथा जिसे कानून का दर्जा दिया गया हो, भी शामिल है;

(बी) "लागू विधि–विधान" के अन्तर्गत भारत के राज्य क्षेत्र में किसी विधान मंडल या अन्य सक्षम प्राधिकारी द्वारा इस संविधान के लागू किए जाने से पहले पारित या बनाई गई विधि है, जो पहले ही समाप्त नहीं कर दी गई हो, चाहे ऐसी कोई विधि या उसका कोई भाग उस समय पूर्णतया या विशिष्ट क्षेत्रों में प्रभावी नहीं हो।

अनुच्छेद 14–विधि के समक्ष समानता–*राज्य, भारत के राज्यक्षेत्र में किसी भी व्यक्ति को विधि (कानून) के समक्ष समानता से या विधि–विधानों के समान संरक्षण से वंचित नहीं करेगा।*

अनुच्छेद 20–अपराधों के लिए दोषसिद्धि के संबंध में संरक्षण–*(1) कोई व्यक्ति किसी अपराध के लिए तब तक सिद्धदोष नहीं ठहराया जाएगा, जब तक कि उसने ऐसा कोई कार्य (अपराध) करने के समय, जो अपराध के रूप में आरोपित हो, किसी प्रभावी विधि का उल्लंघन नहीं किया हो या उससे अधिक दण्ड का भागी नहीं होगा, जो उस अपराध के किए जाने के समय प्रभावी विधि के अधीन दिया जा सकता था।*

(2) किसी व्यक्ति को एक ही अपराध के लिए एक से अधिक बार अभियोजित और दण्डित नहीं किया जाएगा।

(3) किसी अपराध के लिए अभियुक्त किसी व्यक्ति को स्वयं अपने विरुद्ध साक्षी होने के लिए बाध्य नहीं किया जाएगा।

अनुच्छेद 22–कुछ मामलों में गिरफ्तारी और बंद रखने के विरुद्ध संरक्षण–*(1) किसी व्यक्ति को, जिसे गिरफ्तार किया गया है, उसे ऐसी गिरफ्तारी के कारणों से यथाशीघ्र अवगत कराए बिना कैद में नहीं रखा जाएगा या अपनी पसंद के विधि व्यवसायी (वकील) से परामर्श करने और अपना बचाव करने के अधिकार से वंचित नहीं किया जाएगा।*

(2) प्रत्येक व्यक्ति को जिसे गिरफ्तार किया गया है और कैद में रखा गया है, गिरफ्तारी के स्थान से मजिस्ट्रेट के न्यायालय तक यात्रा के लिए आवश्यक समय को छोड़कर ऐसी गिरफ्तारी से चौबीस घंटे की अवधि में निकटतम मजिस्ट्रेट के समक्ष प्रस्तुत किया जाएगा और ऐसे व्यक्ति को मजिस्ट्रेट के प्राधिकार (आदेश) के बिना उक्त अवधि से अधिक अवधि के लिए कैद में नहीं रखा जाएगा।

(3) खण्ड (1) और खण्ड (2) के प्रावधान ऐसे व्यक्ति पर लागू नहीं होंगे–

(ए) जो उस समय अन्य देशवासी शत्रु हो, या

(बी) जिसे निवारक कैद का प्रावधान करने वाली किसी विधि के अन्तर्गत गिरफ्तार या कैद किया गया हो।

(4) निवारक कैद का प्रावधान करने वाली कोई विधि किसी व्यक्ति को तीन माह से अधिक की अवधि के लिए कैद में रखे जाने का प्रावधान नहीं करेगी, जब तक कि–

(ए) जो उच्च न्यायालय के न्यायाधीश या सेवानिवृत्त न्यायाधीश या न्यायाधीश बनाये जाने की पात्रता रखता हो, से मिलकर बनाए गए सलाहकार बोर्ड द्वारा उक्त तीन माह की अवधि की समाप्ति के पहले अपनी रिपोर्ट में उसे कैद में रखे जाने के पर्याप्त कारण नहीं बता दिए गए हों:

परन्तु इस उपखण्ड की कोई बात किसी व्यक्ति को उस अधिकतम अवधि से अधिक की अवधि के लिए कैद में रखने के लिए प्राधिकृत नहीं करेगी, जो खण्ड (7) के उपखण्ड (ए) एवं उपखण्ड (बी) के अन्तर्गत संसद द्वारा बनाई गई विधि के प्रावधानों के द्वारा विहित नहीं की गई हो;

(बी) ऐसे व्यक्ति को खण्ड (7) के उपखण्ड (ए) और उपखण्ड (बी) के अन्तर्गत संसद द्वारा बनाई गई विधि के उपबंधों के अनुसार कैद नहीं किया जाता है।

(5) निवारक कैद का उपबंध करने वाली किसी विधि के अधीन किए गए आदेश के अनुसरण में जब किसी व्यक्ति को निरुद्ध किया जाता है, तब आदेश करने वाला प्राधिकारी यथासंभव शीघ्र ही उस व्यक्ति को यह सूचित करेगा कि वह आदेश किन आधारों पर किया गया है और उस आदेश के विरुद्ध अपना पक्ष रखते हुए आवेदन करने का अवसर देगा।

(6) खण्ड (5) की किसी बात से ऐसा आदेश जो उस खण्ड में निर्दिष्ट है, करने वाले प्राधिकारी के लिए तथ्यों को प्रकट करना आवश्यक नहीं होगा, जिन्हें प्रकट करना ऐसा प्राधिकारी सार्वजनिक हित के विरुद्ध समझता हो।

(7) संसद विधि द्वारा यह निर्धारित कर सकेगी कि–

(ए) किन परिस्थितियों के अन्तर्गत और किन मामलों की श्रेणी या श्रेणियों में किसी व्यक्ति की निवारक कैद का प्रावधान करने वाली किसी विधि के अधीन तीन माह से अधिक की अवधि के लिए

खण्ड (4) के उपखण्ड (ए) के प्रावधानों के अनुसार सलाहकार बोर्ड की राय प्राप्त किए बिना कैद किया जा सकेगा;

खण्ड (4) को प्रतिस्थापित करने के लिए चौवालीसवें संशोधन द्वारा 1978 में प्रावधान किया गया था, जिसे आज तक प्रभावी करने की अधिसूचना जारी नहीं की गई है।

(बी) किसी मामले की श्रेणी या श्रेणियों में कितनी अधिकतम अवधि के लिए किसी व्यक्ति की निवारक कैद का उपबंध करने वाली किसी विधि के अधीन कैद किया जा सकेगा, और

(सी) खण्ड (4) के उपखण्ड (ए) के अधीन की जाने वाली जांच में सलाहकार बोर्ड द्वारा अनुसरण की जाने वाली प्रक्रिया क्या होगी।

भाग 4: राज की नीति के निर्देशक तत्व

अनुच्छेद 39(ए)–समान न्याय और निःशुल्क विधिक सहायता– *राज्य यह सुनिश्चित करेगा कि विधिक तन्त्र इस प्रकार काम करे कि समान अवसर के आधार पर न्याय सुलभ हो और वह विशेष रूप से यह सुनिश्चित करने के लिए कि आर्थिक या किसी अन्य निर्योग्यता के कारण कोई नागरिक न्याय प्राप्त करने के अवसर से वंचित न रह जाए। उपयुक्त विधान या योजना द्वारा या अन्य किसी रीति से निःशुल्क विधिक सहायता की व्यवस्था करेगा।*

(1976 में बियालीसवें संविधान संशोधन के द्वारा नया अनुच्छेद 39–ए जोड़ा गया है, जिसके अनुसरण में लीगल सर्विसेज अथारिटीज एक्ट, 1987 बनाया गया है।)

अनुच्छेद 44–नागरिकों के लिए समान नागरिक (सिविल) संहिता– *राज्य भारत के समस्त राज्य क्षेत्र के लिए एक समान सिविल संहिता बनाने का प्रयास करेगा।*

(The state shall endeavour to secure for the citizens a unifom civil code through out the Territory of India)

अनुच्छेद 50–*राज्य की लोकसेवाओं में न्याय पालिका को कार्यपालिका से पृथक् करने के लिए राज्य कदम उठाएगा।*

भाग 5: अध्याय 4

अनुच्छेद 147, निर्वचन (या व्याख्या)

इस अध्याय में और भाग 6 के अध्याय 5 में इस संविधान के निर्वचन के बारे में विधि के किसी सारवान प्रश्न के प्रतिनिर्देशों का यह अर्थ लगाया

जाएगा कि उनके अन्तर्गत भारत सरकार अधिनियम, 1935 के (जिसके अन्तर्गत उस अधिनियम की संशोधक का अनुपूरक कोई अधिनियमिति है) अथवा किसी सपरिषद आदेश या उसके अधीन बनाए गए किसी आदेश के अथवा भारतीय स्वतन्त्रता अधिनियम, 1947 के या उसके अधीन बनाए गए किसी आदेश के निर्वचन के बारे में विधि के किसी सारवान प्रश्न के प्रति है।[1]

इनके अलावा भाग 5 के अध्याय 4 में अनुच्छेद 124 से अनुच्छेद 147 तक उच्चतम न्यायालय से संबंधित और भाग 6 के अध्याय 5 में अनुच्छेद 214 से अनुच्छेद 232 तक राज्यों के उच्च न्यायालयों तथा अध्याय 6 में अनुच्छेद 233 से अनुच्छेद 237 तक अधीनस्थ न्यायालयों के संबंध में प्रावधान हैं। इनमें इनके गठन, न्यायाधीशों की नियुक्ति, उनके वेतन एवं सेवा शर्तों के अलावा रिट निकालने, अभिलेख न्यायालय होना इत्यादि के प्रावधान हैं। न्यायालयों के गठन और उनकी नियुक्ति संबंधी अनुच्छेदों के अलावा लगभग सभी प्रावधानों में चाहे वे वेतन एवं सेवा शर्तों से संबंधित हों या किसी मामले में अधिकारिता से संबंधित हों, सभी "संसदीय विधि" के अधीन रखे गए हैं।

अनुच्छेद 147 में कानून के किसी सारवान प्रश्न (Substantial Question of Law), जो कि इस संविधान के भाग 5 के अध्याय 4 व भाग 6 के अध्याय 5 में उल्लेखित हैं, में भारत सरकार अधिनियम, 1935 व भारतीय स्वतन्त्रता अधिनियम, 1947 तथा उनके अधीन बनाए गए अधिनियम, अधिसूचनाएँ, आदेश भी शामिल हैं, हालांकि भारतीय स्वतंत्रता अधिनियम, 1947 के अन्तर्गत कोई कानून या आदेश जारी हुआ हो तो यही दर्शाता है कि यह संविधान अपने पूर्ववर्ती ब्रिटिश कानूनों का जारी रूप है, इसलिए एकाधिकार बार उन कानूनों और ब्रिटिश परम्पराओं का उल्लेख है। अतः न्याय प्रणाली के संबंध में ब्रिटिश परम्पराओं का संदर्भ लेना उचित है।

ब्रिटेन में सर्वोच्च अदालत के अधिकार हाऊस ऑफ लार्ड्स के पास हैं। भारत के लिये भी 1833 से एक अधिनियम (चार्टर) के अनुसार प्रिवी कौंसिल गठित की गई थी, जिसका अस्तित्व 1935 के अधिनियम के अन्तर्गत "फेडरल कोर्ट" गठित करने के बाद भी था, जो कि "फेडरल कोर्ट को उच्चतम

1. **Article 147: Interpretation.** In this chapter and in chapter V of Part VI, references to any substantial question of law as to the interpretations of this Constitution shall be construed as including references to any substaintial question of law as to the interpretation of the Government of India Act, 1935 (including any enactment amending or supplementing that act) or of any order in council or order made thereunder, or of the Indian Independance Act, 1947 or of any order made there under.

न्यायालय" में परिवर्तित कर दिए जाने के बाद भी सितम्बर, 1949 तक बना रहा। इस प्रकार जो नियमावली, नियम, कानून 'फेडरल कोर्ट' के लिए बनाए गए थे, वे ही वर्तमान उच्च न्यायालयों और उच्चतम न्यायालय के लिए जारी रखे गए हैं। अनुच्छेद 147 इसी संदर्भ में है। अनुच्छेद 135 इसे और भी साफ करता है।[2]

अनुच्छेद 14 के अन्तर्गत सभी नागरिक कानून के समक्ष समान है, चाहे वह गरीब हो या अमीर, चाहे पढ़ा लिखा हो या अनपढ़। जाहिर है, न्याय प्राप्ति के लिये अधिकांश जनता जो कि गरीब है, खर्च को वहन नहीं कर सकती, अपनढ़, अशिक्षित होने के कारण हस्ताक्षर तक नहीं कर सकती, वह न्याय प्राप्ति अंगूठा लगाकर कैसे प्राप्त कर सकती है, जबकि न्यायपालिका की भाषा संविधान की मूल भावना के विपरीत अंग्रेजी को ही रखा गया है। अनुच्छेद 348, ठोस रूप से इसको स्थापित करती है। याद कीजिए लार्ड वारेन हेस्टिंग्ज के समय के नन्दकुमार के मामले को, जिसमें विधि विशेषज्ञों ने नन्दकुमार को फांसी देने के फैसले को न्यायिक प्रक्रिया का अंग्रेजी भाषा में होने को माना है।

एक अन्य उल्लेखनीय तथ्य यह कि संविधान के निर्माण में शामिल संविधान सभा के प्रमुख सदस्यों में ज्यादातर वकालत के पेशे से जुड़े विशेषज्ञ, बैरिस्टर, वकील थे। अतः संविधान निर्माण में उनकी कानूनी समझ ही ज्यादा कार्य करती रही, न कि भारतीय समाज और राज्य की आवश्यकता। परिणामस्वरूप संविधान का अधिकांश भाग एक विधि के समान विस्तृत रूप से लिखा गया है, जिसमें पुनः पुनः एक से दूसरे संदर्भों को जोड़ते हुए संसदीय विधि को भी रख दिया गया है।

दरअसल अपनी विधियों को लागू करने के लिए शासकों ने अपनी विधियां, वकील और न्यायालय प्रविष्ट किए। अंग्रेज तो 1947 में चले गए, पर हम अभी तक उनके बाहरी आडम्बर से चिपके हुए है। वही फटे गाउन, वही "माई लार्ड" और "योर वर्शिप" जैसे सामन्ती संबोधन, आदि आदि।

"वकालात एक ऐसी ऊंची कला हो गई है कि पेशेवर वकील की सहायता के बिना न्याय के स्रोत तक पहुंचना लगभग असंभव है, न्याय पाना तो दूर की बात है। न्यायाधीश स्वयं यह सुझाव देने में संकोच नहीं करते कि यदि वाद करने वाला न्यायालय के पुरोहित अर्थात् वकील के द्वारा उन तक

2. इस अनुच्छेद में यह प्रावधान है कि वे मामले, जिनमें फेडरल कोर्ट को सुनवाई का अधिकार था और जो अनुच्छेद 133 व 134 में नहीं आते हैं, उनको सुनने का अधिकार उच्चतम न्यायालय को होगा।

पहुँचता है तो न्याय अधिक अच्छी प्रकार से किया जा सकता है। यदि वह वकील का खर्चा वहन नहीं कर सकता तो न्यायालय के नियन्त्रण पर उसकी सहायता के लिए कोई न्यायमित्र नियुक्त कर दिया जाता है, जो सिद्धान्ततया केवल न्यायालय के प्रति ही उत्तरदायी होता है।[3]

न्यायपालिका–कार्यपालिका से अलग करने के निर्देश देने वाला अनुच्छेद 50 इस मान्यता पर आधारित है कि "राज्य की लोकसेवा में शामिल न्यायपालिका को कार्यपालिका से अलग किया जाए। स्वयं संविजान में इस प्रकार के प्रावधान के साथ यह स्थापित किया गया है कि "न्याय" भी राज्य द्वारा दी जाने वाली एक "लोक सेवा" है, अतः वह कार्यपलिका का ही अंग है। यहाँ तक कि स्वयं इंग्लैण्ड में भी, जहाँ से हमने अधिकतर न्यायिक अवधारणाएँ प्राप्त की हैं, न्यायपालिका को सभी स्तर पर "लोक सेवा" का ही अंग माना गया है।[4]

चूंकि, कार्यपालिका का कार्य लागत और खर्चों का वितरण करना भी है तो यह नीचे दी गई सारणी से साफ प्रकट होता है कि दशा और दिशा क्या है–

(1) केन्द्रीय मंत्रिमंडल का खर्च–

	वेतन	**यात्रा भत्ता**	**अन्य**	**कुल**
2007–08	1.75 करोड़	138.7 करोड़	41.5 करोड़	182.0 करोड़

(2) न्यायपालिका खर्च–

	उच्चतम न्यायालय	**उच्च न्यायालय**	**अधीनस्थ न्यायालय**	**कुल**
2007–08	53 करोड़	7 करोड़	125 करोड़	185 करोड़

(2007–2008 के वित्तीय लेखे के अनुसार)

उपरोक्त तुलना यह दिखाती है कि सन् 2007–2008 के वर्ष में कार्यपालिका के लगभग 100 व्यक्तियों (मंत्रियों) का खर्च भारत की सम्पूर्ण न्यायपालिका के खर्च से केवल 3 करोड़ कम है अर्थात् लगभग बराबर है। तब पंगु न्यायपालिका कैसे दिनों दिन बढ़ते मामलों को निपटा पाएगी? उल्टे कार्यपालिका उसे पंगु करने का प्रयास ही करती नजर आती है।

---

3. बाल मुकुन्द अग्रवाल–*हमारी न्यायपालिका* नेशनल बुक ट्रस्ट द्वारा प्रकाशित, हिन्दी संस्करण 2008, पृष्ठ 152–53।
4. एम.पी. सिंह–*सेक्यूरिंग दी इंडिपैडेंस ऑफ दी ज्यूडिसियरी–दी इण्डियन एक्सपीरियेंस, 10 इण्डियाना इंटरनेशनल एण्ड कम्पेरेटिव लॉ रिव्यू,* पृ. 245–51।

वर्तमान न्याय व्यवस्था पूंजीवादी समाज व्यवस्था की देन है। इसका चारित्रिक वर्णन पूंजीवाद की गर्भावस्था के समय में ही शेक्सपियर ने अपने नाटक *मर्चेन्ट आफ वेनिस* में कर दिया था। इस नाटक का एक पात्र एंटोनियो एक सौदागर शाइलॉक से कुछ रकम उधार लेता है और लिखित में समझौता करता है कि यदि समय पर पैसे नहीं लौटाए जाते हैं तो सौदागर एकपोंड एंटोनियो के दिल का मांस ले लेगा। समय पर पैसे नहीं चुकाने पर सौदागर उसके दिल का मांस मांगता है, परन्तु एंटोनियो मृत्यु के डर से घबराकर सौदागर के सामने गिड़गिड़ाता है और कुछ और समय मांगता है, परन्तु सौदागर टस से मस भी नहीं होता है। तब कोई बीच–बचाव करने वाला प्रभावशाली व्यक्ति सौदागर से कहता है कि वह एंटोनियो के दिल का मांस समझौते के अनुसार ले सकता है, परन्तु अगले पल उसकी हवाइयां उड़ जाती है, जब तीसरा आदमी आगे कहता है, लेकिन दिल का मांस निकालते समय खून नहीं निकलना चाहिए, क्योंकि समझौते में खून के निकलने या नहीं निकलने के बारे में कुछ भी नहीं लिखा है।" अन्त में शाइलॉक को न तो पैसे ही मिलते हैं और न ही दिल का मांस मिलता है।

पूंजीवादी युग में प्रचलित न्याय व्यवस्था लिखित समझौतों और कानून की पंक्तियों के बीच में ही सिमटी हुई है। न्यायिक अधिकारियों को उन लिखित पंक्तियों के बाहर जाकर देखने की इजाजत नहीं है। उन्हें अपने विवेकाधिकार का प्रयोग करने की भी छूट नहीं है, यदि वे ऐसा करते हैं तो उसके समर्थन में उन्हें कानून का हवाला देना पड़ेगा, यदि नहीं दे पाते हैं तो उनका निर्णय बद्नियति से किया गया पक्षपातपूर्ण कहलाएगा। विवेकाधिकार का प्रयोग करने का अधिकार केवल प्रशासनिक अधिकारियों के पास ही है और अपनी कार्यवाहियों को जायज ठहराने के लिए प्रशासनिक अधिकारियों के पास लाख बहाने है। यही कारण है कि प्रशासनिक अधिकारियों के निर्णयों के खिलाफ ही सबसे ज्यादा मामले न्यायालयों में जाते रहे हैं और यदि न्यायालय का कोई निर्णय इन नौकरशाहों के लिए असुविधाजनक होता है तो उसके समाधान में उसे अपने पक्ष में मोड़ देने के लिए फिर से कोई नया कानून बना दिया जाता है। आखिर कानून बनाने का काम न्याय पालिका के पास तो है नहीं शुरू से ही कानून बनाने का काम प्रशासनिक अधिकारी ही करते रहे हैं, तब भी जब गवर्नर जनरल के पास विधायी शक्तियां थीं और आज भी जबकि विधायी शक्तियां संसद या विधानसभाओं के पास है। जैसा कानून या विधान नौकरशाहों ने बनाकर दे दिया, संसद या विधानसभाओं ने संवैधानिक आवश्यकता को देखते हुए उन पर अपनी मोहर लगा दी है। उन पर बहस कहां पर कैसी हो पाएगी, जब 20–30 मिनट में 18–18, 20–20

कानून पास किए जाएंगे। शायद यह नौकरशाही और विधायिकाओं की मिलीभगत ही है कि एक दूसरे के स्वार्थों की पूर्ति का ध्यान रखते हुए कानून बनाते जाएं और न्यायपालिका को अनगिनत कानूनों में उलझा दिया जाए। न्यायपालिका के चंगुल से बचने के लिए विधायिका अपनी सर्वोच्चता साबित करने के लिए न्यायपालिका पर अंकुश लगाने की बात कह रही है, जबकि सत्य यह है कि आम जनता का नेताओं और नौकरशाहों की संस्थाओं की तुलना में न्यायपालिका पर अधिक विश्वास है। जनता के न्यायपालिका पर इस विश्वास को ढीला करने की साजिश ही है कि न्यायालयों में मुकदमों का अम्बार लगा है, समय पर नियुक्ति नहीं है, बजट नहीं है, ताकि न्याय देरी से हो और नौकरशाहों और नेताओं की सांठ–गांठ बची रहें। न्याय में विलम्ब भी तो न्याय नहीं करना ही है, लेकिन लोकतंत्र में, जहां सबसे ज्यादा विश्वास जनता का होता है, वह है उसके जनप्रतिनिधियों का केन्द्र, संसद या विधायिका, जहां से जनता को, पूरे देश को रोशनी मिलती है। विश्वास का दूसरा केन्द्र होता है प्रशासन तंत्र, जो कि समर्पित अधिकारियों से परिपूर्ण होता है तथा जनता अपने आपको निर्भीक महसूस करती है, परन्तु जब ये दोनों ही अविश्वास के पात्र हो जाएं, जनता का इन पर से विश्वास उठ जाए, तब ही न्यायपालिका की तरफ आशा भरी नजरों से देखती है जनता।

यही कारण है कि भारत की जनता का लोकतंत्र में विश्वास है और विधायिका और प्रशासन तंत्र पर अविश्वास की दशा में न्यायपालिका की ओर आशा भरी नजरों से देखती है जनता, बेशक उसे न्याय विलम्ब से ही मिले।

इसका ताजा उदाहरण हरियाणा में उन्नीस वर्ष पहले नाबालिग 16 वर्षीय लड़की रुचिका के साथ एक बड़े पुलिस अधिकारी द्वारा छेड़छाड़ और आत्महत्या के स्तर तक जाने के लिए प्रताड़ित करना। इस मामले में जैसे भी सबूत और मामला बनाकर न्यायालय में प्रस्तुत किया। 19 वर्ष बाद, 21–12–2009 को सीबीआई की विशेष अदालत ने (साधारण अदालत नहीं) अन्त में हरियाणा पुलिस का सर्वेसर्वा बनकर सेवानिवृत्त उस पुलिस अधिकारी (शंभूप्रताप राठौड़) को छः वर्ष के कारावास और कुछ हजार रुपयों का अर्थदण्ड दिया।[5]

---

5. हरियाणा के एक बड़े आईपीएस अधिकारी शम्भूप्रतापसिंह राठौड़, पुलिस महानिरीक्षक के पद पर रहते हुए हरियाणा लॉन टेनिस संघ का अध्यक्ष भी था। ऑफिस व क्लब पंचकुला में था। 12 अगस्त, 1990 को एक सोलह वर्षीय टेनिस खिलाड़ी रुचिका गेहरोत्रा को कनाड़ा खेलों में भेजने का लालच देकर अकेले में बुलाया और अपने कार्यालय में ही रूचिका के साथ छेड़छाड़ की और बलात्कार भी किया। उस समय उसकी निकट सहेली आराधना भी साथ थी, जिसे चेम्बर के बाहर इंतजार करने के

उपरोक्त जुमले का प्रयोग करते हुए बालमुकुंद अग्रवाल ने लिखा है कि "विलम्ब और बारीकियां केवल सिविल कार्रवाईयों में ही विहित नहीं है। दाण्डिक न्याय के प्रशासन की स्थिति भी कोई बेहतर नहीं है। लोकतन्त्र की स्थापना से पहले के काल में दाण्डिक न्याय के मनमानेपन के कारण उस पर अत्यधिक कठोर होने का आरोप लगते थे, जबकि आज कुकर्मियों के प्रति अत्यधिक नरमी के खिलाफ आवाज उठायी जा रही है। बहुत से अपराधी

लिए कहा गया। काफी देर होने पर आराधना ने अंदर झांककर देखा तो गलत हरकत करते हुए देखा। दोनों लड़कियों ने बात को दबाए रखने की कोशिश की, परन्तु राठौड़ के द्वारा रुचिका को फिर से बुलाने पर आराधना ने सारी बात अपनी मां को बताई। रुचिका की मां 1986 में ही मर चुकी थी।

''विधि में विलम्बन पुरातन और सार्वभौम है, जैसे जुमलों का प्रयोग करके सारे मामले को हल्का नहीं कर सकते, जैसा कि प्रायः सभी न्यायविद् और विचारवान व्यक्ति कहकर व्यवस्था को सही साबित करने की कोशिश करते हैं, जैसे कि यह कह जाए कि सारे दुखों का, सुखों का देने वाला तो भगवान है, मनुष्य तो केवल निमित्त मात्र है, परन्तु ऐसा नहीं है।

17 अगस्त 1990 को रुचिका को पिता का मित्र एवं अन्य व्यक्ति तत्कालीन मुख्यमंत्री हुकमसिंह से मिले। मुख्यमंत्री ने तत्कालीन पुलिस महानिदेशक आर.आर. सिंह से रिपोर्ट मांगी।

18 अगस्त, 1990 को पुलिस ने राठौड़ के खिलाफ डी.डी.आर. पंजीकृत की। 3 सितम्बर, 1990 को आर.आर.सिंह ने राठौड़ के खिलाफ एफ.आई.आर. दर्ज करने के लिए सुझाव देते हुए अपनी रिपोर्ट दी, जिस पर तत्कालीन हरियाणा के गृह सचिव जे.के. दुग्गल ने राठौड़ के खिलाफ एफ.आई.आर. दर्ज करने के लिए अपनी सहमति दी, परन्तु सरकार ने एफआईआर दर्ज करने के बदले विभागीय जांच का रास्ता अपनाया।

इस दौरान, 17 जुलाई, 1990 से 21 मार्च, 1991 तक जनता दल का हुकमसिंह मुख्यमंत्री था। इसके बाद राष्ट्रपति शासन रहा और 23 जुलाई, 1991 से 9 मई 1996 तक कांग्रेस का भजनलाल मुख्यमंत्री रहा।

3 सितम्बर, 1990 से 30 जून 1992 तक मामले में कोई कार्यवाही नहीं हुई, सिवाय फाइल पर राय–मशविरे के नाम पर समय बर्बाद करने के।

30 जून, 1992 को सरकारी वकील ने अपनी कानूनी राय दी कि राज्य सरकार एक आईपीएस अधिकारी के खिलाफ विभागीय जांच या कार्यवाही करने के लिए सक्षम नहीं है। अतः मामले की एफ.आई.आर. ही की जा सकती है। एफ.आई.आर. तो फिर भी नहीं लिखी गई। अलबत्ता राठौड़ के इशारे पर 6 अक्टूबर, 1992 से 4 सितम्बर, 1993 के बीच रुचिका के भाई को चोरी के सात अलग–अलग मामलों में जेल में बंद कर दिया गया और रुचिका का नाम भी स्कूल से इस आधार पर काट दिया गया कि उसकी स्कूल फीस समय पर जमा नहीं की गई थी।

तो पकड़े ही नहीं जाते, जो पकड़े जाते हैं, वे प्रायःकानून की कमियों का फायदा उठाकर बच निकलते हैं। दाण्डिक मामलों की सुनवाई की प्रकृति ही ऐसी है कि वह हमेशा प्रतिरक्षा पक्ष को लाभ पहुंचाती है। दूसरी और भ्रष्टाचार, पक्षपात और शपथ भंग दाण्डिक मामलों में खूब चलते हैं। हर दौर का अपना कोई प्रख्यात प्रकरण होता है। यह अनुश्रुति है कि धनवान और शक्तिशाली अपराधी बच निकलते हैं, जबकि निर्धन और मित्रहीन लोग जेल

---

28 दिसम्बर, 1993 को रुचिका ने आत्महत्या के लिए जहरीली चीज खा ली। 29 दिसम्बर, 1993 को रुचिका की मृत्यु हो गई।

1994 में हरियाणा सरकार ने राठौड़ के खिलाफ विभागीय कार्यवाही की फाइल बंद कर दी तथा 4 नवम्बर, 1994 को राठौड़ को पुलिस महानिरीक्षक से पदोन्नति देकर अतिरिक्त पुलिस महानिदेशक बना दिया गया।

11 मई, 1996 से 23 जुलाई, 1998 तक पुराना कांग्रेसी बंशीलाल हरियणा विकास पार्टी बनाकर मुख्यमंत्री रहा।

5 जुलाई 1998 को राठौड़ को किसी अन्य मामले में निलम्बित किया गया।

इसी बीच मामला सीधे पंजाब–हरियाणा उच्च न्यायालय में ले जाया गया, जिसने रुचिका मामले में सीबीआई (केन्द्रीय जांच ब्यूरो) से जांच कराने के लिए कहा गया। जांच न करवाकर 3 मार्च, 1999 को राठौड़ को उसी पद पर बहाल कर दिया गया।

23 जुलाई, 1999 को ओमप्रकाश चौटाला, इंडियन नेशनल लोकदल की ओर से भारतीय जनता पार्टी के सहयोग से मुख्यमंत्री बना और 4 मार्च, 2005 तक रहा।

ओमप्रकाश चौटाला ने आते ही 30 सितम्बर, 1999 को राठौड़ को पदोन्नति देकर पुलिस महानिरीक्षक बनाकर 10 अक्टूबर, 1999 का उसे हरियाणा पुलिस को सर्वेसर्वा पुलिस महानिदेशक का पद भी दे दिया। 1999 में ही राठौड़ का अद्भूत सेवाओं के लिए राष्ट्रपति का पुलिस पदक देने का प्रस्ताव किया, जो 26 जनवरी, 2000 को मिला भी, लेकिन इसके पहले ही उच्च न्यायालय के आदेशों की अवहेलना पर, उच्चतम न्यायालय के निर्देश देने पर केन्द्रीय जांच ब्यूरो ने 3 जनवरी, 2000 को राठौड़ के विरुद्ध एफआईआर दर्ज की। अंततः 17 नवम्बर 2000 को (ठीक 7 वर्ष बाद) सीबीआई ने अपनी विशेष अदालत में चार्जशीट दाखिल की। तब राठौड़ लम्बी छुट्टी पर चला गया और एम.एस. मलिक को नया पुलिस महानिदेशक बनाया गया।

15 जुलाई, 2002 को राठौड़ को पुलिस आवास निगम का अध्यक्ष बनाया गया, जहां से 31 जुलाई, 2003 को ससम्मान सेवानिवृत्त हो गया।

17 मार्च, 2003 को अदालत द्वारा राठौड़ के विरुद्ध अपराध तय किए गए, जिन पर फैसला 21–12–2009 को किया गया।

समाचार माध्यमों ने इसके बाद मामले की पड़ताल अपने हिसाब से की और कई विरोधाभासी तथ्य, जांच को प्रभावित करने आदि के तथ्य प्रकट किए, जिनकी बात सरकार सहन नहीं कर पा रही है और नए सिरे से सीबीआई जांच की पहल की जा रही है।

भेज दिए जाते हैं। निर्दोष लोगों को कभी–कभी पुलिस झूठे आरोपो में फंसा देती है और इसमें कोई खुश होने की बात नहीं कि उसी तकनीक का प्रयोग करके पेशेवर अपराधियों को झूठे आरोपों के आधार पर सीखचों में बंद करा दिया जाता है।"[6] (उन्हें बचाने के लिये।)

आगे उच्चतम न्यायालय के न्यायमूर्ति एच.आर. खन्ना के हवाले से लिखा है–

एक अन्य बात जो, न्याय तंत्र में लोगों के विश्वास को डिगा रही है, वह है दोषमुक्ति के मामलों की भारी संख्या और बड़े अपराधियो को बंद करने की न्याय तंत्र की बढ़ती असफलता। यह सही है कि न्यायाधीशों को अभिलेख पर उपलब्ध सामग्री के आधार पर ही अपने निर्णय देने होते हैं और कोई व्यक्ति यह आशा नहीं कर सकता और न ही करनी चाहिए कि किसी व्यक्ति के विरुद्ध लगाए गए आरोप को सिद्ध करने के लिए विश्वसनीय साक्ष्य न हो तो भी न्यायालय उसे दोषी ठहराएगा। दोषमुक्ति के मामलों के इतने उच्च प्रतिशत का एक मुख्य कारण पुलिस अन्वेषण की गुणवत्ता में गिरावट और उसके परिणामस्वरूप ऐसी विश्वसनीय साक्ष्य एकत्र करके पेश करने में उसकी असफलता है, जिसके आधार पर अभियुक्त को दोषी ठहराया जा सके। पुलिस अन्वेषण की गुणवत्ता पर गिरावट राजनीतिज्ञों द्वारा मामलों के अन्वेषण में किया गया हस्तक्षेप है। यह सर्वविदित है कि जो व्यक्ति जितना बड़ा गुण्डा या असामाजिक व्यक्ति होता है, चुनाव के समय उसका मूल्य और उपयोग उतना ही अधिक होता है। निर्वाचन के समय जब राजनीतिज्ञ इन असामाजिक तत्वों की सहायता मांगते हैं तो वे इसी आशा में सहायता करते है। कि यदि उन्हें विधि प्रवर्तन करने वाले किन्हीं अभिकरणों के हाथों परेशानी होगी तो राजनीतिज्ञ उनकी मदद करेंगे और उन्हें कठिनाई में पड़ने से बचा लेंगे। असामाजिक तत्वों को कठिनाई के समय दी गई सहायता उनके द्वारा चुनावों के दौरान की गई राजनीतिज्ञों की मदद का सीधा प्रतिकर है। यह स्वभावतया अपराधों के पुलिस द्वारा अन्वेषण को अत्यन्त कठिन बना देता है। इसके अलावा हम जानते हैं कि पुलिस का बहुत–सा समय अतिविशिष्ट व्यक्तियों की सुरक्षा और अन्य प्रबंधों पर खर्च होता है। प्रदर्शन, बंद, हड़ताल और आंदोलन हमारे लोक जीवन के अधिकाधिक अंग बनते जा रहे हैं, जिन पर पुलिस बल का काफी समय खर्च होता है। अपराधों के अन्वेषण की पुलिस के कामकाज में निम्नतर अग्रता है। परिणामतया अन्वेषण की गुणवत्ता में गिरावट आती है और पुलिस बल विचारण के समय विश्वसनीय साक्ष्य प्रस्तुत

---

6. *हमारी न्यायपालिका,* हिन्दी संस्करण, 2005, नेशनल बुक ट्रस्ट, नई दिल्ली, पृष्ठ 164–66।

करने में अधिकाधिक असमर्थ होता जा रहा है। जो भी हो, दोषमुक्ति के मामलों में इतनी बड़ी संख्या का कारण कुछ भी हो, उसका अपरिहार्य प्रभाव यही होगा कि लोगों का विश्वास इस बात से कम होता जाएगा कि न्यायालय बड़े अपराधियों को दण्ड देने में समर्थ है। हमें यह याद रखना चाहिए कि यदि लोगों का विश्वास न्याय तंत्र से उठ गया और उसके मन में यह बात बैठ गई कि न्यायपालिका अपराधियों को दण्ड देने में असमर्थ है तो, अपराधों के शिकार व्यक्ति और उनके सगे संबंधी अपराधियों के साथ, जिन्हें वे प्रायः पहचानते हैं, निपटने के लिए गैर–कानूनी तरीकों का इस्तेमाल करेंगे। यह स्पष्ट है कि ऐसी स्थिति अव्यवस्था और अराजकता को जन्म देगी।

× × ×

न्यायमूर्ति खन्ना ने जो शंका और सम्भावना जाहिर करते हुए विचार व्यक्त किए, वे सत्य हैं। संविधान के तहत न्यायपालिका के बारे में बात करते समय प्रशासन के लगभग सभी अंगों की चर्चा हो जाती है, चाहे वह संसद हो, सांसद हो, विधायक या विधायिका हो अथवा नागरिक प्रशासन हो या पुलिस प्रशासन। अतः न्याय प्रणाली की व्यापकता को सहज ही समझा जा सकता है और उस पर जनता के विश्वास को सहज विश्वास माना जा सकता है, जैसा कि वह भगवान पर सहज विश्वास करती है।

ज्ञात इतिहास में और आधुनिक कानून व्यवस्था के प्रारम्भ में भी न्यायिक अधिकार प्रशासकों या प्रशासनिक अधिकारियों के पास रहे हैं। जब न्यायिक क्षेत्र को प्रशासनिक अधिकारियों से भिन्न अधिकारियों को देने का समय आया तो उन न्यायिक अधिकारियों की सीमाएं तय की जाने लगी और उनकी ये सीमाएं कानूनों के रूप में तय की जाने लगी, जिनके दायरे में सीमित रहते हुए ही उन्हें अपने न्यायिक निर्णय देने होते थे, जबकि बहुत से न्यायिक क्षेत्र स्वयं प्रशासनिक अधिकारियों ने अपने पास रखे, जहां पर वे स्वविवेक और परिस्थितियों के अपने–अपने आंकलन के अनुसार फैसले दे सकते थे और उन्हें प्रायः अन्तिम निर्णय के रूप में मान्यता दी गई। आज भी यह परम्परा कायम है। अधिकतर विभागीय मामले अर्द्ध–न्यायिक निर्णयों के नाम से प्रशासनिक अधिकारियों के पास ही हैं, उनकी अपीलो के प्रावधान काफी समय बाद संबंधित कानूनों में किए गए हैं।

चूंकि प्रशासनिक अधिकारी अपनी शक्तियों के स्वाभाविक विभाजन को सहन नहीं कर सकते थे, अतः उन्होंने कानूनों को ऐसे ही रूप में बनाना या बनवाना शुरू किया।

प्रशासनिक तबकों में भी नागरिक प्रशासन और पुलिस प्रशासन में अधिकारों और वर्चस्व के सवाल पर विवाद होने लगा तो इसका अलग रास्ता

निकाला गया और पुलिस अधिकारियों को भी न्यायिक अधिकारों से नवाजा जाने लगा।

कहने को तो कानून बनाने का अधिकार संसद का है, परन्तु संसद का यह मुगालता ही ज्यादा है, क्योंकि भारत में कार्यपालिका, नौकरशाह ही कानूनों का प्रारूप बनाते हैं, जिन्हें संसद को पास करना ही होता है और राष्ट्रपति को उस पर हस्ताक्षर करने ही होते हैं। संविधान में ऐसी ही प्रक्रिया और प्रावधान है। संविधान ने संसद को कानून बनाने का अधिकार दे रखा है। नौकरशाह कानूनों का प्रारूप बनाकर संसद को देते हैं। इन कानूनों में ऐसे प्रावधान होते हैं, जिससे नौकरशाही शेष नियम कायदों को बनाने और अधिसूचनाएँ अपनी इच्छा और सुविधा के अनुसार जारी कर सकती है।[7]

जिस प्रकार संविधान में वर्णित प्रत्येक विषय के प्रावधानों में "संसदीय विधि" का उल्लेख है,उसी प्रकार प्रत्येक कानून या अधिनियम में नियम बनाने या अधिसूचनाएँ जारी करने का अधिकार सरकार को दिया गया होता है। परिणाम यह होता है कि आम जनता के लिए अधिनियम बेमानी हो जाते हैं, सिर्फ नियम ही प्रमुख और प्रताड़नाओं के आधार बनते हैं। ऐसे ही मामले न्यायपालिका के पास जाते हैं, जिन पर कार्यपालिका द्वारा बांधी गई सीमा के अन्दर रहते हुए फैसले देने होते हैं।

यही वह स्थिति है, जहां न्यायिक अधिकारी, न्यायिक प्रक्रिया से प्रताड़ितों के दर्द को अपने निर्णयो में मुखरित करने को तो बाध्य हो जाते हैं, परन्तु उसके अनुसार फैसला नहीं हो पाने का दर्द भी बयान कर देते हैं।[8] यही पीड़ा न्यायमूर्ति खन्ना के मुंह से निकली हुई है।

तुलनात्मक रूप से देखा जाए तो ब्रिटेन में कानून का प्रारूप सरकार द्वारा बनाया जाता है और उसे बहस एवं अनुमोदन के लिए संसद को भेजा

---

7. चौवालीसवां संविधान संशोधन (1978) द्वारा अनुच्छेद 22 में खण्ड (4) को प्रतिस्थापित करते हुए नया खण्ड (4) संसद ने पारित किया था, लेकिन उसकी अधिसूचना आज तक जारी नहीं की गई है।

8. पिछले दिनों उच्चतम न्यायालय का उत्तराधिकार संबंधी मामले में एक बड़ा ही दर्दनाक फैसला आया है। ससुराल द्वारा प्रताड़ित एक कम पढ़ी लिखी विधवा ने अपने पिताजी की देख–रेख व सलाह से पढ़ाई पूरी की और नौकरी करके अपना मकान आदि बना लिया। जब उसकी मृत्यु के बाद उत्तराधिकार का मामला आया तो उसके पीहरवालों के बदले ससुरालवालों को ही उत्तराधिकार माना गया। प्रताड़ना आदि की बात के सहारे उसके पिताजी ने उच्चतम न्यायालय तक गुहार लगाई; परन्तु उच्चतम न्यायालय ने प्रावधानों के आगे बेबसी जाहिर करते हुए यातना देने वालों के ही पक्ष में फैसला किया।

जाता है, जबकि संयुक्त राज्य अमरीका में कांग्रेस (संसद) के सदस्य ही किसी बिल का प्रारूप बनाते हैं और कांग्रेस में प्रस्तुत करते हैं। भारत में सांसदों पर दबाव रहता है कि वे पार्टी की धारा या विचार का पालन करे, क्योंकि एक मत भी विरोध में चला गया तो सरकार गिर सकती है। अमरीका में सांसदों पर पार्टी का वैसा नियंत्रण नहीं होता है, क्योंकि उनकी किसी भी गतिविधि का राष्ट्रपति के कार्यकाल पर कोई असर नहीं पड़ता। इसके विपरीत भारत में पार्टी व्हिप के द्वारा अपने सदस्यों को जानवरों की तरह एकसूत्र में बांधकर रखा जाता है, जबकि ऐसे किसी विकट विषय और अवसर पर उनका मुखरित होना आवश्यक होता है। पार्टियों की इस अलौकतांत्रिक क्रिया विधि को बावनवे संविधान संशोधन, 1985[9] ने संसदीय निष्क्रियता की पराकाष्ठा तक पहुंचा दिया, जिसके द्वारा पार्टी विभाजन या व्हिप के उल्लंघन को किसी सदस्य की संसद या विधानसभा की सदस्यता समाप्ति का आधार बना दिया गया। तब से ससंद की कार्यवाहियों में अत्यधिक गिरावट आ गई है। जहां प्रारम्भिक काल में संसद की कम से कम 100 दिन की बैठक जरूर होती थी, (1952 में 156 बैठकें हुई थी)। 1999 में 51, 2008 में 46 दिन की रह गई, उनमें से शोर शराबे आदि के कारण संसद कितनी देर चली। फिर बिलों पर बहस के लिए कितना समय बचा? 2006 में 9 बिलों पर बीस मिनट से भी कम बहस हुई, वहीं 2007 में ऐसे बिल 14 थे और 2008 में 16 और आलम यह है कि 30 मिनट में 18 बिल पास होना ऐसी ही संसदीय व्यवस्था में संभव है। लोकतन्त्र में निर्विवाद रूप से यह ही वह स्थिति आती है, जब कार्यफालिका अपने माफिक और अपने हित साधक कानून आसानी से बना लेती है, न्याय पालिका उनकी व्याख्या करने और उनके अनुसार फैसले देने को अभिशप्त होती है।

× × ×

जब न्यायपालिका लीक से हटकर कोई फैसला करती है, कोई कदम उठाती है तो प्रशासन तंत्र तो सीधे तौर पर कुछ नहीं कहता, परन्तु वह नेताओं के अहम को जगा देता है, यह कहकर कि कानून बनाने वाली संसद की सर्वोच्चता का कुछ व्यक्ति, जो न्यायमूर्तियों की कुर्सी पर बैठे हैं, चुनौती दे रहे हैं। न्याय पालिका सर्वोच्च नहीं है, बल्कि संसद सर्वोच्च है। यह झगड़ा काफी समय से उभर रहा है। विशेष रूप से जब से जनहित याचिकाओं (Public Interest Litigation) के रूप में नौकरशाही और राजनेताओं से

---

9. अनुच्छेद 102 में खण्ड (2) व अनुच्छेद 191 में खण्ड (2) जोड़ते हुए अनुसूची 10 को नए रूप में (नियमावली) पुनः जोड़ा गया।

कुछ सवाल पूछे जाने लगे हैं। प्रशासनिक तन्त्र का भ्रष्टाचार, न्यायिक अधिकारियों का भ्रष्टाचार और राजनेताओं का भ्रष्टाचार, इन याचिकाओं के जरिए खुलने लगे। जजों पर लगाम लगाने के लिए संसद में कई बार उबाल आए, परन्तु राजेनताओं ने अपने ऊपर उंगली उठाने वाले कानून को पिछले 42 वर्षों से (1968 से) अधर में लटकाए रखा है। वह है लोकपाल बिल–

पहली बार इसे 9 मई, 1968 को लोकायुक्त एवं लोकपाल विधेयक पेश किया गया। लोकसभा ने 20 अगस्त, 1969 को इसे पारित करके राज्यसभा को भेज दिया। राज्यसभा में लंबित रहने के दौरान लोकसभा भंग हो गई और विधेयक समाप्त (लैप्स) हो गया।

- दूसरी बार 11 अगस्त, 1971 को फिर लोकसभा में पेश हुआ। 5वीं लोकसभा भंग होने से फिर समाप्त हो गया।
- तीसरी बार 28 जुलाई, 1977 को लोकपाल विधेयक फिर से लोकसभा में लाया गया। संयुक्त संसदीय समिति ने 1978 में अपनी रिपोर्ट दी। इसके बाद छठीं लोकसभा का सत्रावसान होने से विधेयक फिर समाप्त।
- चौथी बार 26 अगस्त, 1985 को फिर लोकसभा में पेश। इसे संयुक्त संसदीय समिति को सौंपा गया, जिसमें मतैक्य नहीं होने के कारण 1986 में विधेयक को वापस लिया गया। (ध्यान दें इसी वर्ष दलबदल विरोधी संविधान संशोधन तुरंत–फुरंत में पास कर दिया गया था और शाहबानों के मामले में उच्चतम न्यायालय के फैसलों को बदलने के लिए संसद में बिल लाने की तैयारियां चल रही थी–विषयों की गम्भीरता और वरीयता विचारणीय है।)
- पांचवीं बार 26 दिसम्बर, 1989 को लोकपाल विधेयक पुनः पेश किया गया। नई लोकसभा भंग होने के कारण यह विधेयक भी लैप्स हो गया।
- छठीं बार 13 सितम्बर, 1996 को पुनः लोकपाल विधेयक लाया गया। इस पर गृह मामलों की संसदीय समिति की रिपोर्ट 1997 में आयी, परन्तु लोकसभा भंग कर दी गई।
- सातवीं बार 3 अगस्त, 1998 को यह बिल पुनः पेश किया गया। गृह मामलों की समिति की रिपोर्ट 25 फरवरी, 1999 को मिली। उसके बाद लोकसभा भंग हो गई।

- आठवीं बार 14 अगस्त, 2001 को फिर लोकपाल विधेयक संसद में पेश किया गया। वर्ष 2004 में लोकसभा भंग हो जाने के कारण विधेयक लैप्स हो गया।

इसके बाद की कांग्रेस की सरकार ने कभी इस विषय में नहीं सोचा। हालांकि "लाभ का पद" नामक बिल अवश्य पारित करवाया गया, जिससे जनप्रतिनिधित्व कानून, 1950 के संशोधन को 1950 से प्रभावी किया गया है।

2011 में अन्ना हजारे ने लोकपाल के मुद्दे को आन्दोलन के रूप में उठाया है, परन्तु रूपरेखा स्पष्ट नहीं होने के कारण न तो सरकार दबाव में आ पा रही है और न ही जनता इसका मतलब समझ पा रही है, सिवाय इस मामले से जुड़े "भ्रष्टाचार" नामक शब्द के भावात्मक अर्थ के।

20

संविधान में संशोधन

परिवर्तन प्रकृति का स्वाभाविक नियम है और प्रत्येक वस्तु में निरन्तर परिवर्तन होता रहता है। मानव समाज में भी परिवर्तन होता है। यह एक सुस्थापित ऐतिहासिक तथ्य है। इसकी जानकारी उतनी महत्वपूर्ण नहीं है, जितना कि यह पता लगाना कि परिवर्तन क्यों होते हैं, परिवर्तनों का क्या कारण है। जब तक परिवर्तनों के कारण का पता नहीं होगा, विकास की किसी भी अवस्था को न तो समझा जा सकता है और न ही उसके बाद की भावी सम्भावित अवस्था का आंकलन किया जा सकता है।

जवाहरलाल नेहरू ने भी कहा था कि प्रगतिशील भारत में आवश्यकताओं के अनुरूप संविधान में संशोधन आवश्यक हैं, जिन्हें सामान्य प्रक्रिया से किया जाना उचित है।[1]

औचित्य अनौचित्य की कसौटी क्या हो, उसी की तरफ कार्ल मार्क्स ने रेखांकित किया है कि समाज में व्याप्त अन्तर्विरोध मौजूद हैं, जो अब तक के इतिहास में वर्ग संघर्ष के रूप में प्रकट हुए हैं। प्रभावी शक्तिशाली वर्ग राज्यसत्ता पर कब्जा करके अपने वर्ग के सामाजिक, राजनीतिक और आर्थिक हितों की रक्षा करता है और उन्हें व्यावहारिक रूप देने के लिए प्रचलित सम्भव साधन का प्रयोग करता है। आधुनिक लोकतन्त्रों में यह साधन है, संविधान और उसके अधीन बनाए गए कानून।

---

1. हम इस संविधान को अधिक से अधिक ठोस और स्थायी बनाना चाहते हैं, किन्तु संविधान स्थायी नहीं होते। इसमें कुछ लचीलापन भी होना चाहिए। यदि इसे कठोर और स्थायी बनाएंगे तो आप राष्ट्र का विकास अवरुद्ध कर देंगे, एक जीवन्त, प्राणवान, विकासमान जनता का विकास। ....हम इस संविधान को इतना कठोर नहीं बना सकते कि परिवर्तित दशाओं में इसे अनुकूलित न किया जा सके। जब सम्पूर्ण विश्व परिवर्तन से गुजर रहा है और हम एक तीव्र गति से होने वाले संक्रमण का अनुभव कर रहे हैं तो हम जो आज कर रहे हैं, वह कल के लिए अनुपयुक्त हो सकता है।

   –संविधान सभा बहस 8–11–1948, पृ. 322–23।

भारत के संविधान में संशोधन के प्रावधान अनुच्छेद 368 में दिए गए हैं।

अनुच्छेद 368–संविधान में संशोधन करने की संसद का अधिकार शक्ति तथा उसकी प्रक्रिया–*(1) इस संविधान में किसी बात के होते हुए भी संसद अपनी संविधानिक शक्ति का प्रयोग करते हुए इस संविधान के किसी प्रावधान का परिवर्धन, परिवर्तन या उसकी समाप्ति के रूप में संशोधन इसमें उल्लिखित प्रक्रिया के अनुसार कर सकेगी।*

(2) इस संविधान में संशोधन की प्रक्रिया का आरम्भ संसद के किसी सदन में इस उद्देश्य के लिए विधेयक प्रस्तुत करके किया जा सकेगा और जब यह विधेयक प्रत्येक सदन में उस सदन की कुल सदस्य संख्या के बहुमत द्वारा तथा उस सदन के उपस्थित और मत देने वाले सदस्यों के कम से कम दो तिहाई बहुमत द्वारा पारित कर दिया जाता है, तब इसे राष्ट्रपति के समक्ष प्रस्तुत किया जाएगा और तब संविधान उस विधेयक के उपबंधों के अनुसार संशोधित हो जाएगा:

परन्तु यदि ऐसा संशोधन–

(ए) अनुच्छेद 54, अनुच्छेद 55, अनुच्छेद 73, अनुच्छेद 162 या अनुच्छेद 241 में, या

(बी) भाग 5 के अध्याय 4, भाग 6 के अध्याय 5 या भाग 11 के अध्याय 1 में, या

(सी) सातवीं अनुसूची की किसी सूची में, या

(डी) संसद में राज्यों के प्रतिनिधित्व में, या

(ई) इस अनुच्छेद के प्रावधानों में कोई संशोधन करने के लिए है तो ऐसे संशोधन के लिए प्रावधान करने वाला विधेयक राष्ट्रपति के समक्ष अनुमति के लिए प्रस्तुत किए जाने से पहले उस संशोधन के लिए कम से कम आधे राज्यों के विधान मण्डलों द्वारा पारित इस आशय के संकल्पों द्वारा उन विधान मंडलों का अनुसमर्थन भी अपेक्षित होगा।

(3) अनुच्छेद 13 की कोई भी बात इस अनुच्छेद के अन्तर्गत किए गए किसी संशोधन को लागू नहीं होगी।

(4) इस संविधान का (जिसके अन्तर्गत भाग 3 के प्रावधान भी शामिल है) इस अनुच्छेद के अन्तर्गत संविधान (छियालीसवां संशोधन) अधिनियम, 1976 की धारा 55 के प्रारम्भ से पहले या उसके पश्चात् किया गया या प्रस्तावित कोई संशोधन किसी न्यायालय में किसी भी आधार पर विचारणीय नहीं होगा।

(5) शंकाओं को दूर करने के लिए यह घोषित किया जाता है कि इस अनुच्छेद के अन्तर्गत इस संविधान के प्रावधानों का परिवर्धन, परिवर्तन या उनकी समाप्ति के लिए संशोधन करने के लिए संसद की सांविधानिक शक्ति पर किसी प्रकार की सीमा नहीं होगी।

इस अनुच्छेद में इस प्रकार संशोधन किए गए हैं कि मूल पाठ को पढ़कर किए गए संशोधनों से मिलान किया जाए तो हंसी आएगी और यदि संशोधनों के इतिहास और तत्कालीन परिस्थितियों को साथ–साथ देखा जाए तो जवाहरलाल नेहरू के व्यक्त विचार (8–11–1948 संविधान सभा में) एक दयनीय व्याख्यान के अलावा कुछ नहीं लगेंगे।

25–11–1949 को संविधान सभा में डॉ. अम्बेडकर ने इस अनुच्छेद के प्रावधानों की उपयोगिता और आवश्यकता को बताते हुए कहा था–

"जो संविधान से असन्तुष्ट हैं, उन्हें बस दो तिहाई बहुमत प्राप्त करना होगा। यदि वे वयस्क मत के आधार पर निर्वाचित संसद में दो तिहाई बहुमत भी नहीं पा सकते हैं तो यह समझना चाहिए कि संविधान के प्रति असंतोष में जनता उनके साथ नहीं है।"

संशोधन की सुगम प्रक्रिया अपनाने का भी राजनीतिक महत्व था। वह यह था कि यदि राजनीतिक प्रणाली को बदलने की मांग जनता करती है और वह मांग विशाल रूप धारण कर लेती है तो परिवर्तन करना संभव होना चाहिए,[2] लेकिन बिना ऐसी किसी विशेष परिस्थिति के संविधान संशोधन की अविरल श्रृंखला, जो गिनती में औसतन संसद के तीन अधिवेशनों में दो संशोधन के रूप में मुखरित हुई है। ऐसा होने के बावजूद स्वयं अनुच्छेद 368 को संशोधित कर बदला गया।

अनुच्छेद 368 का मूल पाठ खण्ड (2) में है। इसी मूल पाठ पर डॉ. अंबेडकर ने उक्त विचार व्यक्त किए थे। तब इसका शीर्षक था **"संविधान संशोधन की प्रक्रिया"**। 1971 में चौबीसवें संशोधन के द्वारा शीर्षक को बदलकर **"संविधान में संशोधन करने की संसद की अधिकार शक्ति और उसकी प्रक्रिया"**। साथ ही खण्ड (1) नया जोड़ा गया। यह प्रावधान मूल प्रावधान को नए शब्दों के साथ दोहरता है। मूल प्रावधान को खण्ड (2) क्रम दिया और उसमें प्रयुक्त शब्दों "तब इसे राष्ट्रपति के समक्ष उनकी सहमति के लिए प्रस्तुत किया जाएगा तथा बिल पर ऐसी सहमति देने के पश्चात्" के स्थान पर **"तब इसे राष्ट्रपति के समक्ष प्रस्तुत किया जाएगा, जो बिल**

2. डी.डी. बसु–*भारत का संविधान–एक परिचय*–8वां संस्करण 2002 हिन्दी, वाधवा एण्ड कम्पनी पृ. 155।

पर अपनी सहमति देगा और तब"[3] जोड़कर राष्ट्रपति द्वारा किसी भी बिल पर सहमति देना अनिवार्य कर दिया गया है। ऐसे में राष्ट्रपति अपने विवेक का प्रयोग कर कुछ जानकारियां अपनी सन्तुष्टि के लिए भी नहीं ले सकता।

खण्ड (3) भी 1971 के ही उसी 24वें संशोधन द्वारा जोड़ा गया है, जिसके साथ ही अनुच्छेद 13 में भी खण्ड (4) जोड़ा गया है, जो कि दोनों एक–दूसरे का ख्याल रखते हुए गल–बैयां मिलते नजर आते हैं। लगता है, यह सार्थक भय की निरर्थक परिणति ही ज्यादा थी, न कि जनता की मांग।

खण्ड (4) व (5) 1976 में (आपातकाल के दौरान) बियालीसवें संविधान संशोधन के द्वारा जोड़े गए, जिन्हें [*मिनर्वा मिल्स ब. भारत संघ, 1980 (3) एस.सी.सी. 625*] में दिए गए अपने ऐतिहासिक निर्णय में उच्चतम न्यायालय ने असंवैधानिक घोषित कर दिया था, फिर भी यह पाठ संविधान में मौजूद है।

उल्लेखनीय है कि 1970 तक कुल 23 संविधान संशोधन विधेयक पारित किए गए, जिनमें कई अत्यावश्यक थे, जबकि 1971 से 1976 तक छः वर्षों में पूरे उन्नीस संविधान संशोधन पारित किए गए, जिनमें पहला (24वां) अनुच्छेद 368 में व्यापक संशोधन के लिए था, जिसके द्वारा [*गोलकनाथ बनाम पंजाब राज्य, ए.आई.आर. 1967 एस.सी. 1643; (1967) 2 एस.सी.आर. 762*] में उच्चतम न्यायालय द्वारा दिए गए संवैधानिक निर्णय के प्रभाव को विनष्ट किया गया। इसके पश्चात् राष्ट्रपति संविधान संशोधन को अनुमति देने के लिए बाध्य है।

इसके साथ ही 1971 में छब्बीसवां व सत्ताईसवां संशोधन, 1972 में पच्चीसवां, अट्ठाइसवां, उनतीसवां 1973 में तीसवां, इकत्तीसवां, 1974 में बत्तीसवां, तैंतीसवां और चौतीसवां संशोधन पारित करवाया गया।

1975 पैंतीसवां, छत्तीसवां, सैतीसवां, अड़तीसवां, उनतालीसवां, पांच संशोधित पारित करवाए और 1976 में चालीसवां, इक्तालीसवां और सबसे अधिक विवादास्पद बयालीसवां संविधान संशोधन पारित करवा कर लागू किए गए।

डॉ. डी.डी. बसु ने इस संबंध में बड़ा ही दिलचस्प विश्लेषण प्रस्तुत किया है–

"अनुच्छेद 368 में विहित संशोधन प्रक्रिया की कठोरता या नम्यता का प्रश्न तब तक ढंका रहा, जब तक कांग्रेस पार्टी का केन्द्र और राज्य के विधान

---

3. ".....it shall be presented to the President for his assent and upon such assent being given to the Bill" substitited by the words "it shall be presented to the president who shall give his assent to the bill and there upon."

मण्डलों पर पूर्ण नियन्त्रण रहा। इस असाधारण तथ्य के कारण वे अनुच्छेद 368 (अब 368 (2)) में दोहरे बहुमत के रक्षोपाय को भेद सके और 50 वर्षों तक 83 संशोधन कर सके। दोहरे बहुमत की कठोरता उन कठिनाइयों से प्रकट होती है, जो जनता सरकार (1977–78) के समक्ष आई, जब उसे 42वें संशोधन के अलोकतांत्रिक लक्षणों को समाप्त करने के लिए संशोधन विधेयक पारित करना चाहा। जाग्रत लोकमत ने उन्हें इसी आधार पर समर्थन दिया था। यह ध्यान योग्य है कि–

(क) अनुच्छेद 368 (2) में यह अपेक्षा है कि संविधान संशोधन विधेयक संसद के प्रत्येक सदन में दोहरे बहुमत से पारित किया जाना चाहिए। जनता सरकार को राज्यसभा में ऐसा बहुमत नहीं था। वह दोनों सदनों का "संयुक्त अधिवेशन" नहीं बुला सकती थी, जिसकी व्यवस्था सामान्य विधान की दशा में अनुच्छेद 108 में की गई है।

(ख) दोहरे बहुमत की अपेक्षा का दृष्टान्त सितम्बर 1977 में राज्यसभा में जनता पार्टी के सदस्य संख्या से दिया जा सकता है। राज्यसभा की कुल संख्या (मोटे–तौर से) 250 है। अनुच्छेद 368 (2) के प्रथम भाग के अधीन संशोधन विधेयक पारित होने के लिए कम से कम 126 सदस्यों द्वारा मतदान करना आवश्यक है। जनता पार्टी के राज्यसभा में मौटे–तौर से 41 सदस्य थे, इसलिए वे विधेयक पारित करने के लिए अपनी सदस्य संख्या का अवलम्ब नहीं ले सकते थे।'

"अनुच्छेद 368 (2) का दूसरा भाग इससे भी अधिक कठोर है। उसमें यह अपेक्षा है कि संविधान संशोधन विधेयक के मतदान की तारीख को उपस्थित और वास्तव में मतदान करने वाले सदस्यों में से दो तिहाई सदस्य उस विधेयक के पक्ष में मतदान करें। अतएव विधेयक तब ही पारित हो सकता था, जब 168 सदस्य उसके पक्ष में मतदान करें। जनता पार्टी के केवल 41 सदस्य थे। अतएव उनके लिए यह संभव नहीं था।'

"इस कारण जनता पार्टी द्वारा प्रस्तावित संशोधन विधेयक का भाग्य कांग्रेस पार्टी के हाथ में था। कांग्रेस (ओ) विरोध न करे, इसलिए जनता सरकार ने अपने प्रस्तावों को दो विधेयकों में बांट दिया। पहले चरण में कम विवादास्पद प्रस्ताव एक विधेयक में सम्मिलित किए, जिसे 43वें संशोधन अधिनियम के रूप में 1977 में पारित किया गया। दूसरे विधेयक को (45वां विधेयक जो 44वां संशोधन अधिनियम, 1978 बना) कड़े विरोध का सामना करना पड़ा, क्योंकि इस विधेयक के महत्वपूर्ण भागों को व्यर्थ करने के उद्देश्य से कांग्रेस (ओ) और कांग्रेस (आई) में गठबंधन हो गया। इस प्रकार जनमत

संग्रह का उपबंध करने के लिए अनुच्छेद 368 का संशोधन करने वाले खण्ड को पारित नहीं किया जा सका।"

"जब जनवरी, 1980 में श्रीमती गांधी सत्ता में आईं तो उन्हें भी इसी कठिनाई का सामना करना पड़ा। 1984 तक वे संविधान में कोई अधिष्ठायी संशोधन नहीं कर सकीं, जब तक कि राज्यसभा में उन्हें अपेक्षित बहुमत नहीं प्राप्त हो गया।

"कांग्रेस (आई) ने नगर पालिका और पंचायतों से संबंधित उपबंध करने के लिए संविधान का संशोधन करने के लिए दो विधेयक (64वां और 65वां संशोधन विधेयक, 1989) पुरःस्थापित किए थे। ये दोनों लोकसभा में 10–8–1989 को पारित हो गए, किन्तु राज्यसभा में 13–10–1989 को केवल दो मत कम होने के कारण पारित नहीं हो सके।"

"संविधान (64वां संशोधन) विधेयक, 1990, जिससे पंजाब के संबंध में अनुच्छेद 356 का संशोधन किया जाना था, राज्यसभा में 28–3–1990 को पारित हो गया। लोकसभा में (30 मार्च, 1990) विधेयक पर विचार किए जाने के प्रस्ताव पर 236 मत पक्ष में थे और 5 विपक्ष में। अपेक्षित बहुमत (सदन की कुल सदस्य संख्या का बहुमत) के अभाव में प्रस्ताव स्वीकृत नहीं हुआ। संशोधन के लिए नया विधेयक लाना पड़ा।'

"संविधान (75वां संशोधन) विधेयक, 1990 भी इसी प्रकार (1–10–1990) लोकसभा में पारित नहीं हो सका। यह भी पंजाब के संबंध में अनुच्छेद 356 का संशोधन करने के लिए था। 249 मत पक्ष और 3 विपक्ष में पड़े। शीघ्र ही 76वां संशोधन विधेयक 4–10–1990 को लोकसभा में पारित कराया गया। यह राज्यसभा से पारित होकर 67वां संशोधन अधिनियम, 1990 बना (5–10–1990 से)। अगस्त, 1993 में संविधान (80वां संशोधन) विधयेक, 1993 को सरकार ने स्थगित कर दिया, क्योंकि उनके पास दो तिहाई बहुमत नहीं था। अतएव अनुच्छेद 368 (2) द्वारा विहित प्रक्रिया अपने आप में नम्य नहीं कही जा सकेगी।"[4]

उपरोक्त विवेचन से यह तो स्पष्ट है कि–

(1) संविधान में संशोधन का सम्पूर्ण अधिकार संसद को है तो यह भी जरूरी है कि संसद जनता के प्रति उत्तरदायी हो न कि अपनी–अपनी पार्टियों के प्रति।

4. डॉ. डी.डी. बसु, *भारत का संविधान एक परिचय,* हिन्दी 2002, पृ. 164–65।

(2) संसद की लोकसभा जनप्रतिनिधियों का सदन होना चाहिए, जहाँ जनता की भावनाओं को साधारण रूप में अभिव्यक्त किया जाए न कि पार्टी प्रतिबद्धताओं को अभिव्यक्त किया जाए।

(3) संसद का दूसरा सदन राज्यसभा से ऐसा अपेक्षित है कि वह पार्टी प्रतिबद्धताओं से अलग और ऊपर हो तथा लोकसभा के सामान्य विचारों और प्रस्तावों को उनके सम्पूर्ण राष्ट्रीय, अन्तर्राष्ट्रीय, सामाजिक, आर्थिक और वैधानिक प्रावधानों के आधार पर उस पर विचार करे।

(4) राष्ट्रपति जनआकांक्षाओं का प्रतीक है, उसे सिर्फ हस्ताक्षर करने की मशीन नहीं बनाकर विधेयक पर आक्षेप दर्ज करने, पुनर्विचार करने की मांग करने का हक होना चाहिए।

(5) संसद को सिर्फ अपने ही पक्ष में और अपनी एकाकी संवैधानिक वरीयता देने के प्रावधान या संशोधन कभी नहीं करने चाहिए, जबकि यह जाहिर है कि संसद पर पार्टी विशेष का ही वर्चस्व रहता है और उसके प्रतिनिधियों की सभी प्रकार की संसदीय गुणवत्ता पर प्रश्नचिन्ह लगा हो।

यदि ऐसा होता है तो संविधान की अन्य संस्थाएं जैसे न्यायपालिका धृतराष्ट्र की तरह संवैधानिक व्याख्याता बनकर सामाजिक और राष्ट्रीय उद्देश्यों की तरफ से आंखें नहीं मूंदे रह सकती। ऐसी ही परिस्थितियां पैदा हुईं, जब लगातार तीन मामलों में उच्चतम न्यायालय की संविधान पीठ से निर्णय निकलकर आए। ये हैं—*गोलकनाथ बनाम पंजाब राज्य, [ए.आई.आर., 1967 एस.सी. 1643, (1967) 2 एस.सी.आर. 762]। केशवानन्द भारती बनाम केरल राज्य [1973) 4 ए.सी.सी. 225, ए.आई.आर. 1973 एस.सी. 1461] तथा मिनर्वा मिल्स बनाम भारत संघ के तीन मामले–(1) (1980) 2 एस.सी.सी. 591, (2) (1980) 3 एस.सी.सी. 625, ए.आई.आर. 1980 ए.सी. 1789 तथा (3) ए.आई.आर. 1986 ए.सी. 2030, (1986) 4 एस.सी.सी. 222*।

1951 में उच्चतम न्यायालय ने "*शंकरीप्रसाद बनाम भारत संघ, [ए.आई. आर. 1951 ए.सी. 458, 1952 एस.सी.आर. 89,* में सबसे पहले संविधान संशोधन प्रक्रिया पर विचार किया। इस मामले में यह कहा गया था कि संविधान में संशोधन करने की अधिकार शक्ति, जिसमें मूल अधिकार भी शामिल हैं, अनुच्छेद 368 में उल्लिखित है तथा अनुच्छेद 13 (2) में संसद की विधायी शक्ति से बनाए गए अधिनियम शामिल हैं, न कि संवैधानिक शक्ति के अधीन संविधान में किए गए संशोधन। इसके पश्चात् इसी प्रश्न पर विचार

करते हुए गोलकनाथ के मामले में उच्चतम न्यायालय ने पुनः दोहराया कि संविधान में ऐसा कोई विशिष्ट प्रावधान नहीं है, जो संविधान के भाग–3 में उल्लिखित मूल अधिकारों को वापस लेने या उनमें कमी करने के लिए संसद को अधिकार शक्ति देता हो। यहाँ तक कि अनुच्छेद 368 के अन्तर्गत किया गया संशोधन भी इसमें नहीं आता है। साथ ही उच्चतम न्यायालय ने इसका मार्ग भी सुझाया कि अनुच्छेद 248 के साथ पढ़ते हुए सातवीं अनुसूची की पहली सूची की 97वीं प्रविष्टि में उल्लिखित शक्ति का प्रयोग करते हुए संसद द्वारा "संविधान सभा" का गठन करना चाहिए। ये सुझाव तत्कालीन इंदिरा गांधी की कांग्रेस सरकार को शायद अच्छे नहीं लगे और अपनी प्रशासकीय शक्ति की तौहीन लगे। अतः शंकरीप्रसाद के मामले में व्यक्त विचारों को बीस वर्ष पश्चात् 1971 में चौबीसवें संविधान संशोधन के माध्यम से अनुच्छेद 368 व 13 में संशोधन कर नए उपबन्धों को जोड़े जिससे उच्चतम न्यायालय के उक्त दोनों निर्णय पलट दिये गये। 1978 में जनता पार्टी की सरकार ने संविधान संशोधन (44वां) के द्वारा संविधान के कुछ संशोधनों के लिए जनमत संग्रह का प्रावधान करने का प्रस्ताव किया, जिसे कांग्रेस पार्टी के नहीं चाहने के कारण इसे तिलांजलि देनी पड़ी थी। ध्यान दें–

(1) अनुच्छेद 13 में खण्ड (4) जोड़कर अनुच्छेद 368 के अन्तर्गत किए संविधान संशोधन अनुच्छेद 13 के संरक्षण से बाहर कर दिए गए तथा अनुच्छेद 368 में भी उसी के पूरक प्रावधान खण्ड (3) में जोड़े गए।

(2) अनुच्छेद 368 का शीर्षक बदला गया। गोलकनाथ मामले में मुख्य न्यायाधीश सुब्बाराव ने विचार व्यक्त किया था कि अनुच्छेद 368 केवल "संविधान में संशोधन की प्रक्रिया" का उल्लेख करता है तथा संविधान में संशोधन की अधिकार शक्ति संविधान में ही अन्यत्र उपलब्ध है। अतः शीर्षक को बदलकर "संविधान में संशोधन की संसद की अधिकार शक्ति तथा उसकी प्रक्रिया" किया गया। साथ ही खण्ड (1) जोड़ा गया, जिसमें संसद को संविधान में कुछ नए जोड़ने, उन्हें बदलने या हटाने के लिए संशोधन करने की सांविधानिक अधिकार शक्ति दी गई।

(3) मूल प्रावधान को अब खण्ड क्रम संख्या (2) दी गई और उसमें राष्ट्रपति को ऐसे संविधान संशोधन के विधेयकों पर आंख मूंदकर अनुमति देने का बाध्यकारी प्रावधान किया गया।

उल्लेखनीय है कि जब 24वां संशोधन विधेयक पारित किया गया था, वी.वी. गिरी जैसे श्रमिक नेता राष्ट्रपति थे, जो कि कांग्रेस के अधिकृत

राष्ट्रपति प्रत्याशी नीलम संजीवा रेड्डी के विरुद्ध निर्दलीय प्रत्याशी थे और इंदिरा गांधी के समर्थन और उनकी जिद के कारण राष्ट्रपति चुने गए।

केशवानन्द भारती का मामला केरल लैंड रिफोर्म्स एक्ट, 1963 (1969 में यथा संशोधित) के अधीन संविधान के उपरोक्त संशोधन की वैधानिकता को रिट यचिका में उठाया गया था। इसी दौरान 1971 में केरल के कानून में संशोधन करके इसे संविधान की नौवीं अनुसूची में जोड़ दिया गया था। उच्चतम न्यायालय ने चौबीसवें संविधान संशोधन की वैधानिकता का प्रश्न उठाने की अनुमति दे दी थी। यह याचिका 13 न्यायाधीशों की पूर्ण संविधान पीठ ने सुनी। इस पीठ में मुख्य न्यायाधीश सीकरी के अलावा अन्य न्यायाधीश थे–न्यायाधीश शेलट, हेगड़े, ग्रोवर, जगमोहन रेड्डी, खन्ना, मुखर्जीया, ए.एन. रे, पालेकर, मैथ्यू, बेग, द्विवेदी एवं चन्द्रचूड़। याचिका में यह कहा गया था कि संशोधन की अधिकार शक्ति का यदि यह अर्थ लगाया जाए कि संसद को जनता ने पूर्ण संविधान शक्तियों का उपयोग करने के लिए अधिकृत कर दिया गया है तथा संविधान के आवश्यक तत्वों, मूल अवधारणाओं और मूल प्रावधानों को नष्ट करने या उन्हें कम या समाप्त करने के लिए अधिकृत करना है तो इस प्रकार की अवधारण विवेचना को अवैधानिक और शून्य घोषित कर दिया जाना चाहिए, क्योंकि–

(1) ऐसी सांविधानिक अधिकार शक्तियां उस संविधान द्वारा दी गई हैं, जिसे जनता ने स्वयं को अर्जित कर अंगीकृत किया है। अतः संशोधन करने की अधिकार शक्ति की बांधी गई सीमा को, संसद स्वयं अपने पक्ष में समाप्त नहीं कर सकती।

(2) संविधान के अन्तर्गत निर्मित एक कार्यकारी इकाई होने के कारण संसद, संविधान के किसी भी मूल तत्व को बदलने या नष्ट करने के लिए संशोधन की अधिकार शक्ति अपने ही पक्ष में नहीं बदल सकती।

(3) मूल अधिकारों में कमी करने या उन्हें वापस लेने के लिए स्वयं को अधिकार सम्पन्न नहीं मान सकती। संसद इसके लिए सक्षम या अधिकृत नहीं है कि आधारभूत मानवाधिकार तथा स्वतन्त्रता के आधार तत्व, जिन्हें जनता ने संविधान को स्वयं को समर्पित करते समय अपने लिए आरक्षित रखे थे।

(4) मूल रूप से संविधान के किसी भी आधारभूत तत्वों को बदलने या नष्ट करने की अधिकार शक्ति नहीं होने के कारण तथा संशोधनों के लिए मान्य एवं अन्तरभूत सीमा को जानते हुए भी सभी या

किसी भी मूल अधिकार में परिवर्तन नहीं कर सकती और न ही उन्हें समाप्त कर सकती है।

इस मामले में पूरी बैंच ने चौबीसवें संशोधन को सही ठहराया, परन्तु संशोधन करने की संसद की अधिकार शक्ति पर काफी बहस दिखाई देती है। न्यायाधीशों का एक समूह चौबीसवें संशोधन को केवल शब्दों का हेर–फेर मान रहे थे तो कुछ मूल तत्वों को, जिनका आंकलन अलग कर रहे थे, में परिवर्तन या संशोधन को संसद के अधिकार क्षेत्र से बाहर मान रहे थे। वहीं न्यायाधीश ए.एन. रे ने अपनी अलग ही राय रखी। उनका मानना था कि संविधान के सभी प्रावधान आवश्यक हैं तथा उनमें संशोधन के लिहाज से आवश्यक और अनावश्यक जैसा विभाजन नहीं किया जा सकता, जबकि संविधान निर्माताओं ने स्वयं संविधान में ऐसा कोई स्पष्ट उल्लेख नहीं किया है। वे आगे कहते हैं, "संविधान के संशोधित प्रावधानों के अनुसार संविधान में आधारभूत परिवर्तन करने, यहां तक कि संविधान में आमूल परिवर्तन करने का भी संसद को असीमित अधिकार है।"

1974 में इलाहाबाद उच्च न्यायालय के निर्णय, जिसमें इंदिरा गांधी के 1971 के चुनाव को अवैध घोषित किया था, की अपील उच्चतम न्यायालय में की थी। उस समय उच्चतम न्यायालय में दो अन्य वरिष्ठ न्यायाधीशों की अनदेखी करके न्यायमूर्ति ए.एन. रे को मुख्य न्यायाधीश बनाया गया, जोकि उसके उक्त विचारों का प्रतिदान था। तब तक उन्तालीसवां संविधान संशोधन लागू करके चुनाव संबंधी मामले सुनने का उच्च न्यायालयों का अधिकार समाप्त कर दिया गया था तथा प्रधानमंत्री और लोकसभा अध्यक्ष के साथ राष्ट्रपति चुनाव संबंधी मामले किसी भी न्यायालय में नहीं उठाए जा सकेंगे, (अनुच्छेद 71)।

इन्दिरा नेहरू गांधी बनाम राजनारायण, [*1975 सप्ली. एस.सी.सी. 1, ए.आई.आर. 1975 एस.सी. 2299*] के फैसले में न्यायमूर्ति रे ने घोषणा की कि संविधान शक्तियाँ संविधान से ऊपर हैं, जिन्हें किसी न्यायपालिका की कानूनी व्याख्या से समाप्त नहीं किया जा सकता। संविधान प्राधिकारी चुनाव संबंधी विवादों को न्यायिक समीक्षा से बाहर रखने के लिए सक्षम है। आगे कहा गया है कि लोकतन्त्र मूलभूत तत्व है, परन्तु स्वतन्त्र व निष्पक्ष चुनाव या चुनाव संबंधी विवादों की न्यायिक समीक्षा नहीं।

इसके बाद सबसे अधिक वृहद और विवादास्पद बयालीसवां संविधान संशोधन पारित करवा कर लागू किया गया। तब देश में आपातकाल लागू था।

मिनर्वा मिल्स का मामला सिक टैक्सटाइल अंडरटेकिंग्स (नेशनलाइजेशन) एक्ट, 1974 के अन्तर्गत राष्ट्रीयकरण कर दिए जाने के कारण और उस अधिनियम को उनतालीसवें संशोधन के द्वारा नौवीं अनुसूची में शामिल किए जाने के कारण उच्चतम न्यायालय के सामने लाया गया, जिसमें बयालीसवें संशोधन के द्वारा अनुच्छेद 368 में खण्ड (4) व (5) जोड़े जाने के कारण उनतालीसवें संशोधन की वैधता को चुनौती नहीं दी जा सकती थी। अतः अनुच्छेद 368 के खण्ड (4) व (5) को असंवैधानिक घोषित करने का निवेदन किया गया था। उच्चतम न्यायालय ने सर्वसम्मति से उक्त उपखण्डों को असंवैधानिक घोषित कर दिया। (फिर भी वे विद्यमान हैं।)

उपरोक्त सभी निर्णयों में संविधान की मूल भावना और मूल तत्व अलग–अलग न्यायाधीशों ने अलग–अलग बताए हैं। न्यायमूर्ति रे की सबसे अलग व्याख्या थी, संविधान की मूल भावना व आधारभूत तत्वों की। फिर भी इन्हें एक साथ रखकर देखें कि अलग–अलग न्यायाधीशों के आग्रहों–पूर्वाग्रहों के बावजूद जनता की नजरों में जो बनता है, वह इस प्रकार हो सकता है–

(1) संविधान की सर्वोच्चता।

(2) विधि का शासन।

(3) शक्ति के पृथक्करण का सिद्धान्त (न्यायपालिका की स्वतन्त्रता)।

(4) संविधान की उद्देशिका में घोषित उद्देश्य।

(5) न्यायिक पुनर्विलोकन (अनुच्छेद 32 व 226)।

(6) धर्मनिरपेक्षता।

(7) व्यक्ति की स्वतन्त्रता और गरिमा।

(8) राष्ट्र की एकता और अखण्डता।

(9) समता का सिद्धान्त।

(10) मूल अधिकार (भाग 3)।

(11) सामाजिक और आर्थिक न्याय की संकल्पना लोक कल्याणकारी राज्य का सृजन–सम्पूर्ण भाग–4।

(12) मूल अधिकारों और निदेशक तत्वों के बीच सन्तुलन।

(13) संसदीय प्रणाली का शासन।

(14) स्वतन्त्र एवं निष्पक्ष चुनाव।

(15) संशोधन पूर्व का अनुच्छेद 368।

(16) सुलभ न्याय, इत्यादि।

मिनर्वा मिल्स के मामले में अन्ततः उच्चतम न्यायालय ने कह ही दिया कि आधारभूत ढाँचे का असंशोधनीय रूप ही अपने आप में संविधान का आधारभूत स्वरूप है। यह एक तथ्य है कि संविधान में संशोधन के संबंध में न्यायपालिका कुछ कहती है। यह ही सबसे अधिक ध्यान देने योग्य आधारभूत स्वरूप का सिद्धान्त है। समय के साथ विद्वान, राजनीतिज्ञ इसे और साफ करते रहेंगे। आधारभूत स्वरूप का सिद्धान्त भारतीय संविधान से अन्य पड़ोसी देशों के संविधान में भी सैद्धान्तिक स्वरूप ग्रहण कर रहा है, जैसे बांग्लादेश, नेपाल और कुछ हद तक पाकिस्तान के संविधान में भी, यह हमें नहीं भूलना चाहिए। दुनिया हमें देख रही है, हम अपने आपको भी नहीं देख पा रहे हैं।

जैसा कि गोलकनाथ के मामले में उच्चतम न्यायालय ने संविधान में महत्वपूर्ण परिवर्तन का रास्ता सरकार/संसद को सुझाया था कि सातवीं अनुसूची की केन्द्रीय सूची की 97वीं प्रविष्टि का सहारा लेकर अनुच्छेद 248 के अनुसार "संविधान सभा" का गठन करना चाहिए। ऐसे ही विचार स्वयं जवाहरलाल नेहरू ने भी संविधान सभा में व्यक्त किये थे (8–11–1948)। इस सुझाव के विपरीत कांग्रेस सरकार ने 1971 में चौबीसवां संशोधन बेहतर समझा। उसके तीस वर्ष बाद 2001–2002 में वाजपेयी की भारतीय जनता पार्टी की संयुक्त सरकार ने संविधान की समीक्षा के लिए एक समिति बनाई। इस समिति पर विभिन्न पार्टियों ने खासतौर से कांग्रेस एवं वामपंथी दलों ने इतना हंगामा मचाया कि गैर–कांग्रेसी सरकार का वह प्रयास भ्रूण हत्या में बदल गया। दरअसल भारत की राजनीति में एक भावनात्मक समस्या है। जिस प्रकार स्वतन्त्रता आन्दोलन को कांग्रेस एकमात्र अपना ही आंदोलन मानती है, महात्मा गांधी को राष्ट्र का नहीं केवल कांग्रेस का ही नेता मानती है, उसी प्रकार भारत के संविधान को भी वह अपना यानी कांग्रेस पार्टी का ही बनाया हुआ संविधान मानती है। अतः वह इसे बदलने को या परिवर्तन की बात को सहन नहीं कर सकती। यदि वह प्रस्ताव गैर–कांग्रेसी सरकार का हो। हाँ, कांग्रेस पार्टी की सरकार उसमें कैसे भी संशोधन परिवर्तन को वह अपना ईश्वर प्रदत्त नैसर्गिक अधिकार मानती है। इसमें भी यदि ऐसा प्रयास नेहरू परिवार के नेतृत्व वाली सरकार करे तो ब्रह्म वाक्य है, एक आयतक समान है। वाजपेयी सरकार के जैसे प्रयास का अर्थ यह लगाया जाता है कि वह कदम इंदिरा गांधी, नेहरू या राजीव की सरकारों द्वारा किए गए संशोधनों की अवैधानिकता साबित होगी और उनका शिखर राजनीति से पतन माना जाएगा।

वैसे, वाजपेयी की सरकार के विचार को फलीभूत होना चाहिए था, क्योंकि वह न तो संविधान संशोधन के लिए आयोग था, न ही कोई संविधान

सभा के रूप में था, जो नया संविधान बनाने के लिए था। बल्कि वह समीक्षा के लिए एक समिति थी, जो यह देखती कि किस तरह के प्रावधान बनाए रखे जाएं, किस तरह के हटाए जाएं और किस प्रकार के नए प्रावधान जोड़े जाएं। यह एक विकासमान देश के लोकतन्त्र की मांग भी है। आवश्यकता के अनुसार किस–किसको संवैधानिक स्वरूप प्रदान किया जाए और कौन–कौन सी नई संवैधानिक इकाइयां बनाई जाएं और जैसे 1898 की दण्ड प्रक्रिया संहिता का पुनः लेखन किया गया, 1973 में, पर उसमें क्या बदला? कुछ नहीं। केवल जो धाराएं हटा दी गई थीं, उनको क्रम से हटा दिया गया और प्रचलित धारा की संख्या उसके आसपास की संख्या आ गई। आयकर अधिनियम भी ऐसा ही है। अब स्वतन्त्र भारत में दूसरी बार पुनः बनाने का प्रयास चल रहा है।

समीक्षा, पुनर्लेखन आदि दरअसल उन कानूनों में आवश्यक हो जाता है, जिनमें संशोधन के संदर्भ अत्यधिक हो जाते हैं। संविधान भी उसी प्रकार का हो चुका है। अतः यह आवश्यक है कि किसी भी पार्टी को इसे अपनी धरोहर नहीं मानना चाहिए। संसद में सभी दलों को लोकतंत्र के लिए काम करना चाहिए। सिर्फ इसलिए विरोध नहीं करे कि यह फलां पार्टी की पहल है तो उसे उसका श्रेय नहीं मिलना चाहिए। इनके ऐसे प्रयास का उल्टा असर हो रहा है। जनता उनके लोकतंत्र को संदेहास्पद मानने लगती है, जिसका खामियाजा आखिर जनता को ही भुगतना पड़ता है, उन्हें तो शपथ लेते ही पेंशन की पात्रता हो जाती है।

जैसा कि केशवानन्द भारती के मामले में रेखांकित किया गया है, संविधान ने अपने अधीन तीन कार्यशील इकाइयां गठित की हैं–संसद, न्यायपालिका और कार्यपालिका। इनमें कौन सी बड़ी है? संसद? न्यायपालिका? या कार्यपालिका? अगर व्यावहारिक रूप में जो कुछ है, उसे देखा जाए तो यह क्रम इस प्रकार बनता है–कार्यपालिका, न्यायपालिका और संसद। व्यावहरिक रूप में अपने को सर्वोच्च मानने वाली संसद सबके अन्त में आती है, क्योंकि संसद का कानून बनाने के अलावा और कोई विशेष व्यावहारिक कार्य नहीं है। कार्यपालिका अपनी प्रशासनिक आवश्यकताओं को पूरा करने के लिए विधेयक बनाकर संसद में प्रस्तुत करती है, संसद उसका अनुमोदन करती है। ऐसा शायद ही कोई विधेयक हो, जिसे संसद ने अपनी पहल पर प्रस्तुत किया हो या कार्यपालिका द्वारा प्रस्तुत किसी विधेयक को रद्द किया हो, सिवाय किन्हीं तकनीकी कारणों के। देखा जाए तो कार्यपालिका ने ही अपनी सुविधाओं और स्वार्थों की पूर्ति के लिए संविधान में सारे संशोधन करवाए हैं, जिससे कि उसके द्वारा प्रस्तावित विधेयक कानून बन जाए, राष्ट्रपति भी

उन पर अपनी मोहर लगाए तथा न्यायपालिका की जांच–पड़ताल से भी बाहर रहे।

परन्तु न्यायपालिका के पास कार्यपालिका की कारगुजारियों से पीड़ित ही जाते हैं। वह स्वयंमेव किसी भी मामले का कोई प्रसंज्ञान नहीं लेती है। अतः न्यायपालिका को किसी भी मामले की सुनवाई से नहीं रोका जा सकता। यहीं से कार्यपालिका असुविधा महसूस करने लगती है और वह न्यायपालिका पर विभिन्न लांछन लगाना शुरू कर देती है। अपनी इस लड़ाई में कार्यपालिका संसद का उपयोग दो तरीके से करती है–पहला संसद से कानून बनवाकर, दूसरा सांसदों के अहंकार को जगाकर कि वे कानून बनाने वाले हैं, अतः सर्वोच्च वे ही हैं और संसद तब न्यायपालिका को घेरने का प्रयास करती है। कभी न्यायपालिका को अतिसक्रियता का दोषी बनाकर, कभी कार्यपालिका के खिलाफ फैसलों की अधिक संख्या होने के कारण। यह भी एक तथ्य है कि "सूचना का अधिकार अधिनियम, 2005" भी इन्हीं "जनहित याचिकाओं" का परिणाम है। 1986 में तत्कालीन मुख्य न्यायाधीश न्यायमूर्ति पी.एन. भगवती ने विधि दिवस के अपने भाषण में कहा था–

"दुर्भाग्य से हमारे देश में आज भी कुछ व्यक्ति और विधि वेत्ता ऐसे हैं, जो शतुरमुर्ग की तरह बालू में अपने सिर धंसाए रहना चाहते हैं और जनहित याचिकाओं के परिणामस्वरूप न्यायिक प्रक्रिया में जो परिवर्तन आ रहा हैं, उसे पहचानने से इंकार कर रहे हैं। प्रतिपक्षी न्याय की अंग्रेजी परम्परा में प्रशिक्षित और उस काल में जन्मे और बढ़े, जब निर्बाध सिद्धान्त का बोलबाला था, ये बुद्धि से अभिभूत और सठियाये लोग प्राचीन गलियारों से सरसराती हुई बदलाव की नई हवा के साथ अपना मेल नहीं बिठा पा रहे हैं। वे बौद्धिक रूप से अब भी 20वीं शताब्दी के पूर्वार्द्ध या 19वीं शताब्दी में ही रह रहे हैं और उस सोच से बाहर निकलकर अपना विकास नहीं कर पा रहे हैं। वे बंधी लकीर पर चलने के इतने अभ्यस्त हैं कि उससे कोई विचलन अथवा परिवर्तन उन्हें सहन नहीं होता। उनकी दृष्टि में न्याय की प्रक्रिया केवल एक बौद्धिक व्यायाम है, जिसमें न्यायाधीश और वकील अपनी विद्या और विद्वता का प्रदर्शन कर सकते हैं, उनकी दुनिया में सर्वहारा और असहायों, निचले वर्ग के और गुमनाम लोगों के लिए कोई स्थान नहीं है। वे चाहते हैं कि न्यायपालिका उसी जर्जर और पुरावशिष्ट आंग्ल–सेक्सन न्याय शास्त्र की प्रक्रियाओं का अनुसरण करते हुए न्याय प्रदान करती रहे, क्योंकि उनकी दृष्टि में इस न्याय शास्त्र का समर्थन करते हुए न्याय प्रदान करने वाले लोग देवताओं के समान हैं, किन्तु न्याय के ये तथाकथित पक्षकार यह नहीं समझते कि देश में लाखों लोग ऐसे हैं, जिन्हें न्याय चाहिए और अगर उन्हें यथाशीघ्र

न्याय नहीं मिला तो वे एक दिन राजमार्गों पर धावा बोल देंगे और उन्हें नष्ट कर देंगे, जिनका दावा है कि उन पर चलने का अधिकार केवल हमारा ही है। सौभाग्य से जनहित याचिकाओं के फलस्वरूप जनता के कमजोर वर्ग, समुदाय के अभावग्रस्त तबके अब पहली बार अन्याय से संरक्षण प्रदान करने वाली संस्था के रूप में न्यायालयों पर आंख गड़ाए हैं। अब तक वे न्यायालयों के द्वार तक भी नहीं पहुंच पाते थे, किन्तु अब जनहित याचिकाओं के माध्यम से उनकी समस्याएं न्यायालय के समक्ष लाई जा सकती हैं। उन मुट्ठीभर लोगों की निराधार आलोचना के होते हुए भी, जो समाज से कटकर विशाल भवनों के वासी हैं और जिन्हें समाज के पद–दलित वर्ग के दुःख, पीड़ा और शोषण की कोई चिन्ता नहीं है, जो इस देश की जनसंख्या के 50 प्रतिशत से भी अधिक हैं, हमारी न्यायिक प्रक्रिया में एक क्रान्ति सी आ रही है।"

न्यायमूर्ति भगवती ने आगे कहा–"सम्भवतया हम यह नहीं समझ पाते कि अधीनस्थ न्यायालय ही न्याय के पिरामिड का आधार है और जब तक आधार सुदृढ़ नहीं बनाया जाएगा, तब तक पिरामिड का ढह जाना अवश्यम्भावी है। हम प्रायः भूल जाते हैं कि न्याय तंत्र के साथ आम आदमी का सम्पर्क अधीनस्थ न्यायालयों के स्तर पर ही होता है, उसे उच्च न्यायालय जाने की जरूरत शायद ही कभी पड़ती है। अतः यदि हम सामान्यजन के अन्दर यह विश्वास पैदा करना चाहते हैं कि उसे न्याय मिल सकता है तो उसके लिए यह परम आवश्यक है कि हम अधीनस्थ न्यायपालिका को मजबूत करें। बहुत से लोग यह नहीं समझ पाते हैं कि अधीनस्थ न्यायपालिका सुदृढ़ होगी तो उच्च न्यायालयों के समक्ष जाने वाली अपीलों की संख्या कम हो जाएगी और उच्च न्यायालयों के कार्यभार में पर्याप्त कमी आ जाएगी।"

इसका कारण भी स्वयं मुख्य न्यायाधीश भगवती ने रेखांकित किया। "हम अपने अधीनस्थ न्यायाधीशों को कोई नियुक्ति पूर्व प्रशिक्षण नहीं देते और न उन्हें कोई सेवाकालीन प्रशिक्षण देते हैं। हम यह मानकर चलते हैं कि अधीनस्थ न्यायाधीश के रूप में नियुक्त होते ही उनमें दैवी प्रज्ञा का उदय हो जाता है और उनमें न्याय प्रदान करने का कौशल एवं क्षमता विकसित हो जाती है। इन सभी बातों के पीछे कारण यह है कि अनेक राज्यों में न्याय प्रशासन को बड़ी निम्न प्राथमिकता दी गई है। जब निचले स्तर पर न्यायिक प्रणाली को सुधारने के लिए धन की आवश्यकता होती है तो उसे उपलब्ध कराने में आना–कानी की जाती है।"

कार्यपलिका द्वारा संसद के माध्यम से न्याय पालिका को भी कठपुतली बनाने का प्रयास अधीनस्थ न्यायालयों के स्तर पर किस प्रकार चल रहा है,

यह मुख्य न्यायाधीश भगवती के उक्त विचारों से पता चलता है। एक मामले में उच्चतम न्यायालय ने कहा है–

> "बुद्धिमान न्यायाधीश यह कभी नहीं भूलते कि अपने पद की गरिमा और प्रतिष्ठा को अक्षुण्ण रखने का सर्वोत्तम उपाय अपने निर्णयों की गुणवत्ता, अपने दृष्टिकोण के बल, न्याय संगति तथा वस्तुनिष्ठता और अपने न्यायिक आचरण में अपनाए गए संयम, गरिमा और शालीनता से सर्वसाधारण का आदर अर्जित करना है।"[5]

इण्डिया टुडे ने इस स्थिति का उपसंहार इन शब्दों में किया था– "न्यायाधीशों का वर्ग आज घिराव की स्थिति में है। उनका एकमात्र गुण, जो उनका कवच और अस्त्र रहा है, आज उनसे छीना जा रहा है, यह गुण है उनकी विश्वसनीयता। यह केवल कुछ सौ व्यक्ति की त्रासदी नहीं है कि उनकी योग्यता और आशय पर उंगली उठाई जा रही है। ये वे लोग हैं, जो हमारे स्वातन्त्रय और सम्पत्ति के अभिभावक हैं और हमारे संविधान के व्याख्याकार तथा प्रहरी हैं। अतः इनकी विश्वसनीयता पर प्रश्न चिन्ह लगना एक राष्ट्रीय महासंकट है, जो हममें से हर किसी को प्रभावित करता है और हमें जड़ बना देता है।"

आत्म नियन्त्रित न्यायपालिका से सांसदों और संसद में होने वाली कार्यवाहियों की तुलना करें। कौन कैसा है? कौन क्या कर रहा है और कौन क्या कर सकता है?

---

5. *हमारी न्याय पालिका*–बालमुकुन्द अग्रवाल, हिन्दी 2008 नेशनल बुक ट्रस्ट, नई दिल्ली, पृ. 170।

दशा और दिशा

राज्य का मतलब लोग कभी–कभी संसद या पार्लियामेंट लगा लेते हैं। परन्तु, राज्यसत्ता के ऐतिहासिक विकास का प्रतिनिधि संस्थाओं से कोई संबंध नहीं है। इसके विपरीत राज्य एक ऐसी चीज है जिसके जरिये शासक वर्ग अपनी इच्छा को बाकी जनता पर लादता है। जिस वर्ग को ज्यादा अधिकार मिले हुये हैं, उसके लिये बिना किसी सशस्त्र शक्ति के अपने विशेषाधिकारों की रक्षा करना असम्भव हो जाता है। इस सार्वजनिक शक्ति का उद्देश्य सदा यही होता है कि वर्तमान व्यवस्था को कायम रखे। इसका मतलब यह है कि मौजूदा वर्ग भेद और वर्ग–अधिकारों को कायम रखा जाये। परन्तु ऊपर से सदा यह दिखाने की कोशिश की जाती है कि यह एक "निष्पक्ष" शक्ति है, जिसका स्थान समाज से ऊपर है और जिसका एक मात्र उद्देश्य "कानून और व्यवस्था की रक्षा करना है"। परन्तु कानून और व्यवस्था को कायम रखने का मतलब वास्तव में वर्तमान व्यवस्था को कायम रखना होता है। समाज को बदलने की यदि जरा सी भी कोशिश होती है तो यह शक्ति फौरन उस पर टूट पड़ती है। रोजमर्रा के कामों की तरह यह ऊपर से देखने में शान्तिमय लगते हैं, परन्तु जब आन्दोलन फैल जाता है और ज्यादा जोर पकड़ लेता है, तब पुलिस, और आवश्यकता हुई तो, सेना भी खुले आम ताकत का इस्तेमाल करती है। बल प्रयोग करने वाली यह मशीन, जो शासक वर्ग के हितों में काम करती है, वास्तव में राज्यसत्ता की मुख्य और सबसे आवश्यक विशेषता है।

–एमिल बर्न्स

21

संघर्षों का सिलसिला

कार्ल मार्क्स ने प्रतिपादित किया है कि सामाजिक अन्तर्विरोधों के कारण वर्ग संघर्ष होते हैं, जिनके मूल में अर्थव्यवस्थागत आर्थिक कारण होते हैं। कभी ये संघर्ष तीव्र हो जाते हैं, कभी धीमे रहते हैं। प्रायः ये संघर्ष दबा दिए जाते हैं, कुचल दिये जाते हैं। कभी इनकी तीव्रता इतनी बढ़ जाती है कि सत्ता पर पदासीन व्यक्तियों को सत्ता से हटाकर नए लोग आ जाते हैं, परन्तु उनका वर्ग चरित्र नहीं बदलता है, तथापि कुछ सुधार जरूर कर दिए जाते हैं, जिससे सत्ताधारी वर्गों को और जीवनदान मिल जाता है। यदि किन्हीं प्रयासों से या संघर्षों की तीव्रता से सत्ता पर अलग वर्गचरित्र वाला वर्ग काबिज हो जाता है, तब वह क्रान्ति कहलाती है, अन्यथा वह सुधारवादी संघर्ष ही होता है। इस प्रकार समाज में दो ही वर्ग होते है—शासक और शासित अथवा शोषक और शोषित, जिनका आपसी संघर्ष कभी धीमा और कभी तेज गति से चलता रहता है। कभी वह सुधारों का कारण बनता है तो कभी क्रांति द्वारा सत्ता परिवर्तन का।

भारत लगभग तीन सौ वर्षों का जीवन एक साथ जी रहा है। वलकलधारी ठेठ आदिवासी भी रह रहे हैं तो, समाज में निकृष्टतम जीवन जीने को बाध्य वर्ग भी है तो, लघु व मध्यम दर्जे के आर्टिजन प्रकार के उद्योग भी हैं तो विशालकाय उद्योग और अन्तरिक्ष तक ले जाने वाली आधुनिक तकनीक भी। जहां सत्ताधारी वर्गों के पास अत्याधुनिक संसाधन, यहाँ तक कि मानव रहित हथियार वाहक भी हों, वहां पुरानी पद्धति से चलाए जाने वाले संघर्ष नई परिभाषाओं के अनुसार केवल उग्रवादी ही होते हैं, उनके राजनीतिक लक्ष्य और आर्थिक विश्लेषण इतने पिछड़े होते हैं कि भावी कदम और व्यवस्था के बारे में भी भ्रमित हो जाते हैं। फिर भी सदियों से चला आ रहा वर्ग संघर्ष आजादी के समय हमें विरासत में मिला है, जो आज भी जारी है। जाहिर है सुधारों की गति से सीमा—रेखा वहाँ तक नहीं बढ़ाई गई है, जहाँ से तथाकथित उग्रवाद या आतंकवाद पनपता है।

किसी भी देश की स्वतन्त्रता के पश्चात् उसका नवनिर्माण ही होता है, संघर्ष नहीं। यदि संघर्ष होते हैं तो निश्चित रूप से यह कहा जा सकता है कि संघर्षरत जनता की ओर से राज्य व्यवस्था ने मुंह फेर लिया है, वह उसकी आकांक्षाओं को पूरा करने के लिए कार्य नहीं कर रही है। भारत के संदर्भ में भी यही सत्य है।

भारतीय संविधान की उद्घोषिका वस्तुतः भारतीय जनमानस की आकांक्षाओं का प्रतिबिंब है और उन्हीं को प्राप्त करने का निर्देश नीति के निर्देशक तत्वों में किया गया है, परन्तु दुर्भाग्य से उस भाग को "लागू करने योग्य नहीं होना" (Not enforceable) घोषित किया जा चुका है, जिसमें उच्चतम न्यायालय भी शामिल है। जाहिर है जब जन–आकांक्षाओं को लागू करने से पल्ला झाड़ लिया जाएगा, तो जनता संघर्षों और आन्दोलनों के लिए बाध्य होगी। उसकी रुचि फिर व्यवस्था के पोषण नहीं होगी। यही भारत का संवैधानिक निरूपण रहा है या कहिए कि "संवैधानिक भारत" का इतिहास रहा है। उन सभी बातों और तथ्यों का अपने पूरे विवरण के साथ यहां उल्लेख करना संभव नहीं है, फिर भी प्रमुख आंदोलनों और संघर्षों का संक्षेप में उल्लेख करना जरूरी है।

भारत के सभी उल्लेखनीय संघर्ष किसानों के रहे हैं और वे किसानों को ही आधार बनाकर चलाए गए हैं, जिनमें स्पष्ट रूप से किसी समय एक स्पष्ट दिशा के दर्शन कर सकते हैं। ऐसे संघर्षों में सबसे प्रमुख रहा है तेलंगाना का किसान आदिवासी आन्दोलन।

किसान आन्दोलन

तेलंगाना का संघर्ष–तीस के दशक में हैदराबाद के निजाम शासन के अन्तर्गत तेलंगाना या तेलुगू भाषा, भाषी क्षेत्र में कांग्रेस और आंध्र महासभा सक्रिय हुई। चालीस के दशक में कम्युनिस्टों ने इस क्षेत्र में सक्रियता दिखाई। 1942 में सरकार द्वारा लगी पाबंदी हटा लेने के बाद कम्युनिस्टों का प्रभाव तेजी से फैला और आंध्र महासभा पर अपना नियन्त्रण कायम कर लिया। इन्होंने निजाम द्वारा लगाई गई अनाज लेवी और जमींदारों व अफसरों द्वारा जबरदस्ती मजदूरी कराने की 'ठेठ बेगार' प्रथा के खिलाफ संघर्ष शुरू किया। ऐसी कई घटनाओं में उन्होंने किसानों की रक्षा की। फलस्वरूप, 1945 से किसान आन्दोलन तेजी से फैलने लगा। 1947 में रजाकारों और मुस्लिम मिलिशिया के हथियारबंद दस्तों से लड़ने के लिए हथियार भेजे गए, क्योंकि रजाकारों के ये दस्ते हिन्दू जनसंख्या पर हमले करते थे, ताकि निजाम को पाकिस्तान के साथ मिलने की शक्ति मिल सके। कम्युनिस्टों ने निजाम विरोधी और एकीकरण के आंदोलन में सक्रियता से भाग लिया। 1947 से सितम्बर,

1948 तक के दौर में कम्युनिस्टों को सबसे अधिक सफलता मिली। उन्होंने नालगौंडा, वारंगल और खम्भम जिलों में दृढ़ जनाधार तैयार कर लिया और अफसर और भूस्वामी अधिकतर शहरों से भाग गए। इस प्रकार उनका लगभग तीन हजार गांवों पर अधिकार हो गया था, जहाँ उन्होंने किसानों को ग्राम सभाओं में संगठित किया और "दलम्" बनाये, जो छापामार दस्तों के रूप में गांवों की रक्षा करते थे और रजाकारों पर हमले करते थे। उसी दौर में, भूसंबंधों को पुनर्गठित करना प्रारम्भ किया। उन्होंने जमीदरों द्वारा हड़पी गई किसानों की जमीनें उन्हें वापस कर दीं। सरकारी स्वामित्व वाली बंजर और जंगल की जमीनें भूमिहीनों में बांट दी गई। खेतिहर मजूदरों के वेतन बढ़ाए गए तथा घरेलू मामलों, जैसे औरतों को पीटने जैसी समस्याएं भी सुलझाने का काम किया गया।

लगभग एक वर्ष बाद 13 सितम्बर, 1948 को भारतीय फौजों ने हैदराबाद में प्रवेश किया। शहरी आबादी ने इस सेना का मुक्ति सेना के रूप में स्वागत किया, परन्तु निजाम के समर्पण के बाद भारतीय फौजें ग्रामीण इलाकों में फैल गईं। इन फौजों ने रजाकारों के साथ "दलम्" के दस्तों के खिलाफ भी कार्यवाही शुरू कर दी। इसके बाद कुछ ही महीनों में गांवों से कार्यकर्ताओं को निकाल बाहर किया, लेकिन हजारों आम किसानों को बड़े कष्टों का सामना करना पड़ा। 1951 में कम्युनिस्ट नेतृत्व द्वारा आंदोलन को बंद करने की घोषणा करने तक करीब 500 कार्यकर्ता मारे गए और दस हजार के लगभग जेलों में बंद किए गए। कम्युनिस्ट कार्यकर्ता आदिवासियों के बीच जनाधार बनाने में जुटे रहे, क्योंकि चीन में कम्युनिस्ट नेतृत्व में किसान आन्दोलन एक क्रान्ति के रूप में चीन को जनवादी–समाजवादी देश में परिवर्तित कर चुका था।

भारत सरकार तेलंगाना आंदोलन के प्रभाव को नकार नहीं सकी, उसका दमन कर देने के बावजूद कम्युनिस्टों द्वारा की गई पहल को कानूनी रूप दिया गया हैदराबाद काश्तकारी और कृषि भूमि अधिनियम, 1950 बनाकर।

बीस वर्ष बाद, नक्सलबाड़ी आंदोलन के बाद किसान आंदोलन श्री काकुलम आदि इलाकों में फिर सक्रिय रूप से उभरा, जिसे नक्सलवाद के रूप में सैद्धान्तिक नाम दिया गया, जो आज भी जारी है।

पंजाब का मुजारा या किसान आदोलन–पंजाब की सबसे बड़ी रियासत पटियाला के भूस्वामियों, जिन्हें स्थानीय भाषा में 'बिस्वेदार' कहा जाता था, ब्रिटिश भारत के नमूने पर, जहाँ जमींदारों या लगान वसूलने वालों को पहले सिर्फ लगान में से एक हिस्से का ही अधिकार था, बाद में वे भूस्वामी बन गए थे। फलस्वरूप पटियाला की जमीन के 800 गांवों में फैले छठे हिस्से

के सारे खेतीहरों को अस्थायी मालिक और स्थायी काश्तकार बना दिया गया था। काश्तकार मानते थे कि बिस्वेदारों का जमीन पर कोई वैध अधिकार नहीं था। उनकी ये भावनाएं बीस के दशक में इनसे संबंधित अकाली और प्रजा मण्डल के आन्दोलनों से पैदा हुईं। बाद में ब्रिटिश पंजाब में सक्रिय कम्युनिस्टों की किसान सभा इसमें सक्रिय हुई और मुजारा आन्दोलन में एक नेतृत्वकारी शक्ति बन गए। 1939 के बाद मुजारा (काश्तकारों) आंदोलन 1945 में बिस्वेदारों के साथ खुले टकराव में बदल गया। पटियाला में महाराजा ने मुजारों का भारी दमन किया। जुलाई, 1948 में नया राज्य पेप्सू (पटियाला एण्ड ईस्ट पंजाब स्टेट्स यूनियन) बनाया गया और प्रजा मंडल के वृषभान के नेतृत्व में दिल्ली में राज्यों संबंधी मंत्रालय को शिकायत भी की, परन्तु स्थिति में कोई सुधार नहीं हुआ और गृहयुद्ध जैसी स्थिति बन गई। विरोधी वर्गों को और राजनीतिक दलों को अपना मसला खुद निपटाने के लिए छोड़ दिया गया था। बिस्वेदारों ने सशस्त्र दस्तों का प्रयोग करना शुरू कर दिया तो दूसरी तरफ कम्युनिस्ट पार्टी से अलग हुए तेजासिंह स्वतंतर के नेतृत्व में काश्तकारों (मुजारों) के सशस्त्र दस्ते हथियारबंद स्वयंसेवक दल का निर्माण किया गया, जिनकी वजह से बिस्वेदारों पर अंकुश लगाया जा सका। अन्त में 1951 में कांग्रेस मंत्रिमंडल बना, वृषभान उपमुख्यमंत्री बना और कृषि संबंधी सुझाव देने के लिए कृषि सुधार जांच समिति बनाई गई। तब जनवरी 1952 में पेप्सू काश्तकारी (अस्थायी प्रावधान) अधिनियम लागू किया गया तथा रारेवाला (पटियाला नरेश का चाचा) के मन्त्रिमंडल का पतन हो गया और इस इलाके में संविधान के अन्तर्गत दूसरी बार राष्ट्रपति शासन लगाया गया। (4–3–1953 से 7–3–1954 तक) इसके पहले देश में पहली बार राष्ट्रपति शासन 20–6–1951 को पंजाब प्रांत में लगाया गया, जो 17–4–1952 तक रहा था। राष्ट्रपति शासन के दौरान ही पेप्सू स्थायी काश्तकार (स्वामित्व अधिकार प्रदान करने संबंधी) अधिनियम, 1953 लागू किया गया, जिसके अनुसार जमीन मालिकों को लगान का बारह गुना मुआवजा देकर काश्तकार (मुजारा) अपनी जमीन वापस प्राप्त कर सकते थे।

समय के साथ प्रजामंडल का अवसान हो गया, किसान सभा आज भी मौजूद है, लेकिन मुजारा आन्दोलन की उपज अकाली आन्दोलन पंजाब की पहचान और परेशानी बन गया, जिसकी जड़ों में मुजारा आन्दोलन का कारण रही भूस्वामित्व संबंधी समस्या ही रही है।

नक्सलबाड़ी किसान आंदोलन–ब्रिटिश भारत में लगान वसूलने वाले अन्ततः जमींदार बन गए थे तथा सरकारी संरक्षण में पूरी तरह किसानों का हर तरह से शोषण कर रहे थे। पचास के दशक से दार्जिलिंग क्षेत्र के

नक्सलबाड़ी इलाके में कम्युनिस्ट बटाईदारों और चाय बागान मजदूरों को संगठित करते आ रहे थे, जिनमें अधिकतर संथाल ओटाओं तथा राजवंशी आदिवासी समुदायों के थे। काश्तकार भूस्वामियों के खेतों पर हल, बैल और बीज भूस्वामियों से लेकर "अधिभार" की बटाई प्रणाली के अनुसार फसल का एक हिस्सा पाया करते थे। हिस्से के बारे में अक्सर विवाद होते और किसानों को बेदखल कर दिया जाता था। 2 मार्च, 1967 को बंगाल में दोनों कम्युनिस्ट पार्टियों (सीपीआई और सीपीएम) और कांग्रेस से अलग हुई बांग्ला कांग्रेस की गैर–कांग्रेसी संयुक्त मोर्चा सरकार बनी, तब बेदखली ज्यादा बढ़ गई। क्योंकि उन्हें डर था कि बटाईदारों को जमीन दी जाएगी। चाय बागान के मजदूर चाय बागान के मालिकों के धान के खेतों में काम किया करते थे और मालिक कानूनों से बचने के लिए इन्हें चाय बागान के रूप में दर्ज कराया करते थे। चारु मजूमदार के नेतृत्व में वहाँ के किसानों ने कृषि क्रान्ति और सशस्त्र क्रांति के माआत्से तुंग के सिद्धान्तों को अपनाया। कानूनी तरीकों से भूमि सुधार संभव नहीं हो रहा था। यह बात संयुक्त मोर्चा सरकार ने सत्ता में आने के बाद समझी, अतः भूमि सुधारों की गति नहीं के बराबर ही रही। अन्ततः चारू मजूमदार की यह मान्यता कि कानूनी सुधार का रास्ता किसानों के क्रान्तिकारी उभार को कुन्द कर देता है, जमीन पर कब्जा करके हथियारों के सहारे उसकी रक्षा करना ही राजनीतिक रूप से अर्थपूर्ण हो सकता है, व्यापक रूप से किसानों में स्वीकार्य हो गई। अतः संयुक्त मोर्चा सरकार के अस्तित्व में आने के सोलह दिन बाद ही चारू मजूमदार, कानू सान्याल और जंगल संधाल के नेतृत्व में दार्जिलिंग जिले के सिलिगुड़ी सब–डिवीजन की मार्क्सवादी कम्युनिस्ट पार्टी की इकाई ने किसान सम्मेलन आयोजित किया। सम्मेलन में जमीन पर भूस्वामियों के एकाधिकार की समाप्ति, किसान समितियों के जरिए भूमि वितरण तथा केन्द्रीय सरकार संयुक्त मोर्चा सरकार और भूस्वामियों के विरुद्ध सशस्त्र संघर्ष का आह्वान किया। तब तक वहां 15,000 से 20,000 तक पूर्णकालिक किसान कार्यकर्ता बन गए थे। गांवों में गठित किसान समितियां सशस्त्र गार्डों का केन्द्र बन गई थी। उन्होंने जमीन पर कब्जा कर लिया, भूमि संबंधी रिकार्ड जला दिया गया, कर्जे माफ कर दिए गए, घृणित भूस्वामियों को मृत्युदण्ड दिए गए और अपना एक समानान्तर प्रशासन कायम किया। तीर धनुष और भालों के अलावा भूस्वामियों से छीनी गई बंदूकें इकट्ठा की गईं। नक्सलबाड़ी पुलिस थाने के अन्तर्गत हाटीगिशा, साड़ी बाड़ी थाने के अन्तर्गत बुरागंज और फांसी देवा थाने के तहत चौपुखुरिया विद्रोहियों के केन्द्र बन गए।

मार्क्सवादी कम्युनिस्ट पार्टी को अपने भविष्य की सम्भावनाओं को देखते हुए अपनी सरकार के माध्यम से उनका दमन प्रारम्भ किया। आन्दोलन को तो अपनी सशस्त्र सेनाओं की मदद से दबा दिया गया, परन्तु 22 अप्रैल, 1969 को आन्दोलनकारियों ने चारू मजूमदार के नेतृत्व में "भारत की कम्युनिस्ट पार्टी" (मार्क्सवादी लेनिनवादी) का गठन किया, जो शहरों की तरफ भी फैलने लगी। छात्रों के बीच में इसका फैलाव होने लगा।

भारत में किसान आन्दोलन के इतिहास में शायद यह पहला अवसर था, जब किसान क्रान्ति को "नक्सलवाद" के रूप में राजनीतिक पहचान मिली।

आज चालीस साल बाद यह एक सशक्त राजनीतिक चुनौती के रूप में मौजूद है, जिसे हल्का रूप "माओवाद" कहकर दिया जा रहा है, सैद्धान्तिक परिस्थितियों को नकारने की गरज से।

श्री काकुलम का किसान आन्दोलन—उड़ीसा से लगा सबसे कम विकसित क्षेत्र आंध्र प्रदेश को श्री काकुलम जिले में स्थानीय आदिवासी जटायू और सवरा कबीले के लोग रहते हैं। प्रारम्भ में पार्वतीपुरम्, पालागौंडा, पटायपटनम् और कोत्तूर इलाकों में काम करने वाले कम्युनिस्टों ने इन्हें संगठित किया और "गिरिजन संघम्" तथा "महिला संघम्" बनाए, जिनके माध्यम से कई उपलब्धियां हासिल की गईं। इनमें गैर आदिवासी सूबेदारों और भूस्वामियों द्वारा अवैध रूप से हथिया ली गई जमीनों पर फिर से कब्जा, मजदूरी में बढ़ोत्तरी, जंगल उत्पादनों के लिए बेहतर कीमतें, कर्जे में कमी, मकान बनाने तथा दूसरी जरूरतों के लिए जंगल से लकड़ी लेने के लिए मुफ्त प्रवेश जैसी उपलब्धियां मिलीं। इससे आदिवासियों में आत्मविश्वास बढ़ा और वे शहरों में होने वाली सभाओं, रैलियों में उत्साह से भाग लेने लगे। 1969 तक आते आते आदिवासी धनुष–बाण और पत्थरों, कभी–कभी भद्दी किस्म की देसी बंदूकों से सुसज्जित होकर कार्यकर्ताओं को गिरफ्तार करने वाली पुलिस पार्टियों को खदेड़ दिया करते थे। कम्युनिस्ट क्रान्तिकारी गांव–गांव घूमकर ग्राम रक्षा दल(दलम्) बनाने का आह्वान करते। मार्क्सवादी लेनिनवादी पार्टी के गठन के बाद यहाँ "वर्ग शत्रु" के खात्मे का सिद्धान्त अपनाकर छापामार युद्ध का प्रयोग किया जाने लगा। 10 जुलाई, 1970 को भी सत्यनारायण और आदिभटला कैलासम् जैसे दो महत्वपूर्ण नेताओं के मुठभेड़ में मारे जाने के बाद यह आन्दोलन कुछ ठण्डा पड़ता नजर आने लगा, परन्तु आज माओवादी युवा आंध्रप्रदेश, बिहार, मध्यप्रदेश, छत्तीसगढ़, झारखण्ड के दूरस्थ, पिछड़े इलाकों में, जहां आदिवासी या अत्यंत गरीब निम्न जाति के किसान और खेतीहर मजदूर रहते हैं, अपने मॉडल की क्रान्ति लाने की कोशिश कर रहे हैं। इसे अब भी केवल हिंसा कहकर टाला जा रहा है।

महाराष्ट्र का शेतकारी संगठन व अन्य संगठन–1980 में महाराष्ट्र के नासिक में संयुक्त राष्ट्र संघ के एक भूतपूर्व अधिकारी शरद जोशी ने शेतकारी संगठन का गठन कर 10 नवम्बर, 1980 को प्याज और गन्ने के भावों में बढ़ोत्तरी की मांग को लेकर दिल्ली, बम्बई और बम्बई–कलकत्ता राजमार्गों को अवरुद्ध कर दिया था। पुलिस फायरिंग और गिरफ्तारियों के बाद इनके दाम बढ़ाए गए।

कहने को तो इन्हें "वर्गहीन" या "नये किसानों" का आन्दोलन मीडिया में प्रचारित किया गया, जो कि एक बेतुका सैद्धान्तिक विश्लेषण है। हाँ, ये "नये किसान" जरूर मध्यम और उच्च अभिजात जमींदार किसान ही होंगे, जिनके खेतों पर "व्यापारिक फसलें" पैदा की जाती हैं। ऐसे ही आन्दोलन उत्तरप्रदेश में महेन्द्र सिंह टिकैट ने चलाया था। तमिलनाडु में 1982 में नायडू ने भारतीय किसान यूनियन का गठन कर कुछ हासिल करने का प्रयास किया, तो कर्नाटक में "कर्नाटक रायूथ संघ" बना, लेकिन ये सभी नेता अपने–अपने भावी सपनों को साकार होते देखना चाहते थे। शरद जोशी ने 1984 के लोकसभा चुनावों में महाराष्ट्र की सभी 48 सीटों पर अपने उम्मीदवार खड़े किए तो तमिलनाडु और कर्नाटक में ये वहाँ की राजनीतिक पार्टियों को समर्थन दे रहे थे। उत्तरप्रदेश में तथाकथित किसान नेता चरणसिंह के बेटे में कोई चमत्कारिक गुण नहीं मिला तो अन्य पार्टियों को समर्थन दिया गया। वैसे उत्तरप्रदेश व हरियाणा के नेता किसान और जाट जाति को एक दूसरे का पर्याय मानते हैं, जबकि ऐसा है नहीं। 2 अक्टूबर, 1989 को शरद जोशी और टिकैट में तो दिल्ली के वोट क्लब पर बाकायदा हाथापाई भी हो गई थी। जाहिर है, ये अपनी व्यापारिक फसलों के लिए बेहतर मूल्य, बिजली के बिलों की कमी या माफी और सरकारी कर्जों की माफी की ही मांगें करते रहे हैं, जो कि बड़े किसानों और जमींदारों के हित में रही हैं और हर बार चुनावों के बाद बनने वाली राज्य सरकारों ने इन मांगों को माना भी है। हद तो की कांग्रेस की केन्द्र सरकार ने 75,000 करोड़ के कर्जे गरीब किसानों के नाम पर 2006–07 में माफ भी किए।

× × ×

जैसा कि पूर्व पृष्ठों में देखा जा चुका है, 1947 के काफी बाद 1949–50 से भूमि सुधारों की बात सरकारी रूप से चली और 1950–51 से कानूनों का बनाया जाना प्रारम्भ किया। इनका व्यावहारिक प्रभाव देखने से पहले 1955 में प्रारम्भ होने वाली दूसरी पंचवर्षीय योजना में यह नोट दिया गया कि "छोटे किसानों की आर्थिक परिस्थितियां काश्तकारों से इतनी अलग नहीं हैं कि

काश्तकारी कानून उन्हें हानि पहुंचाए"।[1] इसलिए योजना में सुझाव दिया गया कि बहुत छोटे भूस्वामी अपनी सारी जमीन पर फिर से स्वयं खेती कर सकते हैं।

परिणामस्वरूप तीसरी पंचवर्षीय योजना में यह नोट किया गया कि बड़े भूस्वामियों ने अपनी जमीनें अपने संबंधियों एवं अन्य लोगों के नाम लिख दी, ताकि वे छोटे भूस्वामी कहलाए। फिर उन्होंने छोटे खेत मालिकों के लिए बनाए गए कानूनों का प्रयोग इन जमीनों से काश्तकारों को बेदखल करने के लिए किया। 1973 तक स्थिति क्या हो गई थी, यह योजना आयोग की टास्क फोर्स के प्रमुख पी.एस. अप्पू ने अपने नोट में बताया कि छोटे भूस्वामियों के लिए बनाए गए कानूनों का बड़े भूस्वामियों ने राजस्व अधिकारियों से सांठगांठ करके दुरुपयोग किया।[2]

भूमि सुधारों को दो भागों या कहें दो कानूनी रूपों में लागू किया था– पहला, जमींदारी उन्मूलन और दूसरा भूमि सुधार। यह सम्भावना देखकर इन कानूनों को मूल अधिकारों के मुकाबले में न्यायालयों में चुनौती दी जाएगी और ऐसे कानूनों को रद्द भी किया जा सकता है, जैसा कि 'शंकरीप्रसाद' के मामले में हुआ था (1951), संविधान में पहला संशोधन करके अनुच्छेद 31–ए व 31–बी जोड़े गए और नौवीं अनुसूची जोड़कर मूलरूप से 14 कानूनों को उस सूची में रखा गया, जिनकी वैधता को किसी न्यायालय में चुनौती नहीं दी जा सकती है। इसके बावजूद जमींदारी उन्मूलन कानूनों में महत्वपूर्ण खामियां रह गई थी (योरखी गईं)। उदाहरण के लिए उत्तरप्रदेश में जमींदारों को ये जमीनें अपने पास रखने की इजाजत दे दी गई, जिन्हें उन्होंने अपनी "व्यक्तिगत खेती" घोषित की थी। यह बड़ा ढीला–ढाला अस्पष्ट शब्द था। इसमें उन सभी को "खेतिहर" बनाया जा सकता था, जो न सिर्फ जमीन जोत रहे थे, बल्कि व्यक्तिगत रूप से या अपने किसी संबंधी के जरिए जमीन की देखभाल कर रहे थे। या जमीन, पूंजी और कर्जा उपलब्ध करा रहे थे। इसके अलावा उत्तरप्रदेश, बिहार, मद्रास जैसे राज्यों में "व्यक्तिगत खेती" की कोई सीमा नहीं थी।

इसका नतीजा यह हुआ कि वास्तव में वे जमींदार, जो अनुपस्थित भूस्वामी थे, अब बड़ी जमीनों के मालिक बन सकते थे। कई इलाकों में जमींदार अपनी "व्यक्तिगत जोत" को अधिक से अधिक बड़ा दिखाने के लिए

---

1. योजना आयोग, दूसरी पंचवर्षीय योजना, 1956, पृ. 188।
2. पी.एस. अप्पू, 'टेनेन्सी रिफार्म्स इन इण्डिया, ई.पी.डब्ल्यू, स्पेशल नंबर, अगस्त 1975, पृ. 1345।

काश्तकारों खासकर छोटे काश्तकारों को बड़े पैमाने पर बेदखल करने लगे। इसके बाद हदबंदी और काश्तकारी कानूनों के लागू होने पर बेदखली के और दौर चले। इससे कुल मिलाकर भारत में भूमि सुधारों पर काला धब्बा लग गया।[3]

काश्तकारी सुधारों की तीन प्रमुख प्रमुख विशेषताएँ थीं। पहली, उन काश्तकारों के लिए काश्तकारी की गारंटी करना, जिन्होंने विशेष अवधि तक उस जमीन पर खेती की हो, जैसे छः वर्ष। यह अवधि एक क्षेत्र से दूसरे में भिन्न थी। दूसरी, लगान को एक उचित स्तर पर लाना, जैसे एक–चौथाई से एक–छठा भाग कुल उत्पादन का। और, काश्तकार को उसके द्वारा जोती जा रही जमीन के स्वामित्व का अधिकार मिलना, लेकिन कुछ सीमाओं के साथ।

यहाँ इस बात पर जोर देना जरूरी है कि काश्तकारों की स्थिति सुधारने की कोशिश में भारत के काश्तकारी कानूनों ने आमतौर पर भूस्वामी खासकर छोटे भूस्वामी और काश्तकार के हितों के बीच संतुलन बनाए रखने का प्रयत्न किया है। भारत के अधिकतर हिस्सों में "अनुपस्थित भूस्वामियों" को फिर "व्यक्तिगत" खेती का काम शुरू करने की अनुमति दी गई। साथ ही, काश्तकारों को जोती जा रही जमीन का अधिकार भी दिया गया। यह व्यवस्था हद बंदियों और स्तरों के विभिन्न सन्तुलनों की जटिल प्रणाली के जरिए काम कर रही थी।[4] जहाँ भारत में 70 प्रतिशत से अधिक भू–सम्पत्तियाँ पांच एकड़ से कम थीं, राज्यों द्वारा हदबंदी कानूनों में तय की गई हदबंदी सीमा काफी अधिक थी। उदाहरण के लिए यह सीमा 27 एकड़ से अधिक 312 एकड़ के बीच थी, आसाम में यह 50 एकड़ थी, केरल मे 15 से 37.5 एकड़ के बीच बदलती हुई थी, पंजाब में 30 से 60 एकड़, पश्चिम बंगाल में 25 एकड़, महाराष्ट्र में 18 से 126 एकड़ की सीमाएं थीं। इसके अलावा अधिकतर राज्यों में हदबंदी व्यक्तिगत आधार पर लागू की गई, न कि परिवार की सम्पत्ति पर। परिवार की सदस्य संख्या पांच से अधिक होने पर यह सीमा बढ़ाई जा सकती थी, जैसे केरल में 67 प्रतिशत तक, मध्यप्रदेश में 90 प्रतिशत तक, बिहार, मद्रास और महाराष्ट्र में यह 100 प्रतिशत तक, त्रिपुरा में 140 तक।

दिलचस्प तो यह है कि 1961 तक राज्यों द्वारा हदबंदी कानून बना लेने के बावजूद 1970 तक बिहार, मैसूर, केरल, उड़ीसा और राजस्थान जैसे बड़े

3. *आजादी के बाद का भारत*–दिल्ली विश्वविद्यालय प्रकाशन (2004), पृष्ठ 499।

4. *आजादी के बाद का भारत*–(पृ. 501); में जो आंकड़े दिए गए हैं, देखें परिशिष्ट।

राज्यों में एक भी एकड़ अतिरिक्त घोषित नहीं की गई। आंध्रप्रदेश में मात्र 1400 एकड़ अतिरिक्त घोषित की गई, परन्तु बांटी नहीं गई। नक्सल बाड़ी के आंदोलन से प्रेरणा लेकर कम्युनिस्टों और सोशलिस्टों के नेतृत्व में 1970 में देश के कई भागों में "जमीन पर कब्जा करो" आंदोलन चल पड़ा। 1969–70 में आसाम, आंध्र प्रदेश, बिहार, गुजरात, पंजाब, राजस्थान, तमिलनाडु, उत्तर प्रदेश और पश्चिम बंगाल में भारी गड़बड़ियों की सूचनाएं आने लगीं। फिर भी कब्जा की गई कुल जमीन कुछ ज्यादा नहीं थी।

इन छोटी जोतों पर न तो आधुनिक तरीके से यांत्रिक खेती की जा सकती थी, न ही पेट भरने लायक अनाज ही पैदा किया जा सकता था। अकालों और सिंचाई की व्यवस्था नहीं होने के कारण इन जोतों के मालिक शहरों में दैनिक मजदूर बनकर कार्य करते रहे हैं। संगठित क्षेत्र के उद्योगों में ये ठेकेदार श्रमिकों के रूप में अभिजात मजदूरों के सहयोगियों के रूप में कार्य करते और बादलों को देखकर गांवों की तरफ भागते। उनकी यह ही स्थिति न तो उन्हें किसानों के सोच का बनने दे रही थी और न ही अपने आप को औद्योगिक मजदूरों की मानसिकता में ढलने दे रही थी। वे किसानों के रूप में भी शरद जोशी, टिकैट जैसों के साथ खड़े हो जाते हैं और दत्ता सामन्तों या अभिजात मजदूरों के आदोलन में अपने आपकी बलि चढ़ाने के लिए भी मौजूद रहते हैं।

मजदूर आन्दोलन

औद्योगिक मजदूरों के आन्दोलन—भारत में औद्योगिकीकरण रेलों के विस्तार के साथ हुआ। अन्य क्षेत्र था वस्त्र उद्योग, जो कि तत्कालीन शहरों की बाहरी सीमा में स्थापित किए गए थे। इनमें ग्रामीण इलाकों से अकालों में विस्थापित किसान मजदूरों के रूप में कार्य करने के लिए आते रहे थे। शीघ्र ही इन मजदूरों को आन्दोलन का रास्ता अपनाना पड़ा और पहली बड़ी और लम्बी हड़ताल अहमदाबाद की कपड़ा मिलों के मजूदरों की थी, जिसका समापन गांधीजी के नेतृत्व में हुए समझौते के साथ हुआ। तब ही गांधीजी ने "मजूर महाजन" अर्थात् "टेक्सटाइल लेबर एसोसिएशन" स्थापित की। ध्यान देने योग्य है कि यह संगठन अभी तक भी किसी राजनीतिक पार्टी से प्रत्यक्ष रूप से जुड़ा हुआ नहीं है और इसके कार्यालय में 150–200 कर्मचारी कार्य कर रहे थे (सन् 2000 के पहले तक)।

इसी हड़ताल के बाद में भारत में श्रम सम्बद्ध कानूनों का बनाया जाना प्रारम्भ हुआ। तब से ही सभी श्रम संगठन किसी न किसी राजनीतिक पार्टी से संबंध रहे हैं और स्वतन्त्र भारत में इन संगठनों के माध्यम से हुई लगभग सभी हड़तालें और आन्दोलन या तो राजनीतिक पार्टियों के शक्ति प्रदर्शन रहे

हैं या संगठित क्षेत्र के मजदूरों को, इस प्रकार वेतन एवं सुविधाओं दिलवाता रहा कि वे सारे मजदूर "अभिजात मजदूरों" में बदल गए, जो दैनिक या असंगठित या ठेकेदार मजदूरों को दूसरे–तीसरे दर्जे का श्रमिक मानने लगे, जिनकी बदौलत वे बेहतर सामाजिक जीवनयापन करते रहे है।

1970 के दशक में आन्दोलनों का एक दौर चला, जिसके प्रत्यक्ष कारण कुछ भी हों, लेकिन अन्तर्भूत कारण यह था कि उस समय राष्ट्रीयकरण की हवा चली थी। बैंकों के राष्ट्रीयकरण के साथ ही बीमार कपड़ा मिलों का एक साथ बड़े पैमाने पर राष्ट्रीयकरण किया गया। तब श्रम संगठनों के बड़े नेताओं का विचार शायद यह था कि ज्यादा दबाव डाला जाएगा या औद्योगिक इकाई बीमार हो जाएगी तो राष्ट्रीयकरण ही एकमात्र रास्ता बचेगा और इस प्रकार मजदूरों को सरकारी नौकर का दर्जा दिला दिया जाएगा। लेकिन 1973 में लगभग 22 दिन चली रेल हड़ताल की असफलता इनके इरादों पर पानी फेर चुकी थी। आपात्काल संविधान के संशोधन और फिर गैर–कांग्रेसी सरकार के बनने से मजदूर आंदोलन किंकर्त्तव्य विमूढ़ हो गया, लेकिन 1980 में इंदिरा गांधी और कांग्रेस की सरकार बनने और छः और बैंकों के राष्ट्रीयकरण ने फिर अभिजात मजदूरों की उम्मीदें जगा दीं। इसी राष्ट्रीयकरण के भय से बाकी बची कपड़ा मिलों, जो कि अपनी पुरानी मशीनों के बल पर ही चलाई जा रही थीं, के मालिकों ने इन्हें बंद करने में ही अपनी भलाई समझी, क्योंकि अब तक ऐसी सभी मिलें शहरी आबादी के बीच में आ चुकी थीं और उनकी जमीनों की कीमत भी काफी बढ़ चुकी थे।[5] दिल्ली में, उच्चतम न्यायालय ने पर्यावरण के कारण दिल्ली की दिल्ली क्लाथ मिल्स (डीसीएस) सहित कई मिलों को बंद कर अन्यत्र ले जाने के आदेश दे दिए और जो मजदूर दिल्ली से बाहर नहीं जा सके, उन्हें पूरा मुआवजा देने के आदेश दिए। इस प्रकार की सम्भावना और दूसरे शहरों की कपड़ा मिलों के सामने भी आने वाली थीं। अतः दत्ता सामन्त के नेतृत्व में अधिकांश कपड़ा मिलों के मजूदरों की हड़ताल करवा दी गई, जिसका अन्त मिलों की पूर्ण बंदी और मजदूरों के सड़कों पर बिना किसी मुआवजे के आने में हुई।

और अब वैश्वीकरण की हवा में भारत के बेरोजगारों के रूप में अधिकांश औद्योगिक मजदूरों का खात्मा हो गया है, जिसके परिणामस्वरूप औद्योगिक

---

5. किसी नये आविष्कार पर आधारित प्रतिष्ठान को चलाने की उसके आधार पर उत्पन्न बाद वाले प्रतिष्ठानों को चलाने की अपेक्षा कहाँ अधिक लागत होती है। यह बात इतनी सही है कि पहले वाले प्रतिष्ठान आमतौर पर दिवालिया हो जाते हैं और सिर्फ वे ही लोग उससे पैसा बनाते हैं जो बाद में इमारतों, मशीनों आदि को सस्ते दाम खरीद लेते हैं। –कार्ल मार्क्स, पूंजी (वि. 1 पृ. 99)

मजदूरों में बढ़ोतरी नहीं हो रही है, और अधिकतर कार्य आउट सोर्सिंग के नाम पर ठेकेदारों के माध्यम से करवाए जाने लगे, जो कि न्यूनतम मजदूरी में उच्च तकनीकी कार्य भी निष्पादित करते हैं, परन्तु सेवा की कोई गारन्टी नहीं है, ग्रेचुटी आदि की कोई सूरत नहीं है। मजदूर भारत में मौजूद हैं, पर उनका नेतृत्व दिशाहीन है, मजदूर भी अपने आप में कोई दिशा तय नहीं कर पा रहा है। समाजवादी क्रांति का, मजदूर एकता का दूर–दूर तक नामोनिशान भी नहीं है, इसके बावजूद कई प्रकार की समाजवादी पार्टियाँ और कम्युनिस्ट पार्टियाँ भारत में मौजूद हैं।

क्षेत्रीय भाषा, राष्ट्रीयताओं के आन्दोलन–स्वतन्त्रता आन्दोलन के दौरान दिखाई देने वाली राष्ट्रीय एकता के बिखराव के तत्व सरकार के हस्तान्तरण के साथ ही उभर चुके थे। उन आन्दोलनों के सामने देखा गया है कि केन्द्रीय नेतृत्व हमेशा असहाय रहा है और अपनी कोई नीति, अपना कोई दृष्टिकोण नहीं रख सका या ऐसा कोई दृष्टिकोण उनके पास नहीं था, केन्द्रीय नेतृत्व पर अपने प्राण तक देने वाले क्षेत्रीय नेता केन्द्रीय नेतृत्व की बात मानने को तैयार ही नहीं था। यही कारण रहा है कि किसी भी समस्या या विषय के मामले में न तो कोई दृष्टिकोण था न ही उनके समाधान के लिए कोई स्पष्ट कानून या विधान बनाने की क्षमता।

इस मामले में लगातार आन्दोलन उभरत रहे, जिन्हें प्रत्यक्ष रूप से कुछ भी कहा जाए, उनकी अन्तर्भूत कारण कृषि और श्रमिक समस्याएं ही रही हैं।

संविधान सभा ने राज्यों के गठन के संबंध में भाषा को आधार बनाने के लिए 1948 में एस.के. धर के नेतृत्व में एक "भाषाई राज्य आयोग" गठित किया था। इसे भाषाई आधार पर राज्यों के गठन की वांछनीयता का मूल्यांकन करने को कहा गया था। धर आयोग के भाषाई आधार पर राज्यों के गठन के खिलाफ अपनी सलाह दी थी, क्योंकि इससे राष्ट्रीय एकता और प्रशासन के लिए भारी असुविधाजनक स्थिति पैदा हो सकती थी। परिणामस्वरूप संविधान सभा ने संविधान के अन्दर भाषाई सिद्धान्त को शामिल नहीं करने का निर्णय लिया।

परन्तु दक्षिण भारत में यह समस्या जीवन्त बनी हुई थी। अतः कांग्रेस (भारतीय संविधान के अन्तर्गत कार्यपालिका की सर्वेसर्वा) ने दिसम्बर, 1948 में एक समिति नियुक्त की, जिसमें जवाहरलाल नेहरू, सरदार पटेल तथा कांग्रेस अध्यक्ष पट्टाभि सीतारमैया शामिल थे। इस समिति को भाषाई राज्यों के प्रश्न पर फिर से विचार करने के लिए काम दिया गया। इस समिति का मूल्यांकन था–

यह निर्विवाद रूप से एकीकरण की प्रक्रिया को पीछे धकेल सकती है और हमारे निर्माण के प्रारम्भिक चरण में ही एकता विरोधी एवं विखण्डनकारी शक्तियों को मजबूत कर सकती है।

परन्तु, इसके साथ ही साथ कांग्रेस नेतृत्व में यह बात रखी कि जहाँ भाषाई राज्य की मांग जबरदस्त और लगातार बनी हुई है और जहाँ इस इलाके से जुड़े दूसरे भाषाई समूह इस मांग से सहमत हों, वहाँ भाषा आधारित नए राज्यों की स्थापना की जा सकती है।[6]

यह एक दोहरी नीति थी, जिसकी जड़ें एक गलत अवधारणा के कारण उपजी थीं। यह अवधारणा है कि भाषा संस्कृति से बहुत गहरे तौर पर जुड़ी होती है। इसलिए जनता के रीति–रिवाजों पर भी इसका गहरा असर होता है। इसमें संस्कृति के ऊपर भाषा को महत्व दिया गया है, जबकि संस्कृति एक बहुत बड़ा केनवास होती है, बहुत व्यापक प्रतिरूप है, जनता के समूह की एकात्मकता का। भाषा उसका एक कारक मात्र होता है, जो केवल आपसी संवाद और विचार सम्प्रेषण का माध्यम होती है। अलग–अलग राज्य व्यवस्थाएं और सीमा क्षेत्र होते हुए भी भारत हमेशा एक ही कहलाया है, ऐसा क्यों? अलग–अलग भाषा में बोलियां होने के बावजूद भी भारत की पहचान एक संस्कृति, एक राष्ट्र के रूप में है–हाँ उसकी शाखाएं, उपशाखाएँ हो सकती हैं। इसका मतलब यह नहीं लगाया जा सकता है कि अलग–अलग भाषायें अलग–अलग संस्कृतियों की द्योतक हैं। मूलतः संस्कृति को भाषा के रूप में ढालकर राष्ट्रीयता की समस्या बना देना, समस्या का मूल कारण रहा है और अन्ततः कई मामलों में राष्ट्रीयता की यह समस्या भाषा की समस्या के माध्यम से धर्म की समस्या बन जाती है।

राष्ट्रीयता की इस समस्या का सबसे अच्छा उदाहरण 'तेलंगाना' की समस्या के रूप में देख सकते हैं। तेलंगाना समस्या और उसके लिए चलने वाला आंदोलन को भाषायी आधार पर आंध्र प्रदेश के निर्माण के साथ दबा देने का प्रयास किया गया। मूलतः तेलंगाना अलग राज्य बनाया जाना था और मद्रास प्रेसीडेंसी के भाग रायल सीमा और आंध्र प्रदेश को मिलाकर अलग राज्य बनाया जाना चाहिए था, लेकिन भाषाई आधार को जब राज्यों के गठन का मूल आधार मान ही लिया गया तो भिन्न–भिन्न राष्ट्रीयताओं को आधार मानने का प्रश्न ही नहीं था। फिर भी जेवीपी रिपोर्ट को, आधार बनाकर राज्य पुनर्गठन के मामले को टाला गया। तब विख्यात स्वतन्त्रता सेनानी पोट्टी श्रीरामालु ने अलग आंध्र प्रदेश राज्य की मांग लेकर 19 अक्टूबर, 1952 को

---

6. *आजादी के बाद का भारत*, पृ. 134–35।

आमरण अनशन प्रारम्भ किया और 58 दिनों बाद उनकी मृत्यु हो गई। तब पूरे आंध्र क्षेत्र में तीन दिनों तक लगातार दंगे, हिंसा, प्रदर्शन और हड़तालें चलती रहीं। पुलिस फायरिंग में कई व्यक्तियों की मृत्यु हो गई। सरकार तुरन्त झुक गई और अक्टूबर, 1953 में आंध्र प्रदेश को भाषाई आधार पर बना दिया गया। आंध्र और रायल सीमा अलग होते ही मद्रास तमिल आधारित और मैसूर कन्नड़ भाषा आधारित राज्य अपने आप ही अस्तित्व में आ गए, लेकिन तेलंगाना को अभी आंध्र में शामिल नहीं किया गया था। आंध्र प्रदेश के गठन के बाद अन्य भाषायी समूहों द्वारा अपने–अपने राज्यों का निर्माण या पुनः सीमांकन करने की मांग उठने लगी।

इसी बीच अगस्त, 1953 में एक "राज्य पुनर्गठन आयोग" का गठन नेहरू ने किया, जिसमें जस्टिस फजल अली, के.एम. पन्निकर और हृदयनाथ कुंजरू सदस्य थे। इस आयोग से "वस्तुनिष्ठ और निरपेक्ष" होकर संघ के सभी राज्यों के पुनर्गठन से संबंधित प्रश्नों की जांच करने के लिए कहा गया था। दो साल के अपने कार्यकाल में इसे प्रदर्शनों और भूख हड़तालों का सामना करना पड़ा। विभिन्न भाषाई समूह बहसों और सशरीर भी आपस में किस तरह टकराते रहे, इसे उस आयोग ने अपनी रिपोर्ट दर्ज किया है–"हमें यह देखकर बहुत दुःख हुआ है कि कुछ इलाकों में स्वतन्त्रता संघर्ष के पुराने साथियों ने एक–दूसरे के खिलाफ कटु विवादों में उलझकर सीमा पर चलने वाले युद्ध की सी स्थिति बना दी है। साम्प्रदायिक और संकीर्ण नारे उठाकर आम जनता में उन्माद भड़काने की कोशिश की जा रही है, बड़े पैमाने पर पलायन का खतरा दिखाया जा रहा है, यह दावा तक किया जा रहा है कि यदि किसी खास भाषाई समूह को अपनी अलग–अलग प्रशासनिक इकाई नहीं दी गई तो उसका नैतिक और भौतिक पतन यहाँ तक कि अस्तित्व ही समाप्त हो जाएगा। ये सब यह ही दिखाते हैं कि उनमें सन्तुलन और परिप्रेक्ष्य (दृष्टि) का भारी अभाव है।[7] इसके बावजूद भी आयोग ने भाषाई आधार पर सीमाओं के पुनर्निर्धारण करने की रिपोर्ट दे दी। इसी के आधार पर नवम्बर, 1956 में राज्य पुनर्गठन विधेयक पारित करवाया गया। परन्तु अब वही तेलंगाना की समस्या दोहरा रूप ले चुकी है–एक तो तेलंगाना का पूरा इलाका अब नक्सलवादी सक्रिय लड़ाकों के नियन्त्रण में लगभग आ चुका है, जिसका समाधान सैनिक कार्रवाई नहीं हो सकती है। दूसरे नक्सलवादियों के हाथों में तेलंगाना का नियंत्रण जाते देख वहां की अभिजातों की विभिन्न पार्टियों ने अलग तेलंगाना राज्य के निर्माण का प्रश्न उठाया है, जिसमें उस इलाके

7. एस. गोपाल, *जवाहरलाल नेहरू, ए बायोग्राफी*, खण्ड 2, पृ. 259–60।

की सक्रिय सभी राजनीतिक पार्टियां शामिल हो गई हैं। केन्द्र सरकार (कांग्रेस) यदि तेलंगाना राज्य का निर्माण करती है तो यह साफ हो जाएगा कि नेहरू और इंदिरा गांधी की सोच राज्यों के पुनर्गठन, भाषा और राष्ट्रीयता (नागरिकता नहीं) के मामले में कितनी पिछड़ी और प्रतिगामी थी, क्योंकि 1956 में बाद पुनर्गठन तो किया गया, पर नाम का 1960 से 1966 के बीच किया गया, जब मद्रास को तमिलनाडु, मैसूर को कर्नाटक, बंबई से गुजरात (सौराष्ट्र और कच्छ को मिलाकर) को अलग कर बंबई का नाम महाराष्ट्र किया गया, जिसमें विदर्भ को मिला दिया गया और अन्त में पंजाब से हिन्दी भाषी क्षेत्रों को अलग कर हरियाणा और हिमाचल प्रदेश बनाए गए।

पंजाब का निर्माण पंजाबी भाषा के आधार पर किया गया, परन्तु पंजाबी भाषा को सिक्खों की भाषा बताकर एक धर्म युद्ध चलाया गया, जिसमें "खालिस्तान" जैसी मांग हिन्दुओं के खिलाफ साम्प्रदायिक रूप से इतनी विकट हो गई कि भस्मासुर की तरह स्वयं इंदिरा गांधी को भस्म कर बैठी। मुजारा आन्दोलन की कितनी दयनीय परिणति हुई है।

इसी तरह लाख सफाई देने के बावजूद अब उर्दू केवल मुसलमानों की भाषा मानी जाने लगी है, ठीक वैसे ही संस्कृत को ब्राह्मणों के कर्मकाण्डों की भाषा ठहरा दिया गया, लेकिन जैसा कि अन्तिम विश्लेषण में पाया जाता है, समाज की आर्थिक विषमता से उपजे अन्तर्विरोधों के कारण इन्हें अलग–अलग रूप में दर्शाकर वर्ग संघर्षों को दबाकर लम्बा करने का प्रयास किया जाता है। इसका उदाहरण हम पूर्वोत्तर प्रान्तों में चलने वाले आन्दोलनों में देख सकते हैं।

पूर्वोत्तर राज्यों के समूह करीब सौ से अधिक जनजातीय समूहों में बंटे हैं और कई प्रकार की भाषाएं बोलते हैं। अंग्रेजों के हितों की रक्षा के लिए इन इलाकों में केवल ईसाई मिशनरियों को काम करने की इजाजत दी गई थी, जो अंग्रेजी शिक्षा देने के साथ–साथ धर्म परिवर्तन भी करवाते थे, लेकिन उधर का वाणिज्य, व्यापार और उद्योग धंधे बंगाल और आसाम के इलाकों से आए धनाढयों, जिनमें मारवाड़ी सेठ और अन्य लोग भी शामिल थे, के द्वारा चलाया जाता था और दक्ष मजदूर भी बंगाल से आते थे। स्थानीय लोगों को कम अवसर या दक्षतापूर्ण कार्यक्षमता प्राप्त करने लायक शिक्षा नहीं मिलने के कारण उनमें एक प्रकार की हीनभावना पैदा हो गई थीं। अतः यहां संघर्षों की तो शुरुआत हो चुकी थी, परन्तु 1960 में जब असमिया भाषा को राज्य की एकमात्र राजकीय भाषा बनाया गया तो जनजातीय व क्षेत्रों के नेताओं ने एकजुट होकर आल पार्टी हिल्स लीडर कांफ्रेंस बनाकर राज्य के अन्दर

स्वायत्तशासी राज्य की मांग की जाने लगी, जो कि आज सात पूर्ण राज्य बना देने के बाद भी स्वायत्त शासन की मांग कर रहे हैं।

नागालैण्ड आदि ऐसे इलाके हैं, जहां मिशनरियों ने बहुत काम किया और अधिकांश आबादी को ईसाई बनाकर अंग्रेजी को उनकी राजभाषा–मातृभाषा बनाने की हद तक बढ़ा दिया और उन्होंने इसी प्रकार से भारत की सभ्यता, संस्कृति से भिन्नता का दावा कर स्वतंत्र देश की मांग भी कर ली। इसके पीछे शायद अंग्रेजों की यह रणनीति काम कर रही थी कि शीत युद्ध के दौरान चीन को घेरने के उद्देश्य से बर्मा के अशान्त क्षेत्र के अलावा चीन की सीमा तक पहुंचने का सीधा मार्ग उपलब्ध कराना था, ताकि पूर्वी पाकिस्तान से आसाम के जनजातीय स्वतन्त्र देशों में पहुंचकर चीन की सीमा तक अपने अड्डे बनाये जा सकें, लेकिन तत्कालीन सोवियत संघ के सहयोगी के रूप में इंदिरा गांधी ने पूर्वी पाकिस्तान को पाकिस्तान से स्वतन्त्र कराया और सिक्किम को भारत में मिलाकर चीन की सीमा की दूरियां बढ़ा दीं।

.....और इन सबको प्रकट रूप भाषा के आधार पर ही दिया जा रहा है। ये संघर्ष जारी रहेंगे, जब तक कि भाषा, धर्म से अलग हटकर राष्ट्रीयता की समस्या का समाधान नहीं किया जायेगा। संस्कृतियों की रक्षा के नाम पर लोगों के पिछड़ेपन को कायम रखना और इसी वजह से उनका शोषण किया जाना कभी बहुत बड़ी कीमत मांग सकता है।

"संस्कृति" की रक्षा पर एक कहानी समस्या का सटीक विश्लेषण प्रस्तुत करती है। कहानी के अनुसार पंजाब के किसी गांव के परिवार का एक सदस्य लंदन में जा बसता है और अच्छी खासी आमदनी के साथ पूर्णतः आधुनिक जीवन जीता है। जब वह साठ वर्ष का हो जाता है तो अपना शेष जीवन गांव के उन्हीं झोपड़ी वाले घरों में, रहट चलते खेतों में बिताना चाहता है और यही सोचकर वह अपने गांव पहुंचता है। वहां वह देखता है कि झोपड़ियों की जगह पक्के आलीशन मकान बने हैं, हर घर में अच्छी क्वालिटी का टेलीविजन, रहट की जगह बोरवेल। यह सब देखकर उससे रहा नहीं गया और अपने भाइयों से कहने लगा "मैं तो सोचता था गांव में उसी पुराने माहौल में, जैसा मैं छोड़कर गया था, मैं बाकी उम्र शान्ति से अपनी माटी की गोद में बिताऊंगा, लंदन की ऐश भरी जिंदगी से तंग आ चुका हूं, परन्तु यहां तो सब कुछ बदल गया है, मेरा मन तो यहां आकर टूट गया है। वहां में और यहां में कोई फर्क ही नहीं रहा।"

गांव में रहने वाले एक भाई ने जवाब दिया "क्या तुम यह सोचते हो कि हम अभी उसी तरह पिछड़े ही बने रहते? तुम खूब ऐशो आराम की जिंदगी

जीकर वापस आए हो और हमारी तरक्की को संस्कृति का विनाश कहते हों। तरक्की का ठेका क्या तुमने और तुम्हारे उन मुल्कों ने ही ले रखा है?"

ठीक उसी तरह, हम किसी भी इलाके को, क्षेत्र को पिछड़ा केवल इस आधार पर नहीं रख सकते कि उनकी तरक्की, उनके विकास से उनकी संस्कृति, उनकी भाषा, उसका रहन–सहन नष्ट हो जाएगा। यदि निजी कानूनों के नाम पर भी ऐसा ही होता है तो उसे भी बदलना ही होगा। समस्याओं के समाधान और नई व्यवस्था के बीज गढ़े नहीं जाते, बल्कि संघर्षों के दौरान उपजी मिसालों में मिलते हैं।

22

नई व्यवस्था की मिसालें

रूस में 1905 की असफल कम्युनिस्ट क्रान्ति के दौरान एक छोटे से गांव में स्थानीय लोगों ने अपने गांव के प्रशासन की एक स्वतः स्फूर्त स्वतन्त्र व्यवस्था लागू की थी, जिसे स्थानीय भाषा में "सोवियत" कहा गया था। इस असफल क्रान्ति के विशद् विश्लेषण के दौरान लेनिन के सामने यह घटना आई तो उनके सामने समाजवादी क्रान्ति के बाद अपनाई जाने वाली "समाजवादी व्यवस्था" के प्रशासन का स्वरूप साफ हो गया था और उन्होंने इसी "सोवियत" को तत्कालीन जारशाही का विकल्प के रूप में प्रस्तुत किया। इसी सोवियत व्यवस्था ने समाजवादी व्यवस्था के रूप में "सोवियत समाजवादी गणराज्यों के संघ" का गठन किया और पिछड़े हुए रूस को केवल दो दशकों की अल्पावधि में ही संयुक्त राज्य अमरीका और यूरोप के मुकाबले का विकसित देश बना दिया था।

भारत के इतिहास में पंचायतों से लेकर गणराज्यों तक के उदाहरण मिलते हैं, जिनका कुछ संशोधनों और परिवर्तनों के साथ आज भी बखूबी उपयोग करके सही मायने में "भारतीय लोकतन्त्रात्मक गणराज्य" का निर्माण किया जा सकता है। भारत के स्वतन्त्रता आन्दोलन के दौरान भी कई मिसालें सामने आ चुकी थीं, लेकिन उनका उपयोग नहीं किया गया, बल्कि निरपेक्ष भाव से उन्हें इतिहास के पन्नों में खो जाने दिया गया।

1920 के पश्चात् पहला उदाहरण ले सकते हैं अहमदाबाद की टेक्सटाइल लेबर एसोसिएशन अर्थात "मजूर महाजन संघ" का, जिसने प्रत्यक्ष रूप से किसी भी राजनीतिक पार्टी से संबंध न रखकर बड़े पैमाने पर कपड़ा मजदूरों का संगठन ही नहीं किया, बल्कि उनके और उनके परिवारों के लिए कई ऐसे काम किए, जो आज भी एक मिसाल के रूप में हैं। इसके कार्यालय में लगभग दो सौ व्यक्ति स्थायी रूप से नौकरी कर रहे हैं, स्वयं सेवकों या वालंटियरों के रूप में उनसे अवैतनिक काम नहीं लिया जाता।

इसी प्रकार का संगठन भिलाई नगर में शंकरगुहा नियोगी ने किया था। उन्होंने प्रत्यक्ष या परोक्ष रूप से किसी भी राजनीतिक पार्टी से सम्पर्क नहीं रखा और स्वतन्त्र रूप से कार्य किया। मजदूरों के बच्चों के लिए स्कूलों का संचालन किया, औरतों को अतिरिक्त आमदनी के लिए सिलाई एवं अन्य सामुदायिक कार्य बिना सरकारी सहायता के, उपलब्ध करवाए। उद्योगपतियों, व्यावसायियों और राजनीतिक पार्टियों के सीधे या एक दूसरे के माध्यम से काफी दबाव आए, परन्तु अपने मिशन के पक्के "नियोगी" ने किसी की नहीं मानी। राजनांदगांव के तत्कालीन जिला कलेक्टर हर्ष मंदर ने एक जगह नियोगी के बारे में लिखा है "वह शख्स करिश्माई व्यक्तित्व, विचार व साहस का धनी था। उसने कारखाने, खनन, ठेका और खेतीहर मजदूरों के संघर्ष से उपजी एकजुटता के जरिए सामाजिक और राजनीतिक बदलाव का स्वप्न देखा था।"

जब नियोगी किसी नेता, पार्टी या उद्योगपति के चंगुल में नहीं आया तो एक दिन अलसुबह, लगभग चार बजे उद्योगपतियों के भाड़े के हत्यारों ने सोते हुए नियोगी को गोली मार दी और एक मिसाल की हत्या कर दी। यह पिछली शताब्दी के नौवें दशक के अन्त की बात है।

स्वतन्त्रता संग्राम के दौरान "प्रजामंडल" ने सही मायनों में प्रशंसनीय उदाहरण प्रस्तुत किए। लेकिन जैसा कि तत्कालीन सभी आन्दोलनों के साथ हुआ, केन्द्रीय नेतृत्व के लिए ये सभी गांधीजी से भावनात्मक रूप से जुड़े माने गये थे, लेकिन भीड़ नहीं जुटा सकने वाले नेता अपनी समर्थक भीड़ के रूप में (गांधीजी की आड़ में) इनका इस्तेमाल करने लगे थे, सबको अपने–अपने भविष्य की चिंता जो थी, व्यवस्था संबधी मसले कहां से उठते। अपनी बातें कुछ मांगों के रूप में अंग्रेजों के सामने रखीं और देर सवेर उन्होंने कानून बनाकर भावी व्यवस्था के लिए रख छोड़ा। सापेक्ष दृष्टिकोण के अभाव में जैसा मिला वैसा ही अपना लिया गया, भारत के राजनीतिक नेतृत्व ने अपनी स्वयं की पहल का इस्तेमाल नहीं किया, बल्कि जो कुछ अंग्रेजों ने कानून बनाकर गढ़ दिया 'स्वतन्त्र भारत' ने उसे अंगीकार कर लिया। इस प्रकार देश की जनता की स्थाई समस्याओं का समाधान नहीं हो सकता। यह साफ तौर से देखा जा सकता है कि सत्तर वर्ष पहले तेलंगाना में अपनाई गई प्रशासन व्यवस्था उस आन्दोलन को दबा देने के बावजूद, विकल्प के रूप में उभरकर नक्सल बाड़ी में आया। इन विकल्पों को बंदूकों के द्वारा दबाने का प्रयास किया जाता है, परन्तु किन के पक्ष में? नागरिक प्रशासन का हवाला तो दिया जाता है, परन्तु स्थानीय नागरिक नागरिक नहीं माने जाते हैं तो जाहिर है समस्या बनी रहेगी और उसका प्रतिकार भी होगा ही।

सरकार के माध्यम से सत्ताधारी प्रभुता सम्पन्न पंजीपति वर्ग कई कानून और योजनाएँ लागू करता है, आवश्यक नहीं है कि वे सही ही हों, क्योंकि उनके पीछे के निहितार्थ लक्ष्य बहुमत नहीं होते हैं। यहाँ तक कि जिन बातों की देश उच्चतम स्तर के प्रबंधक संस्थान भी कल्पना नहीं कर सकते, आम जनता उन्हें सहजता से लागू कर लेती है। केवल कुछ ही उदाहरणों से यह स्पष्ट हो जाता है।

मुम्बई के डिब्बावालों का नेटवर्क और व्यवस्थापन, प्रबंधन स्वतः स्फूर्त ढंग का ऐसा है कि जिसका जो डिब्बा है, वह उसी को उसके निश्चित स्थान पर और वह भी समय पर मिलेगा, कभी गलत डिब्बा किसी को नहीं मिलता और यह सब अनपढ़ या अल्प शिक्षित स्थानीय लोगों द्वारा संचालित किया जाता है। भारत के उच्चतम प्रबंधन प्रशिक्षण संस्थान भी उनके इस प्रबंधन को अपने पाठ्यक्रम का हिस्सा बनाने को बाध्य हुए हैं, जो कि मूलतः हावर्ड विश्वविद्यालय के पाठ्यक्रम को अपना कर उसे ही अपने विद्यार्थियों को पढ़ाया करते हैं।

दूसरी तरफ वे ही संस्थान भूतपूर्व रेल मंत्री लालूप्रसाद यादव के मंत्रित्वकाल में रेलों के संचालन और उसके लाभ अर्जन को बेहतरीन प्रबंधकीय उदाहरण मानकर अपने विद्यार्थियों को बताया जाने लगा था। कई बार लालूप्रसाद यादव को भी बुलाया गया व्याख्यान देने के लिए, जिसमें सारतः यह कहा जाता था कि गाय को जितना दुहोगे उतना ही दूध मिलेगा। फिर दोहन चाहे ऑक्सीटोसीन इंजेक्शन देकर ही क्यों न किया जाए। लाभ कमाने के लालचियों को ऐसे ही प्रबंधक चाहिए होते हैं। कुछ समय बाद लालूप्रसाद के उस प्रबंधकीय शब्दजाल और आंकड़ों की हेरा–फेरी का खेल धराशायी हो गया, जब स्वयं लालूप्रसाद को वातानुकूलित तीसरी श्रेणी में से साइड की तीसरी बर्थ हटाने को मजबूर होना पड़ा। सारा खुमार उतार दिया अगली रेलमंत्री ममता बनर्जी ने श्वेत पत्र जारी करके तथा रेलवे की जर्जर दशा और उसकी फर्जी आंकड़ेबाजी की कहानी का खुलासा करके।

यह है उच्चतम स्तर के प्रशिक्षण संस्थानों के निरपेक्ष दृष्टिकोण का उदाहरण। उनके द्वारा सापेक्ष दृष्टिकोण अपनाना जरूरी है।

एक मिसाल राजस्थान के बलवंतपुरा चौलासी गांव की है, जो जयपुर से लगभग 150 किलोमीटर दूर शेखावाटी के झुंझूनू जिले में है। यहाँ पाँच साल से पाँच गावों की पंचायतों के ग्रामीण बिना सरकारी मदद के सफलतापूर्वक रेलवे स्टेशन का संचालन कर रहे हैं। ये लोग पूंजीपति भी नहीं है। इनके गांवों में तो बुनियादी सुविधाएं भी नहीं है। स्टेशन बनाने के पीछे बुलंद इरादों

का पूरा संघर्ष छिपा हैं। दरअसल स्टेशन की मांग 1946 से उठ रही थी। आन्दोलन के बाद भी जब मांग नहीं मानी गई तो ग्रामीणों ने हताश होने के बजाय नया रास्ता खोज निकाला।

गांव के लोगों ने डेढ़ सौ लोगों से चंदा लेकर पन्द्रह लाख जुटाए और स्टेशन भवन बनाने में जुट गए। स्टेशन बनने के बाद समस्या रेलगाड़ी रुकने और टिकिटों की थी। जयपुर से लेकर दिल्ली तक ऐसा कोई अधिकारी नहीं बचा, जिसको इन्होंने पत्र न लिखा हो। जद्दोजहद के बाद रेल रोकने और टिकिट बांटने पर तो राजी हो गया रेल प्रशासन, लेकिन शर्त रखी कि स्टेशन की पूरी व्यवस्था ग्रामीण ही करेंगे। आखिर 3 जनवरी, 2005 को पहली रेल रुकी और ग्रामीणों का सपना साकार हुआ। आज आठ रेलगाड़ियां रुकती हैं वहाँ पर और तीन सौ यात्री सफर करते हैं। यहाँ टिकिट बांटने की कहानी भी बड़ी अजीब है। अगर रेल जयपुर से बलवंतपुरा चौलासी स्टेशन पर आ रही है तो गार्ड सीकर से और लौहरू से आ रही है तो मुकुंदगढ़ से टिकिट लेकर आता है और बांटता है।

स्टेशन की पूरी व्यवस्था ग्रामीणों के हाथों में है। पानी से लेकर टिकिट बांटते समय लोगों को एक कतार में रखने, खुल्लै पैसे तक की जुगाड़ भी यहाँ तैनात ग्रामीण ही करते हैं। स्टेशन की देख–रेख कर रहे चौलासी गांव के 65 वर्षीय बजरंग जांगीड़ कहते हैं कि हम इस स्टेशन को पूरे देश में आदर्श रेलवे स्टेशन बना देंगे। स्टेशन बनाने के बाद इसे व्यवस्थित करना ज्यादा चुनौतीभरा काम है।[1]

राजस्थान के डूंगरपुर जिले के जनजाति क्षेत्र में देवीलाल व्यास नामक एक अर्थशास्त्र के स्नातकोत्तर, जो कि जनशिक्षा और विकास संगठन (भाड़ा) के प्रबंध निदेशक थे, ने वर्ष 1984 से 1986 तक जिले में फैले भयंकर अकाल के हालात को देख 'डेटको का वेला' नामक गांव में पचास–पचास पैसे की बचत की शुरुआत महिलाओं के माध्यम से की और उसे 25 वर्षों में दस करोड़ रुपये की कुल बचत तक पहुंचा दिया। पचास औरतों से शुरू इस अभियान में आज चालीस हजार आदिवासी महिलाएं शामिल हैं और वे आत्मनिर्भर हैं। यह सामूहिक बचत की एक नई भाषा और सहकारिता की नई परिभाषा है। आज बिछीवाड़ा, सीमलवाड़ा और आसपुर ब्लाक में इन महिलाओं के पास चालीस करोड़ के ऋण हैं और वे बराबर किश्तें जमा कर रही हैं। बैंक में जमा होने की सूचना देवीलाल व्यास को एमएमएस से मिलती है। कृषि पशुपालन, दुग्ध उत्पादन, मसाला उद्योग, परचून की दुकानों और बांस के

1. *राजस्थान पत्रिका*, जयपुर, 26–01–2010 में लक्ष्मीप्रसाद पंत की रिपोर्ट।

उत्पादनों से जुड़ी ये महिलाएं स्थानीय और अन्तर्राष्ट्रीय बाजार में अपने उत्पाद बेच रही हैं। उनके कुशल प्रबंधन में 11 कार्यालय और 200 कर्मचारी काम कर रहे हैं। माइक्रो फाइनेंस और महिला स्वावलंबन की यह कहानी अफगानिस्तान में भी लागू की जाने की योजना है।[2]

सहकारिता का सफल और सार्थक प्रयोग सोवियंत संघ में स्टालिन द्वारा सहकारी खेती में किया गया था, जिसमें छोटी जोतों के समूहों को यांत्रिक साधन और सिंचाई की सुविधा उपलब्ध करवाई गई थी और छोटी जोतों से उन्नत पैदावार हासिल की गई थी। भारत में कानूनों द्वारा चलाई जा रही सहकारिता को केवल कुछ प्रभावी लोगों की बपौती और सरकारी अधिकारियों की स्वामित्व की चीज बना दी गई है। सही सहकारिता के और भी प्रेरणा स्रोत मिल जाएंगे।

महिलाओं ने कई और भी सशक्त प्रयास किए हैं। मुम्बई महानगरी की सबसे ज्यादा बदनाम बस्ती धारावी, जो कि केवल अपराधों, झगड़ों और अण्डर वर्ल्ड की शरणस्थली के रूप में जानी जाती है, में महिलाओं ने एक करिश्मा कर दिखाया, जो स्थानीय न्याय व्यवस्था की बेहतरीन मिसाल है।

कच्ची बस्तियों में झगड़े आम तौर पर पानी के मामले में, कचरे के फेंकने–फैलाने और बच्चों की आपसी कहा–सुनी को लेकर होते हैं। धारावी जैसी विशाल कच्ची बस्ती इन सबसे अछूती नहीं है। वहां दो गृहणियों, नजमा खान और जया नाडार ने मिलकर ऐसे छोटे–छोटे झगड़ों को आपसी बातचीत और सुलह से निपटाने का बीड़ा उठाया। प्रारम्भिक दौर में उन्हें सफलता मिली और मामले स्वयमेव उनके पास आने लगे। धीरे–धीरे उन्होंने एक संगठन बनाया, जिसका नाम रखा **"धारावी मित्र मण्डल"**। 2007 में शुरू किया गया, उनका यह अभियान स्थानीय न्याय देने की सीमाओं से आगे बढ़कर 150 मजबूत स्वयं सेविकाओं के साथ सफलता की मिसालें कामय कर रहा है। इस संगठन से सहायता प्राप्त करने वालों में यौन शोषण, बलात्कार और प्रताड़नाओं की शिकार महिलाओं को अपना व्यवसाय धंधा करने के लिए आर्थिक सहायता देना, यदि पुरुष भी ऐसी सहायता के लिए आता है तो उन्हें भी निराश नहीं किया जाता है।

उन्होंने 2009 सितम्बर से "बचत हाट" नाम से छोटी बचत की शुरुआत की। बैंक में मंडल का खाता खोला गया और सहायता के रूप में एक लाख तक की रकम उपलब्ध करवाई जाती है। शर्त यही है कि ऐसी सहायता के इच्छुक व्यक्ति एक सौ रुपये प्रतिमाह बचत के रूप में जमा कराएंगे, जिन्हें

2. *राजस्थान पत्रिका,* जयपुर, 26–1–2010 में दीपक शर्मा की रिपोर्ट।

आर्थिक सहायता के बदले रोजगार चाहिए, उन्हें पापड़ बनाने वाली इकाइयों, कशीदाकारी इकाइयों और शिशु शालाओं से सम्पर्क करवाकर रोजगार दिलवाया जाता है।

मंडल की उपाध्यक्षा जया नाडार का कहना है कि उन्होंने दो–दो महिलाओं की एक–एक इकाई बनाई है, ताकि सभी क्षेत्रों में अपनी सक्रिय उपस्थिति बनाए रख सके। "हमें जो भी शिकायत की जाएगी वह लिखित में होगी। अलग–अलग तरीके के मामलों से संबंधित शिकायतों का विषयवार रजिस्टर रखा जाता है और शिकायत पर नंबर लिखा जाता है।" कार्यालय की कोई जगह नहीं होने के कारण जया नाडार का घर ही कार्यालय बना हुआ है। कई बार तो आश्चर्यजनक मामले भी आते हैं। जैसे–जया नाडार ने बताया "एक औरत अपने पति को साथ नहीं ला सकी, क्योंकि वह अपनी सभी निजी और एकान्तिक मामलों में भी अपने पारिवारिक मित्र की सलाह लिया करता है, जैसे उसे अपनी पत्नी के लिए किस ब्रांड के अन्तर्वस्त्र खरीदने चाहिए इत्यादि। एक मामला ऐसा भी था, जिसमें नववधू को सिर्फ इसलिए छोड़ दिया गया कि उसका पति अपनी भाभी के काफी नजदीक था।"

अन्य मिसाल एक अस्पताल बनाने की, जिसमें ग्रामीणों की ललक और अपने स्तर पर कुछ करने की झलक मिलती है, परन्तु सरकार से पूर्ण असहयोग मिल रहा है।

हरियाणा के पानीपत के पास आट्टा गांव में प्राथमिक स्वास्थ्य केन्द्र (पी.एच.सी.–प्राइमरी हेल्थ सेंटर) की जमीन पर पहले अस्पताल बना हुआ था। विभाग की अनदेखी से भवन खस्ता हो गया और गांव के कुछ दबंग लोगों ने जमीन पर कब्जा जमा लिया, जिसे दो करोड़ चुकाकर फिर हासिल की। इससे प्रयासरत आट्टा गांव का सरपंच एवं पी.एच.सी. निर्माण कर्मियों के अध्यक्ष लहणा सिंह ने यहां अस्पताल बनाने की ठान ली थी, ताकि गरीबों की दिक्कतें कम हों। इसके लिए दो बार पंचायतें हुई, पर कोई फैसला नहीं हो सका। तीसरी पंचायत में मध्यम और निम्न वर्ग के लोगों ने पी.एच.सी. बनाने के लिए पैसा देना शुरू किया। गांव के रामकिशन, जगबीर फौजी, सुरेन्द्रसिंह ने घर–घर जाकर लोगों से चंदा एकत्रित किया। किसी ने पूरा समय पी.एच.सी. में रहकर निर्माण कार्य जांचा तो किसी ने लेखा–जोखा रखने का काम संभाला और दो करोड़ रुपयों की लागत से 17 कमरों का अस्पताल भवन बनवा लिया और उसे चलाने के लिए सरकार के स्वास्थ्य विभाग को सौंप दिया। सन् 2002 से शुरू हुआ काम अब पूरा हुआ। अब इंतजार है डॉक्टर और बाकी स्टॉफ के आने का। फिलहाल एक डॉक्टर आता है, पर आने–जाने का कोई समय नहीं है। सरपंच लहणासिंह का कहना है

कि डॉक्टर भी ले आएंगे। अगले महीने वे गांववालों के साथ मुख्यमंत्री से मिलेंगे। उन्हें अपने आप पर और अपनी एकता पर भरोसा है।[3]

यह एक ऐसी मिसाल है, जहां जनता जागरूक है, परन्तु सरकार की अपनी प्राथमिकताएं हैं, अपने स्वार्थ हैं। यही कारण है कि काफी लम्बे समय से सत्ता सुख भोग रही पार्टियाँ जनता की आवश्यकताओं के बदले अपनी आवश्यकताओं को तरजीह देती है। यह विभिन्न राज्यों के आंकड़ों को देखने से भी पता चलता है, बिहार, जिस पर पिछड़ेपन का और पिछड़ा बनाए रखने का ठप्पा लगा हुआ है। मुख्यमंत्री नितीश कुमार के प्रशासनिक नेतृत्व में 11.03 प्रतिशत की विकास दर हासिल की है, जो अखिल भारतीय दर 8.49 से काफी अधिक है। उसी बिहार में, जहां राज्य पुल निर्माण निगम को बंद करने का फैसला कर लिया गया था, आज सरकारी निगम के रूप में सबसे ज्यादा लाभार्जन करने वाला निगम बन चुका है। कांग्रेस पार्टी की सरकार में सबसे कुशल माने जाने वाले राजस्थान के मुख्यमंत्री अशोक गहलोत के नेतृत्व में राजस्थान में यह दर मात्र 6.25 प्रतिशत है, जो कि मायावती के उत्तरप्रदेश की 6.29 प्रतिशत से भी कम है। भारतीय जनता पार्टी के कुशलतम मुख्यमंत्री नरेन्द्र मोदी ने इस दर को लगातार उच्चतम स्तर पर बनाए रखा है। वहीं इसी पार्टी के शिवराजसिंह चौहान के मध्यप्रदेश में यह दर न्यूनतम, मात्र 4.89 प्रतिशत है। जाहिर है, जनता के प्रति जवाबदेही को, जिसने सर्वोपरि माना, वही सफलता के सोपान चढ़ा, बाकी लोकतन्त्र के लांछन मात्र हैं।

एक और उदाहरण, उत्तरप्रदेश के वाराणसी जिले के गौरीकलां और आसपास के 90 गांवों की लगभग 4500 महिलाएं सामूहिक खेती के लिए खुद किराये पर खेत लेकर आलू, पपीता, अमरूद, गेहूं, चावल और फूल तक की खेती करती हैं। सामूहिक खेती के तहत ग्रुप समूह में महिलाएं खेतों में सामूहिक रूप से काम करती हैं और जो पैदा होता है, उसे आपस में बांट लेती हैं। साल के अन्त में जो बच जाता है, उसे समूह के खाते में डाल दिया जाता है, ताकि समूह के पास अतिरिक्त जमा रहे। समूह में गांव की 15–20 महिलाएं मिलकर प्रतिदिन कुछ न कुछ पैसे जमा करती हैं और जब जरूरत पड़ती है, 2 प्रतिशत ब्याज पर कर्ज दिया जाता है। "लक्ष्मीबाई" नामक समूह की सदस्याएं रीता और विजयलक्ष्मी बड़े गर्व से बताती हैं कि अब उन्हें महाजन के आगे हाथ नहीं फैलाना पड़ता, क्योंकि उनके पास जमीन भी है और पैसा भी है। इसी गांव की मुन्नीदेवी दावा करती हैं कि

---

3. *राजस्थान पत्रिका,* जयपुर 26–01–2010 में जगमहेन्द्र सहोरा की रिपोर्ट।

यदि इस मॉडल को पूरे देश में अपना लिया जाए तो महिलाएं भी स्वावलंबी बन सकती है।[4]

महिलाओं की पहल का एक और उदाहरण है बुंदेलखण्ड की "गुलाबी गैंग"। 1980 में पांच महिलाओं द्वारा स्वयं सहायता समूह "सम्पत पाल" के नेतृत्व में शुरू किए गए गुलाबी गैंग में अभी दस हजार से ज्यादा हैं। सम्पत पाल बताती हैं कि उन दिनों 100–100 रुपये लेकर एक साल के लिए खेत किराये पर लेकर सब्जी उगाते और बिक्री की आमदनी को बराबर बांट लेती थीं। इसी तरह डलिया, दोने–पत्तल बनाने व सिलाई का काम भी करती हैं। गैंग के रूप में वह तब चर्चा में आई, जब पति से परेशान एक महिला की रिपोर्ट लिखने में खाकी वर्दी ने पुलिसिया तेवर दिखाए। ऐसे में सम्पत और उनकी गैंग थाने के दरोगा को पेड़ से बांधकर खासा सबक सिखाया। सम्पत पाल 12 वर्ष की ब्याह दी गई अनपढ़ औरत थी। चाचा की वजह से दो वर्ष स्कूल गई थी। पड़ौस में पिटती महिलाओं की हिमायत करती, कभी सम्पत उसके पति पर हाथ भी उठा लेती थी। सम्पत के पति ने ससुराल छोड़ने पर भी साथ दिया। अब वह हिन्दी अच्छी तरह पढ़–लिख लेती है। उसने 2003 में "आदिवासी महिला उत्थान ग्रामोद्योग एवं सेवा संस्थान" नाम से संस्था को पंजीकृत करवाया, जिसे "गुलाबी गैंग" का नाम देना सरकारी अधिकरियों को अच्छा नहीं लग रहा था।

इन पर डाक्यूमेंट्री भी बन चुकी है।

इस प्रकार की मिसालें सरकार की तरफ से घोषित अरबों रुपयों की परियोजनायें सिर्फ रुपयों की ही परियोजनायें रह जाती हैं। इससे भौतिक कार्य क्या हुआ या होता है, इसका कोई लेखा जेखा नहीं होता। कुछ सालों पहले राष्ट्रीय ग्रामीण रोजगार गारंटी योजना (नरेगा) सभी राज्यों में लागू की गई थी। उसकी राशियां तो खर्च की जाती हैं, परन्तु किस काम के लिए, स्वयं इस राशि की स्वीकृति देने वाले भी नहीं बता सकते। नरेगा में तो आधे से ज्यादा रकम फर्जीवाड़े में चली जाती है। यह समय–समय पर गैर–सरकारी स्तर पर की गई पड़ताल से साबित हो चुका है। जब इसकी सोशल आडिट या गैर–सरकारी संस्थानों से अंकेक्षण करवाने की बात आई तो राजस्थान के मुख्यमंत्री अशोक गेहलोत को अपना यह विचार सिर्फ इसलिए स्थगित करना पड़ा कि स्थानीय नेता, मंत्री आदि सहित अफसर भी ऐसा ऑडिट नहीं चाहते थे, क्योंकि उनके खिलाफ जीते जागते साक्ष्य सामने आ जाते। अन्ततः उन्हें सरकारी ऑडिट के आदेश देने पड़े।

---

4. *राजस्थान पत्रिका,* मार्च, 2008 के किसी अंक (जयपुर संस्करण) में प्रकाशित रिपोर्ट।

23

विकल्प

आज से ठीक 180 वर्ष पहले फ्रांस का एक नवयुवक संयुक्त राज्य अमरीका की यात्रा पर गया था। उसने वहां यूरोप से भिन्न लोकतंत्रीय व्यवस्था देखी और अपनी सहज बुद्धि से उसके तत्कालीन तत्वों को समझने का प्रयास करके कुछ स्वतः स्फूर्त निष्कर्षों के साथ एक पुस्तक लिखी थी, उसका हिन्दी में नाम है *अमरीका में प्रजातंत्र*। वह 1835 में पहली बार प्रकाशित हुई थी। अलेक्सिस डी–टॉकविल (Alexis-De-Tocquile 1805-1859) ने अपनी पुस्तक के जरिए यह साबित कर दिया कि बिना किसी विद्वान, विचारक या किसी महापुरुष का संदर्भ दिए परिस्थितियों का निष्पक्ष और सापेक्ष रूप से मूल्यांकन किया जाए तो वह भी अपने–आप में एक सिद्धान्त का प्रतिपादन ही कहा जा सकता है। बिना किसी "वाद" से जुड़े भी सहज रूप से वे ही सिद्धान्त, प्रस्थापनाएं और निष्कर्ष सामने आते हैं जो कि बड़े–बड़े विद्वान भी अपने आश्रय–दाताओं के हित संरक्षण की अन्तर्भावना के तहत नहीं निकाल पाते हैं। प्रत्येक बात, विचारधारा को किसी न किसी "वाद" का रूप देकर उसे सीमित और हेय बना देते हैं।

अलेक्सिस–डी–टॉकविल की उस पुस्तक में दो अध्यायों के शीर्षक ध्यान देने योग्य हैं–

अध्याय–48–क्यों महान क्रान्तियां भविष्य में कम हुआ करेंगी?

अध्याय 49–क्यों प्रजातांत्रिक राष्ट्र स्वभावतः शान्ति की और प्रजातांत्रिक सेनाएं युद्ध की कामना करती हैं?

क्या इस प्रकार के निष्कर्षों की कोई वैधता है, प्रजातांत्रिक देशों के सदंर्भ में? कुछ उद्धरणों को देखें–

"जो जाति शताब्दियों तक जातियों और वर्गों की प्रणाली के अन्तर्गत रह चुकी हो, वह उग्र प्रयासों द्वारा पूर्ण हुए न्यूनाधिक रूप से संकटपूर्ण

रूपान्तरों की एक लम्बी अवधि से गुजरने के बाद तथा अनेक परिवर्तनों के बाद ही प्रजातांत्रिक स्थिति में पहुंच सकती है, इस अवधि में सम्पत्ति, विचार और अधिकार तीव्र गति से एक हाथ से दूसरे हाथ में जाते रहते हैं। इस महान क्रान्ति के पूर्ण हो जाने के बाद भी इससे उत्पन्न क्रान्तिकारी आदतें दीर्घकाल तक देखी जा सकती है और उसके बाद गम्भीर अशान्ति उत्पन्न होगी। चूंकि यह सब उसी समय होता है, जब सामाजिक स्थितियां अधिक समान बनती हैं, इसलिए यह निष्कर्ष निकलता है कि स्वयं समानता के सिद्धान्त और क्रान्ति के मध्य कोई प्रच्छन्न एवं गुप्त संबंध विद्यमान रहता है, क्योकि क्रान्ति को जन्म दिए बिना समानता के सिद्धान्त का अस्तित्व नहीं हो सकता।"

"....अतः यदि कभी ऐसी समाज व्यवस्था की स्थापना की जा सके, जिसमें प्रत्येक व्यक्ति के पास रखने के लिए कुछ रहेगा तथा दूसरों से छीनने के लिए कुछ भी नहीं रहेगा तो विश्व की शान्ति के लिए यह बहुत बड़ा काम होगा।"

"प्रजातांत्रिक समुदायों की इन दो चरम सीमाओं के मध्य असंख्य सादृश्य रखने वाले व्यक्ति होते हैं, जो न तो ठीक–ठीक धनी होते हैं, न ठीक–ठीक निर्धन होते हैं, किन्तु जिनके पास इतनी पर्याप्त सम्पत्ति होती है कि वे व्यवस्था के कायम रहने की कामना करते हैं। फिर भी उनके पास इतनी अधिक सम्पत्ति नहीं होती कि उससे ईर्ष्या उत्पन्न हो सके। इस प्रकार के व्यक्ति हिंसक क्रान्तियों के स्वाभाविक शत्रु होते हैं, उनकी निष्क्रियता उनके ऊपर और नीचे की समस्त वस्तुओं को शान्त रखती है और समाज के ढाँचे को सन्तुलित बनाती है।"

"प्रजातन्त्रों में रहने वाले व्यक्ति न केवल स्वभावतः क्रान्तियों की कामना नहीं करते, प्रत्युत वे क्रान्तियों से भयभीत रहते हैं। न्यूनाधिक मात्रा में समस्त क्रान्तियां सम्पत्ति के स्वामित्व को खतरे में डालती हैं, किन्तु प्रजातांत्रिक देशों में रहने वाले अधिकांश व्यक्तियों के पास सम्पत्ति होती है। उनके पास न केवल सम्पत्ति होती है, प्रत्युत वे ऐसी स्थिति में रहते हैं, जिसमें मनुष्य अपनी सम्पत्ति को सर्वाधिक महत्व प्रदान करते हैं।"

"....वाणिज्य मनुष्यों को एक–दूसरे से स्वाधीन बनाता है, उनमें अपने व्यक्तिगत महत्व के संबंध में एक उच्च धारणा उत्पन्न करता है, उन्हें अपने कार्यों का स्वयं संचालन करने का प्रयास करने के लिए प्रेरित करता है तथा उन्हें भलीभांति संचालित करने की शिक्षा प्रदान करता है। अतः वह मनुष्यों को स्वतन्त्रता के लिए तैयार करता है, किन्तु उन्हें क्रान्ति से विमुख रखता है।"

"यद्यपि अमरीकी अपने कतिपय कानूनों को निरन्तर परिवर्तित अथवा रद्द करते रहते हैं, तथापि वे किसी भी स्थिति में क्रान्तिकारी भावनाओं का प्रदर्शन नहीं करते। जब सार्वजनिक उत्तेजना चिन्ताजनक रूप धारण करने लगती है और जिस क्षण भावनाऐं अत्यन्त अशान्त प्रतीत होती हैं, तब वे जिस तत्परता एवं शीघ्रता से अपने को संयमित एवं शान्त बना लेते हैं, उससे यह बात सरलतापूर्वक देखी जा सकती है कि वे क्रान्ति को महानतम् दुर्भाग्य मानकर उससे डरते हैं और उनमें से प्रत्येक इस प्रकार की विपत्ति को दूर रखने के लिए महान बलिदान करने के लिए मन ही मन कृत संकल्प रहता है।"

"मैं अनेक बार कह चुका हूं कि चूंकि क्रान्तिकारी सिद्धान्तों को समाज और मनुष्यों की स्थिति में पूर्ण और कभी–कभी आकस्मिक परिवर्तन किए बिना कार्य रूप से परिणत नहीं किया जा सकता, इसलिए उन्हें यूरोप के महान राजतान्त्रिक देशों की अपेक्षा अमरीका में बहुत कम अनुकूल दृष्टि से देखा जाता है।"

"यदि अमरीका को कभी महान क्रान्तियों से होकर गुजरना पड़ा तो ये क्रान्तियां अमरीका की भूमि पर काली जाति की उपस्थिति से उत्पन्न होंगी। कहने का तात्पर्य यह है कि उनका कारण स्थिति की समानता नहीं प्रत्युतः विषमता होगी।"

और अन्त में–"मैं सरलतापूर्वक एक ऐसी शासन व्यवस्था की कल्पना कर सकता हूं, जिसमें जब वह समानता के सिद्धान्त के साथ संयुक्त हो जाएगी, समाज इतना अधिक स्थिर हो जाएगा, जितना स्थिर वह विश्व के हमारे पश्चिमी भाग में कभी नहीं रहा।"

"जिन लोगों के विचार समूह के विचारों से मेल नहीं रखते, उनका दमन करने के लिए उसे किसी कानून की आवश्यकता नहीं होती, जनता की असहमति पर्याप्त होती है। अपने अकेलेपन और निर्बलता की भावना उन्हें अभिभूत कर लेती है और निराश बना देती है।"

सेनाओं के बारे में टॉकविल ने यह उल्लेख किया है–"प्रजातांत्रिक सेनायें समस्त सेनाओं से अधिक युद्ध की प्रबल कामना करती हैं और प्रजातांत्रिक राष्ट्र समस्त राष्ट्रों से अधिक शान्तिप्रिय होते हैं और जो बात इन तथ्यों को और अधिक असाधारण बना देती हैं, वह यह है कि ये विपरीत प्रभाव एक ही समय समानता के सिद्धान्त द्वारा उत्पन्न होते हैं।"

"प्रजातांत्रिक सेनाओं में पदोन्नति की इच्छा प्रायः सर्वव्यापिनी होती है, वह प्रबल, दृढ़ और शाश्वत होती है। उसे अन्य समस्त इच्छाओं से शक्ति

प्राप्त होती है और वह स्वयं जीवन के साथ समाप्त होती है, किन्तु इस बात को देखना सरल है कि विश्व की समस्त सेनाओं में से प्रजातांत्रिक देशों की सेनाओं में शान्तिकाल में पदोन्नति की गति मंदतम होती है। चूंकि कमीशनों की संख्या स्वभावतः सीमित होती है, जबकि प्रतिद्वंद्वियों की संख्या प्रायः असीमित होती है और चूंकि कठोर कानून सब पर समान रूप से लागू होता है, इसलिए कोई व्यक्ति तीव्र प्रगति नहीं कर सकता। अनेक व्यक्ति तो तनिक भी प्रगति नहीं कर सकते। इस प्रकार उन्नति की आकांक्षा अधिक और उन्नति के सुअवसर अन्य स्थानों की अपेक्षा कम होते हैं। फलस्वरूप प्रजातांत्रिक सेना की समस्त महत्वाकांक्षापूर्ण भावनायें युद्ध के लिए प्रबल कामना करती है, क्योंकि युद्ध में स्थान रिक्त होते हैं और उसमें वरिष्ठता के उस कानून का उल्लंघन करना पड़ता है, जो प्रजातन्त्र का एकमात्र स्वाभाविक विशेषाधिकार होता है।"

एक बात और "जब सरकारी नौकरियां महत्वाकांक्षा की पूर्ति का एकमात्र साधन होती हैं, सरकार को आवश्यक रूप से एक स्थायी विरोध का सामना करना पड़ता है, क्योंकि उसे सीमित साधनों द्वारा असीमित आकांक्षाओं की पूर्ति का कार्य करना होता है। यह अत्यन्त निश्चित बात है कि विश्व में नौकरी की तलाश करने वाले व्यक्तियों को संयमित और नियन्त्रित रखना कठिनतम कार्य होता है। शासकों द्वारा चाहे जो भी प्रयास किए जाएं, इस प्रकार के व्यक्ति कभी सन्तुष्ट नहीं हो सकते और इस बात की आशंका सदा बनी रहती है कि वे केवल नौकरियां प्राप्त करने के लिए अन्ततोगत्वा देश के संविधान को उलट देंगे तथा राज्य के पहलू को बदल देंगे।"

"यदि मैं भूल नहीं करता तो वर्तमान युग के सम्राट, जो समानता द्वारा उत्पन्न उन समस्त नयी इच्छाओं को अकेले अपने ऊपर ही ले लेने और उनकी पूर्ति करने का प्रयत्न करते हैं, इस बात के लिए पश्चाताप करेंगे कि उन्होंने यह नीति अपनाई। उन्हें एक दिन इस बात का पता चलेगा कि इसे इतना आवश्यक बताकर उन्होंने स्वयं अपनी सत्ता को खतरे में डाल दिया तथा अधिक सुरक्षित और ईमानदारी का मार्ग यह होता है कि वे अकेले प्रजाजनों को अपने लिए स्वयं व्यवस्था करने की कला सिखाते।"[1]

अलेक्सिस डी–टॉकविल 1864–65 में अपने निष्कर्षों की परिणति देखने के लिए जीवित नहीं रहे, जब अमरीका में नीग्रो लोगों का विद्रोह हुआ और अब्राहम लिंकन को दास प्रथा का अन्त करने का ऐतिहासिक कदम उठाना पडा था। प्रजातांत्रिक सेनाओं के संबंध में टॉकविल के निष्कर्ष आज भी

1. *अमेरीका में प्रजातंत्र*–अलेक्सिस डी टॉक्विल–हिन्दी सं. पृष्ठ 342–365 से चयनित।

सटीक लगते हैं, क्योंकि अमरीकी सेनायें आज पूरी दुनिया में अपनी चौधराहट जमाने के लिए युद्धरत हैं। आन्तरिक रूप से अमरीका में सेना को अपने हाथ दिखाने का कोई अवसर नहीं मिलता। इसके विपरीत भारत का लोकतन्त्र दो सौ वर्ष पुरानी अमरीकी की प्रक्रिया से गुजर रहा है। अतः यहाँ की सेनाओं को अपनी शूरवीरता दिखाने का अवसर सीमाओं पर या अन्यत्र कम मिल रहा है, आन्तरिक रूप से युद्धरत रहने का पर्याप्त अवसर मिल रहा है।

टॉकविल के इन स्वतः स्फूर्त निष्कर्षों के विपरीत लगभग उसी की उम्र के, परन्तु उससे तेरह वर्ष छोटे एक और युवक ने यूरोप, विशेषकर फ्रांस की उथल–पुथल का अध्ययन विश्लेषण करके कुछ ठोस ऐतिहासिक निष्कर्ष निकाले। टॉकविल अपने देश फ्रांस की व्यवस्था और उसकी उथल–पुथल का कोई चित्रण नहीं कर सका, परन्तु उस युवक ने एक दार्शनिक दृष्टिकोण अपनाया तथा अपनी ठोस सैद्धान्तिक प्रस्थापनाओं के साथ 1848 में "कम्युनिस्ट पार्टी का घोषणा–पत्र" प्रकाशन करवाकर राजनीतिक अर्थशास्त्र का प्रणेता कहलाया और द्वंद्वात्मक एवं ऐतिहासिक भौतिकवाद के सामाजिक वैज्ञानिक सिद्धान्त की प्रस्थापना के साथ समाज में होने वाले परिवर्तनों का कारण खोज निकाला, जिसे सामाजिक अन्तर्विरोध कहा जाता है और जिसका कारण है वर्ग संघर्ष। तीस वर्ष की आयु में कार्ल मार्क्स ने कम्युनिस्ट घोषणा–पत्र की रचना की थी, परन्तु सैद्धान्तिक प्रस्थापनाओं के साथ। अलेक्सिस डी टॉकविल के उपर्युक्त अमरीकी प्रजातंत्र के चित्रण और निष्कर्षों की स्वाभाविकता को वर्ग संघर्ष से उपजे सामाजिक अन्तर्विरोधों के द्वारा आसानी से समझा जा सकता है। वे ही तत्व, वे ही अन्तर्विरोध स्थानीय परिस्थितियों के कारण कुछ परिवर्तनों के साथ वर्तमान भारतीय लोकतंत्र के संबंध में भी लागू होते हैं, जिनके आधार पर पूर्व पृष्ठों में उल्लिखित स्थितियों को, अन्तर्विरोधों के स्वरूप को भी आसानी से समझा जा सकता है।

आम तौर पर सामाजिक परिवर्तन की गति को तीन तरह के परिवर्तनों रूप में अभिव्यक्त किया जा सकता है। पहला–स्वतः स्फूर्त विकास, जिसमें किसी के द्वारा पहल करने की आवश्यकता नहीं होती है, बल्कि ज्यों–ज्यों सामाजिक उत्पादन व्यवस्था में विकास होता है, परिवर्तन होता है, सामाजिक परिवर्तन अपने आप अमल में आते जाते हैं, वे किसी के रोके नहीं रुकते।

दूसरा–पहले के द्वारा परिवर्तन लाना। इस प्रकार के परिवर्तन क्रमिक होते हैं, क्रान्तिकारी नहीं, परन्तु कभी–कभी पहल पर किए परिवर्तन भी अपने स्वरूप में क्रान्तिकारी हो सकते हैं। ऐसा तब ही संभव है, जब सत्ताधारी वर्ग विकासोन्मुखी नीतियों का वाहक हो और सामाजिक परिवर्तनों के लिए विकासमान परिस्थितियों का निर्माण करे। कई बार सत्ताधारी वर्ग के वर्ग–पूर्वाग्रह

ऐसे परिवर्तनों के लिए परिस्थितियों का निर्माण न करके यथास्थिति रखना पसन्द करता है, तब समाज के प्रगतिशील वर्ग, मजूदर और किसान इतना दबाव बनाने में सक्षम होते हैं कि सत्ताधारी वर्ग को नहीं चाहते हुए भी ऐसे कदम उठाने पड़ते हैं। उदाहरण के लिए अमरीका में दास प्रथा को समाप्त करने के लिए घटित हुआ घटना–क्रम। अन्यथा क्रमिक परिवर्तनों का स्पष्ट और प्रत्यक्ष उदाहरण है भारत का, जहाँ क्रमिक परिवर्तनों के जरिए आज की स्थिति बन पड़ी है।

और तीसरा–क्रान्ति। एक वर्ग द्वारा दूसरे वर्ग को पूर्णतः सत्ताच्युत करके अपनी राज्य सत्ता कायम कर लेना। यह क्रान्ति कमोबेश सशस्त्र होती है, क्योंकि सत्ताधारी वर्ग आसानी से अपना अधिकार नहीं छोड़ते। प्रतिक्रिया स्वरूप अपनी सशस्त्र सेनाओं का इस्तेमाल करते हैं।

पुनः इस बात को दोहराते हुए कि क्यों महान क्रान्तियां भविष्य में कम हुआ करेंगी? क्या वास्तव में महान क्रान्तियां लोकतांत्रिक देशों में वास्तव में कम हुआ करेंगी, इस सवाल का जवाब हासिल करने के लिए भारत के राजनीतिक आर्थिक विश्लेषण की आवश्यकता है। संक्षेप में उत्पादन के साधनों का निजी स्वामित्व और उत्पादन में अराजकता का नाम ही पूंजीवाद है। ऐसे आधार पर आय के "न्यायोचित" बंटवारे का उपदेश देना मूर्खतापूर्ण कूपमंडूकता है। "बल के अनुपात" के अलावा और किसी तरीके से बंटवारा नहीं हो सकता और बल आर्थिक विकास की प्रगति के साथ बदलता रहता है। असमान विकास तथा राजनीतिक विकास पूंजीवाद का एक अटल नियम है।[2]

इसलिए जब भारत की तरफ देखा जाता है तो यह पाया जाता है कि यह तीन सौ वर्षों की समाज व्यवस्था एक साथ जी रहा है। पूंजीवादी विकास को यूरोपीय और एशियाई ढंग की दो धाराओं के रूप में देखा जाता रहा है। इसी आधार पर, जब चीन में जनवादी क्रान्ति का रास्ता चुना गया तो माआत्सेतुंग ने यूरोपीय पूंजीवाद के विकास की सोवियत क्रान्ति से अलग एशियाई धारा अपनाई और किसान क्रान्ति के द्वारा पूंजीवादी क्रान्ति को जनवादी शासन व्यवस्था के माध्यम से पूर्ण किया और विकास की धारा को समाजवादी व्यवस्था की ओर मोड़ दिया। यह तब ही संभव हुआ, जब समाजवाद के लिए मजदूर वर्ग को अग्रणी रखा गया। अतः जब भारत के असमान विकास को गति देने की बात आती है तो यह देखा जाता है कि

2. लेनिन–'यूरोप के संयुक्त राज्य का नारा'–23–8–1915 को *सोशिअल–देमोक्रात* में प्रकाशित लेख, संकलित रचनाएं (तीन खण्डों में) खण्ड 1, भाग 2, पृष्ठ 305–306 (प्रगति प्रकाशन मास्को)।

भारत का शासक वर्ग अपने सम्पूर्ण लोकतांत्रिक आडम्बर, समाजवाद या समानता जैसे लुभावन नारों के बावजूद सदियों से चले आ रहे किसान आन्दोलनों से घबरा उठता है और अपनी सेनाओं के माध्यम से किसानों के आन्दोलनों को कुचलने के लिए अपनी पूर्ण ताकत लगा देता है, लेकिन वह यह नहीं समझ पाता कि किसान विद्रोह की पूरी सफलता भी, किसानों के फायदे लिए और उनकी इच्छाओं के अनुसार सारी जमीन का नए सिरे से बंटवारा भी ("आम बंटवारा" या उसी प्रकार की कोई चीज), पूँजीवाद को कतई नष्ट नहीं करेगा, बल्कि उल्टे वह उसके विकास को प्रोत्साहन देगा और स्वयं किसानों के वर्ग विघटन की रफ्तार को तेज करेगा। लगता है विशाल भारत देश में आन्तरिक उपनिवेश वाद प्रभावी है, जो कि लोकतन्त्र की निरपेक्ष चुनाव पद्धति के कारण प्रभावशाली ढंग से कार्य करता है। जब कभी आन्दोलनों की तीव्रता बढ़ जाती है तो भ्रमित करने वाले नारों का सहारा लिया जाता है और "सम्पूर्ण क्रान्ति" जैसे बकवास नारों के सहारे एक पूँजीवादी गुट के बदले दूसरा गुट सत्ता की बागडोर सम्भालता है। मूल चरित्र में कोई फर्क नहीं आता। जब भविष्य के कामों को छुपाने के लिए बीते हुए जमाने के "आकर्षक" शब्द जो इतिहास में अपनी भूमिका पूरी कर चुका हो, एक निरर्थक तथा खतरनाक चमक–दमक बन जाता है, वह बच्चों का झुनझुना बन जाता है।[3] समाजवादी भी बिना राम के हनुमान बन जाते हैं और बाद में अपने सारे ब्रह्मचर्य को तिलांजलि देकर हनीमून मनाने चले जाते हैं। इस प्रकार के सिद्धान्तकार न तो जनता का भला करते हैं, न ही आंदोलनों को कोई दिशा देने की क्षमता रखते हैं, रिवाय अपने वर्गीय स्वार्थों को पूरा करने के। ऐसे में टॉकविल की बात की सार्थकता महत्व रखती है कि जनता जब अपने आर्थिक–राजनीतिक विकास के किसी भी स्तर में हो, लोकतन्त्र की नहीं बल्कि लोकतन्त्रीय व्यवस्था की अभ्यस्त बनती जा रही हो, अपने निम्न पूंजीवादी हितों और वैचारिक पृष्ठभूमि के चलते आन्दोलन तो कर सकती है, परन्तु क्रान्तियों के लिए प्रेरित नहीं होती है। आन्दोलन कितना भी तीव्र हो, वह क्रान्ति का रूप नहीं ले सकता है। क्रान्ति के लिए जरूरी है कि वर्ग चरित्र स्पष्ट रूप से मुखरित हो और जिसे भावी सत्ता ग्रहण करनी है, वह स्पष्ट रूप से परिलक्षित हो रहा हो।

प्रसंगवश, अनुवांशिकी विज्ञान के एक प्रचलित सिद्धान्त, जिसे मैंडेलिज्म[4] कहा जाता है, जिसमें गुणों के आनुवांशिक कारकों (फैक्टर्स) के बारे में बताया

---

3. लेनिन, 'जनवादी क्रान्ति में सामाजिक जनवाद की दो कार्य नीतियाँ', पृष्ट 93।

4. Mendelism (मैंडेलिज्म)–मैंडेल के आविष्कार पर आधारित आनुवांशिकी का सिद्धान्त, जिसमें माता–पिता के प्रभावी गुणों को एक निश्चित नियम के अन्तर्गत पुनः उत्पन्न करना प्रतिपादित किया गया है।

गया है कि कैसे प्रभावी कारक अप्रभावी कारक के प्रकटन को दबाता है। कारक (फैक्टर) का होना मात्र काफी नहीं होता, उसका प्रकट होना महत्व रखता है। जैनेटिक मैंडेलिज्म की तरह ही सामाजिक मैंडेलिज्म भी होता है। यहां भी प्रभाविता का नियम (लॉ ऑफ डोमीनेंस) प्रथमदृष्टया प्रमुख भले ही प्रतीत हो, पर हर बार वही अन्तिम सच नहीं होता।

यह सामाजिक मैंडेलिज्म ही अन्तर्विरोधों का स्वरूप है, जो कि वर्ग संघर्ष के रूप में आसानी से परिभाषित किया जा सकता है, समझा जा सकता है। सामाजिक रूप से इन प्रभावी कारकों की अभिव्यक्ति सरकार रूपी तंत्र के माध्यम से होती है, जहाँ यह विभाजन रेखा स्पष्ट रूप से दिखाई देती है। इन दिनों व्यापक रूप से उभर चुकी नक्सलवादियों–माओवादियों की समस्या के संदर्भ के साथ इसे देखा जाए तो सहज ही बात समझ में आ जाती है। भारतीय कम्युनिस्ट पार्टी (माओवादी) के पोलित ब्यूरो सदस्य और मिलिटरी कमांडर कोटेश्वर राव उर्फ किशनजी के साथ हुई बातचीत का सारांश[5] यह है कि सरकार ने यह कहते हुए कि सुरक्षा बलों का अभियान आगे बढ़ चुका है और पुलिस पर हुए हमलों का बदला लेते हुए जनसमिति के नायक लाल मोहन को मार गिराया है, बातचीत के प्रस्ताव को अस्वीकार कर रही है।

केन्द्रीय सरकार के गृह सचिव जी.के. पिल्लै ने किशनजी के इस बयान पर कि वर्ष 2050 तक देश की सरकार को उखाड़ फेंकेंगे, कहा कि "माओवादियों की कल परसों ही भारत सरकार उखाड़ फेंकने की इच्छा नहीं है। नक्सली सपने देख सकते हैं। प्रजातन्त्र की बदौलत ही इस तरह के सपने देख पा रहे हैं।" सचमुच लोकतंत्र की वजह से ही ऐसा सपना देखा जा सकता है कि कब जनता की सरकार बने। यदि जनता द्वारा अपने प्रतिनिधियों की सरकार बनाने का सपना देखना अपराध है तो सरकार का चरित्र साफ हो जाता है। लोकतन्त्र में न तो पैत्रक सत्ता बनी रहती है और न ही वह किसी अन्य को सत्ता में आने से रोका जा सकता है। किशनजी के बयानों से यही स्पष्ट होता है। किशनजी का कहना है कि "माओवादियों की मांग वर्तमान में विद्यमान "पश्चिमांचल उन्नयन परिषद" जैसे किसी बोर्ड के गठन में पूरी नहीं होगी। सरकार हमें आतंक के लिए दोषी ठहराती है, जबकि हमारी पार्टी अभी कुछ वर्षों पहले अस्तित्व में आई है। उस दौर के बारे में क्या कहना है, जब हम नहीं थे? पिछले 53 वर्षों से सरकार ने आदिवासियों के कल्याण के लिए क्या किया है?" यह दावा किया कि "आरक्षित वर्गों के लिए अंकित

---

5. *टाइम्स ऑफ इण्डिया* के पत्रकार सुकुमार महतो से हुई वार्ता की रिपोर्ट उक्त पत्र के 6–3–2010 के संस्करण में जैसी छपी थी।

सरकारी नौकरियों में 90 प्रतिशत आदिवासी कोई लाभ नहीं ले सके हैं। इससे यही जाहिर होता है कि आदिवासियों का सशक्तिकरण करने में सरकार पूरी तरह असफल रही है। हमें "पश्चिमांचल उन्नयन बोर्ड" जैसी संस्था के बदले स्वयं आदिवासियों द्वारा संचालित स्वायत्त परिषद चाहिए। यह भी कि कोई भी कार्य आरम्भ करने से पहले उपलब्ध करवाई गई राशि और खर्च की योजना के बारे में पंचायतों को स्पष्टता दिखानी चाहिए।"

अन्ततः नक्सलवादी माओवादी भी लोकतंत्र की परम्परा का ही निर्वहन करना चाहते हैं। बंदूक का नहीं। लेकिन जब बेजुबानों की आवाज को दबाया जाता है तो सरकार का वर्ग चरित्र ही परिलक्षित होता है। एक उदाहरण, जो शायद स्वयं गांधीजी के विश्वास को भी हिला दे, उनके विश्वास को भी तोड़ दे।

2 नवम्बर, 2000 को मणिपुर की राजधानी इम्फाल से 15 किलोमीटर दूर मालोम के बस अड्डे पर सुरक्षा बलों द्वारा गोली चलाने से दस लोगों की मौत हो गई थी। मालोम में ही शान्ति रैली में ईरोम शर्मिला नामक की एक लड़की भी मौजूद थी। अगले दिन अखबारों के पहले पन्नों पर मारे गए लोगों की तस्वीरे थीं। ईरोम को उस वक्त लगा कि ऐसी परिस्थिति में शान्ति रैली का आयोजन बेमानी होगा और उसी वक्त उसने निर्णय लिया कि जिंदगी की सरहद पर जाकर ऐसा कुछ किया जाए, ताकि सुरक्षाबलों की यह ज्यादती रुके। इससे पहले भी कई बार मणिपुर या उत्तर पूर्व की सड़कें मासूमों के खून से लाल हुई थीं। बस उसी दिन से उसने ऐलान किया कि आज से वह खाना छोड़ रही है। उसकी बस एक ही मांग थी मणिपुर से पिछले 52 वर्षों से (1958 से) लागू सशस्त्र बल विशेष–अधिकार अधिनियम (आर्म्ड फोर्सेज स्पेशल पावर्स एक्ट, AFSPA)[6] को हटा दिया जाए, जिसके तहत सुरक्षा बलों को असीमित अधिकार मिले हुए हैं। ईरोम की इस भूख हड़ताल की खबर प्रदेश के दूसरे भागों में भी फैलने लगी और उसके प्राणों की रक्षा के लिए सरकार पर दबाव बढ़ा। तब सरकार ने ईरोम को "आत्महत्या के प्रयास" के आरोप में हिरासत में ले लिया और 21 नवम्बर, 2000 को उसे अस्पताल में भर्ती कर जबरन नाक से तरल भोजन देने का सिलसिला शुरू

6. इस अधिनियम के तहत सरकार किसी भी क्षेत्र विशेष को अशांत घोषित कर सकती है और फौज के हवाले–एक प्रकार से कर देती है। धारा 4 किसी कमीशंड अधिकारी, वारंट अफसर या नान कमीशंन अधिकारी को मिले अधिकारों को बताती है। वह गोली चला सकता है। धारा 6 के अनुसार ऐसे अधिकारी के खिलाफ कानूनी कार्रवाई बिना केन्द्रीय सरकार की अनुमति के सम्भव नहीं है। मणिपुर के साधारण आदमी के लिए दिल्ली तक गुहार लगाना कितना लम्बा, खर्चीला और पीड़ादायक होता होगा।

किया, जो आज तक जारी है। "आत्महत्या के प्रयास" के लिए एक वर्ष का कारावास दिया जाता और सजा पूरी होने पर रिहा होते ही फिर उसे गिरफ्तार कर उसी "जवाहरलाल नेहरू अस्पताल" के सीलन भरे वार्ड में डाल दिया जाता रहा है। 2007 के तीन अक्टूबर को रिहा होने पर ईरोम कांगला किले की ओर जाकर दिल्ली पहुंच गई और जन्तर–मन्तर पर भूख हड़ताल को जारी रखी। यहां से फिर गिरफ्तार कर उसे मणिपुर भेज दिया गया। इरोम इस संघर्ष में जी–जान से जुटी हुई है। वहीं और लोग भी उसके समर्थन में आगे आए हैं। उसके भाई सिंह जीत की सरकारी नौकरी चली गई। 2 नवम्बर, 2000 को उसकी 75 वर्षीय माँ इरोम सखी शार्मिला से आखिरी बार मिली थी। 15 जुलाई, 2004 को असम राइफल्स के क्षेत्रीय मुख्यालय के सामने मणिपुर प्रांत की कुछ प्रतिष्ठित और बुजुर्ग महिलाओं ने निर्वस्त्र होकर प्रदर्शन किया था। उनके बैनरों पर लिखा था–"भारतीय सेना आओ हम पर बलात्कार करो।" जुलाई 2009 को एक कथित पूर्व आतंकवादी संजीत की सरेआम मुठभेड़ में हत्या के बाद मणिपुर बंद चल रहा था।[7] अब तो प्रख्यात लेखिका महाश्वेता देवी को भी इरोम शर्मिला से मिलने की अनुमति नहीं दी गई। बीबीसी के संवाददाता से बातचीत में ईरोम शर्मिला ने कहा–"मेरी भूख हड़ताल मणिपुर की जनता की तरफ से है। यह कोई व्यक्तिगत लड़ाई नहीं है, यह प्रतीकात्मक है। वह सच्चाई, प्यार और अमन का प्रतीक है? देखना यह है कि इरोम ने "सच्चाई, प्यार और अमन' के लिए जो एक लौ जलाई है, क्या शेष भारत के लोग उसे थाम लेंगे या चुपचाप बुझने देंगे?[7] या भारत का लोकतंत्र निर्वस्त्र महिलाओं द्वारा बलात्कार के आह्वान की प्रतीक्षा करता रहेगा?

महात्मा गांधी के दत्तक पुत्रों के शासन में उनके स्वयं के ब्रह्मास्त्र "अनशन" को इस प्रकार नकार दिया जाना, उसकी धार को खत्म कर दिया जाना लोकतन्त्र की किस प्रकार व्याख्या करता है, यह समझा जा सकता है।[8] इसे स्पष्ट शब्दों में मणिपुर के भूतपूर्व राज्यपाल अवध नारायण श्रीवास्तव

---

7. सुभाष गाताड़े (सामाजिक कार्यकर्ता एवं चिंतक) का आलेख, *दैनिक भास्कर,* 15–11–2009 रविवार के रसरंग परिशिष्ट में प्रकाशित–से उद्धत।

   ईरोम शर्मिला पशु चिकित्सालय के एक अनपढ़ चपरासी की सबसे छोटी, नौवीं संतान है। पिछले 12 वर्षों से होंठ व दांत सूखी रुई से साफ करती है, ताकि उपवास न टूटे, बालों में कंघी भी नहीं करती, शरीर खोखला हो चुका है। शरीर, मन को स्वस्थ रखने के लिए योग करती है।

8. 1948 में शैलेन्द्र की लिखी कविता का एक अंश–भगतसिंह इस बार लेना न काया भारतवासी की–देशभक्ति के लिए, आज भी सजा मिलेगी फांसी की। यदि जनता की बात करोगे, बम–सब की छोड़ो, भाषण दोगे, पकड़े जाओगे।

(पुलिस सेवा के अधिकारी एवं साहित्यकार) के विचारों से समझा जा सकता है, जो कि उक्त आलेख के पूरक के रूप में छापा गया था।

"मुझे लगता है कि मणिपुर की समस्या नासमझी की उपज है। आप सरकारी नासमझी भी कह सकते हैं, जिसके कारण खासतौर पर युवाओं में गुस्सा है। यही बात उन्हें हथियार उठाने के लिए उकसाती है। हालांकि वहां सक्रिय 25–26 विद्रोही गुटों में से बहुत से गुटों का तो कोई उद्देश्य ही नहीं है। वे तो बस लड़ रहे हैं। इसलिए सरकार और जनता के बीच संवाद सबसे जरूरी है। अगर उनकी बातें सुनी जाये, समझी जाये तो अधिकांश समस्या ऐसे ही दूर हो जाएंगी। ईरोम शर्मिला का अनशन मेरा कार्यकाल खत्म होने के बाद शुरू हुआ था, वरना मैं उससे बात जरूर करता। जहां तक आर्म्ड फोर्सेज स्पेशल पावर्स एक्ट का सवाल है, यह एंटीबायोटिक के स्ट्रांगेस्ट डोज की तरह है। अगर सरकार को लगता है कि दवा से फायदा हुआ है, तब तो इसे जारी रखने का तुक है, अन्यथा महज स्टेटस बनाए रखने के लिए इसे लागू रखने का कोई अर्थ नहीं है। इसे संशोधित करने का विकल्प भी है। जब मैंने तत्कालीन प्रधानमंत्री नरसिम्हाराव से बात की तो यह सुझाव दिया था कि सैन्य बलों का हिल्स में ऑपरेशनल रोल रखा जाए, लेकिन वैली से निकाल लिया जाए। (मणिपुर मुख्य रूप से दो भौगोलिक क्षेत्रों में बंटा है–पहाड़ियां और घाटी, मैदान। राज्य की 59 प्रतिशत आबादी घाटी में ही रहती है।) तब यह सुझाव मान लिया गया था।'

"राज्यपाल के तौर पर मेरे कार्यकाल में हालात ऐसे नहीं थे। मैं एक उदाहरण देना चाहूंगा। अभी रांची में राष्ट्रीय खेल पांचवीं बार स्थगित हुए हैं, लेकिन तब इम्फाल में राष्ट्रीय खेलों का आयोजन करीब डेढ़ महीने चला था, जिसमें लगभग 30 हजार लोग शामिल हुए थे। उस समय कोई छोटी सी वारदात भी नहीं हुई थी। एक और खास बात, जब तक ये खेल चले, इम्फाल के घर–घर में तिरंगा स्वतः स्फूर्त लहराया जाता रहा। मणिपुर की वैली में वैष्णव संस्कृति का गहरा असर है। पिछले साल मेरा दो बार मणिपुर जाना हुआ। वहां के लोग भी मुझसे मिलते रहे हैं। वे पूछते है यदि आप (सरकार/शेष भारत) भी हमें छोड़ देंगे तो हम कहां जाएंगे। हालांकि गुस्सा वहां भी है, लेकिन मेरा निजी मत है कि लोग नाराज हैं तो उनसे बात तो करें। दरअसल, जब सीधा और सतत सम्पर्क नहीं होगा तो गलतफहमियां पनपेंगी ही। मेरा मानना है कि जिन लोगों ने हथियार उठा रखे हैं, उनमें से ज्यादातर तो बातचीत से ही पिघल जाएंगे। मणिपुर कला–संस्कृति और साहित्य के मामले में बहुत समृद्ध राज्य है। मेरा अनुभव है कि वे विश्वसनीय

और वफादार लोग हैं। जरूरत है तो उन्हें बातचीत के लिए तैयार करने की, संवाद स्थापित करने की।'

इन सभी में सरकार का वर्ग चरित्र अल्पसंख्य है, बहुमत का दृष्टिकोण नहीं है। लोकतन्त्र का जीवन ही सरकारों का बदलना है, सरकारों का स्थायित्व लोकतन्त्र के बदले तानाशाही, फासिस्ट के लिए रास्ता साफ करना है। जैसा कि 1976 के पहले तक भारत में देखा जा चुका है। ऐसा स्थायित्व स्वयं संविधान और संसद को निरीह रूप में बदल देता है। अतः अब किशनजी जैसे सन् 2050 तक सरकार बदलने की बात कहते हैं तो जाहिर है कि समय–समय पर सरकारों के बदलने से समाज में जो नयापन आएगा, वह समग्र रूप से 2050 तक सरकार के वर्ग चरित्र, उसके दृष्टिकोण को पूरी तरह बदल देगा, जैसा कि 1976 के बाद के वर्षों में अब तक देखा जा सकता है।

वैसे भी, 1857 से प्रारम्भ हुआ संघर्ष 1947 में ठीक नब्बे वर्ष बाद सरकार के स्वरूप और चरित्र को बदलने में सक्षम रहा है, तो 1947 से पहले से जारी संघर्ष कैसे रुक सकता है, जब तक कि सामाजिक शान्ति, एकता और विश्व बंधुत्व का वाहक वर्ग अपने अनुरूप सत्ता को ढाल नहीं लेता, फिर चाहे उसे 2050 तक सौ वर्ष लगें या सन् 2150 तक दो सौ वर्ष।

तात्कालिक रूप से पश्चिमी देशों के पूंजीवादी विकास की चकाचौंध भारतीय सत्ता को जरूर भ्रमित कर दे, परन्तु गांधीजी के सपनों का भारत बनाने वाले गांव जब तक उसी रूप में बने रहेंगे, गांधीजी के गांव की देखभाल नक्सलवादियों या माओवादियों को ही करनी पड़ेगी, क्योंकि गांधीजी का अहिंसक अनशन का हथियार ईरोम शर्मिलाओं के हाथों में आकर सरकार के दमन और व्यंग्य का कारण बन चुका है।

भारत की जनसंख्या के स्वरूप पर यदि नजर डाली जाए तो चौंकाने वाले परिणाम सामने आते हैं। सन् 2001 की जनगणना के अनुसार कुल आबादी 103 करोड़ में से 72 से अधिक (74.17 करोड़) की आबादी गांवों में रहती है। इनमें 40.25 करोड़ किसान, कृषि मजदूर एवं अन्य मजदूर हैं।

किसान 12.76 करोड़, कृषि मजदूर 10.75 करोड़ एवं अन्य मजदूर 16.74 करोड़। इस प्रकार कुल 27.49 करोड़ सर्वहारा श्रमिकों की श्रेणी में आते हैं।

इसी प्रकार शेष 27.8 (28.61 करोड़) की शहरी आबादी में से 1.54 करोड़ औद्योगिक श्रमिक थे (जो कि सन् 2004–2005 में 1.68 करोड़ थे) के अलावा लगभग 3.40 लाख गैर औद्योगिक संस्थानों में कार्यरत श्रमिक थे। इनके

अलावा लगभग 12 करोड़ असंगठित क्षेत्र के श्रमिक शहरों में कार्यरत हैं और करीब 2 करोड़ सरकारी नौकर हैं।

इस प्रकार कुल आबादी का लगभग 45 प्रतिशत श्रमिक वर्ग है–

सरकारी नौकर	1.90 करोड़
गैर/सरकारी कर्मचारी	1.00 करोड़ (लगभग)
गैर–कृषि मजदूर	16.74 करोड़
कृषि मजदूर	10.75 करोड़
असंगठित मजदूर	12.00 करोड़ (लगभग)
संगठित क्षेत्र के श्रमिक	4.00 करोड़ (लगभग)
कुल श्रमिक	46.39 करोड़

मोटे–तौर पर इस प्रकार कहा जा सकता है कि 5.00 करोड़ संगठित क्षेत्र के मजदूर और 40 करोड़ असंगठित क्षेत्र के मजदूर हैं। शेष सरकारी नौकर और निजी क्षेत्र के उच्च व उच्च मध्यम वे श्रमिक हैं, जो व्यवस्था के दुष्परिणामों से पीड़ित तो होते हैं, परन्तु तुलनात्मक रूप से बेहतर स्थिति और अधिकार सम्पन्न होने के कारण सरकार के समर्थक होते हैं और इस बात की आशा करते रहते हैं कि उनकी स्थिति और बेहतर होगी। यदि सत्ता के वर्ग चरित्र में परिवर्तन होता है, तब भी वे सरकार के ही समर्थक बने रहते हैं। जैसे कि भारतीय प्रशासनिक एवं अन्य पूरक सेवाओं के कर्मचारी अंग्रेजों के प्रशासन में भी उतने ही खुश, सम्पन्न और अधिकारों व सुविधाओं का उपभोग करने वाले थे, जितना कि आज के लोकतन्त्र में सम्पन्न हैं और अधिकारों, सुविधाओं का उपभोग कर रहे हैं, बल्कि लोकतन्त्र में कानून बनाने के असीमित अधिकारों का प्रयोग भी कर रहे हैं। मंत्रिमंडल के माध्यम से अपनी स्थिति को जागीरदारों के समान बना चुके हैं। सरकार का कोई भी परिवर्तन इन्हें विचलित कर देता है। तब ही तो गृह सचिव का यह कहना है कि "कल परसों ही सरकार थोड़े ही बदल रही है।" जाहिर है इसके पीछे पूँजीपतियों के कट्टर समर्थक और अन्तर्राष्ट्रीय वित्तीय पूंजी के भारतीय संरक्षक गृहमंत्री का समर्थन जो है, क्योंकि किसी बातचीत के बदले नक्सल आंदोलन को खत्म करने के लिए सजीव सैनिकों के बदले रोबोट सैनिकों की सेना और स्वचालित अस्त्रों के प्रयोग का विचार दिमाग में आ चुका है। डर है, पेशावर से लेकर चटगांव तक सेना, बंबई की नौसेना, वायुसेना पहले भी जनता के समर्थन में विद्रोह कर चुकी है। 1973 में स्वयं अर्द्ध सैनिक बलों ने भी विद्रोह किया है, तब गांवों में किसानों और आदिवासियों का दमन उनके ही बेटे आखिर कब तक करते रहेंगे? असमान विकास ही पूँजीवादी सत्ता

का जीवनदाता भी है, जिसे प्राण वायु अन्तर्राष्ट्रीय वित्तीय पूंजी से मिलती है। यही अन्तर्राष्ट्रीय वित्तीय पूंजी अतिरिक्त मूल्य के आदर्श सिद्धान्त को एक शताब्दी पहली छोड़कर शोषण के द्वारा पूंजी को दो अंकों के प्रतिशत में, कभी–कभी तो तीन अंकों के प्रतिशत में बढ़ा देती है। आमने–सामने के शोषण में कुछ तो आंखों की शर्म काम करती रही होगी, परन्तु यह अन्तर्राष्ट्रीय वित्तीय पूंजी तो सामने भी नहीं आती है तो, फिर उससे मानवीय अहसासों की उम्मीद करना बेकार है। यह शोषण किस प्रकार होता है, मोटे रूप से दखने पर यह सामने आता है कि विदेशी निवेश के नाम पर कम्पनियों के शेयर खरीदे जाते हैं और कम्पनी की सम्पूर्ण प्रक्रिया और उत्पादों पर नियन्त्रण कायम कर लिया जाता है। फिर प्रचलित स्थानीय उपभोग के माल के उत्पादन को बाधित करके पेटेन्टेड, ब्राण्डेड मालों का उत्पादन प्रारम्भ किया जाता है। यहाँ पर सरकारी सुविधाओं के नाम पर कच्चे या अर्द्ध कच्चे मालों के आयात पर आयात करों में छूट, उत्पादित मालों के निर्यात में भी करों की छूट के अलावा उत्पादन कर, आयकर आदि में छूट, जो कि सरकारी खजाने में आना चाहिए, नहीं आता है, परिणामस्वरूप सरकारी खजाने की इस कमी को पूरा करने के लिए जनता को अधिक कर देना पड़ता है। उद्योगों और अन्तर्राष्ट्रीय वित्तीय पूंजी को मिलने वाली ये सुविधाएं सरकारी अनुदान (सब्सिडी) ही है, जो कि किसानों को खाद और राशन में मिलने वाले सामान एवं ईंधन पर दी जाने वाली सब्सिडी से कई गुना अधिक होती है।

दूसरी तरफ भारत में अच्छी डॉक्टरी या इंजीनियरी की शिक्षा प्राप्त करने पर यदि वह भारत में ही नौकरी करेगा तो अन्य टैक्सों के अलावा आयकर भी देगा। जबकि, विदेश में जाकर नौकरी करने वाला डॉक्टर या इंजीनियर अच्छी तनखा प्राप्त करेगा, सारे टैक्स उसी देश को देकर उसकी सेवा करेगा और जो पैसा भारत में लाएगा, वह सभी करों से मुक्त होगा। निःसंदेह यह उस डॉक्टर–इंजीनियर द्वारा अन्तर्राष्ट्रीय वित्तीय पूंजी की सेवा करने का इनाम है–भारत की जनता की गाढ़ी कमाई को भारत के बदले अन्तर्राष्ट्रीय पूंजी की सेवा में लगाने का।

अन्तर्राष्ट्रीय वित्तीय पूंजी के प्रत्यक्ष शोषण का तरीका भी ध्यान देने योग्य है। भारत में औसत न्यूनतम मजदूरी 3,000–4,000 प्रतिमाह (8 घण्टे प्रतिदिन 26 दिन का माह) जिसे रु. 3500/– मान सकते हैं। बीस हजार रुपये प्रतिमाह का वेतन पाने वाला एक अच्छी और सम्मानजनक स्थिति में माना जाता है, जबकि पचास हजार रुपये प्रतिमाह का वेतन पाने वाला उच्च श्रेणी में माना जा सकता है। इस प्रकार की मजदूरी के ढाँचे में लगे श्रमिकों द्वारा उत्पादित माल कितनी लागत का होगा, यह समझा जा सकता है।

इनकी तुलना में अमरीका के वेतन ढांचे को देखें तो आंखें खुली की खुली रह जाती है। अमरीका में औसत न्यूनतम मजदूरी 14–15 डॉलर प्रति घंटा है। छः घंटे प्रतिदिन, पांच दिन का सप्ताह और बीस दिन के महीने के आधार पर प्रतिमाह वेतन हुआ 14 × 5 × 20 = 1680 डॉलर। भारतीय मानक दर के आधार पर (45 रु. प्रति डॉलर) अमरीका में न्यूतम मजदूरी होती है 1680 × 45 = 75,600 रुपये। भारतीय मजदूरी (माह 26 दिन) को आधार मानने पर यह राशि आती है = 14 × 8 घण्टे × 26 दिन = 2912 डॉलर प्रतिमाह × 45 = 1,31,040 रु. प्रतिमाह। भारतीय और अमरीकी आधार पर मजदूरी में 75600 – 3500 = 72100 रु. प्रतिमाह कम रु. 1,31,040 के अनुसार यह राशि 1,27,540 रुपये कम है। इस प्रकार अन्तर्राष्ट्रीय वित्तीय पूंजी के लिए भारतीय मजदूर 72,000 से 1,31,000 रुपये प्रतिमाह शोषण का शिकार होता है। दूसरे शब्दों में 72,000 से 1,31,000 रुपये का उत्पादन केवल 3500 रुपये में करके देता है, भारतीय मजदूर अन्तर्राष्ट्रीय वित्तीय पूंजी के लिए।

वहीं उच्च वेतन पाने वाले आत्ममुग्ध कर्मचारी भी अमरीकी न्यूनतम मजदूरी के मुकाबले 55,000 से 1,11,000 रुपये प्रतिमाह तक कम वेतन लेकर अन्तर्राष्ट्रीय वित्तीय पूंजी के लिए उच्च दक्षता की सेवाएँ देता है, जबकि अमरीका में यह राशि 200 से 500 डॉलर प्रति घंटा तक होती है।

इसी प्रकार के शोषण में से अन्तर्राष्ट्रीय वित्तीय पूंजी को कई गुना लाभ अर्जित होता है।

अतः यदि अन्तर्राष्ट्रीय वित्तीय पूंजी के शोषण के विरुद्ध लामबद्ध होने का अवसर आता है तो उच्चतर श्रेणी के कर्मचारी भी इसमें सहयोगी होंगे, परन्तु दूसरे ही पल वे अलग होकर राष्ट्रीय पूंजी के समर्थन में खड़े होंगे। अतः परिवर्तन का संवाहक अन्ततः मजदूर वर्ग ही होगा।

मजदूर वर्ग में उन वर्गों को शामिल नहीं किया जा सकता, जो है तो सर्वहारा, लेकिन श्रम करने से दूर भागते हैं और जैसे भी हो अच्छी–खासी आमदनी का रास्ता देखते हैं। ये वस्तुतः लम्पट श्रेणी के सर्वहारा होते हैं, जिनका इस्तेमाल लोकतंत्र की वर्तमान प्रणाली में अंडरवर्ल्ड और बाहुबलियों की फौज के रूप में किया जाता हैं। समाज इन पर भरोसा नहीं कर सकता, भविष्य इन्हें छांटकर अलग कर देगा। मजदूरों के बीच रहकर उनके प्रति गद्दारी भी ये ही करते हैं।

इस प्रकार लोकतन्त्रीय प्रणाली के माध्यम से ही सत्ता परिवर्तन की सम्भावना है, शर्त केवल यह है कि वैचारिक–व्यावहारिक और कानूनी रुझान

जनता का, मजदूर हितों का पोषक हो। अन्यथा छोटे–छोटे गुटों में बंटा मजदूर वर्ग नेतृत्वहीन बना रहेगा और अन्तर्राष्ट्रीय पूंजी, राष्ट्रीय पूंजीपतियों को भी गुलाम बनाकर पूंजीवाद को ज़ीवनदान देती रहेंगी और स्वयं प्रत्यक्ष रूप से सामने न आकर रोबोटों, स्वचालित अस्त्रों के द्वारा सिर उठाने वालों को कुचलती रहेंगी, उत्पादन प्रक्रिया को कम्प्यूटर नेटवर्क नियन्त्रण के जरिए अपनी सुरक्षित बंकरों से नियन्त्रित किए जाती रहेगी, अपने हाथों में ही समेटे रखेगी। उस पूँजीपति को नष्ट नहीं किया जा सकेगा, बल्कि उसकी सेवा में लगे, उसी के शोषण के शिकार उच्च श्रेणी के कर्मचारी जनता के गुस्से का शिकार होते रहेंगे।

संभावना जनतंत्र के माध्यम से परिवर्तन लाने की, सत्ता का चरित्र बदलने की भी है और क्रान्ति की भी। लोकतंत्र में जनता के सामने राजनीतिक सत्ता पर कोई भी शक्तिशाली और दीर्घायु नहीं होता। लोकतन्त्र खुद चार्ल्स प्रथम से उसी की फांसी के बिल पर भी हस्ताक्षर करवा सकता है तो असीम यातनाएं सहकर सहनशील रहने वाली जनता भी "केक क्यों नहीं खाते" की अबोध उक्ति से लुई सोहलवें जैसे समृद्ध और शक्तिशाली राज परिवार का भी समूल नाश कर सकती है। सवाल सिर्फ लोकतन्त्र के दुरुपयोग का या सदुपयोग का है, सिर्फ उसके चरित्र का है कि वह प्रगति की तरफ ले जाने वाला है या प्रतिक्रियावादी है। कथित जी.डी.पी. का आंकड़ा बढ़ना देश और जनता की प्रगति का प्रतीक कभी नहीं हो सकता। जनता के लिए प्रत्यक्ष, भौतिक विकास मायने रखता है।

24

स्वीकार्य विरासत

भारत में चार अवसर ऐसे आते हैं, जब लोकतन्त्र के कथित चारों स्तम्भ अत्यधिक सक्रिय हो जाते हैं तथा अपनी–अपनी महत्ता साबित करने के लिए जनता के प्रति अपने समर्पण का बढ़–चढ़कर बखान करते हैं और अपने–अपने समर्पण शपथ का प्रदर्शन करते हैं। ये चार अवसर हैं–15 अगस्त, 26 जनवरी, 2 अक्टूबर और चुनाव, विशेष रूप से लोकसभा एवं विधानसभा चुनाव। चार स्तम्भों में न्यायपालिका सबसे अधिक संत रूप में दिखाई देती है। सांसद–विधायक श्रेय लेने में कार्यपालिका से होड़ लेते हुए झण्डा रोहण और फीते काटने के कामों में आगे रहते हैं। सारा श्रेय कार्यपालिका येन–केन प्रकारेण लेती है और अपनी पार्टी के लिए भूमि तैयार करती है। चौथा स्तम्भ मीडिया इन सबके समाचारों को सम्प्रेषित करने का कार्य करता है, परन्तु वह इस बात का ध्यान रखता है, उसका चहेता नेता या पार्टी अत्यधिक कवरेज प्राप्त कर रही है या नहीं। ये अपने समर्पण को वैचारिक और दार्शनिक आधार प्रदान करने के लिए समान विचार वाले विचारकों, विद्वानों के विचार को छापने या उनकी गोष्ठियां आयोजित करने का कर्मकाण्ड भी करते रहते हैं। इन सबके बीच चिरपरिचित व्यक्तियों या व्यक्तियों के विचार या उनकी बातों को इस प्रकार उद्धृत करते हैं, जैसे किसी धर्माधीश के शाश्वत वचनों को निर्णायक रूप से प्रेषित कर रहे हों।

इन चार अवसरों पर 15 अगस्त पर इतिहास के पन्नों को खंगाला जाता है और कार्यपालिका के सर्वेसर्वा कुछ कल्याणकारी योजनाओं की घोषणाएं करते हैं। 2 अक्टूबर को गरीबों, असहायों, बीमारों, अनाथों का ख्याल आता है, दान–पुण्य का श्रेय लेने की होड़ मच जाती है। 26 जनवरी को लोकतन्त्र, संविधान के संबंध में बहसें होती हैं और विकल्प के रूप में कई प्रकार के सुझाव रखे जाते हैं। दूसरे दिन सब हवा और जब चुनावों का अवसर आता है, तब विद्वानों के अलग–अलग गुट अलग–अलग सुझाव रखते हैं, चौथा

स्तम्भ सबसे ज्यादा सक्रिय हो जाता है तथा लीड इण्डिया जैसे सर्वेक्षण– चलाए जाते हैं, जो कि अन्ततः चाय के प्याले की क्रान्तियों की तरह तथाकथित राष्ट्रीय पत्रों और मीडिया की क्रान्तियां होती हैं। यदि किसी के अनुमान सही निकल गए तो महान विश्लेषक का दर्जा दिया जाता है, नहीं तो चुनाव खत्म होने और सरकार बन जाने के साथ ही सब कुछ शान्त हो जाता है और अगले अवसर की प्रतीक्षा करते रहते हैं।

ज्यादातर इनके सुझाव काल्पनिक होते हैं और अपने सुझावों के समर्थन में दूसरे देशों के उदाहरण प्रस्तुत किए जाते हैं। कई सुझाव ऐसे होते हैं, जो किसी न किसी रूप में किसी पार्टी विशेष या व्यक्ति विशेष को चमकाने, उसे स्थापित करने के लिए होते हैं। कई सुझाव नकारात्मक पहल के अधीन होते हैं, परन्तु भविष्य के लिए बहुत बड़े महत्व के होते हैं। यदि इनको संक्षेप में सूचीबद्ध किया जाए तो इस प्रकार होंगे–

(1) कार्यपालिका और उसमें व्याप्त भ्रष्टाचार,

(2) चुनाव संबंधी,

(3) शासन प्रणाली से संबंधित,

(4) जनता से संबंधित कल्याणकारी योजनाएं।

इनमें कार्यपालिका और नौकरशाही में व्याप्त भ्रष्टाचार की अत्यधिक चर्चाएं होती हैं, परन्तु न तो भ्रष्टाचार के कारणों का कभी अध्ययन किया गया है न ही कभी इसके स्रोतों का पता लगाया गया और न ही कभी उनके उन्मूलन के लिए भ्रष्टाचार केन्द्रों को चिन्हित कर उसके मूल कारणों को समाप्त करने का कदम उठाया गया है। भ्रष्टाचार और भ्रष्टाचारियों की चर्चाएँ प्रायः प्रतिदिन होती हैं और नौकरशाही के भ्रष्टाचार की शिकायत केन्द्रीय जांच ब्यूरो (सी.बी.आई.) से की जाती है या मंत्रियों या कथित जनप्रतिनिधियों से की जाती है, जो उन नौकरशाहों को गिरत में लेने के लिए कार्यवाही तो करते हैं, परन्तु उनका उद्देश्य अन्ततः यही होता है कि उसके भ्रष्टाचार में से अपना हिस्सा लिया जाए। इस प्रकार उनको भयभीत करके ब्लैकमेल करना मुख्य उद्देश्य बन गया है न कि भ्रष्टाचार मिटाना। वे इस तरह से मामले को उठाते हैं, जैसे सारी नैतिकताओं और स्वच्छ प्रशासन देने का दारोमदार केवल उन्हीं पर है। उनके अलावा सब भ्रष्ट हैं।

दूसरी तरफ तथाकथित जनप्रतिनिधियों के भ्रष्टाचार की चर्चाएं केवल चुनावों के समय ही जोर–शोर से होती है। चुनावों के सम्पन्न होते ही सबके सब नैतिकता, पवित्रता की आदर्श मूर्ति बन जाते हैं। लेकिन वे दोहरा मुखौटा रखते हैं। नौकरशाह की शिकायत मिलने पर गिद्ध की तरह प्रसन्न होते हैं।

तूफान शान्त होने पर उससे अपना नियमित हिस्सा लेने के लिए उसे ब्लैकमेल करना शुरू कर देते हैं।

और इसमें जो अपना काम स्थायित्व के साथ करते हैं, वे हैं कानून और नौकरशाह। आज के भारत का वर्तमान, भूत और भविष्य ये ही बने हुए हैं। हमारे देश में ढेर सारे कानून, नियम, उपनियम और अधिनियम हैं। 1030 के लगभग केन्द्रीय और 6727 राज्यों के अधिनियम हैं, ये नौकरशाहों को नागरिकों के धैर्य की परीक्षा लेने का भरपूर अवसर देते हैं।

रोमन दार्शनिक कारों ने सदियों पहले कहा था–"एक नौकरशाह सबसे घृणित व्यक्ति होता है। हालांकि गिद्धों की तरह उसकी भी जरूरत होती है, पर शायद ही कोई गिद्धों को पसंद करे। गिद्धों और नौकरशाहों में अजीब तरह की समानता है। मैं अभी तक किसी ऐसे नौकरशाह से नहीं मिला हूँ, जो क्षुद्र, आलसी, करीब–करीब पूरा नासमझ, मक्कार या बेवकूफ, जालिम या चोर न हो। वह खुद को मिले थोड़े से अधिकार से ही आत्ममुग्ध रहता है, जैसे कोई बच्चा गली के कुत्ते को बांधकर खुश हो जाता है। ऐसे व्यक्ति पर कौन भरोसा कर सकता है।[1]

इसलिए कार्यपालिका के यो दोनों स्वरूप स्थायी और अस्थायी प्रचलित रूप में स्वीकार्य नहीं हैं। स्थायी कार्यपालिका और अस्थायी कार्यपालिका दोनों के अलग–अलग संघटन के उद्देश्य हैं, उनके अलग–अलग चरित्र, अलग–अलग प्रेरणा स्रोत हैं, अलग–अलग आग्रह, पूर्वाग्रह हैं, अतः इन्हें आमूल रूप से बदलना होगा।

वर्तमान में जारी प्रशासनिक एवं अन्य संबंधित सेवाओं के स्थायित्व को समाप्त कर दिया जावे। जिस प्रकार वकालात, लेखा कार्य, प्रबंधन एवं उच्च तकनीकी एवं वैज्ञानिक अध्ययन के बाद वे अपने सेवायें देने के लिए समुचित क्षेत्र, मंच कार्यस्थल की तलाश करते हैं। उसी प्रकार प्रशासन सेवा को प्रशासनिक अध्ययन में बदल दिया जाए और आवश्यकता के अनुसार उनमें से एवं अन्य से चयन किया जाए। यह एक तथ्य है कि सिर्फ चयन मात्र से दक्षता नहीं आ जाती है। दक्षता के लिए कार्यस्थलों पर अपनी दक्षता दिखानी पड़ती है। स्थायी नियुक्तियों की परम्परा में केवल मैकाले की उस दूरदृष्टि को ही अभिव्यक्ति मिलती है कि सामान्य शिक्षा के बाद सरकारी नियुक्ति में केवल कार्यस्थल का अनुभव ही उन्हें सरकारी हितों के अनुरूप दक्ष बना देगा, इसलिए अन्य प्रकार की विशेषज्ञता की चयन के समय

---

1. जोगिन्दर सिंह, पूर्व सी.बी.आई. निदेशक के द्वारा आलेख "बर्बाद ब्यूरोक्रेसी" से यथा उद्धृत (*दैनिक भास्कर* "रसरंग" परिशिष्ट, 7 मार्च, 2010)।

आवश्यकता नहीं है। और सचमुच ही उनका स्थायी चयन ही उन्हें जनता के प्रति असंवेदनशील उद्दंड एवं निर्लज्ज बना देता है।

ध्यान देने योग्य है कि शिक्षा और शिक्षा पद्धति भी इसी तथ्य को साबित करती है, क्योंकि यह चयन की परीक्षा पद्धति ही होती है, जो शिक्षा के स्वरूप, पाठ्यक्रम, मानक और पद्धति को तय करती है। जिस प्रकार के व्यक्तियों की नियोक्ता को आवश्यकता होती है, उनकी परीक्षा लेने की एक प्रक्रिया तय की जाती है और प्रतिभागी उसी प्रक्रिया के अनुरूप अपनी शिक्षा की मांग करता है और शिक्षा पद्धति का स्वरूप तय हो जाता है। हाँ उस परीक्षा पद्धति में नीति निर्माता अपने वर्गीय हितों को ध्यान में रखता है। उदाहरण के लिए शिक्षा के माध्यम की भाषा का सवाल। भारत जैसे विशाल कृषि प्रधान देश में प्रतिभाओं की कमी नहीं है, परन्तु शिक्षा के माध्यम की भाषा के सवाल पर चयन में उन्हें सबसे पीछे खड़ा कर देते, जिन्हें बाध्य होकर अपने परम्परागत कृषि या अन्य व्यवसायों से ही जुड़ना पड़ता है, जो कि शोषण के सबसे व्यापक क्षेत्र हैं।

जहाँ तक चयन परीक्षाओं में संवैधानिक आरक्षण का प्रश्न है, यह विशुद्ध रूप से नकारात्मक आरक्षण है, जैसा कि संबंधित अध्याय में बताया जा चुका है। जब तक इन आरक्षित वर्गों के बच्चे शिक्षा प्राप्त कर प्रतियोगिता के लिए तैयार हुए, अन्य पिछड़े वर्गों के लिए आरक्षण की शुरुआत करके आरक्षण को न्यायालयों के द्वारा और भी नकारात्मक बना दिया गया, 50 प्रतिशत तक के आरक्षण के तर्क के साथ अल्पसंख्यक सामान्य वर्गों के लिए 50 प्रतिशत गारंटी सहित और आरक्षित 50 में पूरा चयन न करके बाकी रखी गई रिक्तियाँ। ध्यान देने योग्य यह भी तथ्य है कि जब से प्रशासनिक व्यय में 30 प्रतिशत की कटौती करने को व्यवहार में लाया जा रहा है, आंकड़ों में आरक्षित रिक्तियों पर नियुक्तियां नहीं करके उन्हें खाली रखकर कटौती के पेटे दर्शाया जा रहा है। सामान्य वर्गों के लिए इस प्रकार खुला मैदान उपलब्ध है, उपभोग के लिए।

परीक्षा पद्धति चाहे वह शिक्षा के मानक के लिए हो या किसी सेवा के लिए चयन के लिए हो, उसका उद्देश्य प्रतिनिधि वर्गों के बीच में से ही चयन करना होता है। एक ताजा उदाहरण, जब यह सुझाव दिया गया कि विज्ञान और गणित के लिए पूरे देश के लिए एक ही पाठ्यक्रम होगा, जिससे कि विभिन्न राज्यों के प्रचलित पाठ्यक्रमों के आधार पर पढ़ाई करने वाले प्रतिभागी राष्ट्रीय स्तर पर होने वाली परीक्षाओं में चयनित हो सकें। यह सभी जानते हैं केन्द्रीय विद्यालय के माध्यम से व केन्द्रीय माध्यमिक शिक्षा बोर्ड के माध्यम से लाखों बच्चे एक समान पाठ्यक्रम से पढ़ते हैं, परन्तु राष्ट्रीय स्तर पर

उनका चयन आसानी से हो भी जाता है, क्योंकि राष्ट्रीय स्तर की आवश्यकता सीमित ही होती है, जबकि राज्य स्तर के पाठ्यक्रमों से पढ़ने वाले बच्चे राज्य स्तर के डॉक्टरी और इंजीनियरिंग संस्थानों में स्थान भी पा जाते हैं। चूंकि सी.बी.एस.ई. के पाठ्यक्रम को पढ़ने वाले बच्चे राज्य स्तर के डॉक्टरी, इंजीनियरिंग संस्थान में–'भाषा माध्यम के कारण चयनित नहीं हो पाते, अतः उनके लिए मार्ग इस प्रकार खोजा गया है कि एक राष्ट्रीय पाठ्यक्रम, जो कि मूलतः और अनिवार्यतः अंग्रेजी में होगा, राज्य स्तर के हिन्दी या मातृभाषा में पढ़ने वाले बच्चे राष्ट्रीय स्तर की प्रतियोगिताओं में क्या, फिर राज्य स्तर के संस्थानों के लिए परीक्षाओँ में भी सफल नहीं हो पाएंगे और राज्य स्तर के संस्थानों में राष्ट्रीय पाठ्यक्रम पढ़ने वाले आसानी से प्रवेश पा सकेंगे। उच्च एवं मध्यम अभिजात वर्गों के बच्चे डॉक्टरी, इंजीनियरी में प्रवेश पा लेंगे और गैर अंग्रेजी माध्यम से पढ़ने वाले बच्चे सपने ही देखते रह जाएंगे, मानकों के गड़बड़झाले में अपनी कुचली महत्वाकांक्षाओं और योग्ताओं को लेकर बेरोजगार बने घूमते रहेंगे। फिर यह स्थापित करने में आसानी हो जाएगी कि गैर अंग्रेजी भाषा के माध्यम से पढ़ना आत्महत्या है? जो काम खुद अंग्रेज भी नहीं करना चाहते थे, उनके उत्तराधिकारी लोकतन्त्र के वाहक कर सकेंगे।

यह भी चर्चा में आ चुका है कि प्रशासनिक सेवाओं की प्रवेश परीक्षा दो चरणों में न होकर एक ही चरण में होगी। उसके पहले केट (CAT - MAT) की तरह की एप्टीट्यूट परीक्षा होगी। एम.बी.ए. आदि के लिए, जिनमें अधिक बड़ा वेतन मिलता है, इस प्रकार का टेस्ट होता है तथा अधिकतर उच्च शिक्षा का स्वरूप इसी प्रकार की परीक्षाओं को ध्यान में रखकर तय किया जाने लगा है। प्रशासनिक सेवाओं में इसे लागू करने के पीछे भी वहीं मंशा है, अनपेक्षित प्रतिभागियों को पहली सीढ़ी पर ही रोक देना। जबकि किसी भी बच्चे की क्षमता और भविष्यकी सम्भावना का पता ऐसी परीक्षाओं से नहीं लगाया जा सकता। ऐसे उदाहरण मौजूद हैं, जहां कोई बच्चा उच्च माध्यमिक परीक्षा के साथ कोचिंग लेकर उच्च संस्थान में प्रवेश की लालसा रखता हो और वह उस प्रवेश परीक्षा में तो सफल हो जाए, परन्तु आधार परीक्षा, उच्च माध्यमिक में फेल हो जाए। ऐसे भी उदाहरण देखें हैं, जब कोई व्यक्ति क्लर्क की परीक्षा में असफल हो जाए और उसी विभाग या संस्थान की अधिकारी वर्ग की परीक्षा में सफल हो जाए। आई.आई.एम. अहमदाबाद विश्व प्रतिष्ठित प्रबंधन शिक्षण संस्थान के एक विद्यार्थी को 2–3 करोड़ के पैकेज पर नौकरी दी गई, परन्तु दूसरे महीने ही उसे हटा दिया गया। कारण, पढ़ाई के उच्चतर मानकों के अनुसार तो वह अपने को दक्ष बना चुका था, लेकिन कार्यक्षेत्र की आवश्यकताओं के लिए एक मशीन से ज्यादा साबित नहीं हुआ। कार्यक्षेत्र में

रोबोटों की नहीं, मनुष्यों की आवश्यकता होती है। एक चीनी कहावत है– **"एक साल की योजना हो तो मक्का बोइये, तीस वर्ष की हो तो पेड़ लगाइये और यदि सौ वर्ष की योजना हो तो इंसान बनाइये।"** हमारा लोकतन्त्र सौ वर्षों का ही नहीं, शताब्दियों के लिए है, अतः हमें इंसान बनाना है, मशीनों की तरह पूंजीपतियों, अभिजात वर्गों और अन्तर्राष्ट्रीय पूंजी के लिए काम करने वाली जीवित मशीनें नहीं बनाना है।

इसलिए स्थायी सेवा पद्धति (प्रशासनिक आदि सेवाओं) को समाप्त करना होगा।[2]

कार्यपालिका का दूसरा महत्वपूर्ण अंग है पुलिस।

पुलिस व्यवस्था के बारे में पिछले अध्यायों में चर्चा की जा चुकी है। लोकतंत्र में पुलिस की आवश्यकता, दरअसल लोकतंत्र के लिए नहीं होकर उन वर्गों की रक्षा के लिए होती है, जो सत्ता पर अधिकार जमाए हुए हैं अर्थात् पूंजीपति वर्ग। आम जनता के लिए पुलिस कभी सक्रिय नहीं होती। अपने सामने घटित घटना का प्रसंज्ञान लेने के लिए भी उसके पास एक शिकायत या आवेदन होना चाहिए।

वर्तमान में पुलिस व्यवस्था तीन स्तरीय है। पहली, सामान्य पुलिस, जिनके नियंत्रण में थाने और उसके अन्तर्गत आने वाली आबादी होती है। यह ही पूंजीपतियों, अभिजातों की रक्षा का काम करती है और सामान्यतः कानून व्यवस्था के नाम पर कुछ भी कर सकती है। यह सही है कि आम जनता भी हार परेशान होकर इन्हीं के पास जाती है, परन्तु वह इनके पास जाने से भी डरती है।

दूसरे स्तर पर, जांच ब्यूरो जैसी पुलिस होती है, जो राज्य स्तर पर भी होती है और केन्द्रीय स्तर पर केन्द्रीय जांच ब्यूरों के नाम से जानी जाती है। इस संस्था का काम उन मामलों से होता है, जो स्थानीय पुलिस से सही ढंग से होना अपेक्षित नहीं होता। ऐसे गंभीर मामले निश्चित रूप से सत्ताधारी वर्गों के हितों और नीतियों के पोषक होते हैं। अतः उनकी जांच के लिए स्थानीय पुलिस पर विश्वास नहीं किया जा सकता। चाहे वह मामला हत्या का हो, गबन का हो या रिश्वतखोरी का। ऐसे मामलों में यदाकदा अभिजातों को भी लक्ष्य कर लिया जाता है, जिससे इस नीति को पोषित किया जा सके

---

2. अनुच्छेद 311 में सेवाओं को समाप्ति से बचाव के उपाय किए गए तथा "सुपिरियर अथोरिटी" के सारे अधिकार इन्हीं प्रशासनिक अधिकारियों के हाथों में ही हैं। अतः अपने अधीनस्थ कर्मचारियों के ऊपर मनमानी करने के असीमित अधिकार मिले हुए हैं। भ्रष्टाचार का स्रोत यही है।

कि हमारे लोकतन्त्र में सब समान हैं, लेकिन इनमें भी सत्ताधारी वर्गों के सरकारी गुट का नियन्त्रण और हित अभिव्यक्ति किसी से छुपी नहीं है। भ्रष्टाचार के उन्मूलन के नाम पर अधीनस्थ कर्मचारियों के विरुद्ध जितने मामले केन्द्रीय जांच ब्यूरों आदि में हैं, उनका आंकड़ा दो तिहाई से अधिक ही है। जाहिर है अभिजात और सत्ताधारी वर्ग अपने हितों की पूर्ति के लिए रिश्वत देता है, मंत्रियों और बड़े अधिकारियों को वे बचा लेते हैं, परन्तु अधीनस्थ कर्मचारियों को पकड़वा देते हैं, जिससे यह कहने की छूट मिल जाती है कि ऊपर के बड़े अधिकारी ईमानदार हैं। बस आम जनता के बीच में से आए भुक्कड़ अधीनस्थ कर्मचारी ही रिश्वत मांगते हैं। जब कि सत्य यह है कि बड़े अधिकारियों के यहां छापों में करोड़ों रुपये नकद मिलते हैं, तब मंत्री उनके विरुद्ध इस प्रकार बातें बनाते हैं, गोया वे उनसे कह रहे हों, "इतना पैसा जमा करके बैठे हो, हमें हमारा हिस्सा देते तो आज यह नौबत नहीं आती।"[3]

तीसरे स्तर पर, 'राज्य स्तर' पर और केन्द्रीय स्तर पर सशस्त्र पुलिस। इसका प्रयोग जनता के धरना–प्रदर्शनों के दौरान ही होता है, अन्यथा जनता के प्रतिनिधियों की रक्षा में तैनाती इनकी नियमित सेवा की शर्त होती है। यह लोकतन्त्रीय व्यवस्था की विडम्बना ही है कि जनता के प्रतिनिधियों को जनता से ही डर लगता है। अगर ऐसा नहीं है तो इन प्रतिनिधियों के ही विभिन्न गुट आपस में शस्त्रु बने हुए हैं, उन्हें एक–दूसरे से खतरा बना रहता है। अतः सरकारी स्तर पर पुलिस को लगाते हैं और अपने खुद के अलग सशस्त्र सुरक्षा दस्ते कायम कर लेते हैं, जिनकी आपसी मुठभेड़ें कई मामलों को लेकर होती है, जिसकी चर्चा अलग से की जाएगी।

इस प्रकार तीन स्तरीय पुलिस व्यवस्था का अन्तिम नियन्त्रण अखिल भारतीय पुलिस सेवा के नियंत्रण में होता है, जो कि भारतीय प्रशासनिक सेवा की तरह एक स्थायी सेवा है और सत्ताधारी वर्गों की हिफाजत और हित साधन को उसी प्रकार सुचारु करती, जैसे कि भारतीय प्रशासन सेवा के अधिकारी।

मध्यम दर्जे के अधिकारी, जो मूलतः राज्य स्तर के पुलिस अधिकारी होते हैं, उन्हें अपने अधीनस्थों से बीच काम करना पड़ता है और उनसे काम भी लेना पड़ता है। साथ ही साथ इन्हें अपने वरिष्ठ भारतीय पुलिस सेवा के

---

3. मध्यप्रदेश–छत्तीसगढ़ के आईएएस जोशी दम्पत्तियों के यहां साढ़े तीन करोड़ से अधिक की रकम नकद जब्त की (2010 में)। इससे ज्यादा सीबीआई वालों में भी आपस में बंटी होगी। मुख्यमंत्री के बयान कुछ इसी तर्ज और लय को लिए हुए थे।

अधिकारियों के आदेशों पर चलना होता है। अतः यह श्रेणी दोहरी शैली पर चलती है। अतः इनके कामों में कभी भी कुशलता नहीं आ पाती। वैसे पुलिस की कुशलता का पैमाना होता है, अपने वरिष्ठ अधिकारी द्वारा प्रशंसा और सेवासुश्रुषा।

और सबसे निचले स्तर पर साधारण पुलिस और उनका हेड कांस्टेबल होता है, जिसे अपने विवेक से काम करने की कोई छूट नहीं होती है।

अतः इस पुलिस व्यवस्था को स्वीकार नहीं किया जा सकता। इसे बदलना होगा, इसके स्वरूप को, इसकी कार्यप्रणाली को इसकी नियंत्रण प्रणाली और व्यवस्था को बदलना होगा। इसे भी स्थानीय प्रशासन चुनी हुई समितियों, संस्थाओं के अधीन ही कार्य करना होगा।

× × ×

अस्थायी कार्यपालिका या निश्चित समयावधि के लिए बनाई गई कार्यपालिका, जिसे लोकप्रिय रूप से ''मंत्रिमंडल'' के नाम से जाना जाता है। शुरुआत 1853 में ही हो चुकी थी, लेकिन 1861 के भारत सरकार अधिनियम के द्वारा कार्यपालिका और विधान परिषद को अलग–अलग किया गया तथा तत्कालीन गवर्नर जनरल लॉर्ड केनिंग ने कार्यपालिका में विभाग प्रणाली लागू की तथा उत्तरदायित्वों का विकेन्द्रीकरण किया।

× × ×

इससे पहले 1853 के अधिनियम के अन्तर्गत कार्यपालिका और विधान परिषद के अन्तर्विरोधों को 1861 के अधिनियम में रेखांकित करते हुए एक नई परम्परा शुरू की गई, जो आज के लोकतन्त्र की सबसे बड़ी बुराई बन चुकी है। डॉ. एन.वी. परांजपे ने इसे इस प्रकार अभिव्यक्त किया है–

"सन् 1853 के अधिनियम द्वारा विधायन कार्यों के लिए गठित विधान मण्डल, जो वस्तुतः कार्यपालिका परिषद का वृहद रूप था, सरकार के कार्यों में अनावश्यक हस्तक्षेप कर रही थी तथा अपनी शक्ति के दुरुपयोग के कारण गवर्नर जनरल के कार्यों में विलम्ब और बाधा पैदा कर रही थी। अतः विधान परिषद की कार्यप्रणाली को बदली हुई परिस्थितियों के अनुरूप ढालना नितान्त आवश्यक था, ताकि उसे अपने विधायी कार्यों तक सीमित रखा जाए।"[4]

कार्यपालिका की अनियन्त्रित शक्तियां यहीं से उद्भूत हुईं।

वर्तमान कार्यपालिका का स्वरूप भारत सरकार अधिनियम, 1935 में तय किया गया था, जिसका अमल ग्यारह वर्ष बाद 1945 में हुआ, जब 2 सितम्बर,

4. डॉ. एन.वी. परांजपे, *भारत का वैधानिक एवं संवैधानिक इतिहास*, हिन्दी 1998, पृ. 338।

1946 को कांग्रेस पार्टी के अध्यक्ष के नाते जवाहरलाल नेहरू को अन्तरिम प्रधानमंत्री बनाया गया। मुस्लिम लीग 26 अक्टूबर, 1946 को मंत्रिमंडल में शामिल हुईं। इस प्रकार दो पार्टियों के प्रतिनिधि मंत्रिमंडल में थे, परन्तु सभी ही अपनी–अपनी पार्टियों के हितों के रखवाले बने हुए थे। देश का हितचिंतक कोई नहीं था। कार्यपालिका का यही चरित्र आज भी जारी है।

संविधान के प्रावधानों के अनुसार कार्यपालिका न तो संसद के प्रति उत्तरदायी है और न ही न्यायपालिका के प्रति। जहाँ चुनी गई कार्यपालिका का गठन संसद द्वारा किया जाना चाहिए, वहां एक राजनीतिक पार्टी तय करती है कि कौन प्रधानमंत्री होगा और उसके लिए संसद में आवश्यक संख्या जुटाने का कार्य पार्टी ही करती है, बदले में वह कार्यपालिका को निर्देशित करती है कि वह उनकी पार्टी के हितों के लिए कार्य करे। यही कारण है कि जिस पार्टी की सरकार बनती है, उसके छुटभैये भी महत्वपूर्ण विशिष्ट व्यक्ति का दर्जा प्राप्त करने का प्रयास करते हैं और प्राप्त भी कर लेते हैं। वर्गचरित्र के लिहाज से वे लम्पच किस्म के व्यक्ति होते हैं।

सरकारी कार्यों के निष्पादन के लिए भी यह कार्यपालिका उत्तरदायी किसी के प्रति भी नहीं है। यदि संसद में कभी मामला उठता है, या तो अधिकारियों पर दोषारोपण करके खुद बरी हो जाते हैं और कभी ज्यादा ही दबाव पड़ता है, तो मंत्री यह कह देते हैं कि "काफी विचार–विमर्श के बाद इसे सही माना गया है। अतः सरकार इस पर पुनर्विचार नहीं कर सकती" या कि "माननीय सदस्यों की राय से सरकार सहमत नहीं हो सकती" या कि "ऐसा करना जरूरी है या हो गया था" और संसद निरीह समूह की तरह देखती रह जाती है।

चूंकि मंत्रिमण्डल के पास अपार शक्तियां हैं, अतः वह अपने सहयोगियों को साधन सुविधायें देकर उन्हें अपना बनाए रखने की कोशिश करता है। जैसे नौकरशाहों को अनुच्छेद 311 का संरक्षण, सांसदों को बेशुमार सुविधायें और विशेषाधिकार का हथियार, जिसके कारण वे विशिष्ट दरबारी का दर्जा हासिल किए रहते हैं तथा कानूनी प्रावधानों की आड़ में कुछ भी नहीं करते। लोकतन्त्र में जनप्रतिनिधियों से ऐसी अपेक्षा नहीं की जा सकती है। दूसरी, तरफ न्यायपालिका कुछ अंकुश लगाने की कोशिश करती है तो संसद को उकसा कर एक और नया कानून बनाकर न्यायपालिका को दे देते हैं और वह उसके शब्दों में उलझकर रह जाती है। कार्यपालिका निर्बाध रूप से अपना निरंकुश कार्य करती रहती है।

एक और विसंगति यह भी है कि केन्द्रीय या राज्य मंत्रिमंडलों के अलावा कोई भी स्वायत्त संस्था ऐसी नहीं है, जहाँ के चुने हुए प्रतिनिधि अपनी

कार्यकारिणी बना सके। इन पर अंकुश नौकरशाहों का ही होता है। चाहे वह जिला परिषद हो या पंचायत समिति या ग्राम पंचायत। इनके सदस्यों को बर्खास्त करने तक का अधिकार नौकरशाहों को दे रखा है इस प्रकार स्थानीय संस्थायें सिर्फ दिखावा मात्र बनी हुई हैं। इन संस्थाओं के प्रतिनिधि बनकर मंत्रियों, बड़े नेताओं, पार्टियों और बड़े अधिकारियों के बीच अपना रुतबा दिखाने और छोटे अधिकारियों को अपने रुआब में लेने का साधन बना हुआ है।

परन्तु, यह बात भी सही है कि पंचायतों में चुने जाने के उपरान्त स्थानीय प्रतिनिधियों को अपने क्षेत्र के विकास की, जिम्मेदारी का भी पता चला है, जिससे वे अपनी योजनाएं बनाने का प्रयास करते हैं और उन्हें पूरा करने का प्रयास भी करते हैं, जैसा कि पिछले अध्यायों में उदाहरण के तौर पर बताया जा चुका है। तथापि प्रक्रिया का सारा जिम्मा उन्हीं नौकरशाहों के हाथों में होने के कारण मामले ऊपर के बड़े अधिकारियों की कृपादृष्टि और मंत्रियों की मर्जी में अटक जाता है, क्योकि उनकी पहल का आधार मतदाताओं के संकेन्द्रण और योजनाओं के निर्धारित बजट में से उनके हिस्से की मात्रा होता है। अतः कई मामलों में स्थानीय प्रतिनिधि यह मांग करने लगे हैं कि उनके क्षेत्र में कार्यरत प्रशासनिक अधिकारी स्थानीय स्वशासी संस्थाओं के अधीन हों। मुख्यमंत्री के बाद कलेक्टर ही सबसे शक्तिशाली अधिकारी है, कार्य रूप में। इन संस्थाओं की मांग के अनुसार कलेक्टर आदि अधिकारी जिला परिषद के अधीन हों, ब्लाक विकास अधिकारी तथा तहसीलदार इत्यादि पंचायत समितियों के अधीन काम करें।

लोकतंत्र की इस मांग में भविष्य के प्रशासन के तत्व छिपे हैं। अतः यह स्वीकार्य है, इसे लागू किया जाना आवश्यक है। इससे स्थानीय संस्थाएं स्वशासित होंगी। सही मायने में गणतन्त्र का आधार बनेंगी। साथ ही वर्तमान में जारी कार्यपालिका—मंत्रिमंडल, प्रशासनिक अधिकारियों के आपसी सांठगांठ भरे कुचक्र को तोड़ा जा सकेगा।

× × ×

भारतीय लोकतन्त्र में कार्यपालिका सर्वोच्च है। हालांकि कार्यपालिका संबंधी संवैधानिक प्रावधानों में "संघीय कार्यपालिका" के अन्तर्गत राष्ट्रपति, उपराष्ट्रपति, मंत्रिपरिषद, महान्यायवादी, संसद, उच्चतम न्यायालय और भारत के नियंत्रक एवं महालेखाकार को क्रमशः रखा गया है। यह क्रम उनके महत्व और शक्ति केन्द्र के क्रम में रखा गया है। अस्तु, कार्यपालिका का शक्तिपुंज और केन्द्र मंत्रिपरिषद ही है। मंत्रिपरिषद कहने को तो संसद के बहुमत के अनुसार चुनी जाती है, परन्तु शायद ही कभी संसद ने देश का प्रधानमंत्री

चुना हो। सबसे बड़ी पार्टी के एक व्यक्ति को प्रधानमंत्री नामांकित किया जाता है, बेशक, चाहे उसे अपने ही दल के सभी सांसदों का समर्थन प्राप्त हो या न हो, अन्ततः पार्टी अनुशासन के नाम पर सभी सांसद मूक बन जाते हैं। इस प्रकार प्रधानमंत्री संसद का चुनिंदा प्रतिनिधि न होकर किसी राजनीतिक दल का नामांकित व्यक्ति होता है, जो अंततः साम, दाम, दण्ड, भेद से अपना बहुमत साबित करता है। इस प्रकार संसद कार्यपालिका की अनुगामी है।

संविधान में जहाँ भी राष्ट्रपति की अधिकार शक्ति का उल्लेख हुआ है। वहाँ प्रधानमंत्री की सलाह जुड़ी हुई है और अनुच्छेद 74 में राष्ट्रपति बाध्य है कि उस सलाह को माने।

संविधान में जहाँ भी "संसदीय विधि" का उल्लेख हुआ है। वहां "संसदीय विधि" की पहल संसद की न होकर कार्यपालिका की ही होती है। ऐसी सभी विधियों में मंत्रिमण्डल की, तद्नुसार उसकी पार्टी की हित साधना, प्रेरणा, पूर्वाग्रह और नीतियां ही परलक्षित होती हैं। जनता के प्रतिनिधि सांसदों की कोई पहल, विचार, आग्रह, पूर्वाग्रह परिलक्षित नहीं होते हैं।

मंत्री परिषद या कार्यपालिका के ऐसे स्वरूप को, जो लोकतन्त्र के मूल आधार सिद्धान्तों के खिलाफ है, बदलना ही होगा। लोकतन्त्र में जनप्रतिनिधि ही सर्वोच्च होते हैं।

× × ×

भारतीय प्रचार माध्यमों (मीडिया) द्वारा तथा सरकार के प्रचलित लोकतन्त्र में लोकतन्त्र की व्याख्या या स्वरूप केवल यही बताया गया है कि समय पर चुनाव हो जावें। यदि केवल चुनावों को आयोजित करना मात्र ही लोकतन्त्र है तो दुनिया का हर वो देश जहाँ चुनाव करवाए जाते हैं, वह लोकतन्त्र ही है, चाहे वह फिर पाकिस्तान, बांग्लादेश के सैनिक शासक रहे हों या अमरीका हो, रूस या सोवियत संघ हो या इंग्लैण्ड हो या म्यांमार (बर्मा) हो, लेकिन चुनावों का होना ही लोकतन्त्र नहीं है। निरपेक्ष चुनावों का होना तो कतई लोकतंत्र नहीं है। सापेक्षता जनता से जुड़ाव जनता के बहुमत वाले वर्गों का जुड़ाव लोकतन्त्र का मूल स्वरूप है।

दुनिया के विभिन्न लोकतन्त्रों के बारे में सैकड़ों पुस्तकें और विचारकों के विचार मिल जाएंगे, लेकिन लोकतन्त्र के इन समस्त विचारों का विश्लेषण किया जाए तो इन्हें दो भागों में बांटा जा सकता है। पहला पूँजीवादी लोकतन्त्र, जिसमें तानाशाहों द्वारा अपनाया गया लोकतन्त्र भी है तथा दूसरा समाजवादी देशों का लोकतन्त्र। समाजवादी देशों के लोकतंत्रों की आलोचना का केवल एक ही आधार मुख्य रूप से लिया जाता है और वह है, वहाँ एक

ही पार्टी होती है। अतः एकल पार्टी लोकतन्त्र नहीं होता है। जबकि तथ्य यह है कि दो पार्टी या बहुपार्टियों वाले लोकतंत्र में इन पार्टियों का जनता के प्रति उत्तरदायित्व नहीं होता है। वह केवल पूंजीपतियों के विभिन्न गुटों का ही प्रतिनिधित्व करते हैं। जनता के प्रति समाजवादी लोकतन्त्रों की उत्तरदायित्वपूर्ण व्यवस्था के आलोचक भी लोकतन्त्र के इस महत्वपूर्ण गुण को रेखांकित किए बगैर नहीं रह सकते, जिसमें अब्राहम लिंकन की प्रसिद्ध उक्ति "जनता के लिए जनता के द्वारा जनता की सरकार" का व्यावहारिक रूप मिलता है।

"विशेषाधिकार के प्रत्युत्तर में सदस्यों को विशेष कर्त्तव्यों का भी पालन करना पड़ता है। प्रत्येक सदस्य जनता का सेवक या उसका संदेश वाहक बनकर ही सर्वोच्च सोवियत के सदनों में आता है। सदस्यों के लिए ये आदेश है, सत्र के पश्चात् उसका यह पुनीत कर्त्तव्य होता है कि वह अपने तथा सर्वोच्च सोवियत के कार्यों के विषय में जनता को सूचित करे। प्रतिनिधि अपने निर्वाचकों से निरन्तर सम्पर्क स्थापित करे। प्रतिनिधि से असन्तुष्ट होने पर निर्वाचक प्रतिनिधि को उसकी अवधि की समाप्ति से पूर्व वापस बुला सकते हैं (अनुच्छेद 142)। प्रत्येक प्रतिनिधि (डेपुटी) का यह महान कर्त्तव्य है कि वह सर्वोच्च सोवियत के अधिवेशनों में उसकी समितियों और आयोगों में निष्ठापूर्वक कार्य करे। वह सरकार या विशिष्ट मंत्रियों से प्रश्न पूछकर मौखिक या लिखित सूचनाएं प्राप्त कर सकता है (अनु. 71)। वस्तुतः सर्वोच्च सोवियत का प्रत्येक सदस्य व्यावसायिक प्रतिनिधित्व के आधार पर निर्वाचित होता है। इसलिए उन्हें अपने–अपने तकनीकी विभागों का भरपूर ज्ञान होता है और वे जानते हैं कि अमुक व्यक्तियों के लिए किस प्रकार के नियम की आवश्यकता और उपयोगिता है। अतः वे केवल ओजस्वी भाषण देने वाले कोरे नेता नहीं होते हैं। प्रत्येक सदस्य स्वयं कर्मचारी होने के कारण वह व्यावहारिक और उपयोगी नियमों को विधियों का रूप देने में सहायक होता है और यथार्थ में समाजवाद की नींव को दृढ़तर बनाने में वह सहायक होता है। इस प्रकार इस कार्य में उसका वास्तविक और सक्रिय सहयोग तथा योगदान होता है।"[5]

इस कथन की पुष्टि पश्चिमी दुनिया द्वारा सर्वाधिक आलोच्य, 1936 का संविधान जिसे सभी आलोचक और इतिहासकार स्टालिन का संविधान भी कहते हैं, के अनुच्छेद 141 में उल्लेख है कि "प्रत्याशियों का नामांकन चुनाव क्षेत्रों द्वारा किया जाएगा। नामांकन का अधिकार जनता के संगठनों तथा

---

5. *सोवियत समाजवादी गणतंत्र संघ की शासन पद्धति*–कुमारी शुभदा तेलंग, उत्तरप्रदेश हिन्दी ग्रंथ अकादमी, लखनऊ, 1974, पृ. 145–146।

श्रमिक जनता की समितियों, कम्युनिस्ट पार्टी संगठनों, ट्रेड यूनियनों (श्रम संगठनों), सहकारी संस्थाओं, युवक संगठनों और सांस्कृतिक समितियों के लिए आरक्षित है।"

इस संवैधानिक प्रावधान में जब कम्युनिस्ट पार्टी का उल्लेख भी किया गया है तो उसका मतलब पार्टी का केन्द्रीय नेतृत्व नहीं है। जैसा कि भारत में देखा जाता है। कम्युनिस्ट पार्टी की भूमिका को संविधान के अनुच्छेद 126 में इस प्रकार दर्शाया गया है–"श्रमिकशील जनता से हितों के अनुरूप तथा जनता के अधिकांश में संगठनात्मक पहल एवं राजनीतिक गतिविधियां विकसित करने के उद्देश्य से समाजवादी सोवियत गणराज्यों के संघ के नागरिकों को सार्वजनिक संगठनोंः ट्रेड यूनियनों, सहकारी समितियों, युवक संगठनों, खेल एवं सुरक्षा संगठनों, सांस्कृतिक, तकनीकी तथा वैज्ञानिक समितियों में संगठित होने तथा श्रमिक वर्ग एवं जनता के अन्य भागों के अधिक सक्रिय और राजनीतिक रूप से जागरूक नागरिकों को सोवियत संघ की कम्युनिस्ट पार्टी, जो कि श्रमिक जनता के समाजवादी व्यवस्था के लिए संघर्ष और विकास में उनका अग्रिम दस्ता है तथा श्रमशील जनता के सभी संगठनों सामाजिक और सरकारी दोनों स्तरों पर उनका नेतृत्वकारी संगठन है, में संगठित होने के अधिकार की गारंटी दी जाती है।"

ब्रिटिश या फ्रांसीसी राजनीतिक दलों के संगठन और व्यवस्था में और सोवियत संघ की साम्यवादी पार्टी के संगठन और व्यवस्था में अद्भुत और आश्चर्यजनक अंतर दिखलाई देता है। रूस के राजनीतिक दल को राजनीतिक दल कहना यथार्थ नहीं है और राजनीतिक दलों के संबंध में जो कल्पनाएं और धारणाएं हैं, उन्हें विस्तृत करके ही रूस के साम्यवादी दल को समझना होगा। पाश्चात्य देशों के राजनीतिक दलों और सोवियत रूस के साम्यवादी दल का मौलिक अन्तर कुछ अंश तक दलों द्वारा अपेक्षित कर्त्तव्यों के निर्वहन के अन्तर के कारण है। ग्रेट ब्रिटेन, फ्रांस या संयुक्त राज्य अमरीका के राजनीतिक दलों का तात्कालिक उद्देश्य चुनावों में विजयी होना है।[6]

वहीं, भारत के राजनीतिक दलों का तात्कालिक उद्देश्य चुनाव जीतना और दीर्घकालीन उद्देश्य है, राजनीतिक दलों को प्रायवेट लिमिटेड कम्पनियां बना देना[7] और पूंजी इकट्ठा करना। एसोसिएशन ऑफ डेमोक्रेटिक रिफोर्म्स

---

6. कु. शुभदा तेलंग, *सोवियत समाजवादी गणतंत्र संघ की शासन पद्धति*, पृ. 291।

7. सन् 2004 में कांग्रेस पार्टी के नेतृत्व में यू.पी.ए. गठबंधन की सरकार बनी, जिसका प्रधानमंत्री चुनी हुई लोकसभा के बदले राज्यसभा के सदस्य डॉ. मनमोहनसिंह को कांग्रेस अध्यक्षा सोनिया गांधी की कृपा से बनाया गया। बदले में मनमोहनसिंह ने अनुगामी बने रहने के लिए संवैधानिक प्रावधानों के बाहर जाकर "राष्ट्रीय सलाहकार

के अनिल बैरवाल ने विभिन्न राजनीतिक दलों की आयकर विवरणियों का अध्ययन कर एक रिपोर्ट जारी की, जो विभिन्न समाचार पत्रों में 27–3–2010 को प्रकाशित हुई थी, के अनुसार कांग्रेस पार्टी के पास सन् 2002 में चुनाव खर्च के लिए जहाँ पैसा ही नहीं था। (जमा राशि कुल 65 करोड़ थे), वहीं सत्ता में आने के बाद 2002 में वह राशि दो गुना (रु. 136 करोड़) हो गई, 2006 में 229 करोड़, 2008 में 340 करोड़ और 2009 में 500 करोड़ के पार थी। सरकार बनाने से सदस्य संख्या ज्यादा हो गई या वैसे ही चंदा बहुत ज्यादा आने लगा या पैसा इकट्ठा किया गया?

दूसरी तरफ अन्य दलों की भी स्थिति इससे भिन्न नहीं रही–

	सम्पत्तियों का मूल्य (करोड़ों में)			
दल	**2002**	**2004**	**2006**	**2008**
कांग्रेस	65	136	229	340
भाजपा	81	155	112	177
सी.पी.एम.	52	85	107	156
समाजवादी पार्टी	14	27	77	144
बहुजन समाज पार्टी	11	44	44	118

साफ देखा जा सकता है कि सरकार में रहने के समय और सरकार से बाहर रहने पर सम्पत्तियों में क्या अन्तर पड़ता है। चुनी हुई कार्यपालिका का यही एक तोहफा है अपनी पार्टी को। जबकि सोवियत संघ के संविधान के अनुच्छेद 70 के अनुसार सुप्रीम सोवियत मंत्रिपरिषद को नियुक्त करती है, जो कि सुप्रीम सोवियत के प्रति उत्तरदायी और जवाबदेह है। जब सुप्रीम सोवियत की बैठकें नहीं हो, तब सुप्रीम सोवियत के अध्यक्ष मंडल प्रेसीडियम के प्रति उत्तरदायी और जवाबदेह है। (अनुच्छेद 65)

परिषद" नामक संस्था बनाई, जिसका अध्यक्ष सोनिया गांधी को बनाया गया। कुछ समय बाद, किसी संवैधानिक कारण से नहीं, बल्कि "लाभ का पद" के बहाने जब मामला उछला तो 2006 में सोनिया को इस पद से त्याग–पत्र देना पड़ा। इसके साथ ही राष्ट्रीय सलाहकार परिषद को भी भंग कर दिया गया। गोया की वह सुपर मंत्रिमंडल सोनिया गांधी के लिए ही बनाया गया था। तत्पश्चात् संविधान और 1950–1951 के चुनाव कानूनों में संशोधन कर "लाभ के पदों" को अयोग्यता बनने से बाहर करने का कानून पास करवाया और उसे 1950 से प्रभावी किया गया।

आज मार्च, 2010 में फिर से राष्ट्रीय सलाहकार परिषद का गठन करके सोनिया गांधी को उसका अध्यक्ष बनाया गया है। वैसे भी बिना किसी संवैधानिक पद के संसदीय गठबंधन (यूपीए) की अध्यक्षा होने के बहाने सरकारी हलकों, विज्ञापनों में सोनिया गांधी को प्रधानमंत्री मनमोहनसिंह से ज्यादा महत्व दिया जा रहा है।

प्रेसीडियम के संबंध में ब्रावाशाव के विचार हैं कि प्रेसीडियम के ऐसे व्यक्ति सदस्य बनाये जाते हैं, जो राष्ट्र के सम्पूर्ण जीवन के ज्ञाता होते हैं तथा राष्ट्र के हितों को देखना तथा राष्ट्र की सेवा करना अपना परम कर्त्तव्य मानते हैं। प्रेसीडियम की सदस्यता में राष्ट्र के सर्वोच्च राजनैतिक नेता स्थान प्राप्त करते हैं। इनके अलावा बड़े–बड़े औद्योगिक संस्थानों के कर्मचारी भी इसकी सदस्यता प्राप्त करते हैं। अतः प्रेसीडियम तथा जनता के बीच का यह घनिष्ट संबंध प्रेसीडियम को समाज की आवश्यकता का ज्ञान तथा समाजवादी समाज की रचना की आवश्यकताओं का ज्ञान तथा जनता की पहल बनाए रखने की लाभदायक प्रेरणा देता रहता है।[8]

"सारांश यह है कि मंत्रिपरिषद या प्रेसीडियम दल के नेतृत्व द्वारा बनाया या बिगाड़ा नहीं जा सकता है। जैसे इंग्लैण्ड या अन्य मंत्रिमंडलात्मक शासन पद्धति में होता है। और जैसा कि भारत में भी होता है। यहां एक व्यक्ति दो विभिन्न संवैधानिक पदों पर रहकर भी सरकार को गिरवा सकता है।[9]

भारतीय लोकतंत्र को निरंकुश मंत्रिमंडल की आवश्यकता नहीं है, जो पार्टी नेतृत्व की कठपुतली हो, बल्कि चुनी हुई संसद के प्रति उत्तरदायी और जवाबदेह हो तथा उसके कार्य सिर्फ प्रशासनिक हों न कि कानूनों को, संविधान को और संसद को निर्देशित करने वाले हों।

जहाँ से कार्यपालिक या मंत्रिमंडल बेलगाम, असीमित शक्तियों का स्रोत हैं, वहीं से संसद को एक सीमित कार्य के लिए ही अधिकृत किया गया, वही सीमित कार्य निष्पादन के लिए भारतीय संसद अभिशप्त है। 1861 के भारत सरकार अधिनियम के द्वारा संसद (तत्कालीन विधान परिषद) को सिर्फ कानून बनाने का ही काम करने तक सीमित किया गया। आज भी संसद का अधिकार केवल कार्यपालिका द्वारा प्रस्तावित बिलों को कानून के रूप में पारित करना और कार्यपालिका से (यानी कि मंत्रिमंडल से) सरकार की कुछ गतिविधियों की जानकारी प्राप्त करना है। उनके बारे में बहस नहीं कर सकती। उसमें संशोधन का सुझाव नहीं दे सकती और वह गतिविधि या कार्यवाही जनता या राष्ट्र के हित में सही नहीं है तो संसद उसे रद्द नहीं

---

8. *सोवियत समाजवादी गणतंत्र संघ की शासन पद्धति,* शुभदा तेलंग, पृ. 215।

9. 1999 में केन्द्र में अटल बिहारी वाजपेयी की मिली–जुली (एन.डी.ए. की) सरकार को कांग्रेस के सांसद, जो कि तब तक उड़ीसा का मुख्यमंत्री (बिना विधानसभा चुनाव के) बनाया जा चुका था, को सरकार के विरुद्ध मतदान करने के लिए संसद में बुलाया गया था और उसी के एकमत से वाजपेयी की तेरह माह पुरानी सरकार गिर गई थी, परन्तु कांग्रेस भी तब सरकार नहीं बना सकी थी और संसद भंगकर नए चुनाव करवाए गए थे।

कर सकती। इस प्रकार भारत की वर्तमान संसद संविधान के अनुसार भी कार्यपालिका की इच्छाओं की पूर्ति करने वाली एक इकाई मात्र बनी हुई है। लोकतंत्र में संसद के ऐसे स्वरूप को स्वीकार नहीं किया जा सकता, इसका स्वरूप बदलना ही होगा।

चुनी हुई संस्था या संसद के स्वरूप का मूल्यांकन कैसे किया जा सकता है कि वह सही मायने में जनता की प्रतिनिधि है और वह देश और जनता के हितों की रखवाली है और वह किसी के भी नियंत्रण से मुक्त है। समय के साथ इसके मापक मानदंड बदलते रहते हैं, परन्तु मुख्य रूप से संसद के अधिकार क्षेत्र विधान–कानून बनाने की प्रक्रिया, जवाब तलब करने और उन्हें सही करने का अधिकार ही संसद के जनोन्मुखी चरित्र को तय करता है और साथ ही उसमें किया जाने वाला प्रतिनिधित्व भी महत्वपूर्ण मानदण्ड है।

पिछले अध्यायों में जैसा कि उल्लेख किया गया है, भारतीय संसद सिर्फ पार्टी प्रतिनिधियों की संस्था बना दी गई है, इसमें न तो जनता का प्रतिनिधित्व है और कार्रवाइयों में ना ही कोई झलक या चिन्ता मिलती है जनहित की। कानून–विधानों का निर्माण केवल सत्ताधारी पार्टी की इच्छाओं और आवश्यकताओं को देखते हुए किया जाता है, जबकि प्रजातांत्रिक संसद के स्वरूप के बारे में उल्लेख इस प्रकार किया गया है।

सर्वोच्च सोवियत के विषय में यह कहा जाता है कि संसार की सबसे अधिक प्रजातांत्रिक संसद सर्वोच्च सोवियत है, क्योंकि इसकी रचना पर दृष्टिपात करने पर ज्ञात होता है कि इसमें सभी वर्गों के लोगों को प्रतिनिधित्व दिया प्राप्त होता है और संविधान के शब्दों को व्यावहारिक स्वरूप देते हुए इस संसद में लिंग, जाति, भाषा, धर्म, जन्म, सामाजिक स्तर आदि के भेद के बिना सभी को मतदान करने का तथा डेपुटी (प्रतिनिधि) बनने का पूर्ण अधिकार दिया गया है। इस प्रकार संविधान के शब्दों का अक्षरशः पालन किया गया है। सारांश यह है कि इसमें श्रमिक, किसान, विद्वान समाज, बौद्धिक वर्ग, सैनिक, अधिशासी वर्ग इत्यादि और सभी आयु के स्त्री–पुरुषों और विभिन्न जातियों, राष्ट्रीयताओं के लोगों को स्थान दिया गया है। इस दृष्टि से यह कहना यथार्थ होगा कि सर्वोच्च सोवियत जनमत रूपी वायु को मापने का मंत्र है। सर्वोच्च सोवियत की प्रतिनिधि संख्या देखकर इस बात का स्पष्ट अनुमान लगाया जा सकता है, क्योंकि इसके समस्त प्रतिनिधियों में 38 प्रतिशत कर्मकार श्रमिक तथा 26 प्रतिशत किसान हैं और 36 प्रतिशत बौद्धिक स्तर के प्रतिनिधि चुने जाते हैं। 1958 में सर्वोच्च सोवियत के 1378 निर्वाचित सदस्यों में से 831 किसान मजदूर थे और शेष बुद्धिजीवी वर्ग के

थे, जिसमें 159 विज्ञान, संस्कृति, साहित्य तथा कला के क्षेत्रों में काम करने वाले थे।[10]

इसके विपरीत भारत में मजदूरों, किसानों का तो कहीं नामोंनिशान ही नहीं है। विज्ञान, कला साहित्य क्षेत्र के लोगों पर एहसान करके केवल बारह व्यक्तियों को राज्यसभा के लिए नामांकित किया जाता है। इस स्थिति को स्वीकार नहीं किया जा सकता। संसद के ऐसे स्वरूप को बदलना ही होगा।

आमतौर पर संसद के अधिकार क्षेत्र का उल्लेख स्वयं संविधान में होता है। भारतीय संसद को कानून बनाने और संविधान में संशोधन करने का अधिकार है, परन्तु वह अपनी स्वयं की पहल पर कोई बिल या विधेयक नहीं ला सकती। केवल मंत्रिमंडल ही बिल या विधेयक संसद में ला सकता है। यदि किसी सदस्य द्वारा विधेयक प्रस्तुत किया जाए तो उसके पारित होने का तो प्रश्न ही नहीं उठता। उस पर बहस तक नहीं की जाती और मंत्री आश्वासन देता है कि माननीय सदस्य की चिन्ताओं पर विचार किया जाएगा।

अन्य किसी भी मामले पर संसद को निर्देश देने का अधिकार नहीं है, सिवाय उसके संबंध में सूचनाएं, जानकारियां प्राप्त करने के काम, करना, नहीं करना कार्यपालिका पर निर्भर है। इसकी बानगी सैकड़ों जांच आयोगों की रिपोर्ट के मामलों में देखी जा सकती है। यदि सरकार उस रिपोर्ट को स्वीकार नहीं करती है तो उसे संसद में भी प्रस्तुत नहीं किया जाता। यदि प्रस्तुत की भी जाती है तो सरकार द्वारा "कार्रवाई रिपोर्ट" देखकर मामले को सरकारी दफ्तरों के हवाले कर दिया जाता है। इसके विपरीत अमरीका की संसद को कानून बनाने संबंधी बहुत से अधिकार हैं। कोई भी प्रतिनिधि अपना विधेयक प्रस्तुत कर सकता है और वह पारित भी हो जाता है।

सोवियत संविधान में संसद, सर्वोच्च सोवियत के कार्यों और अधिकार क्षेत्रों का उल्लेख अनुच्छेद 14, 31, 38, 46, 47, 49, 50, 56 तथा 146 में किया गया है, जिनमें संसद किसी कार्यपालिका, मंत्रिमंडल या पार्टी की मुखापेक्षी न होकर स्वतंत्र रूप से कार्य करती है। यहां विस्तार से उल्लेख नहीं करके, संक्षेप में उल्लेख करना ही पर्यात होगा।[11]

अन्य देशों के लिए अन्तर्राष्ट्रीय संबंधों के समझौतों के निर्णय, अनुमोदन या उन्हें रद्द करना। संघ के गणतंत्रों द्वारा विदेशों के साथ संबंधों की सामान्य प्रक्रिया तय करना।

---

10. कु. शुभदा तेलंग, वही, पृ. 143–144।

11. सोवियत संघ के संदर्भित संविधान का पाठ परिशिष्ट में दिया गया है।

- युद्ध और शान्ति सम्बन्धी प्रश्न।
- नये गणतन्त्रों को संघ में शामिल करना।
- संविधान की अनुपालना पर नियन्त्रण।
- गणतन्त्रों का पुनर्सीमांकन।
- सेना का गठन और उनके प्रशासन, संचालन संबंधी सामान्य सिद्धान्तों का निरूपण।
- सरकार नियन्त्रित विदेश व्यापार।
- राज्य की सुरक्षा।
- राष्ट्रीय योजना का निर्माण।
- बजट संबंधी समस्त कार्य।
- बैंकों, कृषि, उद्योगों जो राष्ट्रीय महत्व के हों का प्रशासन।
- यातायात और संचार का प्रशासन।
- जल, जंगलात, खनिज एवं भू–उपयोग के सामान्य सिद्धान्त तय करना।
- शिक्षा और स्वास्थ्य के सामान्य सिद्धान्त तय करना।
- राष्ट्रीय आर्थिक सांख्यिकी का एकरूप संगठन करना।
- श्रम कानूनों के सिद्धान्त तय करना।
- न्यायपालिका, अपराध एवं सिविल मामलों संबंधी कानून बनाना।
- नागरिकता एवं विदेशियों के अधिकार संबंधी कानून बनाना।
- परिवार एवं विवाह संबंधी कानून बनाना।
- संसद के दोनों सदनों को कानून बनाने की पहल का समान अधिकार।
- सर्वोच्च सोवियत संघ का अध्यक्ष मंडल सर्वोच्च सोवियत का अधिवेशन बुलाता है।
- कोई भी एक गणतन्त्र सर्वोच्च सोवियत का अधिवेशन बुलाने की मांग करता है तो वह बुलाया जाना।
- दोनों सदनों में किसी विषय पर मत विभेद होने पर मामला समझौता आयोग को भेजना तथा कोई समझौता नहीं होने पर अध्यक्ष मंडल द्वारा सर्वोच्च सोवियत के दोनों सदनों को भंग कर दो माह में चुनाव करवाना।

- सोवियत संघ में प्रचलित कानूनों की व्याख्या करना।
- मंत्रिमण्डल के निर्णयों को रद्द करना, जो कि कानून के अनुसरण में नहीं हों।
- अलंकरण स्थापित करना।
- क्षमादान।
- सैनिक अलंकरण स्थापित करना।
- राजदूतों की नियुक्ति और उन्हें वापस बुलाना।
- मार्शल लॉ लगाना।
- किसी सदस्य के चरित्र एवं गतिविधियों की जांच करवाना और तद्नुसार कार्यवाही कर सदस्य की सदस्यता समाप्त करना।
- दोनों सदनों की एकीकृत बैठक में मंत्रिमंडल की नियुक्ति करना।
- दोनों सदनों की अलग–अलग बैठकों में दो तिहाई बहुमत से संविधान संशोधन।

इनके परिप्रेक्ष्य में भारतीय संसद एक प्रकार से अधिकारहीन है। प्रजातन्त्र में ऐसी अधिकारहीन संसद का कोई महत्व एवं औचित्य नहीं है। इसे आमूल रूप से बदलना ही होगा। इसे लोकतान्त्रिक अधिकारों से सम्पन्न बनाना होगा।

जो बातें संसद को नाकारा बनाती हैं, अनुपयुक्त बनाती हैं, उनमें सबसे पहली यह है कि सांसदों के चुनाव के लिए नामांकन की गलत पद्धति। इस पद्धति में पूँजीवादी विचारधारा के अनुरूप सिर्फ चुनिंदा व्यक्तियों का ही नामांकन किया जाता है। इनके चयन में विभिन्न वर्गों का प्रतिनिधित्व कतई नहीं होता है। इस प्रकार यह पद्धति सापेक्ष नामांकन पद्धति न होकर निरपेक्ष है, जिसमें वास्तविक जनता से कोई लेना देना नहीं होता है।

इस निरपेक्ष नामांकन पद्धति को वर्तमान पद्धति में कानूनों के द्वारा और मजबूत किया जाता रहा है, ताकि पार्टी पद्धति के एकाधिकार के नाम पर आम जनता को प्रतिनिधित्व से दूर रखा जा सके। लगातार चुनावों के लिए अमानत राशि का बढ़ाना, प्रस्तावकों व अनुमोदकों की संख्या में निरन्तर वृद्धि करना, चुनावों के लिए जनसंगठनों के बदले राजनीतिक पार्टियों को ही महत्व देना, ऐसे ही कुछ तत्व हैं, जिनसे वास्तविक जनता को लोकतांत्रिक संस्थाओं से दूर रखा जा रहा है। इसी कड़ी में पार्टी अधिनायकवाद को प्रत्यक्षतः लागू किया गया है। 1985 के बावनवें संविधान संशोधन (जिसे दलबदल विरोधी

कानून के नाम से जाना जाता है) के द्वारा इसे संवैधानिकता प्रदान कर दी गई है।

किसी प्रत्याशी का नामांकन किसी पार्टी विशेष द्वारा किया जाता है, जिसमें उस क्षेत्र विशेष का प्रतिनिधित्व कम और जाति, धर्म और धन–बल से जीतने की संभावना को ज्यादा देखा जाता है। राजनीतिक पार्टियों के इस उत्तरदायित्वहीन नामांकन पद्धति ने कुछ चुनिंदा व्यक्तियों को ही चुने जाने की कानूनी पृष्ठभूमि बना दी गई है, जिसके अनुसार चुनाव कानूनों में निरन्तर परिवर्तन किए जाते रहे हैं। प्रारम्भिक वर्षों में चुनाव कानूनों में "गैर–कानूनी काम करने वाले" की अयोग्यता का प्रावधान निकाला गया, फिर किसी भी प्रांत या क्षेत्र का रहने वाला हो, उसे स्थानीय मतदाता सूची में नाम लिखवाए या बिना नाम लिखवाये प्रत्याशी बनने से नहीं रोका जा सकता है। ऐसे में यह संभव ही नहीं है कि वह जनता का उस प्रान्त का सही प्रतिनिधित्व होता हो। लोकसभा चुनावों में तो किसी को भी कहीं से भी प्रत्याशी बनाया जा सकता है।

पूंजीवादी व्यवस्था में सरकार का उत्तरदायित्व होता है कि पूंजीवाद के लिए अबाध रूप से कार्य करे, परन्तु लोकतन्त्र में पूंजीपतियों को अपनी राजनीतिक पार्टियों पर पूरा भरोसा भी नहीं होता है। अतः वे अपनी समानान्तर व्यवस्था खड़ी करते हैं, जैसे गैर–सरकारी सशस्त्र संगठन, समानान्तर व्यापार (तस्करी) और नकली उत्पादन व्यवस्था भी कायम करते हैं तथा इनकी आपसी प्रतिद्वंद्विता खूनी संघर्षों का रूप ले लेती है। वे ही गैर–सरकारी सशस्त्र संगठन (गुट) अपनी–अपनी राजनीतिक पार्टियों के लिए भी मौके–बेमौके और विशेष रूप से चुनावों के दौरान खूनी संघर्ष के द्वारा अपनी–अपनी पार्टियों को जिताने के लिए काम करते हैं। जीतने के बाद उन्हें सुविधाएं देना राजनीतिक पार्टियों का नैतिक कर्त्तव्य बन जाता है, जिसे अन्ततः अगले चुनावों में प्रत्याशी बनाकर कानूनी व संवैधानिक बना दिया जाता है। ऐसे ही सांसद क्या कर सकते हैं? राजनीतिक पार्टियों की इच्छाओं और योजना और सिद्धान्तों के अनुरूप जनहित के किसी भी मामले में बहस को टालना, हंगामा करके, ताकि लूला–लंगड़ा विधायी कार्य मिनटों में सम्पन्न कराया जा सके।

इस संबंध में कई कांक्लेव, सेमिनार, गोष्ठियां आदि सैकड़ों की तादाद में आयोजित की जाती है, जिनमें सुधार के सुझाव दिए जाते हैं कि न्यूनतम शिक्षा स्तर तय किया जाए। राजनीतिक पार्टियों को चुनावों का खर्चा सरकार की तरफ से दिया जाए। एक आयु पश्चात् व्यक्ति को चुनाव लड़ने से रोका जाए, ताकि युवा सामने आए, आदि–आदि। परन्तु क्या ये लोकतन्त्र के

परिचायक हैं? पूँजीवादी विद्वत्परिषद से इस प्रकार के बेतुके सुझावों की उम्मीद की जा सकती है।

अतः नामांकन की वर्तमान पद्धति को स्वीकार नहीं किया जा सकता। इसके लिए चुनाव क्षेत्र के विभिन्न संगठन तय करेंगे कि उनका प्रत्याशी कौन होगा। उनके नामांकित व्यक्तियों में से ही संसदीय विधानसभा प्रत्याशी बनाया जाए।

× × ×

आंध्रप्रदेश उच्च न्यायालय के न्यायाधीश जस्टिस वी.वी. राव ने न्यायपालिका में ई–गवर्नेस को लेकर पढ़े गए अपने पर्चे में यह बताया कि देश के सभी छोटे–बड़े न्यायालयों में 3 करोड़ 12 लाख 8 हजार मामले विचाराधीन हैं तथा न्यायाधीशों की मौजदा संख्या बल के आधार पर इन्हें निपटाने में 320 वर्ष लगेंगे। यह भी बताया कि तीन–चार माह में लगभग 14 लाख मुकदमे बढ़ गए हैं। उनके अनुसार अधीनस्थ न्यायालयों में 2.72 करोड़, उच्च न्यायालयों में 40 लाख तथा उच्चतम न्यायालय में 55 हजार मामले लम्बित हैं। इनमें से 60 प्रतिशत लम्बित मामले सरकारी हैं, जिनमें मुख्य रूप से 19 विभागों से संबंधित हैं। सरकार के खिलाफ सबसे ज्यादा मामले टैक्स से संबंधित हैं।

न्यायाधीश के कामों में आधुनिकतम तकनीक का उपयोग किए जाने के प्रश्न को एक गम्भीर समस्या से जोड़कर जस्टिस वी.वी. राव ने अनायास ही न्याय प्रणाली पर प्रश्नचिह्न लगा दिया है। न्याय आखिर क्या है? मुख्यतः किसी विवाद का प्रचलित मान्यताओं के आधार पर निर्णय करना। परन्तु प्रचलित मान्यताएं समाज के विकास के साथ नहीं चले तो वह समाज के पिछड़ेपन का ही द्योतक है। यदि प्रचलित मान्यताओं को कानूनी रूप दिया गया है तो निश्चित रूप से कानून को भविष्य की ओर देखने वाला होना चाहिए। परन्तु भारत की न्याय व्यवस्था प्रारम्भ से ही कार्यपालिका की अनुगामी, परन्तु उसके लिए अंकुश के रूप में काम करती रही है। इसके बावजूद अधिसूचनाओं, नियमों, विनियमों आदि के माध्यम से जारी नौकरशाही के दुराग्रहों के बीच में ही न्यायपालिका की स्वतन्त्रता सिमटी हुई है। वह केवल उनकी व्याख्या और उनका औचित्य सिद्ध करने को ही 'न्याय' मानने को बाध्य हैं।

यह एक प्रत्यक्ष तथ्य है कि न्यायपालिका को अपने निर्णयों के लिए साक्ष्य एवं जाँच रिपोर्टें कार्यपालिका के विभिन्न अंगों के द्वारा ही उपलब्ध करवाए जाते हैं। न्यायपालिका की अपनी कोई जांच–पड़ताल करने की मशीनरी नहीं

है। अतः जैसा साक्ष्य रिपोर्ट आदि कार्यपालिका प्रस्तुत करती है, उन्हीं के आधार पर कार्यपालिका द्वारा पारित कानूनों और जारी अधिसूचनाओं, नियमों–विनियमों की शब्दावली के बीच में रहते हुए ही अपने फैसले देने को बाध्य है, जो कि काफी हद तक अन्याय की श्रेणी में आ जाते हैं और लम्बे समय तक अपीलों आदि में मामले अटके रहते हैं। यह एक तथ्य है कि न्यायालयों में साठ प्रतिशत मुकदमे सरकार से संबंधित हैं और लगभग सभी का कारण नौकरशाही के पूर्वाग्रहोंपूर्ण निर्णय एवं आदेश होते हैं।

ये सब क्या समाज को आगे ले जाने वाले हैं? भारतीय कानून अपने अधिकतम स्वरूप में चारित्रिक रूप से प्रतिबंधात्मक एवं नकारात्मक है। जैसा कि पिछले अध्यायों में यथाप्रसंग उल्लेख किया जा चुका है। कानून उपलब्धियों को संरक्षण देकर भविष्य के विकास के लिए प्रेरित करने वाला होना चाहिए। इसी अवधारणा को लेकर कई न्यायाधीशों ने अपने फैसले भी दिये हैं, परन्तु राजनीतिक पार्टियों के सामाजिक स्वार्थों के चलते उन प्रगतिगामी फैसलों को नाकारा बना दिया गया। इसका उदाहरण चौबीसवें संविधान संशोधन के पहले और बाद के कुछ संवैधानिक निर्णयों में देखा जा सकता है। न्याय और कानूनों की सभी प्रगतिशीलता पर स्वयं संविधान के अनुच्छेद 37 में नकारात्मक व्यवस्था कर दी है, तब भारत की जनता, भारत का विधान, भारत की शासन व्यवस्था प्रगति की ओर उन्मुख कैसे हो सकती है?

ऐसी गतिहीन कानूनी व्यवस्था और ऐसी न्याय व्यवस्था को स्वीकार नहीं किया जा सकता है। विधि व्यवस्था और न्याय प्रणाली दोनों ही एक–दूसरे की पूरक हैं, अतः इन दोनों को ही बदलना होगा।

भारतीय कानूनों और अपराध जगत में एक विशिष्ट प्रकार की एकात्मता नजर आती है। भारतीय न्याय प्रणाली में अपराध की जांच के बदले किसी एक या एक से अधिक व्यक्तियों को अपराध के लिए आरोपित किया जाता है, फिर कार्यपालिका (पुलिस) उसके विरुद्ध साक्ष्य इकट्ठा करने लगती हैं। यह प्रणाली ऐसी है कि मूल अपराधी स्वतंत्र घूमता रहता है, उसके बदले किसी को भी अपराध बनाकर कानूनी कार्यवाही की जाती है। न्यायपालिका उसके विरुद्ध दिए गए साक्ष्यों के आधार पर या तो उसे दण्डित करेगी या उसके अपराधमुक्त कर देगी। दोनों ही स्थिति में अपराध के केन्द्र मुख्य अपराधी अन्य अपराधों में संलग्न रहते हैं।

अपराध विधान की इस व्यवस्था को स्वीकार नहीं किया जा सकता। अपराध का अन्वेषण करने पर अपराध मिटता है, समाज प्रगति के लिए भयमुक्त होता है। आरोपित को दण्डि करना अपराधी को दण्डित करना नहीं होता। यहां भी कार्यपालिका अपराधी को बचाकर अपराधों को बढ़ावा देती

है, चाहे वह कैसा भी हो। भ्रष्टाचार भी ऐसा ही एक अपराध है, जिसको पाला पोसा जाता है। केवल आरोपित को दण्डित करके जबकि कार्यपालिका के आरोप लगाने वाले अधिकारी स्वयं उस अपराध के आरोपित होते हैं। ऐसा ही अन्य अपराधों के मामले में होता है।

ऐसी व्यवस्था को बदलना ही होगा।

अन्य सामानों के अलावा विशेष रूप से खाद्यान्नों के व्यापार के संबंध में मुनाफाखोरी का निकृष्ट रूप सभी जानते हैं, परन्तु सरकारी स्तर पर खाद्यान्नों की खरीद और उनके वितरण की विसंगतियों को सरकारी तंत्र की लापरवाही मात्र कहकर विषय की गम्भीरता को अनदेखा नहीं किया जा सकता। पहले कभी अकालों के समय दुर्भिक्षों और महामारियों के समय में यातायात की पर्याप्त सुविधाएं नहीं होने के बहाने खाद्यान्न एवं अन्य आवश्यक वस्तुएं नहीं पहुंचाना और लोगों को मरने के लिए अपने हाल पर छोड़ देना, समझा जा सकता है। परन्तु आज जब यातायात केवल कुछ ही घटों में कहीं भी पहुंचने की क्षमता रखता है और सरकारी स्तर पर खाद्यान्नों का पर्याप्त भण्डार, अच्छी किस्म का, तुलनात्मक रूप से कम भावों में खरीदा जाता है और भण्डारण की वैज्ञानिक और उन्नत पद्धतियां उपलब्ध हैं, तब भी बिना किसी अकाल या दुर्भिक्ष के जब व्यक्ति पेड़ों की छालें, जहरीली वनस्पतियों को धोकर, पीसकर रोटी बनाकर या सत्तू के रूप में खाकर पेट भरने को बाध्य हो[12] और लाखों टन अनाज सरकारी नियन्त्रण में खुले आसमान के नीचे सड़ रहा हो[13] तो उसे क्या कहा

---

12. हर्ष मंदर का आलेख "भूखी रातों का सबक" जो 23 अप्रैल 2010 को *दैनिक भास्कर* में छपा था, परिशिष्ट में दिया गया है।

13. पंजाब, हरियाणा, उत्तर प्रदेश जहाँ देश का सबसे अधिक गेहूं व चावल पैदा होता है, सरकारी संस्था भारतीय खाद्य निगम हर साल लाखों टन खरीदता है। करीब पचास वर्षों से कार्यरत खाद्य निगम एक स्थायी सरकारी आढ़त होने के बावजूद भंडारण की कोई सुव्यवस्थित पद्धति नहीं अपनायी जाती और लाखों टन अनाज की बोरियों को खुले आसमान के नीचे बारिश आदि में सड़ने के लिए छोड़ दिया जाता है। परिणामस्वरूप वहां अनाज खराब हो गया है और यातायात के अत्याधुनिक संसाधन होने के बावजूद उड़ीसा, बिहार, तेलंगाना, विदर्भ, छत्तीसगढ़, झारखण्ड, मध्यप्रदेश और आंध्रप्रदेश में भूख से पीड़ित इलाकों में वितरित नहीं किया जा रहा है। ऐसी रिपोर्टं यदा–कदा संचार माध्यमों में दी जाती रही हैं। गेहूँ, चावल सड़ने की रिपोर्टें जी–टेलीविजन के समाचार चैनल पर पिछले दिनों सरकारी खबर के रूप में प्रसारित की गई है। उच्चतम न्यायालय ने एक जनहित याचिका के मामले में कहा है कि यदि सरकार के पास अनाज रखने की उचित व्यवस्था नहीं है तो उसे गरीबों में बांट दे। जवाब में कृषि मंत्री शरद पवार ने कहा था कि अनाज गरीबों में मुत नहीं बांटा जा सकता है। बीच में यह खबरें आने लगी कि शराब बनाने वालों के लिये अनाज को सड़ाया जाता है।

जाएगा? निश्चित रूप से सरकारी स्तर पर पूँजीवादी सोच और उनका हित चिन्तन के अलावा यह और कुछ भी नहीं है।

यह ऐतिहासिक तथ्य है कि पूँजीवाद यह सब अधिक लाभ कमाने, धन संचय करने, पूँजी की वृद्धि करने के लिए करता है और जब आर्थिक संकट खड़ा होता है, तब वह उपलब्ध उपभोक्ता वस्तुओं का समुचित वितरण न करके उन्हें नष्ट करता है, ताकि मांग बनी रही, जनता चाहे भूखों मरे या किसी महामारी से मरे।

ठीक उसी सिद्धान्त के अनुसरण में सरकार द्वारा दो रुपये किलो गेहूं और तीन रुपये किलो चावल देने की योजना की घोषणा के बावजूद लाखों टन अनाज को नष्ट किया जा रहा है और लाखों की आबादी भूख मिटाने के लिए सूखी लकड़ियों और वनस्पति का तथा बरसात में मौसमी घोंघों का इस्तेमाल कर रही है, तब सहज ही यह साफ हो जाता है, पूँजीवादी व्यवस्था का सामाजिक आर्थिक दर्शन क्या है?

इसको बदलना ही होगा। प्रत्येक व्यक्ति से उसकी योग्यता के अनुसार काम लिया जाए और उसके काम के अनुसार उसे वेतन, उपभोग के संसाधन दिये जावें तब आगे प्रत्येक से उसकी योग्यता के अनुसार और प्रत्येक को उसकी आवश्यकता के अनुसार का सिद्धान्त अमल में लाया जाए।

पूँजी की वृद्धि के लिए विक्रय के लिए उत्पादित 'माल' (Commodity) की तलाश आगे बढ़कर प्राकृतिक संसाधनों (नीम, हल्दी, आम, चावल, गेहूं, कपास जैसी वस्तुओं को पेटेंट करवाकर अपनी सम्पत्ति बना लेना), व्यक्ति के सोचने समझने का भी माल के रूप में इस्तेमाल करना, यहाँ तक कि स्वयं मनुष्य को एक माल के रूप में बाजार में ले आना प्रकट लक्षण है, पूंजी निर्माण के लिए निर्दयता के स्तर तक उतर आना। इसी का एक रूप है औरत को सम्पूर्ण रूप में एक माल बनाकर बाजार में उतार देना। वेश्यावृत्ति हालांकि मनुष्य के सभ्य बनने के साथ ही शुरू हो गई थी, परन्तु आज पूंजीवाद ने इसे समाज के सम्माननीय स्तर से गिराकर रख दिया है। इससे कई बुराइयां और बीमारियां व्यापक रूप से समाज में पैदा हो गई हैं, परन्तु पूंजीपतियों और उनके सम्भ्रान्तों को इससे कोई सरोकार नहीं है।

गुजराती लेखक रमणलाल बसंत लाल देसाई ने 'अप्सरा' नामक अपने ग्रंथ में स्त्री जाति के इतिहास और उनसे जुड़ी कई समस्याओं का जिक्र किया है और समय–समय पर उनके निदान और उत्थान के लिए किए गए प्रयासों का जिक्र किया है। इन प्रयासों में सबसे अधिक प्रशंसनीय स्तालिन द्वारा वेश्यावृत्ति के उन्मूलन के लिए 1928–29 में किए प्रयासों का उल्लेख

किया है। उनके अनुसार वेश्यावृत्ति के मूल कारणों में साम्यवादी विचारधारा भी दरिद्रता और बेरोजगारी को ही अग्र स्थान देती है। स्त्री को उदर पूर्ति का अन्य साधन न मिलने पर वह वेश्यावृत्ति में प्रवृत्त होती है। बेरोजगारी का जड़मूल से नाश करना आसान बात नहीं है। रूस में श्रमिकों के हाथ में शासन की बागडोर आने पर भी प्रजा के हर स्त्री–पुरुष के लिए अनुकूल और योग्य काम–धंधा तुरन्त उपलब्ध करना बड़ा मुश्किल और जटिल काम था। इस विषय में प्रगति क्रमशः ही होती है और पूरी अर्थव्यवस्था एवं उत्पादन व्यवस्था को योजनाबद्ध करने के बाद अपेक्षित परिणाम निकलने में वर्षों का समय लग जाता है। रूस ने राष्ट्र के प्रत्येक स्त्री–पुरुष का श्रम करने का और काम मांगने का अधिकार मान्य किया और इस ध्येय को प्राप्त करने की दिशा में उपाय योजना भी तुरन्त हुई। इससे अधिकाधिक स्त्रियों को रोजी मिलने लगी और गणिकावृत्ति का मूल कारण ही कमजोर हो गया।[14]

इसकी सफलता का उल्लेख श्री देसाई ने इस प्रकार किया है–"यौन रोगों की चिकित्सा करने वाले डॉक्टरों और समाजसेवकों ने मिलकर वैयक्तिक तौर पर मास्को और लेनिनग्राड की गणिकाओं की गणना करवाई थी। इससे मालूम हुआ कि इन दोनों शहरों की वर्तमान गणिका संख्या तीन हजार से अधिक नहीं है, जबकि जार युग में सन् 1913 के आसपास अकेले सेंट पीटर्स वर्ग (लेनिनग्राड) में चालीस हजार और मास्को में बीस हजार स्त्रियां वेश्यावृत्ति करती थीं। अन्य वैयक्तिक जांचें भी इसकी पुष्टि करती हैं। सन् 1914 में यौन रोगों से पीड़ित नागरिकों में से साठ प्रतिशत लोगों को रोगों का संसर्ग वेश्यागमन से होता था, जबकि क्रान्ति के कुछ वर्ष बाद यह प्रमाण आधा (लगभग 31 प्रतिशत) हो गया था। सन् 1924 तक आते–आते वेश्यागमन से यौन रोगों का संसर्ग प्राप्त करने वालों की संख्या 19 प्रतिशत और 1930 में केवल नौ प्रतिशत रह गई थी। ये संख्याएं मास्को के यौन रोग चिकित्सालय की हैं। छोटे शहरों में गणिका समागमजन्यरोग संसर्ग इससे भी कम पाया जाता है। सन् 1931 की जनगणना के अनुसार मास्को में 400 स्त्रियाँ उस समय तक वेश्यावृत्ति से गुजारा करती थीं, जबकि सन् 1928 में इनकी संख्या 3 हजार थी। ट्यूला नामक शहर में इन्हीं वर्षों के दरमियान गणिकाओं की संख्या 500 से घटकर सिर्फ 24 रह गई थी।[15] उपचार के लिए आने वाले रोगियों की संख्या का कम होना वेश्यावृत्ति कम होने का स्पष्ट और विश्वसनीय

---

14. *अप्सरा* रमणलाल बसन्तलाल देसाई (1892–1952) (हिन्दी) प्रचारक ग्रंथावली परियोजना, हिन्दी प्रचारक संस्थान, वाराणसी, (1989), पृष्ठ 497।

15. रमणलाल बसंतलाल देसाई, वही, पृ. 497।

प्रमाण है। रूस में सन् 1930 के बाद वर्षों में रोगियों के अभाव में कई यौन रोग चिकित्सालय बंद कर देने पड़े थे। जबकि पूंजीवाद में विकास के साथ–साथ वेश्यावृत्ति का स्वरूप और दायरा भी बढ़ जाता है। अब 'काल गर्ल' के रूप में और उनका व्यवसाय अश्लील फिल्मों आदि के रूप में इस कदर बढ़ा दिया गया कि वेश्यावृत्तिजन्य यौन रोग 'एड्स' आदि विश्व में महामारी के रूप में पूरे विश्व में फैल चुका है। किसी विश्वस्तरीय आयोजन के दौरान काल गर्ल्स के माध्यम से वेश्यावृत्ति की व्यावसायिक सम्भावनायें इस कदर देखी जाती हैं कि उसके लिए पूंजीपति बाकायदा तैयारी करते हैं।[16]

× × ×

विश्व में पंचवर्षीय योजना के जनक या आविष्कारक सोवियत संघ के जोजेफ स्टालिन ने 1935 में जब दूसरी पंचवर्षीय योजना के समय से पूर्व पूरा कर लेने की जब घोषणा की, तब उनका आत्मविश्वास सिर्फ इस बात के लिए ही नहीं झलक रहा था कि दूसरी पंचवर्षीय निर्धारित समय से एक वर्ष पहले पूरी हो गई थी, बल्कि इसलिए कि सोवियत रूस के विकास की मंजिल का एक पड़ाव निर्धारित समय से पहले पूरा हो गया था और रूसी जनता के उसी उत्साह को बनाए रखने के लिए सरकारी, सामाजिक और कानूनी वातावरण बनाने के लिए एक नए संविधान का निर्माण किया था, जिसे विश्व का अब तक का सबसे अधिक लोकतंत्रात्मक संविधान माना जाता है।

उस समय–समय से पूर्व दूसरी पंचवर्षीय योजना का पूरा किया जाना इस बात में नहीं झलकता है कि उस योजना के लिए निर्धारित राशि समय से पूर्व खर्च कर दी गई, बल्कि इस बात में झलकता है कि विकास के निर्धारित लक्ष्य प्राप्त कर लिए गए थे।

भारत में भी उसी के आधार पर पंचवर्षीय योजनाएं प्रारम्भ की गईं, लेकिन इन योजनाओं के भौतिक लक्ष्यों के बदले मौद्रिक (रकम) लक्ष्य रखे जाते रहे हैं और योजना की समाप्ति पर नौकरशाही और कार्यपालिका निर्धारित पूरी राशियां खर्च करने की रिपोर्ट प्रस्तुत कर स्वप्रशंसा में आत्ममुग्ध

---

16. दिल्ली में अक्टूबर, 2010 में होने वाले राष्ट्रमंडल खेलों के आयोजन के दौरान एक करोड़ कण्डोम वितरित करने की व्यवस्था की गई है। हिन्दू साधु वेशधारी पूंजीपतियों के इस व्यवसाय का एक प्रतिनिधि नित्यानन्द अभी कुछ समय पहले गिरफ्तार किया गया है। उसके बारे में कहा जा रहा है कि उसने उक्त खेलों के आयोजन के दौरान औरतें और लड़कियां उपलब्ध कराने की अन्तर्राष्ट्रीय स्तर पर बाकायदा व्यवस्थित तैयारियां कर रखी थीं।

हो जाते हैं और आकंड़ों का इतना जाल बुना जाता है कि लोग अपने आसपास के हालातों को देखकर सोचते हैं कि दूसरे इलाके में हुआ होगा।

बिहार विधानसभा में एक मामला तब आया था, जब केन्द्र और राज्यों में कांग्रेस की आदर्श सरकारें हुआ करती थीं। हुआ यह था कि बाढ़ से बचाव के लिए कहीं एक छोटा बांध बनाने के लिए राशियां स्वीकृत की गईं। दो साल बाद में उसी बांध की मरम्मत के लिए फिर अच्छी खासी रकम स्वीकृत करवाई गई, क्योंकि बाढ़ से उसे काफी नुकसान हो गया था। अगले वर्ष वहीं पर एक बांध बनवाने के लिए बहुत बड़ी रकम स्वीकृति का प्रस्ताव आया, तब खुलासा हुआ कि पहली बार बांध बनाने के लिए स्वीकृत की गई राशियां कार्यपालिका और नौकरशाही में आपस में बंट गई, बांध बना ही नहीं था। जब दूसरा इंजीनियर वहाँ पर नियुक्त हुआ तो उसने पाया कि बांध का तो नामोनिशान ही नहीं है। उसे अपने पूर्वगामी को बचाने के लिए मरम्मत के बहाने से राशि स्वीकृत करवाई और उसे भी सीधे ही बांट लिया गया। अब तीसरे इंजीनियर ने दोनों को बचाते हुए कि पिछली बाढ़ में पूरा बांध ही बहा दिया, नये सिरे से बांध जो बनवाना था।

एक और उदाहरण, जो कि *इण्डिया टुडे* (हिन्दी) में प्रकाशित हुआ था, एक मंत्री ने अपने चहेते एक इंजीनियर का स्थानान्तरण ऐसी जगह कर दिया, जिसे नितान्त 'सूखा' माना जाता था। इंजीनियर के ना–नुकूर करने पर मंत्री ने कहा कि वहां पर एक बहुत बड़ा प्रोजेक्ट स्वीकृत होने वाला है। इंजीनियर मन मारकर वहाँ चला गया। दो–तीन दिन बाद मंत्री ने एक सहायक को दस लाख रुपये लेने के लिए इंजीनियर के पास भेजा। इंजीनियर ने मना कर दिया। अंधे काम के लिए रकम लगाना इंजीनियर को ठीक नहीं लगा। नाराज होकर मंत्री ने उसका स्थानान्तरण अन्यत्र कर दिया।

ऐसी ही घटनाएं वर्षों से देश के हर कोने में मिल जाएंगी। वर्तमान में राष्ट्रीय ग्रामीण रोजगार गारंटी योजना, वृद्धों को पेंशन, परिवार नियोजन प्रोत्साहन योजना, अकाल राहत कार्य, बाढ़ राहत कार्य और कोई भी विकास कार्य ऐसे ही कार्य क्षेत्र हैं, जिनमें योजना के लक्ष्यपूर्ति के आंकड़े मात्र तैयार किए जाते हैं। पैसा नौकरशाहों, जनप्रतिनिधियों में ही बंटता है। जब कांग्रेस की आदर्श सरकार के युवा प्रधानमंत्री राजीव गांधी यह स्वीकारोक्ति कर रहे थे कि ऊपर से जारी होने वाले एक रुपये में से 15 पैसे भी अन्तिम छोर पर नहीं पहुंच पाते, तब किस प्रकार के विकास का दावा कर रहे थे। सरकार के बीच में ही बदल जाने से यदि पंचवर्षीय योजना भी बीच में ही बदल दी जाती है, तब किस तरह के विकास की बात कर रहे होते हैं।

ऐसी अर्थव्यवस्था ऐसी विकास योजनाएं स्वीकार नहीं की जा सकतीं। इनकी अवधारणा, इनके अन्तर्य, इनके सत्यापन की व्यवस्था को बदलना होगा।

भारतीय प्रशासन और अर्थव्यवस्था को अंग्रेज व्यापारी शासकों की दो विशिष्ट देन हैं–ठेकेदार और दलाल। ये दो ऐसे माध्यम है, जिनके जरिए सरकार अपने बहुत सारे प्रशासनिक और सामाजिक उत्तरदायित्वों से पिंड छुड़ा लेती है तथा सीधे जनता से सामना नहीं करने का आधार बना लेती है। ये दो माध्यम ही भारत में रिश्वतखोरी और काले धन को पैदा करने के लिए सर्वाधिक सुलभ और सामान्य माध्यम बन चुके हैं। कामों के लिए तय मानकों को अनदेखा कर अमानकों को मानक बनाना और उपलब्धियों के आंकड़े बनाना इनके द्वारा सम्भव है और लोक कल्याणकारी राज्य के लिए ये अपनी ही जनता के शोषण, कुपोषण का माध्यम बन चुका है।

अभी 1 अप्रैल, 2010 से 6 से 14 वर्ष के बच्चों के लिए अनिवार्य शिक्षा का अधिकार कानून लागू किया गया है, लेकिन शिक्षा दी कैसे जाएगी? स्वयं सरकारी स्रोत मानते हैं कि विद्यालय और शिक्षकों की व्यवस्था करते–करते तीन वर्ष लग जाएंगे। निजी स्कूलों के संचालक कहते हैं कि गरीब बच्चों को 25 प्रतिशत भर्ती करने से दूसरे बच्चों का स्तर गिरेगा। इस प्रकार के कई बहाने बनाये जा रहे हैं।

अनुमान है कि लगभग एक करोड़ बच्चों को इस अधिनियम के अन्तर्गत शिक्षा मिलेगी। वैसे तो ऐसे बच्चे गांवों में फैले हुए हैं, जिनको स्कूल का रास्ता दिखाने के लिए लगभग उतने ही स्कूल बनाने होंगे, जितने कि गांवों में स्कूल नहीं है। फिर भी साधारण अनुमान लगाया जाए तो एक करोड़ बच्चों को आठवीं कक्षा तक पढ़ाने के लिए आठ गुना बच्चे अर्थात् 8 करोड़ बच्चे होंगे और इन्हें पढ़ाने के लिए 16 लाख शिक्षक आवश्यक होंगे। पाठ्य सामग्री और मध्यान्ह भोजन आदि अलग है। उल्लेखनीय है कि प्राथमिक शिक्षा को पूरी तरह से राज्य सरकारों के कार्यक्षेत्र में दिया हुआ है और कोई भी राज्य सरकार धन के अभाव में इसे लागू करने की इच्छुक नहीं है। कम से कम तीन साल की मोहलत प्रत्येक राज्य सरकार ने मांगी है, जबकि ये ही राज्य सरकारें निजी शिक्षण संस्थाओं पर दबाव डाल कर जिन्हें भर्ती करवाएगी, वे बच्चे कौन होंगे, आप अनुमान लगा सकते हैं।

बिना किसी आधारभूत ढांचे के कोई भी योजना लागू नहीं की जा सकती और किसी भी योजना में आधारभूत ढांचे का कोई उल्लेख नहीं किया जाता है। ऐसी अर्थव्यवस्था, ऐसी विकास योजनाएं स्वीकार नहीं की जा सकतीं।

इनकी अवधारणा इनके अन्तर्य, इनके सत्यापन की व्यवस्था को बदलना ही होगा।

मानवता के लिए सबसे ज्यादा आवश्यक है सामाजिक सुरक्षा और लोकन्तत्र में सबसे ज्यादा अपेक्षित कार्य जो समाज या सरकार की ओर से अपेक्षित है, वह भी सामाजिक सुरक्षा। यदि लोकतन्त्र में भी सामाजिक सुरक्षा जनता को उपलब्ध नहीं करवाई जाती है तो ऐसे लोकतंत्र, ऐसी सरकार का जनता के लिए कोई मतलब नहीं रह जाता है।

भारत में सामाजिक सुरक्षा की मांग पर्याप्त समय से है, परन्तु जनता का विभाजन इस प्रकार से किया गया है कि उनके लिए समग्र रूप से कोई राष्ट्रीय सामाजिक सुरक्षा योजना नहीं बन पायी है। सरकारी कर्मचारियों को सामाजिक सुरक्षा के अन्तर्गत पेंशन योजना 2004 से बंद कर दी गई है। संगठित औद्योगिक संस्थानों के अधिकांश को पेंशन योजना, 1995 से शुरू की गई, लेकिन उसे भी समाप्त करने के प्रयास किए जा रहे हैं।

चूंकि "सामाजिक सुरक्षा" नामक विषय संविधान की उस सूची में शामिल है, जिस पर केन्द्रीय सरकार और राज्य सरकारें दोनों ही कानून बना सकती हैं। लिहाजा केन्द्रीय सरकार ने संगठित क्षेत्र के लिए योजना बना दी, परन्तु अन्य श्रमिकों के लिए टुकड़ों में सामाजिक सुरक्षा के नाम पर इस प्रकार पैसा बाँटा जाता है, जैसे राज परिवार उन लोगों को दान–दक्षिणा दे रहा हो। उनके वितरण के लिए आयोजित होने वाले समारोह लगभग इसी प्रकार के होते हैं। शेष असंगठित और कृषि क्षेत्र के लिए कोई सामाजिक सुरक्षा योजना नहीं है। यहां यह भी उल्लेखनीय है कि विभिन्न क्षेत्रों को नियंत्रित करने वाले विभाग अपनी–अपनी एकाकी योजनाएं लागू करते हैं, परन्तु उनका कोई प्रतिफल नहीं मिल पाता, बस आंकड़ों का जाल बुनकर बजट का पैसा लेना है।

अन्तर्राष्ट्रीयकरण के इस दौर में सामाजिक उत्तरदायित्व पूरी तरह से अनदेखे अनावश्यक बना दिए गए हैं। केवल अन्तर्राष्ट्रीय पूंजी के हितों के लिए ही मानव संसाधनों सहित सारे संसाधनों का उपयोग करना ही एकमात्र उद्देश्य बना दिया गया है। भारत एवं अन्य विकासशील देशों की यही स्थिति है, जबकि विकसित देश अपने यहां की जनता के लिए विश्व के शोषण से पैदा की गई पूंजी के माध्यम से विशालकाय सामाजिक सुरक्षा योजनाएं चला रहे हैं। वहां प्रत्येक नागरिक को सामाजिक सुरक्षा उपलब्ध करवाना राष्ट्रीय आवश्यकता है और प्रत्येक नागरिक को सामाजिक सुरक्षा संख्या दी गई है, जबकि भारतीय लोकतन्त्र में संगठित क्षेत्र भी पूरी तरह से प्रचलित सामाजिक सुरक्षा के लिए पंजीकृत नहीं है। अनुमानित 46 करोड़ श्रमिकों में लगभग

5 करोड़ संगठित क्षेत्र के हैं, उनमें से 2 करोड़ कर्मचारी अलग करने पर तीन करोड़ संगठित क्षेत्र के कर्मचारियों के पेटे भविष्य निधि के सदस्य 4.50 करोड़ से अधिक बताए जाते हैं, जबकि लघु उद्योग संयत्र श्रमिक करीब 2 करोड़ है, जिन्हें सामाजिक सुरक्षा (भविष्यनिधि) के लाभ नहीं मिल रहे हैं। इसके विपरीत करीब 46 करोड़ आबादी सामाजिक सुरक्षा की पहुंच से पूर्णतया बाहर है। इन्हीं 46 करोड़ में से कुछ वृद्धों, असहायों, विधवा के लिए नाममात्र की पेंशन योजना है, जिनमें से भी फर्जी नाम लिखवाकर पेंशन लेने के मामले करीब–करीब हर राज्य में सामने आए हैं, जिन्हें पेंशन घोटालों के नाम से प्रकाशित किया गया है। सामाजिक सुरक्षा की ऐसी स्थिति को स्वीकार नहीं किया जा सकता। इसे बदलना ही होगा। जनता के प्रति सरकारी सोच, सरकारी दृष्टिकोण को बदलना ही होगा।

× × ×

प्रत्येक देश के कुछ गौरव होते हैं, जिन्हें राष्ट्रीय स्तर पर अंगीकार कर उनको उत्सव के रूप में मनाया जाता है। राष्ट्रीय त्यौहार, जिनमें देश की संस्कृतियां झलकती हैं, तिथियां, जो जनभावनाओं को उनकी सांस्कृतिक उत्साह को प्रस्फुटित करती हैं। ऐसे ही कुछ तिथियां ऐसी होती हैं, जिनमें ऐतिहासिक भावनात्मक लगाव होता है। ऐसी ही तिथियों में स्वतन्त्रता दिवस भी एक है। ऐतिहासिक परिप्रेक्ष्य में किस तारीख को यह गौरव हांसिल होना चाहिए।

यदि 1857 की किसी तारीख को नहीं भी लिया जाए तो बाद में कई ऐसी तारीखें आई हैं, जिनका स्वतन्त्रता आन्दोलन में ऐतिहासिक महत्व है–

- 1929 को कांग्रेस के लाहौर अधिवेशन में "पूर्ण स्वराज्य" की घोषणा जवाहरलाल नेहरू द्वारा की गई थी।
- 9 अगस्त, 1942 को महात्मा गांधी ने बंबई में "भारत छोड़ो" आन्दोलन की शुरुआत की थी।
- 21 अक्टूबर, 1943 को नेताजी सुभाषचन्द्र बोस ने "आजाद हिन्द सरकार" की स्थापना सिंगापुर में की और उस सरकार को अन्य देशों ने मान्यता भी दी थी।
- 2 सितम्बर, 1946 को जवाहरलाल नेहरू ने अन्तरिम प्रधानमंत्री के पद की शपथ लेकर पहले देशी मंत्रिमंडल का गठन किया।
- 21 जून, 1948 को अन्तिम ब्रिटिश सरकार के प्रतिनिधि गवर्नर जनरल लार्ड माउंट बैटेन ने गवर्नर–जनरल का पद छोड़ा और

भारतीय शासनाध्यक्ष चक्रवर्ती राजगोपालाचारी ने गवर्नर जनरल के पद की शपथ ली।

- 15 अगस्त, 1947 को ब्रिटिश संसद द्वारा बनाए गए "भारत स्वतन्त्रता अधिनियम, 1947" को लागू किया था। वस्तुतः 15 अगस्त, 1945 को आजाद हिन्द सेना ने लार्ड माउंट बैटेन के सामने अन्तिम रूप से समर्पण किया था और यह तारीख उसी की यादगार है[17], अन्यथा 15 अगस्त, 1947 को वही प्रधानमंत्री वहीं गवर्नर–जनरल थे।

यदि किसी अधिनियम को लागू करने के दिन को स्वतन्त्रता दिवस माना जाए तो भारत का स्वतन्त्रता दिवस 26 नवम्बर, 1950 होना चाहिए, जिस दिन भारतीय संविधान को अंगीकृत कर कुछ प्रावधानों को तत्काल लागू किया गया था।

कौन सी तारीख ऐतिहासिक रूप से देश के संघर्ष को, देश की भावनाओं को जनता की उच्च्च आकांक्षाओं को मुखरित करती है। वही "स्वतन्त्रता दिवस" की तारीख होनी चाहिए।

1975 में स्पेन का राष्ट्रगान, जिसमें तानाशाह जनरल फ्रांसिस्को फ्रांको की प्रशंसा के कुछ शब्द थे, को बंद कर दिया गया था, लेकिन राष्ट्रीय धुन वही रखी गई थी। सभी समारोहों में वह धुन ही बजायी जाती थी, उसके साथ कोई गान नहीं होता था। अभी पिछले सालों में 30–32 वर्षों बाद स्पेन ने 'एक नया राष्ट्रगान' अपनाया है, जो कि उसी धुन के अनुसार गाया जा सकता है। इसी प्रकार के परिवर्तन प्रायः हरेक देश में परिस्थितियों के अनुसार होते आए हैं। हो सकता है कभी भारत में भी ऐसा ही हो।

इसी प्रकार राष्ट्रीय तिरंगे झण्डे को कांग्रेस पार्टी ने अपना रखा है तो राष्ट्रीय पुष्प कमल को भारतीय जनता पार्टी ने अपना रखा है और यदि प्रतिद्वंद्विता में इन प्रतीकों का अपमान किया जाता है तो वह प्रत्यक्ष रूप से राष्ट्रीय प्रतीकों का अपमान होता है। अतः इस परम्परा को समाप्त करना होगा। राष्ट्रीय अस्मिता के प्रतीक सिर्फ राष्ट्रीय ही हों, कोई गुट, पार्टी या समूह उसे व्यक्तिगत हितों के लिए उनका दुरुपयोग नहीं करे।

---

17. *फ्रीडम एट मिडनाइट*, पृ. 169।

25

क्या करें

दिशाहीन होना और दिशाहीन बना दिया जाना प्रजातन्त्रों में बहुसंख्यक जनता से जुड़ा एक महत्वपूर्ण प्रश्न है। लोकतन्त्र में बहुसंख्यक जनता की आस्था उसी प्रकार की है, जिस प्रकार वह सामान्य रूप से भगवान में विश्वास करती है। उसके इसी विश्वास से तथाकथित अल्पसंख्यक जनता की प्रतिनिधि पार्टियां बहुसंख्यक जनता से धोखा करती आ रही हैं।

लोकतन्त्र को किसी सीमा में नहीं बांधा जा सकता। वह भौगोलिक सीमाओं से, राष्ट्रीयताओं और जातीय संकीर्णताओं से भी बहुत विशाल है। इसीलिए लोकतन्त्र में विभिन्न भू–भाग, विभिन्न राष्ट्रीयताएं, विभिन्न संस्कृतियां और विभिन्न जातियां एक साथ जुड़ सकती हैं और जुड़ना भी चाहिए। इस प्रकार जोड़ने की दूरदृष्टि पूंजीवादी दर्शन में नहीं होती। वह केवल तात्कालिक उपायों की ओर अधिक ध्यान देता है, उसका मुख्य उद्देश्य अधिक से अधिक "लाभ" और पूंजी की वृद्धि। इसके लिए वह कई प्रकार के कानून भी बनाने को प्रेरित करता है, बहुत सारे संगठन भी बनाता या बनवाता है, उन्हीं में से भविष्य के समाज की व्यवस्था का जन्म होता है। चाहे उसे किसी भी नाम से पुकारा जाए। इसका सबसे अच्छा उदाहरण है, संयुक्त राज्य अमरीका ने राज्यों को खरीदकर अमरीकी राज्यों का संघ बनाया है, वहीं दूरगामी दृष्टिकोण के तहत स्तालिन में 1936 के संविधान में एक अलग प्रकार के संघ की रूपरेखा बनाकर व्यावहारिक रूप दिया, जिसका आज तक कोई सानी नहीं है। उसमें आलोचक अनायास ही उसकी महत्ता को स्वीकारते हैं–

> "16 संघीय गणराज्यों का दर्जा एक राष्ट्र के समान है, जिसमें सोवियत रूस की आधी आबादी निवास करती है तथा क्षेत्रफल पूरे राष्ट्र का तीन चौथाई है तथा 17 स्वायत्तशासी गणराज्यों का दर्जा 16 संघीय गणराज्यों से कुछ कम है। इन स्वायत्तशासी गणराज्यों में तातार, याकूत, वाशकीर, बुरियात, मंगोल आदि स्वायत्तशासी गणराज्य महत्वपूर्ण हैं। इनके भी

निम्न कोटि के विभाग सोवियत रूस में विद्यमान हैं, जिन्हें स्वायत्तशासी प्रदेश कहते हैं। इन स्वायत्तशासी प्रदेशों में जातीय और राष्ट्रीय भावनाओं से अनुप्राणित छोटे–छोटे समूह निवास करते हैं और इनकी भी स्वायत्तता की कामना की पूर्ति करने के लिए इन्हें भी स्वतन्त्रता दी गई है। सबसे नीचे के स्तर पर दस राष्ट्रीय क्षेत्रों का निर्माण किया गया है, स्वायत्तशासी प्रदेशों की अपेक्षा राष्ट्रीयता और जातीयता की दृष्टि से और छोटे समूहों में विभाजित क्षेत्र होते हैं। अतः सोवियत रूस में प्रत्येक जाति और प्रत्येक राष्ट्रीयता को, जो विशिष्ट गुणों और विशिष्टताओं से परिपूर्ण होने का दावा करती है और दूसरी जाति और दूसरी राष्ट्रीयताओँ से भिन्न होने का दावा करती हैं, उन्हें सोवियत रूस में स्वतन्त्र और स्वायत्तशासी होने का अवसर दिया जाता है और उन्हें उनकी जनशक्ति के अनुसार जातीय सोवियत (संसद का दूसरा सदन) में प्रतिनिधित्व भी प्रदान किया जाता है। सोवियत रूस के कुछ विद्वानों ने स्तालिन की आलोचना यह कह कर की थी कि स्तालिन ने राष्ट्रीयताओं और जातीयताओं में भेद पैदा किया है, क्योंकि उसने राष्ट्रीयताओं को संघीय गणराज्यों में विभाजित कर उच्चतर स्थान प्रदान किया है, कुछ राष्ट्रीयताओं को स्वायत्तशासी गणराज्यों या स्वायत्तशासी प्रदेश या राष्ट्रीय क्षेत्र में विभाजित कर इन राष्ट्रीयताओं को संघीय गणराज्यों से क्रमानुसार निम्न स्तर देकर उनकी अवहेलना की है। स्तालिन का यह कहना था कि सोवियत रूस के इन चार विभागों के पीछे एक पुष्ट दृष्टिकोण यह था कि राष्ट्रीयता और जातीयताओं का यह क्रमिक विभाजन विशाल क्षेत्र, परिपुष्ट और प्रौढ़ संस्कृति, सांस्कृतिक विकास आदि बातों को ध्यान में रखकर किया गया है। सिद्धान्ततः सोवियत संघ राज्य की इकाइयों की शक्ति एवं स्वतन्त्रता संयुक्त राज्य अमरीका के संघान्तरित इकाइयों की अपेक्षा अत्यधिक प्रतीत होती है, क्योंकि सिद्धान्ततः सोवियत रूस की संघान्तरित इकाइयों को संघ से पृथक् होने तथा बैलोरशिया और यूक्रेन को संयुक्त राष्ट्र संघ में स्वतन्त्र प्रतिनिधित्व है।"[1]

आज सोवियत संघ का विघटन भी इन्हीं संवैधानिक प्रावधानों के तहत हुआ है, परन्तु इन प्रावधानों का दूरगामी परिणाम यह हुआ है कि विभिन्न राष्ट्रीयताओं और विकसित स्वतंत्र राष्ट्रों वाले यूरोप का एकीकरण यूरोपीय संसद के रूप में हो चुका है, जो अपने–अपने प्रशासिनक क्षेत्रों में पूर्ण स्वतंत्र हैं, संयुक्त राष्ट्र के सदस्य भी हैं, परन्तु एक समूहबद्ध हो चुके हैं। यूरोपीय संसद के रूप में, जिनकी एक ही मुद्रा चलन में आ चुकी है। एक–दूसरे

1. कु. शुभदा तेलंग, पृष्ठ 45–46।

देश में जाने के लिए वीजा की जरूरत नहीं है। इसमें केवल इंग्लैण्ड कुछ मामलों में अपने पुराने स्वर्णिम युग के पुनरागमन की आशा में अलग है।

कार्ल मार्क्स ने ऐसे ही एक विश्व संघ राज्य की परिकल्पना प्रस्तुत की थी, जिसे उसके शिष्यों लेनिन, स्तानिल और माओत्से तुंग ने संक्रमणकालीन अवधि को छोटा करके व्यावहारिक रूप देने का प्रयास किया है।

भारत में प्रजातन्त्र के अन्तर्गत किए जा रहे विभिन्न संगठन ही भविष्य की आधारशिला होंगे, लेकिन लोकतन्त्र का लिखित बाध्यकारी शास्त्र होता है संविधान। वास्तव में संविधान को एक कानून न होकर एक शास्त्र होना चाहिए, जिससे विकास के मार्ग प्रस्फुटित होते हों। तथापि वर्तमान संविधान का उपयोग भविष्य निर्माण के लिए मार्गदर्शक के रूप में किया जा सकता है। इसके लिए उसकी अन्तर्वस्तु को मुखरित करना होगा, जिसे कि अभी निष्क्रिय ही नहीं बल्कि मृत बना रखा है।

अभी यह अवधारणा बनाई हुई है कि संविधान की उद्देशिका, विधायी भाग नहीं होने के कारण प्रवर्तनीय नहीं है, जबकि उद्देशिका में घोषित लक्ष्य, आदर्श एक आकाक्षाएं होते हैं, जिन्हें संविधान के द्वारा प्राप्त करना संविधान का वैधानिक लक्ष्य होता है। भारत के संविधान में यह अवधारणा दुर्भाग्य से उपलब्ध नहीं है, बल्कि जिन घोषित लक्ष्यों को प्राप्त करने के लिए संविधान के भाग–4 में "राज्य के नीति के निर्देशक तत्वों" के रूप में शामिल है, अनुच्छेद 37 के द्वारा यह घोषित कर दिया गया है कि इनको लागू नहीं किया जा सकेगा। भारतीय संविधान और जनता के दुर्भाग्य के लेख के इस अनुच्छेद 37 को तत्काल हटाना होगा। इसके होते हुए संविधान एक साधारण कानून का पोथा, प्रतिबंधात्मक विधान बना हुआ है। इसे सक्रिय करने के लिए इसमें विकासमान होने के प्राणों को जाग्रत करने के लिए अनुच्छेद 37 को हटाना होगा, फिर अनुच्छेद 31–सी की कतई आवश्यकता नहीं होगी। वैसे भी अनुच्छेद 37 के होते हुए अनुच्छेद 31–सी महत्वहीन एवं कानूनी दिखावा मात्र है।

संविधान की एक और विसंगति यह है कि "गणतन्त्र" शब्द उद्देशिका में एक बार के अलावा पूरे संविधान में कहीं भी नहीं है। उद्देशिका में घोषित गणतन्त्र स्थापना का प्रण पूरे संविधान में कहीं भी परिलक्षित नहीं होता है। इसके अभाव में दुनियाभर की समस्यायें, जिनका जिक्र पिछले अध्यायों में किया गया है, उत्पन्न हो गई हैं और उनके समाधान का कोई मार्ग भी वर्तमान व्यवस्था के पास नहीं है। अतः अनुच्छेद 1 में भारत संघ के संगठन एवं गठन की अवधारण को उद्देशिका के अनुरूप एवं प्रगतिशील विश्व के अग्रणी प्रजातांत्रिक गणतन्त्रों के अनुरूप भारत का गठन करना होगा। तद्नुसार इसे

"भारतीय समाजवादी गणराज्य संघ" या "भारत गणराज्य संघ" होना चाहिए, जिसमें उल्लेखित "गणराज्यों के अलावा अन्य गणराज्यों को भी शामिल किया जा सकेगा।" अर्थात् भारतीय गणराज्य संघ में पाकिस्तान सहित भूभाग से जुड़े अन्य देश भी शामिल किए जा सकते हैं, बशर्ते कि वे भी समान गणतंत्रात्मक स्वरूप अपना लें। आखिर ये सभी भारतीय उपमहाद्वीप के ही एक भाग हैं, जिनकी लगभग एक समान संस्कृति, समान राष्ट्रीयता और समान जातीय पहचान है। यदि धर्म के आधार पर बंटवारा पाकिस्तान और बांग्लादेश के रूप में हुआ भी है तो वह केवल मुस्लिम आबादी का ही बंटवारा है। अन्यथा सिंध, ब्लूचिस्तान और उत्तर पश्चिमी सीमा प्रांत पहले से ही अलग प्रांत के रूप में अलग भू–भाग थे, बंटवारा तो पंजाब और बंगाल का ही हुआ है, अन्यथा मुस्लिम आबादी को ही तीन भागों में बांट दिया गया है। गणतंत्र संघ बनने से आबादी का एकीकरण होगा और उस बंटवारे से उपजी सारी कड़वाहटें, पूर्वाग्रह–दुराग्रह समाप्त हो जाएंगे।

जब यूरोपीय देश एक संघ में एकबद्ध हो सकते हैं तो भारतीय उपमहाद्वीप के देश एक संघबद्ध क्यों नहीं हो सकते। जनता चाहेगी तो अवश्य ही होगी। केवल राज्य के स्वरूप को बदल कर गणतन्त्रात्मक व्यवस्था अपनाना होगा। तब अनुच्छेद 370–371, 371–बी, 371–सी, 371–जी, 371–एच आदि की आवश्यकता नहीं होगी।

संविधान सभा में यह प्रस्ताव आया था कि संविधान की उद्देशिका में संशोधन कर "भारतीय समाजवादी गणतन्त्रों का संघ" (Union of Indian Socialistic Republic) कर दिया जाए, परन्तु इसे रद्द कर दिया गया।[2] समाजवाद के फैन जवाहरलाल नेहरू वगैरह अपने प्रारम्भिक राजनीतिक जीवन में समाजवादी रहे थे और उन्होंने कांग्रेस के अन्दर ही "समाजवादी फोरम" बनाया था। जब संविधान निर्माण में नेहरू ने निर्णायक भूमिका लगभग हरेक प्रावधान में निभाई थी तो फिर भारत का यह समाजवादी लक्ष्य और स्वरूप संविधान में क्यों नहीं रखा गया?

जब तक उत्पादन के नये ढंग के लिये आवश्यक परिस्थितियां तैयार नहीं हो जातीं, तब तक लोग वास्तव में उसकी कल्पना नहीं कर सकते। परन्तु

2. हालांकि बयालीसवें संविधान संशोधन के द्वारा उद्देशिका में "सार्वभौमिक प्रजातांत्रिक गणराज्य" में "समाजवादी–धर्मनिरपेक्ष" शब्द जोड़े गए हैं, परन्तु 1978 में पैंतालीसवें संशोधन बिल के द्वारा गैर कांग्रेसी, जनता पार्टी की सरकार ने "धर्मनिरपेक्ष" और "समाजवादी" शब्दों को परिभाषित करने के लिए अनुच्छेद 367 में संशोधन प्रस्तावित किया था, जिसके अनुसार "समाजवादी गणराज्य" का अर्थ दिया जाना था। ऐसा गणराज्य, जो सामाजिक, राजनीतिक और आर्थिक सभी प्रकार के शोषण से मुक्त गणराज्य।

जब ये परिस्थितियां बन जाती हैं, जब उन्हें नये ढंग से सोचना ही पड़ता है, पुरानी परिस्थितियों और उत्पादन की नयी शक्तियों के बीच जो संघर्ष छिड़ता है, वह स्वयं लोगों को इस तरह सोचने पर मजबूर कर देता है।

वस्तुतः, समाजवादी विचारों का जन्म भी इसी प्रकार होता है। कल्पना प्रधान समाजवादी विचारों के मुकाबले में वैज्ञानिक–समाजवादी विचार भी केवल उसी समय उभर सकते हैं, जब समाजवादी समाज के लिये आवश्यक परिस्थितियां तैयार हो जाती हैं अर्थात् जब बड़े पैमाने का उत्पादन समाज में फैल जाता हो और अति उत्पादन से बार–बार आने वाले संकटों ने यह भी स्पष्ट कर दिया हो कि पूंजीवाद ने सामाजिक प्रगति को रोक रखा है।

इसमें कोई दो राय नहीं है कि समाजवाद विश्व में सामाजिक राजनीतिक, आर्थिक मुक्ति का प्रतीक बन चुका है। ईसा मसीह को सलीब पर लटका देने पर भी गरीबों–असहायों के लिए उनकी कही बातें खत्म नहीं हुईं। समाजवाद ऐतिहासिक आवश्यकता बन चुका है। बस फर्क है तो देश–देश, संस्कृति–संस्कृति के अनुरूप ही। कठमुल्लापने से उसकी किसी भी देश में नकल नहीं की जा सकती, अपितु हर बार नए मार्ग समाजवाद की मंजिल के लिए खुले मिलेंगे। जिस प्रकार संविधान सभा द्वारा नहीं अपनाये गये प्रावधान बाद में संशोधनों के द्वारा संविधान में जोड़े गए हैं, समाजवादी लक्ष्य प्राप्त करने के प्रावधान भी संविधान में शामिल करने पड़ेंगे।

मूल अधिकार

मूल अधिकार किसी भी लोकतांत्रिक संविधान के हृदय होते हैं। संविधान में इनका अच्छी तरह से और स्पष्ट उल्लेख होना चाहिए, जिससे कि उनका लाभ सभी नागरिकों को मिले। भारतीय संविधान के मूल अधिकारों में समाविष्ट (1) धर्म, मूलवंश, जाति, लिंग या जन्मस्थान के आधार पर विभेद पर पाबंदी (अनुच्छेद 15), (2) छुआछूत का अन्त (अनुच्छेद 17), की सामाजिक मौजूदगी ही अनुच्छेद 14 में उल्लेखित विधि के समक्ष समानता, अनुच्छेद 16 में उल्लेखित लोक नियोजन के मामलों में अवसरों की समानता और अनुच्छेद 19 में उल्लेखित अभिव्यक्ति आदि की समानता के प्रावधानों को झुठलाने के लिए काफी है। जब सामाजिक असमानता और विषमता की बात को स्वीकार किया जाता है तो अन्य समानता के अधिकार देने की बात की कोई तथ्यात्मक और व्यावहारिक उपयोगिता नहीं रह जाती है। प्रत्येक अनुच्छेद में "राज्य" के दायरे का उल्लेख किया गया, पर "राज्य" समाज में फैले विशाल जनसमुदाय के लिए तो सक्रिय नहीं है। आखिर आज पचास करोड़ में से केवल दो करोड़ ही तो परिभाषित "राज्य" के कर्मचारी हैं, शेष तो उन्हीं लोगों

के लिए और उन्हीं के बीच काम करते हैं। अतः उन्हें संरक्षण कौन देगा। उनका सामना सीधा "राज्य" से नहीं होता है, बल्कि स्थानीय "राज्यों" से होता, जिनमें आज की तारीख में परम्परागत "राज्यों" के अलावा कई अन्य भी शामिल हो गए हैं।

अन्य मूल अधिकारों का भी यही हाल है। अपराधी नहीं होते हुए भी बीस–बीस, तीस–तीस वर्षों तक जेलों में बंद रहते हैं, विचाराधीन कैदी के रूप में रहते हैं, कई बार तो स्वयं पुलिस प्रभावी अपराधियों के साथ मिलकर निरपराध को आरोपित कर बंद कर देती है। वहां कहां से वह न्यायिक प्रक्रिया पूरी करेगा, जो कि अपराधी घर बैठे–बैठे ही कर देता है।

अतः सामाजिक विषमता के चलते समानता संबंधी मूल अधिकारों का कोई मतलब नहीं रह जाता है। ऐसा ही सांविधानिक स्थितियों के संबंध में कहा जाता है कि स्वतन्त्रता और समानता के कागजी अधिकार देकर वस्तुतः सारे अधिकारों का उपयोग शक्तिशाली, प्रभावी अभिजात और पूंजीपति वर्ग ही करते हैं। आम आदमी कुछ नहीं कर पाता।

यदि उन्हें वास्तव में ही स्वतन्त्रता समानता के अधिकारों का उपभोग करने के अवसर देना है तो यह आवश्यक है कि उनके मुकाबले में खड़े प्रभावी अभिजात पूंजीपतियों को कुछ सीमा तक प्रतिबंधित करना होगा। जहां लाखों–हजारों मामले न्यायालयों में लम्बित पड़े हैं। वहां प्रभावी लोगों द्वारा लाखों खर्च करके तत्काल राहत प्राप्त कर लिए जाने पर प्रतिबंध जैसा कुछ लगाना होगा। ऐसा ही अन्य मामलों में भी करना होगा। प्राथमिकता प्रत्येक मामले में, चाहे वह न्यायालय हो, पुलिस में फरियाद हो या अन्य कहीं और समानता स्वतन्त्रता की बात हो, आम जनता को, विषमता से पीड़ित लोगों को देनी होगी, प्रभावी लोगों के लिए प्रतिबंधात्मक उपाय करने होंगे।

इसी प्रकार शोषण के विरुद्ध दिए गए मूल अधिकारों को लागू किया जा सकता है।

मूल अधिकारों में अनुच्छेद 25 व 26 में दिए गए धर्म के प्रचार–प्रसार एवं धार्मिक कार्यों का आयोजन करने के अधिकार समाप्त होने चाहिए, क्योंकि धर्म सार्वजनिक प्रदर्शन की वस्तु नहीं है, वह व्यक्तिगत अन्तःकरण का मामला है। यदि वह सार्वजनिक किया जाएगा तो जो विपरीत मान्यता रखता है, उससे उसकी भावनाओं को आहत होना ही पड़ेगा। इसी सार्वजनिक प्रदर्शन के कारण इसकी आड़ में सैकड़ों हजारों धर्म के ठेकेदार बन गए हैं, जो हमेशा दूसरे को नीचा दिखाने का अवसर तलाशते रहते हैं और अपनी बद्‌दिमागियों को धर्म की आड़ में जायज ठहराते रहते हैं।

राज्य का धर्मनिरेपक्ष होने का मतलब यह नहीं है कि वह धर्म को बढ़ने, फलने–फूलने दे, बल्कि इसका मतलब होता है किसी भी धर्म का पक्ष नहीं लेना और उसे समाज की शान्ति सुरक्षा पर हावी नहीं होने देना, जैसा कि अनुच्छेद 26 के प्रारम्भिक वाक्य में उल्लेख किया गया है। दुर्भाग्य है कि व्यवहार में मुख्य बात को गौण कर देना और गौण को मुख्य बना देना "राज्य" के कर्त्तव्य विमुख होने का ही द्योतक है।

इस स्थिति को बदलना होगा।

× × ×

अकसर अमरीका और इंग्लैण्ड की व्यवस्थाओं के पैरोकार कभी राष्ट्रपति प्रणाली की वकालात करते हैं, कभी संसदीय व्यवस्था की। परन्तु एकल राष्ट्रपति प्रणाली भारत जैसे विकासशील देश में तानाशाही जैसी व्यवस्था के लिए निमन्त्रण ही होगी, जब संसदीय व्यवस्था को पंगु बनाते हुए इंदिरा गाधी ने प्रधानमंत्री रहते हुए तानाशाही शासन का परीक्षण कर लिया था। अतः भारत के लिए संसदीय लोकतंत्र ही सर्वाधिक उपर्युक्त है। हां, यदि गणतन्त्र व्यवस्था लागू की जाती है तो राष्ट्रपति, प्रधानमंत्री और संसद नए रूप में अपने आप ही अवतरित होने के लिए बाध्य होंगे।

अतः कार्यपालिका, विधायिका के गठन में सबसे महत्वपूर्ण है, संसद का स्वरूप।

सबसे पहले, जनता का प्रतिनिधित्व लोकसभा में कितना हो। संविधान का मूल अनुच्छेद 81[3] इस संबंध में अच्छी तरह से प्रकाश डालता है, जिन्हें पहले तो 1–5–1953 से दूसरे संविधान संशोधन के द्वारा संशोधित किया गया, जिसके द्वारा एक लोकसभा सदस्य द्वारा 5 लाख से 7.5 लाख आबादी का प्रतिनिधित्व करने का प्रावधान था। 7.5 लाख से अधिक की आबादी एक लोकसभा क्षेत्र में होने पर उसका पुनर्निर्धारण किए जाने का अन्तरनिहित प्रावधान था। उक्त दूसरे संशोधन के द्वारा 7.5 लाख की सीमा समाप्त की गई। फिर 1956 के सातवें संविधान संशोधन के द्वारा दोनों अनुच्छेदों को पूरा

---

3. अनुच्छेद 81 (1) (ए) खण्ड (2) तथा अनुच्छेद 82 व 331 के प्रावधानों के अधीन रहते हुए राज्यों के मतदाताओं द्वारा सीधे चुने गए 500 से अधिक सदस्य लोकसभा में नहीं होंगे।
(बी) उपखण्ड (ए) के लिए राज्यों को बांटकर ग्रुप बनाकर या भूभाग के अनुसार क्षेत्रों में बांटा जाएगा तथा ऐसे क्षेत्र को उस संख्या में सदस्य (प्रतिनिधित्व) बांटे जाएंगे, जो आबादी के (5 लाख) से अधिक व 7.5 लाख से कम के लिए एक सदस्य होगा। (7.5 लाख को 1–5–1953) से हटा दिया गया था।

का पूरा ही बदल दिया गया। अब उसमें आबादी के प्रतिनिधित्व की कोई सीमा नहीं है, न तो न्यूनतम और न ही अधिकतम। है तो बस सदस्यों की निश्चित संख्या–550 (2 आंग्ल–भारतीय अनुच्छेद 33 के अनुसार नामित किए जाते हैं)।

आबादी के अनुपात में सदस्यों का निर्धारण करने का अब संविधान में कोई प्रावधान ही नहीं रखा गया। अलबत्ता यदि किसी राज्य की आबादी 60 लाख से कम है तो उसके प्रतिनिधित्व में परिवर्तन नहीं किया जाएगा। वर्तमान में लोकसभा के सदस्यों की संख्या का निर्धारण 1973 में 1971 की जनगणना के आंकड़ों के आधार पर किया गया था। तत्पश्चात् प्रत्येक जनगणना के बाद यह संख्या बदली जानी चाहिए थी, परन्तु चौरासीवें संविधान संशोधन, 2001 में यह पुनर्निर्धारण 2026 के बाद की जनगणना के आंकड़ों के प्रकाशन तक टाल दिया गया है। इसका सीधा सा मतलब है कि पिछली बार (1971 के आधार पर 1973 में) किए गए संख्या निर्धारण के बाद साठ (60) वर्ष पहले जनसंख्या के अनुपात में लोकसभा सदस्यों की संख्या का निर्धारण नहीं होगा। 60 वर्ष यानी की एक व्यक्ति अपने जीवन में लोकतंत्रात्मक राज्य में जनता के प्रतिनिधित्व में वृद्धि या पुनर्निर्धारण नहीं देख सकेगा और तब तक तीसरी पीढ़ी मतदान करने के लिए खड़ी होगी।

वस्तुतः 60 वर्ष, जो कि आगे और भी बढ़ाया जा सकता है, लोकतन्त्र में प्रतिनिधित्व की संख्या की स्थिरता लोकतन्त्र को जड़ीभूत करता है। लोकतन्त्र की विकासमान अन्तर्वस्तु आत्मा को स्थिर कर मृत बनाता है। लोकतन्त्र का स्थिर होना गतिशीलता का द्योतक है, जबकि जड़ीभूत होना मृत होने के समान है।

सदस्यों की संख्या की ऐसी स्थिरता क्यों बनाई गई है? एक साधारण सी गणना करने पर 2001 की जनगणना 102 करोड़ थी। 7.5 लाख पर एक प्रतिनिधि के हिसाब से आज लोकसभा में 1400 प्रतिनिधि होने चाहिए थे, जबकि हैं, केवल 550 मात्र। इस तथ्य को पार्टियों के हितों के दृष्टिकोण से देखा जाए तो मामला आसानी से समझ में आ सकता है।

भारत में राजनीतिक पार्टियां पारिवारिक नेतृत्व के आधार पर चलाई जाती हैं और यदि कोई अन्य सदस्य पार्टी में मुखरित होने का प्रयास करता है या उसमें नेतृत्व की क्षमता है तो उसे चुप रहने के लिए कहा जाता है, दबाव डाला जाता है, फिर भी यदि उसके दिमाग में लोकतंत्र का कीड़ा कुलबुलाता रहता है तो पार्टी अनुशासन के नाम पर उसे पार्टी से बाहर कर

दिया जाता है।[4] तब वह वीर नेता अपनी अलग पार्टी बनाता है, नाम लोकतन्त्र का ही लेता है, परन्तु वह किसी जाति विशेष, धर्म विशेष, भाषा विशेष या प्रान्त विशेष का सहारा लेकर पनपने की कोशिश करता है और ऐसे व्यक्ति की पार्टी को सभी स्थापित पार्टियां हटाने के लिए जी–जान लगा देती हैं और वह राजनीतिक परिदृश्य पर अपने निशान ढूंढकर अस्तित्व तलाशने में लग जाती है। जनप्रतिनिधियों की इसी प्रकार राजनीतिक हत्या की जाती है और तब बचते है पार्टी के समर्पित, सीमित नेता, जो निर्बाध रूप से चुनाव में देश के किसी भी कोने से खड़े होते हैं और जीत जाते हैं, यदि हार भी गए तो राज्यसभा में सदस्यता पक्की और सरकार में स्थायी भागीदारी निरन्तर बरकरार रहती है।

यही वह कारण है, जिसकी वजह से लोकसभा के सदस्यों की संख्या जनसंख्या के अनुपात में नहीं बढ़ाई जा रही है। नई पीढ़ी निश्चित रूप से जोश से परिपूर्ण है और अवसर मिलने पर वह राज्य, देश और जनता के लिए कुछ भी कर सकती है। जाहिर है उनका हथियार लोकतन्त्रात्मक अभिव्यक्ति ही होगी और यह साफ है कि अभी कोई भी राजनीतिक पार्टी सैद्धान्तिक आधार पर न तो गठित है और न ही किन्हीं सिद्धान्तों को लेकर चल रही है, **तब अपनी वर्तमान संख्या से 150 प्रतिशत अधिक सदस्यों को नियन्त्रित रखना बहुत मुश्किल होगा और फिर अपने–अपने राजकुमारों की जो फजीहत होगी, उसकी कल्पना करके ही वे कांप उठते होंगे**। अभी राजकुमारों के पीछे चलकर अपना भविष्य बनाने के सपने देखने वाले युवा देखते ही देखते उद्दण्डता के नायक बन जाते हैं। पार्टी में लोकतंत्र के बदले अधिनायकवाद प्रारम्भ होता है। सभी पार्टियों की केन्द्रीय शक्ति संसदीय बोर्ड के ईर्द–गिर्द ही बनी रहती है और सांसदों की सीमित संख्या इसी ओर ले जाती है।

यदि लोकतन्त्र को जीवन्त, प्राणवान बनना है, उसे जड़ीभूत नहीं बनना है तो जनसंख्या के अनुपात में लोकसभा की सदस्य संख्या निर्धारित करनी होगी। तब ही गली–मोहल्लों से लेकर संसद तक लोकतन्त्र की मधुर बयार चलेगी। तब किसी पार्टी के संसदीय दल की आवश्यकता नहीं होगी, किसी

4. "राजा के साथ विवाद नहीं किया जाता। उसके सम्मुख केवल प्रस्ताव रखा जाता है। यदि वह कोई प्रश्न करे तो उसका उत्तर दिया जाता है। यदि विवाद होता भी है तो संवादों के बीच ही और वह भी यदि राजा के किसी भी संकेत से यह पता चले कि उसकी विवाद में रुचि नहीं है तो विवाद को रोक दिया जाता है। उसके निर्णय के बाद यदि, तथापि का तो प्रश्न ही नहीं उठता।"
–*अपने–अपने राम* (उपन्यास), भगवानसिंह (1982) मानस प्रकाशन, दिल्ली, पृ. 3।

व्हिप की आवश्यकता नहीं होगी और न ही किसी दल बदल विरोधी कानून की जरूरत होगी। शेष बचेगा वह लोकतन्त्र और एक आदर्श, देश और जनता का सच्चा प्रतिनिधि चिंतक, जिसकी संसद, लोकसभा, राज्यसभा में कही गई विवेकशील और तर्कपूर्ण बातों पर उसके क्षेत्र का बच्चा भी गर्व करेगा।

आनुपातिक जनप्रतिनिधित्व

संसद में जनता का प्रतिनिधि की क्या योग्यता हो, उसका उल्लेख अनुच्छेद 84 में किया गया। इस अनुच्छेद के खण्ड (ए) मूल रूप से जो योग्यता तय की गई, वह थी "भारत का नागरिक हो"। 1962 में सोलहवें संशोधन के द्वारा इसे वर्तमान रूप दिया गया, जिसमें यह है कि "भारत का नागरिक हो तथा चुनाव आयुक्त द्वारा निर्धारित किसी व्यक्ति के समक्ष तीसरी अनुसूची में यथा उल्लेखित प्रपत्र में शपथ लेता हो या प्रतिज्ञा करता है।"

शपथ लेना या प्रतिज्ञा करना क्या किसी प्रकार की योग्यता हो सकती है? लोकसभा का सदस्य बनने के लिए शपथ लेना या प्रतिज्ञा करना प्रक्रिया का एक अंग हो सकता है, संवैधानिक आवश्यकता नहीं, क्योंकि सदस्य चुने जाने पर उसकी संसद की सदस्यता शपथ लेने से ही प्रारम्भ होती है, अन्यथा नहीं।

योग्यता के बारे में संविधान सभा में डॉ. अम्बेडकर ने कहा था–"मैं समझता हूँ और सदन इससे सहमत होगा कि जो प्रत्याशी वास्तव में विधान मंडल में सेवा करना चाहता है, उसमें मतदाता से कुछ अधिक योग्यता होनी चाहिए। वे कार्यों, जिन्हें वह सदन में करना चाहता है, के लिए अनुभव, कुछ ज्ञान तथा विश्व की गतिविधियों की कुछ व्यावहारिक ज्ञान होना चाहिए तथा मैं समझता हूं यदि ये अतिरिक्त योग्यताएँ स्वीकृत की जाती हैं तो हम सही प्रत्याशी चुनने में सक्षम होंगे, जो एक सामान्य मतदाता से ज्यादा अच्छी तरह से सदन की सेवा करने के योग्य होगा।[5]

इस प्रकार संविधान में निरपेक्ष प्रतिनिधित्व की वकालात की गई है, सापेक्ष प्रतिनिधित्व की नहीं। जनता के दृष्टिकोण से यह निरपेक्ष, परन्तु राजनीतिक पार्टियों के लिए या उनके दृष्टिकोण से सापेक्ष प्रतिनिधित्व के रूप में आंका जाए तो एक नया ही रूप सामने आता है–"संविधान में बनाई गई संसदीय शासन प्रणाली के आनुपातिक प्रतिनिधित्व उपयुक्त नहीं है। आनुपातिक प्रतिनिधित्व प्रणाली का एक दुष्परिणाम यह होता है कि विधान मण्डल बहुत छोटे–छोटे समूहों में बंट जाता है। ब्रिटिश संसद ने 1910 में आनुपातिक प्रतिनिधित्व पद्धति स्वीकार करने के विषय में सलाह देने के लिए

5. संविधान सभा की बहस, खण्ड 8, पृ. 89 (अंग्रेजी)।

एक रायल कमीशन नियुक्त किया था। इस आयोग ने यह सिफारिश भी की थी, किन्तु आखिरकार संसद ने यह कहा कि सिफारिशों को इस आधार पर स्वीकार नहीं किया जाएगा कि आनुपातिक प्रतिनिधित्व से स्थायी सरकार नहीं बन पाएगी। संसद छोटे–छोटे समूहों में इस प्रकार बंट जाएगी कि जैसे ही कोई बात होती है, जिससे कोई गुट अप्रसन्न हो जाता है तो वह गुट सरकार से अपना समर्थन वापस ले लेगा। इसका परिणाम होगा कि कुछ गुटों का समर्थन वापस ले लिए जाने के कारण सरकार गिर जाएगी।[6]

"विद्यमान परिस्थितियों में भारत को स्थायी सरकार की आवश्यकता थी और इसलिए निम्न सदन में, जिसके प्रति सरकार उत्तरदायी होती है, आनुपातिक प्रतिनिधित्व स्वीकार नहीं किया गया। इस संबंध में डॉ. अम्बेडकर ने संविधान सभा में कहा था–"मुझे इस बारे में बिल्कुल संदेह नहीं है कि चाहे भावी सरकार जनता को राहत दे या नहीं, हमारी भावी सरकार को एक बात अवश्य करनी है, वे स्थायी सरकार दें और विधि और व्यवस्था बनाए रखें।" (संविधान सभा की बहस, खण्ड 7, पृ. 1262 अंग्रेजी)।

ब्रिटिश रायल कमीशन की आनुपातिक प्रतिनिधित्व संबंधी सिफारिशें ब्रिटिश संसद के लिए तो लागू नहीं की गईं, परन्तु इसे भारत में प्रारम्भ से ही लागू किया गया था, जिसका आधार धर्म था न कि सामाजिक वर्ग। 1909 के भारत परिषद अधिनियम से लेकर भारत सरकार अधिनियम, 1935 तक धर्म के आधार पर आनुपातिक प्रतिनिधित्व दिया गया था। जब भारत शासन अधिनियम, 1935 बनाया गया था, अन्यथा प्रकार के आनुपातिक प्रतिनिधित्व का उल्लेख करने वाला सोवियत संघ का संविधान, 1936 सामने नहीं आया था। अतः संविधान सभा 1935 के अधिनियम से बाहर नहीं निकल सकी और उसकी अनुसूची 1 के पैरा 26 के अनुसरण में जारी अनुसूचित जाति आदेश, 1936 के अनुसार अनुसूचित जातियों को भी प्रतिनिधित्व दिया गया। चूंकि बंटवारे के बाद धर्म के आधार पर आनुपातिक प्रतिनिधित्व को कोई भी स्वीकार नहीं कर सकता था। अतः इसे तब छोड़ दिया गया और अनुसूचित जातियों और अनुसूचित जनजातियों को आनुपातिक प्रतिनिधित्व दिया गया। आज फिर वही धर्म के आधार पर प्रतिनिधित्व की बातें की जाने लगी हैं, जबकि जातियों के आधार पर पहले से ही है। क्या ऐसी स्थिति में गुट नहीं बनेंगे। गुटों के चलते 1979 में मोरारजी देसाई की जनता सरकार गिराई गई। 1990 में विश्वनाथ प्रतापसिंह की मिली–जुली सरकार गिराई गई। 1995 के बाद 1996 में एच.डी. देवेगौड़ा, 1997 में इन्द्रकुमार गुजराल और

6. डॉ. डी.डी. बसु, *भारत का संविधान एक परिचय*, हिन्दी (2005), पृ. 207।

1999 में अटल बिहारी वाजपेयी की मिली–जुली सरकारों को गिराया गया। तब क्या स्थायी सरकार का मतलब कांग्रेस की सरकार है, (अभी तो कांग्रेस की भी मिली–जुली सरकार है), तब यह असंगत हो जाता है कि आनुपातिक प्रतिनिधित्व सरकारों को अस्थायी और अस्थिर करता है। यदि वह आनुपातिक प्रतिनिधित्व समाज के विभिन्न वर्गों के आधार पर आधारित हो तो कोई ताकत सरकार को अस्थिर नहीं कर सकती। अभी जबकि आनुपातिक प्रतिनिधित्व नहीं है, तब भी सरकार अस्थिर हो रही है। जाहिर है यह सब पूंजीवादी, सामन्तवादी विचारधारा की पोषक जातियों, गुटों पर आधारित राजनीतिक पार्टियों के कारण हैं, जिनको अब संवैधानिक संरक्षण दे दिया गया है। इन्हीं के हितों की पूर्ति हेतु एक के बाद एक संशोधन किए गए, नए कानून बनाए गए और संसद जनता से दूर होती गई। आबादी का एक बहुत बड़ा हिस्सा सरकारी नौकर चुनावों में उम्मीदवार नहीं बन सकता, सेवाओं के लिए राजनीति अछूत बना दी गई है। किसी कलाकार, प्रख्यात व्यक्ति द्वारा राजनीति पर विच्रार व्यक्त करने पर पार्टियों के नेता मुखर होकर कह देते हैं, उसे सिर्फ अपनी कला, फिल्म वगैरह–वगैरह पर ध्यान देना चाहिए। राजनीति उनका काम नहीं है, अतः राजनीति में दखल नहीं दे। यही धृष्टता लोकतन्त्र की सबसे बड़ी शत्रु है। लोकतन्त्र के पैरोकार बनने वाली राजनीतिक पार्टियां और उनके नेता लोकतन्त्र की कब्र खोद कर पड़ोसी देशों की तरह तानाशाही के लिए लाल गलीचा बिछा रहे हैं।[7] भारत को सैनिक शासन की प्रयोगशाला बनने से रोकना होगा। जनता के विभिन्न वर्गों को शासन में सत्ता में महत्ता देनी होगी, उनको आनुपातिक प्रतिनिंधित्व देना होगा और ऐसे नियमों, प्रावधानों को समाप्त करना होगा, जो जनता की अल्पसंख्या के वर्चस्व, उनके एकाधिकार को बनाए रखने के लिए निर्मित किए गए हैं।

विश्व का कोई भी विकसित लोकतंत्र अपनी जनता के किसी भी भाग को शासन में, सत्ता में भागीदारी से वंचित नहीं करता, उन्हें चुनाव लड़ने से मना नहीं करता। सरकारी नौकरों और सैनिकों को भी संसद का सदस्य बनने का अधिकार होता है। भारत में भी सरकारी नौकरों को, सैनिकों को

---

7. अभी पिछले दिनों (अप्रैल 2010) छत्तीसगढ़ राज्य के दाँतेवाड़ा के जंगलों में माओवादी नकसलवादियों ने केन्द्रीय रिजर्व पुलिस बल के 73 जवानों को मार दिया। माओवादियों की इस सबसे बड़ी कार्रवाई के बाद सरकार की चिंताएं जाहिर करना केन्द्रीय गृह मंत्री चिदम्बरम् का नैतिक और प्रशासनिक कर्त्तव्य था, सो कहा कि माओवादियों के खिलाफ सेना और वायुसेना के उपयोग पर फिर से विचार किया जा सकता है। तब वायु सेनाध्यक्ष का बयान आया कि नकसलवादी अपने ही लोग हैं, बाहरी शत्रु नहीं, अतः सेना का इस्तेमाल नहीं होगा।

भी संसद का सदस्य बनने और अपने विचार व्यक्त करने की छूट होगी, तब ही परिपक्व एवं जनोन्मुखी जनतंत्र मुखरित होगा।

जब जनसंख्या के आंकड़े यह बताते हैं कि लगभग 50 प्रतिशत आबादी मजदूरों की है, जिसमें कृषि मजदूर और असंगठित क्षेत्र के मजूदर भी शामिल हैं तथा ग्रामीण आबादी 72 प्रतिशत है। इसके हिसाब से 65 से 70 प्रतिशत प्रतिनिधित्व मजदूरों और किसानों का होना आवश्यक है। शेष में कला जगत और विशेषज्ञ क्षेत्रों यथा शिक्षा, विज्ञान और चिकित्सा क्षेत्र से होने चाहिए। सिर्फ यह कह देने से कि फलां जाति है तो वह किसान ही है या मजदूर नेता है तो वह मजदूरों का प्रतिनिधि है, गलत है। वर्गों को सही प्रतिनिधित्व देने के लिए ये उपाय आवश्यक हैं–

- चुनावों के लिए प्रत्येक प्रत्याशी का उसी क्षेत्र का रहने वाला होना आवश्यक है, चाहे चुनाव स्थानीय इकाई के लिए हो या संसद के लिए।
- प्रत्येक नागरिक को किसी न किसी उत्पादन इकाई या संस्था का सदस्य होना आवश्यक हो। जैसे मजदूरों की ट्रेड यूनियन, जिसमें केवल सेवारत मजदूर–कर्मचारी ही हों, किसी राजनीतिक पार्टी के पूर्णकालिक व्यक्ति के नियन्त्रण में न हो। किसानों के मामले में स्थानीय किसान संघ हो, इसी प्रकार अन्य संगठन भी हों।
- यदि कहीं पर ऐसे संगठनों का निर्माण फिलहाल संभव न हो तो वहां स्थानीय तौर पर "मतदाता मंच" बनाए जा सकते हैं। उन्हीं के माध्यम से इस प्रक्रिया को लागू किया जा सकता है।
- राजनीतिक पार्टियों को अपने ट्रेड यूनियन संघ या अन्य इसी प्रकार के संघ बनाने की छूट नहीं हों। अभी सभी राजनीतिक पार्टियां अपने–अपने संगठन मजदूरों, किसानों और अन्य व्यवसायों के बीच खड़े करती है, जो कि वास्तव में उनमें चेतना, सामाजिक, राजनीतिक, आर्थिक चेतना पैदा करने के लिए नहीं होते, बल्कि उनमें फूट डालने के लिए बनाये जाते हैं और यह फूट पैदा करना ही सभी राजनीतिक पार्टियों का लक्ष्य है, जिसमें वे सफल भी हैं।
- कानूनी रूप से ट्रेड यूनियन अधिनियम को इसके अनुरूप संशोधित किया जाए या समाप्त कर ट्रेड यूनियन को मूल अधिकार घोषित किया जाए।

इनके अलावा और भी कई उपाय हो सकते हैं, जो इन्हें व्यवहार में लाने के साथ ही सामने आते जाएंगे।

एक और लोकतन्त्र विरोधी और दुर्भाग्यपूर्ण स्थिति यह है कि चुनाव के बाद किसी सदस्य को वापस बुलाने का अधिकार जनता को नहीं है। यह अधिकार किसी के भी पास नहीं था, परन्तु अब इसे स्वयं राजनीतिक पार्टियों के हाथों में सौंप दिया गया है। 1989 में संविधान संशोधन के द्वारा दसवीं अनुसूची जोड़कर। इससे पार्टी का केन्द्रीय नेतृत्व संविधान से भी ऊपर हो गया है, जिसकी मांग पर या शिकायत पर किसी भी सांसद या विधानसभा सदस्य की सदस्यता समाप्त की जा सकती है। संविधान ने जिस जनता को चुनने का अधिकार दिया है, उसे कुछ कहने, सुने या करने का अधिकार नहीं है।

पिछले दिसम्बर, 2009 में मध्यप्रदेश के मांडव नगर पंचायत का एक मामला सामने आया था। नगर पंचायत के अध्यक्ष के खिलाफ अविश्वास प्रस्ताव में "खाली कुर्सी" के आधार पर मतदान हुआ। पूरे गांव के मतदाताओं ने उसमें भाग लिया और अध्यक्ष मोहन चंदेश्री को 1294 मत मिले, जबकि उसके विरुद्ध 1675 मत आए। इस प्रकार 381 मतों से अध्यक्ष (सरपंच) को वापस बुला लिया गया। वहां के संबंधित एस.डी.एम. अर्जुनसिंह ने अपनी उक्त चुनाव रिपोर्ट राज्य चुनाव आयोग भोपाल को भेजी। ध्यान देने योग्य है कि अविश्वास प्रस्ताव पर प्राय सदन या चुने हुए सदस्यों के बीच ही यह विभाजन होता है और उनकी गुटबाजी के आधार पर ही ऐसे प्रस्ताव के फैसले होते हैं। यह एक मिसाल है, जहाँ किसी चुने हुए व्यक्ति को जनता ने स्वयं मतदान के द्वारा वापस बुलाया है।

ऐसा ही कुछ प्रत्येक स्तर पर हो, तब ही सदस्यों की गुटबाजियाँ समाप्त होगी, जिस गुटबाजी की आशंका विद्वानों ने आनुपातिक प्रतिनिधित्व के मामले में व्यक्त की थी।

× × ×

संविधान में श्रम की रोजगार का अधिकार शामिल हो और उसे इस प्रकार लागू किया जाए कि जनता का कोई भी भाग बेरोजगार नहीं रहे। इसके लिए नरेगा जैसी योजना की आवश्यकता नहीं है, जिसमें रोजगार के नाम पर पैसों की बंदरबाँट होती है, बल्कि व्यवसाय चिह्नित किए जाए और श्रमशक्ति को उसमें लगाया जाए, बेशक उन्नत संसाधनों के उपयोग के कारण श्रम के घंटे कम किए जा सकते हैं। इसके सहारे से श्रमशील जनता को रोजगार के साथ सामाजिक सुरक्षा की अनिवार्य सुविधा मिलेगी।

इसके सही अमल के लिए ठेकेदारी प्रथा का उन्मूलन अनिवार्य है और दलालों का भी उन्मूलन होना आवश्यक है और दतरों में कार्य करने वाले

कर्मचारियों का उत्तरदायित्व निर्वहन भ्रष्टाचार, रिश्वतखोरी के लिए नहीं होगा। जनता का काम नहीं करने पर नौकरशाहों को अनिवार्य दण्ड की व्यवस्था होनी आवश्यक नहीं है, परन्तु यह उस प्रेरणा से नहीं हो, जैसी कि वर्तमान में पूँजीवादी वयवस्था में है (अनुच्छेद 311 को उदाहरणस्वरूप ले सकते हैं)।

संवैधानिक उपायों के अलावा सामाजिक एवं आर्थिक उपायों की आवश्यकता संवैधानिक उपायों से भी ज्यादा महत्वपूर्ण है। बिना सामाजिक और आर्थिक उपायों के संगठन एवं पुनर्सगठन के लोकतन्त्र एक कदम भी आगे नहीं बढ़ सकता। इस संबंध में यह देखा जा रहा है कि अलग–अलग कल्याणकारी एवं समाजिक सुरक्षा के नाम से सैकड़ों योजनायें चलाई जा रही है; जबकि पूरे देश के लिए एक "राष्ट्रीय सामाजिक सुरक्षा योजना" की आवश्यकता है।

पिछले अध्यायों में यह देखा जा चुका है कि पूंजीवादी लोकतंत्र में व्यक्ति को व्यक्तिगत स्वतन्त्रता देकर एकाकी बना दिया जाता है। उस दशा में अकेला इतना असहाय होता है कि उसकी अकेले की कोई आवाज नहीं होती है, उसे अपनी बात कहने के लिए अपने निजी हितों को सामूहिक हितों में बदलना होता है और समूह को संघबद्ध कर उस मंच से आवाज उठायी जाती है, तब ही उसकी सुनवाई होती है। यदि इसे सीधे–सीधे शब्दो में कहा जाए तो छोटे–छोटे समूहों, संघों की एकीकृत, घनीभूत आवाज ही लोकतन्त्र और उसकी आवाज है और निःसंदेह यह आधारभूत संरचना ही भविष्य के सामाजिक और आर्थिक संगठन का और तद्नुसार राजनैतिक संगठन का स्वरूप भी तय करती है।

तब जनसंगठन का क्या स्वरूप हो, यह प्रश्न अलग–अलग वर्गों के लोगों के लिए अलग–अलग मायने रख सकता है। कुछ लोग सरकारी संस्थाओं के रूप में इन्हें देख सकते हैं। जैसे सहकारी संस्थाएं, ग्राम पंचायतें इत्यादि; कुछ इनका रूप ट्रेड यूनियन के रूप में देख सकते हैं, कुछ स्वयंसेवी संस्थाओं के रूप में इन्हें देख सकते हैं, परन्तु जहां राजनीतिक लक्ष्य, चुनावों के लिए प्रत्याशियों का चुनाव और उनके पक्ष या विपक्ष में मत देने के लिए प्रचार करने का प्रश्न आता है, किसी न किसी राजनीतिक दल से जुड़ने की बात सामने आ जाती है, जबकि राजनीतिक दलों की उनकी जनचेतना में कोई भूमिका नहीं होती है। ऐसे में क्या ऐसे राजनीतिक दलों को वास्तव में राजनीतिक दल कहा जा सकता है, कभी भी नहीं। राजनीतिक दल की मुख्य भूमिका होती है, जनता का संगठन करना उनमें सैद्धान्तिक रूप से आर्थिक और राजनीतिक चेतना पैदा करना, अभी यह काम कोई राजनीतिक दल नहीं करता है।

ऐसे में राजनीतिक दल के इस शून्य को कैसे भरा जाए, यह प्रश्न ऐसा प्रश्न है, जिसके उत्तर की तलाश में इतिहास को खंगाला जाता है और कई प्रकार की कमियां और खूबियां बताकर एक–दूसरे की आलोचना की जा सकती है। पूंजीवाद का सीधा–सा सिद्धान्त है, इनको नकारने का और वह है उन्हें ब्रांड के रूप में प्रस्तुत करना। ब्रांड भी ऐसा एकाकी रूप में कि सामान्य विद्यार्थी भी आसानी से उसका आलोचक बन जाए, लेकिन जब उनका ऐतिहासिक परिप्रेक्ष्य में अध्ययन किया जाता है तो देशकाल के अनुसार उनमें परिवर्तन अनिवार्य है, नई संज्ञाओं का प्रकट होना अनिवार्य है, जैसा कि स्वयं लेनिन ने कहा था–"उलझे हुए क्रान्तिकारी विचारों के कारण जैसा कि बहुधा होता है, वे क्रान्तिकारी लफाजी पर उतर आते हैं। जी हां, सामाजिक जनवाद के प्रतिनिधियों द्वारा स्वीकार किए प्रस्ताव में "क्रान्तिकारी कम्यून" शब्दों का प्रयोग क्रान्तिकारी लफाजी के अतिरिक्त और कुछ भी नहीं है। मार्क्स ने अनेक बार इस प्रकार की लफाजी की निंदा की है, जब भविष्य के कामों को छुपाने के लिए बीते हुए जमाने के "आकर्षक" शब्द इस्तेमाल किए जाते थे। ऐसे उदाहरणों में वह आकर्षक शब्द, जो इतिहास में अपनी भूमिका पूरा कर चुका हो, एक निरर्थक तथा खतरनाक चमक–दमक बन जाता है, वह बच्चों का झुनझुना बन जाता है"।[8] इसलिए एक ऐसी राजनीतिक पार्टी की आवश्यकता है, जिसका ठोस, सैद्धान्तिक आधार हो, जो किसी भी प्रकार की लफाजी से परे हो, जो जनता में चेतना जागृत करे–सामाजिक, आर्थिक और राजनीतिक, जो जनता के विचारों का, जनता की भावनाओं का, उसकी आकांक्षाओं का, अग्रिम पंक्ति का दावेदार हो, दावेदार ही नहीं हो, बल्कि अग्रिम पंक्ति में होने लायक भी साबित करे अपने आपको। यदि जनता में किसी प्रकार का उभार आए तो न तो उसे अतिवादी होने दे और न ही दक्षिण पंथी या प्रतिक्रियावादी बनने दे। जैसा कि 1974 से 77 के बीच नौजवानों और जनता के उभार को "सम्पूर्ण क्रान्ति" जैसे "आकर्षक" शब्दों के जरिए सरकार बना लेने के बाद जनता को संगठित नहीं करके केवल राजनीतिक दलों, गुटों के सांसदों, विधायकों की मेंढक कूद को संगठित करने में ही रह गए और फिर न सरकार रही और न ही रियाया।

अतः एक राजनीतिक दल का प्रादुर्भाव होना शेष है, जिसकी रूपरेखा अभी नहीं बनाई जा सकती है। क्योंकि यहां लोकतन्त्र को लगभग साठ वर्ष हो चुके हैं, अतः जनता स्वयं अपनी परिपक्वता का परिचय देते हुए एक नए

---

8. लेनिन–"जनवादी क्रान्ति में सामाजिक जनवाद की दो कार्य नीतियां" संकलित रचनाएँ तीन खण्डों में खण्ड 1 भाग 2। प्रगति प्रकाशन, मास्को, पृ. 93।

राजनीतिक दल के गठन का मार्ग प्रशस्त करेगी। इसके लिए पहले जनता को स्वयं को संगठित होना है।

जनता किस रूप में संगठित हो, यह एक अलग प्रश्न है। पिछले अध्यायों में जनता के कुछ स्वतः स्फूर्त संगठनों का उल्लेख किया है। दरअसल ऐसे संगठनों का निर्माण गली–मोहल्लों, वार्ड स्तर पर हो, जो कि अनिवार्य रूप से किसी न किसी प्रकार की आर्थिक गतिविधि या उत्पादन प्रक्रिया से जुड़ा हो। ऐसे ही संगठनों के विभिन्न समूह अपना–अपना प्रतिनिधि चुनकर एक संगठन एक मतदाता मंडल बनावें। वही मतदाता मंडल लोकसभा या विधानसभा या जिला परिषद या नगर पालिका या ग्राम पंचायत के लिए प्रतिनिधियों का नामांकन करे, जो चुनाव लड़ेंगे। कोई भी प्रचलित राजनीतिक दल इन प्रत्याशियों का समर्थन कर सकता है, परन्तु कोई भी ऐसा मंडल किसी भी राजनीतिक पार्टी के प्रत्याशी का समर्थन नहीं करें।

मतदाता मंडल के स्तर से ही क्षेत्रीय, प्रांतीय प्रतिनिधियों का चयन कर एक व्यापक संगठन का रूप दिया जा सकता है, जो कि एक राजनीतिक पार्टी के रूप में जनता के सामने, उसके अग्रणी दस्ते के रूप में खड़ी हो सकती है। यही राष्ट्रीय स्तर पर एकीकृत होकर एक सैद्धान्तिक पार्टी बनकर राजनीतिक सत्ता पर कब्जा करके, मजदूर किसानों की प्रमुखता वाली जनतांत्रिक सरकार बना सकती है और फिर अपनी योजना के अनुसार जनता की आकांक्षाओं, अपेक्षाओं को कार्य रूप देने के लिए कानूनों का स्वरूप बदले, संविधान में समुचित संशोधन कर उसे प्रतिबंधात्मक होने के बजाए प्रगतिमूलक बनाए, सरकारी संगठनों का स्वरूप बदलकर नया रूप दे और सर्वोपरि यह कि जनता की बहुसंख्या को, जिसे अलग–अलग कर विभिन्न प्रकार से शोषित किया जाता है, उसका एकीकरण करे, जिससे कि शोषण के विरुद्ध आवाज और हथियार उठाने वाले गुटों के लिए ऐसा करने के आर्थिक, सामाजिक और राजनीतिक कारक, विसंगतियां, विरोधाभास खत्म हों और पूरी जनता देश के विकास से लग सके।

इस प्रकार के जन संगठन, राजनीतिक संगठन जनता से कभी दूर नहीं हों। चाहे कैसी भी परिस्थिति उपस्थित हो। यदि सैद्धान्तिक आधार दृढ़ और विकासोन्मुख रहेगा तो जनता से जुड़ाव बना रहेगा, उसे कोई समाप्त नहीं कर सकता। ज्यों ही सैद्धान्तिक शिथिलता आएगी, वह पार्टी जनता से दूर हो जाएगी और उसको कोई बचा नहीं सकता। उसका अन्त अवश्यम्भावी है। इसे एक नियम के रूप में ग्रहण कर सकते हैं कि जब तक पार्टी आम जनता से संबंध बनाए रहेंगी, तब तक वे अजेय रहेंगी और इसके विपरीत

जैसे ही पार्टी आम जनता से नाता तोड़ेंगी और उससे सम्पर्क खो देंगे। वैसे ही उन पर नौकरशाही जंग चढ़ जाएगा, वे अपनी सारी ताकत खो देंगी और शून्य के बराबर रह जाएंगे।

प्राचीन यूनानियों की दंत कथाओं में एक प्रसिद्ध वी एण्टीयस था। कथा के अनुसार वह समुद्र के देवता पोसेईडन और धरती की देवी गीया का पुत्र था। एण्टीयस अपनी मां को बहुत प्यार करता था, जिसने उसे जन्म दिया था, उसे दूध पिलाया था और पाला–पोसा था। कोई ऐसा वीर न था, जिसे एण्टीयस ने परास्त न किया हो। वह अजेय वीर समझा जाता था। उसकी शक्ति किस बात में थी? उसकी शक्ति इस बात में थी कि हर बार जब वह शत्रु से लड़ते हुए मुसीबत में होता था तो वह धरती को छू लेता था, उस माता को जिसने उसे जन्म दिया था और दूध पिलाया था और इससे उसे नई शक्ति मिल जाती थी। फिर भी उसके लिए हार का खतरा था। यह खतरा कि किसी न किसी तरह वह धरती से अलग न कर दिया जाए। उसके दुश्मन उसकी यह कमजोरी जानते थे और उसकी ताक में थे। एक दिन ऐसा दुश्मन आ गया कि जिसने इस कमजोरी से फायदा उठाया और एण्टीयस को हरा दिया। यह दुश्मन हरक्यूलिस था। हरक्यूलिस ने एण्टीयस को कैसे हटाया? उसने उसे धरती से उठा लिया, अधर में टांगे रखा, उसे धरती न छूने दी और उसका गला घोंट दिया।

जनता की अग्रणी पार्टी के कार्यकर्ता भी एण्टीयस की तरह शक्तिशाली हों कि वे अपनी माता से उस जनता से सम्पर्क बनाए रखें, जिसने उन्हें जन्म दिया है, दूध पिलाया है और बड़ा किया है और जब तक वे अपनी माता से अपनी जनता से सम्पर्क बनाए रहेंगे, तब तक वे अवश्य ही अजेय बने रहेंगे। उनके नेतृत्व की अजेयता का यही रहस्य होगा।

उपसंहार

समाज का आर्थिक और राजनीतिक संक्रमण काल किसी प्रसव पीड़ा से कम नहीं होता। जिस प्रकार प्रशिक्षित एवं दक्ष दायी प्रसव को सफलता के साथ पूरी करती है, ठीक उसी प्रकार समाज के आर्थिक और राजनीतिक संक्रमण को दक्ष और भविष्य की ओर देखने वाली राजनीतिक पार्टी सफलता के साथ पूरा करने की गारंटी होती है।

भारत में आर्थिक और राजनीतिक के संक्रमण काल की अवधि इतनी लम्बी हो गई है कि सम्पूर्ण देश की दशा, पूरे राष्ट्र का परिदृश्य एक साथ सामने नहीं आ जाता है। हर बार इसके कुछ अंगों, कुछ भागों की चर्चा कर अपनी सफलताओं पर आत्ममुग्ध हो लिया जाता है और जब अन्य अंग, अन्य भाग उस पीड़ा से छटपटा उठते हैं तो वह अंग उपयोगी अंग न होकर, विरोधी, विद्रोही करार दे दिया जाता है और उस अंग को काटकर अलग कर मृत बना देने का प्रयास होता है। देश की विभिन्न समस्याएं चाहे वह धर्म संबंधी हों, भाषा–शिक्षा, संबंधी हों या किसी क्षेत्र इलाके के विकास संबधी हों या इनके कारण पनपने वाले उग्र विरोधों की समस्या हो, किसी का भी सम्पूर्ण परिदृश्य के सम्पूर्ण राष्ट्र में परिप्रेक्ष्य में समाधान का प्रयास नहीं किया जाता। परिणाम यह है कि यह एक प्रकार का आन्तरिक उपनिवेशवाद बन गया है, जिसमें समाज तीन सौ वर्षों की आर्थिक अवस्थाओं को एक साथ जी रहा है। यह असमान विकास पूंजीवाद के दीर्घकालीन अस्तित्व की आवश्यकता है। अतः पूंजीवादी व्यवस्था ऐसी समस्याओं को जानबूझकर जन्म देती है और अपनी सैनिक शक्ति का इस्तेमाल करने के आधारों को बनाए रखती है। पूंजीपतियों की आपसी प्रतिद्वंद्विता में सरकार के लिए यह सम्भव नहीं हो पाता कि वह किसी एक पूंजीपति या पूंजीपतियों के गुट का पक्ष ले, वह सिर्फ कानूनी प्रक्रिया का हवाला देकर न्याय प्रणाली को और कानूनों का उलझाव भरा जाल पैदा कर देती है, परन्तु पूंजीपति अपनी पूंजी के लिए

स्वयं ही अधिक सक्रिय होता है। अतः वह समानान्तर सशस्त्र व्यवस्था कायम कर लेता है तथा प्रतिद्वंद्वी को व्यावसायिक हानि पहुंचाने के उद्देश्य से गैर–कानूनी व्यापार को कायम कर बढ़ावा देता है। वही व्यवस्था विश्वव्यापी स्तर पर सरकारों के खुफिया तंत्रों के माध्यम से एक दूसरे देश में कार्रवाइयां करती हैं। अफगानिस्तान का उदाहरण इसको साफ करता है। अमरीका ने सोवियत संघ को घेरने के उद्देश्य से अल्‌कायदा और तालिबान को पैदा किया और धन, हथियारों से बढ़ावा दिया। आज वही अमरीका और अन्य पूंजीवादी देशों के लिए बहुत बड़ी समस्या बन चुके हैं। लेकिन प्रकटतः ये देश इनको नष्ट नहीं करना चाहते हैं, बल्कि विश्व के असमान विकास को कायम रखने के लिए ऐसे तालिबानों को, अलकायदा जैसे संगठनों को जीवित रखे रहेंगे, जो तोड़फोड़ के अलावा लूटपाट, निर्दोषों की हत्या, तस्करी के जरिए समानान्तर विश्व व्यापार और समानान्तर सरकारें चलाते रहेंगे।

तालिबानों का कोई सैद्धान्तिक आधार नहीं है। अतः न तो वे पूंजीवादी व्यवस्था का विकल्प बन सकते हैं और न ही विश्व की उत्पीड़ित शोषित जनता को कोई मार्ग दिखा सकते हैं। वे स्वयं उसी प्रतिक्रियावादी सामन्तवादी विचारधाराओं के पोषक है, जिन्हें अब पूंजीवाद स्वयं नष्ट नहीं करके कायम रखना चाहता है। मानव द्वारा मानव का शोषण जारी रह सके। अतः पूंजीवाद की समस्या अण्डरवर्ल्ड या अलकायदा, तालिबान जैसे आतंकवादी नहीं है, उसकी समस्या है असमान विकास को खत्म कर एक समान स्तर पर लाने के लिए प्रयासरत समाजवादी, जिनके खिलाफ पूरे लोकतंत्रवादी एक जुट होकर उन्हें समाप्त करने का बीड़ा उठाते हैं।

"भगवान" शब्द की तरह "समाजवाद" शब्द भी एक अमूर्त व्यवस्था का द्योतक है, जिसका इस्तेमाल समाज के अल्पमत वर्गों के गुटों द्वारा सत्ता के केन्द्र में बने रहने के लिए बहुमत जनता को भ्रमित करने के लिए प्रयुक्त किया जाता रहा है। अपनी तमाम आलोचनाओं के बावजूद पूंजीवादी दुनिया में "समाजवाद" हमेशा ही एक ज्वलंत विषय बना रहा है और वैश्विक रणनीति का आधार बना हुआ है। भारत के लिए यह एक प्रमुख विचारधारात्मक केन्द्र रहा है। 1929 से इसे कांग्रेस के ऐतिहासिक दस्तावेजों में शामिल कर लिया गया है, कम्युनिस्ट पार्टी की स्थापना, भगतसिंह वगैरह की पार्टी "हिन्दुस्तान सोशलिस्ट रिपब्लिकन एसोसिएशन" की भी यही विचारधारा का केन्द्र रहा था और वर्तमान संविधान सभा में भी यह विचारणीय था तथा संविधान लागू होने के बाद राजकीय उपक्रमों को देश के औद्योगीकरण का आधार बनाना भी समाजवाद की झूठी–सच्ची नकल रही है। "समाजवाद" भारतीय जनता की भविष्य की आशा है, बावजूद इसके कि "समाजवाद" के नाम पर गठित

पार्टियां और उनके नेता "कानूनी मार्क्सवादियों" सहित, पूंजीवाद द्वारा उपलब्ध कराई जा रही है, "संसदीय सुविधाओं और विशेषाधिकारों" का उपभोग करने में स्वयं पूंजीवादी पार्टियों और नेताओं से आगे बने हुए हैं। अतः समाजवाद के बारे में कुछ कहना प्रासंगिक होगा।

वस्तुतः "समाजवाद" कोई राजनीतिक व्यवस्था नहीं है। बल्कि समाजवाद अर्थव्यवस्था का एक स्वरूप है, जो पूंजीवाद से एक कदम आगे की एक ऐतिहासिक अवस्था है। स्वयं पूंजीवाद भी कोई राजनीतिक व्यवस्था न होकर एक अर्थव्यवस्था है, समाजवाद भी एक अर्थव्यवस्था है, जो ऐतिहासिक दृष्टि से पूंजीवाद की संतान और उसका अनिवार्य उत्तराधिकारी है। इन दोनों की राजनीतिक सत्ता "लोकतंत्र" या "जनवाद" में निहित होती है। लोकतंत्र, पूंजीवाद के द्वारा पैदा की गई राजनीतिक व्यवस्था है, जिसमें प्रमुख प्रभुत्व पूंजीवादियों का ही होता है और नियम, कायदे तथा कानून उसी अंतःप्रेरणा के अनुसार बनाए जाते हैं, जबकि "समाजवाद" की वाहक राजनीतिक व्यवस्था भी "लोकतंत्र" ही होता है, परन्तु तब प्रमुख प्रभुत्व पूंजीवादियों का न होकर मजदूर और किसान वर्गों का होता है जो श्रम के द्वारा उत्पादन प्रक्रिया का हिस्सा बने होते है तथा नियम–कानून उसी अन्तःप्रेरणा के अनुसार बनाये जाते हैं, जिससे "समाजवादी व्यवस्था" का सुदृढ़ीकरण और विकास हो। पूंजीवादी लोकतन्त्रों में विभिन्न प्रान्तों या राज्यों का संघ होता है, जबकि "समाजवादी" लोकतंत्र "गणराज्यों का संघ" होता है।

इस प्रकार की व्यवस्था की व्याख्या कार्ल मार्क्स ने प्रस्तुत की थी, जिन्हें "राजनीतिक अर्थशास्त्र" के प्रणेता दार्शनिक रूप में जाना जाता है। यह "पूंजी" नामक ग्रंथ में संग्रहित है तथा अनेक पुस्तकों में सप्रसंग इसका उल्लेख किया है, लेकिन 1848 में प्रकाशित "कम्युनिस्ट पार्टी का घोषणा पत्र" में इस पूरे राजनीतिक अर्थशास्त्र को संक्षिप्त, किन्तु सूत्र रूप में प्रस्तुत किया है।

"समाजवाद" की अवधारण का मूल आधार यह निष्कर्ष है कि "अब तक का लिपिबद्ध इतिहास वर्ग संघर्षों का इतिहास रहा है।"

"स्वतन्त्र मनुष्य और दास, सामन्त और भूदास, शिल्प संघ का उस्ताद कारीगर और मजदूर कारीगर संक्षेप में शोषक और शोषित (उत्पीड़क और उत्पीड़ित) बराबर एक दूसरे का विरोध करते आए हैं। वे कभी छिपे, कभी प्रकट रूप से लगातार एक दूसरे से संघर्ष करते रहे हैं, जिस संघर्ष का अन्त हर बार या तो समाज के पुनर्गठन में या संघर्षरत दोनों वर्गों की बर्बादी में हुआ है।"

"आज पूरा समाज दो विशाल शिविरों में एक–दूसरे के खिलाफ खड़े दो विशाल वर्गों में–पूंजीपति और सर्वहारा वर्गों में अधिकाधिक बंटता जा रहा है।"

पिछले प्रत्येक समाज का इतिहास वर्ग विरोधों के विकास का इतिहास है, उन वर्ग विरोधों का, जिन्होंने भिन्न–भिन्न युगों में भिन्न–भिन्न रूप धारण किया था।

"मजदूरों का कोई स्वदेश नहीं है, जो उनके पास है ही नहीं" उसे उनसे कौन छीन सकता है? चूंकि सर्वहारा वर्ग को सबसे पहले राजनीतिक प्रभुत्व प्राप्त करना है, राष्ट्र में प्रधान वर्ग का स्थान ग्रहण करना है, खुद अपने को राष्ट्र के रूप में संघटित करना है, अतः इस हद तक वह स्वयं राष्ट्रीय चरित्र रखता है, जो कि इस शब्द के पूंजीवादी अर्थ में नहीं।

"कम्युनिस्ट क्रान्ति समाज के परम्परागत सम्पत्ति संबंधों से आमूल विच्छेद हैं, फिर इसमें आश्चर्य क्या कि इस क्रान्ति के विकास का अर्थ है समाज के परम्परागत विचारों का आमूल रूप से संबंध विच्छेद।"

यह इतिहास की एक स्वाभाविक प्रक्रिया है, जो पूरा होने में अपना समय लेती है और जो सैकड़ों से हजारों वर्ष तक ले सकती है, लेकिन पूँजीवाद में अधिक से अधिक मुनाफा कमाने और अधिक से अधिक पूंजी जमा करने की प्रवृत्ति वर्ग–संघर्ष को तेज करके, इस ऐतिहासिक अवधि को कम कर देती है, जिसमें समय–समय पर होने वाले वैज्ञानिक शोध और उनके परिणामस्वरूप उत्पादन के साधनों में परिष्कार, जिसके कारण कम समय में, कम श्रम शक्ति के साथ अधिक उत्पादन किया जा सकता है। लिहाजा श्रम शक्ति का अधिक शोषण करने में नई तकनीकों का प्रयोग और सहायक हो जाता है तथा सरकार भी श्रम शक्ति के शोषण को कम कर वैज्ञानिक शोधों को मानव जाति के हितों के लिए प्रयोग करने के अवसर उपलब्ध नहीं करवाने के कानून नहीं बनाकर कानूनी रूप से शोषण की यथास्थिति बनाए रखती है। ठीक उसी प्रकार मजदूर शोषित वर्ग भी विकास की, परिवर्तन की उस अवधि को छोटा करने के लिए राजनीतिक सत्ता पर अधिकार कायम कर सभी वैज्ञानिक आविष्कारों, उत्पादन के संसाधनों के उपभोग के लक्ष्य को पूंजीपतियों के मुनाफा कमाने की प्रवृत्ति के बदले मानव जाति के हित साधन और विकास को ओर मोड़ सकते हैं।

ऐसे ही प्रयास सोवियत समाजवादी क्रान्ति के द्वारा यूरेशिया में तथा जनवादी क्रान्ति के माध्यम से चीन में किए गए जो कि इतिहास में सफल भी रहे हैं।

पूंजीवादी व्यवस्था में उत्पादन के साधनों पर पूंजीपतियों का अधिकार होता है और मजदूर उस दशा में "सर्वहारा मजदूर" होता है, जिसे अंग्रेजी में (Proletariat) कहा जाता है, जबकि समाजवाद में उत्पादनों के साधनों को सामाजिक सम्पत्ति बना दिया जाता है, उन साधनों पर काम करने वाले तब भी मजदूर (लेबर नहीं बल्कि श्रमजीवी–Working Class) होते हैं, परन्तु तब मानव द्वारा मानव का शोषण नहीं होता है।

यही बात किसानों के संबंध में है। उनके शोषण के केन्द्र जमींदार, भू–स्वामी, व्यापारी और महाजन पूरी तरह से हटा दिये जाते हैं और सहकारी, सामूहिक कृषि वैज्ञानिक साधनों के उपयोग का रास्ता खोल देती है और उनके उत्पादन बिना महाजनों, व्यापारियों के जनता की विभिन्न संस्थाओं के माध्यम से उपभोगकर्ता के पास पहुंच जाते हैं।

बुद्धिजीवी भी इसी प्रकार अपनी उपयोगिता को बदलकर सामाजिक बुद्धिजीवी के रूप में ढाल लेते हैं। पूँजीवादी व्यवस्था में वे केवल पूंजीपतियों, अभिजातों के लिए काम करते हैं। समाजवादी व्यवस्था में वे जनता के पक्ष में खड़े दिखाई देते हैं।

1917 में रूस में समाजवादी क्रान्ति का पहला चरण जनवाद था, जिसे स्थायित्व प्रदान करना मुख्य उद्देश्य था। तत्कालीन गृह युद्ध को शान्त कर जनवाद की पूर्ण विजय स्थापित होने के बाद लेनिन ने "नई आर्थिक नीति" अपनाई। उसी अवधि में रूस भयंकर काल की चपेट में आया। सत्ताधारी सोवियतों के सामने जनता को अकाल से बचाने का संकट आ गया था। तब अमरीका एवं अन्य यूरोपीय पूंजीवादी देशों ने अकाल के दौरान सहायता देने की पेशकश की थी तथा सोवियत बोल्शेविक पार्टी का एक पक्ष, जो अपेक्षाकृत उदार था, पूंजीवादी देशों से सहायता लेने को उचित ठहरा रहा था। ऐसे समय में स्तालिन से साफ कर दिया था–"सोवियत सत्ता अभी मजबूत नहीं हुई है, पूंजीवादी देश इसे उखाड़ फेंकने के लिए हरसंभव प्रयास करेंगे, वे हर एक उस अवसर का लाभ उठाने की कोशिश करेंगे, जो सोवियत सत्ता को कमजोर कर उसे उखाड़ फेंके, क्योंकि वे जानते हैं कि बाहर से आक्रमण करके सोवियत सत्ता को खत्म नहीं किया जा सकता है। अतः वे ऐसे अवसरों की तलाश में हैं, जिससे कि वे हमारे अन्दरूनी संगठनों में प्रवेश कर सकें और हमें कमजोर कर सकें। वास्तविक खतरा बाहरी आक्रमण का नहीं, बल्कि अन्दरूनी आक्रमण का है, जो आसानी से हमें उखाड़ फेंक सकते हैं। इसीलिए हमें हमारी इन मजबूरियों को ही हमारी ताकत बनाना होगा और प्रत्येक उस कोशिश को हटाना होगा, जो हमारी सोवियत सत्ता को कमजोर

करती है।"[1] उनकी इस प्रेरणा से नई आर्थिक नीति में सहकारी खेती, सामूहिक कृषि, भारी उद्योगों की स्थापना और "पंचवर्षीय योजना" की अवधारणा निकल कर आई और अगले दस वर्षों में ही जनवादी सोवियत सत्ता को समाजवादी गणतन्त्रों के ताकतवर राष्ट्र में बदल दिया, जिसने फासिस्ट जर्मनी, जापानी आक्रमणों के साथ–साथ पूँजीवादी हमलों का भी मुकाबला किया और "समाजवाद" को आधुनिक विश्व की अनिवार्य आवश्यकता बनाया।

इसी प्रकार कृषि प्रधान देश चीन में जनवादी क्रान्ति पूरी तरह से किसानों को केन्द्रित करके पूरी की गई। परन्तु लक्ष्य वही था जनवादी व्यवस्थापित करके औद्यागीकरण करना और समाजवाद की राह खोलना। जनवादी क्रान्ति के दस वर्ष पश्चात् समाजवादी चेतना जागृत करने के उद्देश्य से एक आन्दोलन चलाया गया था, जिसमें मजदूरों किसानों की भागीदारी को और अधिक बढ़ाना था। उसका नारा था–**"सौ फूलों को खिलने दो, सौ विचारधाराओं में संघर्ष होने दो, जो सही और विकासमान होगी, वह आगे बढ़ेगी।"** इसके परिणामस्वरूप औद्योगिकीकरण ने गति पकड़ी। तब परम्परागत सामाजिक मान्यताओं, धारणाओं को परिवर्तित करने के उद्देश्य से और समाजवादी राजनीतिक चेतना जन–जन में जागृत करने के उद्देश्य से 1966 में एक और देशव्यापी अभियान का चलाया गया जिसे "सांस्कृतिक क्रान्ति (Cultural Revolution)" के नाम से पुकारा गया। यह एक दशक तक जारी रहा। इस सांस्कृतिक क्रान्ति के दौरान कृषि आधारित उदार जनवादी, किन्तु पूंजीवादी अवधारणाओं के पोषक, जो समाजवादी व्यवस्था के प्रेरक नहीं बन सके थे, व्यक्तियों को लक्षित किया गया था। इस दौर का नारा था "प्रतिक्रिया को चिन्हित करो और उसे समाप्त करो।" इस अभियान में उभरकर आए नई उम्र के नौजवान सामने आए, उनमें वांग हुंग वेन, जियांग क्विंग, झांग चुंकियाओ तथा याओ वेन युवान प्रमुख थे। इनके विपरीत सभी शीर्ष नेता, बुजुर्ग तथा सामन्ती पृष्ठभूमि से आए हुए थे। अतः स्वयं माओत्सेतुंग के अलावा उनमें से कोई भी समाजवादी क्या जनवादी सिद्धान्तकार भी नहीं बन पाया था। उनमें प्रधानमंत्री चाऊ एनलाई भी थे तो, कम्युनिस्ट पार्टी के दूसरे नंबर पर देंग जिओ पेंग था। सांस्कृतिक क्रान्ति की सफलता के बावजूद भी पार्टी नेतृत्व चिन्हित उन बुजुर्ग नेताओं को एक तरफ नहीं कर सका। चाऊ एन लाई की मृत्यु के बाद अकेले पड़े देंग जिओ पेंग अपने प्रभावशाली अनुयायियों के बावजूद पार्टी में अपना स्थान कायम नहीं रख सका, क्योंकि

1. 1965 में ऐसे ही संकट के समय तत्कालीन प्रधानमंत्री लालबहादुर शास्त्री ने भारतवासियों से सप्ताह में एक दिन उपवास करने का आह्वान किया था, अन्न बचाने के लिए, जिसको आज तक भी कई लोग सोमवार का उपवास करके अपनाये हुये हैं।

सैद्धान्तिक आधार पर वह न तो उन नौजवानों का मुकाबला कर सकता था और न ही माओत्सेतुंग उसे बरकरार ही रख सकते थे। अतः पार्टी पद पर रहते हुए देंग जिओ देंग को खामोश हो जाना पड़ा। परन्तु 9 सितम्बर, 1976 को माओत्सेतुंग की मृत्यु के पश्चात् देंग ने अपने सहयोगियों के सहयोग से सक्रियता बढ़ा दी और पार्टी नेतृत्व अपने हाथों में लेकर 11 अक्टूबर, 1976 को उक्त चारों समाजवादी नौजवानों को गिरफ्तार कर लिया। उन पर जो आरोप लगाए गए उनकी पृष्ठभूमि आम तौर पर प्रतिक्रियावादी पूंजीवादी ही साबित हुई। उन आरोपों में एक यह भी था कि जियांग क्विंग माओत्सेतुंग की पत्नी थी, जो अभिनय क्षेत्र से जुड़ी थी, इसी बहाने उसने सांस्कृतिक क्रान्ति चलाई और माओत्सेतुंग की मृत्यु के पूर्व माओ की वसीयत के द्वारा माओत्से तुंग का उत्तराधिकारी बनने का प्रयास किया था। माओत्सेतुंग जैसे क्रान्तिकारी से यह अपेक्षा की जा सकती है कि एक क्रान्तिकारी कम्युनिस्ट पार्टी का नेतृत्व वसीयत द्वारा अपनी पत्नी या किसी अन्य रिश्तेदारों को देगा? यह सरासर पूंजीवादी विचारधारा ही थी; देंग जियो पेंग की, जिसने समाजवाद के लिए आगे बढ़ने के बनिस्बत जनवादी व्यवस्था में पल रहे ग्रामीण चीन की परम्परागत पूंजीवादी अवधारणाओं को पोषित करने का प्रयास किया और आज चीन जनवादी व्यवस्था की निम्न पूंजीवादी अवधारणाओं को पोषित कर विश्व पूंजीवाद की सहायता कर रहा है। समाजवाद के मार्ग से विमुख हो चुका है। जबकि सांस्कृतिक क्रान्ति का प्रतिफल वांग हुंग वेन था और वही माओत्सेतुंग का उत्तराधिकारी भी था। परन्तु व्यवस्थाओं के संक्रमण काल में अपनी और अपनी पार्टी की दृढ़ता पर अतिविश्वास के कारण कोई रणनीति नहीं बना सका और स्वयं षडयंत्रकारी नीति का शिकार हो गए।

यहां स्तालिन की वह बात ध्यान देने योग्य है कि "समाजवादी आन्दोलन और समाजवादी जनवादी व्यवस्था को बाहरी आक्रमण से समाप्त नहीं किया जा सकता, वह अपने अंदरूनी प्रतिक्रियावादी शत्रुओं से ही पराजित की जा सकती है।" आज यदि समाजवाद की बात होगी, समाजवाद की तरफ कदम बढ़ाना होगा तो वह स्तालिन से ही प्रारम्भ करना होगा। अभी तक समाजवाद और स्तालिन राजनीतिक और सैद्धान्तिक रूप से एक दूसरे के पर्याय हैं। स्तालिन को अलग करके समाजवाद की बात करना पूंजीवादी बकवास के अलावा और कुछ नहीं है। स्तालिन द्वारा तय की गई समाजवादी कार्य पद्धतियां इतिहास द्वारा परीक्षित कार्यप्रणाली है। उसे ही देशकाल की आवश्यकताओं के अनुसार तोड़ना–मरोड़ना नहीं बल्कि लचीला बनाकर अपनाना होगा। स्तालिन द्वारा समाजवादी गणतंत्रों का वैधानिक स्वरूप इतिहास परीक्षित ऐसा दस्तावेज है, जो सभी पूंजीवादी संवैधानिकताओं को

बकवास साबित कर चुका है। अमरीकी पत्रकार लेखक राबर्ट कांक्वेस्ट जैसे घाघ पूंजीवादी लेखक "महा आतंक" जैसा मोटा पोथा लिखकर स्तालिन पर व्यक्तिगत लांछन जरूर लगा सकते हैं, परन्तु वे स्तालिन की सैद्धान्तिक आलोचना नहीं कर सकते। वहाँ वे स्तालिन की तो आलोचना कर सकते हैं, उसे महादुष्ट, आदमखोर तक कह सकते हैं, परन्तु हिटलर या मुसोलिनी या तोजों के बारे में ऐसा कुछ नहीं कह सकते, कुछ नहीं लिख सकते, क्योंकि वे कोई सिद्धान्तकार नहीं थे, वे तो केवल पूंजीवादी राजनीति के उद्दण्ड नायक मात्र थे, जिनसे पंजीवाद को मूलतः और सिद्धान्ततः कोई नुकसान नहीं हुआ। पूंजीवाद को नुकसान तो समाजवाद से होता है, जिसके रणनीतिकार, सिद्धान्तकार, राजनीतिक प्रयोगकर्ता स्तालिन थे। विश्व की समाजवादी प्रयोगशाला के अनुसंधानकर्ता वैज्ञानिक तो स्तालिन ही रहे हैं। आधुनिक विश्व की रणनीति, राजनीति की सैद्धान्तिक धुरी स्तालिन ही हैं–जोकि मूलतः समाजवाद का सैद्धान्तिक केन्द्र बिन्दु है।

कांग्रेस सरकार के गृह मंत्री के नक्सलवाद–माओवाद विरोधी अभियान के संबंध में दिए गए एक वक्तव्य को लक्ष्य करते हुए कांग्रेस पार्टी के ही एक वरिष्ठ महासचिव दिग्विजय सिंह ने एक लेख में आलोचना करते हुए उसे "बौद्धिक दम्भ" करार दिया है। गृहमंत्री पी. चिदम्बरम् के बयानों का वह अंश था "बक स्टाप्स हीयर" जिसका मतलब माओवादियों द्वारा की गई अनपेक्षित घटना, केन्द्रीय रिजर्व पुलिस दल के 73 जवानों की हत्या के लिए "मैं" ही उत्तरदायी हूं और मुझे ही इसका समाधान करना होगा।" इससे साफ जाहिर है कि सत्ता समूह अपनी पार्टियों के बड़े नेताओं के माध्यम से एक सुर में बोलते हैं, परन्तु उनका कोई सैद्धान्तिक धरातल नहीं होने के कारण व्यक्ति की अपनी–अपनी अभिव्यक्ति यदा–कदा होती रहती है। इन अभिव्यक्तियों के समाचार प्रसार–माध्यम सामान्य सम्प्रेषण के अलावा विभिन्न बुद्धिजीवियों के अपने–अपने आलेख भी प्रकाशित करते रहते हैं, जिनका उद्देश्य विचार मंथन कम और विभिन्न राजनीतिक दलों के आन्तरिक गुटों की प्रशंसा या आलोचना अधिक होता है। फिर इस प्रकार के प्रतिद्वंद्वी लेखों, रिपोर्टों और संस्थाओं के माध्यम से वे जो बात कहना चाहते हैं, दबे रूप में कहने का प्रयास करते हैं। ऐसा इसलिए कि सत्ता केन्द्र में एक परिवार विशेष बना हुआ है और सीधे तौर पर उसके प्रथम पुरुष की आलोचना न तो रायल गार्डों को सहन होती है और न ही सरकारी स्तर पर। सरकारी स्तर की प्रतिक्रिया इस की प्रकार की होती है, जैसे कि देशद्रोह का काम कर दिया गया हो या सरकार के खिलाफ विद्रोह कर दिया गया हो। उदाहरण के लिए समय–समय पर जिन्ना के बारे में कुछ कहना या छपना, सुभाष चन्द्र बोस

के बारे में कुछ कहना और छपना, लालबहादुर शास्त्री के संबंध में कुछ कहना, यह कुलबुलाहट अन्ततः ऐतिहासिक सत्य को उजागर करने की कुलबुलाहट है, जो कि फिलहाल कथित "बौद्धिक दम्भ" के चलते दबाई जाती रही है।

बुद्धिजीवी इस प्रकार से राजनीतिक दम्भ से बाहर आकर सत्य को उजागर करेंगे और जनता के लिए मेहनतकशों के लिए काम करेंगे। ब्लेकमैल करने के लिए भ्रष्टाचार का रोना नहीं रोएंगे। पीली पत्रकारिता से बाहर आएंगे। यदि सभी समाचार माध्यम पूंजीपतियों के हाथों में है तो क्या; उनका संचालन तो उनके हाथों में नहीं है। हिम्मत उन्हें ही दिखानी है, जनता अपने आप साथ देगी, जैसे कि दक्षिण–पूर्व एशियाई किसी देश में एक निजी टेलीविजन की एक समाचार वाचिका ने किया था। मालिक लोग उसे एक पश्चिमी अभिनेत्री/मॉडल की फूहड़ गतिविधि का समाचार बार–बार पढ़ने के लिए कहते रहें। उसने उस समाचार को कई बार दोहराया भी। अन्त में तंग आकर उसने टेलीविजन के पर्दे पर ही उस मद्दे से कथा समाचार के लिखित पाठ को फाड़ फेंका था।

परिशिष्ट–1

संयुक्त राज्य अमरीका का संविधान

(अमरीका की सरकारी बेब साइट से यथा प्राप्त)

The Constitution of the United States
Preamble Note

We the People of the United States, in Order to form a more perfect Union, establish Justice, insure domestic Tranquility, provide for the common Defence, promote the general Welfare, and secure the Blessings of Liberty to ourselves and our Posterity, do ordain and establish this Constitution for the United States of America.

Article I—The Legislative Branch

Section 1. The Legislature

All legislative Powers herein granted shall be vested in a Congress of the United States, which shall consist of a Senate and House of Representatives.

Section 2. The House

The House of Representatives shall be composed of Members chosen every second Year by the People of the several States, and the Electors in each State shall have the Qualifications requisite for Electors of the most numerous Branch of the State Legislature.

No Person shall be a Representative who shall not have attained to the age of twenty five Years, and been seven Years a Citizen of the United States, and who shall not, when elected, be an Inhabitant of that State in which he shall be chosen.

(Representatives and direct Taxes shall be apportioned among the several States which may be included within this Union, according to their respective Numbers, which shall be determined by adding to the whole Number of free Persons, including those bound to Service for a Term of Years, and excluding Indians not taxed, three fifths of all other Persons.) (The previous sentence in parentheses was modified by the 14th amendment, section 2.) The actual Enumeration shall be made within three Years after the first Meeting of the Congress of the United States, and within every subsequent Term of ten Years, in such Manner as they shall by Law direct. The Number of Representatives shall not exceed one for every Thirty Thousand, but each State shall have at Least one Representative; and until such enumeration shall be made, the State of New Hampshire shall be entitled to chuse three, Massachusetts eight, Rhode Island and Providence Plantations one, Connecticut five, New York six, New Jersey four, Pennsylvania eight, Delaware one, Maryland six, Virginia ten, North Carolina five, South Carolina five and Georgia three.

When vacancies happen in the Representation from any State, the Executive authority thereof shall issue Writs of Election to fill such Vacancies.

The House of Representatives shall chuse their Speaker and other Officers; and shall have the sole Power of Impeachment.

Section 3. The Senate

The Senate of the United States shall be composed of two Senators from each State, (chosen by the Legislature thereof,) (The preceding words in parentheses superseded by 17th Amendment, section 1) for six Years; and each Senator shall have one Vote.

Immediately after they shall be assembled in Consequence of the first Election, they shall be divided as equally as may be into three Classes. The Seats of the Senators of the first Class shall be vacated at the Expiration of the second Year, of the second Class at the Expiration of the fourth Year, and of the third Class at the Expiration of the sixth Year, so that one third may be chosen every second Year; (and if Vacancies happen by Resignation, or otherwise, during the Recess of the Legislature of any State, the Executive thereof may make temporary appointments until the next Meeting of the Legislature, which shall then fill such Vacancies.) (The preceding words in parentheses were superseded by the 17th Amendment, section 2).

No person shall be a Senator who shall not have attained to the age of thirty Years, and been nine Years a Citizen of the United States, and who shall not, when elected, be an Inhabitant of that State for which he shall be chosen.

The Vice President of the United States shall be President of the Senate, but shall have no Vote, unless they be equally divided.

The Senate shall chuse their other Officers, and also a President pro tempore, in the absence of the Vice President, or when he shall exercise the Office of President of the United States.

The Senate shall have the sole Power to try all Impeachments. When sitting for that Purpose, they shall be on Oath or Affirmation. When the President of the United States is tried, the Chief Justice shall preside: and no Person shall be convicted without the Concurrence of two thirds of the Members present.

Judgment in Cases of Impeachment shall not extend further than to removal from Office, and disqualification to hold and enjoy any Office of honor, Trust or Profit under the United States: but the Party convicted shall nevertheless be liable and subject to Indictment, Trial, Judgment and Punishment, According to Law.

Section 4. Elections, Meetings

The Times, Places and Manner of holding Elections for Senators and Representatives, shall be prescribed in each State by the Legislature thereof; but the Congress may at any time by Law make or alter such Regulations, except as to the Place of Chusing Senators.

The Congress shall assemble at least once in every Year, and such Meeting shall (be on the first Monday in December,) (The preceding words in parentheses were superseded by the 20th amendment, section 2) unless they shall by Law appoint a different Day.

Section 5. Membership, Rules, Journals, Adjournment

Each house shall be the Judge of the Elections, Returns and Qualifications of its own Members, and a Majority of each shall constitute a Quorum to do Business; but a smaller number may adjourn from day to day, and may be authorized to compel the attendance of absent Members, in such Manner, and under such Penalties as each House may provide.

Each House may determine the Rules of its Proceedings, punish its Members for disorderly Behavior, and, with the Concurrence of two-thirds, expel a Member.

Each House shall keep a Journal of its Proceedings, and from time to time publish the same, excepting such Parts as may in their Judgment require Secrecy; and the Yeas and Nays of the Members of either House on any question shall, at the Desire of one fifth of those Present, be entered on the Journal.

Neither House, during the Session of Congress, shall, without the Consent of the other, adjourn for more than three days, nor to any other Place than that in which the two Houses shall be sitting.

Section 6. Compensation

(The Senators and Representatives shall receive a Compensation for their Services, to be Ascertained by Law, and paid out of the Treasury of the United States.) (The preceding words in parentheses were modified by the 27th amendment.) They shall in all Cases, except Treason, Felony and Breach of the Peace, be privileged from arrest during their attendance at the Session of their respective Houses, and in going to and returning from the same; and for any Speech or Debate in either House, they shall not be questioned in any other Place.

No Senator or Representative shall, during the Time for which he was elected, be appointed to any civil Office under the authority of the United States which shall have been created, or the Emoluments whereof shall have been increased during such time; and no Person holding any Office under the United States, shall be a Member of either House during his Continuance in Office.

Section 7. Revenue Bills, Legislative Process, Presidential Veto

All bills for raising Revenue shall originate in the House of Representatives; but the Senate may propose or concur with amendments as on other Bills.

Every bill which shall have passed the House of Representatives and the Senate, shall, before it become a Law, be presented to the President of the United States; If he approve he shall sign it, but if not he shall return it, with his Objections to that House in which it shall have originated, who shall enter the Objections at large on their Journal, and proceed to reconsider it. If after such Reconsideration two thirds of that House shall agree to pass the Bill, it shall be sent, together with the Objections, to the other House, by which it shall likewise be reconsidered, and if approved by two thirds of that House, it shall become a Law. But in all such Cases the Votes of both Houses shall be determined by Yeas and Nays, and the Names of the Persons voting for and against the Bill shall be entered on the Journal of each House respectively. If any Bill shall not be returned by the President within ten Days (Sundays excepted) After it shall have been presented to him, the Same shall be a Law, in like Manner as if he had signed it, unless the Congress by their adjournment prevent its Return, in which Case it shall not be a Law.

Every Order, Resolution, or Vote to which the Concurrence of the Senate and House of Representatives may be necessary (except on a question of adjournment) shall be presented to the President of the United States; and before the Same shall take Effect, shall be approved by him, or being disapproved by him, shall be repassed by two thirds of the Senate and House of Representatives, according to the Rules and Limitations prescribed in the Case of a Bill.

Section 8. Powers of Congress

The Congress shall have Power to lay and collect Taxes, Duties, Imposts and Excises, to pay the Debts and provide for the common Defence and general Welfare of the United States; but all Duties, Imposts and Excises shall be uniform throughout the United States;

To borrow money on the credit of the United States;

To regulate Commerce with foreign Nations, and among the several States, and with the Indian Tribes;

To establish an uniform Rule of Naturalization, and uniform Laws on the subject of Bankruptcies throughout the United States;

To coin Money, regulate the Value thereof, and of foreign Coin, and fix the Standard of Weights and Measures;

To provide for the Punishment of counterfeiting the Securities and current Coin of the United States;

To establish Post Offices and Post Roads;

To promote the Progress of Science and useful arts, by securing for limited Times to Authors and Inventors the exclusive Right to their respective Writings and Discoveries;

To constitute Tribunals inferior to the supreme Court;

To define and punish Piracies and Felonies committed on the high Seas, and Offenses Against the Law of Nations;

To declare War, grant Letters of Marque and Reprisal, and make Rules concerning Captures on Land and Water;

To raise and support armies, but no Appropriation of Money to that Use shall be for a longer Term than two Years;

To provide and maintain a Navy;

To make Rules for the Government and Regulation of the land and naval Forces;

To provide for calling forth the Militia to execute the Laws of the Union, suppress Insurrections and repel Invasions;

To provide for organizing, Arming, and disciplining the Militia, and for governing such Part of them as may be employed in the Service of the United States, reserving to the States respectively, the appointment of the Officers, and the Authority of training the Militia according to the discipline prescribed by Congress;

To exercise exclusive Legislation in all Cases whatsoever, over such District (not exceeding ten Miles square) as may, by Cession of particular States, and the Acceptance of Congress, become the Seat of the Government of the United States, and to exercise like authority over all Places purchased by the Consent of the Legislature of the State in which the Same shall be, for the Erection of Forts, Magazines, arsenals, dock-Yards, and other needful Buildings; and

To make all Laws which shall be necessary and proper for carrying into Execution the foregoing Powers, and all other Powers vested by this Constitution in the Government of the United States, or in any Department or Officer thereof.

Section 9. Limits on Congress

The Migration or Importation of such Persons as any of the States now existing shall think proper to admit, shall not be prohibited by the Congress prior to the Year one thousand eight hundred and eight, but a tax or duty may be imposed on such Importation, not exceeding ten dollars for each Person.

The privilege of the Writ of Habeas Corpus shall not be suspended, unless when in Cases of Rebellion or Invasion the public Safety may require it.

No Bill of attainder or ex post facto Law shall be passed.

(No capitation, or other direct, Tax shall be laid, unless in Proportion to the Census or Enumeration herein before directed to be taken.) (Section in parentheses clarified by the 16th Amendment.)

No Tax or Duty shall be laid on articles exported from any State.

No Preference shall be given by any Regulation of Commerce or Revenue to the Ports of one State over those of another: nor shall Vessels bound to, or from, one State, be obliged to enter, clear, or pay Duties in Another.

No Money shall be drawn from the Treasury, but in Consequence of appropriations made by Law; and a regular Statement and account of the Receipts and Expenditures of all public Money shall be published from time to time.

No Title of Nobility shall be granted by the United States: and no Person holding any Office of Profit or Trust under them, shall, without the Consent of the Congress, accept of any present, Emolument, Office, or Title, of any kind whatever, from any King, Prince or foreign State.

Section 10. Powers prohibited of States

No State shall enter into any Treaty, alliance, or Confederation; grant Letters of Marque and Reprisal; coin Money; emit Bills of Credit; make any Thing but gold and silver Coin a Tender in Payment of Debts; pass any Bill of attainder, ex post facto Law, or Law impairing the Obligation of Contracts, or grant any Title of Nobility.

No State shall, without the Consent of the Congress, lay any Imposts or Duties on Imports or Exports, except what may be absolutely necessary for executing it's inspection Laws: and the net Produce of all Duties and Imposts, laid by any State on Imports or Exports, shall be for the Use of the Treasury of the United States; and all such Laws shall be subject to the Revision and Controul of the Congress.

No State shall, without the Consent of Congress, lay any duty of Tonnage, keep Troops, or Ships of War in time of Peace, enter into any agreement or Compact with another State, or with a foreign Power, or engage in War, unless actually invaded, or in such imminent Danger as will not admit of delay.

Article II—The Executive Branch

Section 1. The President

The executive Power shall be vested in a President of the United States of America. He shall hold his Office during the Term of four Years, and, together with the Vice-President chosen for the same Term, be elected, as follows:

Each State shall appoint, in such Manner as the Legislature thereof may direct, a Number of Electors, equal to the whole Number of Senators and Representatives to which the State may be entitled in the Congress: but no Senator or Representative, or Person holding an Office of Trust or Profit under the United States, shall be appointed an Elector.

(The Electors shall meet in their respective States, and vote by Ballot for two persons, of whom one at least shall not lie an Inhabitant of the same State with themselves. And they shall make a List of all the Persons voted for, and of the Number of Votes for each; which List they shall sign and certify, and transmit sealed to the Seat of the Government of the United States, directed to the President of the Senate. The President of the Senate shall, in the Presence of the Senate and House of Representatives, open all the Certificates, and the Votes shall then be counted. The Person having the greatest Number of Votes shall be the President, if such Number be a Majority of the whole Number of Electors appointed; and if there be more than one who have such Majority, and have an equal Number of Votes, then the House of Representatives shall immediately chuse by Ballot one of them for President; and if no Person have a Majority, then from the five highest on the List the said House shall in like Manner chuse the President. But in chusing the President, the Votes shall be taken by States, the Representation from each State having one Vote; a quorum for this Purpose shall consist of a Member or Members from two-thirds of the States, and a Majority of all the States shall be necessary to a Choice. In every Case, after the Choice of the President, the Person having the greatest Number of Votes of the Electors shall be the Vice President. But if there should remain two or more who have equal Votes, the Senate shall chuse from them by Ballot the Vice-President.) (This clause in parentheses was superseded by the 12th amendment.)

The Congress may determine the Time of chusing the Electors, and the Day on which they shall give their Votes; which Day shall be the same throughout the United States.

No person except a natural born Citizen, or a Citizen of the United States, at the time of the adoption of this Constitution, shall be eligible to the Office of President; neither shall any Person be eligible to that Office who shall not have attained to the age of thirty-five Years, and been fourteen Years a Resident within the United States.

(In Case of the Removal of the President from Office, or of his Death, Resignation, or Inability to discharge the Powers and Duties of the said Office, the same shall devolve on the Vice President, and the Congress may by Law provide for the Case of Removal, Death, Resignation or Inability, both of the President and Vice President, declaring what Officer shall then act as President, and such Officer shall act accordingly, until the Disability be removed, or a President shall be elected.) (This clause in parentheses has been modified by the 20th and 25th Amendments.)

The President shall, at stated Times, receive for his Services, a Compensation, which shall neither be increased nor diminished during the Period for which he shall have been elected, and he shall not receive within that Period any other Emolument from the United States, or any of them.

Before he enter on the Execution of his Office, he shall take the following Oath or Affirmation:

"I do solemnly swear (or affirm) that I will faithfully execute the Office of President of the United States, and will to the best of my ability, preserve, protect and defend the Constitution of the United States."

Section 2. Civilian Power over Military, Cabinet, Pardon Power, Appointments

The President shall be Commander in Chief of the army and Navy of the United States, and of the Militia of the several States, when called into the actual Service of the United States; he may require the Opinion, in writing, of the principal Officer in each of the executive Departments, upon any subject relating to the Duties of their respective Offices, and he shall have Power to Grant Reprieves and Pardons for Offenses Against the United States, except in Cases of Impeachment.

He shall have Power, by and with the Advice and Consent of the Senate, to make Treaties, provided two thirds of the Senators present concur; and he shall nominate, and by and with the advice and Consent of the Senate, shall appoint ambassadors, other public Ministers and Consuls, Judges of the supreme Court, and all other Officers of the United States, whose appointments are not herein otherwise provided for, and which shall be established by Law: but the Congress may by Law vest the Appointment of such inferior Officers, as they think proper, in the President alone, in the Courts of Law, or in the Heads of Departments.

The President shall have Power to fill up all Vacancies that may happen during the Recess of the Senate, by granting Commissions which shall expire at the end of their next Session.

Section 3. State of the Union, Convening Congress

He shall from time to time give to the Congress Information of the State of the Union, and recommend to their Consideration such Measures as he shall judge necessary and expedient; he may, on extraordinary Occasions, convene both Houses, or either of them, and in Case of Disagreement between them, with Respect to the Time of Adjournment, he may adjourn them to such Time as he shall think proper; he shall receive Ambassadors and other public Ministers; he shall take Care that the Laws be faithfully executed, and shall Commission all the Officers of the United States.

Section 4. Disqualification

The President, Vice President and all civil Officers of the United States, shall be removed from Office on Impeachment for, and Conviction of, Treason, Bribery, or other high Crimes and Misdemeanors.

Article III—The Judicial Branch

Section 1. Judicial powers

The judicial Power of the United States, shall be vested in one supreme Court, and in such inferior Courts as the Congress may from time to time ordain and establish. The Judges, both of the supreme and inferior Courts, shall hold their Offices during good Behavior, and shall, at stated Times, receive for their Services a Compensation which shall not be diminished during their Continuance in Office.

Section 2. Trial by Jury, Original Jurisdiction, Jury Trials

(The judicial Power shall extend to all Cases, in Law and Equity, arising under this Constitution, the Laws of the United States, and Treaties made, or which shall be made, under their Authority; to all Cases affecting Ambassadors, other public Ministers and Consuls; to all Cases of admiralty and maritime Jurisdiction; to Controversies to which the United States shall be a Party; to Controversies between two or more States; between a State and Citizens of another State; between Citizens of different States; between Citizens of the same State claiming Lands under Grants of different States, and between a State, or the Citizens thereof, and foreign States, Citizens or Subjects.) (This section in parentheses is modified by the 11th Amendment.)

In all Cases affecting Ambassadors, other public Ministers and Consuls, and those in which a State shall be Party, the supreme Court shall have original Jurisdiction. In all the other Cases before mentioned, the supreme Court shall have appellate Jurisdiction, both as to Law and Fact, with such Exceptions, and under such Regulations as the Congress shall make.

The Trial of all Crimes, except in Cases of Impeachment, shall be by Jury; and such Trial shall be held in the State where the said Crimes shall have been committed; but when not committed within any State, the Trial shall be at such Place or Places as the Congress may by Law have directed.

Section 3. Treason

Treason against the United States, shall consist only in levying War against them, or in adhering to their Enemies, giving them Aid and Comfort. No Person shall be convicted of Treason unless on the Testimony of two Witnesses to the same overt Act, or on Confession in open Court.

The Congress shall have power to declare the Punishment of Treason, but no Attainder of Treason shall work Corruption of Blood, or Forfeiture except during the Life of the Person attainted.

Article IV—The States

Section 1. Each State to Honor all others

Full Faith and Credit shall be given in each State to the public Acts, Records, and judicial Proceedings of every other State. And the Congress may by general Laws prescribe the Manner in which such Acts, Records and Proceedings shall be proved, and the Effect thereof.

Section 2. State Citizens, Extradition

The Citizens of each State shall be entitled to all Privileges and Immunities of Citizens in the several States.

A Person charged in any State with Treason, Felony, or other Crime, who shall flee from Justice, and be found in another State, shall on demand of the executive Authority of the State from which he fled, be delivered up, to be removed to the State having Jurisdiction of the Crime.

(No Person held to Service or Labour in one State, under the Laws thereof, escaping into another, shall, in Consequence of any Law or Regulation therein, be discharged from such Service or Labour, But shall be delivered up on Claim of the Party to whom such Service or Labour may be due.) (This clause in parentheses is superseded by the 13th Amendment.)

Section 3. New States

New States may be admitted by the Congress into this Union; but no new States shall be formed or erected within the Jurisdiction of any other State; nor any State be formed by the Junction of two or more States, or parts of States, without the Consent of the Legislatures of the States concerned as well as of the Congress.

The Congress shall have Power to dispose of and make all needful Rules and Regulations respecting the Territory or other Property belonging to the United States; and nothing in this Constitution shall be so construed as to Prejudice any Claims of the United States, or of any particular State.

Section 4. Republican Government

The United States shall guarantee to every State in this Union a Republican Form of Government, and shall protect each of them against Invasion; and on Application of the Legislature, or of the Executive (when the Legislature cannot be convened) against domestic Violence.

Article V—Amendment

The Congress, whenever two thirds of both Houses shall deem it necessary, shall propose Amendments to this Constitution, or, on the Application of the Legislatures of two thirds of the several States, shall call a Convention for proposing Amendments, which, in either Case, shall be valid to all Intents and Purposes, as part of this Constitution, when ratified by the Legislatures of three fourths of the several States, or by Conventions in three fourths thereof, as the one or the other Mode of Ratification may be proposed by the Congress; Provided that no Amendment which may be made prior to the Year One thousand eight hundred and eight shall in any Manner affect the first and fourth Clauses in the Ninth Section of the first Article; and that no State, without its Consent, shall be deprived of its equal Suffrage in the Senate.

Article VI—Debts, Supremacy, Oaths

All Debts contracted and Engagements entered into, before the Adoption of this Constitution, shall be as valid against the United States under this Constitution, as under the Confederation.

This Constitution, and the Laws of the United States which shall be made in Pursuance thereof; and all Treaties made, or which shall be made, under the Authority of the United States, shall be the supreme Law of the Land; and the Judges in every State shall be bound thereby, any Thing in the Constitution or Laws of any State to the Contrary notwithstanding.

The Senators and Representatives before mentioned, and the Members of the several State Legislatures, and all executive and judicial Officers, both of the United States and of the several States, shall be bound by Oath or Affirmation, to support this Constitution; but no religious Test shall ever be required as a Qualification to any Office or public Trust under the United States.

Article VII—Ratification Documents

The Ratification of the Conventions of nine States, shall be sufficient for the Establishment of this Constitution between the States so ratifying the Same.

Done in Convention by the Unanimous Consent of the States present the Seventeenth Day of September in the Year of our Lord one thousand seven hundred and eighty seven and of the Independence of the United States of America the Twelfth. In Witness whereof we have hereunto subscribed our Names. Note

Go Washington — President and Deputy from Virginia

New Hampshire — John Langdon, Nicholas Gilman

Massachusetts — Nathaniel Gorham, Rufus King

Connecticut — Wm Saml Johnson, Roger Sherman

New York — Alexander Hamilton

New Jersey — Wil Livingston, David Brearley, Wm Paterson, Jona. Dayton

Pensylvania — B. Franklin, Thomas Mifflin, Robt Morris, Geo. Clymer, Thos Fitz Simons, Jared Ingersoll, James Wilson, Gouv Morris

Delaware — Geo. Read, Gunning Bedford jun, John Dickinson, Richard Bassett, Jaco. Broom

Maryland — James McHenry, Dan of St. Tho Jenifer, Danl Carroll

Virginia — John Blair, James Madison Jr.

North Carolina — Wm Blount, Richd Dobbs Spaight, Hu Williamson

South Carolina — J. Rutledge, Charles Cotesworth Pinckney, Charles Pinckney, Pierce Butler

Georgia — William Few, Abr Baldwin

Attest — William Jackson, Secretary

The Amendments Note

The following are the Amendments to the Constitution. The first ten Amendments collectively are commonly known as the Bill of Rights. History

Amendment 1. Freedom of Religion, Press, Expression. Ratified 12/15/1791.

Note Congress shall make no law respecting an establishment of religion, or prohibiting the free exercise thereof; or abridging the freedom of speech, or of the press; or the right of the people peaceably to assemble, and to petition the Government for a redress of grievances.

Amendment 2. Right to Bear Arms. Ratified 12/15/1791.

Note A well regulated Militia, being necessary to the security of a free State, the right of the people to keep and bear Arms, shall not be infringed.

Amendment 3. Quartering of Soldiers. Ratified 12/15/1791.

Note No Soldier shall, in time of peace be quartered in any house, without the consent of the Owner, nor in time of war, but in a manner to be prescribed by law.

Amendment 4. Search and Seizure. Ratified 12/15/1791.

The right of the people to be secure in their persons, houses, papers, and effects, against unreasonable searches and seizures, shall not be violated, and no Warrants shall issue, but upon probable cause, supported by Oath or affirmation, and particularly describing the place to be searched, and the persons or things to be seized.

Amendment 5. Trial and Punishment, Compensation for Takings. Ratified 12/15/1791.

No person shall be held to answer for a capital, or otherwise infamous crime, unless on a presentment or indictment of a Grand Jury, except in cases arising in the land or naval forces, or in the Militia, when in actual service in time of War or public danger; nor shall any person be subject for the same offense to be twice put in jeopardy of life or limb; nor shall be compelled in any criminal case to be a witness against himself, nor be deprived of life, liberty, or property, without due process of law; nor shall private property be taken for public use, without just compensation.

Amendment 6. Right to Speedy Trial, Confrontation of Witnesses. Ratified 12/15/1791.

In all criminal prosecutions, the accused shall enjoy the right to a speedy and public trial, by an impartial jury of the State and district wherein the crime shall have been committed, which district shall have been previously ascertained by law, and to be informed of the nature and cause of the accusation; to be confronted with the witnesses against him; to have compulsory process for obtaining witnesses in his favor, and to have the Assistance of Counsel for his defence.

Amendment 7. Trial by Jury in Civil Cases. Ratified 12/15/1791.

In Suits at common law, where the value in controversy shall exceed twenty dollars, the right of trial by jury shall be preserved, and no fact tried by a jury, shall be otherwise re-examined in any Court of the United States, than according to the rules of the common law.

Amendment 8. Cruel and Unusual Punishment. Ratified 12/15/1791.

Excessive bail shall not be required, nor excessive fines imposed, nor cruel and unusual punishments inflicted.

Amendment 9. Construction of Constitution. Ratified 12/15/1791.

The enumeration in the Constitution, of certain rights, shall not be construed to deny or disparage others retained by the people.

Amendment 10. Powers of the States and People. Ratified 12/15/1791.

The powers not delegated to the United States by the Constitution, nor prohibited by it to the States, are reserved to the States respectively, or to the people.

Amendment 11. Judicial Limits. Ratified 2/7/1795. Note History

The Judicial power of the United States shall not be construed to extend to any suit in law or equity, commenced or prosecuted against one of the United States by Citizens of another State, or by Citizens or Subjects of any Foreign State.

Amendment 12. Choosing the President, Vice-President. Ratified 6/15/1804.

The Electors shall meet in their respective states, and vote by ballot for President and Vice-President, one of whom, at least, shall not be an inhabitant of the same state with themselves; they shall name in their ballots the person voted for as President, and in distinct ballots the person voted for as Vice-President, and they shall make distinct lists of all persons voted for as President, and of all persons voted for as Vice-President and of the number of votes for each, which lists they shall sign and certify, and transmit sealed to the seat of the government of the United States, directed to the President of the Senate;

The President of the Senate shall, in the presence of the Senate and House of Representatives, open all the certificates and the votes shall then be counted;

The person having the greatest Number of votes for President, shall be the President, if such number be a majority of the whole number of Electors appointed; and if no person have such majority, then from the persons having the highest numbers not exceeding three on the list of those voted for as President, the House of Representatives shall choose immediately, by ballot, the President. But in choosing the President, the votes shall be taken by states, the representation from each state having one vote; a quorum for this purpose shall consist of a member or members from two-thirds of the states, and a majority of all the states shall be necessary to a choice. And if the House of Representatives shall not choose a President whenever the right of choice shall devolve upon them, before the fourth day of March next following, then the Vice-President shall act as President, as in the case of the death or other constitutional disability of the President.

The person having the greatest number of votes as Vice-President, shall be the Vice-President, if such number be a majority of the whole number of Electors appointed, and if no person have a majority, then from the two highest numbers on the list, the Senate shall choose the Vice-President; a quorum for the purpose shall consist of two-thirds of the whole number of Senators, and a majority of the whole number shall be necessary to a choice. But no person constitutionally ineligible to the office of President shall be eligible to that of Vice-President of the United States.

Amendment 13. Slavery Abolished. Ratified 12/6/1865.

1. Neither slavery nor involuntary servitude, except as a punishment for crime whereof the party shall have been duly convicted, shall exist within the United States, or any place subject to their jurisdiction.

2. Congress shall have power to enforce this article by appropriate legislation.

Amendment 14. Citizenship Rights. Ratified 7/9/1868.

1. All persons born or naturalized in the United States, and subject to the jurisdiction thereof, are citizens of the United States and of the State wherein they reside. No State shall make or enforce any law which shall abridge the privileges or immunities of citizens of the United States; nor shall any State deprive any person of life, liberty, or property, without due process of law; nor deny to any person within its jurisdiction the equal protection of the laws.

2. Representatives shall be apportioned among the several States according to their respective numbers, counting the whole number of persons in each State, excluding Indians not taxed. But when the right to vote at any election for the choice of electors for President and Vice-President of the United States,

Representatives in Congress, the Executive and Judicial officers of a State, or the members of the Legislature thereof, is denied to any of the male inhabitants of such State, being twenty-one years of age, and citizens of the United States, or in any way abridged, except for participation in rebellion, or other crime, the basis of representation therein shall be reduced in the proportion which the number of such male citizens shall bear to the whole number of male citizens twenty-one years of age in such State.

3. No person shall be a Senator or Representative in Congress, or elector of President and Vice-President, or hold any office, civil or military, under the United States, or under any State, who, having previously taken an oath, as a member of Congress, or as an officer of the United States, or as a member of any State legislature, or as an executive or judicial officer of any State, to support the Constitution of the United States, shall have engaged in insurrection or rebellion against the same, or given aid or comfort to the enemies thereof. But Congress may by a vote of two-thirds of each House, remove such disability.

4. The validity of the public debt of the United States, authorized by law, including debts incurred for payment of pensions and bounties for services in suppressing insurrection or rebellion, shall not be questioned. But neither the United States nor any State shall assume or pay any debt or obligation incurred in aid of insurrection or rebellion against the United States, or any claim for the loss or emancipation of any slave; but all such debts, obligations and claims shall be held illegal and void.

5. The Congress shall have power to enforce, by appropriate legislation, the provisions of this article.

Amendment 15. Race No Bar to Vote. Ratified 2/3/1870. History

1. The right of citizens of the United States to vote shall not be denied or abridged by the United States or by any State on account of race, color, or previous condition of servitude.

2. The Congress shall have power to enforce this article by appropriate legislation.

Amendment 16. Status of Income Tax Clarified. Ratified 2/3/1913.

The Congress shall have power to lay and collect taxes on incomes, from whatever source derived, without apportionment among the several States, and without regard to any census or enumeration.

Amendment 17. Senators Elected by Popular Vote. Ratified 4/8/1913.

The Senate of the United States shall be composed of two Senators from each State, elected by the people thereof, for six years; and each Senator shall have one vote. The electors in each State shall have the qualifications requisite for electors of the most numerous branch of the State legislatures.

When vacancies happen in the representation of any State in the Senate, the executive authority of such State shall issue writs of election to fill such vacancies: Provided, That the legislature of any State may empower the executive thereof to make temporary appointments until the people fill the vacancies by election as the legislature may direct.

This amendment shall not be so construed as to affect the election or term of any Senator chosen before it becomes valid as part of the Constitution.

Amendment 18. Liquor Abolished. Ratified 1/16/1919. Repealed by Amendment 21, 12/5/1933.

1. After one year from the ratification of this article the manufacture, sale, or transportation of intoxicating liquors within, the importation thereof into, or the exportation thereof from the United States and all territory subject to the jurisdiction thereof for beverage purposes is hereby prohibited.

2. The Congress and the several States shall have concurrent power to enforce this article by appropriate legislation.

3. This article shall be inoperative unless it shall have been ratified as an amendment to the Constitution by the legislatures of the several States, as provided in the Constitution, within seven years from the date of the submission hereof to the States by the Congress.

Amendment 19. Women's Suffrage. Ratified 8/18/1920.

The right of citizens of the United States to vote shall not be denied or abridged by the United States or by any State on account of sex.

Congress shall have power to enforce this article by appropriate legislation.

Amendment 20. Presidential, Congressional Terms. Ratified 1/23/1933.

1. The terms of the President and Vice President shall end at noon on the 20th day of January, and the terms of Senators and Representatives at noon on the 3rd day of January, of the years in which such terms would have ended if this article had not been ratified; and the terms of their successors shall then begin.

2. The Congress shall assemble at least once in every year, and such meeting shall begin at noon on the 3rd day of January, unless they shall by law appoint a different day.

3. If, at the time fixed for the beginning of the term of the President, the President elect shall have died, the Vice President elect shall become President. If a President shall not have been chosen before the time fixed for the beginning of his term, or if the President elect shall have failed to qualify, then the Vice President elect shall act as President until a President shall have qualified; and the Congress may by law provide for the case wherein neither a President elect nor a Vice President elect shall have qualified, declaring who shall then act as President, or the manner in which one who is to act shall be selected, and such person shall act accordingly until a President or Vice President shall have qualified.

4. The Congress may by law provide for the case of the death of any of the persons from whom the House of Representatives may choose a President whenever the right of choice shall have devolved upon them, and for the case of the death of any of the persons from whom the Senate may choose a Vice President whenever the right of choice shall have devolved upon them.

5. Sections 1 and 2 shall take effect on the 15th day of October following the ratification of this article.

6. This article shall be inoperative unless it shall have been ratified as an amendment to the Constitution by the legislatures of three-fourths of the several States within seven years from the date of its submission.

Amendment 21. Amendment 18 Repealed. Ratified 12/5/1933.

1. The eighteenth article of amendment to the Constitution of the United States is hereby repealed.

2. The transportation or importation into any State, Territory, or possession of the United States for delivery or use therein of intoxicating liquors, in violation of the laws thereof, is hereby prohibited.

3. The article shall be inoperative unless it shall have been ratified as an amendment to the Constitution by conventions in the several States, as provided in the Constitution, within seven years from the date of the submission hereof to the States by the Congress.

Amendment 22. Presidential Term Limits. Ratified 2/27/1951.

1. No person shall be elected to the office of the President more than twice, and no person who has held the office of President, or acted as President, for more than two years of a term to which some other person was elected President shall be elected to the office of the President more than once. But this Article shall not apply to any person holding the office of President, when this Article was proposed by the Congress, and shall not prevent any person who may be holding the office of President, or acting as President, during the term within which this Article becomes operative from holding the office of President or acting as President during the remainder of such term.

2. This article shall be inoperative unless it shall have been ratified as an amendment to the Constitution by the legislatures of three-fourths of the several States within seven years from the date of its submission to the States by the Congress.

Amendment 23. Presidential Vote for District of Columbia. Ratified 3/29/1961.

1. The District constituting the seat of Government of the United States shall appoint in such manner as the Congress may

direct: A number of electors of President and Vice President equal to the whole number of Senators and Representatives in Congress to which the District would be entitled if it were a State, but in no event more than the least populous State; they shall be in addition to those appointed by the States, but they shall be considered, for the purposes of the election of President and Vice President, to be electors appointed by a State; and they shall meet in the District and perform such duties as provided by the twelfth article of amendment.

2. The Congress shall have power to enforce this article by appropriate legislation.

Amendment 24. Poll Tax Barred. Ratified 1/23/1964.

1. The right of citizens of the United States to vote in any primary or other election for President or Vice President, for electors for President or Vice President, or for Senator or Representative in Congress, shall not be denied or abridged by the United States or any State by reason of failure to pay any poll tax or other tax.

2. The Congress shall have power to enforce this article by appropriate legislation.

Amendment 25. Presidential Disability and Succession. Ratified 2/10/1967.

1. In case of the removal of the President from office or of his death or resignation, the Vice President shall become President.

2. Whenever there is a vacancy in the office of the Vice President, the President shall nominate a Vice President who shall take office upon confirmation by a majority vote of both Houses of Congress.

3. Whenever the President transmits to the President pro tempore of the Senate and the Speaker of the House of Representatives his written declaration that he is unable to discharge the powers and duties of his office, and until he transmits to them a written declaration to the contrary, such powers and duties shall be discharged by the Vice President as Acting President.

4. Whenever the Vice President and a majority of either the principal officers of the executive departments or of such other body as Congress may by law provide, transmit to the President pro tempore of the Senate and the Speaker of the House of Representatives their written declaration that the President is unable to discharge the powers and duties of his office, the Vice President shall immediately assume the powers and duties of the office as Acting President.

Thereafter, when the President transmits to the President pro tempore of the Senate and the Speaker of the House of Representatives his written declaration that no inability exists, he shall resume the powers and duties of his office unless the Vice President and a majority of either the principal officers of the executive department or of such other body as Congress may by law provide, transmit within four days to the President pro tempore of the Senate and the Speaker of the House of Representatives their written declaration that the President is unable to discharge the powers and duties of his office. Thereupon Congress shall decide the issue, assembling within forty eight hours for that purpose if not in session. If the Congress, within twenty one days after receipt of the latter written declaration, or, if Congress is not in session, within twenty one days after Congress is required to assemble, determines by two thirds vote of both Houses that the President is unable to discharge the powers and duties of his office, the Vice President shall continue to discharge the same as Acting President; otherwise, the President shall resume the powers and duties of his office.

Amendment 26. Voting Age Set to 18 Years. Ratified 7/1/1971.

1. The right of citizens of the United States, who are eighteen years of age or older, to vote shall not be denied or abridged by the United States or by any State on account of age.

2. The Congress shall have power to enforce this article by appropriate legislation.

Amendment 27. Limiting Congressional Pay Increases. Ratified 5/7/1992.

No law, varying the compensation for the services of the Senators and Representatives, shall take effect, until an election of Representatives shall have intervened.

परिशिष्ट–2

फ्रांस का संविधान, 1958

(अभी प्रचलित फ्रांस का पांचवा गणतंत्र है, जिसका संविधान राष्ट्रपति द गॉल के समय में 1958 में अपनाया गया था। इसका अंग्रेजी पाठ यथा वेबसाइट से उपलब्ध यहाँ दिया जा रहा है।)

The French Constitution of 1958 and its Amendments

This English translation was prepared under the joint responsibility of the Press, Information and Communication Directorate of the Ministry of Foreign Affairs and the European Affairs Department of the National Assembly. The French original is the sole authentic text.

PREAMBLE

The French people solemnly proclaim their attachment to the Rights of Man and the principles of national sovereignty as defined by the Declaration of 1789, confirmed and complemented by the Preamble to the Constitution of 1946.

By virtue of these principles and that of the self-determination of peoples, the Republic offers to the overseas territories that express the will to adhere to them new institutions founded on the common ideal of liberty, equality and fraternity and conceived with a view to their democratic development.

Article 1

France shall be an indivisible, secular, democratic and social Republic. It shall ensure the equality of all citizens before the law, without distinction of origin, race or religion. It shall respect all beliefs.

ON SOVEREIGNTY

Article 2

The language of the Republic shall be French.

The national emblem shall be the blue, white and red tricolour flag.

The national anthem shall be La Marseillaise.

The motto of the Republic shall be "Liberty, Equality, Fraternity".

Its principle shall be government of the people, by the people and for the people.

Article 3

National sovereignty shall belong to the people, who shall exercise it through their representatives and by means of referendum.

No section of the people nor any individual may arrogate to itself, or to himself, the exercise thereof.

Suffrage may be direct or indirect as provided by the Constitution. It shall always be universal, equal and secret.

All French citizens of either sex who have reached their majority and are in possession of their civil and political rights may vote as provided by statute.

Article 4

Political parties and groups shall contribute to the exercise of suffrage. They shall be formed and carry on their activities freely. They must respect the principles of national sovereignty and democracy.

THE PRESIDENT OF THE REPUBLIC

Article 5

The President of the Republic shall see that the Constitution is observed. He shall ensure, by his arbitration, the proper functioning of the public authorities and the continuity of the State.

He shall be the guarantor of national independence, territorial integrity and observance of treaties.

Article 6

The President of the Republic shall be elected for seven years by direct universal suffrage.

The manner of implementation of this article shall be determined by an institutional Act.

Article 7

The President of the Republic shall be elected by an absolute majority of the votes cast. If such a majority is not obtained on the first ballot, a second ballot shall take place on the second following Sunday. Only the two candidates who received the greatest number of votes in the first ballot, account being taken of any withdrawal of candidates with more votes, may stand in the second ballot.

Balloting shall be begun by a writ of election issued by the Government.

The election of the new President shall be held not less than twenty days and not more than thirty-five days before the expiry of the term of the President in office.

Should the Presidency of the Republic fall vacant for any reason whatsoever, or should the Constitutional Council on a reference from the Government rule by an absolute majority of its members that the President of the Republic is incapacitated, the duties of the President of the Republic, with the exception of those specified in articles 11 and 12, shall be temporarily exercised by the President of the Senate or, if the latter is in turn incapacitated, by the Government.

In the case of a vacancy, or where the incapacity of the President is declared permanent by the Constitutional Council, the ballot for the election of the new President shall, except in the event of a finding by the Constitutional Council of force majeure, be held not less than twenty days and not more than thirty-five days after the beginning of the vacancy or the declaration that the incapacity is permanent.

If, in the seven days preceding the last day for lodging presentations of candidature, any of the persons who, less than thirty days prior to that day, have publicly announced their decision to be a candidate dies or becomes incapacitated, the Constitutional Council may decide to postpone the election.

If, before the first ballot, any of the candidates dies or becomes incapacitated, the Constitutional Council shall declare the election postponed.

In the event of the death or incapacitation of either of the two candidates in the lead in the first ballot before any withdrawals, the Constitutional Council shall declare that the electoral procedure must be repeated in full; the same shall apply in the event of the death or incapacitation of either of the two candidates remaining standing for the second ballot.

All cases shall be referred to the Constitutional Council in the manner laid down in the second paragraph of article 61 or in that laid down for the presentation of candidates in the institutional Act provided for in article 6.

The Constitutional Council may extend the time limits set in the third and fifth paragraphs, provided that polling takes place not later than thirty-five days after the decision of the Constitutional Council. If the implementation of the provisions of this paragraph results in the postponement of the election beyond the expiry of the term of the President in office, the latter shall remain in office until his successor is proclaimed.

Neither articles 49 and 50 nor article 89 of the Constitution shall be implemented during the vacancy of the Presidency of the Republic or during the period between the declaration that the incapacity of the President of the Republic is permanent and the election of his successor.

Article 8

The President of the Republic shall appoint the Prime Minister. He shall terminate the appointment of the Prime Minister when the latter tenders the resignation of the Government.

On the proposal of the Prime Minister, he shall appoint the other members of the Government and terminate their appointments.

Article 9

The President of the Republic shall preside over the Council of Ministers.

Article 10

The President of the Republic shall promulgate Acts of Parliament within fifteen days following the final adoption of an Act and its transmission to the Government.

He may, before the expiry of this time limit, ask Parliament to reconsider the Act or sections of the Act. Reconsideration shall not be refused.

Article 11

The President of the Republic may, on a proposal from the Government when Parliament is in session or on a joint motion of the two assemblies, published in either case in the Journal officiel, submit to a referendum any government bill which deals with the organization of the public authorities, or with reforms relating to the economic or social policy of the Nation and to the public services contributing thereto, or which provides for authorization to ratify a treaty that, although not contrary to the Constitution, would affect the functioning of the institutions.

Where the referendum is held in response to a proposal by the Government, the latter shall make a statement before each assembly which shall be followed by a debate.

Where the referendum decides in favour of the government bill, the President of the Republic shall promulgate it within fifteen days following the proclamation of the results of the vote.

Article 12

The President of the Republic may, after consulting the Prime Minister and the Presidents of the assemblies, declare the National Assembly dissolved.

A general election shall take place not less than twenty days and not more than forty days after the dissolution.

The National Assembly shall convene as of right on the second Thursday following its election. Should it so convene outside the period prescribed for the ordinary session, a session shall be called by right for a fifteen-day period.

No further dissolution shall take place within a year following this election.

Article 13

The President of the Republic shall sign the ordinances and decrees deliberated upon in the Council of Ministers.

He shall make appointments to the civil and military posts of the State.

Conseillers d'Etat, the grand chancelier de la Légion d'Honneur, ambassadors and envoys extraordinary, senior members of the Audit Court, prefects, government representatives in the overseas territories, general officers, recteurs des académies and heads of central government services shall be appointed in the Council of Ministers.

An institutional Act shall determine the other posts to be filled in the Council of Ministers and the manner in which the power of the President of the Republic to make appointments may be delegated by him to be exercised on his behalf.

Article 14

The President of the Republic shall accredit ambassadors and envoys extraordinary to foreign powers; foreign ambassadors and envoys extraordinary shall be accredited to him.

Article 15

The President of the Republic shall be commander-in-chief of the armed forces. He shall preside over the higher national defence councils and committees.

Article 16

Where the institutions of the Republic, the independence of the Nation, the integrity of its territory or the fulfilment of its international commitments are under serious and immediate threat, and where the proper functioning of the constitutional public authorities is interrupted, the President of the Republic shall take the measures required by these circumstances, after formally consulting the Prime Minister, the Presidents of the assemblies and the Constitutional Council.

He shall inform the Nation of these measures in a message.

The measures must stem from the desire to provide the constitutional public authorities, in the shortest possible time, with the means to carry out their duties. The Constitutional Council shall be consulted with regard to such measures.

Parliament shall convene as of right.

The National Assembly shall not be dissolved during the exercise of the emergency powers.

Article 17

The President of the Republic has the right to grant pardon.

Article 18

The President of the Republic shall communicate with the two assemblies of Parliament by means of messages, which he shall cause to be read and which shall not be the occasion for any debate.

Outside sessions, Parliament shall be convened especially for this purpose.

Article 19

Acts of the President of the Republic, other than those provided for under articles 8 (first paragraph), 11, 12, 16, 18, 54, 56 and 61, shall be countersigned by the Prime Minister and, where required, by the appropriate ministers.

THE GOVERNMENT

Article 20

The Government shall determine and conduct the policy of the Nation.

It shall have at its disposal the civil service and the armed forces.

It shall be responsible to Parliament in accordance with the terms and procedures set out in articles 49 and 50.

Article 21

The Prime Minister shall direct the operation of the Government. He shall be responsible for national defence. He shall ensure the implementation of legislation. Subject to article 13, he shall have power to make regulations and shall make appointments to civil and military posts.

He may delegate certain of his powers to ministers.

He shall deputize, if the case arises, for the President of the Republic as chairman of the councils and committees referred to in article 15.

He may, in exceptional cases, deputize for him as chairman of a meeting of the Council of Ministers by virtue of an express delegation of powers for a specific agenda.

Article 22

Acts of the Prime Minister shall be countersigned, where required, by the ministers responsible for their implementation.

Article 23

The duties of member of the Government shall be incompatible with the exercise of any parliamentary office, any position of occupational representation at national level, any public employment or any occupational activity.

An institutional Act shall determine the manner in which the holders of such offices, positions or employment shall be replaced.

The replacement of Members of Parliament shall take place in accordance with the provisions of article 25.

PARLIAMENT

Article 24

Parliament shall comprise the National Assembly and the Senate.

The deputies to the National Assembly shall be elected by direct suffrage.

The Senate shall be elected by indirect suffrage. The representation of the territorial units of the Republic shall be ensured in the Senate. French nationals settled outside France shall be represented in the Senate.

Article 25

An institutional Act shall determine the term for which each assembly is elected, the number of its members, their allowances, the conditions of eligibility and the terms of disqualification and of incompatibility with membership.

It shall likewise determine the manner of election of those persons who, in the event of a vacancy, are to replace deputies or senators whose seats have become vacant, until the general or partial renewal by election of the assembly to which they belonged.

Article 26

No Member of Parliament shall be prosecuted, investigated, arrested, detained or tried in respect of opinions expressed or votes cast in the exercise of his duties.

No Member of Parliament shall be arrested for a serious crime or other major offence, nor shall he be subjected to any other custodial or semi-custodial measure, without the authorization of the Bureau of the assembly of which he is a member. Such authorization shall not be required in the case of a serious crime or other major offence committed flagrante delicto or a final sentence.

The detention, subjection to custodial or semi-custodial measures, or prosecution of a Member of Parliament shall be suspended for the duration of the session if the assembly of which he is a member so requires.

The assembly concerned shall convene as of right for additional sittings in order to permit the preceding paragraph to be applied should circumstances so require.

Article 27

Any binding instruction shall be void.

The right to vote of Members of Parliament shall be personal.

An institutional Act may, in exceptional cases, authorize voting by proxy. In that event, no member shall be given more than one proxy.

Article 28

Parliament shall convene as of right in one ordinary session which shall start on the first working day of October and shall end on the last working day of June.

The number of days for which each assembly may sit during the ordinary session shall not exceed one hundred and twenty. The sitting weeks shall be determined by each assembly.

The Prime Minister, after consulting the President of the assembly concerned, or the majority of the members of each assembly may decide to meet for additional sitting days.

The days and hours of sittings shall be determined by the rules of procedure of each assembly.

Article 29

Parliament shall convene in extraordinary session, at the request of the Prime Minister or of the majority of the members of the National Assembly, to consider a specific agenda.

Where an extraordinary session is held at the request of members of the National Assembly, the decree closing it shall take effect once Parliament has dealt with the agenda for which it was convened, or twelve days after its first sitting, whichever shall be the earlier.

Only the Prime Minister may request a new session before the end of the month following the decree closing an extraordinary session.

Article 30

Except where Parliament convenes as of right, extraordinary sessions shall be opened and closed by decree of the President of the Republic.

Article 31

Members of the Government shall have access to the two assemblies. They shall address either assembly whenever they so request.

They may be assisted by government commissioners.

Article 32

The President of the National Assembly shall be elected for the duration of the term for which the Assembly is elected. The President of the Senate shall be elected after each partial renewal by election.

Article 33

The sittings of the two assemblies shall be public. A verbatim report of the debates shall be published in the Journal officiel.

Each assembly may sit in camera at the request of the Prime Minister or of one tenth of its members.

ON RELATIONS BETWEEN PARLIAMENT AND THE GOVERNMENT

Article 34

Statutes shall be passed by Parliament.

Statutes shall determine the rules concerning:

- civic rights and the fundamental guarantees granted to citizens for the exercise of their public liberties; the obligations imposed for the purposes of national defence upon citizens in respect of their persons and their property;

- nationality, the status and legal capacity of persons, matrimonial regimes, inheritance and gifts;
- the determination of serious crimes and other major offences and the penalties applicable to them; criminal procedure; amnesty; the establishment of new classes of courts and tribunals and the regulations governing the members of the judiciary;
- the base, rates and methods of collection of taxes of all types; the issue of currency.

Statutes shall likewise determine the rules concerning:

- the electoral systems of parliamentary assemblies and local assemblies;
- the creation of categories of public establishments;
- the fundamental guarantees granted to civil and military personnel employed by the State;
- the nationalization of enterprises and transfers of ownership in enterprises from the public to the private sector.

Statutes shall determine the fundamental principles of:

- the general organization of national defence;
- the self-government of territorial units, their powers and their resources;
- education;
- the regime governing ownership, rights in rem and civil and commercial obligations;
- labour law, trade-union law and social security.

Finance Acts shall determine the resources and obligations of the State in the manner and with the reservations specified in an institutional Act.

Social security finance Acts shall determine the general conditions for the financial balance of social security and, in the light of their revenue forecasts, shall determine expenditure targets in the manner and with the reservations specified in an institutional Act.

Programme Acts shall determine the objectives of the economic and social action of the State.

The provisions of this article may be enlarged upon and complemented by an institutional Act.

Article 35

A declaration of war shall be authorized by Parliament.

Article 36

Martial law shall be decreed in the Council of Ministers.

Its extension beyond twelve days may be authorized only by Parliament.

Article 37

Matters other than those that fall within the ambit of statute shall be matters for regulation.

Acts of Parliament passed concerning these matters may be amended by decree issued after consultation with the Conseil d'Etat. Any such Acts which are passed after this Constitution has entered into force shall be amended by decree only if the Constitutional Council has declared that they are matters for regulation as defined in the preceding paragraph.

Article 38

In order to carry out its programme, the Government may ask Parliament for authorization, for a limited period, to take measures by ordinance that are normally a matter for statute.

Ordinances shall be issued in the Council of Ministers, after consultation with the Conseil d'Etat. They shall come into force upon publication, but shall lapse if the bill to ratify them is not laid before Parliament before the date set by the enabling Act.

At the end of the period referred to in the first paragraph of this article, ordinances may be amended only by an Act of Parliament in those areas which are matters for statute.

Article 39

The Prime Minister and Members of Parliament alike shall have the right to initiate statutes.

Government bills shall be discussed in the Council of Ministers after consultation with the Conseil d'Etat and shall be introduced in one of the two assemblies. Finance bills and social security finance bills shall be presented first to the National Assembly.

Article 40

Bills and amendments introduced by Members of Parliament shall not be admissible where their adoption would have as a consequence either a diminution of public resources or the creation or increase of an item of public expenditure.

Article 41

Should it be found in the course of the legislative process that a Member's bill or amendment is not a matter for statute or is contrary to a delegation granted by virtue of article 38, the Government may object that it is inadmissible.

In the event of disagreement between the Government and the President of the assembly concerned, the Constitutional Council, at the request of one or the other, shall rule within eight days.

Article 42

The discussion of government bills shall pertain, in the assembly which first has the bill before it, to the text introduced by the Government.

An assembly which has before it a text passed by the other assembly shall deliberate upon that text.

Article 43

Government and Members' bills shall, at the request of the Government or of the assembly having the bill before it, be referred for consideration to committees specially set up for this purpose.

Government and Members' bills concerning which such a request has not been made shall be referred to one of the standing committees, the number of which shall be limited to six in each assembly.

Article 44

Members of Parliament and the Government shall have the right of amendment.

Once the debate has begun, the Government may object to the consideration of any amendment which has not previously been referred to committee.

If the Government so requests, the assembly having the bill before it shall decide by a single vote on all or part of the text under discussion, on the sole basis of the amendments proposed or accepted by the Government.

Article 45

Every government or Member's bill shall be considered successively in the two assemblies of Parliament with a view to the adoption of an identical text.

If, as a result of a disagreement between the two assemblies, it has proved impossible to adopt a government or Member's bill after two readings by each assembly or, if the Government has declared the matter urgent, after a single reading by each of them, the Prime Minister may convene a joint committee, composed of an equal number of members from each assembly, to propose a text on the provisions still under discussion.

The text drafted by the joint committee may be submitted by the Government to both assemblies for approval. No amendment shall be admissible without the consent of the Government.

If the joint committee does not succeed in adopting a common text, or if the text is not adopted as provided in the preceding paragraph, the Government may, after a further reading by the National Assembly and by the Senate, ask the National Assembly to make a final decision. In that event, the National Assembly may reconsider either the text drafted by the joint committee, or the last text passed by itself, as modified, if such is the case, by any amendment or amendments adopted by the Senate.

Article 46

Acts of Parliament that the Constitution characterizes as institutional shall be passed and amended as provided in this article.

A government or Member's bill shall not be debated and put to the vote in the assembly in which it was first introduced until fifteen days have elapsed since its introduction.

The procedure set out in article 45 shall apply. Nevertheless, in the absence of agreement between the two assemblies, the text may be adopted by the National Assembly on final reading only by an absolute majority of its members.

Institutional Acts relating to the Senate must be passed in identical terms by the two assemblies.

Institutional Acts shall not be promulgated until the Constitutional Council has declared their conformity with the Constitution.

Article 47

Parliament shall pass finance bills in the manner provided by an institutional Act.

Should the National Assembly fail to reach a decision on first reading within forty days following the introduction of a bill, the Government shall refer the bill to the Senate, which must rule within fifteen days. The procedure set out in article 45 shall then apply.

Should Parliament fail to reach a decision within seventy days, the provisions of the bill may be brought into force by ordinance.

Should the finance bill establishing the resources and expenditures for a financial year not be introduced in time for promulgation before the beginning of that year, the Government shall as a matter of urgency ask Parliament for authorization to collect taxes and shall make available by decree the funds needed to meet the commitments already voted for.

The time limits set by this article shall be suspended when Parliament is not in session.

The Audit Court shall assist Parliament and the Government in monitoring the implementation of finance Acts.

Article 47-1

Parliament shall pass social security finance bills in the manner provided by an institutional Act.

Should the National Assembly fail to reach a decision on first reading within twenty days following the introduction of a bill, the Government shall refer the bill to the Senate, which must rule within fifteen days. The procedure set out in article 45 shall then apply.

Should Parliament fail to reach a decision within fifty days, the provisions of the bill may be implemented by ordinance.

The time limits set by this article shall be suspended when Parliament is not in session and, as regards each assembly, during the weeks when it has decided not to sit in accordance with the second paragraph of article 28.

The Audit Court shall assist Parliament and the Government in monitoring the implementation of social security finance Acts.

Article 48

Without prejudice to the application of the last three paragraphs of article 28, precedence shall be given on the agendas of the assemblies, and in the order determined by the Government, to the discussion of government bills and of Members' bills accepted by the Government.

At one sitting a week at least precedence shall be given to questions from Members of Parliament and to answers by the Government.

At one sitting a month precedence shall be given to the agenda determined by each assembly.

Article 49

The Prime Minister, after deliberation by the Council of Ministers, may make the Government's programme or possibly a statement of its general policy an issue of its responsibility before the National Assembly.

The National Assembly may raise an issue of the Government's responsibility by passing a motion of censure. Such a motion shall not be admissible unless it is signed by at least one tenth of the members of the National Assembly. Voting may not take place within forty-eight hours after the motion has been introduced. Only the votes in favour of the motion of censure shall be counted; the motion of censure shall not be adopted unless it is voted for by the majority of the members of the Assembly. Except as provided in the following paragraph, a deputy shall not sign more than three motions of censure during a single ordinary session and more than one during a single extraordinary session.

The Prime Minister may, after deliberation by the Council of Ministers, make the passing of a bill an issue of the Government's responsibility before the National Assembly. In that event, the bill shall be considered adopted unless a motion of censure, introduced within the subsequent twenty-four hours, is carried as provided in the preceding paragraph.

The Prime Minister may ask the Senate to approve a statement of general policy.

Article 50

Where the National Assembly carries a motion of censure, or where it fails to endorse the programme or a statement of general policy of the Government, the Prime Minister must tender the resignation of the Government to the President of the Republic.

Article 51

The closing of ordinary or extraordinary sessions shall be postponed by right in order to permit the application of article 49, if the case arises. Additional sittings shall be held by right for the same purpose.

ON TREATIES AND INTERNATIONAL AGREEMENTS

Article 52

The President of the Republic shall negotiate and ratify treaties.

He shall be informed of any negotiations for the conclusion of an international agreement not subject to ratification.

Article 53

Peace treaties, commercial treaties, treaties or agreements relating to international organization, those that commit the finances of the State, those that modify provisions which are matters for statute, those relating to the status of persons, and those that involve the cession, exchange or addition of territory, may be ratified or approved only by virtue of an Act of Parliament.

They shall not take effect until they have been ratified or approved.

No cession, exchange or addition of territory shall be valid without the consent of the population concerned.

Article 53-1

The Republic may conclude, with European States that are bound by commitments identical with its own in the matter of asylum and the protection of human rights and fundamental freedoms, agreements determining their respective jurisdiction in regard to the consideration of requests for asylum submitted to them.

However, even if the request does not fall within their jurisdiction under the terms of these agreements, the authorities of the Republic shall remain empowered to grant asylum to any foreigner who is persecuted for his action in pursuit of freedom or who seeks the protection of France for some other reason.

Article 54

If the Constitutional Council, on a reference from the President of the Republic, from the Prime Minister, from the President of one or the other assembly, or from sixty deputies or sixty senators, has declared that an international commitment contains a clause contrary to the Constitution, authorization to ratify or approve the international commitment in question may be given only after amendment of the Constitution.

Article 55

Treaties or agreements duly ratified or approved shall, upon publication, prevail over Acts of Parliament, subject, in regard to each agreement or treaty, to its application by the other party.

THE CONSTITUTIONAL COUNCIL

Article 56

The Constitutional Council shall consist of nine members, whose term of office shall be nine years and shall not be renewable. One third of the membership of the Constitutional Council shall be renewed every three years. Three of its members shall be appointed by the President of the Republic, three by the President of the National Assembly and three by the President of the Senate.

In addition to the nine members provided for above, former Presidents of the Republic shall be ex-officio life members of the Constitutional Council.

The President shall be appointed by the President of the Republic. He shall have a casting vote in the event of a tie.

Article 57

The office of member of the Constitutional Council shall be incompatible with that of minister or Member of Parliament. Other incompatibilities shall be determined by an institutional Act.

Article 58

The Constitutional Council shall ensure the proper conduct of the election of the President of the Republic.

It shall examine complaints and shall declare the results of the vote.

Article 59

The Constitutional Council shall rule on the proper conduct of the election of deputies and senators in disputed cases.

Article 60

The Constitutional Council shall ensure the proper conduct of referendum proceedings and shall declare the results of the referendum.

Article 61

Institutional Acts, before their promulgation, and the rules of procedure of the parliamentary assemblies, before their entry into force, must be referred to the Constitutional Council, which shall rule on their conformity with the Constitution.

To the same end, Acts of Parliament may be referred to the Constitutional Council, before their promulgation, by the President of the Republic, the Prime Minister, the President of the National Assembly, the President of the Senate, or sixty deputies or sixty senators.

In the cases provided for in the two preceding paragraphs, the Constitutional Council must rule within one month. However, at the request of the Government, if the matter is urgent, this period shall be reduced to eight days.

In these same cases, reference to the Constitutional Council shall suspend the time limit for promulgation.

Article 62

A provision declared unconstitutional shall be neither promulgated nor implemented.

No appeal shall lie from the decisions of the Constitutional Council. They shall be binding on public authorities and on all administrative authorities and all courts.

Article 63

An institutional Act shall determine the rules of organization and operation of the Constitutional Council, the procedure to be followed before it and, in particular, the time limits allowed for referring disputes to it.

ON JUDICIAL AUTHORITY

Article 64

The President of the Republic shall be the guarantor of the independence of the judicial authority.

He shall be assisted by the High Council of the Judiciary.

An institutional Act shall determine the regulations governing the members of the judiciary.

Judges shall be irremovable.

Article 65

The High Council of the Judiciary shall be presided over by the President of the Republic. The Minister of Justice shall be its vice-president ex officio. He may deputize for the President of the Republic.

The High Council of the Judiciary shall consist of two sections, one with jurisdiction for judges, the other for public prosecutors.

The section with jurisdiction for judges shall comprise, in addition to the President of the Republic and the Minister of Justice, five judges and one public prosecutor, one conseiller d'Etat appointed by the Conseil d'Etat, and three prominent citizens who are not members either of Parliament or of the judiciary, appointed respectively by the President of the Republic, the President of the National Assembly and the President of the Senate.

The section with jurisdiction for public prosecutors shall comprise, in addition to the President of the Republic and the Minister of Justice, five public prosecutors and one judge, and the conseiller d'Etat and the three prominent citizens referred to in the preceding paragraph.

The section of the High Council of the Judiciary with jurisdiction for judges shall make nominations for the appointment of judges in the Court of Cassation, the first presidents of the courts of appeal and the presidents of the tribunaux de grande instance. Other judges shall be appointed with its assent.

It shall act as the disciplinary council for judges. When acting in that capacity, it shall be presided over by the first president of the Court of Cassation.

The section of the High Council of the Judiciary with jurisdiction for public prosecutors shall give its opinion on the appointment of public prosecutors, with the exception of posts to be filled in the Council of Ministers.

It shall give its opinion on disciplinary penalties with regard to public prosecutors. When acting in that capacity, it shall be presided over by the chief public prosecutor at the Court of Cassation.

An institutional Act shall determine the manner in which this article is to be implemented.

Article 66

No one shall be arbitrarily detained.

The judicial authority, guardian of individual liberty, shall ensure the observance of this principle as provided by statute.

THE HIGH COURT OF JUSTICE

Article 67

A High Court of Justice shall be established.

It shall be composed, in equal number, of members elected from among their ranks by the National Assembly and the Senate, after each general or partial renewal by election of these assemblies. It shall elect its President from among its members.

An institutional Act shall determine the composition of the High Court of Justice, its rules of operation and the procedure to be applied before it.

Article 68

The President of the Republic shall not be held liable for acts performed in the exercise of his duties except in the case of high treason. He may be indicted only by the two assemblies ruling by identical votes in open ballots and by an absolute majority of their members; he shall be tried by the High Court of Justice.

ON THE CRIMINAL LIABILITY OF MEMBERS OF THE GOVERNMENT

Article 68-1

Members of the Government shall be criminally liable for acts performed in the exercise of their duties and classified as serious crimes or other major offences at the time they were committed.

They shall be tried by the Court of Justice of the Republic.

The Court of Justice of the Republic shall be bound by such definition of serious crimes and other major offences and such determination of penalties as are laid down by statute.

Article 68-2

The Court of Justice of the Republic shall consist of fifteen members: twelve Members of Parliament, elected in equal number from among their ranks by the National Assembly and the Senate after each general or partial renewal by election of these assemblies, and three judges of the Court of Cassation, one of whom shall preside over the Court of Justice of the Republic.

Any person claiming to be a victim of a serious crime or other major offence committed by a member of the Government in the exercise of his duties may lodge a complaint with a petitions committee.

This committee shall order the case to be either closed or forwarded to the chief public prosecutor at the Court of Cassation for referral to the Court of Justice of the Republic.

The chief public prosecutor at the Court of Cassation may also make a reference ex officio to the Court of Justice of the Republic with the assent of the petitions committee.

An institutional Act shall determine the manner in which this article is to be implemented.

Article 68-3

The provisions of this title shall apply to acts committed before its entry into force.

THE ECONOMIC AND SOCIAL COUNCIL

Article 69

The Economic and Social Council, on a reference from the Government, shall give its opinion on such government bills, draft ordinances or decrees, and Members' bills as have been submitted to it.

A member of the Economic and Social Council may be designated by the Council to present, to the parliamentary assemblies, the opinion of the Council on such bills or drafts as have been submitted to it.

Article 70

The Economic and Social Council may likewise be consulted by the Government on any economic or social issue. Any plan or programme bill of an economic or social character shall be submitted to it for its opinion.

Article 71

The composition of the Economic and Social Council and its rules of procedure shall be determined by an institutional Act.

ON TERRITORIAL UNITS

Article 72

The territorial units of the Republic shall be the communes, the departments and the overseas territories. Any other territorial unit shall be established by statute.

These units shall be self-governing through elected councils and in the manner provided by statute.

In the departments and the territories, the delegate of the Government shall be responsible for national interests, administrative supervision and the observance of the law.

Article 73

Measures may be taken to adapt the legislative system and administrative organization of the overseas departments to their particular situation.

Article 74

The overseas territories of the Republic shall have a particular form of organization which takes account of their own interests with due regard for the general interest of the Republic.

The bodies of rules governing the overseas territories shall be established by institutional Acts that define, inter alia, the jurisdiction of their own institutions; they shall be amended in accordance with the same procedure after consultation with the territorial assembly concerned.

Other provisions concerning their particular form of organization shall be defined and amended by statute after consultation with the territorial assembly concerned.

Article 75

Citizens of the Republic who do not have ordinary civil status, the only one referred to in article 34, shall retain their personal status so long as they have not renounced it.

Article 76

ON ASSOCIATION AGREEMENTS

Article 88

The Republic may conclude agreements with States that wish to associate themselves with it in order to develop their civilizations.

ON THE EUROPEAN COMMUNITIES AND THE EUROPEAN UNION

Article 88-1

The Republic shall participate in the European Communities and in the European Union constituted by States that have freely chosen, by virtue of the treaties that established them, to exercise some of their powers in common.

Article 88-2

Subject to reciprocity and in accordance with the terms of the Treaty on European Union signed on 7 February, 1992, France agrees to the transfer of powers necessary for the establishment of European economic and monetary union and for the determination of rules relating to the crossing of the external borders of the Member States of the European Community.

Article 88-3

Subject to reciprocity and in accordance with the terms of the Treaty on European Union signed on 7 February, 1992, the right to vote and stand as a candidate in municipal elections shall be granted only to citizens of the Union residing in France. Such citizens shall neither exercise the office of mayor or deputy mayor nor participate in the designation of Senate electors or in the election of senators. An institutional Act passed in identical terms by the two assemblies shall determine the manner of implementation of this article.

Article 88-4

The Government shall lay before the National Assembly and the Senate any proposals for Community instruments which contain provisions which are matters for statute as soon as they have been transmitted to the Council of the Communities.

Whether Parliament is in session or not, resolutions may be passed under this article in the manner laid down by the rules of procedure of each assembly.

ON THE AMENDMENT OF THE CONSTITUTION

Article 89

The President of the Republic, on a proposal by the Prime Minister, and Members of Parliament alike shall have the right to initiate amendment of the Constitution.

A government or a Member's bill to amend the Constitution shall be passed by the two assemblies in identical terms. The amendment shall have effect after approval by referendum.

However, a government bill to amend the Constitution shall not be submitted to referendum where the President of the Republic decides to submit it to Parliament convened in Congress; the government bill to amend the Constitution shall then be approved only if it is adopted by a three-fifths majority of the votes cast. The Bureau of the Congress shall be that of the National Assembly.

No amendment procedure shall be commenced or continued where the integrity of the territory is jeopardized.

The republican form of government shall not be the object of an amendment.

परिशिष्ट–3

सोवियत समाजवादी गणतन्त्र संघ का संविधान

(1935 में स्तालिन के नेतृत्व में उक्त संविधान अपनाया गया था, जो कि 1936 से प्रभावी किया गया था। विदेशी भाषा प्रकाशन गृह, मास्को द्वारा 1950 में प्रकाशित उक्त संविधान के अंग्रेजी पाठ को यहा दिया जा रहा है।)

CONSTITUTION
(FUNDAMENTAL LAW) OF THE UNION OF SOVIET SOCIALIST REPUBLICS

As amended and added to at the first, third, fourth and fifth sessions of the Supreme Soviet of the U.S.S.R. Second Convocation

CHAPTER I—THE SOCIAL STRUCTURE

ARTICLE 1

The Union of Soviet Socialist Republics is a socialist state of workers and peasants.

ARTICLE 2

The political foundation of the U.S.S.R. is the Soviets of Working People's Deputies, which grew and became strong as a result of the overthrow of the power of the landlords and capitalists and the conquest of the dictatorship of the proletariat.

ARTICLE 3

All power in the U.S.S.R. belongs to the working people of town and country as represented by the Soviets of Working People's Deputies.

ARTICLE 4

The economic foundation of the U.S.S.R. is the socialist system of economy and the socialist ownership of the instruments and means of production, firmly established as a result of the liquidation of the capitalist system of economy, the abolition of private ownership of the ij struments and means of production, and the elimination of the exploitation of man by man.

ARTICLE 5

Socialist property in the U.S.S.R. exists either the form of state property (belonging to the whole people) or in the form of cooperative and collective-farm property (property of collective farms, properly of cooperative societies).

ARTICLE 6

The land, its mineral wealth, waters, forests, mills, factories, mines, rail, water and air transport, banks, communications, large state-organized agricultural enterprises (state farms, machine tractor stations and the like), as well ad municipal enterprises and the bulk of the dwelling houses in the cities and industrial localities, are state property, that is, belong to the whole people.

ARTICLE 7

The common enterprises of collective farms and cooperative organizations, with their livestock and implements, the products of the collective farms and cooperative organizations, as well as their common buildings, constitute the common, socialist property of the collective farms and cooperative organizations.

Every household in a collective farm, in addition to its basic income from the common, collective-farm enterprise, has for its personal use a small plot of household land and, as its personal property, a subsidiary husbandry on the plot, a dwelling house, livestock, poultry and minor agricultural implements—in accordance with the rules of the agricultural artel.

ARTICLE 8

The land occupied by collective farms is secured to them for their use free of charge and for an unlimited time, that is, in perpetuity.

ARTICLE 9

Alongside the socialist system of economy, which is the predominant form of economy in the U.S.S.R., the law permits the small private economy of individual peasants and handicrafts men based on their own labour and precluding the exploitation of the labour of others.

ARTICLE 10

The personal property right of citizens in their incomes and savings from work, in their dwelling houses and subsidiary home enterprises, in articles of domestic economy and use and articles of personal use and convenience, as well as the right of citizens to inherit personal property, is protected by law.

ARTICLE 11

The economic life of the U.S.S.R. is determined and directed by the state national-economic plan, with the aim of increasing the public wealth, of steadily raising the material and cultural standards of the working people, of consolidating the independence of the U.S.S.R. and strengthening its defensive capacity.

ARTICLE 12

Work in the U.S.S.R. is a duty and a matter of honour for every able-bodied citizen, in accordance with the principle: "He who does not work, neither shall he eat."

The principle applied in the U.S.S.R. is that of Socialism: "From each according to his ability, to each according to his work."

CHAPTER II—THE STATE STRUCTURE

ARTICLE 13

The Union of Soviet Socialist Republics is a federal state, formed on the basis of a voluntary union of equal Soviet Socialist Republics, namely :

The Russian Soviet Federative Socialist Republic

The Ukrainian Soviet Socialist Republic

The Byelorussian Soviet Socialist Republic

The Uzbek Soviet Socialist Republic

The Kazakh Soviet Socialist Republic

The Georgian Soviet Socialist Republic

The Azerbaijan Soviet Socialist Republic

The Lithuanian Soviet Socialist Republic

The Moldavian Soviet Socialist Republic

The Latvian Soviet Socialist Republic

The Kirghiz Soviet Socialist Republic

The Tajik Soviet Socialist Republic

The Armenian Soviet Socialist Republic

The Turkmen Soviet Socialist Republic

The Estonian Soviet Socialist Republic

The Karelo-Finnish Soviet Socialist Republic.

ARTICLE 14

The jurisdiction of the Union of Soviet Socialist Republics, as represented by its higher organs of state power and organs of state administration, embraces:

(a) Representation of the U.S.S.R. in international relations, conclusion, ratification and denunciation of treaties of the U.S.S.R. with other states, establishment of general procedure governing the relations of Union Republics with foreign states;

(b) Questions of war and peace;

(c) Admission of new republics into the U.S.S.R.;

d) Control over the observance of the Constitution of the U.S.S.R., and ensuring conformity of the Constitutions of the Union Republics with the Constitution of the U.S.S.R.;

(e) Confirmation of alterations of boundaries between Union Republics;

(f) Confirmation of the formation of new Territories and Regions and also of new Autonomous Republics and Autonomous Regions within Union Republics;

(g) Organization of the defence of the U.S.S.R., direction of all the Armed Forces of the U.S.S.R., determination of directing principles governing the organization of the military formations of the Union Republics;

(h) Foreign trade on the basis of state monopoly;

(i) Safeguarding the security of the state;

(j) Determination of the national-economic plans of the U.S.S.R.;

(k) Approval of the consolidated state budget of the U.S.S.R. and of the report on its fulfilment; determination of the taxes and revenues which go to the Union, the Republican and the local budgets;

(l) Administration of the banks, industrial and agricultural institutions and enterprises and trading enterprises of all-Union importance;

(m) Administration of transport and communications;

(n) Direction of the monetary and credit system;

(o) Organization of state insurance;

(p) Contracting and granting of loans;

(q) Determination of the basic principles of tend tenure and of the use of mineral wealth, forests and waters;

(r) Determination of the basic principles in the spheres of education and public health;

(s) Organization of a uniform system of national-economic statistics;

(t) Determination of the principles of labour legislation;

(u) Legislation concerning the judicial system and judicial procedure; criminal and civil codes;

(v) Legislation concerning Union citizenship; legislation concerning rights of foreigners;

(w) Determination of the principles of legislation concerning marriage and the family;

(x) Issuing of all-Union acts of amnesty.

ARTICLE 15

The sovereignty of the Union Republics is limited only in the spheres defined in Article 14 of the Constitution of the U.S.S.R. Outside of these spheres each Union Republic exercises state authority independently. The U.S.S.R. protects sovereign rights of the Union Republics.

ARTICLE 16

Each Union Republic has its own Constitution, which takes account of the specific features Republic and is drawn up in full conformity with the Constitution of the U.S.S.R.

ARTICLE 17

The right freely to secede from the U.S.S.R is reserved to every Union Republic.

ARTICLE 18

The territory of a Union Republic may not be altered without its consent.

ARTICLE 18a

Each Union Republic has the right to enter into direct relations with foreign slates and to conclude agreements and exchange diplomatic and consular representatives with them.

ARTICLE 18b

Each Union Republic has its own Republican military formations.

ARTICLE 19

The laws of the U.S.S.R. have the same force within the territory of every Union Republic.

ARTICLE 20

In the event of divergence between a law of a Union Republic and a law of the Union, the Union law prevails.

ARTICLE 21

Uniform Union citizenship is established for citizens of the U.S.S.R.

Every citizen of a Union Republic is a citizen of the U.S.S.R.

ARTICLE 22

The Russian Soviet Federative Socialist Republic consists of the Altai, Krasnodar, Krasnoyarsk, Prirnorye, Stavropol and Khabarovsk Territories; ther Amur, Arkhangelsk, Astrakhan, Bryansk, Velikiye-Luki, Vladimir, Vologda, Voronezh, Gorky, Grozny, Ivanovo, Irkutsk, Kalininigrad, Kalinin, Kaluga, Kemerovo, Kirov, Kostroma, Crimea, Kuibyshev, Kurgan, Kursk,e, Leningrad, Molotov, Moscow, Murmansk, Novgorod, Novosibirsk, Omsk, Orel, Penza, Pskov, Rostov, Ryazan, Saratov, Sakhalin, Sverdlovsk, Sinolensk, Stalingrad, Tambov, Tomsk, Tula, Tyumen, Ulyanovsk, Chelyabinsk, Chita, Chkalov and Yaroslavl Regions; the Tatar, Bashkir, Daghestan, Buryat-

Mongolian, Kabardiniain, Komi, Mari, Mordovian, North Ossetian, Udmurt, Chuvash and Yakut Autonomous Soviet Socialist Republics; and the Adygei, Gorno-Altai, Jewish, Tuva, Khakass and Cherkess Autonomous Regions.

ARTICLE 23

The Ukrainian Soviet Socialist Republic consists of the Vinnitsa, Volhynia, Voroshilovgrad, Dnepropetrovsk, Drohobych, Zhitomir, Transcar-pathian, Zaporozhye, Ismail, Kamenets-Podolsk, Kiev, Kirovograd, Lvov, Nikolayev, Odessa, Poltava, Rovno, Stalino, Stanislav, Sumi, Ternopol, Kharkov, Kherson, Chernigov and Chernovta Regions.

ARTICLE 24

The Azerbaijan Soviet Socialist Republic includes the Nakhichevan Autonomous Soviet Socialist Republic and the Nagorno-Karabakh Autonomous Region.

ARTICLE 25

The Georgian Soviet Socialist Republic includes the Abkhazian Autonomous Soviet Socialist Republic, the Ad jar Autonomous Soviet Socialist Republic and the South Ossetian Autonomous Region.

ARTICLE 26

The Uzbek Soviet Socialist Republic consists of the Andizhan, Bukhara, Kashka-Darya, Namangan, Samarkand, Surkhan-Darya, Tashkent, Ferghana and Khorezm Regions and the Kara-Kalpak Autonomous Soviet Socialist Republic.

ARTICLE 27

The Tajik Soviet Socialist Republic consists of the Garm, Kulyab, Leninabad and Stalinabad Regions and the Gorno-Badakhshan Autonomous Region.

ARTICLE 28

The Kazakh Soviet Socialist Republic consists of the Akmolinsk, Aktyubinsk, Alma-Ata, East Kazakhstan, Guriev, Jambul, West Kazakhstan, Karaganda, Kzyl-Orda, Kokchetav, Kustanai, Pav-lodar, North Kazakhstan, Semipalatinsk, Taldy-Kurgan and South Kazakhstan Regions.

ARTICLE 29

The Byelorussian Soviet Socialist Republic consists of the Baranovichi, Bobruisk, Brest, Vitebsk, Gomel, Grodno, Minsk, Moghilev, Molode-chno, Pinsk, Polessye and Polotsk Regions.

ARTICLE 29a

The Turkmen Soviet Socialist Republic consists of the Ashkhabad, Mari, Tasham and Chardzhou Regions.

ARTICLE 29b

The Kirghiz Soviet Socialist Republic consists of the Dzhalal-Abad, Issyk-Kul, Osh, Talas, Tier-Shan and Frunze Regions.

CHAPTER III—THE HIGHER ORGANS OF STATE POWER IN THE UNION OF SOVIET SOCIALIST REPUBLICS

ARTICLE 30

The highest organ of state power in the U.S.S.R. is the Supreme Soviet of the U.S.S.R.

ARTICLE 31

The Supreme Soviet of the U.S.S.R. exercises all rights vested in the Union, of Soviet Socialist Republics in accordance with Article 14 of the Constitution, in so far as they do not, by virtue of the Constitution, come within the jurisdiction of organs of the U.S.S.R. that are accountable to the Supreme Soviet of the U.S.S.R., that is, the Presidium of the Supreme Soviet of the U.S.S.R. the Council of Ministers of the U.S.S.R., and the Ministries of the U.S.S.R.

ARTICLE 32

The legislative power of the U.S.S.R. is exercised exclusively by the Supreme Soviet of the U.S.S.R.

ARTICLE 33

The Supreme Soviet of the U.S.S.R. consists of two Chambers: the Soviet of the Union and the Soviet of Nationalities.

ARTICLE 34

The Soviet of the Union is elected by the citizens of the U.S.S.R. voting by election districts on the basis of one deputy for every 300,000 of the population.

ARTICLE 35

The Soviet of Nationalities is elected by the citizens of the U.S.S.R. voting by Union Republics, Autonomous Republics, Autonomous Regions, and National Areas on the basis of twenty-five deputies from each Union Republic, eleven deputies from each Autonomous Republic, five deputies from each Autonomous Region and one deputy from each National Area.

ARTICLE 36

The Supreme Soviet of the U.S.S.R. is elected for a term of four years.

ARTICLE 37

The two Chambers of the Supreme Soviet of the U.S.S.R., the Soviet of the Union, and the Soviet of Nationalities, have equal rights.

ARTICLE 38

The Soviet of the Union and the Soviet of Nationalities have equal powers to initiate legislation.

ARTICLE 39

A law is considered adopted if passed by both Chambers of the Supreme Soviet of the U.S.S.R. by a simple majority vote in each.

ARTICLE 40

Laws passed by the Supreme Soviet of the U.S.S.R. are published in. the languages of the Union Republics over the signatures of the President and Secretary of the Presidium of the Supreme Soviet of the U.S.S.R.

ARTICLE 41

Sessions of the Soviet of the Union and of the Soviet of Nationalities begin and terminate simultaneously.

ARTICLE 42

The Soviet of the Union elects a Chairman of the Soviet of the Union and four Vice-Chairmen.

ARTICLE 43

The Soviet of Nationalities elects a Chairman of the Soviet of Nationalities and four Vice-Chairmen.

ARTICLE 44

The Chairmen of the Soviet of the Union and the Soviet of Nationalities preside at the sittings of the respective Chambers and have charge of the conduct of their business and proceedings.

ARTICLE 45

Joint sittings of the two Chambers of the Supreme Soviet of the U.S.S.R. are presided over alternately by the Chairman of the Soviet of the (Union and the Chairman of the Soviet of Nationalities).

ARTICLE 46

Sessions of the Supreme Soviet of the U.S.S.R. are convened by the Presidium of the Supreme Soviet of the U.S.S.R. twice a year.

Extraordinary sessions are convened by the Presidium of the Supreme Soviet of the U.S.S.R. at its discretion or on the demand of one of the Union Republics.

ARTICLE 47

In the event of disagreement between the Soviet of the Union and the Soviet of Nationalities, the question is referred for settlement to a conciliation commission formed by the Chambers on a parity basis. If the conciliation commission fails to arrive at an agreement, or if its decision fails to satisfy one of the Chambers, the question is considered for a second time by the Chambers. Failing agreement between the two Chambers, the Presidium of the Supreme Soviet of the U.S.S.R. dissolves the Supreme Soviet of the U.S.S.R. and orders new elections.

ARTICLE 48

The Supreme Soviet of the U.S.S.R. at a joint sitting of the two Chambers elects the Presidium of the Supreme Soviet of the U.S.S.R., consisting of a President of the Presidium of the Supreme Soviet of the U.S.S.R., sixteen Vice-Presidents, a Secretary of the Presidium and fifteen members of the Presidium of the Supreme Soviet of the U.S.S.R.

The Presidium of the Supreme Soviet of the U.S.S.R. is accountable to the Supreme Soviet of the U.S.S.R. for all its activities.

ARTICLE 49

The Presidium of the Supreme Soviet of the U.S.S.R.;

(a) Convenes the sessions of the Supreme Soviet of the U.S.S.R.;

(b) Issues decrees;

(c) Gives interpretations of the laws of the U.S.S.R. in operation;

(d) Dissolves the Supreme Soviet of the U.S.S.R. in conformity with Article 47 of the Constitution of the U.S.S.R. and orders new elections;

(e) Conducts nation-wide polls (referendums) on its' own initiative or on the demand of one of the Union Republics;

(f) Annuls decisions and orders of the Council of Ministers of the U.S.S.R. and of the Councils of Ministers of the Union Republics if they do not conform to law;

(g) In the intervals between sessions of the Supreme Soviet of the U.S.S.R., releases and appoints Ministers of the U.S.S.R. on the recommendation of the Chairman of the Council of Ministers of the U.S.S.R., subject to subsequent confirmation by the Supreme Soviet of the U.S.S.R.;

(h) Institutes decorations (Orders and Medals) and titles of honour of the U.S.S.R.;

(i) Awards Orders and Medals and confers titles of honour of the U.S.S.R.;

(j) Exercises the right of pardon;

(k) Institutes military titles, diplomatic ranks and other special titles;

(l) Appoints and removes the high command of the Armed Forces of the U.S.S.R;

(m) In the intervals between sessions of the Supreme Soviet of the U.S.S.R., proclaims a state of war in the event of military attack on the U.S.S.R., or when necessary to fulfil international treaty obligations concerning mutual defence against aggression;

(n) Orders general or partial mobilization;

(o) Ratifies and denounces international treaties of the U.S.S.R.;

(p) Appoints and recalls plenipotentiary representatives of the U.S.S.R. to foreign states;

(q) Receives the letters of credence and recall of diplomatic representatives accredited to it by foreign states;

(r) Proclaims martial law in separate localities or throughout the U.S.S.R. in the interests of the defence of the U.S.S.R. or of the maintenance of public order and the security of the state.

ARTICLE 50

The Soviet of the Union and the Soviet of Nationalities elect Credentials Committees to verify the credentials of the members of the respective Chambers.

On the report of the Credentials Committees, the Chambers decide whether to recognize the credentials of deputies or to annul their election.

ARTICLE 51

The Supreme Soviet of the U.S.S.R., when it deems necessary, appoints commissions of investigation and audit on any matter.

It is the duty of all institutions and officials to comply with the demands of such commissions and to submit to them all necessary materials and documents.

ARTICLE 52

A member of the Supreme U.S.S.R. may not be prosecuted or out the consent of the Supreme U.S.S.R., or when the Supreme U.S.S.R, is not in session, without the Presidium of the Supreme U.S.S.R.

ARTICLE 53

On the expiration of the term of office of the Supreme Soviet of the U.S.S.R., or on its dissolution prior to the expiration of its term of office, the Presidium of the Supreme Soviet of the U.S S.R. retains its powers until the newly-elected Supreme Soviet of the U.S.S.R. shall have formed a new Presidium of the Supreme Soviet of the U.S S.R.

ARTICLE 54

On the expiration of the term of office of the Supreme Soviet of the U.S.S.R., or in the event of its dissolution prior to the expiration of its term of office, the Presidium of the Supreme Soviet of the U.S.S.R. orders: new elections to he held within a period not exceeding two months from the date of expiration of the term of office or dissolution of the Supreme Soviet of the U.S.S.R.

ARTICLE 55

The newly-elected Supreme Soviet of the U.S.S.R. is cȯnvened by the outgoing Presidium of the Supreme Soviet of the U.S.S.R. not later than three months—after the elections.

ARTICLE 56

The Supreme Soviet of the U.S.S.R., at a joint sitting of the two Chambers, appoints the Government of the U.S.S.R., namely, the Council of Ministers of the U.S.S.R.

CHAPTER IV—THE HIGHER ORGANS OF STATE POWER IN THE UNION REPUBLICS

ARTICLE 57

The highest organ of state power in a Union Republic is the Supreme Soviet of the Union Republic.

ARTICLE 58

The Supreme Soviet of a Union Republic is elected by the citizen^ of the Republic for a term of four years.

The basis of representation is established by the Constitution of the Union Republic.

ARTICLE 59

The Supreme Soviet of a Union Republic is the sole legislative organ of the Republic.

ARTICLE 60

The Supreme Soviet of a Union Republic:

(a) Adopts the Constitution of the Republic and amends it in conformity with Article 16 of the Constitution of the U.S.S.R.;

(b) Confirms the Constitutions of the Autonomous Republics forming part of it and defines the boundaries of their territories;

(c) Approves the national-economic plan and the budget of the Republic;

(d) Exercises the right of amnesty and pardon of citizens sentenced by the judicial organs of ih[a] Union Republic;

(e) Decides questions of representation of the Union Republic in its international relations;

(f) Determines the manner of organizing the Republic's military formations.

ARTICLE 61

The Supreme Soviet of a Union Republic elects the Presidium of the Supreme Soviet of the Union Republic, consisting of a President of the Presidium of the Supreme Soviet of the Union Republic, Vice-Presidents, a Secretary of the Presidium and members of the Presidium of the Supreme Soviet of the Union Republic.

The powers of the Presidium of the Supreme Soviet of a Union Republic are defined by the Constitution of the Union Republic.

ARTICLE 62

The Supreme Soviet of a Union Republic elects a Chairman and Vice-Chairmen to conduct its sittings.

ARTICLE 63

The Supreme Soviet of a Union Republic appoints the Government of the Union Republic, namely, the Council of Ministers of the Union Republic.

CHAPTER V—THE ORGANS OF STATE ADMINISTRATION OF THE UNION OF SOVIET SOCIALIST REPUBLICS

ARTICLE 64

The highest executive and administrative organ of the state power of the Union of Soviet Socialist Republics is the Council of Ministers of the U.S.S.R.

ARTICLE 65

The Council of Ministers of the U.S.S.R. is, responsible and accountable to the Supreme Soviet of the U.S.S.R., or, in the intervals between sessions of the Supreme Soviet, to the Presidium of the Supreme Soviet of the U.S.S.R.

ARTICLE 66

The Council of Ministers of the U.S.S.R. issues decisions and orders on the basis and in pursuance of the laws, in operation, and verifies their execution.

ARTICLE 67

Decisions and orders of the Council of Ministers of the U.S.S.R. are binding throughout the territory of the U.S.S.R.

ARTICLE 68

The Council of Ministers of the U.S.S.R.:

(a) Coordinates and directs the work of the all-Union and Union-Republican Ministries of the U.S.S.R. and of other institutions under its jurisdiction;

(b) Adopts measures! to carry out the national-economic plan and the state budget, and to strengthen the credit and monetary system,

(c) Adopts measures for the maintenance of public order, for the protection of the interests of the state, and for the safeguarding of the rights of citizens;

(d) Exercises general guidance in the sphere of relations with foreign states;

(e) Fixes the annual contingent of citizens to be called up for military service and directs the general organization of the Armed Forces of the country;

(f) Sets up, whenever necessary, special Committees and Central Administrations under the Council of Ministers of the U.S.S.R. for economic and cultural affairs and defence.

ARTICLE 69

The Council of Ministers of the U.S.S.R. has the right, in respect of those branches of administration and economy which come within the jurisdiction of the U.S.S.R., to suspend decisions and orders of the Councils of Ministers of the Union Republics and to annul orders and instructions of Ministers of the U.S.S.R.

ARTICLE 70

The Council of Ministers of the U.S.S.R. is appointed by the Supreme Soviet of the U.S.S.R. and consists of:

The Chairman of the Council of Ministers of the U.S.S.R;

The Vice-Chairmen of the Council of Ministers of the U.S.S.R;

The Chairman of the State Planning Committee of the Council of Ministers of the U.S.S.R;

The Chairman of the State Committee of the Council of Ministers of the U.S.S.R. on the Material and Technical Supply of the National Economy;

The Chairman of the State Committee of the Council of Ministers of the U.S.S.R. on the Application of Advanced Technique to the National Economy;

The Chairman of the State Committee of the Council of Ministers of the U.S.S.R. on Construction;

The Ministers of the U.S.S.R;

The Chairman of the Arts Committee.

ARTICLE 71

The Government of the U.S.S.R. or a Minister of the U.S.S.R. to whom a question of a member of the Supreme Soviet of the U.S.S.R. is addressed must give a verbal or written reply in the respective Chamber within a period not exceeding three days.

ARTICLE 72

The Ministers of the U.S.S.R. direct the branches of state administration which come within the jurisdiction of the U.S.S.R.

ARTICLE 73

The Ministers of the U.S.S.R., within the limits of the jurisdiction of their respective Ministries, issue orders and instructions on the basis and in pursuance of the laws in operation, and also of decisions and orders of the Council of Ministers of the U.S.S.R., and verify their execution.

ARTICLE 74

The Ministries of the U.S.S.R. are either all-Union or Union-Republican Ministries.

ARTICLE 75

Each ail-Union Ministry directs the branch of state administration entrusted to it throughout the territory of the U.S.S.R. either directly or through bodies appointed by it.

ARTICLE 76

The Union-Republican Ministries, as a rule, direct the branches of state administration entrusted to them through corresponding Ministries of the Union Republics; they administer directly only a definite and limited number of enterprises according to a list confirmed by the Presidium of the Supreme Soviet of the U.S.S.R.

ARTICLE 77

The following Ministries are all-Union Ministries :

The Ministry of the Aircraft Industry

The Ministry of the Automobile and Tractor Industry

The Ministry of Foreign Trade

The Ministry of the Navy

The Ministry of Munitions

The Ministry of Geological Survey

The Ministry of City Building

The Ministry of State Food and Material Re-serves

The Ministry of Agricultural Stocks

The Ministry of the Machine and Instrument Making Industry

The Ministry of the Metallurgical Industry

The Ministry of the Merchant Marine

The Ministry of the Oil Industry

The Ministry of the Communications Equipment Industry

The Ministry of Railways

The Ministry of Inland Water Transport

The Ministry of Communications

The Ministry of the Agricultural Machinery Industry

The Ministry of the Machine-Tool Industry

The Ministry of the Building and Road-Building Machinery Industry

The Ministry of Construction of Machine-Building Works

The Ministry of Construction of Heavy Industry Works

The Ministry of Shipbuilding

The Ministry of the Transport Machinery Industry

The Ministry of Labour Reserves

The Ministry of the Heavy Machine-Building Industry

The Ministry of the Coal Industry

The Ministry of the Chemical Industry

The Ministry of the Electrical Industry

The Ministry of Power Stations.

ARTICLE 78

The following Ministries are Union-Republican Ministries:

The Ministry of Internal Afflairs

The Ministry of the Army

The Ministry of Higher Education

The Ministry of State Control

The Ministry of State Security

The Ministry of Public Health

The Ministry of Foreign Affairs

The Ministry of Cinematography

The Ministry of Light Industry

The Ministry of Forestry

The Ministry of the Timber and Paper Industry

The Ministry of the Meat and Dairy

The Industry Ministry of the Food

The Industry Ministry of the Building Materials Industry

The Ministry of Fish Industry

The Ministry of Agriculture

The Ministry of State Farms

The Ministry of Trade

The Ministry of Finance

The Ministry of Cotton-Growing

The Ministry of Justice.

CHAPTER VI—THE ORGANS OF STATE ADMINISTRATION OF THE UNION REPUBLICS

ARTICLE 79

The highest executive and administrative organ of the state power of a Union Republic is the Council of Ministers of the Union Republic.

ARTICLE 80

The Council of Ministers of a Union Republic is responsible and accountable to the Supreme Soviet of the Union Republic, or, in the intervals between sessions of the Supreme Soviet of the Union Republic, to the Presidium of the Supreme Soviet of the Union Republic.

ARTICLE 81

The Council of Ministers of a Union Republic issues decisions and orders on the basis and in pursuance of the laws in operation of the U.S.S.R. and of the Union Republic, and of the decisions and orders of the Council of Ministers of the U.S.S.R., and verifies their execution.

ARTICLE 82

The Council of Ministers of a Union Republic has the right to suspend decisions and orders of the Councils of Ministers of its Autonomous Republics, and to annul decisions and orders of the Executive Committees of the Soviets of Working People's Deputies of its Territories, Regions and Autonomous Regions.

ARTICLE 83

The Council of Ministers of a Union Republic is appointed by the Supreme Soviet of the Union Republic and consists of :

The Chairman of the Council of Ministers of the Union Republic;

The Vice-Chairmen of the Council of Ministers; The Chairman of the State Planning Commission;

The Ministers;

The Chief of the Arts Administration;

The Chairman of the Committee for Cultural and Educational Institutions.

ARTICLE 84

The Ministers of a Union Republic direct the branches of stale administration which come within the jurisdiction' of the Union Republic.

ARTICLE 85

The Ministers of a Union Republic, within the limits of the jurisdiction of their respective Ministries, issue orders and instructions on the basis and in pursuance of the laws of the U.S.S.R. and of the-Union Republic, of the decisions and orders of the Council of Ministers of the U.S.S.R. and the Council of Ministers of the Union Republic, and of the orders and instructions of the Union-Republican Ministries of the U.S.S.R.

ARTICLE 86

The Ministries of a Union Republic are either Union-Republican or Republican Ministries.

ARTICLE 87

Each Union-Republican Ministry directs the branch of state administration entrusted to it, and is subordinate both to the Council of Ministers of the Union Republic and to the corresponding Union-Republican Ministry of the U.S.S.R.

ARTICLE 88

Each Republican Ministry directs the branch of state administration entrusted to it and is directly subordinate to the Council of Ministers of the Union Republic.

CHAPTER VII—THE HIGHER ORGANS OF STATE POWER IN THE AUTONOMOUS SOVIET SOCIALIST REPUBLICS

ARTICLE 89

The highest organ of state power in an Autonomous Soviet Socialist Republic is the Supreme Soviet of the Autonomous Republic.

ARTICLE 90

The Supreme Soviet of an Autonomous Republic is elected by the citizens of the Republic for a term of four years on a basis of representation established by the Constitution of the Autonomous Republic.

ARTICLE 91

The Supreme Soviet of an Autonomous Republic is the sole legislative organ of the Autonomous Republic.

ARTICLE 92

Each Autonomous Republic has its own Constitution, which takes account of the specific features of the Autonomous Republic and is drawn up in full conformity with the Constitution of the Union Republic.

ARTICLE 93

The Supreme Soviet of an Autonomous Republic elects the Presidium of the Supreme Soviet of the Autonomous Republic and appoints the Council of Ministers of the Autonomous Republic, in accordance with its Constitution.

CHAPTER VIII—THE LOCAL ORGANS OF STATE POWER

ARTICLE 94

The organs of state power in Territories, Regions, Autonomous Regions, Areas, Districts, Cities and rural localities (Stanitsas, Villages, Hamlets, Kishlaks, Auls) are the Soviets of Working People's Deputies.

ARTICLE 95

The Soviets of Working People's Deputies of Territories, Regions, Autonomous Regions, Areas, Districts,- Cities and rural localities (Stenitsas, Villages, Hamlets, Kishlaks, Auls) are elected by the working people of the respective Territories, Regions, Autonomous Regions, Areas, Districts, Cities or rural localities for a term of two years.

ARTICLE 96

The basis of representation for Soviets of Working People's Deputies is determined by the Constitutions of the Union Republics.

ARTICLE 97

The Soviets of Working People's Deputies direct the work of the organs of administration subordinate to them, ensure the maintenance of public order, the observance of the laws and the protection of the rights of citizens, direct local economic and cultural affairs and draw up the local budgets.

ARTICLE 98

The Soviets of Working People's Deputies adopt decisions and issue orders within the limits of the powers vested in them by the laws of the U.S.S.R. and of the Union Republic.

ARTICLE 99

The executive and administrative organ of the Soviet of Working People's Deputies of a Territory, Region, Autonomous Region, Area, District, City or rural locality is the Executive Committee elected by it, consisting of a Chairman, Vice-Chairmen, a Secretary and members.

ARTICLE 100

The executive and administrative organ of the Soviet of Working People's Deputies in a small locality, in accordance with the Constitution of the Union Republic, is the Chairman, the Vice-Chairman and the Secretary elected by it.

ARTICLE 101

The executive organs of the Soviets of Working People's Deputies are directly accountable both to the Soviets of Working People's Deputies which elected them and to the executive organ of the superior Soviet of Working People's Deputies.

CHAPTER IX—THE COURTS AND THE PROCURATOR'S OFFICE

ARTICLE 102

In the U.S.S.R. justice is administered by the Supreme Court of the U.S.S.R., the Supreme Courts of the Union Republics, the Courts of the Territories, Regions, Autonomous Republics. Autonomous Regions and Areas, the Special Courts of the U.S.S.R. established by decision of the Supreme Soviet of the U.S.S.R., and the People's Courts.

ARTICLE 103

In all Courts cases are tried with the participation of people's assessors, except in cases specially provided for by law.

ARTICLE 104

The Supreme Court of the U.S.S.R. is the highest judicial organ. The Supreme Court of the U.S.S.R. is charged with the supervision of the judicial activities of all the judicial organs of the U.S.S.R. and of the Union Republics.

ARTICLE 105

The Supreme Court of the U.S.S.R. and the Special Courts of the U.S.S.R. are elected by the Supreme Soviet of the U.S.S.R. for a term of five years.

ARTICLE 106

The Supreme Courts of the Union Republics are elected by the Supreme Soviets of the Union Republics for a term of five years,

ARTICLE 107

The Supreme Courts of the Autonomous Republics are elected by the Supreme Soviets of the Autonomous Republics for a term of five years.

ARTICLE 108

The Courts of Territories, Regions, Autonomous Regions and Areas are elected by the Soviets of Working People's Deputies of the respective Territories, Regions, Autonomous Regions or Areas for a term of five years.

ARTICLE 109

People's Courts are elected by the citizens of the districts on the basis of universal, direct and equal suffrage by secret ballot for a term of three years.

ARTICLE 110

Judicial proceedings are conducted in the language of the Union Republic, Autonomous Republic or Autonomous Region, persons not knowing this language being guaranteed the opportunity of fully acquainting themselves with the material of the case through an interpreter and likewise the right to use their own language in court.

ARTICLE 111

In all Courts of the U.S.S.R. cases are heard in public, unless otherwise provided for by law, and the accused is guaranteed the right to defence.

ARTICLE 112

Judges are independent and subject only to the law.

ARTICLE 113

Supreme supervisory power to ensure the strict observance of the law by all Ministries and institutions subordinated to them, as well as by officials and citizens of the U.S.S.R. generally, is vested in the Procurator-General of the U.S.S.R.

ARTICLE 114

The Procurator-General of the U.S.S.R. is appointed by the Supreme Soviet of the U.S.S.R. for a term of seven years.

ARTICLE 115

Procurators of Republics, Territories, Regions, Autonomous Republics and Autonomous Regions are appointed by the Procurator-General of the U.S.S.R. for a; term of five years.

ARTICLE 116

Area, district and city procurators are appointed by the Procurators of the Union Republics, subject to the approval of the Procurator-General of the U.S.S.R., for a term of five years.

ARTICLE 117

The organs of the Procurator's Office perform their functions independently of any local organs whatsoever, being subordinate solely to the Procurator-General of the U.S.S.R.

CHAPTER X—FUNDAMENTAL RIGHTS AND DUTIES OF CITIZENS

ARTICLE 118

Citizens of the U.S.S.R. have the right to work, that is, the right to guaranteed employment and payment for their work in accordance with its quantity and quality.

The right to work is ensured by the socialist organization of the national economy, the steady growth of the productive forces of Soviet society, the elimination of the possibility of economic crises, and the abolition of unemployment.

ARTICLE 119

Citizens of the U.S.S.R. have the right to rest and leisure.

The right to rest and leisure is ensured by the establishment of an eight-hour day for factory and office workers, the reduction of the working day to seven or six hours for arduous trades and to four hours in shops where conditions of work are particularly arduous, by the institution of annual vacations with full pay for factory and office workers, and by the provision of a wide network of sanatoria, rest homes and clubs for the accommodation of the working people.

ARTICLE 120

Citizens of the U.S.S.R. have the right to maintenance in old age and also in case of sickness or disability.

This right is ensured by the extensive development of social insurance of factory and office workers at state expense, free medical service for the working people, and the provision of a wide network of health resorts for the use of the working people.

ARTICLE 121

Citizens of the U.S.S.R. have the right to education.

This right is ensured by universal and compulsory elementary education; by free education up to and including the seventh grade;

by a system of state stipends for students of higher educational establishments who excel in their studies; by instruction in schools being conducted in the native language, and by the organization in the factories, state farms, machine and tractor stations, and collective farms of free vocational, technical and agronomic training for the working people.

ARTICLE 122

Women in the U.S.S.R. are accorded equal rights with men in all spheres of economic, government, cultural, political and other public activity.

The possibility of exercising these rights is ensured by women being accorded an equal right with men to work, payment for work, rest and leisure, social insurance and education, and by state protection of the interests of mother and child, state aid to mothers of large families and unmarried mothers, maternity leave with full pay, and the provision of a wide network of maternity homes, nurseries and kindergartens.

ARTICLE 123

Equality of rights of citizens of the U.S.S.R., irrespective of their nationality or race, in all spheres of economic, government, cultural, political and other public activity, is an indefeasible law.

Any direct or indirect restriction of the rights of, or, conversely, the establishment of any direct or indirect privileges for, citizens on account of their race or nationality, as well as any advocacy of racial or national exclusiveness or hatred and contempt, is punishable by law.

ARTICLE 124

In order to ensure to citizens freedom of con-science, the church in the U.S.S.R. is separated from the state, and the school from the church. Freedom of religious worship and freedom of anti-religious propaganda is recognized for all citizens.

ARTICLE 125

In conformity with the interests of the working people, and in order to strengthen the socialist system, the citizens of the U.S.S.R. are guaranteed by law :

(a) freedom of speech;

(b) freedom of the press;

(c) freedom of assembly, including the holding of mass meetings;

(d) freedom of street processions and demonstrations.

These civil rights are ensured by placing at the disposal of the working people and their organizations printing presses, stocks of paper, public buildings, the streets, communications facilities and other material requisites for the exercise of these rights.

ARTICLE 126

In conformity with the interests of the working people, and in order to develop the organizational initiative and political activity of the masses of the people, citizens of the U.S.S.R. are guaranteed the right to unite in public organizations: trade unions, [Cooperative societies, youth organizations, sport and defence organizations, cultural, technical and scientific societies; and the most active and politically-conscious citizens in the ranks of the working class and other sections of ihe working people unite in the Communist Party of the Soviet Union (Bolsheviks), which is the vanguard of the working people in their struggle to strengthen and develop the socialist system and is the leading core of all organizations of the working people, both public and state.

ARTICLE 127

Citizens of the U.S.S.R. are guaranteed inviolability of the person. No person may be placed under arrest except by decision of a court or with the sanction of a procurator.

ARTICLE 128

The inviolability of the homes of citizens and privacy of correspondence are protected by law.

ARTICLE 129

The U.S.S.R. affords the right of asylum to foreign citizens persecuted for defending the interests of the working people, or for scientific activities, or for struggling for national liberation.

ARTICLE 130

It is the duty of every citizen of the U.S.S.R. to abide by the Constitution of the Union of Soviet Socialist Republics, to observe the laws, to maintain labour discipline, honestly to perform public duties, and to respect the rules of socialist intercourse.

ARTICLE 131

It is the duty of every citizen of the U.S.S.R. to safeguard and fortify public, socialist property as the sacred and inviolable foundation of the Soviet system, as the source of the wealth and might of the country, as the source of the prosperity and culture of all the working people. Persons committing offences against public, socialist property are enemies of the people.

ARTICLE 132

Universal military service is law.

Military service in the Armed Forces of the U.S.S.R. is an honourable duty of the citizens of the U.S.S.R.

ARTICLE 133

To defend the country is the sacred duty of every citizen of the U.S.S.R. Treason to the Motherland—violation of the oath of allegiance, desertion to the enemy, impairing the military power of the state, espionage—is punishable with all the severity of the law as the most heinous of crimes.

CHAPTER XI—THE ELECTORAL SYSTEM

ARTICLE 134

Members of all Soviets of Working People's Deputies — of the Supreme Soviet of the U.S.S.R., the Supreme Soviets of the Union Republics, the Soviets of Working People's Deputies of the Territories and Regions, the Supreme Soviets of the Autonomous Republics, the Soviets of Working People's Deputies of the Autonomous Regions, and the Area, District, City and rural (Slanitsa, Village, Hamlet, Kishlak, Aill) Soviets of Working People's Deputies—are chosen by the electors on the basis of universal, equal and direct suffrage by secret ballot.

ARTICLE 135

Elections of deputies are universal: all citizens of the U.S.S.R. who have reached the age of eighteen, irrespective of race or nationality, sex, religion, education, domicile, social origin, property status or past activities, have the right to vote in the election of deputies, with the exception of insane persons and persons who have been convicted by a court of law and whose sentences include deprivation of electoral rights.

Every citizen of the U.S.S.R. who has reached the age of twenty-three is eligible for election to the Supreme Soviet of the U.S.S.R., irrespective of race or nationality, sex, religion, education, domicile, social origin, property status or past activities.

ARTICLE 136

Elections of deputies are equal: each citizen has one vote; all citizens participate in elections on an equal footing.

ARTICLE 137

Women have the right to elect and be elected on equal terms with men.

ARTICLE 138

Citizens serving in the Armed Forces of the U.S.S.R. have the right to elect and be elected on equal terms with all other citizens.

ARTICLE 139

Elections of deputies are direct: all Soviets of Working People's Deputies, from rural and city Soviets of Working People's Deputies to the Supreme Soviet of the U.S.S.R., are elected by the citizens by direct vote.

ARTICLE 140

Voting at elections of deputies is secret.

ARTICLE 141

Candidates are (nominated by election districts.

The right to nominate candidates is secured to public organizations and societies of the working people : Communist Party organizations, trade unions, cooperatives, youth organizations and cultural societies.

ARTICLE 142

It is the duty of every deputy to report to his electors on his work and on the work of his Soviet of Working People's Deputies, and he may be recalled at any time upon decision of a majority of the electors in the manner established by law.

ARTICLE 145

The capital of the Union of Soviet Socialist Republics is the City of Moscow.

CHAPTER XII—ARMS, FLAG, CAPITAL

ARTICLE 143

The arms of the Union of Soviet Socialist Republics are a sickle and hammer against a globe depicted in the rays of the sun and surrounded by ears of grain, with the inscription "Workers of All Countries, Unite!" in the languages of the Union Republics. At the top of the arms is a five-pointed star.

ARTICLE 144

The state flag of the Union of Soviet Socialist Republics is of red cloth with the sickle and hammer depicted in gold in the upper corner near the staff and above them a five-pointed red star bordered in gold. The ratio of the width to the length is 1:2.

CHAPTER XIII—PROCEDURE FOR AMENDING THE CONSTITUTION

ARTICLE 146

The Constitution of the U.S.S.R. may be amended only by decision of the Supreme Soviet of the U.S.S.R. adopted by a majority of not less than two-thirds of the votes in each of its Chambers.

परिशिष्ट–4

भारत के राजा महाराजा

(भारत के राजा–महाराजा अंग्रेजों की नज़र में सजधज कर रहने वाले बेहूदा सामन्तों से अधिक कुछ भी नहीं थे। लेकिन 1857 के बाद यह उचित नहीं माना गया कि उन्हें सीधे ब्रिटिश राज्य में मिलाया जाकर विरोधी बनाया जाए, अतः उन्हें अपने–अपने राज्य क्षेत्रों में महाराजा बने रहने दिया गया। जिस लार्ड मेयो को अंडमान में दुष्टतम व्यक्ति के रूप में जाना जाता है, उसी ने इन राज परिवारों के राजकुमारों को "एटिकेट्स" आदि सिखाने के लिये अजमेर में "मेयो कॉलेज" के नाम से एक स्कूल शुरू किया था। उन्हीं राजा–महाराजाओं की कुछ विशेष बातों को डॉमिनिक लेपियर और लॉरी कालिंस ने अपनी प्रसिद्ध पुस्तक *फ्रीडम एट मिडनाइट* में प्रसंगवश उद्धत किया है। उसी के कुछ अंश उक्त पुस्तक के हिन्दी संस्करण "बारह बजे रात के" प्रकाशक–राधाकृष्ण, नई दिल्ली से यहाँ साभार दिये जा रहे है।)

एक जमाने में अंग्रेजी के प्रसिद्ध कवि रूडयार्ड किपलिंग को ऐसा लगता था कि विधाता ने महाराजाओं को सिर्फ इसलिए बनाया है कि मानवता के सामने संगमरमर के महल–दुमहलों, शेर–चीतों, हाथी–घोड़ों और हीरे–मोतियों का एक चौधियाने वाला शानदार दृश्य प्रस्तुत किया जा सके। वे शक्तिशाली रहे हों या कमजोर, अमीर रहे हों या गरीब, उनकी नस्ल ही बिल्कुल अलग थी। उनकी बदौलत ही सबकी जबान पर एक ऐसे भारत के किस्से रहते थे जो अब मिटनेवाला था। उनकी अच्छाइयों और बुराइयों, उनकी फिजूलखर्चियों और अय्याशी उनकी सनक और उनकी बेवकूफियों के विवरणों ने जन–साधारण में प्रचलित किस्से–कहानियों के भंडार को समृद्ध किया था और कल्पनातीत सपनों की भूखी दुनिया को मंत्रमुग्ध कर दिया था उनके दिन अब लदने वाले थे, लेकिन भारत के महाराजाओं के चले जाने के बाद दुनिया भी बहुत नीरस हो जाने वाली थी।

भारत के रजवाड़ों के बारे में जो किस्से मशहूर थे वे उनकी बिरादरी के उन बहुत ही थोड़े–से लोगों की देन थे, जिनके पास इतनी दौलत थी, इतना फालतू समय था और जिन्हें इतना गहरा शौक था कि वे अपनी कल्पना की हर उड़ान को साकार कर सकें। कितनी ही ऐसी उत्कट इच्छाएँ थीं जो इन फिजूलखर्च रईसजादों को एक बिरादरी में बाँधे रखती थी और ऐसी लगन के साथ, जो हर आदमी में नहीं पायी जाती, अपनी इन इच्छाओं, कामनाओं और वासनाओं को तुष्ट करने की चेष्टा में लगे रहते थे। शिकार,

मोटरें, खेलकूद, महल और हरम–सभी कुछ तो उनकी इन इच्छाओं की परिधि में आ जाता था, लेकिन इन महाराजाओं को सबसे ज्यादा लगाव हीरे–जवाहरात से था।

महाराजा बड़ौदा तो एक तरह से सोने और हीरे–जवाहरात की पूजा करते थे। दरबार में वह जो पोशाक पहनकर आते थे वह खालिस सोने के तार की बुनी हुई होती थी और उनकी रियासत में एक ही परिवार ऐसा था, जिसे उनके तारों को बुनने की इजाजत थी। उस परिवार के हर आदमी के नाखून इतने लम्बे बढ़ा दिये जाते थे कि उनमें कंघियों जैसे दाँते काटे जा सकें और फिर अपने नाखूनों को इन कंघियों से वे सोने के तार का ताना–बाना बिल्कुल सीधा रखकर गठा हुआ कपड़ा बुनते थे।

उनके पास हीरे–जवाहरात का जो ऐतिहासिक संग्रह था उसमें दुनिया का सातवां सबसे बड़ा हीरा सितार–ए–दकन भी था, और वह हीरा भी, जो फ्रांस के बादशाह नेपोलियन तृतीय ने अपनी प्रेयसी यूजीन को दिया था। उनके इस रत्न–भंडार में सबसे बहुमूल्य चीज मोतियों के बने हुए कई परदे थे जिन पर लाल और हरे जवाहरात से बहुत खूबसूरत बेल–बूटे बने हुए थे।

महाराजा भरतपुर के पास इससे भी अनोखा संग्रह था। उनके सबसे शानदार कारीगरी के नमूने हाथीदाँत के बने हुए थे। इनमें से हर एक में पूरे–पूरे परिवारों की कई–कई बरस की मेहनत लगी थी। हाथी के दाँतों को छील–छीलकर इतनी नाजुक कलाकृतियों का रूप देने में जरा–सी चूक हो जाने से बरसों की मेहनत पर पानी फिर सकता था। कपूरथला के सिख महाराजा की पगड़ी पर दुनिया का सबसे बड़ा पुखराज किसी दानवी जन्तु की आँख की तरह चमकता रहता था और उसकी खूबानी जैसी चमक के चारों ओर 3,000 और हीरे–मोती दमकते रहते थे। महाराजा जयपुर का खजाना राजस्थान की एक पहाड़ी के सीने में दफन था और कई पीढ़ियों से रणकुशल राजपूतों की एक विशेष जाति के सूरमाओं की एक टुकड़ी यहाँ पहरा देती आयी थी। हर महाराजा को अपने जीवनकाल में एक बार यहाँ जाकर अपने राज–पाठ की शान–शौकत बढ़ाने के लिए अपनी पसन्द के हीरे–जवाहरात चुन लाने का मौका दिया जाता था। इस खजाने के चमत्कारों में एक तीन लड़ी का हार था जिसमें पिरोया हुआ हर लाल कबूतर के अण्डे के बराबर था और हर लड़ी में एक बहुत बड़ा पन्ना था जिसमें से सबसे बड़ा 90 कैरट का था।

पटियाला के सिख महाराजा के रत्न–भंडार का सबसे अनमोल रत्न मोतियों का एक हार था जिसका बीमा इंग्लैण्ड के मशहूर लॉयड्स बैंक ने

दस लाख डॉलर का किया था। लेकिन उनमें सबसे अनोखी चीज थी हल्के आसमानी रंग के 1001 हीरों से जड़ा हुआ सीने पर पहनने का एक कवच। इस शताब्दी के आरम्भ से पहले तक महाराजा पटियाला का यह दस्तूर था कि वह साल में एक बार सीने पर केवल यह कवच बाँधे बिल्कुल नंगे अपनी प्रजा के सामने आते थे और उस समय उनका शक्तिशाली लिंग पूरी तरह उत्तेजित रहता था। उनकी इस हरकत को शिवलिंग की लौकिक अभिव्यक्ति माना जाता था। जब महाराजा अपनी प्रजा के बीच से होकर गुजरते थे तो सब लोग खुशी से तालियाँ बजाते और इस प्रकार वे इस राजसी लिंग के आकार का भी अभिवादन करते और इस बात का भी कि उसमें से ऐसी शक्ति प्रसारित होती थी जो उनके राज्य की सीमाओं से सभी भूत–प्रेतों को भगा देती थी।

प्राचीनकाल में मैसूर के किसी महाराजा को किसी चीनी मनीषी ने बता दिया था कि दुनिया की सबसे सशक्त कामोत्तजनक औषधियाँ हीरे को पीसकर बनायी जाती थी। इस दुर्भाग्यपूर्ण खोज की वजह से शाही खजाना बड़ी तेजी से खाली होने लगा, क्योंकि सैकड़ों बहुमूल्य हीरे महाराजा की वासना की चक्की में पीस डाले गये। इनसे तैयार होने वाली औषधियाँ जिन वारंगनाओं को तृप्त करने के लिए होती थी उन्हें हाथी पर बिठाकर सारे राज्य में घुमाया जाता था। इन हाथियों की सूँड़ों को लाल और चुन्नियों से सजाया जाता था और उनके कानों में महाराजा के बचे–कुचे हीरों के बड़े–बड़े कुण्डल बनाकर पहनाये जाते थे।

महाराजा बड़ौदा जिस हाथी पर बैठकर निकलते थे उसकी सजधज इससे भी ज्यादा निराली होती थी। यह हाथी 100 साल का बूढ़ा जानवर था जो अपने नुकीले दाँतों से बीस लड़ाइयों में बीस दूसरे हाथियों को मौत के घाट उतार चुका था। उसका सारा साज–सामान सोने का बना हुआ था: वह हौदा जिस पर महाराजा बैठते थे, उसकी जीन और काठी, उसकी पीठ पर डाली जाने वाली झूल–हर चीज। इस हाथी के दोनों कानों से दस–दस सोने की जंजीरें लटकती रहती थीं। हर जंजीर उसकी एक विजय का प्रतीक थी उनमें से हर एक की कीमत 25,000 पौंड थी।

परिशिष्ट–5

अपनी सुरक्षा के लिए हमें पूरा पंजाब लेना होगा

(लार्ड डलहौजी द्वारा ईस्ट इण्डिया कम्पनी के चेयरमैन जॉन हॉबहाउस को लिखा गया पत्र दिनांक 07 अप्रैल, 1849।)

भारत में ब्रिटिश राज का विस्तार करने में लार्ड डलहौजी की विशेष भूमिका थी। ज्यादातर मामलों में "उत्तराधिकारी" के प्रश्न पर अपनी कार्यवाहियों को जायज ठहराता था। स्पष्ट निर्देशों के बावजूद कि किसी देशी रिसासत को बलात् नहीं मिलाया जाये। परन्तु, झांसी, पंजाब, लखनऊ बड़े ही क्रूरतम तरीके से मिलाये गये थे। अपनी कार्यवाहियों को जायज़ ठहराते हुए लार्ड डलहौजी ने जॉन हॉबहाउस को एक पत्र लिखा था, जिसमें व्यक्त इच्छाओं से समझा जा सकता है कि वास्तविकता क्या थी।

श्री एच.डी. शर्मा द्वारा संकलित एवं संपादित *100 बेस्ट लेटर्स–1847–1947*–हार्पर कॉलिंस पब्लिशर्स इण्डिया द्वारा प्रकाशित पुस्तक में से उपरोक्त पत्र लिया गया है। उस पत्र का मूल साभार अंग्रेजी पाठ ही दिया जा रहा है–

"FOR OUR OWN SECURITY, WE SHOULD TAKE THE WHOLE OF PUNJAB"

Lord Dalhousie, Governor General, to John Hobhouse, Chairman, East India Company

The war (Second Sikh War) having been brought to a close, I was at liberty to act; and the time had come when it was necessary to declare my intentions, as I told you I should do, in the absence of prohibition from England.

It was impossible for me, after reviewing the question of our future relations with the Punjab to report the matter to you and wait for instructions.

The Government of Lahore was totally disorganised, police there never had been, the army was now gone. The officers of the Darbar were altogether disregarded. No one would pay any revenue, and in one word, there was no Government at all, for while all the people were expecting as a natural consequence of the war we should take the country, of course nobody would heed a Darbar official.

Representations came from civil officers on the frontier (and even from the Lawrences who were of course opposed to annexation) of the importance of the Government declaring something definite at once, one way or the other.

The disbanded soldiery and those who refused payment of revenue together would have produced plunder, disorder and tumult. The state of things was already commencing in the Manjha and the Baree Doab.

By this mail I have sent you a despatch setting forth fully the reasons on which I have concluded that it is indispensably necessary for our own security that we should take the whole Punjab. The considerations which would urge annexation, I feel in themselves are unanswerable.

I am honestly and conscientiously convinced that the act was inevitably necessary, and I have done it.

I am fully aware of the heavy responsibility I have assumed. I neither shrink from it nor quail under it.

If Her Majesty's Government and the Court think my act wrong and mischievous, there is no physical impossibility in the reversal of it. If you think I have done what is unjust to the State of Lahore or injurious to the Crown of Britain, let each of you do his duty like a man. Disallow my act, reverse my policy. You will disgrace me, of course: but do not let that stand in your way. I shall submit quietly to the consequences now: well satisfied that the disgrace will be but temporary, that the time and events will right me, and that a few years only will pass before the course of affairs in the Punjab will prove the correctness of my view and will compel you to the adoption of the policy which I have set up.

I say this in the conviction that as an honest statesman and an English gentleman you would despise the suggestion to which I have been adverting of calling the Punjab independent still, but making it by our acts virtually our own. If you make it your own, say so: if you won't make it openly and declaredly your own, I adjure you by the honourable reputation of our name not to do it by a shuffle. I have done this act with a clear conscience, with pure motives, and the firmest belief of the absolute necessity of it, for the safety of our own State. I have given my reasons in my despatch.

The *Paper of Terms* was drawn up by me on the model of a similar document executed by the Peshwa in 1818. The Council of Regency all signed it first, and Duleep Singh ratified the treaty of Lahore. The general indifference exhibited has been remarked upon in other accounts by Mr. Elliot. Except Deena Nath, the only person who exhibited signs of dejection and regret were the two Lawrences, whom principally in reference to the past, I have previously placed at the head of the new government.

Confiscation of the crown property was quite necessary for two reasons: 1. that means of mischief hereafter might not be left to the Maharaja and 2. that the great debt which is due to this Government may be dwindled.

Whatever my "affectionate friends" in the Leadenhall Street may think, you at least will find no fault with my having regarded the Koh-i-Nur as a thing by itself; and with my having caused the Maharaja of Lahore in token of submission, to surrender it to the Queen of England. The Koh-i-Nur has become in the lapse of ages a sort of historical Emblem of Conquest in India. It has now found its proper resting place.

The pension to the Maharaja is fixed at. not less than four lacs. His own stipend, I mean and always meant, to be 1,20,000 rupees like the Raja of Sattara. He has larger territory, but he is a boy. The widows of Runjeet Singh and the Council etc. must in justice have been allowed to retain their stipends, and in the four lacs I have included the whole. The Maharaja is allowed to remain this year, as the hot weather is on—next year he must go.

I am sorry for him, poor little fellow, although it is a superfluous compassion. He does not care a two pence about it himself. He will have a good and regular stipend, ("without Income Tax") all his life; and will die in his bed like a gentleman which under other circumstances he certainly would not have done.

By next mail I will write to you more on the Punjab's future. Don't you funk. If the country is made ours, it is our own fault if there is any more war in the Punjab.

Men can't make war with their finger-nails; and if you only let me, I will take care that even those shall be pared close.

परिशिष्ट–6

बापूजी, आप हमें नाराज स्कूल मास्टर की तरह डाँटते हैं

जवाहरलाल नेहरू द्वारा दिनांक 11 जनवरी, 1928 को गांधीजी को लिखा गया पत्र।

(राजनीतिक मंच पर पहली बार आने से ठीक पहले जवाहरलाल नेहरू ने गांधीजी को 11 जनवरी, 1928 को एक पत्र लिखा था। इस पत्र को देखकर सहज ही यह दिमाग में आता है कि दो विपरीत विचारों वाले व्यक्ति एक साथ इतने दिनों तक कैसे निबाह सके।

उक्त पत्र का अंग्रेजी पाठ भी श्री एच.डी. शर्मा द्वारा संकलित एवं सम्पादित 100 *बेस्ट लेटर्स–1847–1947* से साभार यहाँ उद्धत किया जा रहा है।

"BAPUJI, YOU CHASTISE US LIKE AN ANGRY SCHOOLMASTER"

Jawaharlal Nehru to M.K. Gandhi

It is surprising how two persons with such different temperaments like Mahatma Gandhi and Jawaharlal Nehru got on so well. Nehru often considered Gandhi to be "an ultra-orthodox faddist dreaming of bullock carts, ashrams, fasts, continence and acting to the dictates of the 'inner voice.' He was aware of the fact that Gandhi was no constitutionalist, no statesman of a high order and that he had far too limited a knowledge of world history. He knew that Gandhi was wedded to a few dogmas and a set of themes which were moulded according to his own interpretations and exigencies." Nehru often fumed and fretted, indulged in emotional outbursts but never severed ties with the Mahatma who declared Nehru to be his heir.

During the Madras session of the Congress (December 1927) Nehru played an active/part and got certain resolutions passed. Gandhi did not like some of these resolutions, especially the "Independence Resolution," and he did not hide his disappointment. This provoked Nehru to write the following letter. In the letter Nehru had challenged Gandhi on everything which was dear to Gandhi—Ram Rajya, khtidi franchise, non-

cooperation, boycott of foreign cloth, etc. Six days later Gandhi wrote back, "Though I was beginning to detect some differences in viewpoint between you and me, I had no notion whatsoever of the terrible extent of these differences. I see quite clearly that you must carry on open warfare against me and my views. I can't conceal from you my grief that I should lose a comrade so valiant, so faithful, so able and so honest as you have always been; but in serving a cause, comradeships have got to be sacrificed." Nehru yielded, as he had done before, and did not pursue the matter further.

11 January 1928

Allahabad.

My Dear Bapuji,

The Working Committee is now meeting in Banaras and so I cannot go to Bombay or Sabarmati for some time, am loath to inflict another letter on you so soon after my last but I am very much troubled by your criticisms of the Congress resolutions and I feel I must write to you again. You are always very careful with your words and your language is studiously restrained. It amazes me all the more to find you using language which appears to me wholly unjustified. You have condemned in general language the proceedings of the Subjects Committee and specially selected some resolutions for greater criticism and condemnation. May I point out that it is always unsafe to judge on hearsay evidence? You were not present yourself and it is quite conceivable that the opinions you may have formed after a personal visit to the Subjects Committee may have been different. Yet you have chosen to condemn and judge unfavourably the whole Committee, or at any rate a great majority it, simply basing your judgement on the impressions of a few persons. Do you think this is quite fair to the Committee or the Congress? You have referred to discipline and to the Working Committee as the National Cabinet. May I remind you that you are a member of the Working Committee and it is an extraordinary thing for a member on the morrow of the Congress to criticise, and run down the Congress and its principal resolutions. There has been a general chorus of congratulation on the success of the Madras Congress. This may be wrong or without sufficient basis but undoubtedly there was this general impression in the country and atmosphere counts for a great deal in all public work. And now most people who thought so feel a bit dazed at your criticisms and wonder if their previous enthusiasm was not overdone or mistaken.

You have described the Independence Resolution as "hastily conceived and thoughtlessly passed." I have already pointed out to you how the country has discussed and considered this question for years past, and how I have personally thought over it, discussed it, spoken about it in meetings, written about it and generally been full of it for the last five years or more. It seems to me that under the circumstances no stretch of language can justify the use of the words "hastily conceived." As for "thoughtlessly passed" I wonder if you know that the resolution was discussed in the Subjects Committee for about three hours and more than a dozen speeches for and against were made. Ultimately as you know it was passed almost unanimously both in the Committee and the open Congress. Were all the people in the Committee and the Congress who voted for it "thoughtless?" Is this not rather a large assumption? And why should it not be said with greater truth that the small minority opposed to the resolution were mistaken? You mention that last year the resolution was rejected by the Committee. I do not know what inference you draw from this but to me it seems obvious that this can only mean that the Committee and the Congress have been eager to pass it in the past as in the present but refrained from doing so out of regard for you. I hope you will agree with me that it is not healthy politics for any organisation to subordinate its own definite opinion on a public issue out of personal regard only.

I am not referring here to the merits of the resolution. But I shall only say this that after prolonged and careful thought a demand for independence and all that this implies has come to mean a very great deal for me and I attach more importance to it than to almost anything else. I have thought over every word you said the other day in Madras on this question and it has merely confirmed me in my opinion. But I doubt if anyone outside a small circle understands your position in regard to this. I am sure that none of the others—liberals, etc.—who want dominion status think in the same way with you. I am sure most liberals welcome the Independence Resolution, whatever they may say about it, as they feel that it strengthens their position. But whether they like it or not, it passes my comprehension how a national organisation can have as its ideal and goal dominion status. The very idea suffocates and strangles me.

I took no special interest in the resolution on the boycott of British goods chiefly because I felt that it would meet with your strong disapproval and the boycott could not succeed unless a more or less unanimous effort was made. But I have no doubt that it can be made into a partial success if there was some unanimity in our own ranks. You must have read about the wonderful effectiveness of the boycott in China. There was nothing special in China which we have not got and there is no fundamental reason why we cannot succeed where they succeeded. But granting that it is not likely to succeed is it such a laughing matter after all? Has our boycott of foreign cloth by khaddar succeeded so remarkably? Has our spinning franchise succeeded? They have not but you do not hesitate to press them on the country and the Congress because you felt, and rightly, that they would be good for the nation even if they did not wholly succeed. Having singled out two resolutions for your special condemnation you casually refer to the others as "several irresponsible resolutions." Excepting the Unity Resolution every other resolution of the Congress may come under this heading. And so the labours of the two hundred and odd persons in the Subjects Committee and the larger number m the Congress are summarily and rather contemptuously disposed of. It is very hard luck on the unhappy persons who, though wanting perhaps in foresight and intelligence, did not spare themselves and tried to do their best. We have all sunk to the level of a schoolboys' 'debating society' and you chastise us like an angry schoolmaster, but a schoolmaster who will not guide us or give us lessons but will only point out from time to time the error of our ways. Personally I very much wish that we were more like real schoolboys, with the life and energy and daring of schoolboys, and a little less like the right honourable and honourable gentlemen who are for ever weighing the pros and cons and counting the cost.

You know how intensely I have admired you and believed in you as a leader who can lead this country to victory and freedom. I have done so in spite of the fact that I hardly agreed with anything that some of your previous publications—Indian Home Rule, etc.—contained. I felt and feel that you were and are infinitely greater than your little books. Above everything I admire action and daring and courage and I found them all in you in a superlative degree. And I felt instinctively that, however much I may disagree with you, your great personality and your possession of these qualities would carry us to our goal. During the N.C.O. period you were supreme; you were in your element and automatically you took the right step. But since you came out of prison something seems to have gone wrong and you have been very obviously ill at ease. You will remember how within a few months or even weeks you repeatedly changed your attitude—the Juhu statements, the A.I.C.C. meeting at Ahmedabad and after, etc.—and most of us were left in utter bewilderment. That bewilderment has continued since then. I have asked you many times what you expected to do in the future and your answers have been far from satisfying. All you have said has been that within a year or eighteen months you expected the khadi movement to spread rapidly and in a geometric ratio and then some direct action in the political field might be indulged in. Several years and eighteen months have passed since then and the miracle has not happened. It was difficult to believe that it would happen but faith in your amazing capacity to bring off the improbable kept us in an expectant mood. But such faith for an irreligious person like me is a poor reed to rely on and I am beginning to think if we are to wait for freedom till khadi becomes universal in India we shall have to wait till the Greek Kalends.

What then can be done? You say nothing—you only criticise and no helpful lead comes from you. You tell us that if the country will not even take to khadi how can we expect it to do anything more difficult or daring. I do not think the reasoning is correct. If the country does not go ahead politically by one method, surely it is up to our leaders to think of other or additional methods.

Reading many of your articles in *Young India*—your autobiography, etc.—I have often felt how very different my ideals were from yours. And I have felt that you were very hasty in your judgments, or rather having arrived at certain conclusions you were over-eager to justify them by any scrap of evidence you might get. I remember how in an article on the 'Two Ways" or some such title—you gave some newspaper cuttings from America about crimes and immorality and contrasted American civilisation with Indian. I felt it was something like Katherine Mayo drawing conclusions from some unsavoury hospital statistics. Your long series of articles based on the French book—*Towards Moral Bankruptcy*—also made me feel the same way. You misjudge greatly, I think, the civilisation of the West and attach too great an importance to its many failings. You have stated somewhere that India has nothing to learn from the West and that she had reached a pinnacle of wisdom in the past. I certainly disagree with this viewpoint and I neither think that the so-called Ramaraj was very good in the past, nor do I want it back. I think that western or rather industrial civilisation is bound to conquer India, maybe with many changes and adaptations, but none the less, in the main, based on industrialism. You have criticised strongly the many obvious defects of industrialism and hardly paid any attention to its merits.

You have advocated very eloquently and forcefully the claims of the Daridranarayana—the poor in India. I do believe that the remedy you have suggested is very helpful to them and if adopted by them in large numbers will relieve to some extent their misery. But I doubt very much if the fundamental causes of poverty are touched by it. You do not say a word against the semi-feudal zamindari system which prevails in a great part of India or against the capitalist exploitation of both the workers and the consumers.

But I must stop. I have already exceeded all reasonable limits and I hope you will forgive me. My only excuse is my mental agitation. I did not want to become the secretary of the A.I.C.C. as I wanted perfect freedom to say and do what I considered necessary. But Ansari pressed me on the ground that many of my resolutions and specially the Independence Resolution, had been passed by the Congress and I thus had full freedom to work on my own lines. I could not answer this argument and had to accept. Now I find that every effort is being made to belittle and ridicule these very Congress resolutions and it is a painful experience.

Yours affectionately,
Jawaharlal

परिशिष्ट–7

क्रिप्स, नेहरू, आजाद के बराबर नहीं है

(लियो एमरी, भारत सचिव का भारत के वायसराय लार्ड लिनलिथगो को दिनांक 29 अप्रैल, 1942 को लिखा गया पत्र।)

(लियो एमरी ने क्रिप्स मिशन के बाद यह पत्र भारत के तत्कालीन वायसराय एवं गवर्नर–जनरल को लिखा था, जिसमें *फ्रीडम एट मिडनाइट* में उल्लेखित तथ्य कि लंदन में नेहरू का एक प्रतिनिधि सक्रिय था, की पुष्टि सरकारी स्तर पर भी की गई है।

उस पत्र का अंग्रेजी पाठ भी श्री एच.डी. शर्मा द्वारा संकलित एवं संपादित पुस्तक *100 बेस्ट लेटर्स–1847–1947* से साभार लिया गया है।

'CRIPPS NO MATCH FOR NEHRU, AZAD'

Leo Amery, Secretary of State for India, to Lord Linlithgow, Viceroy

Much has been written on Sir Stafford Cripps' mission: the Draft Declaration which he had brought, the leaders whom he met, the rejection of the proposals by both Congress and the Muslim League. But not much has been written about the reaction to the whole episode in Britain. This letter throws some light on what happened in the House of Commons in the aftermath of Cripps' failure. Leo Amery, as secretary of state in London and Lord Linlithgow, viceroy in Delhi, were opposed, like Churchill, to giving India independence. Both resented Cripps going over their heads with an offer to Indian leaders. In the letter Amery informs Linlithgow about what happened in the House of Commons during the India debate. He is pleased with the arguments he put forward and derides the stand taken by some Labour members. The correspondence between these two imperialists is revealing. For them there could be no question of granting independence or even dominion status to India. "Linlithgow had reached the conclusion soon after the (failure) of Cripps' mission that self-government and the removal of British influence were incompatible with Indian unity, and he reverted now to his old belief in the long continuance of British rule."[2] *The British attitude compelled Mahatma Gandhi to launch the Quit India movement in August 1942.*

It seems from the letter that Krishna Menon had made friends with quite a few Labour members of Parliament which helped the Congress in the long run.

29 April, 1942

Private — India Office

The India Debate is happily over and I only hope that you may be spared the repercussion of further debates and speeches on India from this end. Cripps' original speech contained several matters which worried me, e.g., his obsession with the idea that all relations with the Crown would cease in the case of Princes adhering to the Union; a passage referring to conventions on the parallel of what had happened in the Provinces, & c. But after some discussion he took them all out and also added a passage about your Executive. What I don't think he understands is that his proposals involved a greater sacrifice for the Members of your Executive and that it was not enough merely to tell them, before others, what he was doing or had failed to do. However, I hope I put that right in my speeches, as well as emphasising the Government's confidence in yourself. I hope also that what I said about the future will have eased things for the Sikhs without worrying Jinnah, and that my references to the open door for the present gave away nothing .that you wished preserved.

2. I fully realise the difficulty of the position in which you were placed, in any case by the mere fact of Cripps' visit, and additionally by his methods. It certainly was a complete surprise to us here that he seems to have assumed that we envisaged the complete Indianisation of the Executive apart from the Commander-in-Chief and yourself. As I tried to correct the position in my speech, it is participation we invited, which clearly means a part and not the whole, and certainly does not mean control. I doubt whether, in his eagerness for a settlement of some sort, on top of his natural inclinations, he was really a match for Nehru and Azad. I expect he used phrases like "National Government" in the sense that every section in India would be represented, and that they took good care at the time not to ask him what he meant in order to have it up their sleeve afterwards.

3. As you know, Nehru has an agent here, Krishna Menon, an indefatigable worker on the extreme Congress line with a tame clientele among certain members of the Labour Party like Cove and Sorensen and even to some extent Gordon Macdonald, who has put up as the Party's spokesman yesterday. He has been priming them hard with certain telegrams of Nehru's, making out Cripps to have perverted the true facts. That part of Nehru's telegrams they used freely in yesterday's debate taking good care not to quote other passages showing Nehru's complete intransigence and bitterness. Menon has even seen Cripps since he came back, but I think has not got much change out of him.

4. As for the debate itself, Cripps' statement was the clear matter of fact exposition of Counsel, with no attempt at background or colouring, and to my mind implying a certain apology for our own past. Otherwise I thought it very good and it satisfied all except a few of the ones I have already referred to. These were led off by Gordon Macdonald, who incidentally wished to get rid of both of us, and made a quite unnecessary fuss about Halifax's recent speech. It really is a little steep that we should take unlimited abuse from Congress lying down, but should not even be allowed to say their attitude is non-co-operative. For the rest, the debate was uninspiring. Winterton and Schuster were quite helpful and so, on the whole, was Reed; but none of them made anything that could be called a real contribution to the debate. My own winding-up went down reasonably well, but of course was mainly directed with an eye on the one hand to America and on the other to getting things into proper perspective from your point of view. It is to the latter, of course, that I attach most importance, and can only hope that I have helped you and not let you in for fresh trouble in any direction.

5. Of course, the incorrigible appeasers—mostly people who have denounced appeasement in foreign affairs as the worst of all crimes—are already saying that we must run after Congress at once in supplication. Possibly the results of the All-India Congress Committee in the next few days may sober them for a little. But in the main they are incorrigible for the simple reason that admitting the facts of the situation spoils the kind of speeches

they have been accustomed to make and the articles they have been accustomed to write, and it is too much intellectual trouble to change their ways. The same, I suspect, will be true before long of a great many American writers. All the same, I dare say we have gained at any rate a residue of more intelligent thinking on India, and it may be of real value that Cripps should have learnt as much as I think he has learnt. Personally, I believe much the best line would have been, not merely to say that we leave it to them to approach us, but to say definitely that they have missed the bus and that we cannot be bothered with them till the war is over. That would at any rate at once give enhanced authority to your existing Executive, as well as to the Army and the Civil Service. However, I think I said the next best thing by suggesting that it is in effect only in the case of an agreed approach that there would be anything doing.

परिशिष्ट–8

मोहम्मद अली जिन्ना के दिनांक 11 अगस्त, 1947 को दिये गये प्रसिद्ध भाषण के मुख्य अंश

(लालकृष्ण आडवाणी तत्कालीन विपक्ष के नेता–भारतीय जनता पार्टी के वरिष्ठ नेता, 2005 में अपनी पाकिस्तान यात्रा के दौरान मोहम्मद अली जिन्ना की मजार पर श्रद्धाजंलि देन गये थे और अपने विचार व्यक्त किये थे कि जिन्ना साहब ने धर्म निरपेक्षता के पक्ष में अपने विचार व्यक्ति किये थे। जिन्ना की प्रशंसा करने के लिये कांग्रेस पार्टी ने अपने नकारात्मक रूझान व स्वयं भारतीय जनता पार्टी के नेताओं ने भी आडवाणी की आलोचना की थी। पार्टी के एक अन्य नेता जसवन्त सिंह ने भी जिन्ना के संबंध में एक पुस्तक लिखी थी, जिसे लेकर उसे पार्टी से बहिष्कृत कर दिया था–फिर वापस ले लिया गया था। जाहिर है, जिन्ना के बारे में कुछ भी कहना समानान्तर रूप से उसके समाकालीन नेताओं का अनायास ही पुनर्मूल्यांकन भी कर देता है, जिससे भारतीय राजनीति के केन्द्र में स्थित नायकों का व्यक्तित्व कई प्रश्नों से घिर जाता है।

आडवाणी ने उक्त विचार जिन्ना द्वारा पाकिस्तान की संविधान सभा में 11 अगस्त, 1947 को दिये गये भाषण के संदर्भ में थे। हांलाकि उस भाषण का पूरा पाठ उपलब्ध नहीं हो सका। लेकिन उस भाषण के प्रमुख अंश *नई दुनिया* इन्दौर के 7 जून, 2005 के अंक में सम्पादकीय पृष्ठ पर छापे गये थे, उन्हें यहाँ उद्धत किया जा रहा है।)

मैं जानता हूँ कि ऐसे लोग हैं, जो भारत के विभाजन तथा पंजाब व बंगाल के बँटवारे से सहमत नहीं है। इसके खिलाफ काफी कुछ कहा गया है, लेकिन अब चूँकि इसे स्वीकार कर लिया गया है, यह हममें से हर एक को कर्तव्य है कि हम ईमानदारी से इस पर अमल करें और अब अंतिम तथा सब पर बंधनकारी हो चुके समझौते के अनुसार चलें। लेकिन इस बात को याद रखे कि यह जो विराट क्रांति हुई है, वह अभूतपूर्व है। जहाँ एक समुदाय बहुसंख्यक और दूसरा अल्पसंख्यक है, वहाँ दोनों समुदायों के बीच मौजूद भावनाओं को हम समझ सकते हैं। सवाल यह है कि जो हुआ उससे अलग कुछ करना क्या संभव या व्यावहारिक होता।

विभाजन तो होना ही था। हिन्दुस्तान और पाकिस्तान दोनों ओर लोगों के कुछ वर्ग हैं, जो इससे सहमत नहीं होंगे, जो इसे पसन्द नहीं करेंगे, लेकिन मेरे विचार में और कोई समाधान नहीं था। मुझे विश्वास है कि आने वाला

इतिहास इसके पक्ष में ही अपना निर्णय दर्ज करेगा। यही नहीं, जैसे–जैसे हम आगे बढेंगे, वास्तविक अनुभव से भी यह सिद्ध हो जाएगा कि भारत की संवैधानिक समस्या का यही एकमात्र हल था। संयुक्त भारत का विचार कभी कारगर हो ही नहीं सकता था और मेरी राय में तो हमें एक भयानक त्रासदी की ओर ले जाता।

हो सकता है कि यह विचार सही हो या फिर हो सकता है कि वह गलत हो। जो भी हो, इस विभाजन में इस मुद्दे की अनदेखी करना असंभव था कि दोनों ही देशों में अल्पसंख्यक रहेंगे। यह अपरिहार्य था। तो अब हम क्या करें? अब अगर हम इस महान पाकिस्तान राष्ट्र को खुशहाल और सम्पन्न बनाना चाहते हैं तो हमें लोगों की कुशलक्षेम पर पूरा ध्यान देना होगा, खासतौर से आम जनता और गरीबों की। अगर आप मिल–जुलकर काम करेंगे, बीती बातों को बिसारकर, दुश्मनियों को दफन कर काम करेंगे तो आपको सफलता मिलना तय हैं। आप चाहे किसी भी समुदाय के हों, आपके दूसरों के साथ अतीत में कैसे भी संबंध रहे हों, अपना रंग, जाति, पंथ कोई भी हो, अगर आप यह मानकर काम करेंगे कि आप सबसे पहले और सबसे आखिर, समान अधिकारों विशेषाधिकारों व कर्तव्यों के साथ इस राष्ट्र के नागरिक हैं, तो आपकी तरक्की की कोई सीमा न होगी।

मैं इस पर ज्यादा जोर नहीं दे सकता। हमें इस भावना के साथ काम शूरू करना चाहिए और समय के साथ अल्पसंख्यक व बहुसंख्यक, हिन्दू समुदाय और मुस्लिम समुदाय आदि के कोण लुप्त होंगे, क्योंकि मुसलमानों में भी पठान, पंजाबी, शिया, सुन्नी वगैरह हैं तो हिन्दुओं में भी ब्राह्मण, वैष्णव, खत्री, बंगाली, मद्रासी, बगैरहा हैं। हाँ, यदि आप मुझसे पूछे, यही तो हिन्दुस्तान की आजादी और स्वतंत्रता प्राप्ति में सबसे बड़ी बाधा रही है पर यही बात तो है वरना हम काफी पहले आजाद हो गए होते। कोई ताकत दूसरे देश को नहीं थाम सकती, खासतौर पर चालीस करोड़ की प्रजा वाले एक देश को, कोई आपको नहीं जीत सकता था, और यदि ऐसा होता तो भी कोई आपको इतने समय तक जकड़े नहीं रखा सकता था। अतः हमें इससे एक सबक सीखना चाहिए। इस देश पाकिस्तान में आप आजाद हैं, आप आजाद हैं अपने मंदिरों में जाने के लिए, आप आजाद हैं अपनी मस्जिदों में जाने के लिए या अपने और किसी पूजा स्थल में जाने के लिए। आप किसी भी धर्म, समुदाय, जाति को मान सकते हैं और मुल्क को उससे कोई मतलब न होगा।

जैसा कि आप जानते हैं इंग्लैण्ड में हालात् इससे भी बुरे थे जैसे कि अभी के हिन्दुस्तान में हैं। रोमन कैथोलिक और प्रोटेस्टेन्ट्स एक–दूसरे को

सताते थे। आज भी वहाँ कुछ जगहें ऐसी हैं, जहाँ पर भेदभाव होता है और किन्हीं खास समुदायों पर रोक–टोक की जाती है। खुदा का शुक्रिया, हम ऐसे दिनों से अपनी शुरुआत नहीं कर रहे हैं। हम ऐसे समय में अपनी शुरुआत कर रहे हैं, जब भेदभाव नहीं किया जाता, एक समुदाय से दूसरे में अंतर नहीं किया जाता, एक जाति से दूसरी जाति में भेद नहीं किया जाता। हम एक ऐसे बुनियादी सिद्धान्त के साथ शुरुआत कर रहे हैं कि हम सब एक मुल्क के बराबर के नागरिक है। इंग्लैण्ड के लोगों को समय के साथ स्थितियों की ऐसी वास्तविकताओं का सामना करना पड़ा था लेकिन उन्होंने जिम्मेदारी देश की सरकार को सौंपी और सीढ़ी–दर–सीढ़ी आगे बढ़े। और आज आप कह सकते हैं कि वे नागरिक के तौर पर रोमन कैथोलिक और प्रोटेस्टेंट नहीं बल्कि एक देश के बाशिंदे हैं।

अब मैं सोचता हूँ कि हमें इस बात को आदर्श के तौर पर सामने रखना चाहिए और समय के साथ आप देखेंगे कि हिन्दू हिन्दू न होंगे, मुस्लिम मुस्लिम न होंगे–धार्मिक संदर्भों में नहीं, क्योंकि यह तो उनके व्यक्तिगत विश्वास का मामला है, यह बात उनके नागरिक होने के संबंध में है।

ठीक है, भद्रपुरुषों, मैं आपका बहुत समय नहीं लेना चाहता, आपने मुझे जो सम्मान दिया उसके लिए धन्यवाद अवश्य देना चाहता हूँ। मैं हमेशा न्याय और ईमानदारी के मार्ग पर चलूँगा जैसा कि राजनीतिक भाषा में कहा जाता है, उसमें कोई पूर्वाग्रह या बुरी इच्छा नहीं होगी, दूसरे शब्दों में कहा जाए तो भेदभाव और पक्षपात नहीं होगा। आप लोगों के सहयोग के साथ न्याय और पक्षपातरहितता ही मेरा मार्गदर्शन करेगी और मैं देख सकता हूँ पाकिस्तान दुनिया का एक महान मुल्क बनेगा।

परिशिष्ट–9

कृषि–भूमि सुधार संबंधी आँकड़े

–संदर्भ अध्याय 21

(*आजादी के बाद का भारत* में बिपिनचन्द्र, मृदुला मुखर्जी और आदित्य मुखर्जी द्वारा अध्याय–28 में यथा उल्लेखित।)

बेदखली के खिलाफ कानूनी संरक्षण मिलने से पहले ही काश्तकारों को बड़े पैमाने पर बेदखल किया जाने लगा। उदाहरण के लिये भूमि–सुधारों संबंधी योजना आयोग के पैनल ने 1956 में नोट किया कि 1948 तथा 1951 के बीच संरक्षित काश्तकारों की संख्या बंबई राज्य में 17 लाख से घटकर 13 लाख हो गई, अर्थात् 23 प्रतिशत से अधिक की गिरवट आई गई; हैदराबाद राज्य में 1951 तथा 1955 के बीच 57 प्रतिशत की गिरावट आई। हैदराबाद संबंधी एक और विस्तृत अध्ययन में पाया गया कि 1951 में संरक्षण पाये प्रत्येक 100 काश्तकारों में 1954 में मात्र 45.4 प्रतिशत ही अपनी स्थिति बनाये रख पाये। 12.4 प्रतिशत भूमि अधिग्रहण के अधिकार का प्रयोग करके भू–स्वामी बन गये। 2.6 प्रतिशत को कानूनी तरीके से बेदखल किया गया, तथा 22.1 प्रतिशत को गैर–कानूनी तरीके से बेदखल किया गया, और 17.5 प्रतिशत ने जमीन पर अपना अधिकार "स्वयं ही" छोड़ दिया। लेकिन, यह "स्वयं ही" छोड़ने की बात वास्तव में धमकी देकर निकाल बाहर करने का आवरण–मात्र था। यह तरीका इतना व्यापक हो गया कि चौथी योजना में यह कहना पड़ा कि सारी बची जमीनें सरकार को ही सौंपी जाये, जो फिर उचित व्यक्तियों को इसका बंटवारा करेगी। लेकिन इस सलाह पर केवल कुछ ही राज्यों ने अमल किया।

काश्तकारी कानून द्वारा काश्तकारों के व्यापक तबकों को सुरक्षा प्रदान करने में विफल रहने के संबंध में आगे बातें करने से पहले यह समझना जरूरी है कि काश्तकारों के एक बड़े हिस्से को अवश्य ही सुरक्षा एवं स्थायी मालिकाना हक मिले। हैदराबाद के उपर्युक्त विस्तृत अध्ययन से पता चला कि काश्तकारों का 45.4 प्रतिशत संरक्षित बना जबकि 12.4 प्रतिशत मालिक बना। इस प्रकार, कानून के तहत लाये गये 67.8 प्रतिशत अब असुरक्षित नहीं रह गया था। यह एक महत्वपूर्ण घटना थी। इस का संबंध निवेश से तथा भूमि की उत्पादकता में इन 'सुरक्षित' काश्तकार उत्पादकों से था।

कई बार तो काश्तकारी छिपी तौर पर जारी रही। अब काश्तकारों को 'खेत का नौकर' कहा जाने लगा, हालांकि उनकी वास्तविक स्थिति पहले

वाली ही थी। भूमि सुधारों के आरम्भिक दिनों में काश्तकार अक्सर ही बंटाईदारों (फसल में हिस्सेदार–अनु.) में बदल दिये जाते। अचरज की बात यह है कि बंटाईदारों को काश्तकार नहीं माना जाता। इसलिये, उत्तर प्रदेश जैसे कुछ राज्यों में काश्तकारी कानून के तहत उन्हें कोई सुरक्षा नहीं मिलती। सिर्फ पैसों के रूप में कर (लगान) देने वालों को ही काश्तकार माना गया, लेकिन उन लोगों को नहीं जो फसल के रूप में लगाने दिया करते थे। इन खेतीहरों को भी काश्तकार नहीं माना गया जो बंटाईदार थे। अर्थात् जो कुल उत्पादन का एक निश्चित अनुपात कर के रूप में दिया करते थे। पश्चिम बंगाल में बंटाईदारों को 'बरगादार' कहा जाता था। उन्हें जुलाई, 1970 तक कोई सुरक्षा नहीं दी गई। जुलाई, 1970 में पश्चिम बंगाल भूमि सुधार अधिनियम संशोधित किया गया और उन्हें सीमित सुरक्षा प्रदान की गई। 1951 के तुरन्त बाद बंटाईदारों में एकाएक वृद्धि हुई। इसका आंशिक कारण बंटाईदारों को काश्तकारी अधिकारी प्राप्त न होना था।

काश्तकारों की असुरक्षा का सबसे बड़ा कारण अधिकतर काश्तकारी का मौखिक एवं अनौपचारिक होना था। उनका कोई लिखित रिकार्ड नहीं था। इसलिये उन्हें कानून बनने पर भी कोई फायदा नहीं हुआ। 1971 की जनसंख्या गणना सिर्फ लिखित रिकार्डों के आधार पर अजीबो–गरीब नतीजों पर पहुँचा। उसके अनुसार भारत में उपज की जमीन का 91.1 प्रतिशत मालिकों की जोत के तहत है और बिहार में तो यह अन्य सभी राज्यों के मुकाबले कहीं अधिक 99.6 प्रतिशत बताया गया। यह भी कहा गया कि बिहार में बटाईदारी खेती लायक जमीन का मात्र 0.22 प्रतिशत और कुल जोती जाने वाली जमीन का मात्र 0.17 प्रतिशत है। ऐसी बातें तब की जा रही थी जब यह सभी जानते हैं कि बिहार में बंटाईदारी का प्रतिशत काफी ऊँचा है। 1961 की जनगणना में 36.65 प्रतिशत का आंकड़ा पेश किया गया था। 1961 तथा 1971 की जनगणनाओं के बीच इस अन्तर का अर्थ है कि अधिकतर काश्तकारियां रिकार्ड नहीं की गई थी। फलस्वरूप, काश्तकार असुरक्षित ही रह गये। 1961 की जनगणना के अनुसार देश की 82 प्रतिशत काश्ताकारियाँ असुरक्षित रह गई थी।

उचित रिकार्डों का न होना उत्तरप्रदेश में जमींदारी–उन्मूलन एवं भूमि–सुधार अधिनियम के शुरुआती वर्षों में अमल में काफी बड़ी बाधा साबित हुई। तत्कालीन राजस्व मंत्री चरणसिंह को रिकार्ड सही करने या नये बनाने का व्यापक अभियान चलाना पड़ा।

बाद के वर्षों में कुछ इलाकों में ऐसे अभियान वामपंथियों की पहल पर चलाये गये। इसके कुछ जाने–माने उदाहरण केरल एवं पश्चिम बंगाल में मिलते हैं।

–पृष्ठ 501–502.

परिशिष्ट–10

भूखी रातों का सबक

(भारतीय प्रशासनिक सेवा के सेवानिवृत्त अधिकारी श्री हर्षमंदर छत्तीसगढ़ आदि के आदिवासी इलाकों में नियुक्त रहे थे तथा सेवा के दौरान व्यापक अनुभव संजोये थे। सेवानिवृत्ति के बाद विचारोत्तेजक एवं भावनाओं को उद्वेलित करने वाले लेख पढ़ने को मिले हैं। उनके इसी रूप को देखते हुए श्रीमति सोनिया गाँधी के नेतृत्व में गठित राष्ट्रीय सलाहकार परिषद् का सदस्य बनाया गया है तथा उच्चतम न्यायालय की फटकार के बाद भारतीय खाद्य निगम के गोदामों में सड़ने वाले लाखों टन अनाज का गरीबों में वितरण की प्रक्रिया आदि का सुझाव देने का उत्तरदायित्व भी राष्ट्रीय सलाहकार परिषद के श्री हर्ष मंदर को दिया है।

प्रस्तुत लेख *दैनिक भास्कर* के दिनांक 23 अप्रैल, 2010 के अंक में तथा प्रकाशित हुआ था, दूसरा 2 जुलाई, 2010 के अंक में जिसे सधन्यवाद यहाँ देना प्रासंगिक है।)

1. भूखी रातों का सबक

पूर्वी उत्तर प्रदेश की एक निर्धन देहाती बस्ती में शाम गहरा रहीं है। बारिश से बचने के लिए हम एक छोटे से घर में शरण लेते हैं। फूस की टपकती छत के नीचे मिट्टी की ऊबड़–खाबड़ सतह पर झुण्ड में बैठी मुसहर औरतें बतिया रही हैं। वे बात कर रही हैं जमीन, रोजगार, भोजन और किसी उम्मीद के बिना जिन्दगी की कठिनाइयों से जूझने के अलग–अलग रास्तों के बारे में। बारिश थमने के साथ ही और औरतें जुटने लगी हैं। अब उनकी बातें बच्चों और उनकी परवरिश पर केन्द्रित हो जाती हैं। और फिर वे उस बेहद कठिन सबक के बारे में बात करने लगती हैं, जो उन्हें अपने बच्चों को सिखाना होता है। और यह सबक है कि भूखे कैसे सोया जाए। 'हफ्ते में आधा दिन हमें सब्जी या दाल के साथ रोटी या चावल नसीब होते हैं। बाकी दिन केवल रोटी या नमक–हल्दी वाले उबले चावल के साथ काटने होते हैं, लेकिन महीने में चार या पांच दिन ऐसे होते हैं, जब हमारे पास खाने को कुछ नहीं होता। तब हमारे पास फाका करने के सिवा और कोई चारा नहीं होता। यदि हमारे पास थोड़ा भी खाना होता है तो हम उसे बच्चों को दे देते हैं। थोड़ा और खाना होने पर वह मर्दों की खुराक बन जाता है। औरतों को भूखे रहने की आदत होती है।'

महीने के उन उजड़े दिनों में, जब घर में न अन्न का एक दाना होता है और न करने को कोई काम, तब समूचा कुनबा खाने की तलाश में निकल पड़ता है यदि नसीब ने साथ दिया तो दिनभर की तलाश के बाद मुट्ठीभर अनाज तो हासिल हो ही जाता है। इसे एक बड़े से बर्तन में उबाला जाता है ताकि ज्यादा का भम्र पैदा किया जा सके।

लेकिन बच्चों के पेट अब भी खाली हैं और वे भोजन के लिए बैचेन हो रहे है। 'हम उनके आंसू नहीं देख सकती' औरतें अपनी बात जारी रखती हैं। 'जब बच्चों की तकलीफ बर्दाश्त के बाहर हो जाती है, तब हम तम्बाकू मसलकर उन्हें अपनी अंगुलियाँ चूसने को दे देती हैं। इससे वे बिना कुछ खाए–पिए भी सो जाया करते हैं। यदि बच्चे छोटे हों तो हमें उन्हें तब तक पीटना पड़ता है, जब तक वे रोते–रोते न सो जाएं, लेकिन बच्चों के बड़े होने पर हम उन्हें भूख के साथ जीना सिखाने की कोशिश करते हैं। यह एक ऐसा सबक है, जो जिन्दगीभर उनके काम आए, क्योंकि हमें पता है कि भूख जीवन भर उन्हें सताने वाली है।'

जिन लोगों के लिए भूख जिन्दगी की एक क्रूर सच्चाई है, उनसे बातचीत कर हम जैसे लोग उनकी स्थिति को थोड़ा समझ सकते हैं। उन लोगों से हुई इस बातचीत ने मुझे लगातार व्यग्र किया है। मैं बार–बार अपने कॉलम में इस विषय पर लिखता रहूंगा, ताकि आपको भी अपने साथ शामिल कर सकूं।

ओडीसा का एक बुजुर्ग विधुर अरखित दिन में एक दफे भात पका पाता है और वह भी तब, जब उसमें ऐसा कर सकने की ताकत बच पाती हो। यदि ऐसा न हो तो वह केवल काली चाय उबालकर पी लेता है और सो जाता है। आंध्रप्रदेश के एक बूढ़े सोमैया की दिनचर्या भोजन की तलाश करने तक सीमित है। कभी–कभी उसके पड़ोसी उसे उबले हुए भात के साथ खाने को पतली दाल दे देते हैं। कई बूढ़े ऐसे भी हैं, जो गांव के सरकारी स्कूल में जाकर मध्याह्न भोजन की दाल या सांभर की भीख मांगते हैं। एक बूढ़ी बेवा मालती बरिहा की पहुंच से मसाले बाहर हैं, लिहाजा वह चावल के साथ सालन नहीं खा पाती। अक्सर उसमें इतनी ताकत ही नहीं बची रह जाती कि वह ईंधन के लिए लकड़िया जुटा सके। ऐसे मौकों पर उसे अधपके भात और आलू से ही काम चलाना होता है।

अंतम्मा बहुत पहले ही विधवा हो गई थी और उम्र बढ़ने पर बच्चों ने भी उसे छोड़ दिया। वह स्वीकृति है कि दिन के अधिकांश समय उसका ध्यान अगले जून की रोटी की जुगाड़ करने पर ही केन्द्रित रहता है। अक्सर वह सोचती है कि भीख मांगना शुरू कर दे, लेकिन पड़ोसियों की कानाफूसी से

उसे डर लगता है। उसने एक दफे स्कूल जाकर भीख में मध्याह्न भोजन का खाना मांगकर खाया था, लेकिन बाद में वह इस अपराध–बोध से भर गई कि उसने बच्चों के हिस्से का खाना खा लिया है। ओडीसा की एक विधवा महिला शंकरी छोटे और मुलायम बांसों को पीसकर भोजन के रूप में उनका इस्तेमाल करती है। भोजन का एक अन्य स्रोत है विषैला जंगली पौधा कड्‌डी, जिसे वह छोटे–छोटे टुकड़ों में काटकर एक थैली में दबाकर दिनभर के लिए नदी में रख देती है। कड्‌डी का विषैलापन बह जाता है। और शंकरी के परिवार को भोजन मिल जाता है। शंकरी के लिए जून और जुलाई के महीने अच्छे बीते थे क्योकि इस दौरान वह थोल और कुसुम के जंगली फल जुटा पाई थी, जिनके एवज में उसे चावल की चूरी और नमक मिल गए। शंकरी के बच्चों को गोश्त का स्वाद केवल बारिश के दिनों में ही मिल पाता, जब वह उनके लिए घोंघे बटोरकर लाती। जब उसमें खेतों में काम करने की क्षमता थी, तब उसे मेहनताने के तौर पर डेढ़ किलो महुआ मिला करता था। अब जबकि उसके बच्चे बड़े हो गए हैं और वह अकेली रह गई है, उसकी तकरीबन पूरी पेंशन भात खरीदने में ही खर्च हो जाती है। और वह भी महीने भर के लिए काफी नहीं होता।

74 वर्ष की बूढ़ी और जर्जर उड़िया बरिहा ने छुटपन में ही छोटी माता के चलते दोनों आंखे गंवा दी थीं। 15 साल की उम्र में वह यतीम हो गई। वह कहती है, तब से अब तक तमाम उम्र जिंदगी से जुझते हुए गुजर गई, लेकिन मौत ने अभी तक दरवाजे पर दस्तक नहीं दी। उसका अधिकांश वक्त जंगलों में सूखी लकड़ियाँ बटोरते बीतता है। इसमें से कुछ का उपयोग वह ईधन के बतौर करती है और कुछ को बेच डालती है। फिर वह भात पकाती है और पानी या साग के साथ खाती है। शाम को वह गोशालाओं की सफाई करती है, जिसके बदले में उसे पका हुआ भात मिल जाता है। बीमारी या थकान के चलते जब वह काम नहीं कर पाती, तब उसके पास भीख मांगने के सिवा और कोई चारा नहीं होता। धोनु बड़िया के भाई को 14 साल पहले जब यह पता चला कि धोनु को कुष्ठ है तो उसने उसे घर से निकाल बाहर कर दिया। तब से वह भीख मांगकर गुजारा करता रहा। ओडीसा के अकालग्रस्त जिले बोलंगीर के गांव बुरूमाल में एक छोटी–सी झोपड़ी में वह अकेले दिन गुजारता। सालों बाद स्वास्थ्य कार्यकर्ताओं के आग्रह पर धोनु के भाई के उस पर तरस खाते हुए अपने घर की गोशाला के एक खुले बरामदे में उसे जगह दी। बकरियां चराने की एवज में धोनु का भाई उसे चावल की जरा सी बासी लपसी खाने को देता है। धोनु को अपने अंगुली रहित हाथों में यह भोजन खाने में खारी कठिनाई होती है। उसे सरकार से

पेंशन की आस है, ताकि उससे पेट भरने को पर्याप्त, ठोस भोजन प्राप्त कर सकें। उसे अपना शरीर साफ करने के लिए साबुन की भी दरकार है। धोनु के सपनों की सरहद बस इतनी ही है।

× × ×

2. एक बेटी जो उदास थी

एक समय उड़ीसा के बोलांगिर जिले में रहने वाले एक सीधे–सादे और गरीब दलित पति–पत्नी लतिका और श्यामलाल टांडी की पूरे देश में बड़ी लानत–मलामत हुई। अखबारों ने एक बाद एक सनसनीखेज कहानियां छापीं कि कैसे माता–पिता ने अपनी बेटी हेमा को कुछ हजार रुपयों के लिए बेच दिया। सरकार और जनता में जबर्दस्त आक्रोश था। विपक्ष ने राज्य सरकार पर जमकर कोड़े बरसाए। मंत्रियों ने जिले के अधिकारियों को फटकारा। शर्मसार सत्तासीन दल ने विधानसभा के स्पीकर से निवेदन किया कि वे निजी तौर पर इस घटना की जांच करें।

कुछ ही दिनों के भीतर सायरन बजाती और लाल बत्ती चमकाती सफेद एम्बेसेडर कारों में सवार एक दल उस पिछड़े हुए गांव कुंडापुतुला पहुंचा। पायलट जीप उन्हें दोषी माता–पिता के मिट्टी के कच्चे घर में ले गई। विधानसभा के सदस्यों, राज्य और जिला सरकार के वरिष्ठ अधिकारियों और स्थानीय नेताओं ने उन पर सवालों की बौछार कर दी। 'तुमने अपनी बच्ची को क्यों बेच दिया?' कमरे के एक कोने में उकडू बैठा श्यामलाल बस उन्हें तकता रहा। वह बहुत चकित, दयनीय और शर्मिन्दा नजर आ रहा था। अपने बचाव में वह निरुत्तर था। मां बेतहाशा रोए जा रही थी। उसने समझाने की कोशिश की, 'अगर हमने उसे नहीं बेचा होता तो हममें से कोई जीवित न रह पाता। न हमारी बेटी हेमा और न हम।' वह लगातार बिलखती रही, 'हमारे पास कोई राह नहीं थी।' लेकिन प्रश्न पूछने वाले मुतमइन नहीं थे। 'तुम गरीब थे, इसका ये मतलब तो नहीं कि तुम अपनी बच्ची को बेच दो।' लतिका रोती रही, 'क्योंकि हम अपनी बेटी से इतना प्यार करते थे, इसलिए हमने उसे बेच दिया। आपको समझ में नहीं आता? हमने उसे बेच दिया, क्योंकि हम उससे प्यार करते थे।' वहां मौजूद लोगों में से कोई भी उसकी बात को समझ नहीं सका।

श्यामलाल के पास तकरीबन आधा एकड़ बंजर जमीन थी, जिसमें कुछ महीनों तक परिवार का पेट भरने लायक अनाज पैदा हो जाता था, लेकिन लगातार कई वर्षों तक पड़े अकाल के कारण जिंदगी के आधार इस जमीन ने भी धोखा दे दिया। गांव में कोई काम नहीं मिल सकता था, इसलिए पूरा

परिवार भिलाई जा बसा। वहां उन्हें एक निर्माण स्थल पर काम मिल गया। उन्होंने एक के ऊपर एक ईंटे खड़ी करके और उनके ऊपर प्लास्टिक तान कर अपने लिए अस्थायी घर बना लिया। लतिका भी श्यामलाल के साथ–साथ मजदूरी करती थी। दोनों काम करके इतना कमा लेते कि अपने तीनों बच्चों का पेट भर सकें और कुछ पैसे बचा भी सकें। हेमा उस समय छोटी बच्ची थी। तकलीफें तब शुरू हुई, जब चार साल के बड़े बेटे का सिर बुरी तरह सूज गया। भिलाई स्टील प्लांट के अस्पताल में अप्रवासी मजदूर नहीं जा सकते थे और शहर के किसी निजी डॉक्टर के पास जाने लायक पैसे उनके पास नही थे, इसलिए वे अपने गांव लौट आए। तितलागढ़ के सरकारी अस्पताल ने लड़के का आपरेशन करने के लिए खासी रिश्वत मांगी। तुकला गांव का प्राथमिक स्वास्थ्य केन्द्र थोड़े कम पैसों में राजी हो गया। इस बीमारी के कारण बच्चे की श्रवणशक्ति जाती रही। परिवार की बचत के पांच हजार रुपये भी खत्म हो गए। श्यामलाल भिलाई लौट आया, लेकिन उसने भी न्यूमोनिया में बिस्तर पकड़ लिया। उसे कोई और इंफेक्शन हो गया था। उसके मुंह के चारों ओर और पलकों पर घाव हो गए। शायद कुपोषण के कारण ऐसा हुआ था। वह आंख नहीं बंद कर पाता था। लतिका डर गई थी। उसे लगा कि वह अपने पति को खो देगी। इसलिए उसने निश्चय किया कि इस बार वह तितलागढ़ के सरकारी डॉक्टरों की मांगों के आगे घुटने टेक देगी। डॉक्टरों ने हर इंजेक्शन के लिए सौ रुपये की मांग की थी। बहुत हाथ–पैर जोड़ने पर वे सौ से साठ रुपये पर आ गए। बीमारी ने श्यामलाल का शरीर तोड़ डाला। उसकी पीठ में दर्द रहने लगा और वह पहले की तरह कठिन शारीरिक श्रम नहीं कर सकता था। बारह हजार रुपये और चले गए और परिवार पहले से भी ज्यादा गरीबी की हालत में पहुंच गया। छह साल के कठिन परिश्रम में पाई–पाई करके जोड़ी पूंजी भांप की तरह उड़ गई। लतिका का एक रिश्तेदार रामप्रसाद भी दलित था, लेकिन किस्मत से उसे जिला विकास अधिकारी के दफ्तर में सरकारी नौकरी मिल गई थी। उसने डॉक्टर की फीस चुकाने के लिए रुपये उधार दिए।

उसके बाद से वह गांव में ही काम की तलाश करते रहे, लेकिन महीने में मुश्किल से सात या आठ दिन का ही काम मिलता था। परिवार का पेट मुश्किल से भरता था। ऐसे में रामप्रसाद का कर्ज चुकाना नामुमकिन था। इतने कम में उन्होंने कैसे गुजारा किया? कैसे जिंदा रहे? भरा हुआ पेट उनके लिए ईश्वर की नेमत थी, लेकिन ऐसे नेमत जो ईश्वर कभी–कभार ही देता है। बुरी दिनों में एक मुट्ठी चावल पूरी रात पानी में भिगोकर उसे फूलने देते थे। पूरे परिवार का पेट भरने के लिए बस इतना ही भोजन था। जब

रामप्रसाद का कर्ज पहाड़ जितना हो गया और उसे चुकाने की कोई राह नहीं थी तो उसने सुझाव दिया कि मैं तुम्हारी छोटी बेटी को गोद ले लेता हूं और बदले में सारा कर्ज माफ कर देता हूं। श्यामलाल तब भी बहुत बीमार था और मां ने रिश्तेदार का प्रस्ताव मान लिया। यह लेन–देन स्टाम्प पेपर पर हुआ, लेकिन माता–पिता नहीं जानते थे कि कागज में क्या लिखा था। उन्होंने कागज के टुकड़े पर अंगूठे के निशान लगा दिए और बेटी घर छोड़कर चली गई।

खबर बड़ी तेजी से फैली। एक दिन एक अजनबी उनके दरवाजे पर आया और बेटी के बारे में पूछा। बाद में पता चला कि वह एक स्थानीय अखबार का पत्रकार था। जल्द ही यह खबर राज्य के अखबारों और राष्ट्रीय मीडिया में फैल गई। कुछ हफ्तों में नेताओं और अधिकारियों का जमावड़ा लग गया। उन्होंने कारण पूछा। लतिका ने समझाया, लेकिन वह सुन नहीं रहे थे। वे गुस्से में वापस लौट गए। रामप्रसाद को गैर–कानूनी सौदे के लिए 15 दिन की जेल हुई। जब रामप्रसाद लौटा तो गांव वालों के साथ मिलकर वह अपनी बच्ची को वापस मांगने गया। पहले तो श्यामलाल ने इंकार कर दिया, लेकिन फिर पुलिस के साथ जाने से उसने बच्ची को बेमन से लौटा दिया।

कई बरस गुजर गए, जब मैंने पहले बार यह कहानी सुनी थी। मैंने यह जानने के लिए कि उस बच्ची का क्या हुआ, उस परिवार को खोजने का निश्चय किया। पता चला कि हेमा मर चुकी है। वापस लौटने के एक साल के भीतर उसे पीलिया हो गया। वह इतनी कुपोषित थी कि बीमारियों से लड़ नहीं सकी। मां ने डूबती आवाज में कहा, 'अगर उन लोगों ने रामप्रसाद को बच्ची को रखने दिया होता तो वह आज जिंदा होती। रामप्रसाद के पास उसका पेट भरने को पैसे थे, हमारे पास कुछ नहीं था।' उसके बाद से उनके पास कोई नहीं गया। सिर्फ एक स्थानीय पुलिस वाले को छोड़कर। जब उन्होंने मरने की खबर सुनी तो आए। दहलीज से उन्होंने मृत बच्ची और बिलखते मां–बाप को देखा। उन्होंने अपना सिर झुकाया और एक शब्द भी बोले बगैर वहां से चले गए और हद तो तब हो गई, जब कुपोषण के शिकार एक बच्चे को मध्य प्रदेश के एक सरकारी अस्पताल में दुत्कार–फटकार या डाक्टरों की लापरवाही से बच्चे की मौत हो गई; तब मां–बाप के बिलखने पर पुलिस ने बच्चे की कुपोषण देकर हत्या करने के अपराध में बच्चे के बाप के खिलाफ मामला दर्ज किया और उसे सींखचों के पीछे कर दिया। यह घटना वर्ष 2012 के शुरू के दिनों की है।

संदर्भित पुस्तकें, पत्र–पत्रिकायें

1. *भारत का संविधान–एक परिचय*–डॉ. दुर्गादास बसु
2. *कॉस्टीट्यूशन ऑफ़ इण्डिया*–वी.एन. शुक्ला (2006)
3. *संविधान सभा की बहसें*
4. *राजनीति शास्त्र*–भाग–1–डॉ. ए.डी. आशीर्वादम्
5. *सम करेक्टरिक्स ऑफ दी इंडियन कॉस्टीट्यूशन* (1953)–सर आइवर जैकिग
6. *ब्रिटिश संविधान–सर आइवर जेनिंग्स*, दिल्ली विश्वविद्यालय प्रकाशन (1988)
7. *एसे ऑन दी गवर्नमेंट ऑफ इण्डिया एक्ट*, 1935–डेविड स्टेनबर्ग
8. *अमरीका में प्रजातन्त्र*–अलेक्सिस डी टॉकविल (1805–1859)
9. *भारत का वैधानिक एवं संवैधानिक इतिहास*–डॉ. एन.वी. परांजपे
10. *पूंजी*–खण्ड 1 व खण्ड 3–कार्ल मार्क्स
11. *सोवियत संघ की कम्युनिस्ट पार्टी (बोलेशेविक) का इतिहास* संक्षिप्त–हिन्दी संस्करण
12. *साम्राज्यवादः पूंजीवाद की चरम अवस्था*–लेनिन (हिन्दी संस्करण, मास्को)
13. *यूरोप के संयुक्त राज्य का नारा*–लेनिन का लेख, *सोसिअल देमोक्रात* में 23–8–1915 को प्रकाशित (संकलित रचनायें, खण्ड–1, भाग–2, प्रगति प्रकाशन, मास्को
14. *जनवादी क्रान्ति में सामाजिक जनवाद दो कार्यनीतियाँ*–लेनिन
15. *एडविना और नेहरू*–कैथरीन क्लैमाँ (हिन्दी संस्करण)
16. *फीडम एट मिडनाइट*–दोमिनिक लेपियर लॉरी कालिंस (हिन्दी)
17. *माउंट बैटन एण्ड पार्टीशन ऑफ इण्डिया*–लॉरी कॅलिंस एवं दोमिनिक लेपियर
18. *डिस्कवरी ऑफ इण्डिया*–जवाहरलाल नेहरू
19. *युग पुरूष सरदार वल्लभभाई पटेल* (जीवनी)–डॉ. मंगूभाई पटेल

20. *नेहरू–ए पॉलिट्कल बायोग्राफी*–ब्रेचर
21. *जिन्ना–एक पुनर्दृष्टि*–वीरेन्द्र कुमार बरनवाल, राजकमल प्रकाशन, नई दिल्ली
22. *अंकलॅटाम्स केबिन*–हैरियट बीचर स्टीव
23. *अप्सरा*–रमणलाल बसंतलाल देसाई, हिन्दी प्रचारक संस्थान, वाराणसी (1989)
24. *अपने–अपने राम* (उपन्यास)–भगवान सिंह (1982) मानस प्रकाशन, दिल्ली
25. *आजादी के बाद का भारत–1947–2000*–विपिनचन्द्र, दिल्ली विश्वविद्यालय प्रकाशन
26. *हमारी न्यायपालिका*–बाल मुकुंद अग्रवाल, नेशनल बुक ट्रस्ट (2008 संस्करण)
27. *हण्ड्रेड बेस्ट लेटर्स–1847–1947*–सं. एच.डी. शर्मा, हार्पर कॉलिंस–2000
28. *दैनिक नवज्योति* (समाचार–पत्र)
29. *राजस्थान पत्रिका*, जयपुर (समाचार–पत्र)
30. *दैनिक भास्कर*, जयपुर (समाचार–पत्र)
31. *नईदुनिया*, इन्दौर (समाचार–पत्र)
32. *टाइम्स ऑफ इण्डिया* (समाचार–पत्र)
33. *सोवियत समाजवाद गणतंत्र संघ की शासन पद्धति*–कुमारी शुभदा तेलंग, उत्तरप्रदेश हिन्दी ग्रंथ अकादमी, 1974
34. *आउटलुक*, साप्ताहिक
35. *भारतीय श्रमिक–वर्ग आंदोलन*–डॉ. जगन्नाथ स्वरूप माथुर–राजस्थान हिन्दी ग्रन्थ अकादमी, जयपुर (1973)